Peter Forstmoser

Organisation und Organisationsreglement der Aktiengesellschaft

Organisation und Organisationsreglement der Aktiengesellschaft

Rechtliche Ordnung und Umsetzung in der Praxis

Peter Forstmoser
in Zusammenarbeit mit

Ulrich Benz
Philipp Candreia
Andreas Casutt
Debra E. Davatz Hörler
Carl H. Duisberg
Olivia Furter
Pascal Genoud
Petra Ginter
Catherine Grun Meyer
Marco Häusermann
Peter R. Isler
Thomas Jutzi

Adrian W. Kammerer
Edith Kreis-Kolb
Andreas Lehmann
Ulrich Marti
Valerie Meyer Bahar
Eva R. Selamlar-Leuthold
Dominic Studer
Ulysses von Salis
Evelyn Schilter
Manuel Werder
Christoph Widmer
Gaudenz G. Zindel

Schulthess § 2011

Stand der Bearbeitung: 1. März 2011

Bibliografische Information der Deutschen Nationalbibliothek
Die Deutsche Nationalbibliothek verzeichnet diese Publikation in der Deutschen Nationalbibliografie; detaillierte bibliografische Daten sind im Internet über http://dnb.d-nb.de abrufbar.

Alle Rechte, auch die des Nachdrucks von Auszügen, vorbehalten. Jede Verwertung ist ohne Zustimmung des Verlages unzulässig. Dies gilt insbesondere für Vervielfältigungen, Übersetzungen, Mikroverfilmungen und die Einspeicherung und Verarbeitung in elektronische Systeme.

© Schulthess Juristische Medien AG, Zürich · Basel · Genf 2011
    ISBN 978-3-7255-6224-4

www.schulthess.com

Vorwort

Dieses Buch verfolgt – sein Untertitel sagt es – ein doppeltes Ziel: Einerseits will es die rechtlichen Grundlagen für die Organisation der Aktiengesellschaft und ihre innergesellschaftliche Konkretisierung im Organisationsreglement analysieren und aus juristischer Sicht zu offenen Fragen Stellung nehmen. Insofern versteht es sich als wissenschaftliche Monografie. Andererseits will es ein Vademecum sein für die praktische Arbeit im Verwaltungsrat und insbesondere für die Ausarbeitung des vom Verwaltungsrat zu erlassenden Organisationsreglements, also eine Art Kochbuch mit praxisbezogenen Ratschlägen und ausformulierten Vorschlägen.

Das Titelblatt zeigt, dass viele Köpfe am Werk waren. Einige Worte zur Entstehungsgeschichte:

1992 hat der Unterzeichner – im Kielwasser des damals eben in Kraft getretenen revidierten schweizerischen Aktienrechts – eine kleine Schrift mit dem Titel «Organisation und Organisationsreglement nach neuem Aktienrecht» verfasst, aufgrund einer ersten Analyse des neuen Rechts schnell geschrieben, ohne grossen Tiefgang, aber offenbar nützlich, denn im folgenden Jahrzehnt wurde diese – bald vergriffene – Broschüre immer wieder nachgefragt. Da sich der Verfasser nicht imstande sah, die dringend gebotene völlige Überarbeitung, inhaltliche Verbreiterung und wissenschaftliche Vertiefung selbst an die Hand zu nehmen, erkundigte er sich vor einigen Jahren bei den Kolleginnen und Kollegen seiner Anwaltskanzlei nach Interessenten für eine Mitarbeit. Die Reaktion war erfreulich: zwei Dutzend spontane Zusagen, von bestandenen Partnern ebenso wie vom Mittelbau und von jüngsten Substituten.

Den aus einer intensiven Zusammenarbeit hervorgegangenen und in einer «Pre-final»-Version vorliegenden Entwürfen konnte sich der Unterzeichnete dann leider wegen vielfacher anderer Verpflichtungen während längerer Zeit nicht annehmen. Als er im Frühsommer 2009 endlich dazu kam, setzte er sich mit der Thematik nochmals grundlegend und umfassend auseinander. Denn inzwischen war die Zeit nicht stillgestanden: Wichtige Monografien waren erschienen, Grundsatzentscheide gefällt worden, in der Praxis hatten sich neue Fragen gestellt und waren Lösungen für alte Fragen gefunden worden. Bereits warf die erneute Revision des Aktienrechts ihre Schatten voraus.

Aus all dem ergab sich schliesslich die Konsequenz, das Buch auf der Basis der vielfältigen Vorarbeiten neu zu schreiben.

Vorwort

Der lange Entstehungsprozess hatte durchaus auch Vorteile. Der Unterzeichner – seit Jahrzehnten in Verwaltungsräten von Gesellschaften unterschiedlichster Grösse, Aktivität und Komplexität tätig – hatte ab 2000 für neun Jahre Gelegenheit, als hauptamtlicher Präsident des Verwaltungsrates einer Publikumsgesellschaft weitere Erfahrungen zu sammeln, und diese konnte er nun in die Publikation einbringen.

Ob der Spagat zwischen Theorie und Praxis, zwischen vertiefter Auseinandersetzung mit Rechtsfragen und handfesten Ratschlägen für den unternehmerischen Alltag gelungen ist, müssen die Benutzerinnen und Benutzer beurteilen. Kritik und Anregungen – für beides gibt es sicher Raum – werden gerne entgegengenommen (peter.forstmoser@nkf.ch).

Auch während der Redaktionsarbeit in den letzten zwanzig Monaten ist der Unterzeichner von vielen unterstützt worden: Prof. Dr. Rudolf Volkart, Kollege aus der wirtschaftswissenschaftlichen Schwesterfakultät, hat den Abschnitt für ein Konzept der Berichterstattung an den Verwaltungsrat umgekrempelt und auf ein neues Niveau gebracht. RA lic. iur. Hans-Jakob Käch, Abteilungsleiter beim Handelsregisteramt des Kantons Zürich, hat über die für Aussenstehende nicht immer evidente Praxis der Handelsregisterämter mit Bezug auf die Eintragung von Organpersonen informiert. Kollege Dr. Felix Ehrat, Zürich, hat der Einbeziehung seines in jungen Jahren verfassten und noch immer aktuellen Vorschlags für ein auf das Essenzielle reduziertes Organisationsreglement zugestimmt.

Kollege RA lic. iur. Marcel Küchler hat in einer abschliessenden Durchsicht eine ganze Reihe formaler Mängel behoben und inhaltliche Verbesserungen eingebracht. Stud. iur. Fermo Roth hat bei der Vernetzung des Buches durch Querverweise mitgewirkt und das Stichwortverzeichnis erstellt. Lic. iur. Stefanie Sigrist hat – unterstützt durch Assistentinnen von Niederer Kraft & Frey – das Manuskript in eine drucknahe Version gebracht und dabei auf inhaltliche Unebenheiten und Lücken hingewiesen.

Ein besonderer Dank geht an Dr. Elena Barnert aus Frankfurt am Main, die das Skript mit unerbittlichem Blick für Mängel inhaltlicher, stilistischer und formaler Art durchgesehen hat.

Ihnen allen – und den vielen Kolleginnen und Kollegen von Niederer Kraft & Frey, die neben den mit Namen Genannten in irgendeiner Form mitgewirkt haben – sei herzlich gedankt.

Das Skript wurde Ende 2010 abgeschlossen; Nachträge sind bis Anfang Februar 2011 erfolgt. Die Redaktion fiel in die Zeit der Arbeiten an einer erneuten Aktienrechtsrevision, die in den letzten Jahren zu einer nur noch schwer zu überblickenden Gemengelage von Reformvorschlägen ausgeufert ist. Die in diesem Buch behandelten Themen bleiben aber – abgesehen von der nach wie vor virulenten Hauptstreitfrage der pendenten Reform, nämlich den Regeln für die Topsaläre in (Publikums-)Aktiengesellschaften – von den bevorstehenden Änderungen weitgehend unberührt, und wo es Neuerungen geben wird, sind sie heute schon absehbar, und es konnte darauf hingewiesen werden. Die Publikation und die darin gemachten Vorschläge dürften daher auch unter künftigem Recht Bestand haben.

Zürich, Anfang Februar 2011　　　　　　　　　　　　　　Peter Forstmoser

Inhaltsübersicht

Vorwort	V
Inhaltsverzeichnis	XIII
Abkürzungen	XXVII
Literatur	XXXV
Einleitung und Übersicht	1

1. Kapitel und § 1 Die Organe der AG und die Abgrenzung ihrer Kompetenzen ... 7

2. Kapitel: Die Organisation der aktienrechtlichen Exekutive ... 19

§ 2 Aktienrechtliche Gestaltungsfreiheit ... 21

§ 3 Die gesetzliche Grundordnung: Gesamtgeschäftsführung durch den Verwaltungsrat als Gremium ... 29

§ 4 Alternativen zur gesetzlichen Grundordnung: Die Delegation von Kompetenzen im Allgemeinen ... 35

§ 5 Die Delegation von Kompetenzen innerhalb des Verwaltungsrats ... 59

§ 6 Die Delegation von Kompetenzen an eine Direktion, Geschäfts- oder Konzernleitung ... 125

§ 7 Die Delegation von Kompetenzen an Dritte ausserhalb der eigenen Gesellschaft ... 140

§ 8 Grenzen der Kompetenzdelegation ... 154

§ 9 Einflussmöglichkeiten des Aktionariats auf Zusammensetzung, Organisation und Entscheidungen des Verwaltungsrats ... 207

§ 10 Exkurs: Organisation und aktienrechtliche Verantwortlichkeit ... 237

3. Kapitel: Die Arbeitsweise der aktienrechtlichen Exekutivorgane (Verwaltungsrat, Verwaltungsratsausschüsse und Geschäftsleitung) 245

§ 11 Verwaltungsrat 248
§ 12 Ausschüsse des Verwaltungsrats 279
§ 13 Direktion, Geschäfts- oder Konzernleitung 283

4. Kapitel: Statuten und Reglemente als innergesellschaftliche Grundlagen der Organisation 289

§ 14 Statuten und Reglemente im Allgemeinen 292
§ 15 Das Organisationsreglement als notwendige Voraussetzung der Kompetenzdelegation 304

5. Kapitel: Der Inhalt von Organisationsreglementen 309

§ 16 Übersicht 311
§ 17 Präambel, Zweck und Anwendungsbereich 317
§ 18 Regelung der Aufgaben und Arbeitsweise des Verwaltungsrats 322
§ 19 Bestimmungen für Verwaltungsratsausschüsse 344
§ 20 Regeln für Verwaltungsratsmitglieder mit besonderen Funktionen ... 351
§ 21 Allgemeine Regeln zur Stellung des einzelnen Verwaltungsratsmitglieds 356
§ 22 Regeln für die Direktion, Geschäfts- oder Konzernleitung 365
§ 23 Regeln für einzelne Mitglieder der Geschäftsleitung mit besonderen Funktionen 374
§ 24 Gemeinsame Bestimmungen für alle Organe und Organpersonen ... 378
§ 25 Regeln für weitere Funktionsträger innerhalb der Gesellschaft 381
§ 26 Schlussbestimmungen 384
§ 27 Exkurs: Besondere Bestimmungen in Konzerngesellschaften 387
§ 28 Anhänge des Organisationsreglements und Zusatzdokumente 391

6. Kapitel und § 29 Das Recht von Aktionären und Dritten
auf Auskunft über die Organisation 395

Anhang:	Musterdokumente	405
Anhang I:	Kurzversion eines Musterreglements..................................	409
Anhang II:	Musterreglement für eine kleinere bis mittlere Gesellschaft ohne Tochtergesellschaften	413
Anhang III:	Musterreglement für eine grössere (börsenkotierte) Konzernobergesellschaft	426
Anhang IV:	Funktionendiagramm	455
Anhang V:	Kompetenzordnung	468

Stichwortverzeichnis.. 475

Inhaltsverzeichnis

Vorwort	V
Inhaltsübersicht	IX
Abkürzungen	XXVII
Literatur	XXXV
Einleitung und Übersicht	1

1. Kapitel und § 1 Die Organe der AG und die Abgrenzung ihrer Kompetenzen 7

    I. Übersicht 9
        1. Der Organbegriff im Aktienrecht 9
        2. Die gesetzlich vorgeschriebenen Organe der AG und ihre Aufgaben 10
        3. Gesetzlich nicht vorgeschriebene Organe 13
    II. Zwingende Zuweisung bestimmter Kernaufgaben an jedes der drei Organe (sog. Paritätsprinzip) 14
        1. Möglichkeiten der Kompetenzordnung zwischen den Organen 14
        2. Die Entscheidung des schweizerischen Rechts 15

2. Kapitel: Die Organisation der aktienrechtlichen Exekutive 19

§ 2 Aktienrechtliche Gestaltungsfreiheit 21
    I. Übersicht 21
    II. Voraussetzungen und Schranken einer Abweichung von der dispositiven gesetzlichen Ordnung 22
        1. Formelle Voraussetzungen 22
        2. Materielle Schranken 24
    III. Exkurs: Organisatorische Flexibilität als Erklärung für die Verbreitung der Aktiengesellschaften in der Schweiz 25

§ 3 Die gesetzliche Grundordnung: Gesamtgeschäftsführung durch den Verwaltungsrat als Gremium 29
    I. Das Konzept und seine Würdigung 29
    II. Keine Pflicht, ein Organisationsreglement zu erlassen 30

	III.	Wohl aber Organisationspflicht	32
	IV.	Grenzen der «gesamthaften» Geschäftsführung	34
§ 4	Alternativen zur gesetzlichen Grundordnung: Die Delegation von Kompetenzen im Allgemeinen		35
	I.	Das Recht zur Delegation als Ausdruck und Voraussetzung der Organisationsfreiheit	36
		1. Die aktienrechtliche Ordnung	36
		2. Spezialgesetzliche Schranken der Organisationsfreiheit	37
	II.	Delegation ohne oder mit Entscheidungsgewalt	37
		1. Übersicht	37
		2. Delegation von Hilfsfunktionen	38
		3. Delegation von Entscheidungskompetenzen	39
		4. Keine scharfe Trennung in der Realität	42
	III.	Delegation organschaftlicher oder nicht organschaftlicher Kompetenzen	43
		1. Allgemeines	43
		2. Delegation organschaftlicher Kompetenzen	43
		3. Delegation nicht organschaftlicher Kompetenzen.............	44
	IV.	Mögliche Delegationsempfänger und Weiterdelegation durch dieselben	45
	V.	Berichterstattungspflicht im Falle der Delegation	46
		1. Gesetzliche Vorgaben	46
		2. Inhalt und Form der Berichterstattung an den Gesamtverwaltungsrat	47
		3. Die Informationsrechte des einzelnen Verwaltungsratsmitglieds	53
	VI.	Haftungsbeschränkende Wirkung der korrekten Delegation...	58
§ 5	Die Delegation von Kompetenzen innerhalb des Verwaltungsrats		59
	A. Ausschüsse		59
	I.	Allgemeines	59
		1. Gesetzliche Grundlagen und Soft Law	60
		2. Wesen, Zweck und Arten	61
		3. Rechtfertigung und Kritik	65
		4. Die Praxis	66
		5. Kompetenzen des Verwaltungsrats und Einflussmöglichkeiten des Aktionariats bei der Bildung von Ausschüssen..	67
		6. Arbeitsweise und Beschlussfassung	68
		7. Anforderungen an Ausschussmitglieder und Zusammenfassung von Ausschüssen	72
		8. Transparenz	74

		9. Neueste Entwicklungen und künftiges Recht	74
	II.	Geschäftsführender Ausschuss, Präsidium und ähnliche Gremien	76
		1. Der geschäftsführende Ausschuss oder Exekutivausschuss	76
		2. Der (traditionelle) schweizerische Verwaltungsratsausschuss	78
		3. Präsidium und Koordinationsausschuss	79
	III.	Revisionsausschuss	79
		1. Personelle Besetzung	80
		2. Aufgaben	80
		3. Funktionsweise und Berichterstattung.............................	82
	IV.	Entschädigungsausschuss, ...	83
		1. Gesetzliche Vorgaben und Kompetenzen.........................	83
		2. Zusammensetzung und Arbeitsweise...............................	85
		3. Exkurs: Ziele der Entschädigungspolitik	86
	V.	Nominierungsausschuss, ...	89
		1. Gesetzliche Vorgaben und Kompetenzen	89
		2. Zusammensetzung	90
		3. Arbeitsweise..	90
	VI.	Weitere ständige Ausschüsse..	91
		1. Strategieausschuss..	91
		2. Governance-, Shareholder-, Corporate-Responsibility- oder Ethik-Ausschuss...	92
		3. Finanzausschuss...	92
		4. Risikoausschuss	93
		5. Investitions- oder Anlageausschuss	93
		6. Forschungs- und Entwicklungsausschuss	93
		7. Zusammensetzung und Arbeitsweise weiterer Ausschüsse	93
	VII.	Ad-hoc-Ausschüsse...	94
B.	Sonderstellung einzelner Verwaltungsratsmitglieder.......................		95
	I.	Präsident des Verwaltungsrats	96
		1. Rechtliche Ordnung und Praxis	96
		2. Begründung und Beendigung des Präsidialamtes.............	97
		3. Aufgaben	99
		4. Exkurs I: Vizepräsident..	104
		5. Exkurs II: Ehrenpräsident	106
	II.	Delegierter des Verwaltungsrats...	107
		1. Rechtliche Ordnung und Ausgestaltung in der Praxis	107
		2. Begründung und Beendigung der Delegiertenstellung.....	109

		3. Rechtsstellung und Aufgaben	110
		4. Personalunion mit dem Verwaltungsratspräsidium insbesondere	113
	III.	Lead Director	115
	IV.	Vorsitzende von Ausschüssen	116
	V.	«Vertreter» von Gruppen, Minderheiten, juristischen Personen und des Gemeinwesens	116
		1. Die gesetzliche Ordnung	116
		2. Regelung im Organisationsreglement	118
	VI.	Exkurs: Der Sekretär des Verwaltungsrats	118
C.	Exkurs: Beiräte		120
	1. Begriff und Regelung		120
	2. Funktionen		121
	3. Erscheinungsformen		122
	4. Rechtliche Basis		123
	5. Organisation		123
	6. Verbreitung		124

§ 6 Die Delegation von Kompetenzen an eine Direktion, Geschäfts- oder Konzernleitung ... 125

A. Die Direktion, Geschäfts- oder Konzernleitung als Gremium ... 127
  I. Realien ... 127
    1. Die Delegation von Geschäftsführungsfunktionen als Regel ... 127
    2. Die Ausgestaltung der Geschäftsleitung ... 128
    3. Exkurs: Formale und faktische Hierarchie zwischen Verwaltungsrat und Geschäftsleitung ... 130
  II. Die Rechtsstellung der Geschäftsleitung und ihrer Mitglieder ... 130
  III. Die gesellschaftsinterne Regelung und ihre Umsetzung im Organisationsreglement ... 132
  IV. Pflicht zur Bestellung einer Geschäftsleitung im Finanzmarktrecht ... 133

B. Einzelne Geschäftsleitungsmitglieder insbesondere ... 134
  I. Allgemeines ... 134
    1. Ernennung ... 134
    2. Aufgaben und Organisation ... 134
  II. Vorsitzender der Geschäftsleitung (CEO) ... 135
  III. Finanzchef (CFO) ... 136
  IV. Weitere, in Organisationsreglementen spezifisch erwähnte Mitglieder der Geschäftsleitung ... 137

		1. Stabschef, Chief Operating Officer (COO)	137
		2. Chief Information Officer (CIO)	137
		3. Personalchef, Verantwortlicher für Human Resources	137
		4. Rechtskonsulent, General (Legal) Counsel	138
		5. Chief Risk Officer (CRO)	138
		6. Marketingchef	138
		7. Anlagechef, Chief Investment Officer (CIO)	138
		8. Chef Forschung und Entwicklung	138
		9. Verantwortliche für Regionen oder Divisionen	138
§ 7	Die Delegation von Kompetenzen an Dritte ausserhalb der eigenen Gesellschaft		140
	I.	Realien und Fragestellung	140
	II.	Rechtliche Grundlagen	141
		1. Personen ausserhalb der eigenen Gesellschaft als Dritte im Sinne von OR 716b I?	141
		2. Delegation von Kompetenzen an eine juristische Person insbesondere	143
		3. Delegation von gemäss OR 716a I undelegierbaren Aufgaben	145
		4. Ergebnis	147
	III.	Delegation von Kompetenzen an eine Konzernobergesellschaft insbesondere	147
	IV.	Delegation von Kompetenzen an eine Managementgesellschaft insbesondere	150
	V.	Delegation von Kompetenzen an Dritte ausserhalb des Konzerns insbesondere	151
	VI.	Exkurs: Verantwortlichkeit	152
§ 8	Grenzen der Kompetenzdelegation		154
	I.	Die gesetzliche Zuweisung von unübertragbaren Aufgaben an den Verwaltungsrat	154
		1. Das Schweizer Konzept	154
		2. Übersicht über die unübertragbaren Aufgaben des Verwaltungsrats	155
		3. Die Reichweite der Unübertragbarkeit	155
		4. Exkurs: Die entscheidenden Verwaltungsratsaufgaben in der Innensicht	157
	II.	Die unübertragbaren Aufgaben nach OR 716a I	158
		1. Übersicht	158
		2. Oberleitung (Ziff. 1)	159
		3. Festlegung der Organisation (Ziff. 2)	161

		4. Planung (Ziff. 3)	163
		5. Personelles (Ziff. 4)	164
		6. Finanzverantwortung (Ziff. 3)	166
		7. Kontrollaufgaben (Ziff. 3 und 5)	168
		8. Verkehr mit den Aktionären (Ziff. 6)	177
		9. Massnahmen bei Vermögenszerfall (Ziff. 7)	178
	III.	Weitere im Obligationenrecht vorgesehene unübertragbare Aufgaben	179
		1. Allgemeines	179
		2. Aufgaben im personellen Bereich	180
		3. Aufgaben im Zusammenhang mit dem Eigenkapital, insbesondere mit Kapitalveränderungen	183
		4. Aufgaben bei Vermögenszerfall	184
		5. Aufgaben im Hinblick auf das Aktionariat und den Aktionärswechsel	184
		6. Aufgaben im Zusammenhang mit der Revisionsstelle	185
		7. Risiko-Management und Errichtung eines internen Kontrollsystems	186
		8. Ausübung von Klagerechten der Gesellschaft	186
		9. Unübertragbare Pflichten des Verwaltungsrats einer Konzernobergesellschaft	187
		10. Statutenänderungen und Verkehr mit dem Handelsregisteramt	189
	IV.	Spezialgesetze	190
		1. Allgemeines	190
		2. Fusionsgesetz	191
		3. Börsengesetz	192
		4. Branchenspezifische Regeln für Gesellschaften in regulierten Märkten, insbesondere für Finanzdienstleister	194
		5. Indirekt aus dem Strafrecht sich ergebende Aufgaben	195
		6. Pflichten aus dem Sozialversicherungsrecht	196
	V.	Delegation von Vorbereitungs-, Ausführungs- und Überwachungshandlungen	196
	VI.	Würdigung	198
		1. Allgemeines	198
		2. Schranken der organisatorischen Flexibilität	199
		3. Kein reines Aufsichtsratssystem im Schweizer Aktienrecht	200
		4. Unlösbares Konzernparadox	201
		5. Keine «Omnipotenz» der Aktionäre	203
	VII.	Die in Organisationsreglementen übliche Ordnung	204

		VIII. Künftiges Recht	205
§ 9		Einflussmöglichkeiten des Aktionariats auf Zusammensetzung, Organisation und Entscheidungen des Verwaltungsrats	207
	I.	Einflussmöglichkeiten der Generalversammlung im personellen Bereich	208
		1. Wahl und Abberufung der Mitglieder des Verwaltungsrats	208
		2. Möglichkeit zur Wahl des Präsidenten, aber keine weiteren Einflussmöglichkeiten auf die Konstituierung	209
		3. Wahl von Minderheits- und Gruppenvertretern	210
		4. Aufstellen von Wählbarkeitsvoraussetzungen und -schranken	211
		5. Festlegung der Grösse des Verwaltungsrats	212
		6. Keine Kompetenz zu personellen Entscheidungen unterhalb der Ebene des Verwaltungsrats	212
	II.	Einflussmöglichkeiten der Generalversammlung auf die Organisation und Arbeitsweise der Exekutive	213
		1. Einräumung bzw. Beschränkung von Delegationskompetenzen	213
		2. Weitere Möglichkeiten der Generalversammlung, auf die Organisation Einfluss zu nehmen	216
	III.	Einflussmöglichkeiten der Generalversammlung auf Entscheidungen im Kompetenzbereich des Verwaltungsrats	220
		1. Keine Usurpation der Kompetenzen des Verwaltungsrats durch die Generalversammlung, aber auch keine Überspitzung des Paritätsprinzips	221
		2. Indirekte Einflussmöglichkeiten	222
		3. Konsultativabstimmungen	226
		4. Keine Möglichkeit der Generalversammlung, Geschäftsführungsentscheide direkt an sich zu ziehen	228
		5. Genehmigungsvorbehalte zugunsten der Generalversammlung im künftigen Recht?	229
		6. Exkurs I: Unzulässigkeit einer Delegation der Geschäftsführung «nach oben»	230
		7. Exkurs II: Keine Delegation von unübertragbaren Kompetenzen der Generalversammlung an den Verwaltungsrat	230
	IV.	Kompetenzverschiebungen zugunsten der Generalversammlung in Ausnahmesituationen	231
		1. Die Kompetenzverschiebung gemäss BEHG 29	231
		2. Geschäftsführungskompetenzen der Generalversammlung bei vorübergehender Funktionsunfähigkeit des Verwaltungsrats	232

	V. Rechtsfolgen von unrechtmässigen Kompetenzanmassungen der Generalversammlung...	233
	VI. Exkurs: Einflussnahme des Aktionariats mittels vertraglicher Vorkehren..	233
	1. Fiduziarisch tätige Mitglieder des Verwaltungsrats...........	234
	2. Aktionärbindungsverträge	234

§ 10 Exkurs: Organisation und aktienrechtliche Verantwortlichkeit 237
    I. Haftungsrisiken im Zusammenhang mit der Organisationspflicht 237
    II. Kompetenzdelegation und persönliche Verantwortlichkeit...... 239
        1. Haftungsbeschränkung bei korrekter Delegation 239
        2. Haftung wie für eigenes Verhalten bei unkorrekter Delegation 240
        3. Der Sonderfall einer Kompetenzdelegation ohne statutarische Grundlage 241
        4. Begrenztes Haftungsrisiko bei Delegation an eine Muttergesellschaft... 243

3. Kapitel: Die Arbeitsweise der aktienrechtlichen Exekutivorgane (Verwaltungsrat, Verwaltungsratsausschüsse und Geschäftsleitung)... 245

§ 11 Verwaltungsrat.. 248
    I. Konstituierung und Selbstorganisation 248
    II. Sitzungen und Sitzungssurrogate... 249
        1. Verwaltungsratssitzungen.. 249
        2. Sitzungssurrogate.. 251
    III. Einberufung und Teilnahme.. 255
        1. Einberufung... 255
        2. Teilnahme und Teilnahmepflicht 259
    IV. Traktanden, insbesondere Standardtraktanden 262
    V. Durchführung und Leitung.. 264
    VI. Beschlussfähigkeit und Beschlussfassung................................. 267
        1. Beschlussfähigkeit 267
        2. Beschlussfassung.. 268
    VII. Umgang mit Interessenkonflikten... 275
    VIII. Berichterstattung im Verwaltungsrat und Informationsrechte der Verwaltungsratsmitglieder im Allgemeinen......................... 278

§ 12 Ausschüsse des Verwaltungsrats.. 279
    I. Konstituierung und Organisation 279

	II. Sitzungen und Sitzungssurrogate..	280
	III. Einberufung und Teilnahme..	280
	IV. Traktanden, insbesondere Standardtraktanden......................	281
	V. Durchführung und Leitung...	281
	VI. Beschlussfähigkeit und Beschlussfassung.............................	281
	VII. Interessenkonflikte..	282
	VIII. Berichterstattung und Informationsrechte.............................	282
§ 13	Direktion, Geschäfts- oder Konzernleitung..	283
	I. Konstituierung und Organisation	283
	II. Sitzungen und Sitzungssurrogate..	283
	III. Einberufung und Teilnahme..	284
	IV. Traktanden, insbesondere Standardtraktanden......................	284
	V. Durchführung und Leitung...	285
	VI. Beschlussfähigkeit und Beschlussfassung.............................	286
	VII. Interessenkonflikte..	287
	VIII. Berichterstattung	287
	IX. Erweiterte Geschäftsleitung	288

4. Kapitel: Statuten und Reglemente als innergesellschaftliche
Grundlagen der Organisation... 289

§ 14	Statuten und Reglemente im Allgemeinen..	292
	I. Statuten	292
	1. Begriff und Bedeutung	292
	2. Kompetenz zum Erlass..	295
	II. Reglemente..	296
	1. Begriff und Bedeutung	296
	2. Kompetenz zum Erlass..	297
	3. Arten von Reglementen...	298
	4. Formale Anforderungen	300
	III. Publizität..	301
	IV. Exkurs I: Das Vergütungsreglement kotierter Gesellschaften nach künftigem Recht...	301
	V. Exkurs II: Innergesellschaftliche Observanz..........................	302
§ 15	Das Organisationsreglement als notwendige Voraussetzung der Kompetenzdelegation...	304
	I. Die Organisationsverantwortung des Verwaltungsrats............	304
	1. Organisationspflicht, aber keine Pflicht zum Erlass eines Organisationsreglements...	304
	2. Die erforderliche Minimalordnung	304

II.	Das Organisationsreglement insbesondere	305
	1. Begriff und Inhalt	305
	2. Das Organisationsreglement als Voraussetzung für die Delegation von Kompetenzen	306
	3. Formelle Voraussetzungen für eine Kompetenzdelegation	307

5. Kapitel: Der Inhalt von Organisationsreglementen 309

§ 16 Übersicht 311
    I.   Gesetzliche Vorgaben 311
    II. Vielfalt der innergesellschaftlichen Regelungen 311
    III. Hinweis auf Musterreglemente 312
    IV. Typischer Inhalt 314

§ 17 Präambel, Zweck und Anwendungsbereich 317
    I.   Präambel 317
    II. Nennung der rechtlichen Grundlagen 318
    III. Zweck, Inhalt und Geltungsbereich 318
    IV. Definitionen 319
    V. Übersicht über die Exekutivorgane 319
    VI. Übersicht zur Organisation 320
    VII. Weitere Bestimmungen 320

§ 18 Regelung der Aufgaben und Arbeitsweise des Verwaltungsrats 322
    I.   Stellung des Verwaltungsrats in der gesellschaftlichen Organisation 323
    II. Konstituierung und Regeln für die Zusammensetzung des Verwaltungsrats 323
    III. Zuständigkeiten und Kompetenzdelegation 325
        1. Grundsatz und Delegationsnorm 325
        2. Liste der Verwaltungsratskompetenzen 327
        3. Sonderregeln für Fälle von Dringlichkeit 330
        4. Kompetenz zur Weiterdelegation 331
    IV. Vorbereitung und Durchführung der Verwaltungsratssitzungen 331
        1. Sitzungsrhythmus 332
        2. Traktanden 332
        3. Einberufung und Einberufungs- sowie Traktandierungsrecht 332
        4. Teilnehmende und Teilnahmemöglichkeiten 334
        5. Sitzungsleitung 335
        6. Berichterstattung 336

		7. Protokollierung	336
		8. Sonderformen	337
		9. Beizug von Sachverständigen	338
		10. Selbstevaluation	338
	V.	Beschlussfähigkeit und Beschlussfassung	338
		1. Beschlussfähigkeit	339
		2. Beschlussfassung	340
		3. Besondere Regeln für dringliche Geschäfte und für Zirkulationsbeschlüsse	343
§ 19	Bestimmungen für Verwaltungsratsausschüsse		344
	I.	Bestimmungen im Organisationsreglement in Fällen spezieller Ausschussreglemente	344
	II.	Für alle Ausschüsse geltende Bestimmungen	345
	III.	Besondere Bestimmungen für den Revisionsausschuss	347
	IV.	Besondere Bestimmungen für andere Ausschüsse	349
	V.	Ad-hoc-Ausschüsse	350
§ 20	Regeln für Verwaltungsratsmitglieder mit besonderen Funktionen		351
	I.	Präsident des Verwaltungsrats	351
	II.	Delegierter des Verwaltungsrats	353
	III.	Lead Director	354
	IV.	Kaum Regeln für weitere Verwaltungsratsmitglieder in besonderer Stellung	354
	V.	Exkurs: Sekretär des Verwaltungsrats	355
§ 21	Allgemeine Regeln zur Stellung des einzelnen Verwaltungsratsmitglieds		356
	I.	Sorgfalts- und Treuepflicht	356
	II.	Informationsrechte	356
	III.	Rechte und Pflichten im Zusammenhang mit Verwaltungsratssitzungen	357
	IV.	Konkurrenzverbot und Verhalten bei Interessenkonflikten	358
		1. Konkurrenzverbot und Regeln für die Annahme weiterer Verwaltungsratsmandate	358
		2. Verhalten bei Interessenkonflikten	359
		3. Regeln zur Verhinderung von Insiderdelikten	360
	V.	Vertraulichkeit, Aktenrückgabe	360
	VI.	Recht auf Beizug von Sachverständigen	361
	VII.	Finanzielle Ansprüche	361
	VIII.	Wählbarkeitsvoraussetzungen und Beendigungsgründe	362
		1. Wählbarkeitsvoraussetzungen	362
		2. Beendigungsgründe	363

§ 22	Regeln für die Direktion, Geschäfts- oder Konzernleitung	365
	I. Bestellung, Zusammensetzung und Organisation	365
	II. Aufgaben	366
	III. Sitzungen	369
	IV. Beschlussfähigkeit und Beschlussfassung	370
	V. Berichterstattung	372
	VI. Stellung und Verhaltenspflichten der Geschäftsleitungsmitglieder	372
	VII. Erweiterte Geschäftsleitung	373
§ 23	Regeln für einzelne Mitglieder der Geschäftsleitung mit besonderen Funktionen	374
	I. Präsident bzw. Vorsitzender der Geschäftsleitung (CEO)	374
	II. Finanzchef (CFO)	376
	III. Weitere Mitglieder der Geschäftsleitung	376
	IV. Divisional- und Regionalleiter. Leiter von Gruppenfunktionen und Geschäftsbereichen	377
§ 24	Gemeinsame Bestimmungen für alle Organe und Organpersonen	378
	I. Allgemeines	378
	II. Zeichnungsberechtigung und Vertretungsbefugnis	378
	III. Auftritt nach aussen	380
§ 25	Regeln für weitere Funktionsträger innerhalb der Gesellschaft	381
	I. Interne Revision	381
	II. Weitere Funktionsträger	383
§ 26	Schlussbestimmungen	384
	I. Beschlussfassung, Inkrafttreten, allenfalls Abänderung	384
	II. Verhältnis zu anderen Dokumenten	384
	III. Periodische Überprüfung	385
	IV. Vertraulichkeit oder Offenlegung	385
	V. Unterzeichnung und Anhänge	386
	VI. Geschäftsjahr	386
§ 27	Exkurs: Besondere Bestimmungen in Konzerngesellschaften	387
	I. Konzernobergesellschaft	387
	II. Konzernuntergesellschaften	389
§ 28	Anhänge des Organisationsreglements und Zusatzdokumente	391
	I. Funktionendiagramm	391
	II. Organigramm	392
	III. Zusätzliche Reglemente	392
	IV. Stellenbeschriebe und Pflichtenhefte	393
	V. Übersichten	393

6. Kapitel und § 29 Das Recht von Aktionären und Dritten
auf Auskunft über die Organisation 395
        I. Abgrenzungen 397
       II. Adressat der Informationspflicht... 397
     III. Berechtigte... 398
     IV. Form und Durchsetzung 398
      V. Inhalt der Orientierung... 399
          1. Allgemeines.. 399
          2. Zusätzliche Anforderungen für Gesellschaften
             mit kotierten Aktien.. 399
     VI. Form der Beantwortung.. 401
   VII. Exkurs: Die Informationsrechte von im Verwaltungsrat
         «vertretenen» juristischen Personen oder Handelsgesellschaften,
         Aktionärsgruppen, Partizipanten und Körperschaften des
         öffentlichen Rechts 401
  VIII. Offenlegung des Organisationsreglements de lege ferenda?..... 402

Anhang: Musterdokumente 405

Anhang I: Kurzversion eines Musterreglements................................ 409

Anhang II: Musterreglement für eine kleinere bis mittlere Gesellschaft
ohne Tochtergesellschaften 413

Anhang III: Musterreglement für eine grössere (börsenkotierte)
Konzernobergesellschaft 426

Anhang IV: Funktionendiagramm 455

Anhang V: Kompetenzordnung 468

Stichwortverzeichnis... 475

Abkürzungen

A.	Auflage
a.A.	anderer Ansicht; am Anfang
a.a.O.	am angeführten Ort
Abs.	Absatz
ABV	Aktionärbindungsvertrag
a.E.	am Ende
AG	Aktiengesellschaft
AJP	Aktuelle Juristische Praxis, Lachen 1992 ff.
AktG	(deutsches) Aktiengesetz vom 6. September 1965
altOR	frühere Fassung des OR
a.M.	anderer Meinung
AmtlBull NR/SR	Amtliches Bulletin des Nationalrates/des Ständerates
Anm.	Anmerkung
Art.	Artikel
AS	Amtliche Sammlung der Bundesgesetze und Verordnungen, Bern 1848 ff.
ASR	Abhandlungen zum schweizerischen Recht, Bern
AVO	Verordnung über die Beaufsichtigung von privaten Versicherungsunternehmen vom 9. November 2005 (Aufsichtsverordnung) (SR 961.011)
BankG	Bundesgesetz über die Banken und Sparkassen vom 8. November 1934 (Bankengesetz) (SR 952.0)
BankV	Verordnung vom 17. Mai 1972 über die Banken und Sparkassen (Bankenverordnung) (SR 952.02)
BBl	Bundesblatt der Schweizerischen Eidgenossenschaft
Bd./Bde.	Band/Bände
BEHG	Bundesgesetz über die Börsen und den Effektenhandel vom 24. März 1995 (Börsengesetz) (SR 954.1)
BEHV	Verordnung über die Börsen und den Effektenhandel vom 2. Dezember 1996 (Börsenverordnung) (SR 954.11)
BEHV-FINMA	Verordnung der Eidgenössischen Finanzmarktaufsicht über die Börsen und den Effektenhandel vom 25. Oktober 2008 (Börsenverordnung-FINMA) (SR 954.193)

BewG	Bundesgesetz über den Erwerb von Grundstücken durch Personen im Ausland vom 16. Dezember 1983 (SR 211.412.41)
BG	Bundesgesetz
BGE	Entscheidungen des Schweizerischen Bundesgerichts; Amtliche Sammlung, Lausanne 1875 ff.
BGer	Bundesgericht
BK	Berner Kommentar
BN	Der Bernische Notar, Langenthal 1940 ff.
Botschaft *1983*	Botschaft des Bundesrates zur Revision des Aktienrechts vom 23. Februar 1983, BBl *1983* II 745 ff.
Botschaft *2004*	Botschaft zur Änderung des Obligationenrechts (Revisionspflicht im Gesellschaftsrecht) sowie zum Bundesgesetz über die Zulassung und Beaufsichtigung der Revisorinnen und Revisoren vom 23. Juni 2004, BBl *2004* 3969 ff.
Botschaft *2007*	Botschaft zur Revision des Aktien- und Rechnungslegungsrechts vom 21. Dezember 2007, BBl *2008* 1589 ff.
Botschaft *2008*	Botschaft zur Volksinitiative «gegen die Abzockerei» und zur Änderung des Obligationenrechts (Aktienrecht) vom 5. Dezember 2008, BBl *2009* 299 ff.
BSK	Basler Kommentar zum Obligationenrecht (wenn keine weitere Angabe: Bd. OR II Art. 530–1186, 3. A. Basel 2008)
BV	Bundesverfassung
bzw.	beziehungsweise
Caplaw	Swiss Capital Markets Law, Zürich 2007 ff.
CEO	Chief Executive Officer
CFO	Chief Financial Officer
DBG	Bundesgesetz über die direkte Bundessteuer vom 14. Dezember 1990 (SR 642.11)
ders./dies.	derselbe/dieselbe(n)
d.h.	das heisst
Diss. [oec./jur.]	Dissertation [in Ökonomie/Jurisprudenz (falls zweifelhaft)]; als Jahrzahl wird das Erscheinungsdatum angegeben

E	Entwurf
E.	Erwägung
E Aktienrecht	Vorschlag für eine Änderung des Obligationenrechts gemäss Botschaft 2007, BBl *2008* 1751 ff.
E Art.	eine Bestimmung gemäss E Aktienrecht (oder – wenn entsprechend gekennzeichnet – eine Bestimmung des Ständerates [SR] oder des Nationalrates [NR] im Rahmen dieser Reform)
EBIT	Earnings Before Interests and Taxes
EBITDA	Earnings Before Interests, Taxes, Depreciations and Amortisations
EBK	Eidgenössische Bankenkommission (aufgelöst; ihre Funktionen wurden per. 1.1.2009 von der FINMA übernommen)
EFTA	Europäische Freihandelsassoziation
Eidg.	Eidgenössisch
EU	Europäische Union
EVG	Eidg. Versicherungsgericht (bis 31.12.2006)
f.	und folgende Seite/Note, folgender Artikel
ff.	und folgende Seiten/Noten/Artikel
FINMA	Eidgenössische Finanzmarktaufsicht
FINMAG	Bundesgesetz über die Eidgenössische Finanzmarktaufsicht vom 22. Juni 2007 (Finanzmarktaufsichtsgesetz) (SR 956.1)
Fn.	Fussnote
FS	Festschrift
FusG	Bundesgesetz über Fusion, Spaltung, Umwandlung und Vermögensübertragung vom 3. Oktober 2003 (Fusionsgesetz) (SR 221.301)
GATS	Allgemeines WTO-Abkommen über den Handel mit Dienstleistungen
GesKR	Schweizerische Zeitschrift für Gesellschafts- und Kapitalmarktrecht sowie Umstrukturierungen, Zürich 2006 ff.
GL	Geschäftsleitung
gl.M.	gleicher Meinung
GmbH	Gesellschaft mit beschränkter Haftung
GV	Generalversammlung

h.L.	herrschende Lehre
HReg	Handelsregister
HRegV	Handelsregisterverordnung vom 17. Oktober 2007 (SR 221.411)
hrsg.	herausgegeben
Hrsg.	Herausgeber(in)
HWP	Schweizer Handbuch der Wirtschaftsprüfung, 4 Bände (Zürich 2009), in diesem Buch zitiert als Schweizer Handbuch
i.A.	im Allgemeinen
IAS	International Accounting Standards
i.d.R.	in der Regel
IFRS	International Financial Reporting Standards, hrsg. vom International Accounting Standards Board, London
IKS	Internes Kontrollsystem
insb.	insbesondere
IPRG	Bundesgesetz über das Internationale Privatrecht vom 18. Dezember 1987 (SR 291)
i.S.v.	im Sinne von
i.V.m.	in Verbindung mit
KAG	Bundesgesetz über die kollektiven Kapitalanlagen vom 23. Juni 2006 (Kollektivanlagengesetz) (SR 951.31)
KMU	Kleine und mittlere Unternehmen
KR	Kotierungsreglement [der SIX Swiss Exchange] (aktuelle Fassung vom 12. November 2010)
LBR	Luzerner Beiträge zur Rechtswissenschaft, Zürich
lit.	Litera, Buchstabe
Lit.	Literatur
m.N.	mit Nachweisen
MWSTG	Bundesgesetz über die Mehrwertsteuer vom 12. Juni 2009 (Mehrwertsteuergesetz) (SR 641.20)

N	Note, Randnote
NR	Nationalrat
Nr.	Nummer
OECD	Organisation für wirtschaftliche Zusammenarbeit und Entwicklung
OR	Bundesgesetz betreffend die Ergänzung des Schweizerischen Zivilgesetzbuches, Fünfter Teil: Obligationenrecht vom 30. März 1911 (SR 220)
PDG	Président Directeur Général
Pra	Die Praxis des Bundesgerichts, Basel 1912 ff.
RAG	Bundesgesetz über die Zulassung und Beaufsichtigung der Revisorinnen und Revisoren vom 16. Dezember 2005 (Revisonsaufsichtsgesetz) (SR 221.302)
RAV	Verordnung über die Zulassung und Beaufsichtigung der Revisorinnen und Revisoren vom 22. August 2007 (Revisionsaufsichtsverordnung) (SR 221.302.3)
Rep	Repertorio di Giurisprudenza Patria, Bellinzona
REPRAX	Zeitschrift zur Handelsregisterpraxis, Zürich 1999 ff.
revOR	revidierte Fassung des OR
RK-N/RK-S	Rechtskommission des Nationalrates/Ständerates
RLCG	Richtlinie betreffend Informationen zur Corporate Governance der SIX Swiss Exchange vom 29. Oktober 2008
RS	Rundschreiben
Rz.	Randziffer
S.	Seite
s.	siehe
SA	Schriften zum Aktienrecht, Zürich 2002 ff. (vorher = SnA)
SAG	Die Schweizerische Aktiengesellschaft, Zürich 1928 ff. (ab 1990 = SZW)
SIX	Swiss Infrastructure and Exchange, Schweizer Effektenbörse, Zürich (bis Oktober 2008 = SWX)
SHAB	Schweizerisches Handelsamtsblatt, Bern 1883 ff.
SJZ	Schweizerische Juristen-Zeitung, Zürich 1904 ff.

SMI	Swiss Market Index
SMIM	SMI Mid (Swiss Market Index Mid-Cap-Titles)
SnA	Schriften zum neuen Aktienrecht, Zürich 1992 ff. (ab 2002 = SA)
sog.	sogenannt
SPR	Schweizerisches Privatrecht (mehrbändige systematische Darstellung, die periodisch aktualisiert wird), Basel
SR	Systematische Sammlung des Bundesrechts, Bern (laufend nachgeführt)/Ständerat
SSA	Schriften zum schweizerischen Arbeitsrecht, Bern
SSBR	Schweizer Schriften zum Bankrecht, Zürich
SSF	Schweizer Schriften zum Finanzmarktrecht, Zürich
SSHW	Schweizer Schriften zum Handels- und Wirtschaftsrecht, Zürich
SSTK	Schriftenreihe der Schweizerischen Treuhand- und Revisionskammer bzw. seit 1990: Schriftenreihe der Treuhandkammer, Zürich
ST	Der Schweizer Treuhänder, Zürich 1954 ff.
St. Galler Studien	St. Galler Studien zum Privat-, Handels- und Wirtschaftsrecht, Bern
StGB	Schweizerisches Strafgesetzbuch vom 21. Dezember 1937 (SR 311.0)
Swiss Code	Swiss Code of Best Practice for Corporate Governance vom 25. März 2002/21. Februar 2008, mit Anhang 1 vom 6. September 2007, Hrsg.: economiesuisse
Swiss GAAP FER	Swiss Generally Accepted Accounting Principles der «Fachkommission für Empfehlungen zur Rechnungslegung»
SWX	Swiss Exchange, Schweizer Effektenbörse, Zürich (seit Oktober 2008 = SIX)
SZVS	Schweizerische Zeitschrift für Volkswirtschaft und Statistik, Zürich 1864 ff.
SZW	Schweizerische Zeitschrift für Wirtschaftsrecht, Zürich 1990 ff. (vorher = SAG)
u.a.	unter anderem, und andere
u.E./W.	unseres Erachtens/Wissens
UEV-UEK	Verordnung der Übernahmekommission über öffentliche Kaufangebote vom 21. August 2008 (SR 954.195.1)

US GAAP	United States Generally Accepted Accounting Principles
usw.	und so weiter
u.U.	unter Umständen
v.a.	vor allem
VAG	Bundesgesetz betreffend die Aufsicht über Versicherungsunternehmen vom 17. Dezember 2004 (SR 961.01)
vgl.	vergleiche
VO	Verordnung
VR	Verwaltungsrat
VStG	Bundesgesetz über die Verrechnungssteuer vom 13. Oktober 1965 (SR 642.21)
VstV	Verordnung über die Verrechnungssteuer vom 19. Dezember 1966 (Verrechnungssteuerverordnung) (SR 642.211)
z.B.	zum Beispiel
ZBGR	Schweizerische Zeitschrift für Beurkundungs- und Grundbuchrecht, Wädenswil 1920 ff.
ZBJV	Zeitschrift des Bernischen Juristenvereins, Bern 1865 ff.
ZBR	Zürcher Beiträge zur Rechtswissenschaft (1978 abgelöst durch verschiedene Reihen der Zürcher Studien, ZSP)
ZGB	Schweizerisches Zivilgesetzbuch vom 10. Dezember 1907 (SR 210)
ZGR	Zeitschrift für Unternehmens- und Gesellschaftsrecht, Frankfurt a. M. 1972 ff.
ZHK	(Zürcher) Handkommentar zum Schweizer Privatrecht (Zürich 2007)
Ziff.	Ziffer
ZIP	Zeitschrift für Wirtschaftsrecht, Köln
zit.	zitiert
ZK	Zürcher Kommentar
ZR	Blätter für Zürcherische Rechtsprechung, Zürich 1902 ff.
ZSP	Zürcher Studien zum Privatrecht
ZSR	Zeitschrift für Schweizerisches Recht, Basel 1852 ff.; neue Folge: Basel 1882 ff.

Literatur

Die folgenden Publikationen werden nur mit dem Autorennamen und allenfalls dem *kursiv* gesetzten Stichwort zitiert. Zahlreiche weitere Angaben finden sich im Text.

ALLEMANN F.: Das Verhältnis des Reglementes zu den Statuten der Aktiengesellschaft (Diss. Zürich 1951 = ASR 551).

AMSTUTZ M.: Stärken und Schwächen des «Swiss Code of Best Practice for *Corporate Governance*» bei der Bekämpfung exzessiver Managerentschädigungen, in: Vogt/Stupp/Dubs (Hrsg.): FS Watter (Zürich 2008) 1 ff.
- *Konzernorganisationsrechten* – Ordnungsfunktion, Normenstruktur, Rechtssystematik (Diss. Zürich 1993).

BÄCHTOLD T. CH.: Die Information des Verwaltungsrats. Insbesondere das Recht auf Auskunft und Einsicht gemäss Art. 715a OR (Diss. Bern 1997 = ASR 601).

Basler Kommentar zum schweizerischen Privatrecht: OR II Art. 530–1186 (3. A. Basel 2008). Zitiert: Autor in BSK zu OR XX N YY.

BASTIAN O.: Délégation de compétences et répartition des tâches au sein du conseil d'administration (Lausanne 2010 = Série CEDIDAC vol. 85).

BAUEN/BERNET: Schweizer Aktiengesellschaft (Zürich 2007).

BAUEN/VENTURI: Der Verwaltungsrat: Organisation, Kompetenzen, Verantwortlichkeit, Corporate Governance (Zürich 2007). Zitiert: BAUEN/VENTURI.
- Swiss Board of *Directors:* Organisation, Powers, Liability, Corporate Governance (Zürich 2009, leicht gekürzt und aktualisiert dem vorzitierten Werk entsprechend).

BÄRTSCHI H.: Verantwortlichkeit im Aktienrecht (Diss. Zürich 2001 = SSHW 210).

BERTSCHINGER U.: *Arbeitsteilung* und aktienrechtliche Verantwortlichkeit (Zürich 1999).
- *Organisationsreglement,* Orientierungsanspruch über die Organisation der Geschäftsführung und aktienrechtliche Verantwortlichkeit bei Delegation, SZW *1997* 185 ff.

BINDER A.: Die Verfassung der Aktiengesellschaft (Diss. Basel 1987 = Reihe Handels- und Wirtschaftsrecht [Grüsch] Bd. 20).

BLANC M.: Corporate Governance dans les groupes de sociétés (Diss. Lausanne 2010 = SSHW 290).

BÖCKLI P.: Schweizer *Aktienrecht* (4. A. Zürich 2009).
- *Audit Committee:* Der Prüfungsausschuss des Verwaltungsrats auf Gratwanderung zwischen Übereifer und Unsorgfalt (Zürich 2005 = SA 22).
- Die unentziehbaren *Kernkompetenzen* des Verwaltungsrats (Zürich 1994 = SnA 7).
- *Konzernrecht:* Die Stellung des Verwaltungsrats einer in den Konzern eingeordneten Untergesellschaft, in: Baer Ch. (Hrsg.): Vom Gesellschafts- zum Konzernrecht (Bern/Stuttgart/Wien 2000 = St. Galler Studien 59) 35 ff.
- Corporate *Governance* und «Swiss Code of Best Practice», in: von der Crone/Weber/Zäch/Zobl (Hrsg.), FS Forstmoser (Zürich 2003) 257 ff.

Botschaft über die Revision des Aktienrechts vom 23. Februar 1983 (BBl *1983* II 745 ff.) Zitiert: Botschaft *1983*.

Botschaft zur Revision des Aktien- und Rechnungslegungsrechts vom 21. Dezember 2007 (BBl *2008* 1589 ff.). Zitiert: Botschaft *2007*.

Botschaft zur Volksinitiative «gegen die Abzockerei» und zur Änderung des Obligationenrechts (Aktienrecht) vom 5. Dezember 2008 (BBl *2009* 299 ff.). Zitiert: Botschaft *2008*.

BUFF H. G.: Compliance – Führungskontrolle durch den Verwaltungsrat (Diss. Zürich 2000 = SSHW 199).

VON BÜREN/STOFFEL/WEBER: Grundriss des Aktienrechts (2. A. Zürich 2007).

BÜRGI F. W.: Organisation der Aktiengesellschaft (OR 698–738), Zürcher Kommentar, Bd. V/5b/2 (Zürich 1969).

BÜRGI/NORDMANN-ZIMMERMANN: Die Aktiengesellschaft, Auflösung usw. (OR 739–771), Zürcher Kommentar, Bd. V/5b/3 (Zürich 1979).

CHAPPUIS F.: Règlement d'organisation du conseil d'administration et directives de l'employeur, GesKR *2007* 68 ff.

VON DER CRONE H. C.: Haftung und Haftungsbeschränkung in der aktienrechtlichen Verantwortlichkeit, SZW *2006* 2 ff.

VON DER CRONE/CARBONARA/MARTINEZ: Corporate Governance und Führungsorganisation in der Aktiengesellschaft, SJZ *2004* 405 ff.

DESSEMONTET F.: L'organisation des sociétés anonymes, in: Grundfragen des neuen Aktienrechts (Symposium Bär) (Bern 1993) 19 ff.

DRUEY J. N.: Der *Interessenkonflikt* im Unternehmen, in: Héritier Lachat A./ Hirsch L. (Hrsg.): FS Hirsch (Genf 2004) 235 ff.
- Gesellschafts- und Handelsrecht (10., völlig überarbeitete A. der Teile III und IV des Werkes von Theo Guhl, Zürich 2010).

EHRAT F. R.: Mehr Klarheit für den Verwaltungsrat, AJP *1992* 789 ff.

EIGENMANN E. J.: Das Reglement der Aktiengesellschaft, Die AG im neuen OR Heft 11 (Zürich 1952).

EMMENEGGER/GEIGER: Bank-Aktiengesellschaften. Statuten und Reglemente mit Mustern (Zürich 2004 = SnA 18).

EMMERICH V.: Aktien- und GmbH-Konzernrecht (5. A. München 2008).

FACINCANI/MAUERHOFER: Verantwortlichkeit des Verwaltungsrats bei unbefugter Delegation der Geschäftsführung, GesKR *2008* 267 ff.

FISCHER M. P.: Die Kompetenzverteilung zwischen Generalversammlung und Verwaltungsrat bei der Vermögensübertragung (Diss. Zürich 2007 = SSHW 262).

FORSTMOSER P.: Schweizerisches *Aktienrecht,* Bd. I/Lieferung 1 (Zürich 1981).
- *Eingriffe* der Generalversammlung in den Kompetenzbereich des Verwaltungsrats – Möglichkeiten und Grenzen, SZW *1994* 169 ff.
- *Haftung* im Konzern, in: Baer Ch. (Hrsg.): Vom Gesellschafts- zum Konzernrecht (Bern/Stuttgart/Wien 2000 = St. Galler Studien 59) 89 ff.
- Organisation und *Organisationsreglement* nach neuem Aktienrecht (Zürich 1992 = SnA 2).
- Die aktienrechtliche *Verantwortlichkeit* (2. A. Zürich 1987).
- *Aufgaben,* Organisation und Verantwortlichkeit des Verwaltungsrats, ST *2002* 485 ff.
- Horizontale *Integration* im Konzern, in: FS für Jean Nicolas Druey zum 65. Geburtstag (Zürich 2002) 383 ff.

FORSTMOSER/MEIER-HAYOZ/NOBEL: Schweizerisches Aktienrecht (Bern 1996).

GIGER G.: Corporate Governance als neues Element im schweizerischen Aktienrecht. Grundlagen sowie Anpassungsbedarf in den Bereichen Aktionärsrechte und Unternehmensleitung bei Publikumsgesellschaften (Diss. Zürich 2003 = SSHW 224).

GLAUS B. U.: Unternehmensüberwachung durch schweizerische Verwaltungsräte (Diss. oec. St. Gallen 1990 = SSTK 93).

VON GREYERZ CH.: Die Aktiengesellschaft, Schweizerisches Privatrecht, Bd. VIII/2 (Basel 1982).

GWELLESSIANI M.: Praxiskommentar zur Handelsregisterverordnung (Zürich 2008).

Handkommentar zum Schweizer Privatrecht (Zürich 2007). Zitiert: Autor in ZHK [Zürcher Handkommentar] zu OR XX N YY.

HOLZACH CH.: Der Ausschuss des Verwaltungsrats der Aktiengesellschaft und die Haftungsverhältnisse bei verwaltungsrats-internen Delegierungen: Das Verhältnis von Art. 714 Abs. 2 zu Art. 717 OR (Diss. Basel 1960, nicht publiziert).

HOMBURGER E.: Der Verwaltungsrat, Zürcher Kommentar, Bd. V/5b (Zürich 1997).

HORBER F.: Die Kompetenzdelegation beim Verwaltungsrat der AG und ihre Auswirkungen auf die aktienrechtliche Verantwortlichkeit (Diss. Zürich 1986 = SSHW 84).

HUNGERBÜHLER I. W.: Der Verwaltungsratspräsident (Diss. Zürich 2003 = SSHW 219).

ISELI T.: Führungsorganisation im Aktien-, Banken- und Versicherungsrecht (Diss. Zürich 2008 = SSF 87).

ISLER M. E.: Konsultativabstimmung und Genehmigungsvorbehalt zugunsten der Generalversammlung (Diss. Zürich 2010 = SSHW 297).

JUTZI T.: Verwaltungsratsausschüsse im schweizerischen Aktienrecht (Diss. Bern 2008 = ASR 755).

KAMMERER A. W.: Die unübertragbaren und unentziehbaren Kompetenzen des Verwaltungsrats (Diss. Zürich 1997 = SSHW 180).

KISSLING M.: Der Mehrfachverwaltungsrat (Diss. Zürich 2006 = SSHW 250).

KEPPELER P.: Das Organisations- und Geschäftsreglement bei Banken, ST *1995* 149 ff.

KOLLER H.: Das gesetzliche Grundgerüst – Arbeitsteilung in Führung und Kontrolle von Unternehmen, ST *2006* 802 ff.

KRNETA G.: Praxiskommentar Verwaltungsrat (2. A. Bern 2005).

Kummer A.: Organisationsreglement in der Aktiengesellschaft. Entscheidendes Instrument für die «Best Practice», ST *2006* 916 ff.

Kunz P. V.: Die Auskunfts- und Einsichtsrechte des Verwaltungsratsmitgliedes, AJP *1994* 572 ff.

Kübler/Assmann: Gesellschaftsrecht (6. A. Heidelberg 2006).

Lazopoulos M.: Massnahmen zur Bewältigung von Interessenkonflikten im Verwaltungsrat, AJP *2006* 139 ff.

Leibundgut H.: IKS – Zwischen Zwang und Bedarf, ST *2006* 838 f.

Meier R.: Die Aktiengesellschaft. Ein Rechtshandbuch für die praktische Arbeit in der schweizerischen Aktiengesellschaft (3. A. Zürich 2005).

Meier-Hayoz/Forstmoser: Schweizerisches Gesellschaftsrecht, mit neuem Recht der GmbH, der Revision und der kollektiven Kapitalanlagen (10. A. Bern 2007).

Meier-Schatz Ch.: Über die Zusammenarbeit des Verwaltungsrats mit der Generalversammlung: Organisationskonzept, Informationsbeschaffung durch den Aktionär und sein Klagerecht gegen GV-Beschlüsse, ST *1995* 823 ff.

Montavon P.: Droit Suisse de la SA (3. A. Lausanne 2004, 4. A. 2011 in Vorbereitung).

von Moos-Busch I.: Das Organisationsreglement des Verwaltungsrats (Diss. Zürich 1995).

Müller R.: Der Verwaltungsrat als Arbeitnehmer (Zürich 2005).

Müller/Lipp/Plüss: Der Verwaltungsrat – Ein Handbuch für die Praxis (3. A. Zürich 2007, enthält CD-ROM mit Musterdokumenten, einschliesslich eines Organisationsreglements).

Müller/Volkart (Hrsg.): Handbuch für den Verwaltungsrat (Zürich 2002).

Nadig/Marti/Schmid: Interne Kontrolle in mittelgrossen Schweizer Unternehmen – Kontrollminimum oder umfassendes IKS?, ST *2006* 112 ff.

Nobel P.: Corporate Governance und Aktienrecht. Bedeutung für KMU?, in: von der Crone/Weber/Zäch/Zobl (Hrsg.): FS Forstmoser (Zürich 1993) 325 ff.

Nobel/Groner: Aktienrechtliche Entscheide. Praxis zum schweizerischen Aktienrecht (3. A. Bern 2006).

PETER H.: De quelques conséquences ultimes de la direction unique dans les groupes, in: Héritier Lachat A./Hirsch L. (Hrsg.): FS Hirsch (Genf 2004) 177 ff.

PETITPIERRE-SAUVAIN A.: Groupes de sociétés: organisation, responsabilité et accidents majeurs, in: Héritier Lachat A./Hirsch L. (Hrsg.): FS Hirsch (Genf 2004) 183 ff.

VON PLANTA F.: Der Interessenkonflikt des Verwaltungsrats der abhängigen Konzerngesellschaft (Diss. Zürich 1988 = ZSP 59).

PEYER M.: Das interne Kontrollsystem als Aufgabe des Verwaltungsrats und der Revisionsstelle (Diss. St. Gallen 2009 = SSHW 283).

PEYROT P. R.: Informationspflichten der Konzernobergesellschaft gegenüber der Konzernuntergesellschaft (Diss. St. Gallen 2003).

PLÜSS A.: Die Rechtsstellung des Verwaltungsratsmitgliedes (Diss. Zürich 1990 = SSHW 130).

RICHARTZ H.: Interne Kontrolle für KMU – Andere Bedürfnisse, andere Lösungsansätze?, ST *2006* 846 ff.

ROTH M.: Good Corporate Governance: Compliance als Bestandteil des internen Kontrollsystems – Ein Handbuch für die Praxis (Zürich 2007).

ROTH PELLANDA K.: Organisation des Verwaltungsrats (Diss. Zürich 2007 = SSHW 268).

RÜDISSER M. F.: Boards of Directors at Work: An Integral Analysis of Non-transferable Duties under Swiss Company Law from an Economic Perspective (Diss. oec. St. Gallen, Bamberg 2009).

RUEPP R. U.: Die Aufteilung der Konzernleitung zwischen Holding- und Managementgesellschaft (Diss. Zürich 1994 = SSHW 157).

Schweizer Handbuch der Wirtschaftsprüfung (HWP), 4 Bände (Zürich 2009).

SCHMITT P.: Das Verhältnis zwischen Generalversammlung und Verwaltung in der Aktiengesellschaft (Diss. Basel 1991 = SSHW 155).

SIBBERN E.: Einfluss der Generalversammlung auf die Geschäftsführung – Delegation vs. Konsultation, in: FS von der Crone (Zürich 2007) 229 ff.

SIEGWART A.: Die Aktiengesellschaft, Allgemeine Bestimmungen (OR 620–659), Zürcher Kommentar, Bd. V/5a (Zürich 1945).

SOMMER C. A.: Die Treuepflicht des Verwaltungsrats gemäss Art. 717 Abs. 1 OR (Diss. Zürich 2010 = SSHW 298).

Swiss Code of Best Practice for Corporate Governance vom 25. März 2002/21. Februar 2008, erweitert durch Anhang 1 vom 6. September 2007, Hrsg.: economiesuisse. Zitiert: Swiss Code.

TANNER B.: Die Generalversammlung, Zürcher Kommentar, Bd. V/5b (Zürich 2003). Zitiert: TANNER.

– *Quoren* für die Beschlussfassung in der Aktiengesellschaft (Diss. Zürich 1987 = SSHW 100).

TRIGO TRINDADE: Le conseil d'administration de la société anonyme (Diss. Genf, Basel 1996).

UMBACH P.: Das Organisationsreglement als Mittel zum Schutz vor Verantwortlichkeitsansprüchen, in: Weber R. H. (Hrsg.): Verantwortlichkeit im Unternehmensrecht III (Zürich 2006) 25 ff.

VOGT H.: Aktienrecht, *Entwicklungen* (Bern 2006 ff. Jährlich erscheinende Übersicht über die Entwicklungen in der Gesetzgebung sowie neue Entscheide und Literatur. Bisher erschienen sind vier Bände für 2006, 2007/8, 2008, 2009. Der Band für 2009 ist verfasst von U. P. GNOS und P. HANSELMANN).

VOLLMAR J.: Grenzen der Übertragung von gesetzlichen Befugnissen des Verwaltungsrats an Ausschüsse, Delegierte und Direktoren (Diss. Bern 1986).

WALDBURGER M.: Die Gleichbehandlung von Mitgliedern des Verwaltungsrates (Diss. St. Gallen 2002 = St. Galler Studien 66).

WATTER R.: Verwaltungsratsausschüsse und Delegierbarkeit von Aufgaben, in: von der Crone/Weber/Zäch/Zobl (Hrsg.): FS Forstmoser (Zürich 2003) 183 ff.

WATTER/PÖSCHEL: Rechtliche Pflichten und Verantwortung der Führungsorgane – Praktische Hinweise und Empfehlungen, ST *2006* 816 ff.

WATTER/ROTH PELLANDA: in: Basler Kommentar zum Schweizerischen Privatrecht, Obligationenrecht II (3. A. Basel/Genf/München 2008) Art. 716–717.

– Die «richtige» *Zusammensetzung* des Verwaltungsrats, in: Weber R. (Hrsg.): Verantwortlichkeit im Unternehmensrecht III (Zürich 2006) 47 ff.

– Geplante *Neuerungen* betreffend die Organisation des Verwaltungsrats, GesKR *2008* 129 ff.

WEBER M.: Vertretung im Verwaltungsrat. Qualifikation – Zulässigkeit – Schranken (Diss. Zürich 1993 = SSHW 155).

WEGMÜLLER M.: Die Ausgestaltung der Führungs- und Aufsichtsaufgaben des schweizerischen Verwaltungsrats (Diss. Bern 2008 = ASR 746).

WENNINGER R. M.: Die aktienrechtliche Schweigepflicht (Diss. Zürich 1983 = SSHW 70)

WERNLI M.: in: Basler Kommentar zum Schweizerischen Privatrecht, Obligationenrecht II (3. A. Basel/Genf/München 2008) Art. 707–715a.

WIDMER/GERICKE/WALLER: in: Basler Kommentar zum Schweizerischen Privatrecht, Obligationenrecht II (3. A. Basel/Genf/München 2008) Art. 754–761.

WUNDERER F. R.: Der Verwaltungsrats-Präsident (Diss. oec. St. Gallen 1995 = SSHW 163).

WYSS L.: Das IKS und die Bedeutung des (Legal) Risiko-Management für VR und Geschäftsleitung im Lichte der Aktienrechtsreform 2007, SZW *2007* 27 ff.

ZWICKER ST.: Der Inhalt des Organisationsreglements nach dem neuen Aktienrecht, ST *1994* 55 ff.

Einleitung und Übersicht

a) Der dritte Abschnitt des Aktienrechts[1] befasst sich – wie seine Überschrift besagt – mit der «**Organisation der Aktiengesellschaft**». Der Titel ist freilich zu eng gefasst: Es geht nicht nur um Fragen der Organisation, sondern ganz generell um die Regelung der **Organe** der AG – ihrer Aufgaben, der Art der Willensbildung und Beschlussfassung, der Wählbarkeitsvoraussetzungen und eben der Organisation.

In diesem dritten Abschnitt findet sich ein Untertitel «**B. Der Verwaltungsrat**»[2]. Darin werden angesprochen

- die Bestellung und Zusammensetzung des Verwaltungsrats[3],

- seine Organisation[4],

- dessen Kompetenzen, insbesondere dessen unübertragbare und unentziehbare Aufgaben und die Möglichkeiten der Aufgabendelegation[5],

- die Sorgfalts- und Treuepflicht der Verwaltungsratsmitglieder[6],

- die Vertretung der AG durch Mitglieder des Verwaltungsrats und Dritte[7],

- die Haftung der AG für deliktisches Verhalten ihrer Organe[8],

- besondere Verhaltens- und Verfahrenspflichten bei Kapitalverlust und Überschuldung[9]

- und schliesslich die Abberufung der von Verwaltungsrat oder Generalversammlung bestellten Organpersonen und Beauftragten sowie deren Einstellung in ihren Funktionen[10].

---

[1] OR 698–731a.
[2] OR 707–726.
[3] OR 707–710.
[4] OR 712–715a. Bei diesem Marginale wird nicht nur die Organisation geregelt, sondern auch die Beschlussfassung (OR 713), die Konsequenz fehlerhafter Beschlüsse (OR 714) sowie das Recht des einzelnen Verwaltungsratsmitglieds auf Auskunft und Einsicht (OR 715a).
[5] OR 716–716b.
[6] OR 717.
[7] OR 718–721.
[8] OR 722.
[9] OR 725 f.
[10] OR 726.

3   b) Diese Publikation befasst sich mit den **Aufgaben** und der **Organisation des Verwaltungsrats**[11], also schwergewichtig mit OR 712–715a und 716–716b. Dabei kommt einem in OR 716b genannten Dokument eine zentrale Bedeutung zu: dem vom Verwaltungsrat zu erlassenden **Organisationsreglement**.

4   OR 716b II umschreibt den **Inhalt** dieses Reglements wie folgt: Es

«ordnet die Geschäftsführung, bestimmt die hierfür erforderlichen Stellen, umschreibt deren Aufgaben und regelt insbesondere die Berichterstattung».

5   Der E Aktienrecht bestimmt – basierend auf einem Vorschlag der Arbeitsgruppe «Corporate Governance»[12] – etwas ausführlicher:

«Das Organisationsreglement legt namentlich fest:

1. die innere Organisation und gegebenenfalls die Ausschüsse des Verwaltungsrats;

2. die Ordnung der Geschäftsführung, die Bezeichnung der mit der Geschäftsführung betrauten Stellen und deren Aufgaben;

3. die Modalitäten der Berichterstattung;

4. die wichtigen Geschäfte, die der Genehmigung durch den Verwaltungsrat bedürfen»[13].

6   c) Der Erlass des Organisationsreglements steht **ausschliesslich in der Kompetenz des Verwaltungsrats** selbst[14]. Die Generalversammlung ist nicht befugt, ein solches zu beschliessen[15], ja sie hat nicht einmal das Recht, den Verwaltungsrat bindend zu beauftragen, ein Organisationsreglement zu erlassen[16]. Ausser in kleinen und einfachen Verhältnissen wird sich aber ein Organisationsreglement aufdrängen:

7   Gemäss OR 716a I Ziff. 2 hat der Verwaltungsrat das Recht und die Pflicht zur «**Festlegung der Organisation**». Zwar enthält das Gesetz dispositiv eine allgemeine Ordnung: «**Der Verwaltungsrat führt die Geschäfte der Gesellschaft**»[17],

---

[11]   Sowie einer allfälligen Geschäftsleitung.
[12]   BÖCKLI/HUGUENIN/DESSEMONTET: Expertenbericht der Arbeitsgruppe «Corporate Governance» (Zürich 2004 = SnA 21) 229.
[13]   E Art. 716c II (BBl *2008* 1783, dazu auch Botschaft *2007* 1687). Die Bestimmung wurde von den Räten ohne Änderung übernommen.
[14]   OR 716b I, dazu hinten § 8 N 31.
[15]   Näheres hinten § 9 N 20 ff.
[16]   Vgl. hinten § 9 N 32, ferner § 3 N 4 ff.
[17]   OR 716 II.

wobei präzisierend festgehalten wird, dass die Geschäftsführung – falls nichts anderes vorgesehen wird – «**allen Mitgliedern des Verwaltungsrats gesamthaft**» zusteht[18]. Eine solche Ordnung passt jedoch nur für Kleinstgesellschaften, bei denen Aktionäre, Verwaltungsratsmitglieder und Mitarbeitende identisch sind.

In allen übrigen Fällen müssen zumindest einzelne Aufgaben delegiert werden, sei es an bestimmte Mitglieder des Verwaltungsrats, sei es an eine Geschäftsleitung. Aus OR 716b I[18a] folgt, dass eine Delegation von Geschäftsführungskompetenzen nur in einem Organisationsreglement[19] wirksam erfolgen kann. Anders ausgedrückt: **Ohne Organisationsreglement keine rechtswirksame Kompetenzdelegation.** 8

d) Der Erlass eines Organisationsreglements liegt auch im ureigenen Interesse der Mitglieder des Verwaltungsrats. Bekanntlich sind Verwaltungsratsmitglieder einer strengen **persönlichen Haftung** unterworfen: Nach OR 754 sind sie der AG, den Aktionären und den Gläubigern der Gesellschaft (in im Einzelnen unterschiedlicher Ausgestaltung) 9

> «für den Schaden verantwortlich, den sie durch absichtliche oder fahrlässige Verletzung ihrer Pflichten verursachen».

Daraus ergibt sich eine Haftung, die vor allem im Konkursfall zu harten Konsequenzen führen kann. Doch ist eine **Haftungsbefreiung** – oder zumindest -milderung – möglich bei **Delegation**: Dann entfällt nach OR 754 die persönliche Haftung insoweit, als nachgewiesen wird, dass man 10

> «bei der Auswahl, Unterrichtung und Überwachung [der Delegationsempfänger] die nach den Umständen gebotene Sorgfalt angewendet hat»[20].

Diese Haftungsbefreiung tritt aber nur ein, wenn die Delegation «**befugterweise**»[21] erfolgt ist, und dafür braucht es nach OR 716b I, wie erwähnt, als formelles Erfordernis den **Erlass eines Organisationsreglements**. 11

e) Die Themenkreise «**Organisation**» und «**Aufgaben**» des Verwaltungsrats, die Möglichkeiten der **Kompetenzdelegation** und die Frage der **Ausgestaltung und des Inhalts des Organisationsreglements** gehören daher untrennbar zu- 12

---

[18] OR 716b III.
[18a] Zitiert hinten § 2 N 12.
[19] Zu den formalen Anforderungen s. § 15 N 12 ff.; zur Präzisierung dieser Aussage s. § 4 N 20 ff.
[20] Beschränkung der Haftung auf die sog. *curae in eligendo, instruendo* und *custodiendo*.
[21] OR 754 II.

sammen. Die vorliegende Publikation trägt dem Rechnung. Sie befasst sich schwergewichtig mit dem Organisationsreglement, bettet dessen Besprechung aber ein in eine Darstellung der Aufgaben und der Arbeitsweise des Verwaltungsrats (sowie seiner Beziehungen zur Generalversammlung) und der Geschäftsleitung:

13 – Einleitend wird auf die **Organe der AG** generell eingegangen (1. Kapitel und § 1, S. 7 ff.).

14 – Anschliessend werden die Möglichkeiten der **Organisation der Unternehmensleitung einer schweizerischen AG** vorgestellt (2. Kapitel). Das schweizerische Aktienrecht zeichnet sich aus durch grosse Gestaltungsfreiheit (§ 2, S. 21 ff.). Als gesetzliche Grundordnung ist zwar – wie soeben erwähnt – vorgesehen, dass die Mitglieder des Verwaltungsrats gesamthaft zur Geschäftsführung berechtigt und verpflichtet sind (§ 3, S. 29 ff.). Doch können die Geschäftsführungskompetenzen delegiert werden (dazu allgemein § 4, S. 35 ff.), innerhalb des Verwaltungsrats (§ 5, S. 59 ff.), an eine Geschäftsleitung (§ 6, S. 125 ff.) oder an Dritte (§ 7, S. 140 ff.). Gewisse Aufgaben müssen jedoch unübertragbar beim gesamten Verwaltungsrat verbleiben (§ 8, S. 154 ff.).

15 – In Exkursen werden zwei Themen behandelt: Wie und inwieweit kann die Generalversammlung auf die Organisation der Unternehmensleitung Einfluss nehmen (§ 9, S. 207 ff.)? Welche persönlichen Konsequenzen riskieren die Mitglieder des Verwaltungsrats, wenn sie es unterlassen, für eine angemessene Organisation zu sorgen (§ 10, S. 237 ff.)?

15a – Weiter (3. Kapitel) wird die **Arbeitsweise der aktienrechtlichen Exekutivorgane** besprochen: des Verwaltungsrats als Gesamtorgan (§ 11, S. 248 ff.), seiner Ausschüsse (§ 12, S. 279 ff.) sowie einer allfälligen Direktion, Geschäfts-, Konzern- oder Gruppenleitung (§ 13, S. 283 ff.).

16 – Das nächste (4.) Kapitel befasst sich mit den **Dokumenten**, welche die innergesellschaftlichen Rechtsgrundlagen der Organisation einer AG enthalten, den Statuten und Reglementen im Allgemeinen (§ 14, S. 292 ff.) und dem Organisationsreglement insbesondere (§ 15, S. 304 ff.).

17 – Ein Schwergewicht liegt auf der Darstellung des typischen **Inhalts des Organisationsreglements** (5. Kapitel) mithilfe von zahlreichen **Beispielen für Klauseln**, wie sie in der Praxis vorkommen und als Anregung für die eigene Gestaltung dienen können:

17a – Nach einer Übersicht (§ 16, S. 311 ff.) wird zunächst der übliche einleitende Abschnitt vorgestellt (§ 17, S. 317 ff.); anschliessend geht es um die Regeln für Aufgaben und Arbeitsweise des Verwaltungsrats (§ 18, S. 322 ff.) und seiner Ausschüsse (§ 19, S. 344 ff.) sowie für Verwaltungsratsmitglieder mit besonderen Funktionen (§ 20, S. 351 ff.). Es folgt eine Besprechung von Klauseln, die für alle Verwaltungsratsmitglieder Anwendung finden sollen (§ 21, S. 356 ff.). Sodann werden Bestimmungen für die Geschäfts- oder Konzernleitung (§ 22, S. 365 ff.) und für einzelne Geschäfts- oder Konzernleitungsmitglieder mit besonderen Funktionen (§ 23, S. 374 ff.) besprochen. Weitere Paragrafen befassen sich mit gemeinsamen Bestimmungen, die für alle Organe und Organpersonen gelten sollen (§ 24, S. 378 ff.), der Regelung weiterer Funktionsträger wie der Internen Revision (§ 25, S. 381 ff.) und den üblichen Schlussbestimmungen (§ 26, S. 384 ff.). Nach einem Exkurs zu den besonderen Bestimmungen, die sich in Reglementen von Publikumsgesellschaften finden (§ 27, S. 387 ff.), schliesst eine Übersicht über Anhänge und Zusatzdokumente, wie sie oft dem Organisationsreglement beigefügt werden, dieses Kapitel ab (§ 28, S. 391 ff.).

- Im letzten Kapitel schliesslich wird auf die **Informationsrechte** von Aktionären und Dritten bezüglich der Organisation der AG eingegangen (6. Kapitel und § 29, S. 395 ff.).

- Als **Anhänge** (S. 405 ff.) sind **Musterreglemente** abgedruckt, und dies war wohl für manchen Leser ein wesentlicher Grund für den Kauf des Buches. Dazu sei eine **Warnung** angebracht: Musterreglemente sind zwar als Arbeitsgrundlage kommod, aber sie ersetzen nie die Auseinandersetzung mit den Bedürfnissen und Voraussetzungen des Einzelfalls. «*One size fits all*» ist für die Organisation einer AG keine gute Maxime, und ungeprüftes Kopieren macht wenig Sinn. Vielmehr ist eine detaillierte Studie der konkreten Umstände unumgänglich. Mustertexte und die im 5. Kapitel enthaltenen Beispiele für einzelne Klauseln können jedoch eine gute Basis sein, als **Checkliste für die eigene Ausgestaltung.**

Da diese Publikation vor allem als Nachschlagewerk benutzt werden dürfte, finden sich im Dienste der Benutzerfreundlichkeit zahlreiche Querverweisungen, und es werden gelegentlich auch Aussagen wiederholt, die schon an anderer Stelle gemacht wurden.

1. Kapitel und § 1

Die Organe der AG und die Abgrenzung ihrer Kompetenzen

I. Übersicht

1. Der Organbegriff im Aktienrecht[1]

a) Eine juristische Person braucht, um ihre Ziele verfolgen zu können, eine **Organisation**. Aufgaben müssen bestimmten **Funktionsträgern** zugeordnet werden. Diese werden als **Organe** bezeichnet.

b) Gleichzeitig wird das Wort «Organ» auch in einem engeren Sinne verwendet, zur Bezeichnung des (auch) **nach aussen auftretenden** Funktionsträgers. «Organ» ist in diesem Sinne gleichbedeutend mit «Exekutivorgan» oder «Verwaltung»[2].

c) Schliesslich dient der Organbegriff zur Abgrenzung des Personenkreises, welcher den besonderen **aktienrechtlichen Verantwortlichkeitsbestimmungen** von OR 754 ff. unterworfen ist – derjenigen Personen also, die Aufgaben der Verwaltung, Geschäftsführung und Liquidation wahrnehmen[3].

---

[1] Vgl. statt aller R. H. WEBER: Juristische Personen, in: SPR II/4 (Basel 1998) 154 ff.; M. VETTER: Der verantwortlichkeitsrechtliche Organbegriff gemäss Art. 754 Abs. 1 OR (Diss. St. Gallen 2007 = SSHW 261) 3 ff.; C. THALER: La notion d'organe au sens de l'art. 754 CO (Diss. Lausanne 2007 = Collection Quater 18); P. FORSTMOSER: Der Organbegriff im aktienrechtlichen Verantwortlichkeitsrecht, in: FS Meier-Hayoz (Bern 1982) 125 ff.

[2] Erfasst werden dabei sowohl das für die Geschäftsführung zuständige **Gremium als Gesamtheit** (so in OR 716, 716a, 716b) wie auch die in diesem Gremium tätigen **Einzelpersonen** (so in OR 722, wobei dort im Marginale richtigerweise von «Haftung *für* Organe» und nicht von «Haftung *der* Organe» gesprochen werden müsste, was im E Aktienrecht richtiggestellt worden ist). «Verwaltung» als Gremium sind sowohl der Verwaltungsrat (OR 707 ff.) wie auch eine allfällige Geschäftsleitung bzw. Direktion. (Letztere wird – obwohl in der Praxis häufig – im Gesetz nicht explizit genannt. Die Rede ist vielmehr nur von den in der Geschäftsleitung tätigen Personen, die in OR 718 II «Direktoren», in OR 716b I «Dritte» genannt werden.)

[3] Dazu VETTER (zit. Anm. 1) *passim*. Das Gesetz spricht von mit diesen Funktionen «befassten» Personen (OR 754 I), womit zum Ausdruck gebracht werden soll, dass eine formelle Bestellung nicht nötig ist, sondern die Haftung auch dann greift, wenn sich jemand – ohne hiefür formell zuständig zu sein – wie ein Organ verhält, also Organfunktionen wahrnimmt. Man spricht in diesem Zusammenhang von Organen im materiellen oder funktionellen Sinn bzw. von faktischen Organen (vgl. – differenzierend zu diesen beiden Begriffen – VETTER 16 ff., sodann etwa P.-O. GEHRIGER: Faktische Organe im Gesellschaftsrecht... [Diss. St. Gallen 1979 = SSHW 34]. Es sind dies Personen, die **tatsächlich Organen vorbehaltene Entscheide treffen** oder die eigentliche **Geschäftsführung besorgen** und so die Willensbildung der Gesellschaft massgebend mitbestimmen (vgl. statt aller BGE 128 III 93 f., 114 V 213 ff., 107 II 349 f.).
Unter den materiellen Organbegriff können etwa Grossaktionäre fallen, die sich in die Geschäftstätigkeit einmischen, insb. eine Muttergesellschaft, die im Interesse einer einheitlichen Konzernleitung (vgl. OR 663e) die Geschicke ihrer Tochtergesellschaften bestimmt,

3a d) In diesem ersten Paragrafen geht es um den Organbegriff in seiner ersten, umfassendsten Bedeutung, im Folgenden dann zur Hauptsache um die Exekutivorgane.

2. Die gesetzlich vorgeschriebenen Organe der AG und ihre Aufgaben[4]

4   a) Das Gesetz sieht drei Organe der AG zwingend vor: die **Generalversammlung**[5], den **Verwaltungsrat**[6] und – falls die AG mehr als zehn Vollzeitstellen im Jahresdurchschnitt hat[7] – die **Revisionsstelle**[8].

5   b) In einem Unternehmen lassen sich – abstrakt und stark vereinfacht – vier Funktionsbereiche unterscheiden: die **Willensbildung**, die **Ausführung**, die materielle **Aufsicht** über die Zweckmässigkeit und Angemessenheit der Ausführungshandlungen sowie die mehr formelle **Kontrolle** der rechtlichen und buchhalterischen Korrektheit der Tätigkeit und insbesondere der Berichterstattung in der Jahresrechnung[9].

6   Versucht man, diese Funktionen den gesetzlich vorgeschriebenen Organen einer AG zuzuordnen, so erscheint die **Generalversammlung** als das Wil-

---

oder Verwaltungsratsmitglieder dieser Muttergesellschaft; vgl. etwa A. VOGEL: Die Haftung der Muttergesellschaft als materielles, faktisches oder kundgegebenes Organ der Tochtergesellschaft (Diss. St. Gallen 1997 = St. Galler Studien 51). Materielle Organe können aber auch graue Eminenzen sein, die vielleicht in der gesellschaftlichen Hierarchie tief angesiedelt sind, tatsächlich aber entscheidenden Einfluss nehmen – dies allerdings nur dann, wenn ihr Einfluss aus einer organtypischen Stellung heraus erfolgt. Vgl. statt vieler FORSTMOSER, Verantwortlichkeit N 657 ff.; P. ISLER: Die kreditgebende Bank – ein faktisches Organ des Schuldners?, in: FS Zobl (Zürich 2004) 287 ff.; A. LÄNZLINGER: Die Haftung des Kreditgebers (Diss. Zürich 1992 = SSHW 138) 190 ff.; H. PETER: La Responsabilité – et par – l'Organe de Fait, in: Chappuis/Peter/von Planta: Responsabilité de l'Actionnaire majoritaire (Zürich 2000) 29 ff. – Die Grenzziehung ist nicht immer leicht, die bundesgerichtliche Praxis nicht immer kohärent, vgl. BGE 117 II 432 ff. mit BGE 117 II 570 ff. sowie BGE 128 III 29 ff. mit BGE 128 III 92 ff. Aus neuerer Zeit vgl. BGE 132 III 528 ff. (Organstellung bejaht) und 136 III 20 ff. (Organstellung verneint). Fest steht jedenfalls, dass die «blosse Mithilfe bei der Entscheidfindung» nicht genügt, dass vielmehr die «Kompetenzen ... wesentlich über die Vorbereitung und Grundlagenbeschaffung hinausgehen und sich zu einer massgebenden Mitwirkung bei der Willensbildung verdichten» müssen (BGE 117 II 573).

[4] Vgl. BINDER; BÜRGI, Vorb. zu Art. 698–731; FORSTMOSER/MEIER-HAYOZ/NOBEL § 20.
[5] OR 698–706b.
[6] OR 707–726.
[7] Wird diese Schwelle nicht überschritten, kann mit Zustimmung sämtlicher Aktionäre auf die Revisionsstelle verzichtet werden, OR 727a II.
[8] OR 727–731a.
[9] Vgl. dazu MEIER-HAYOZ/FORSTMOSER § 16 N 570 ff.

lensbildungsorgan[10], der **Verwaltungsrat** als Exekutive[11] und schliesslich die **Revisionsstelle** als das Organ, das über die buchhalterische und rechtliche Korrektheit der Tätigkeiten und der Berichterstattung wacht[12].

Es fehlt – im Gegensatz etwa zu Deutschland, dessen Aktienrecht einen sog. **Aufsichtsrat**[13] kennt – ein eigentliches **Aufsichtsorgan**, das die Oberaufsicht über die Geschäftsführung – ihre Zweckmässigkeit und nicht nur ihre rechtliche Korrektheit – wahrnimmt und sich im Wesentlichen auf diese Aufgabe beschränkt. Die Aufsichtsfunktion muss also von einem der drei anderen Organe übernommen werden:

- In aller Regel ist dies der **Verwaltungsrat**[14]: Das Gesetz sieht die Möglichkeit vor, die Geschäftsführung vom Verwaltungsrat auf Dritte (eine Direktion oder Geschäfts- bzw. Konzernleitung) zu übertragen[15]. Macht der Verwaltungsrat von dieser Delegationsmöglichkeit Gebrauch – und in mittleren und grösseren Aktiengesellschaften ist dies eine Notwendigkeit und Selbstverständlichkeit –, dann kann er schwergewichtig zum **Auf-**

---

10 Entsprechend der Versammlung der Stimmbürger in der Ordnung von öffentlichrechtlichen Institutionen. Hier wie dort geht es freilich nur um die grundlegenden Entscheidungen, einschliesslich der wichtigsten personellen Entscheide. – Im Aktienrecht gibt es keine Form der «indirekten» Demokratie, keine Möglichkeit, ein «Parlament» einzuführen. Anders das Genossenschaftsrecht, das für Gesellschaften mit mehr als 300 Mitgliedern fakultativ die Delegiertenversammlung vorsieht (OR 892). In der Lehre wird die Einführung solcher Möglichkeiten für die AG diskutiert, vgl. FORSTMOSER (zit. Anm. 40) 50 f.
11 Entsprechend dem Regierungsrat oder kleinen Gemeinderat. «Ausführung» ist dabei im Sinne einer Konkretisierung zu verstehen, die auch wichtige und weichenstellende Entscheidungen – etwa die Festlegung der Strategie – mit erfassen kann.
12 Eine Analogie zur Judikative im öffentlichen Recht ist nicht sinnvoll.
13 Zur Einführung und rechtsvergleichend M. LUTTER: Rechte und Pflichten des deutschen Aufsichtsrats. Eine rechtliche Betrachtung mit Blick auf den Schweizer Verwaltungsrat, in: von Büren/Hausheer/Wiegand (Hrsg.): Grundfragen des neuen Aktienrechts (Bern 1993) 35 ff. – Dem deutschen Aufsichtsrat wurden in neuerer Zeit durch Gesetzesreformen zusätzliche Kompetenzen zugewiesen, doch bleibt es bei einer klaren Abgrenzung zum Vorstand als Exekutivorgan. – Vgl. zum Rechtsvergleich auch BÖCKLI, *Aktienrecht* § 13 N 896 ff.
14 Vgl. BÖCKLI, *Aktienrecht* § 13 N 300, wonach der schweizerische Verwaltungsrat «jedenfalls nach dem Grundkonzept Aufsichtsrat und Vorstand zugleich» ist.
15 OR 716b I.

sichts- und **Überwachungsorgan**[16] werden, wobei er freilich darüber hinaus **Oberleitungs**organ bleibt[17, 17a].

9 – Möglich ist es sodann, die Aufgaben der **Revisionsstelle** zu erweitern[18] und diese mit einer Prüfung der Geschäftsführung zu betrauen[19]. Auch kann die Generalversammlung «zur Prüfung der Geschäftsführung oder einzelner Teile Sachverständige ernennen»[20]. Solche Prüfungen können allerdings nie die Überwachungsaufgaben des Verwaltungsrats ersetzen, sondern immer nur ergänzend zu diesen hinzutreten.

10 – In kleinen Verhältnissen, in welchen die Aktionäre über die nötige Sachkompetenz und Nähe zur Gesellschaft verfügen, kann schliesslich auch die **Generalversammlung** Aufsichtsfunktionen direkt ausüben, wiederum zusätzlich zur und nicht anstelle der Überwachung durch den Verwaltungsrat. In der Praxis finden sich freilich kaum je explizite Regelungen dieser Art[21]. Doch ist es in kleineren Gesellschaften vielfach üblich, dass wesentliche strategische und oft auch taktische Entscheidungen mit dem Aktionariat **informell** abgestimmt werden. Auf diese Weise – durch laufende Begleitung – kann faktisch die Aufsicht über die Geschäftstätigkeit durch die Aktionäre ausgeübt werden[22].

---

[16] OR 716a I Ziff. 5, wonach die «Oberaufsicht» eine unübertragbare und unentziehbare Aufgabe des Verwaltungsrats ist.

[17] Siehe OR 716a I Ziff. 1, wonach auch die «Oberleitung der Gesellschaft» zu den unübertragbaren und unentziehbaren Aufgaben des Verwaltungsrats gehört. Das Gesetz weist dem Verwaltungsrat überdies eine Reihe spezifischer Aufgaben zwingend zu, vgl. die – nicht ganz vollständige – Aufzählung von OR 716a I und dazu hinten § 8 N 18 ff.

[17a] Gleich verhält es sich, wenn der (Gesamt-)Verwaltungsrat die Geschäftsführung an einen aus seiner Mitte gebildeten Ausschuss überträgt.

[18] OR 731a I. Vgl. dazu H. BERWEGER: Die Prüfung der Geschäftsführung durch die Kontrollstelle im schweizerischen Aktienrecht (Diss. Basel 1980 = SSTRK B 43).

[19] Ob die Revisionsstelle mit einer umfassenden und dauernden Prüfung der Zweckmässigkeit der Geschäftsführung beauftragt oder ob ihr nur die Prüfung bestimmter Aspekte der Geschäftsführung zugewiesen werden kann, ist im Einzelnen umstritten, vgl. R. ABOLFATHIAN-HAMMER: Das Verhältnis von Revisionsstelle und Revisor zur Aktiengesellschaft (Diss. Bern 1992 = Berner Beiträge zum Steuer- und Wirtschaftsrecht Heft 5) 32 ff.

[20] OR 731a III.

[21] Zur Frage, inwieweit der gesetzlich vorgesehene Aufgabenkreis der Generalversammlung zulasten des Verwaltungsrats erweitert werden kann, vgl. hinten § 9 N 87 ff.

[22] Der Bundesrat wollte im Rahmen der laufenden Aktienrechtsreform die Möglichkeit einführen, statutarisch für bestimmte Entscheide des Verwaltungsrats den Vorbehalt einer Genehmigung durch die Generalversammlung vorzusehen (E Aktienrecht 716b I, dazu hinten § 9 N 81 ff.). Der Ständerat hat die entsprechende Norm jedoch – u.E. zu Recht – ersatzlos gestrichen (vgl. AmtlBull SR *2009* 701), und der Nationalrat hat sie nicht wieder aufgenommen. – Eine entsprechende, noch weiter gehende Bestimmung findet sich seit Anfang 2008

3. Gesetzlich nicht vorgeschriebene Organe

a) Die genannten Organe – Generalversammlung, Verwaltungsrat und allenfalls Revisionsstelle – sind **notwendige Funktionsträger** der AG[23]. Daneben steht es der Gesellschaft frei, statutarisch oder auch im Rahmen eines Organisationsreglements **weitere Organe** vorzusehen.

b) In der Praxis verbreitet ist die Bestellung einer **Geschäftsleitung, Direktion** oder **Konzernleitung** als Organ, das mit der **laufenden Geschäftsführungstätigkeit** betraut und für die **taktischen Entscheide** zuständig ist. Dieses Organ, an das die Geschäftsführungskompetenzen **vollumfänglich delegiert** werden können, ist in OR 716b I erwähnt[24]. Der Verwaltungsrat wird dadurch vom Alltagsgeschäft entlastet, wobei er nach schweizerischem Recht freilich nie zu einem reinen Aufsichtsorgan mutieren kann[25], weil ihm wichtige Aufgaben, die weit über Aufsichtsfunktionen hinausgehen, unübertragbar zugewiesen sind[26].

Die **Delegation** der Geschäftsführungskompetenzen im grösstmöglichen gesetzlich erlaubten Umfang[27] ist eine Notwendigkeit in mittleren und vor allem grossen Gesellschaften, in denen – was die Regel ist – ein nebenamtlich tätiger Verwaltungsrat mit beschränkter zeitlicher Verfügbarkeit agiert. In der Praxis wird aber auch in kleineren und kleinsten Gesellschaften in den Statuten routinemässig die **Möglichkeit** der Übertragung der Geschäftsführung an einzelne Verwaltungsratsmitglieder oder eine Geschäftsleitung (Direktion) vorgesehen, was dem Verwaltungsrat eine flexible Anpassung an – sich allenfalls wandelnde – Bedürfnisse erlaubt[28].

c) Seltener ist die Einsetzung von weiteren Organen. Grössere Gesellschaften haben vereinzelt **Beiräte** bestellt, denen unterschiedlichste Funktionen zukommen können[29].

---

    im Recht der GmbH: OR 811, vgl. dazu FORSTMOSER/PEYER: Die Einwirkung der Gesellschafterversammlung auf geschäftsführende Entscheide in der GmbH, SJZ *2007* 397 ff.
[23] Zu einer Ausnahme für die Revisionsstelle in kleinen Verhältnissen vgl. vorn Anm. 7.
[24] Das Gesetz spricht von «Dritten», setzt diese dann aber in OR 718 II den «Direktoren» gleich, vgl. vorn Anm. 2.
[25] Ein Pendant zum deutschen Aufsichtsratssystem ist nach schweizerischem Recht nicht möglich, vgl. OR 716a und dazu ausführlich BÖCKLI, *Aktienrecht* § 13 N 896 ff.
[26] Dazu im Einzelnen § 8 N 18 ff.
[27] Dazu Näheres hinten § 8 N 161 ff.
[28] Die statutarische Basis ist eine notwendige – wenn auch nicht ausreichende – formelle Voraussetzung für eine rechtswirksame Kompetenzdelegation, vgl. dazu hinten § 2 N 12 f.
[29] Dazu hinten § 5 N 258 ff.

15 d) Wichtig ist, dass zusätzliche Organe dann, wenn ihnen mehr als nur beratende, vorbereitende oder vollziehende Funktionen zukommen sollen, nur unter Beachtung sowohl **materieller als auch formeller Schranken** bestellt werden können:

16 – **Materiell** findet die Kompetenzdelegation ihre Grenze in den Aufgaben, die dem Gesamtverwaltungsrat durch OR 716a und vereinzelte weitere Bestimmungen zwingend und unübertragbar zugewiesen sind[29a].

17 – **Formell** ist zu beachten, dass eine Delegation von Geschäftsführungsaufgaben nur dann rechtswirksam ist, wenn die Statuten den Verwaltungsrat dazu ermächtigen[30] und dieser im Rahmen seiner Ermächtigung die Delegation in einem bestimmten Dokument – dem Organisationsreglement – vollzogen hat[31].

II. Zwingende Zuweisung bestimmter Kernaufgaben an jedes der drei Organe (sog. Paritätsprinzip)

1. Möglichkeiten der Kompetenzordnung zwischen den Organen

18 Im Verhältnis der gesetzlich vorgeschriebenen Organe zueinander und vor allem zwischen Generalversammlung und Verwaltungsrat sind grundsätzlich drei Konzepte denkbar[32]:

19 – Nach der **Omnipotenztheorie** soll die Generalversammlung alle Entscheide fällen bzw. an sich ziehen können.

20 – Nach dem **Führerprinzip** soll dagegen der Verwaltungsrat die massgebenden Kompetenzen innehaben.

21 – Das **Paritätsprinzip** endlich weist jedem Organ bestimmte Aufgaben zu, für die es grundsätzlich allein zuständig ist.

[29a] Dazu § 8.
[30] S. § 2 N 12 ff.
[31] Zur flexiblen Auslegung der formellen Anforderungen hinten § 14 N 43 f., § 15 N 18 ff.
[32] Ausführlich dazu TANNER N 9 ff. zu OR 698 und neuestens BASTIAN 7 ff. sowie ISLER 3 ff. Vgl. sodann auch etwa DESSEMONTET 24 ff.; WEGMÜLLER 86 ff.; ferner FORSTMOSER/MEIER-HAYOZ/NOBEL § 20 N 9 ff.

2. Die Entscheidung des schweizerischen Rechts

a) OR 698 I lautet:

«Oberstes Organ der Aktiengesellschaft ist die Generalversammlung der Aktionäre»[33].

Entgegen dem ersten Anschein ist diese Bestimmung nicht als Bekenntnis zur Omnipotenztheorie zu verstehen: Die Generalversammlung ist vielmehr lediglich **formell** und **hierarchisch** oberstes Organ, insofern nämlich, als sie das Wahlorgan der beiden anderen zwingend vorgesehenen Organe ist und in ihre Kompetenz die grundlegendsten Entscheide, insbesondere die Festsetzung und Abänderung der Statuten und der Kapitalbasis, fallen.

Funktionell beruht das schweizerische Recht vielmehr auf dem **Paritätsprinzip**. Es ist dies zumindest herrschende Lehre[34]. Die Praxis des Bundesgerichts hat der Sache nach – ohne sich im Einzelnen festzulegen – ebenfalls die Paritätstheorie zugrunde gelegt[35], und in den Arbeiten zur Aktienrechtsreform 1968/1991 hat sich der Gesetzgeber explizit zu diesem Konzept bekannt[36]. In der anstehenden erneuten Reform des Aktienrechts wollte der Bundesrat zwar den Einflussbereich der Generalversammlung erweitern[37], ohne dass

---

[33] Die Bestimmung soll unverändert in das künftige Aktienrecht übernommen werden.
[34] Vgl. mit ausführlichen Hinweisen BASTIAN 10 ff., 26 f. sowie etwa FORSTMOSER/MEIER-HAYOZ/NOBEL § 20 N 12. TANNER N 37 ff. zu OR 698 scheint dagegen von einer eingeschränkten Omnipotenztheorie auszugehen, wie schon früher BÜRGI, Vorb. zu Art. 698–731 N 43. Sachlich ist damit freilich kaum anderes gemeint als mit der Paritätstheorie. – Zum Verhältnis von Verwaltungsrat und Generalversammlung vgl. auch R. SECRÉTAN: L'assemblée générale, «pouvoir suprême» de la société anonyme (698 CO)?, SAG *1958/59* 153 ff. und SCHMITT *passim*.
[35] Vgl. etwa die Erwägungen in BGE 78 II 374 f., in welchem Entscheid die Möglichkeit eines ausnahmsweisen Eingriffs der Generalversammlung in den Kompetenzbereich der Verwaltung behandelt wird, sodann – mit ähnlicher Problematik – BGE 100 II 384 ff., insb. 387 f. Die bundesgerichtlichen Aussagen sind zumindest insofern eindeutig, als das Bundesgericht der Generalversammlung nicht ein allgemeines Recht einräumt, Kompetenzen des Verwaltungsrats an sich zu ziehen, vgl. Analyse und Folgerungen bei BASTIAN 14 ff., 23. Zu Ausnahmesituationen vgl. hinten § 9 N 87 ff. Ausführlich zur bundesgerichtlichen Praxis neuestens ISLER 7 ff.
[36] Vgl. Botschaft *1983* 842: Es sei «[d]er sogenannten Omnipotenztheorie, wonach die Generalversammlung grundsätzlich alle Entscheide fällen kann und in alle Entscheidungskompetenzen des Verwaltungsrats eingreifen darf, ... eine Absage erteilt» worden. Vgl. sodann auch das Protokoll der Beratungen der ständerätlichen Kommission 1985–1988, S. 320 ff. sowie das Protokoll der Beratungen der Kommission des Nationalrates 1989–1990, S. 193 ff.; ferner die Botschaft zur Revision des GmBH-Rechts vom 19. Dezember 2001, BBl *2002* 3148 ff., 3204 Anm. 56.
[37] E Aktienrecht 716b I, dazu vorn Anm. 22 und hinten § 9 N 81 ff.

aber vom Grundsatz abgewichen werden sollte, dass jedem Organ gewisse Aufgaben zwingend zugewiesen sind[38]. Das Parlament hat eine solche Erweiterung jedoch abgelehnt[39], womit es im Wesentlichen bei der bisherigen Ordnung bleibt[40].

25 b) Im Gesetz zeigen sich die Auswirkungen des Paritätsprinzips darin, dass jedem der drei obligatorischen Organe bestimmte Kompetenzen **zwingend zugeordnet** worden sind:

26 – OR 698 II zählt eine Reihe grundlegender Kompetenzen auf, die als «**unübertragbare Befugnisse**» der **Generalversammlung** umschrieben werden[41].

27 – OR 716a Abs. 1 enthält eine Liste von **unübertragbaren und unentziehbaren**[42] **Aufgaben des Verwaltungsrats**. Dazu gehören im Wesentlichen die **Oberleitung der Gesellschaft,** die Bestimmung der **Unternehmensstrategie** und die **Oberaufsicht** über die (allfälligen anderen) Exekutivorgane, die Festlegung der **Organisation,** die **Planung** und insbesondere die **Finanzplanung,** die Einrichtung angemessener **Kontrollen**[43], die **Risikobeurteilung**[44], sodann die wichtigsten **personellen Entscheide** und der Ver-

---

[38] Vgl. Botschaft *2007* 1611 und 1686.
[39] Zur Entwicklung der gesetzlichen Ordnung s. ISLER 13 ff.
[40] Im Einzelnen werden sich freilich Verschiebungen ergeben: Bei den Publikumsgesellschaften sollen der **Generalversammlung** zusätzliche Kompetenzen hinsichtlich der Entschädigungen von Verwaltungsrat und Geschäftsleitung zugewiesen werden, und allgemein wird umgekehrt die Möglichkeit geschaffen, dem **Verwaltungsrat** durch Schaffung eines Kapitalbandes erweiterte Befugnisse zur Gestaltung der Kapitalbasis einzuräumen, vgl. dazu statt aller P. FORSTMOSER: Die «grosse» Aktienrechtsreform – Übersicht und Gesamtwürdigung, in: R. Watter (Hrsg): Die «grosse» Schweizer Aktienrechtsrevision (Zürich 2010 = SSHW 300) 1 ff., insb. 14 f. 43 f.; mit Hinweisen.
[41] Zitiert in § 2 N 18.
[42] Die Präzisierung «unentziehbar» ist in der Beratung des Gesetzes im Ständerat hinzugefügt worden, um klarzustellen, dass die Generalversammlung diese Kompetenzen nicht usurpieren kann. Vgl. AmtlBull NR *1983* 98.
[43] In der Liste von OR 716a I ist zwar nur von der «Finanzkontrolle» die Rede (Ziff. 3). Doch muss nach OR 728a I Ziff. 3 die Revisionsstelle bei der ordentlichen Revision prüfen, ob «ein internes Kontrollsystem existiert», was ein solches rechtlich zwingend voraussetzt. OR 728a I Ziff. 3 ist seit dem 1.1.2008 in Kraft, eine Verantwortung für angemessene Kontrollen bestand aber seit jeher, und sie besteht auch bei Gesellschaften, deren Jahresrechnung nicht der ordentlichen Revision unterliegt (vgl. PEYER *passim*, insb. 28 ff.).
[44] Auch diese Pflicht bestand seit jeher, und auch sie ist – wie die Verantwortung für das «interne Kontrollsystem» – quasi durch die Hintertür in das Gesetz aufgenommen worden: vgl. § 8 N 27.

kehr mit den Aktionären und schliesslich der **Gang zum Gericht** im Falle der Überschuldung[45].

- Auch der **Revisionsstelle** sind gewisse Aufgaben zwingend – also sowohl unübertragbar wie auch unentziehbar – zugewiesen[46], was schon deshalb geboten ist, weil die Revisionsstelle ihre Prüfungsaufgaben «auch zum Schutze Dritter» erfüllt[47]. 28

c) In dieser Publikation interessieren im Verhältnis der Organe zueinander vor allem drei Fragen: 29

- Welche Aufgaben sind **dem Verwaltungsrat unübertragbar und unentziehbar zugewiesen,** welche Aufgaben muss der Verwaltungsrat also bei jeder AG in eigener Verantwortung erfüllen? Und was bedeutet dies konkret[48]? 30

- Welches sind die (formellen) **Voraussetzungen** und die (materiellen) **Wirkungen** einer in den Schranken des zwingenden Rechts erfolgten zulässigen Delegation von Verwaltungsratskompetenzen an einzelne Verwaltungsratsmitglieder oder an eine Geschäfts- bzw. Konzernleitung[49]? 31

- Und schliesslich: Inwieweit kann die **Generalversammlung** trotz des Paritätsprinzips **in den Kompetenzbereich des Verwaltungsrats eingreifen** – im Normalfall oder in Ausnahmesituationen[50]? 32

Aus den Antworten auf diese Leitfragen ergeben sich die **Anforderungen an das Organisationsreglement einer AG** und an seinen unabdingbaren Inhalt, aber auch die **Grenzen der organisatorischen Gestaltungsfreiheit** im Aktienrecht. 33

---

[45] Dazu hinten § 8 N 97.
[46] Vgl. OR 728a ff., 729a ff.
[47] BGE 106 II 235; Urteil 4C. 13/1997 vom 19.12.1997, publiziert in Pra *1998* 680 ff., 682, referiert von L. GLANZMANN in AJP *1998* 1235 ff., von K. A. HONOLD in ST *1998* 1069 ff. und von A. HIRSCH in SZW *1999* 48 ff. Kritisch zur Mehrheitsmeinung K. HÜTTE in ST *1988* 304 f.; ferner PETER BÖCKLI: Neuerungen im Verantwortlichkeitsrecht für die Revisionsstelle, SnA 8 (Zürich 1994) 35 ff.
[48] Dazu § 8.
[49] Dazu §§ 5 und 6.
[50] Dazu § 9.

2. Kapitel

Die Organisation der aktienrechtlichen Exekutive

§ 2 Aktienrechtliche Gestaltungsfreiheit[1]

I. Übersicht

a) Die grosse Flexibilität, die das schweizerische Aktienrecht für die Ausgestaltung der Unternehmensleitung – Festlegung der Organisation, Strategieentwicklung, Oberleitung, Überwachung und Geschäftsführung – gewährt, ergibt sich aus drei Bestimmungen:

aa) In OR 716 II wird als Grundsatz festgehalten:

«Der Verwaltungsrat führt die Geschäfte der Gesellschaft ...».

Diese Norm ist dispositiver Natur, was in OR 716 II explizit festgehalten wird: Die Geschäftsführung durch den Verwaltungsrat selbst wird nur verlangt,

«soweit er [der Verwaltungsrat] die Geschäftsführung nicht übertragen hat».

bb) Für die geschäftsführende Tätigkeit des Verwaltungsrats ist im Gesetz das **Kollegialprinzip** verankert: Die Geschäftsführung steht nach OR 716b III

«allen Mitgliedern des Verwaltungsrats gesamthaft zu».

Wiederum ist die Bestimmung dispositiver Natur: Auch der Grundsatz der Gesamtgeschäftsführung soll nur gelten,

«[s]oweit die Geschäftsführung nicht übertragen worden ist ...».

cc) Ergänzt wird diese Ordnung durch die Präzisierung von OR 716b I a.E., wonach es möglich ist, die Geschäftsführung

«ganz oder zum Teil an einzelne Mitglieder [des Verwaltungsrats] oder an Dritte zu übertragen»[2].

b) Dies erlaubt es, das im Einzelfall angemessene organisatorische Konzept umzusetzen:

---

[1] Vgl. dazu etwa BAUEN/VENTURI N 227 ff.; BÖCKLI, *Aktienrecht* § 13 N 531 ff.; P. FORSTMOSER: Gestaltungsfreiheit im schweizerischen Gesellschaftsrecht, ZGR 1998 254 ff.; DERS.: Monistische oder dualistische Unternehmensverfassung? Das Schweizer Konzept, ZGR 2003 688 ff.; FORSTMOSER/MEIER-HAYOZ/NOBEL § 29 N 5 ff.; HUNGERBÜHLER 7 ff.; ROTH PELLANDA N 112 ff., 127 ff.; WEGMÜLLER 156 ff., 177 ff.; WUNDERER 23 ff.

[2] Die Bestimmung wird wiederholt und konkretisiert in OR 718 II, wonach «die Vertretung einem oder mehreren Mitgliedern [des Verwaltungsrats] (Delegierte) oder Dritten (Direktoren) übertragen» werden kann. Zur Frage, ob durch OR 718 II die Möglichkeit einer Delegation an Dritte auf Personen **innerhalb der Gesellschaft** eingeschränkt wird, vgl. § 7 N 5.

8 – Der Verwaltungsrat kann die Geschäftsführung vollumfänglich **in seiner Hand behalten**[3].

9 – Er kann die Geschäftsführung oder Teile derselben **innerhalb des Verwaltungsrats** delegieren, an einen **Ausschuss**[4] oder an ein **einzelnes Mitglied**[5].

10 – Eine Delegation ist aber auch **an Dritte innerhalb der Gesellschaft,** an eine Direktion, Geschäfts- oder Konzernleitung oder an einzelne Mitglieder eines solchen Gremiums (etwa den CEO oder den CFO) möglich[6], und schliesslich – aber das ist rechtlich delikat[6] – an Dritte **ausserhalb der Gesellschaft** (etwa im Konzern an die Konzernober- oder an eine Managementgesellschaft)[7].

11 Die Flexibilität des schweizerischen Rechts[8] gerade auch im Hinblick auf die Organisation der Exekutive lässt zudem **Kombinationen** der verschiedensten Art zu und ermöglicht eine rasche **Anpassung an geänderte Verhältnisse.** Dabei geht es stets darum, die **für eine bestimmte Unternehmung in ihrer derzeitigen Situation** und im Hinblick auf ihre **personellen Ressourcen** optimale Lösung zu finden, eine Lösung, die einerseits **schlagkräftige Entscheidungen** möglich macht und anderseits die erforderlichen *checks and balances* sicherstellt.

II. Voraussetzungen und Schranken einer Abweichung von der dispositiven gesetzlichen Ordnung

1. Formelle Voraussetzungen

12 a) Das Gesetz ermöglicht Abweichungen von der subsidiär geltenden gesetzlichen Ordnung – Gesamtgeschäftsführung durch den Verwaltungsrat – nur unter **Einhaltung bestimmter Formen,** die sich aus OR 716b I ergeben:

---

[3] Dazu § 3.
[4] Dazu § 5 N 2 ff.
[5] Dazu § 5 N 206 ff.
[6] Vgl. dazu § 7 N 1 ff., § 8 N 187 ff.
[7] Zur Delegation an Dritte innerhalb der Gesellschaft § 6, zur Delegation an Dritte ausserhalb der Gesellschaft § 7.
[8] Dazu neuestens auch BASTIAN 149 ff.

«Die Statuten können den Verwaltungsrat ermächtigen, die Geschäftsführung nach Massgabe eines Organisationsreglements [...] zu übertragen.»

Die Übertragung der Geschäftsführungskompetenz kann also wirksam (und haftungsbefreiend bzw. -beschränkend[9]) nur vollzogen werden, wenn zwei **formellen Anforderungen** Genüge getan wird. Diese setzen ein **Zusammenspiel von Aktionariat und Verwaltungsrat** voraus[10]:

- In den Statuten – und damit durch die **Aktionäre** – muss eine **Ermächtigung** zur Kompetenzdelegation vorgesehen sein.

- Im Rahmen dieser Ermächtigung **kann** der **Verwaltungsrat** die Geschäftsführung oder Teile derselben delegieren. Doch **muss er dies nicht tun;** vielmehr entscheidet er in eigener Verantwortung, **ob** er delegieren und welche Kompetenzen er in der Hand behalten will[11]. Selbstverantwortlich entscheidet er auch, **an wen** – im Rahmen des gesetzlich Zulässigen – eine allfällige Übertragung von Geschäftsführungsaufgaben erfolgen soll:

    - an einen **Ausschuss** des Verwaltungsrats,
    - an einen **Delegierten** des Verwaltungsrats,
    - oder an **Dritte** innerhalb der AG (eine Direktion, Geschäfts- oder Konzernleitung, deren Mitglieder nicht dem Verwaltungsrat angehören) oder auch ausserhalb (etwa eine Managementgesellschaft).

Entscheidet sich der Verwaltungsrat für eine Delegation, dann muss er ein **Formerfordernis** erfüllen: Die Delegation ist nur wirksam, wenn sie in einem **Organisationsreglement** erfolgt[12].

b) In der Praxis finden sich in den Statuten – selbst bei Kleinstgesellschaften – praktisch ausnahmslos Bestimmungen, welche den Verwaltungsrat ermächtigen, die **Geschäftsführung vollumfänglich**[13] **zu delegieren**[14]. Der Verwal-

---

[9] Dazu § 10.
[10] Näheres dazu hinten § 15 N 12 ff.
[11] Zu spezialgesetzlichen Einschränkungen vgl. § 4 N 7 ff.
[12] Zur Frage, inwieweit eine Kompetenzdelegation auch ohne statutarische Grundlage haftungsbefreiend sein kann, s. hinten § 10 N 22 ff.
[13] Ausnahmsweise wird die Kompetenz zur Delegation statutarisch nur mit Einschränkungen gewährt, weil die Aktionäre Wert darauf legen, dass der Verwaltungsrat gewisse – aufgrund der gesetzlichen Ordnung an sich delegierbare – Aufgaben in seiner Hand behält oder dass die Delegation nur an ein bestimmtes Organ erfolgen kann.
[14] Dabei wird meist die Formulierung von OR 716b I übernommen. Entsprechende Klauseln finden sich durchwegs auch in den Musterstatuten, vgl. statt aller ZINDEL/HONEGGER/ISLER/BENZ: Statuten der Aktiengesellschaft (2. A. 1997 = SnA 1) Art. 13 II:

tungsrat einer schweizerischen AG hat daher in aller Regel **grossen Spielraum** für die Ausgestaltung der Funktion «Unternehmensleitung und Geschäftsführung».

2. Materielle Schranken

18 a) Der Freiheit zur privatautonomen Gestaltung sind **inhaltlich** Grenzen gesetzt durch OR 716a I. In dieser Norm werden dem Verwaltungsrat **zwingend** gewisse «**unübertragbare und unentziehbare Aufgaben**» zugewiesen, nämlich[15]:

- «die Oberleitung der Gesellschaft und die Erteilung der nötigen Weisungen;
- die Festlegung der Organisation;
- die Ausgestaltung des Rechnungswesens, der Finanzkontrolle sowie der Finanzplanung, sofern diese für die Führung der Gesellschaft notwendig ist;
- die Ernennung und Abberufung der mit der Geschäftsführung und der Vertretung betrauten Personen;
- die Oberaufsicht über die mit der Geschäftsführung betrauten Personen, namentlich im Hinblick auf die Befolgung der Gesetze, Statuten, Reglemente und Weisungen;
- die Erstellung des Geschäftsberichtes sowie die Vorbereitung der Generalversammlung und die Ausführung ihrer Beschlüsse;
- die Benachrichtigung des Richters im Falle der Überschuldung»[16, 17].

«Der Verwaltungsrat kann die Geschäftsführung oder einzelne Teile derselben sowie die Vertretung der Gesellschaft an eine oder mehrere Personen, Mitglieder des Verwaltungsrats oder Dritte, die nicht Aktionäre sein müssen, übertragen. Er erlässt das Organisationsreglement und ordnet die entsprechenden Vertragsverhältnisse.»

[15] Die Liste ist – entgegen der gesetzgeberischen Absicht – nicht vollständig, vgl. § 8 N 6, 98 ff.

[16] Im Einzelnen hinten § 8 N 118.

[17] In der bevorstehenden Revision des Aktienrechts soll dieser Aufgabenkatalog nur eine minimale Korrektur erfahren: Die Finanzplanung soll erfolgen müssen, «sofern diese *nach Umfang und Art für das Geschäft* notwendig ist» (E Aktienrecht 716a I Ziff. 3).

Diese Kompetenzzuweisung steht – wie erwähnt[17a] – der Umsetzung eines reinen Aufsichtsratssystems entsprechend deutschem Vorbild entgegen, und sie schafft Probleme in Konzernverhältnissen[18].

b) Von selbst versteht sich, dass die **unübertragbaren Befugnisse der beiden anderen gesetzlich zwingend vorgesehenen Organe** – Generalversammlung[19] und Revisionsstelle[20] – den Kompetenzen des Verwaltungsrats Schranken setzen.

III. Exkurs: Organisatorische Flexibilität als Erklärung für die Verbreitung der Aktiengesellschaften in der Schweiz

a) Das schweizerische Aktienrecht unterscheidet sich von anderen kontinentaleuropäischen Ordnungen – und ganz besonders von der «extrem verrechtlichten Unternehmensverfassung»[21] des deutschen Aktiengesetzes – durch eine

---

[17a] § 1 Anm. 25.
[18] Dazu hinten § 7 N 32 ff.
[19] Zu deren unübertragbaren Befugnissen vgl. OR 698 II: Es gehören dazu die Festlegung der Statuten (und damit auch der Grundkapitalbasis), die Wahl und Abberufung der Mitglieder des Verwaltungsrats und der Revisionsstelle, die Entlastung der Mitglieder der Exekutive, die Genehmigung von Jahresbericht, Jahresrechnung und Konzernrechnung sowie die Beschlussfassung über die Verwendung des Bilanzgewinns. Im E Aktienrecht wird diese Liste beibehalten, terminologisch angepasst und um Zuständigkeiten hinsichtlich der Ausschüttung von Interimsdividenden ergänzt (E Aktienrecht 698, in den Räten marginal abgeändert).
Vorbehalten wird sodann in OR 698 II allgemein «die Beschlussfassung über die Gegenstände, die der Generalversammlung durch das Gesetz oder die Statuten vorbehalten sind». Diese Bestimmung hätte im künftigen Aktienrecht eine neue Tragweite erhalten, falls der bundesrätliche Vorschlag (E Aktienrecht 716b) umgesetzt worden wäre, wonach die Statuten hätten vorsehen können, dass «der Verwaltungsrat der Generalversammlung bestimmte Entscheide zur Genehmigung vorlegen muss». Die Bestimmung wurde aber in der ständerätlichen Beratung gestrichen. Vgl. dazu vorn § 1 N 24.
[20] Zu deren zwingend vorgesehenen Aufgaben vgl. OR 728a–728c und 729a–729c. Kompetenzkonflikte mit dem Verwaltungsrat ergeben sich – anders als bei der Generalversammlung – kaum: Der Revisionsstelle obliegen im Wesentlichen Kontroll- und Berichterstattungspflichten. Und selbst da, wo ihr Geschäftsführungshandlungen zugewiesen sind (Einberufung der Generalversammlung [OR 699 I] und Benachrichtigung des Gerichts bei Überschuldung [OR 728c III und 729c]), ist das Konfliktpotenzial insofern gemildert, als die Kompetenz der Revisionsstelle subsidiär zur entsprechenden Pflicht des Verwaltungsrats ist und nur dann zum Tragen kommt, wenn der Verwaltungsrat pflichtwidrig untätig geblieben ist.
[21] So F. KÜBLER in ZHR *2003* 222 ff., 229. Eine gewisse Flexibilisierung ergibt sich im deutschen Recht durch die 1994 eingeführten Bestimmungen für die kleine AG, vgl. BÖCKLI,

weniger dichte und viel Freiraum für die privatautonome Gestaltung belassende Regelung[22]. Dies gilt insbesondere auch hinsichtlich der Ausgestaltung der Zuständigkeiten für Strategie, Geschäftsführung und Kontrolle bzw. Risiko-Management[23]. Es ist dies der Hauptgrund dafür, dass die schweizerische AG als «**Mädchen für alles**» für die unterschiedlichsten Unternehmenstypen und wirtschaftlichen Zielsetzungen gleichermassen zum Einsatz kommt, für den kleinen Einpersonenbetrieb und die Familiengesellschaft wie für das Stammhaus weltweit tätiger Unternehmen, für Produktions- wie für Holdinggesellschaften, für personen- wie für kapitalbezogene Gebilde[24].

Aktienrecht § 1 N 108, und neuestens durch die Reformen im Zuge der Umsetzung der Vorgaben für die Europäische AG, der EG-Verordnung 2157/2001 über das Statut der Europäischen Gesellschaft.

[22] Dem schweizerischen Gesetzgeber genügen 143 Artikel (ergänzt durch einige Sonderbestimmungen für bestimmte Branchen – Banken, Versicherungen und Fondsleitungen – und seit 1998 durch spezielle Regeln für börsenkotierte Gesellschaften im BEHG), und diese sind meist viel kürzer als die 410 Paragrafen des deutschen Aktiengesetzes. Anders als die Bestimmungen des deutschen Rechts (vgl. § 23 Abs. 5 AktG) sind die schweizerischen Normen im Zweifel dispositiver Natur.

[23] Den 40 Paragrafen des AktG zu Vorstand und Aufsichtsrat entsprechen 19 Artikel des OR zu Verwaltungsrat und Direktion. Die bevorstehende Revision des schweizerischen Aktienrechts führt zu keiner wesentlichen Erweiterung: Neben einigen Umformulierungen und Präzisierungen kommen nur zwei Regelungsbereiche neu hinzu: Präzisierungen bzw. Ergänzungen zur Sorgfalts- und Treuepflicht (E Aktienrecht 717a und 717b) und eine Erweiterung der Pflichten des Verwaltungsrats in finanziellen Krisen (E Aktienrecht 725a). Der Bundesrat hatte – wie bereits mehrmals erwähnt – noch eine weitere Neuerung vorgesehen, die von erheblicher Tragweite hätte sein können: die Möglichkeit, bestimmte Entscheide des Verwaltungsrats einem Genehmigungsvorbehalt zugunsten der Generalversammlung zu unterstellen (E Aktienrecht 716b). Diese Bestimmung wurde in der ständerätlichen Beratung gestrichen (vgl. § 1 N 24).

[24] Für personenbezogene Aktiengesellschaften schafft freilich OR 680 I Probleme. Danach kann ein Aktionär «nicht verpflichtet werden, mehr zu leisten als den für den Bezug einer Aktie bei ihrer Ausgabe festgesetzten Betrag». Dem Bedürfnis nach einer stärker personenbezogenen Ausgestaltung der Mitgliedschaft trägt man in der Praxis durch **Aktionärbindungsverträge** Rechnung, dadurch also, dass die aktienrechtliche, körperschaftliche Ordnung überlagert und ergänzt wird durch vertragliche (zumeist als einfache Gesellschaften zu qualifizierende) Vereinbarungen der Aktionäre untereinander. Vgl. dazu statt vieler O. BLOCH: Les conventions d'actionnaires et le droit de la société anonyme (Diss. Lausanne, Genf 2006); M. HINTZ-BÜHLER: Aktionärbindungsverträge (Diss. Bern 2001 = ASR 659); TH. LANG: Die Durchsetzung des Aktionärbindungsvertrags (Diss. Basel 2003 = SSHW 221); J. DOHM: Les accords sur l'exercice du droit de vote de l'actionnaire (Diss. Genf 1971); D. FISCHER: Änderungen im Vertragsparteienbestand von Aktionärsbindungsverträgen (Diss. Zürich 2009 = SSHW 281); ferner P. BÖCKLI: Aktionärbindungsverträge, Vinkulierung und statutarische Vorkaufsrechte unter neuem Aktienrecht, ZBJV 1993 475 ff. und P. FORSTMOSER: Der Aktionärbindungsvertrag an der Schnittstelle zwischen Vertrags- und Körperschaftsrecht, in: FS Rey (Zürich 2003) 375 ff.

b) Die Zahlen sind eindrücklich: Ende 2010 gab es in der Schweiz 189 515 Aktiengesellschaften, von denen eine verschwindend kleine – volkswirtschaftlich freilich hoch wichtige – Gruppe Publikumsgesellschaften waren[25], die erdrückende Mehrzahl dagegen personenbezogene, zumeist kleinere und kleine Gebilde. Die GmbH als zweithäufigste Rechtsform zählte 124 826 Einheiten[26].

22

Dies kann freilich nicht darüber hinwegtäuschen, dass in den letzten anderthalb Jahrzehnten bei den Neugründungen die **GmbH der AG den Rang abgelaufen** hat: Die GmbH führte in der Schweiz während fünf Jahrzehnten ein Mauerblümchendasein. 1936 als Retortenbaby nach deutschem Vorbild gezeugt[27], blieb sie während einem halben Jahrhundert weitgehend bedeutungslos: Ende 1991 bedienten sich knapp 2800 Gesellschaften dieser Rechtsform, neben 166 470 Aktiengesellschaften[28]. Seither haben sich die Verhältnisse dramatisch geändert; die GmbH ist zum Star avanciert, die AG stagniert[29]. Der Hauptgrund für diese erstaunliche Kehrtwendung in der Popularität der Körperschaftsformen liegt in der letzten Reform des Aktienrechts (1968–1991), mit welcher eine Reihe von Verschärfungen einherging, insbesondere bei der Gründung[30], aber auch hinsichtlich der Prüfung der Jahresrechnung[31]. Gleichzeitig wurde die Flexibilität zur privatautonomen Gestaltung da und dort ein-

23

---

25 An der SIX Swiss Exchange waren die Aktien von 242 schweizerischen Gesellschaften kotiert, an der BX Berne eXchange von 38.
26 Statistik des Eidg. Amtes für das Handelsregister.
27 Vgl. dazu die bundesrätliche Botschaft zur Revision des OR vom 21. Februar 1928, BBl *1928* I 205 ff, 271 ff.
28 Davon dürften mehr als 100 000 Kleinaktiengesellschaften gewesen sein.
29 In den Jahren um die Jahrtausendwende betrug der Zuwachs an GmbHs jeweils ein Vielfaches im Vergleich zum Zuwachs an AGs. Inzwischen ist die Differenz geringer geworden, doch nahm im Jahr 2010 die Zahl der GmbHs immer noch mehr als doppelt so viel zu wie die Zahl der AGs (6692 gegenüber 2546 neuen Einheiten).
30 Das Minimalkapital wurde von CHF 50 000 auf CHF 100 000 angehoben (gegenüber CHF 20 000 bei der GmbH), die minimal bei der Gründung zu leistende Liberierung von CHF 20 000 auf 50 000 (gegenüber CHF 10 000 bei der GmbH). Weit wichtiger dürfte gewesen sein, dass für die Sacheinlage- und die Sachübernahmegründung bei der AG neu ein Gründungsbericht notwendig ist, der über die «Angemessenheit der Bewertung» Auskunft geben muss (OR 635 Ziff. 1) und der durch einen Revisor auf seine Richtigkeit zu überprüfen ist (OR 635a). Dies kostet Geld und erschwert die Einbringung von Aktiven zu überhöhten Werten, während bei der GmbH vor der 2008 in Kraft getretenen Totalrevision willkürliche Wertfestsetzungen bis hin zur eigentlichen Schwindelgründung nach wie vor möglich blieben.
31 Im Aktienrecht wurden die Anforderungen an die Revisionsstelle verschärft, während bei der GmbH die Revision fakultativ blieb. Durch die per 1.1.2008 erfolgte Einführung einer rechtsformunabhängigen Regelung der Revision ist dieser Unterschied entfallen und durch eine Ordnung nach dem Grundsatz *«same business, same rules»* ersetzt worden.

geschränkt, so bei der Vinkulierung[32]. Das Recht der GmbH dagegen blieb bis auf Weiteres auf dem Stand von 1936. Die Anfang 2008 in Kraft getretene Totalrevision des GmbH-Rechts hat nun zwar in manchen Punkten eine Annäherung in der Regelung der beiden Rechtsformen gebracht, doch dürfte dies die Attraktivität der GmbH nicht schmälern – zumal man sich inzwischen der besonderen Vorteile der GmbH für personenbezogene Gesellschaften bewusst geworden ist, insbesondere der Möglichkeit von Nachschuss- und Nebenleistungspflichten, von Austritt und Ausschluss, aber auch von fast unbeschränkten Zutrittsschranken[33].

24 Für die absehbare Zukunft bleibt es trotzdem dabei, dass die AG die mit Abstand wichtigste Rechtsform für kleine und mittlere Unternehmen und die fast ausschliesslich verwendete Rechtsform für Grossunternehmen[34] ist.

* * *

25 Im Folgenden sollen nun die (in der Praxis nur selten umgesetzte) gesetzliche **Grundordnung** der AG (§ 3, S. 29 ff.) und die vom Gesetz zur Verfügung gestellten (und in der Praxis üblichen) **Alternativen** (§§ 4–6, S. 35 ff.) vorgestellt werden, ferner eine in Konzernverhältnissen gelegentlich anzutreffende Variante (§ 7, S. 140 ff.).

---

[32] Die im bisherigen Recht bei Gesellschaften mit Namenaktien zulässige Ablehnung von Aktienerwerbern «ohne Angabe von Gründen», die statutarisch routinemässig vorgesehen war, wurde ersetzt durch eine differenzierte Ordnung, welche die Möglichkeiten der Ablehnung stark einschränkt (OR 685 ff. und dazu statt aller H. KLÄY: Die Vinkulierung, Theorie und Praxis im neuen Aktienrecht [Diss. Basel 1997] 133 ff., 219 ff.).

[33] Wegen dieser Möglichkeiten einer personenbezogenen Ausgestaltung der Statuten und wegen dem im GmbH-Recht verankerten Grundsatz der Selbstorganschaft (OR 809) kann in der GmbH **auf ein Organisationsreglement verzichtet** werden. In der Praxis findet sich ein solches häufig trotzdem, was seinen Grund in der leichteren Abänderbarkeit des Reglements im Vergleich zu den Statuten hat, aber auch darin, dass die Statuten beim Handelsregisteramt zu hinterlegen sind und damit publik werden, während das Organisationsreglement vertraulich bleiben kann.

[34] Neben der Genossenschaft und dem Genossenschaftsverband als Rechtsformen für den Konsumsektor und die Landwirtschaft sowie vereinzelt für Versicherungsunternehmen.

§ 3 Die gesetzliche Grundordnung: Gesamtgeschäftsführung durch den Verwaltungsrat als Gremium[1]

I. Das Konzept und seine Würdigung

a) Die gesetzliche Grundordnung sieht für den Verwaltungsrat eine äusserst starke Stellung vor: Er «**führt die Geschäfte der Gesellschaft**»[2], und zu seinen Gunsten gilt eine Kompetenzvermutung: Für **alle Aufgaben, die nicht einem anderen Organ zugewiesen sind,** ist der Verwaltungsrat zuständig[3].

b) Dieses Modell, das an die **Selbstorganschaft** erinnert, wie sie aus dem Recht der Personengesellschaften[4] bekannt ist und auch bei der GmbH nach subsidiärem Gesetzesrecht gilt[5,6], erstaunt für eine Rechtsform, die nach dem erklärten Ziel des Gesetzgebers für wirtschaftlich bedeutende Gesellschaften konzipiert worden ist[7].

---

[1] Vgl. dazu etwa BAUEN/VENTURI N 227 f.; BÜRGI zu OR 716; HOMBURGER zu OR 716; HUNGERBÜHLER 9 ff.; MÜLLER/LIPP/PLÜSS 137 f.; ROTH PELLANDA N 148 ff.; WATTER in BSK zu OR 716; alle mit weiteren Angaben.

[2] OR 716 II.

[3] OR 716 I. Der Verwaltungsrat ist damit «Kompetenzauffangbecken» (WEGMÜLLER 91; BÖCKLI, *Aktienrecht* § 13 N 297). – Eine Besonderheit gilt für Banken und Effektenhändler, bei denen die Geschäftsführung zwingend einer Geschäftsleitung zu übertragen ist, vgl. § 6 N 33.

[4] S. für die einfache Gesellschaft OR 535 I, für die Kollektivgesellschaft OR 557 II und OR 563, für die Kommanditgesellschaft OR 599.

[5] Vgl. OR 809 I.

[6] Immerhin ist bei der AG stets eine Wahl erforderlich, und es folgen aus der Aktionärsstellung als solcher keinerlei Geschäftsführungspflichten oder -rechte. Durch den per 1.1.2008 erfolgten Verzicht auf die Aktionärsstellung als Wählbarkeitsvoraussetzung für den Verwaltungsrat (so bisher altOR 707 I) ist die Loslösung der Exekutivtätigkeit von der Mitgliedschaft noch verstärkt worden.

[7] Vgl. Botschaft *1983* 745 ff. Ziff. 111.3: Danach kann «kein Zweifel bestehen, dass das Leitbild des Aktienrechts die Gesellschaft mit einem grossen Aktionärskreis ist, denn einzig in solchen Gesellschaften kann sich das Grundprinzip – Festigkeit des Aktienkapitals und Handelbarkeit der Aktien – voll entfalten». In der laufenden Aktienrechtsreform werden freilich die Bedeutung der AG als «Rechtsform für Klein- und Grossunternehmen» und ihre «grosse Elastizität» stärker hervorgehoben (Botschaft *2007* 1605, 1606). Dafür wird der Gegensatz zur GmbH als einer «personenbezogene[n] Kapitalgesellschaft» «mit nur wenigen Beteiligten» vermehrt betont und die AG als «kapitalbezogene Kapitalgesellschaft» gekennzeichnet (Botschaft *2007* 1606).

3   Es steht in krassem **Gegensatz** zum gesetzgeberischen Leitbild der **Publikumsgesellschaft**. Dagegen passt es allenfalls für die in der Schweiz zahlenmässig dominierenden «**Personengesellschaften im Rechtskleid der AG**», also für die zwar atypischen, aber in der Praxis häufigen Gebilde, die sich der Rechtsform der AG bedienen, ohne ihren personenbezogenen Charakter verleugnen zu wollen[8]. Angemessen ist es auch bei denjenigen **Einpersonengesellschaften**, bei denen eine natürliche Person alle Aktien hält und Aktionärin und Gesellschaft wirtschaftlich eins sind[9]. Praktikabel ist die gesetzlich subsidiär vorgesehene Ordnung nur in kleinen Verhältnissen[10].

II. Keine Pflicht, ein Organisationsreglement zu erlassen

4   a) Während sich jede AG Statuten geben muss und sich durch diese von jeder anderen AG unterscheidet[11], besteht keine aktienrechtliche Pflicht, ein Organisationsreglement zu erlassen[12,13].

5   b) In der Tat enthält das Gesetz – zum Teil dispositiv, zum Teil zwingend – die nötigen organisatorischen Regeln[14]:

6   – Bereits erwähnt wurde die gesetzlich verankerte Grundpflicht zur **Geschäftsführung**[15].

---

[8]   Vgl. KRNETA N 1170; BAUEN/VENTURI N 227.
[9]   FORSTMOSER/MEIER-HAYOZ/NOBEL § 29 N 7. Oft wird übersehen, dass Einpersonengesellschaften – etwa als Tochtergesellschaften in Konzernen – auch Grossunternehmen sein können, bei denen eine Geschäftsführung durch den Verwaltungsrat aus praktischen Gründen nicht in Betracht kommt.
[10] Vgl. etwa MÜLLER/LIPP/PLÜSS 57 f.
[11] Es gilt dies in der Praxis freilich nur für einige **Kernelemente**, wie sie in OR 626 f. aufgezählt sind. Im Übrigen folgen fast alle Statuten Standardvorgaben, und auch der in OR 626 f. verlangte absolut oder bedingt notwendige Statuteninhalt ist in der Praxis zu einem guten Teil standardisiert.
[12] Ein solches ist nach OR nur – aber auch stets – dann verlangt, wenn die Geschäftsführung oder ein Teil derselben delegiert werden soll, s. § 15 N 18 ff.
[13] **Spezialgesetzlich** kann aber eine solche Pflicht bestehen, vgl. etwa BankG 3 II lit. a; KAG 28 IV; ferner AVO 105–108, wo freilich nur die Organisation angesprochen ist und nicht explizit vom Organisationsreglement die Rede ist.
[14] Zurückhaltend ROTH PELLANDA N 445, wonach das Gesetz «lediglich einen groben organisatorischen Rahmen [enthalte], der zudem in erheblichem Masse auslegungsbedürftig … ist»; ähnlich auch HUNGERBÜHLER 24 f.
[15] OR 716 II.

- Präzisiert wird, dass die Geschäftsführung den Mitgliedern des Verwaltungsrats «**gesamthaft**» zukommen soll[16].

- Verlangt wird, dass ein **Präsident** bestellt wird[17], und von selbst versteht sich, dass diesem – vorbehältlich einer anderen Ordnung – die Sitzungsleitung zukommen soll[18] und dass er auch die nötigen administrativen Massnahmen zu veranlassen hat. Für diese ist ihm kraft Gesetzes ein **Sekretär** beizugeben[19].

- Für die **Beschlussfassung** im Verwaltungsrat soll die Mehrheit der abgegebenen Stimmen massgebend sein, und es soll der Vorsitzende den Stichentscheid haben[20].

- Bezüglich der **Rechtsstellung der Mitglieder** des Verwaltungsrats werden im Gesetz ein **Recht auf Einberufung** von Sitzungen[21] und ein weit gehendes **Informationsrecht**[22] genannt, sodann eine allgemeine **Sorgfalts- und Treuepflicht**[23], die eine Pflicht zur **Gleichbehandlung der Aktionäre** mit umfasst[24].

- Dispositiv geregelt ist auch die **Vertretungsbefugnis** für die Gesellschaft, im Sinne einer Einzelvertretungsbefugnis durch jedes Verwaltungsratsmitglied[25].

- Dem Verwaltungsrat wird das Recht eingeräumt, «Prokuristen und andere Bevollmächtigte [zu] ernennen»[26], worin – was gelegentlich übersehen wird – auch die Ermächtigung zu einer gewissen **Aufgabendelegation** enthalten sein muss[27].

- In inhaltlicher Hinsicht sieht das Gesetz zudem wie erwähnt eine **Kompetenzvermutung zugunsten des Verwaltungsrats** vor: Dieser ist zuständig

---

[16] OR 716b III.
[17] OR 712 I.
[18] Es erstaunt, dass dies im Gesetz weder für den Verwaltungsrat noch für die Generalversammlung erwähnt wird. Zu differenzieren ist zwischen dem Präsidenten als dem «geborenen» Vorsitzenden und als einem allfälligen Ad-hoc-Vorsitzenden, vgl. BÖCKLI, Aktienrecht § 13 N 106.
[19] OR 712 I.
[20] OR 713 I.
[21] OR 715.
[22] OR 715a.
[23] OR 717.
[24] OR 717 II.
[25] OR 718 I.
[26] OR 721.
[27] Dazu § 4 N 27 ff.

für alle Angelegenheiten, «die nicht nach Gesetz oder Statuten der Generalversammlung zugeteilt sind»[28, 29].

III. Wohl aber Organisationspflicht

14 a) Auch wenn ein Verwaltungsrat kein Organisationsreglement erlässt – und weder verlangt dies das Gesetz noch können ihn die Aktionäre durch die Statuten dazu zwingen –, besteht doch seine **Pflicht, für eine angemessene Organisation zu sorgen**[30]. Dies ergibt sich explizit aus OR 716a I Ziff. 2, wo die «Festlegung der Organisation» als unübertragbare und unentziehbare Aufgabe des Verwaltungsrats aufgeführt ist.

15 Nicht erforderlich ist, dass die organisatorischen Bestimmungen in einem eigentlichen Reglement verankert werden[31]. Möglich ist auch die Regelung in Dokumenten irgendwelcher Art, durch Usanz oder durch laufende Einzelentscheide[32].

16 Dabei ist aber stets zu beachten, dass die **zwingenden aktienrechtlichen Vorschriften eingehalten** werden müssen. Daher ist auch das einzige Verwaltungsratsmitglied der durch ihn beherrschten Einpersonen-AG von der Organisationspflicht nicht ganz enthoben: Es bleibt die Pflicht, «das Spiel der AG zu spielen» und formal korrekt vorzugehen. Dies bedeutet etwa (und in diesem Punkt wird nicht selten gesündigt), dass Entnahmen aus dem Vermögen der Gesellschaft nur aufgrund einer korrekten Rechtsgrundlage[33] erfolgen dürfen.

---

[28] OR 716 I. Die in der Praxis in aller Regel erforderliche Beschränkung des Aufgabenkataloges des Verwaltungsrats bedarf dagegen einer statutarischen und reglementarischen Grundlage (dazu § 14 f.), wobei wichtige Aufgaben unübertragbar beim Verwaltungsrat verbleiben müssen (vgl. OR 716a und dazu ausführlich § 8).

[29] Oder – so ist zu ergänzen – der Revisionsstelle als dem dritten zwingend vorgesehenen Organ.

[30] Vgl. etwa ROTH PELLANDA N 710; BAUEN/VENTURI N 428; HUNGERBÜHLER 24 f; BÖCKLI in FS Forstmoser (Zürich 1993) 267 ff., 269 ff. Gemäss TRIGO TRINDADE 30, 32 handelt es sich dabei nicht nur um eine gesetzliche, sondern auch um eine soziale Pflicht des Verwaltungsrats, welche in den Erwartungen der Investoren und Aktionäre begründet liege.

[31] Anders verhält es sich, wenn im Rahmen der Organisation Organkompetenzen durch den Verwaltungsrat delegiert werden sollen, vgl. dazu § 4 N 37.

[32] Strenger BÖCKLI, Aktienrecht § 13 N 321 (der Grundstock der Organisation sei in einem Verwaltungsratsprotokoll festzuhalten) und WATTER/ROTH PELLANDA in BSK zu OR 716a N 12 (Schriftlichkeit, zumindest zur Nachweissicherung). Eine solche Basis ist zweifellos wünschbar, u.E. aber nicht zwingend erforderlich.

[33] Grundlage kann etwa ein Generalversammlungsbeschluss, basierend auf einer revidierten und von der GV genehmigten Bilanz sein (vgl. OR 698 Ziff. 4). Eine Zahlung seitens der

Zu den formellen organisatorischen Pflichten gehört insbesondere auch die **Protokollierungspflicht**[34], und dies auch bei einer Einpersonengesellschaft mit einem einzigen Verwaltungsratsmitglied[35].

b) Ausdrücklich als organisatorische Pflicht nennt das Gesetz die Bestellung eines **Sekretärs**[36]. Dieser kann, braucht aber nicht Mitglied des Verwaltungsrats zu sein[37].

Entgegen expliziten[38] und impliziten[39] Äusserungen in der Literatur ist u.E. **Personalunion** auch mit dem Präsidenten des Verwaltungsrats möglich[40]. Wohl aber ist ein Sekretär **als solcher zu bezeichnen;** die Regelung der Protokollführung von Fall zu Fall reicht nach dem klaren Wortlaut des Gesetzes nicht[41]. Die Unterlassung der (formellen) Bestellung eines Sekretärs dürfte freilich kaum nachteilig oder gar schadensbegründend sein, falls die lückenlose Protokollierung sichergestellt ist[42].

17

18

19

AG kann aber auch Gegenleistung für eine vom Alleinaktionär zugunsten der Gesellschaft erbrachte Leistung sein (vgl. zum seit Anfang 2008 für diese Fälle geltenden Formerfordernis der Schriftlichkeit OR 718b).

[34] Vgl. für Generalversammlungsbeschlüsse OR 702 II, für Beschlüsse des Verwaltungsrats OR 713 III. Zur Protokollierung umfassend R. MÜLLER: Protokollführung und Protokollauswertung... (Zürich 2009); ferner T. WYDLER: Die Protokollführung im schweizerischen Aktienrecht (Diss. Zürich 1956).

[35] WERNLI in Basler Kommentar zu OR 713 N 29, mit weiteren Angaben. Anders und u.E. unrichtig Botschaft 1993 920 sowie wohl BGE 133 III 79 f., dazu § 11 Anm. 112. Näheres zur Protokollierungspflicht hinten § 11 N 65 ff.

[36] OR 712 I. Ein solcher ist u.E. auch in einem Einpersonen-VR zu bestellen (gl.M. MÜLLER/LIPP/PLÜSS 75; a.M. implizit WERNLI in Basler Kommentar zu OR 713 N 35 und wohl auch ROTH PELLANDA N 632, welche die Möglichkeit, im Einpersonenverwaltungsrat auf den Sekretär zu verzichten, als herrschende Lehre bezeichnen).
Zu den Aufgaben des Sekretärs und insb. zur Protokollierungspflicht (OR 713 III) s. § 5 N 254.

[37] OR 712 I Satz 2.

[38] MÜLLER/LIPP/PLÜSS 75.

[39] BÖCKLI, *Aktienrecht* § 13 N 108 sowie PLÜSS/KUNZ/KÜNZLI in ZHK zu OR 712 N 5.

[40] Dass das Verwaltungsratsprotokoll «vom Vorsitzenden und vom Sekretär unterzeichnet» werden muss (OR 713 III), steht dem nicht entgegen: Die Unterschrift wird dann einfach in der Doppelfunktion geleistet.

[41] Gl.M. WERNLI in BSK zu OR 712 N 13. A.M. HOMBURGER N 253 sowie KRNETA N 683. Dieser hält es für «denkbar», in kleineren Gesellschaften den Sekretär fallweise für einzelne Sitzungen zu bestellen. Dass ein Sekretär zu bestellen und nicht bloss die Protokollführung fallweise zu regeln ist, ergibt sich daraus, dass dem Sekretär administrative Aufgaben über die Protokollführung hinaus zukommen, vgl. WERNLI in BSK zu OR 712 N 13 und hinten § 5 N 255.

[42] Anmeldungen beim Handelsregisteramt können durch ein Verwaltungsratsmitglied allein erfolgen (HRegV 17 I lit. c), und die Person des Sekretärs muss dem Amt nicht mitgeteilt werden (HRegV 43 f. *e contrario*).

20 Zulässig (und aus Gründen der Diskretion manchmal geboten) ist es, bei einzelnen Sitzungen oder Traktanden einen **Sekretär ad hoc** zu bestimmen[43] oder die Protokollierung ausnahmsweise durch ein Mitglied des Verwaltungsrats vornehmen zu lassen[44].

IV. Grenzen der «gesamthaften» Geschäftsführung

21 Selbst in kleinen Verhältnissen, bei denen der Verwaltungsrat keinerlei Aufgaben an Dritte delegiert hat, ist freilich eine **gesamthafte** Geschäftsführung durch seine Mitglieder kaum je sinnvoll[45]. Daher werden regelmässig einzelne Aufgaben bestimmten Mitgliedern zugewiesen. Mit haftungs- und verantwortungsbefreiender Wirkung kann eine Zuweisung von Geschäftsführungsaufgaben jedoch grundsätzlich nur in einer Form erfolgen, die den Anforderungen an ein Organisationsreglement genügt[46]. Ohne die Einhaltung solcher Formalien können auch innerhalb des Verwaltungsrats grundsätzlich nur vorbereitende, ausführende und überwachende Aufgaben übertragen werden[47].

---

[43] KRNETA N 683.
[44] So etwa bei der Behandlung personeller Fragen.
[45] Angemessen machen kann sie allenfalls in einer Joint-Venture-Gesellschaft sein, wenn sichergestellt werden soll, dass nur im Einverständnis aller beteiligten Parteien agiert wird.
[46] Dazu hinten § 15 N 19 f.
[47] OR 716a II; zur Frage, inwieweit eine haftungsbefreiende Delegation trotz des scheinbar klaren Wortlauts des Gesetzes auch ohne Organisationsreglement möglich ist, vgl. § 10 N 19 ff.

§ 4 Alternativen zur gesetzlichen Grundordnung: Die Delegation von Kompetenzen im Allgemeinen

Mit Ausnahme von kleinen, personenbezogenen Gesellschaften ist die **gesetzliche Grundordnung** – wie erwähnt und offenkundig – **unpassend**. Sie steht auch im Widerspruch zu wichtigen Grundsätzen einer guten Governance, wie sie für Publikumsgesellschaften im Swiss Code of Best Practice for Corporate Governance[1] verankert sind und auch für nicht kotierte Gesellschaften – zumindest für die grösseren unter ihnen – fruchtbar gemacht werden können[2]. Wünschbar sind danach – sobald etwas komplexere Verhältnisse vorliegen – eine mehr oder minder weitgehende **Delegation und Aufteilung der Kompetenzen** sowie *checks and balances,* durch welche eine übermässige Machtkonzentration bei einem einzelnen Organ oder einer Einzelperson verhindert wird[3,3a].

Das Gesetz eröffnet dafür grosse Spielräume, von denen in der Praxis rege Gebrauch gemacht wird, nämlich verschiedenste Möglichkeiten, Geschäftsführungskompetenzen innerhalb des Verwaltungsrats oder auch an eine Geschäfts- oder Konzernleitung zu delegieren. Einschränkungen ergeben sich insofern, als eine umfassende Delegation der Exekutivaufgaben, wie sie nach deutschem Aktienrecht aufgrund der dualistischen Struktur von Vorstand und Aufsichtsrat zwingend vorgeschrieben ist[4], in der Schweiz nicht möglich ist[5].

* * *

---

[1] Vom 25.3.2002/6.9.2007, Hrsg: economiesuisse.

[2] So die Präambel des Swiss Code, Ziff. 3; vgl. auch WATTER, *Verwaltungsratsausschüsse* 183 Anm. 1; NOBEL 341 f. – Ein Pendant zum Swiss Code sind für KMU die «Empfehlungen zur Führung und Aufsicht von kleinen und mittleren Unternehmen (Best Practice im KMU)» des Center for Corporate Governance der Universität St. Gallen (siehe www.ccg.ifpm.unisg.ch).

[3] Vgl. etwa Swiss Code Ziff. 12, 3. Lemma (die Mehrheit des Verwaltungsrats soll «in der Regel aus Mitgliedern [bestehen], die im Unternehmen keine operativen Führungsaufgaben erfüllen»), 18, 2. Lemma (bei Personalunion von Verwaltungsratspräsident und CEO soll für «adäquate Kontrollmechanismen» gesorgt werden, etwa durch Einsetzung eines Lead Directors), 21 ff. («Der Verwaltungsrat setzt aus seiner Mitte Ausschüsse ein ...»).

[3a] Für KMU halten die in Anm. 2 genannten «Empfehlungen» in Ziff. 2.3 lapidar fest: «Der VR delegiert die operative Geschäftsführung an die GL.»

[4] Vgl. § 76 I AktG (Leitungsverantwortung des Vorstandes) i.V.m § 111 I AktG ([blosse] Überwachungsfunktion des Aufsichtsrates).

[5] Dazu § 8.

3   In diesem Paragrafen werden die Möglichkeiten der Kompetenzdelegation allgemein angesprochen. Es folgen drei weitere Paragrafen, die sich mit der Kompetenzdelegation innerhalb des Verwaltungsrats (§ 5, S. 59 ff.) bzw. an Dritte innerhalb (§ 6, S. 125 ff.) oder ausserhalb (§ 7, S. 140 ff.) der Gesellschaft befassen. Sodann werden die Grenzen der Delegationsmöglichkeiten behandelt (§ 8, S. 154 ff.).

I. Das Recht zur Delegation als Ausdruck und Voraussetzung der Organisationsfreiheit

1. Die aktienrechtliche Ordnung[6]

4   Gemäss der dispositiven Regelung von OR 716 II steht – wie in § 3 besprochen – die Geschäftsführung dem Verwaltungsrat gesamthaft zu. Doch kann und muss er in aller Regel Ausschüsse bilden und/oder Aufgaben an eine Geschäfts- oder Konzernleitung delegieren, um die ihm zugewiesenen Aufgaben überhaupt bewältigen zu können[7] und so seiner allgemeinen Sorgfaltspflicht gemäss OR 717 I und seiner Organisationspflicht gemäss OR 716a I Ziff. 2 nachzukommen.

5   **Begrenzt** wird die **Organisationsfreiheit des Verwaltungsrats** zum Ersten durch die undelegierbaren Aufgaben des Verwaltungsrats[8]. Zum Zweiten beschränkt die Pflicht zur Unabhängigkeit und Selbständigkeit in der Führung der AG die Delegierbarkeit. Dies spielt insbesondere in Konzernverhältnissen eine bedeutende Rolle und schafft dort schwer lösbare Probleme[9].

6   Bei Grossgesellschaften wird der Gestaltungsspielraum des Verwaltungsrats in praktischer Hinsicht dadurch begrenzt, dass er gar nicht umhinkommt, die Geschäftsführung weitestgehend oder gar vollumfänglich zu delegieren[10].

---

[6] Vgl. dazu neben der abundanten Literatur zu OR 716b auch – freilich noch unter altem Recht – HORBER passim.

[7] S. dazu die Bestimmungen des Swiss Code, insb. Ziff. 21 ff. Als *soft law* ist der Swiss Code nicht Gesetz, und es müssen die darin enthaltenen Regeln zur Arbeitsteilung im Verwaltungsrat nicht zwingend befolgt werden. Doch können jene Empfehlungen als Basis dessen verstanden werden, was von einem sorgfältigen Verwaltungsrat erwartet werden darf, vgl. § 4 N 1.

[8] S. dazu § 8.

[9] Dazu hinten § 8 N 187 ff.

[10] Quasi als Klammer zwischen Verwaltungsrat und Geschäftsführung kann ein Delegierter des Verwaltungsrats eingesetzt werden, dazu nachstehend § 5 N 206 ff.

2. Spezialgesetzliche Schranken der Organisationsfreiheit

Spezialgesetzlich wird die Freiheit der Organisation vereinzelt eingeschränkt, und zwar im Sinne einer **Begrenzung der Machtkumulation** beim Verwaltungsrat und einer **Trennung der Geschäftsführungs- von der Aufsichtsfunktion:**

Wichtigstes Beispiel hierfür ist die für **Bankaktiengesellschaften** geltende Delegationspflicht[11].

Eine gewisse Funktionentrennung wird spezialgesetzlich auch für **private Versicherungsunternehmen** verlangt: Das Präsidium im Verwaltungsrat darf nicht mit dem Vorsitz in der Geschäftsleitung kombiniert sein[12].

II. Delegation ohne oder mit Entscheidungsgewalt

1. Übersicht

Das Gesetz enthält im Rahmen der Regelung der Aufgaben des Verwaltungsrats zwei Bestimmungen zur **Übertragung von Aufgaben:**

- Nach OR 716a II sollen «die Vorbereitung und die Ausführung» von Verwaltungsratsbeschlüssen und die «Überwachung von Geschäften» Verwaltungsratsausschüssen oder einzelnen Mitgliedern des Verwaltungsrats zugewiesen werden können.

- Nach OR 716b I ist es sodann – bei Einhaltung bestimmter formeller Voraussetzungen[13] – möglich, «die Geschäftsführung ... ganz oder zum Teil an einzelne Mitglieder oder an Dritte zu übertragen».

Die **Differenzierung mit Bezug auf die** infrage kommenden **Delegationsempfänger** – Ausschüsse nach OR 716a II, Dritte nach OR 716b I, einzelne Verwaltungsratsmitglieder nach beiden Bestimmungen – dürfte **nicht beabsichtigt** sein –, und jedenfalls macht sie keinen Sinn: Richtigerweise kommen als Delegationsempfänger stets sowohl Ausschüsse[14] als auch einzelne Mitglieder des Verwaltungsrats[15] oder Dritte (womit eine Geschäftsleitung gemeint

---

[11] Dazu § 6 N 33.
[12] AVO 13 I; dazu § 6 N 34.
[13] Dazu § 15 N 12, 18 ff.
[14] Dazu § 5 N 2 ff.
[15] Dazu § 5 N 206 ff.

ist)[16] in Betracht[17]. Zu unterscheiden ist dagegen zwischen einer Übertragung von **Hilfsfunktionen** (OR 716a II) und der Delegation von **Entscheidungskompetenzen** (OR 716b I), wobei diese Differenzierung in doppelter Hinsicht relevant ist:

13 – bezüglich der formellen Voraussetzungen[18] sowie

14 – mit Bezug auf den Inhalt[19].

2. Delegation von Hilfsfunktionen

15 a) Der Verwaltungsrat ist befugt, Hilfsfunktionen vor und nach seiner Entscheidfindung zu übertragen. Aus der Gesetzessystematik[20] wird klar, dass die Übertragung von Hilfsfunktionen bei **allen Aufgaben** des Verwaltungsrats zulässig ist, die Liste der unübertragbaren Aufgaben also insofern keine Schranke bildet.

16 b) Besondere **Formvorschriften** brauchen **keine** eingehalten zu werden. Weder bedarf es einer statutarischen Grundlage noch der Konkretisierung in einem Reglement. Oft wird die Zuweisung von Vorbereitung, Ausführung oder Überwachung auch ad hoc erfolgen.

17 Gesetzlich ausdrücklich erwähnt ist die – bereits aus der allgemeinen Sorgfaltspflicht (OR 717 I) und der Organisationspflicht (OR 716a I Ziff. 2) resultierende – Pflicht, bei einer Delegation die **Orientierung des Gesamtverwaltungsrats** sicherzustellen[21].

18 c) Mit Hilfsfunktionen können **Institutionen** oder **Einzelpersonen innerhalb** der Gesellschaft[22] oder auch **ausserhalb** derselben betraut werden[23].

---

[16] Dazu § 6 N 1 ff.
[17] Vgl. etwa ROTH PELLANDA N 513 ff.
[18] Vgl. OR 716b II, dazu § 15 N 12 ff.
[19] Begrenzung der Delegation von Entscheidkompetenzen durch die Liste der unübertragbaren Aufgaben von OR 716a I (dazu § 8 N 18 ff.), dagegen keine Schranke für die Übertragung blosser Hilfsfunktionen (vgl. sogleich N 15).
[20] Ermächtigung im Artikel über die unübertragbaren Aufgaben.
[21] Dazu N 49 ff.
[22] Organstellung ist nicht verlangt und wird durch die Delegation auch nicht geschaffen.
[23] Insofern ist OR 716a II, wo nur eine Delegation innerhalb des Verwaltungsrats erwähnt wird, zu eng gefasst: Für die Vorbereitung, Ausführung und Kontrolle können auch Dritte innerhalb der Gesellschaft (die Geschäftsleitung oder einzelne Mitglieder derselben, aber auch Mitarbeitende auf tieferer Hierarchiestufe, insb. Spezialisten) beigezogen werden, ebenso Dritte ausserhalb der Gesellschaft – als Berater oder auch als mit dem Vollzug Beauftragte (vgl. etwa FORSTMOSER/MEIER-HAYOZ/NOBEL § 30 N 27 f.; HOMBURGER N 687; KRNETA N 1488).

d) Zu präzisieren ist, dass der Verwaltungsrat Hilfsfunktionen nicht nur – wie das Gesetz sagt – delegieren «kann», sondern dass auch eine **Pflicht** besteht, Dritte beizuziehen oder Aufgaben Ausschüssen zuzuweisen, falls der Verwaltungsrat als Gremium nicht über die erforderlichen Kenntnisse oder die Zeit für eine korrekte Aufgabenerfüllung verfügt[24].

3. Delegation von Entscheidungskompetenzen

a) Die in OR 716b I als «Übertragung der Geschäftsführung» bezeichnete Delegation von Entscheidungskompetenzen steht **materiell** unter dem Vorbehalt, dass die unübertragbaren Aufgaben gemäss OR 716a I[25] nicht delegierbar sind – jedenfalls nicht mit haftungsbefreiender Wirkung[26]. **Formell** wird eine doppelte Basis – Ermächtigung in den Statuten und Konkretisierung in einem Organisationsreglement[27] – verlangt.

Auch im Rahmen dieser Kompetenzdelegation weist der Gesetzgeber speziell auf die Pflicht hin, für eine angemessene **Berichterstattung** zu sorgen[28].

b) Der Wortlaut des Gesetzes suggeriert eine **klare Trennung zwischen Handlungen ohne (OR 716a II) und solchen mit (OR 716b I) Entscheidungskompetenz**. Diese Abgrenzung ist in mehrfacher Hinsicht **zu präzisieren und zu korrigieren:**

aa) Schon der Wortlaut macht klar, dass der Gesetzgeber nicht jegliche Delegation von Entscheiden den strengen formellen Voraussetzungen des OR 716b I unterstellen wollte. Er spricht vielmehr von einer (vollständigen oder teilweisen) «Übertragung der Geschäftsführung» und damit von der **Übertragung organschaftlicher Kompetenzen**[29]. Routineentscheide und solche von untergeordneter Bedeutung sind in OR 716b I nicht gemeint, ebenso wenig Entscheide von allenfalls weittragender Bedeutung, die in einem vorgegebenen Rahmen und ohne – oder nur mit sehr beschränktem – Ermessensspielraum zu treffen sind[30].

---

[24] FORSTMOSER/MEIER-HAYOZ/NOBEL § 30 N 27; HOMBURGER N 687; ROTH PELLANDA N 756. Es ergibt sich dies aus seiner – unabdingbaren – Organisationspflicht, OR 716a I Ziff. 2 (dazu § 3 N 14 ff.).
[25] Dazu ausführlich § 8 N 18 ff.
[26] Zu dieser OR 754 II und hinten § 10.
[27] Dazu ausführlich § 15 N 12 ff.
[28] OR 716b II, dazu N 49 ff.
[29] Zum Begriff des Organs und insb. des Exekutivorgans vgl. § 1 N 1 ff.
[30] Sachbearbeiter im Aussendienst etwa haben nicht selten Entscheidungen von weittragender Bedeutung «sur place» zu treffen, was sie tun dürfen, ohne dass ihnen entsprechende Kom-

24 bb) Vor allem aber ist zu erläutern, was in OR 716b I unter «Geschäftsführung» zu verstehen ist.

25 Allgemein und in einem weiten Sinne ist darunter irgendeine auf die Verfolgung des Gesellschaftszwecks gerichtete Tätigkeit zu subsumieren[31]. Dieser umfassende Begriff der Geschäftsführung ist in OR 716b I aber nicht gemeint. Vielmehr geht es dort um die sog. **Geschäftsführung i.e.S.**, nämlich um die Ausübung **interner** Funktionen[32], also die «interne Leitung der Gesellschaft»[33]. Zu dieser zählen etwa «die Organisation von Produktion und Vertrieb, die Finanzplanung, die Führung der Geschäftsbücher, die Leitung des Personals oder die Festlegung der Ziele für Forschung und Entwicklung»[34]. Hier – und nur hier – müssen bei einer Delegation von Entscheidkompetenzen die formellen Voraussetzungen – statutarische Basis und Umsetzung in einem Organisationsreglement – erfüllt sein.

26 «Demgegenüber ist die externe Seite der Geschäftsführung im weiten Sinn, die Vertretung, separat in Art. 718 ff. OR geregelt.»[35] Hinzuweisen ist besonders auf OR 721: Nach dieser Bestimmung kann der Verwaltungsrat «**Prokuristen und andere Bevollmächtigte ernennen**». Diese Befugnis steht ihm von Gesetzes wegen zu[36], eine statutarische Basis und deren Konkretisierung in einem Organisationsreglement sind dafür nicht erforderlich[37].

27 Übersehen wurde bisher – soweit ersichtlich –, dass die Ernennung von Prokuristen und anderen Bevollmächtigten **regelmässig nicht nur extern, sondern durchaus auch intern von Bedeutung ist:** Dem Prokuristen stehen nach allgemeinem Verständnis stets Entscheidungskompetenzen zu, und nach Gesetz

---

petenzen in Beachtung der formellen Voraussetzungen von OR 716b I eingeräumt worden sind.

[31] BERWEGER (zit. § 1 Anm. 18) 21, mit Hinweis auf W. VON STEIGER: Gesellschaftsrecht, Allgemeiner Teil und Personengesellschaften, in: SPR Bd. VIII/1 (Basel 1976) 211 ff., 379. Die Geschäftsführung im weiten Sinn «hat eine interne und eine externe Seite. Die erstere betrifft die Stellung der Geschäftsführer und die Auswirkung ihrer Tätigkeit im Verhältnis zur Gesellschaft ..., die zweite die Stellung der Geschäftsführung und die Auswirkung ihrer Tätigkeit im Verhältnis zu Dritten» (W. VON STEIGER, a.a.O. 397); MEIER-HAYOZ/FORSTMOSER § 2 N 112.
[32] Vgl. FORSTMOSER/MEIER-HAYOZ/NOBEL § 30 N 78.
[33] Urteil 4A_248/2009 des Bundesgerichts vom 27.10.2009, E. 6.3.2.
[34] Bundesgericht, a.a.O., mit Verweisung auf VON BÜREN/STOFFEL/WEBER 132.
[35] Bundesgericht, a.a.O.
[36] Es ergibt sich dies nicht nur aus OR 721, sondern auch aus OR 716a I Ziff. 4. Diese Kompetenz ist unentziehbar. Ob sie auch undelegierbar ist, ist umstritten, vgl. hinten § 8 N 44, 105 ff.
[37] Im Organisationsreglement wird diese Kompetenz freilich häufig wiederholt und gelegentlich auch präzisiert, etwa in dem Sinne, dass nur Kollektivprokuren zu erteilen sind.

soll er ermächtigt sein, für den Vollmachtgeber «das Gewerbe zu betreiben»[38] und «alle Arten von Rechtshandlungen vorzunehmen, die der Zweck des Gewerbes oder Geschäftes des Geschäftsherrn mit sich bringen kann»[39]. Diese nach aussen bestehende Vertretungsmacht kann zwar intern – als Vertretungsbefugnis – beliebig eingeschränkt werden, doch widerspricht ein allzu enges Korsett der gesetzgeberischen Vorstellung. Lässt es der Gesetzgeber zu, dass der Verwaltungsrat auch ohne statutarische oder reglementarische Basis Prokuristen ernennt, dann ist daraus zu schliessen, dass er die **Delegation von Kompetenzen, wie sie einem Prokuristen üblicherweise zukommen, auch ohne eine besondere innergesellschaftliche Grundlage in Statuten und Reglement erlauben will.**

Der in OR 716b I verwendete Begriff der «**Geschäftsführung**» erfasst mithin nur **Aufgaben von grundlegender Bedeutung:** die eigentliche Geschäfts**leitung**. Dazu gehören zweifellos strategische Entscheide (soweit sie nicht im Rahmen von OR 716a I unübertragbar dem Verwaltungsrat vorbehalten sind), aber auch wichtige taktische Weichenstellungen, nicht aber Routineentscheide und solche des geschäftlichen Alltags, auch wenn sie erhebliche finanzielle Konsequenzen haben. Solche Entscheide können auch ohne Grundlage in Statuten und Reglement delegiert werden[40], und sie sollen delegiert werden, wenn der Geschäftsumfang und die sorgfältige Geschäftserfüllung dies verlangen. Zur Grenzziehung, die von Unternehmen zu Unternehmen verschieden vorzunehmen ist, kann man sich allenfalls an die Umschreibung der Handlungsvollmacht in OR 462 I halten, die das erfasst, was der Betrieb eines Gewerbes oder die Ausführung von Geschäften «gewöhnlich mit sich bringt»[41].

28

cc) Zu beachten ist sodann, dass es faktisch oft **untergeordnete Stellen** sind, «welche durch die Vorbereitung und die Antragstellung einen auf höherer Ebene zu fassenden Entscheid weitgehend präjudizieren und damit materiell Entscheidungsträger werden»[42]. Auch diese faktische (Mit-)Bestimmung von Entscheidungen, die Mitwirkung beim *decision shaping,* ist in OR 716b I nicht gemeint, sondern nur eine Festlegung «in eigener Entscheidungsbefugnis»[43].

29

---

[38] OR 458 I.
[39] OR 459 I.
[40] Eine reglementarische Konkretisierung – auch etwa durch betragliche Limiten – ist aber sinnvoll.
[41] Zu weit gehen dürfte dagegen die umfassende Umschreibung der Vertretungsmacht des Prokuristen in OR 459 I: Wäre es möglich, die Ermächtigung zu allen Rechtshandlungen, «die der Zweck des Gewerbes oder Geschäftes ... mit sich bringen kann», auch ohne besondere formelle Basis zu delegieren, dann wäre OR 716b I ausgehebelt.
[42] J.-N. DRUEY: Organ und Organisation ..., in: SAG *1981* 77 ff., 78.
[43] BGE 117 II 573, im Hinblick auf die persönliche Verantwortlichkeit.

30 dd) Schliesslich ist zu betonen, dass die **Grenze** zwischen Vorbereitung, Entscheidung und Ausführung **nicht starr** gezogen werden kann:

31 – Die Auswahl der zur Verfügung stehenden Informationen und ihre Würdigung sind Teil der Entscheidfindung, und der daraus sich ergebende Antrag erscheint nicht selten als derart offenkundig, dass sich die Zustimmung aufdrängt, obwohl sich bei einer anderen Präsentation der Sachlage Zweifel ergeben hätten und vielleicht eine andere Entscheidung getroffen worden wäre.

32 – Und ein Beschluss ist oft nicht derart detailliert gefasst, dass sich bei seiner Umsetzung weitere Entscheidungen – von kleinerer oder grösserer Tragweite – erübrigen würden. Wer «ausführt», muss in aller Regel auch Entscheide zur Konkretisierung des ihm übertragenen Auftrags treffen.

33 Der gesetzliche Vorbehalt einer Delegation nur «nach Massgabe eines Organisationsreglements»[44] bezieht sich daher – es sei dies wiederholt – nur auf Entscheidungen, die **unternehmenspolitisch und unternehmensleitend von grösserer Tragweite** sind.

4. Keine scharfe Trennung in der Realität

34 In der Realität kommt – jedenfalls im Rahmen einer Delegation **innerhalb** der Gesellschaft, an Ausschüsse, einzelne Verwaltungsratsmitglieder, eine Geschäftsleitung und/oder deren Vorsitzenden – **ein Entweder-oder von Delegation ohne bzw. mit Entscheidungsgewalt praktisch nicht vor.** Vielmehr hat ein Delegationsempfänger – sei es eine Einzelperson oder ein Gremium – regelmässig bis zu einer bestimmten Limite das Recht (und meist auch die Pflicht) zu entscheiden, darüber hinaus das Recht (und die Pflicht) zur Antragstellung[45]. Und bei der Zuweisung der Ausführungsverantwortung wird oft ein

---

[44] OR 716b I.
[45] Üblich und zweckmässig sind **Abstufungen nach der finanziellen Tragweite einer Entscheidung:** Befugnis eines Mitglieds der Geschäftsleitung bis zum Betrag X, der Geschäftsleitung als Ganzes bis zum Betrag Y, darüber hinaus Befugnis des Verwaltungsrats. Verbunden werden kann dies mit dem Vorbehalt, dass Entscheidungen von strategischer Bedeutung **unabhängig von ihrer finanziellen Tragweite** dem Verwaltungsrat vorbehalten sind. Dazu gehören insb. Entscheidungen, die strukturelle Änderungen der Unternehmung mit sich bringen (wie etwa Akquisitionen und Devestitionen sowie die Eröffnung oder Schliessung von Zweigniederlassungen), aber auch solche, mit denen Geschäftszweige begründet oder beendet werden. Vgl. dazu als Beispiel die Regelung im als Anhang IV abgedruckten Muster eines Funktionendiagramms, S. 455 ff.

Ermessensspielraum eingeräumt und der Delegationsempfänger ermächtigt bzw. angewiesen, innerhalb gewisser Vorgaben selbst zu entscheiden[46].

An die Stelle einer klaren Trennung der Zuweisung von Aufgaben einerseits nach OR 716a II (ohne Entscheidungskompetenz) und andererseits nach OR 716b I (mit Entscheidungsbefugnis) tritt daher in der Praxis meist eine **Kombination,** sowohl auf der Stufe der Organisation und ihrer Fixierung im Organisationsreglement als auch bei ihrer Umsetzung im Rahmen der Abwicklung einer bestimmten Aufgabe.

III. Delegation organschaftlicher oder nicht organschaftlicher Kompetenzen

1. Allgemeines

Die dem Verwaltungsrat zugewiesenen Kompetenzen können hinsichtlich ihrer Beschaffenheit in drei Kategorien unterteilt werden: in (i) **unübertragbare und unentziehbare Kernkompetenzen,** (ii) (übertragbare) **organschaftliche Kompetenzen** und (iii) (übertragbare) **Kompetenzen ohne Organqualität.** Zu den unübertragbaren Kernkompetenzen vgl. § 8. An dieser Stelle ist auf die Abgrenzung der (übertragbaren) organschaftlichen von den nicht organschaftlichen Kompetenzen sowie auf die Voraussetzungen und Folgen einer Übertragung einzugehen.

2. Delegation organschaftlicher Kompetenzen

a) Zur Unterscheidung der organschaftlichen von nicht organschaftlichen Aufgaben und Entscheidungen lassen sich die Kriterien beiziehen, die in Lehre und Judikatur zur Abgrenzung der Organverantwortlichkeit nach OR 754 I entwickelt worden sind[47]. Organ ist danach, wer Entscheide trifft, welche «die Willensbildung der Gesellschaft massgebend mitbestimmen»[48], also solche Entscheide, die normalerweise «die oberste Leitung einer Gesellschaft, die

---

[46] Da der Verwaltungsrat nur periodisch tagt und seine Mitglieder meist nebenamtlich tätig sind, ist eine solche Delegation der Entscheidungskompetenz generell und im Einzelfall oft unumgänglich und nicht nur zulässig, sondern vielmehr als angemessene organisatorische Vorkehr geboten.
[47] Vgl. dazu statt aller VETTER (zit. § 1 Anm. 1) *passim*.
[48] BGE 107 II 349 f.

oberste Schicht der Hierarchie trifft»[49]. Aufgaben, die normalerweise von untergeordneten Stellen erledigt werden, sind nicht organschaftlich, auch wenn bei ihrer Durchführung Entscheidungen (im Bereich eines vorgegebenen Rahmens) getroffen werden müssen[50].

37a b) Die Delegation organschaftlicher Aufgaben und Entscheidungen unterliegt – wie mehrmals erwähnt – einer doppelten **Einschränkung:**

38 – **Materiell** besteht eine Schranke insofern, als gewisse **Kernkompetenzen undelegierbar** sind[51].

39 – **Formal**[52] ist eine Delegation von an sich übertragbaren Aufgaben nur dann zulässig, wenn dafür eine **statutarische Ermächtigung** besteht[53] und auf dieser Basis die Delegation in einem **Organisationsreglement** umgesetzt worden ist[54].

40 Die Beachtung dieser Schranken ist Voraussetzung dafür, dass sich eine Kompetenzdelegation für die Mitglieder des Verwaltungsrats haftungsbefreiend – bzw. zumindest haftungsmindernd – auswirken kann[55].

3. Delegation nicht organschaftlicher Kompetenzen

41 a) Aufgaben **ohne Organqualität** können vom Verwaltungsrat grundsätzlich frei übertragen werden. Dabei handelt es sich namentlich um solche, welchen entweder keine Rolle bei der korporationsrechtlichen Willensbildung zukommt oder die nicht direkt die Geschäftsführung betreffen, mithin um **Aufgaben untergeordneten oder routinemässigen Charakters.**

42 b) Für die Übertragung von nicht organschaftlichen Aufgaben bedarf es – wie mehrfach erwähnt – **keiner besonderen statutarischen Ermächtigung**[56]

---

[49] BGE 117 II 573. Zu dieser «obersten Schicht der Hierarchie» wird man stets die Mitglieder der Geschäftsleitung und einer Direktion zählen, allenfalls auch Prokuristen. Vgl. BÖCKLI, *Aktienrecht* § 18 N 107, nach welchem freilich Prokuristen «nur in spezifischen Ausnahmefällen noch im Sinne des Verantwortlichkeitsrechts als Organe bezeichnet werden können» (mit berechtigter Kritik an BGE 117 II 441 f.).
[50] Vgl. zu solchen Aufgaben sogleich nachstehend N 41.
[51] Dazu § 8.
[52] Zu den formellen Voraussetzungen neuestens ausführlich BASTIAN 29 ff.
[53] Dazu § 9 N 21.
[54] Dazu § 15 N 14 ff.
[55] Vgl. OR 754 II und dazu statt aller die Besprechung des Urteils 4A_501/2007 des BGer vom 22.2.2008 durch DOMENICONI/VON DER CRONE in SZW *2008* 512 ff. sowie hinten § 10.
[56] Vgl. vorn N 23 ff. Auch eine Regelung im Organisationsreglement ist nicht erforderlich, aber – im Rahmen der Gesamtregelung der Organisation – oft sinnvoll.

und auch keiner Regelung in einem **Organisationsreglement**[57]. In Erfüllung seiner Organisationspflicht[58] ist der Verwaltungsrat nicht nur berechtigt, sondern verpflichtet, nicht organschaftliche Aufgaben zu delegieren, falls er diese nicht selbst erfüllen kann. Aufgrund des Paritätsprinzips[59] steht es der Generalversammlung auch nicht zu, den Verwaltungsrat in dieser Kompetenz einzuengen.

Als mögliche Delegationsempfänger kommen alle Personen oder Institutionen innerhalb und ausserhalb der Gesellschaft in Betracht, die zur Erfüllung der zugewiesenen Aufgabe geeignet sind, also nicht nur Personen in Organstellung.

c) Die Delegation wirkt – mit dem Vorbehalt, dass ein fähiger Delegationsempfänger bestimmt und angemessen eingewiesen und überwacht wird – haftungsbefreiend[60].

IV. Mögliche Delegationsempfänger und Weiterdelegation durch dieselben

a) Der Verwaltungsrat kann – im Rahmen der soeben skizzierten Schranken materieller und formeller Art – Aufgaben und Entscheidungen delegieren an

– **Ausschüsse** des Verwaltungsrats[61],
– eines seiner Mitglieder, insbesondere einen sog. **Delegierten**[62],
– **Dritte** innerhalb und allenfalls auch ausserhalb der Gesellschaft[63], insbesondere eine **Direktion, Geschäfts-, Gruppen- oder Konzernleitung**.

b) Es fragt sich, ob die Delegationsempfänger ihrerseits befugt sind, Aufgaben **weiter zu delegieren**.

---

[57] Vgl. UMBACH 43 f. In Betracht kommen insb. gewöhnliche Verwaltungsratsbeschlüsse oder Anweisungen des Präsidenten bzw. eines anderen Verwaltungsratsmitglieds im Rahmen ihrer spezifischen Aufgaben.
[58] OR 716a I Ziff. 2.
[59] Dazu vorn § 1 N 18 ff.
[60] OR 754 II, dazu hinten § 10 N 15 ff.
[61] S. § 5 N 2 ff.
[62] S. § 5 N 206 ff.
[63] S. § 6 N 1 ff., § 7 N 32 ff.

47 Unbestritten bzw. als selbstverständlich vorausgesetzt dürfte dies für die Übertragung **untergeordneter** und insbesondere vorbereitender sowie ausführender **Aufgaben** sein.

48 Dagegen wird die Auffassung vertreten, eine Weiterdelegation von **Geschäftsführungsaufgaben** sei nur dann zulässig, «wenn die Weiterdelegation durch den VR als zulässig erklärt wurde und die Grundzüge der Delegation durch die GL ebenfalls reglementarisch festgehalten werden».[64] Nach dieser Auffassung bedürfte es daher einer **expliziten Kompetenzerteilung** im Organisationsreglement. U.E. ist eine solche Einschränkung indes **abzulehnen:** Der Delegationsempfänger muss seinerseits die Möglichkeit haben, sich angemessen zu organisieren, wozu auch die Weiterdelegation gehören kann[65]. Vorbehalten bleiben Fälle, bei welchen in den Statuten[66] oder im Organisationsreglement eine Weiterdelegation untersagt ist.

48a Nicht selten wird **im Organisationsreglement** selbst die Weiterdelegation oder werden einzelne Elemente derselben **geregelt,** namentlich im Sinne einer **Vorbehaltsnorm,** wonach gewisse Aufgaben nicht delegiert werden dürfen. Im Übrigen ergibt sich aus der allgemeinen Sorgfaltspflicht aller Organe[67], dass grundlegende Entscheide nicht delegiert werden dürfen.

V. Berichterstattungspflicht im Falle der Delegation[68]

1. Gesetzliche Vorgaben

49 a) Das Gesetz schreibt die Information des (Gesamt-)Verwaltungsrats in allen Fällen der Delegation explizit vor:

---

[64] WATTER/ROTH PELLANDA in BSK zu OR 716b N 15. Für gänzlich unzulässig hält eine Weiterdelegation von Geschäftsführungsbefugnissen offenbar EHRAT 795.
[65] Wie bei einer Delegation durch den Verwaltungsrat verbleibt bei der delegierenden Instanz jedoch die Pflicht zur sorgfältigen Auswahl, Instruktion und Überwachung (OR 754 II).
[66] Diese können die Delegation unterbinden oder einschränken und mithin – als Schranke – auch ein ausdrückliches **Verbot der Weiterdelegation** vorsehen. Ein solches müsste u.E. aber **explizit** aus den Statuten hervorgehen.
[67] OR 717 I.
[68] Vgl. dazu etwa BÄCHTOLD, insb. 95 ff.; ISELI N 319 ff.; ROTH PELLANDA, insb. N 671 ff.; WEGMÜLLER 139 ff.; BÖCKLI, *Aktienrecht* § 13 N 163 ff., 186 ff. Allgemein zur Berichterstattung an den Verwaltungsrat s. die in Anm. 86 zit. Lit.

- Bei der Übertragung von Aufgaben ohne Entscheidungskompetenz hat der Verwaltungsrat nach OR 716a II «für eine angemessene Berichterstattung an seine Mitglieder zu sorgen». 50

- Bei der Übertragung organschaftlicher Kompetenzen muss nach OR 716b II im dazu notwendigen Organisationsreglement «insbesondere die Berichterstattung» geregelt werden[69]. 51

b) Von der Berichterstattung an den Verwaltungsrat als Gremium[70] im Sinne einer Bringschuld sind die in OR 715a geregelten Informationsrechte des einzelnen Verwaltungsratsmitglieds[71] als Holschuld zu unterscheiden. 52

2. Inhalt und Form der Berichterstattung an den Gesamtverwaltungsrat

a) Zu Inhalt und Form der Berichterstattung macht der Gesetzgeber keine Angaben. Dies zu regeln ist Sache des Verwaltungsrats im Rahmen seiner Organisationspflicht, wobei im Falle einer Delegation organschaftlicher Entscheidungskompetenzen im Sinne von OR 716b zwingend die Regelung in einem Organisationsreglement verlangt wird[72]. 53

b) **Allgemeine Anhaltspunkte** können Ziff. 15, 2. und 3. Lemma des Swiss Code bieten. Sie lauten wie folgt: 54

> «Der Präsident sorgt im Zusammenwirken mit der Geschäftsleitung für eine rechtzeitige Information über alle für die Willensbildung und die Überwachung erheblichen Aspekte der Gesellschaft. Der Verwaltungsrat erhält die übersichtlich aufbereiteten Unterlagen, soweit möglich, vor der Sitzung zugestellt; andernfalls lässt der Präsident die Unterlagen mit genügender Zeitvorgabe vor der Sitzung zum Studium auflegen.
>
> In der Sitzung sind in der Regel die für ein Geschäft Verantwortlichen anwesend. Personen, welche für Antworten auf vertiefende Fragen unentbehrlich sind, sind erreichbar.»

c) Was im Einzelnen **Inhalt** der Berichterstattung sein soll, wird im Gesetz nicht konkretisiert und hängt von den Aktivitäten der Gesellschaft ab. Generell lässt sich festhalten, dass die dem Verwaltungsrat zugehende Information 55

---

[69] OR 716b II.
[70] Dazu sogleich N 53 ff.
[71] Dazu nachstehend N 83 ff.
[72] OR 716b II; vgl. auch E OR 716c II 3., beide zitiert vorn Einleitung N 4 f.

diesen in die Lage versetzen soll, *en connaissance de cause* zu entscheiden, was eine «stufengerechte, zeitlich rechtzeitige und inhaltlich für die Oberleitungs- und Überwachungstätigkeit hinreichende Information»[73] bedingt. In erster Linie bezieht sich diese auf die **Gesellschaft selbst**. Darüber hinaus sollte sie aber auch das **Umfeld** der unternehmerischen Tätigkeit erfassen, etwa die Entwicklung des Marktes, der einschlägigen Technologien und der Gesetzgebung, wobei den Zukunftserwartungen nicht weniger Gewicht zukommt als der retrospektiven Rapportierung.

56   Eine **systematische Berichterstattung** ist etwa für folgende Themen einzurichten[74]:

– **Geschäftsgang,** mit Schwergewicht auf wesentliche Abweichungen von Budget, Vorjahr und Planung und den von der Geschäftsleitung getroffenen Massnahmen,

– **finanzielle Lage und Entwicklung** der Gesellschaft, insbesondere operativer Erfolg (EBIT, allenfalls EBITDA), gegliedert nach den Hauptgeschäftsbereichen, Stand der Liquidität und der Verschuldung, allenfalls Rentabilitätskennzahlen, wobei wiederum wesentliche Abweichungen von Vorjahr, Planung und Budget besonders interessieren,

– wichtige **personelle Entwicklungen** (auf Stufe Geschäftsleitung und mit Bezug auf Mitarbeitende mit Kernkompetenzen), allenfalls Fluktuationskennzahlen,

– **Lage** (wiederum im Vergleich zu Budget, Vorjahr und Planung) sowie kurz-, mittel- und längerfristige **Erwartungen** betreffend Markt bzw. Märkte (insbesondere Kunden und Konkurrenten), Geschäftschancen, Bestellungseingang, Auslieferungen, Auftragsvorrat und Auslastung,

– **ausserordentliche Ereignisse,** bei der Gesellschaft selbst wie auch in ihrem Umfeld,

– finanzielle, operative und andere wesentliche **Risiken** sowie Massnahmen, die als Antwort darauf getroffen werden oder geplant sind.

57   In **Konzernen** ist in der **Konzernobergesellschaft** auch über die Verhältnisse bei den wichtigsten **Tochtergesellschaften** zu berichten, wenn nicht im Hinblick auf die wirtschaftliche Einheit des Konzerns die Berichterstattung ohnehin **konzernübergreifend** strukturiert ist. Bei den **Tochtergesellschaften** sollte

---

[73] BÖCKLI, *Aktienrecht* § 13 N 190.
[74] Vgl. auch BÄCHTOLD 97 f.

nach Möglichkeit[74a] auch in den Grundzügen über den Gang der Dinge bei der Muttergesellschaft bzw. im Konzern informiert werden.

Zur **Qualität** der Informationen ist festzuhalten: 58

– Die Berichterstattung soll **stufengerecht** auf die Bedürfnisse der konkreten Gesellschaft bzw. ihres Verwaltungsrats zugeschnitten sein. Eine allzu sehr in für externe Verwaltungsratsmitglieder nicht interpretierbare Einzelheiten gehende Information[74b] ist ebenso problematisch wie eine summarische Übersicht ohne die nötige Tiefe. Gleich wichtig wie die **Information** als solche sind **Erläuterungen** durch die rapportierende Stelle, dies ganz besonders bei wesentlichen Abweichungen von Budget, Planung oder anderen Voraussagen (allenfalls auch von Branchendurchschnitten oder Benchmarks), wofür die nötigen Erklärungen vorzulegen sind. 59

– Inhalt und Umfang der Berichterstattung sollen ferner **situationsgerecht** sein. Bei einer Gesellschaft in finanziell angespannter Lage etwa ist die Berichterstattung über die Liquidität und den zu erwartenden kurzfristigen Mittelbedarf zentral, bei der Lancierung eines strategisch wichtigen neuen Produkts mögen es die Umsatz- oder Bestellzahlen sein. Von der Situation hängt auch die erwünschte **Kadenz** ab[75]. 60

– Schliesslich hat die Information **zeitgerecht** zu erfolgen, möglichst zeitnah, aber doch so, dass eine sorgfältige Aufbereitung erfolgen konnte. 61

Zu differenzieren ist zwischen verschiedenen **Formen** der Berichterstattung: 62

– periodisch, vgl. lit. e), N 63 ff.,

– sitzungsvorbereitend, vgl. lit. f), N 74 f.,

– im Rahmen einer Sitzung, vgl. lit. g), N 76 ff.

– und schliesslich spontan bei ausserordentlichen Ereignissen, vgl. lit. h), N 80 f.

d) Mit Bezug auf die **Aufbereitung** der Information ist auf den Nutzen grafischer Darstellungen hinzuweisen, welche die rasche Übersicht enorm erleichtern. Für eine allererste Information und *guideline* haben sich in vielen Ge- 62a

---

[74a] D.h., soweit die Tochtergesellschaft darüber informiert wird, worum sich die Organe der Tochtergesellschaft wenn nötig aktiv bemühen sollten.

[74b] Zur Problematik der **Überinformation** vgl. etwa DRUEY, *Informationsversorgung* (zit. hinten Anm. 86) 21 und BÖCKLI, *Aktienrecht* § 13 N 168a.

[75] Zur Liquidität etwa mögen im Regelfall Quartalszahlen genügen, während in Zeiten von Liquiditätsengpässen allenfalls wöchentliche Rapporte vorzusehen sind, mitenthaltend den Ist-Zustand und einen Ausblick auf die nächsten Wochen und Monate.

sellschaften *traffic lights*-Darstellungen eingebürgert, die in Anlehnung an eine Verkehrsampel aufzeigen, wo sich die Gesellschaft im grünen, orangen oder roten Bereich befindet, was beruhigt zur Kenntnis genommen werden kann, wo genauer hinzuschauen ist und wo Massnahmen zu treffen sind.

63 e) Die ordentliche **periodische** Berichterstattung variiert von Gesellschaft zu Gesellschaft nicht nur inhaltlich[76], sondern auch nach ihrer Häufigkeit. Je nach Art des jeweiligen Geschäfts mag für bestimmte Informationen der Jahresrhythmus genügen, während für andere eine halbjährliche, vierteljährliche, monatliche oder gar wöchentliche Berichterstattung geboten ist. Dabei gilt auch hier: Mehr ist nicht unbedingt besser[77].

64 Als Ausgangspunkt mag das folgende Raster dienen[78]:

65 – Berichte **vor** (bzw. ausnahmsweise an) **allen Verwaltungsratssitzungen** und/oder in einem **monatlichen** (in einfachen Verhältnissen allenfalls vierteljährlichen) **Reporting** betreffend

66 – **Geschäftsgang:** z.B. Bestellungseingang, Auslieferungen, Auftragsvorrat und Auslastung, Entwicklung der wichtigsten Kostenblöcke, EBIT und EBITDA, alles mit kurzen Erläuterungen bei wesentlichen Abweichungen zu Budget und Vorjahr (allenfalls auch zu Branchendurchschnitten oder Benchmarks), **Geschäftsaussichten** (mit ähnlichen Elementen),

67 – **finanzielle Lage und Entwicklung:** Liquidität und Verschuldung, (offene und benutzte) Kreditlinien, allenfalls Mittelflussrechnung sowie weitere wichtige, von Betrieb zu Betrieb unterschiedliche Kennzahlen, wiederum mit Vergleichen zu Budget und Vorjahr und kurzen Erklärungen wesentlicher Abweichungen, allenfalls auch in Gegenüberstellung zur Branchenentwicklung oder zu Benchmarks,

68 – **strategische Entscheidungen** bzw. Stand ihrer Umsetzung,

69 – **besondere Vorkommnisse auf Stufe Geschäftsleitung:** Vollzug von Investitionen und Desinvestitionen, Lancierung neuer Produkte, besondere Marketinganstrengungen wie etwa Besuch von Messen oder Werbekampagnen,

---

[76] Bei einer Gesellschaft mögen die Produktionszahlen besonders erhellend sein, bei einer anderen Umsatz oder Bestellungen, bei einer dritten die Entwicklung der Liquidität.

[77] Wöchentliche Produktionszahlen einzelner Produktionsstätten etwa sind für Verwaltungsratsmitglieder, denen lokale Feiertage nicht bekannt sind, wenig hilfreich.

[78] Angelehnt an die Liste vorn N 56. Der Vorschlag basiert auf wertvollem Input von Prof. Dr. R. Volkart, Zürich.

- **wirtschaftliches Umfeld:** konjunkturelle Entwicklung, Lage und Entwicklung von Branche und Mitwettbewerbern sowie der wichtigsten Kunden, allenfalls auch der Finanzmärkte (Zinsen, Situation auf dem Kredit- und Kapitalmarkt),

- **besondere Ereignisse:** wichtige Aufträge, Verlust von wichtigen Aufträgen an Konkurrenten, gerichtliche oder behördliche Verfahren, aussergewöhnliche Garantiefälle, strafrechtlich oder reputationsmässig wesentliche interne Vorfälle, auch zukunftsbezogen, hinsichtlich **besonderer Risiken,**

- **Tätigkeit der Geschäftsleitung** (allenfalls in Form der Zustellung ihrer Sitzungsprotokolle) sowie **Tätigkeit von Ausschüssen** (allenfalls in Form der Zustellung ihrer Sitzungsprotokolle und der den Ausschüssen zugestellten Sitzungsunterlagen).

- **Periodische Berichterstattung** in längeren Abständen (z.B. halbjährlich) über:

  - **Personelles** (einschliesslich Stellvertretungs- und Nachfolgeplanung),

  - **Forschung und Entwicklung,**

  - **Zukunftsplanung** (Business Plan),

  - **Selbstbeurteilung** des Unternehmens und seiner Führungskräfte, allenfalls im Sinne einer SWOT-Analyse, d.h. nach Stärken *(strengths)* und Schwächen *(weaknesses),* Chancen *(opportunities)* und Risiken *(threats and risks)* oder anhand einer *Balanced Scorecard* mit entsprechenden Kennzahlen und Informationen zu den strategisch relevanten Faktoren wie Finanzen, Kunden, interne Abläufe, Mitarbeitende.

f) **Vor den Sitzungen** sind diejenigen Unterlagen zuzustellen, die für eine angemessene Vorbereitung erforderlich sind, insbesondere die Dokumentation der an der Sitzung zu behandelnden Traktanden und Anträge. Zeitlich ist ein Kompromiss zu treffen zwischen dem Bestreben, den Verwaltungsratsmitgliedern ausreichend Zeit für die Verarbeitung einzuräumen, und dem Ziel grösstmöglicher Aktualität. Allenfalls kann die Zustellung auch gestaffelt – sinnvollerweise in nicht mehr als zwei Lieferungen – erfolgen. Erst an der Sitzung selbst verteilte Handouts sind tunlichst zu vermeiden[79].

---

[79] Ein Unfug war die früher verbreitete Usanz, die Sitzungsunterlagen generell – angeblich wegen ihrer Vertraulichkeit – lediglich als Tischvorlage zu verteilen. Falls ausnahmsweise eine Zustellung aus Gründen der Vertraulichkeit oder wegen besonderer Zeitknappheit nicht op-

75 Die **Mitglieder von Ausschüssen** benötigen für ihren Tätigkeitsbereich in der Regel **detailliertere Informationen.** Dabei bewährt es sich, die entsprechenden Unterlagen – mit Ausnahme besonders sensitiver Dokumente, wie sie etwa der Entschädigungs- oder der Nominierungsausschuss erhält – **sämtlichen Verwaltungsratsmitgliedern zuzustellen.** Diese haben dann die Möglichkeit, sich vertieft zu informieren, ohne dass die Kenntnis dieser weiteren Dokumente in der Verwaltungsratssitzung vorausgesetzt würde[79a].

76 g) **In den Sitzungen** sind die Vorbereitungsunterlagen im Sinne einer effizienten Abwicklung **als bekannt vorauszusetzen.** Die Sitzung dient der zusammenfassenden mündlichen Rekapitulation der wichtigsten Sachverhalte, der ergänzenden Information, der Diskussion, Antragstellung und Entscheidung.

77 Anlässlich der Sitzungen sind «alle Mitglieder des Verwaltungsrats sowie die mit der Geschäftsführung betrauten Personen zur Auskunft verpflichtet»[80], und zwar grundsätzlich uneingeschränkt[81]. Nach der Vorstellung des Gesetzgebers ist die Verwaltungsratssitzung «primärer Ort der Informationserteilung»[82]. In komplexen Verhältnissen erfolgt die Information aber mehr und mehr im Vorfeld, und die Sitzung dient in erster Linie der Diskussion und Beschlussfassung. Aber auch in einfachen Verhältnissen ist es in der Regel angebracht, den Mitgliedern des Verwaltungsrats durch vorgängige Information Gelegenheit zur Vorbereitung zu geben.

78 Damit die Auskunftsrechte in den Sitzungen wahrgenommen werden können, ist in der Regel die **Präsenz des Vorsitzenden der Geschäftsleitung,** allenfalls auch des Finanzchefs und weiterer Geschäftsleitungsmitglieder und – je nach Thema – bestimmter Sachbearbeiter geboten oder sollten diese Personen zumindest auf Abruf verfügbar sein.

79 Einen wichtigen Stellenwert in den Sitzungen des Verwaltungsrats hat die Berichterstattung der **Vorsitzenden von Ausschüssen** sowie allenfalls von einzelnen Verwaltungsratsmitgliedern (besonders des **Präsidenten** und natürlich eines allfälligen **Delegierten**) über ihre Tätigkeit.

---

portun ist, sollte den Verwaltungsratsmitgliedern ausreichend Zeit für das vorgängige Studium am Sitz der Gesellschaft oder am Tagungsort eingeräumt werden.

[79a] Es ist jedoch – schon zur Vermeidung eines Verantwortlichkeitsrisikos – jeweils (allgemein oder speziell bei der Zustellung) klar festzuhalten, bei welchen Dokumenten die Lektüre erwartet wird und bei welchen nicht.

[80] OR 715a II, zur Konkretisierung in der Praxis vgl. N 85 f.

[81] BÖCKLI, *Aktienrecht* § 13 N 198 f.; ausführlich BÄCHTOLD 58 ff.

[82] BÄCHTOLD 59. Dies korrespondiert mit dem gesetzgeberischen Konzept, wonach die Aktionäre ihr Auskunftsrecht grundsätzlich in der Generalversammlung wahrzunehmen haben, OR 697 I.

h) Über ausserordentliche Geschehnisse ist ausserhalb des Berichterstattungs-Rhythmus spontan zu informieren[83]. Eine solche ereignisbezogene **Ad-hoc-Berichterstattung** ist jedenfalls immer dann erforderlich, wenn sich aufgrund eines internen oder externen Vorkommnisses Massnahmen aufdrängen, über die der Verwaltungsrat zu beschliessen hat. 80

Als **zeitliches** Minimum mag gelten, dass die Mitglieder des Verwaltungsrats bei besonderen Vorkommnissen stets **vor den Aktionären** und – bei Publikumsgesellschaften – **vor der Allgemeinheit** zu informieren sind[84]. 81

i) Ausserhalb der Sitzungen zu erteilende Informationen werden in aller Regel **schriftlich** zugestellt, wobei man sich mehr und mehr (alternativ oder kumulativ) der elektronischen Übermittlung bedient[85, 85a]. 82

3. Die Informationsrechte des einzelnen Verwaltungsratsmitglieds[86]

a) Gemäss OR 715a I kann jedes Verwaltungsratsmitglied «Auskunft über alle Angelegenheiten der Gesellschaft verlangen». Es besteht mithin grundsätzlich ein umfassendes, **materiell unbegrenztes Informationsrecht**[87], das den 83

---

[83] Ein Anhaltspunkt kann die Pflicht zur externen **Ad-hoc-Berichterstattung bei Publikumsgesellschaften** sein, wie sie in KR 53 vorgesehen ist. Die Schwelle für die Pflicht zur sofortigen Information des Verwaltungsrats ist jedoch **tiefer anzusetzen**, und es können auch **andere als kursrelevante Tatsachen** Auslöser sein, ferner neben Tatsachen auch **Erwartungen** oder Befürchtungen.

[84] Es ist ein Organisationsversagen, wenn ein Verwaltungsratsmitglied von personellen oder geschäftlichen Entwicklungen seiner Gesellschaft aus den Medien erfährt.

[85] Dazu R. H. WEBER: E-Governance im Unternehmen, in: FS Forstmoser (Zürich 2003) 347 ff., 356 ff.

[85a] Vertrauliche Informationen sind allenfalls geschützt (verschlüsselt) zu übermitteln, um Gleichwertigkeit mit einer vertraulichen postalischen Zustellung zu erreichen. Nach unserer Erfahrung ist dies freilich (noch) nicht üblich.

[86] Vgl. dazu statt aller BÄCHTOLD *passim*; KRNETA zu OR 715a; HOMBURGER zu OR 715a; WERNLI in BSK zu OR 715a; ROTH PELLANDA N 688 ff.; J. N. DRUEY: Das Informationsrecht des einzelnen Verwaltungsratsmitglieds, SZW *1993* 49 ff.; DERS.: Unternehmensinterne Informationsversorgung, in: Ch. B. Bühler (Hrsg.): Informationspflichten des Unternehmens im Gesellschafts- und Börsenrecht (Bern etc. 2003) 3 ff.; P. V. KUNZ: Die Auskunfts- und Einsichtsrechte des Verwaltungsratsmitglieds, AJP *1994* 572 ff.; ferner BÖCKLI, *Aktienrecht* § 13 N 163 ff. und FORSTMOSER/MEIER-HAYOZ/NOBEL § 28 N 78 ff.; alle mit weiteren Angaben.

[87] BÄCHTOLD 53 ff., 118, mit Hinweis auch auf a.M.; FORSTMOSER/MEIER-HAYOZ/NOBEL § 28 N 78 ff.; BÖCKLI, *Aktienrecht* § 13 N 165 ff.; BAUEN/VENTURI N 84; MÜLLER/LIPP/PLÜSS 88 ff. Zum Verhältnis des Auskunftsrechts der Verwaltungsratsmitglieder zu dem der gewöhnlichen Aktionäre vgl. BGE 133 III 133 ff., 137 f.

Geheimhaltungsinteressen der Gesellschaft vorgeht[88, 89]. Das Recht auf Auskunft besteht jedoch (nur) mit Bezug auf «Angelegenheiten der Gesellschaft».[90] Als Basis für die Amtsausübung steht es dem Verwaltungsratsmitglied grundsätzlich nur **während seiner Amtszeit** zu[91]. Es soll der Amtsausübung dienen und ist – wie jedes Recht – durch das Missbrauchsverbot begrenzt[92]. Doch ist ein Nachweis der Erforderlichkeit nicht nötig[93, 94].

84 Information findet – in abgestuftem Umfang – auf drei Ebenen statt:

- als **institutionalisierte** Berichterstattung im Sinne einer Bringschuld der Gesellschaft, dazu Ziff. 2, N 53 ff. hievor,
- als Auskunft **in Sitzungen** des Verwaltungsrats, dazu sogleich lit. b) und
- als Auskunft **ausserhalb der Sitzungen,** dazu lit. c), N 87 ff.

85 b) Auskunftspflichtig sind **in den Verwaltungsratssitzungen** vor allem der allfällige Delegierte, der Präsident und die Vorsitzenden von Ausschüssen sowie der Vorsitzende der Geschäftsleitung und allenfalls der Finanzchef. Durch die Beschränkung auf die «mit der Geschäftsleitung betrauten Personen»[95] soll

---

[88] FORSTMOSER/MEIER-HAYOZ/NOBEL § 28 N 78. Die Situation ist grundlegend anders als bei den Aktionären, da diese keiner Treue- oder Schweigepflicht unterstehen (vgl. OR 697 II). Vgl. dazu BÄCHTOLD 118 f.

[89] Schranken können sich jedoch bei Interessenkonflikten und Konkurrenzsituationen ergeben, vgl. KRNETA N 971 ff., mit Hinweisen, ferner hinten § 11 N 108.

[90] Ausgeschlossen sind damit Informationen zu Themen, welche nicht die Gesellschaft betreffen, etwa solche über private Angelegenheiten von Mitgliedern des Verwaltungsrats oder der Geschäftsleitung.

[91] Vgl. (differenzierend) BGE 129 III 499 ff. und dazu die Besprechung von CARBONARA/VON DER CRONE in SZW *2004* 88 ff. Ähnlich BÄCHTOLD 128. – Information betreffend die Zeit vor Amtsantritt ist zu erteilen, wenn sie sich auf die «Tätigkeit und Aufgabenerfüllung des Verwaltungsrats auswirkt» (BÄCHTOLD 127).

[92] Missbräuchlich ist es etwa, wenn ein Verwaltungsratsmitglied Informationen verlangt, die es nicht für die Erfüllung seiner Aufgabe benötigt, sondern zu anderen Zwecken – etwa für die Tätigkeit zugunsten eines Konkurrenzunternehmens – verwenden will.

[93] Unhaltbar ist es u.E., wenn verlangt wird, dass Auskunft nur dann zu erteilen ist, wenn sie «einen wesentlichen Zielerreichungsbeitrag» leistet (so aber KRNETA N 975, mit Hinweisen).

[94] Anders aber, wenn Einsicht in Bücher und Akten verlangt wird, OR 715 IV und hinten N 91. Vgl. dazu BÄCHTOLD 123 ff. und KRNETA N 1013 ff.

[95] BÄCHTOLD 147 legt diesen Begriff u.E. zu weit aus, wenn er darunter neben den Mitgliedern der Direktion auch Prokuristen und Bevollmächtigte sowie sämtliche Organpersonen im Sinne des materiellen Organbegriffs (dazu vorn § 1 N 1) subsumieren will. Im Einzelfall kann es freilich zweckmässig sein, Personen ausserhalb der Geschäftsleitung für die Auskunftserteilung beizuziehen.

verhindert werden, dass sich Verwaltungsratsmitglieder in Durchbrechung der Hierarchie direkt an untergeordnete Personen wenden[96].

Die **praktische Regelung** ist – im Organisationsreglement wie auch konkret für die einzelnen Sitzungen – so zu treffen, dass die Mitglieder des Verwaltungsrats ihr umfassendes Informationsrecht wirksam wahrnehmen können, die Geschäftsleitungsmitglieder und allfällige weitere Mitarbeitende aber zeitlich nicht überbeansprucht werden[97]. Ausserdem ist – soweit sinnvoll – dafür zu sorgen, dass der Verwaltungsrat Gelegenheit hat, die erhaltenen Informationen auch ohne das Beisein von Mitgliedern der Geschäftsleitung zu diskutieren. 86

c) **Ausserhalb der Sitzungen** ist das Informationsrecht gemäss OR 715a III begrenzt: 87

– Über den **Geschäftsgang im Allgemeinen** kann jedes Verwaltungsratsmitglied voraussetzungslos Auskunft verlangen. Nach allgemeiner Ansicht ist dieser Begriff extensiv auszulegen[98] und bezieht sich «auf die wichtigsten Kerngrössen, wie Umsatz, Absatzentwicklung, Bestellungsveränderung, Veränderung der Lagerbestände, Marktentwicklung, finanzielle Lage, Zahl der Arbeitnehmer etc.», sodann auch auf «einzelne Geschäftsbereiche oder Gruppen von Sachgeschäften»[99]. 88

– Über **einzelne Geschäfte** kann dagegen Auskunft nur «mit Ermächtigung des Präsidenten» (OR 715a III) verlangt werden, wobei ein ablehnender Entscheid an den Gesamtverwaltungsrat weitergezogen werden kann (OR 715a V)[100]. 89

Auch ausserhalb der Sitzungen sind Adressaten von Informationsbegehren nur die «mit der Geschäftsführung betrauten Personen», und Begehren, die über allgemeine Auskünfte zum Geschäftsgang hinausgehen, müssen überdies zwangsläufig (OR 715a III) über den Präsidenten des Verwaltungsrats 90

---

[96] Doch muss es zulässig sein und ist es üblich, im Verwaltungsrat die persönliche Berichterstattung durch nicht der Geschäftsleitung angehörige Mitarbeitende – etwa Projektleiter oder Länderverantwortliche sowie Spezialisten – zu verlangen. (Zurückhaltend diesbezüglich KRNETA N 993.)
[97] Daher macht eine generelle Präsenzpflicht aller Mitglieder der Geschäftsleitung meist wenig Sinn.
[98] BÄCHTOLD 122; KRNETA N 998.
[99] BÄCHTOLD 121.
[100] Der Verwaltungsrat entscheidet endgültig, die Möglichkeit eines Weiterzugs an die **Generalversammlung** würde dem Paritätsprinzip widersprechen, vgl. FORSTMOSER/MEIER-HAYOZ/NOBEL § 28 N 106; BÖCKLI, *Aktienrecht* § 13 N 222; MÜLLER/LIPP/PLÜSS 94. – Zur Frage der gerichtlichen Durchsetzbarkeit vgl. hinten N 98 und Anm. 109.

laufen. Damit sollen eine Störung des Betriebs und die Missachtung der hierarchischen Ordnung unterbunden werden[101].

91 d) Ein Recht auf **Einsicht** in Bücher und Akten besteht nur, «[s]oweit es für die Erfüllung einer Aufgabe erforderlich ist» (OR 715a IV). Es bedarf also eines Interessensnachweises, wobei man mit BÖCKLI Glaubhaftmachung genügen lassen wird[102]. Entsprechende Begehren sind im Falle einer Ablehnung durch den Präsidenten ebenfalls vom Gesamtverwaltungsrat zu entscheiden (OR 715a V).

92 e) Im **Konzern** bestehen entsprechende Informationsrechte auch mit Bezug auf die wichtigeren Konzernuntergesellschaften[103, 104].

93 f) Eine **Regelung im Organisationsreglement** ist nur für die vorn N 49 ff. besprochene Berichterstattungspflicht erforderlich. Jedoch können die Auskunfts- und Einsichtsrechte der Verwaltungsratsmitglieder reglementarisch – oder auch durch Einzelbeschlüsse – **erweitert** (nicht aber eingeschränkt) werden[105]. Da das Auskunftsrecht – wie vorn N 83 gezeigt – inhaltlich ohnehin unbegrenzt ist, kann es sich dabei freilich «nur um Erweiterungen in formeller Hinsicht oder bezüglich der informationspflichtigen Personen handeln»[106].

94 Im Übrigen empfiehlt sich in komplexeren Verhältnissen eine **Konkretisierung** im Organisationsreglement in dreierlei Hinsicht:

---

[101] Vor allem bei Familienunternehmen grassiert vereinzelt die Unsitte, dass sich Mitglieder des Verwaltungsrats oder auch Aktionäre direkt mit Angestellten auf tieferer Stufe in Verbindung setzen, oft nicht nur, um Auskunft zu erlangen, sondern auch, um Einfluss zu nehmen.

[102] BÖCKLI, *Aktienrecht* § 13 N 219; die Frage, welchen Anforderungen der Nachweis zu genügen hat, ist freilich insofern nicht relevant, als der Verwaltungsratspräsident oder allenfalls der Gesamtverwaltungsrat ohne Begründungspflicht entscheidet.

[103] Es ist dies ein Erfordernis für die Ausübung der konzerntypischen einheitlichen Leitung, FORSTMOSER/MEIER-HAYOZ/NOBEL § 28 N 108; BÖCKLI, *Aktienrecht* § 13 N 182; MÜLLER/LIPP/PLÜSS 427; einschränkender BÄCHTOLD 122 und KRNETA N 1001.

[104] In der Finanzholding mit rein finanziellen Beteiligungen ohne das Ziel einer einheitlichen Leitung erfasst das Auskunftsrecht dagegen nur die Informationen, welche die Muttergesellschaft ihrerseits in ihrer Rechtsstellung als Aktionärin erhalten kann, FORSTMOSER/MEIER-HAYOZ/NOBEL § 28 N 108 Anm. 60. Diese werden – mit Bezug auf die Aktionäre – in der neueren Bundesgerichtspraxis eher restriktiv bemessen, weil der Aktionär aufgrund der seit der letzten Aktienrechtsreform obligatorischen konsolidierten Rechnungslegung die für die Ausübung seiner Rechte wesentlichen Informationen weitgehend ohnehin erhält, vgl. BGE 132 III 71 ff., 76.

[105] OR 715a VI; eine statutarische Regelung ist dagegen wegen des aus dem Paritätsprinzip folgenden Grundsatzes der Selbstorganisation des Verwaltungsrats nicht zulässig, ROTH PELLANDA N 687, mit weiteren Hinweisen.

[106] BÄRCHTOLD 119, der dies freilich auch vom Einsichtsrecht behauptet.

- Für Informations- oder Einsichtsbegehren an den Verwaltungsratspräsidenten kann **Schriftlichkeit** verlangt werden[107]. 95

- Die **Vorsitzenden von Verwaltungsratsausschüssen** sollten das Recht haben, sich mit den für ihren Aufgabenbereich **zuständigen Personen jederzeit direkt in Verbindung** zu setzen. Dies zumindest auf der Stufe der Geschäftsleitung, allenfalls aber auch mit Fachpersonen auf tieferen Stufen der Hierarchie[108]. Dabei kann – und sollte – verlangt werden, dass der Verwaltungsratspräsident zu informieren ist. 96

- Der **direkte Zugang zum Vorsitzenden der Geschäftsleitung** sollte allen Mitgliedern des Verwaltungsrats offenstehen, wobei wiederum Kenntnisgabe an den Verwaltungsratspräsidenten verlangt werden kann und soll. 97

g) Umstritten ist, ob durch den Verwaltungsrat abgelehnte Auskunfts- oder Einsichtsgesuche endgültig gescheitert sind oder ob eine **gerichtliche Durchsetzung** möglich ist[109]. 98

h) Auch ohne Grundlage im Organisationsreglement kann u.E. ein Verwaltungsratsmitglied einen **Sachverständigen als Berater** beiziehen[110], wobei die Vertraulichkeit sicherzustellen ist. 99

---

[107] A.M. die wohl herrschende Lehre, welche die Einführung irgendwelcher Formvorschriften ablehnt, vgl. ROTH PELLANDA N 692 und BÄCHTOLD 159. Die Möglichkeit, Schriftlichkeit zu verlangen, ergibt sich aber u.E. aus dem Recht und der Pflicht des Verwaltungsrats zur Selbstorganisation.

[108] Der Vorsitzende des Audit Committee braucht den direkten Zugang zum Chef der Internen Revision, die Vorsitzende eines Finanzausschusses den zum Chefbuchhalter etc.

[109] Dazu ausführlich und für Endgültigkeit des Verwaltungsratsbeschlusses BÖCKLI, *Aktienrecht* § 13 N 222 ff., mit zahlreichen Hinweisen. A.M. und für die Möglichkeit einer richterlichen Rechtskontrolle dagegen ROTH PELLANDA N 698 ff. Grundsätzlich gegen eine gerichtliche Durchsetzbarkeit mit Ausnahme seltener Fälle der Nichtigkeit (Genfer) Cour de Justice in SJ *2000* 438 ff., 441, referiert von TERCIER/STOFFEL in SZW *2000* 286; kritisch auch zur Möglichkeit einer Nichtigkeitsklage DRUEY, *Informationsversorgung* (zit. Anm. 86) 8 f. – Wegen der Dauer gerichtlicher Verfahren dürfte die Frage von geringer praktischer Bedeutung sein, vgl. KRNETA N 1055.

[110] Vgl. HOMBURGER N 498; KRNETA N 1032 f. Wird die Unterlassung des Beizugs von Sachverständigen u.U. als haftungsbegründende Pflichtverletzung betrachtet (so FORSTMOSER, *Verantwortlichkeit* N 831), dann muss der Beizug gestattet werden. Doch trägt das sich erkundigende Mitglied die Verantwortung dafür, dass die beigezogene Fachperson die Geschäftsgeheimnisse, von denen sie Kenntnis erhält, wahrt, KRNETA N 1032.

VI. Haftungsbeschränkende Wirkung der korrekten Delegation

100 Delegiert der Verwaltungsrat korrekterweise – also im Rahmen seiner delegierbaren Aufgaben und einer statutarischen Ermächtigungsnorm sowie formal korrekt im Organisationsreglement –, dann sind seine Mitglieder von einer persönlichen Haftung befreit, soweit sie «bei der Auswahl, Unterrichtung und Überwachung [der Delegationsempfänger] die nach den Umständen gebotene Sorgfalt angewendet» haben[111]. Eine Delegation trotz Fehlens einer statutarischen Ermächtigung, ohne Regelung im Organisationsreglement oder in Missachtung des nach OR 716a nicht delegierbaren Aufgabenkreises hat dagegen grundsätzlich keine haftungsentlastende Wirkung[112].

---

[111] OR 754 II.
[112] Näheres hinten § 10 N 15 ff., vgl. insb. die Präzisierung in N 19 ff.

§ 5 Die Delegation von Kompetenzen innerhalb des Verwaltungsrats

Innerhalb des Verwaltungsrats können gewisse Funktionen «Ausschüssen oder einzelnen Mitgliedern» zugewiesen werden[1]. Auf diese Möglichkeiten ist im Folgenden einzugehen, zunächst auf die Bildung von Ausschüssen (lit. A, N 2 ff.), dann auf die Zuweisung von Aufgaben an einzelne Verwaltungsratsmitglieder (lit. B, N 153 ff., insb. 206 ff.)[2].

A. Ausschüsse[3]

I. Allgemeines

Ausschüsse sind Gremien, die sich grundsätzlich[4] aus Mitgliedern des Verwaltungsrats zusammensetzen und die den Gesamtverwaltungsrat bei der Erfüllung seiner Aufgaben entlasten. Der Verwaltungsrat kann Ausschüsse einerseits mit der Vorbereitung und Ausführung seiner Beschlüsse sowie mit der Überwachung von Geschäften beauftragen. Andererseits, innerhalb gewisser Grenzen, kann er auch Entscheidkompetenzen an Ausschüsse delegieren.

---

[1] So OR 716a II für vorbereitende, ausführende und überwachende Aufgaben. Bei der Geschäftsführung wird dagegen nur gesagt, sie könne «an einzelne Mitglieder» übertragen werden (OR 716b I). Die Differenz dürfte nicht beabsichtigt sein (vgl. § 4 N 12), und es ist unbestritten, dass Ausschüssen auch Geschäftsführungskompetenzen zugewiesen werden können.

[2] In diesem Paragrafen wird die Stellung von Ausschüssen und Verwaltungsratsmitgliedern mit besonderen Aufgaben auch generell und nicht nur im Hinblick auf die Kompetenzdelegation besprochen.

[3] Vgl. BASTIAN und JUTZI *passim;* BAUEN/VENTURI N 255 ff.; BÖCKLI, *Aktienrecht* § 13 N 385 ff., 405 ff.; FORSTMOSER/MEIER-HAYOZ/NOBEL § 29 N 30 ff.; KRNETA N 1652 ff.; MÜLLER/LIPP/PLÜSS 58 f.; ROTH PELLANDA N 532 ff.; WATTER *passim;* WATTER/ROTH PELLANDA in BSK zu OR 716a N 43 ff.; alle mit weiteren Hinweisen.

[4] Ob auch **nicht dem Verwaltungsrat angehörende Dritte** als Ausschussmitglieder wählbar sind, ist umstritten. Pro mit ausführlicher Begründung JUTZI 151 f., 170 f., contra BÖCKLI, *Aktienrecht* § 13 N 408a. U.E. können jedenfalls Ausschüssen nach OR 716a II (vorbereitend, ausführend, überwachend) auch Personen angehören, die nicht Mitglieder des Verwaltungsrats sind. Darüber hinaus sollte dies aber auch für Ausschüsse nach OR 716b I (entscheidend) zulässig sein: Das Gesetz erlaubt eine Delegation seitens des Verwaltungsrats «an einzelne Mitglieder oder an Dritte», und es ist nicht einzusehen, weshalb Mitglieder und Dritte nicht gemeinsam in einem gemischten Gremium tätig sein können sollten.

1. Gesetzliche Grundlagen und Soft Law

3   a) Das Aktienrecht befasst sich mit Verwaltungsratsausschüssen an drei Stellen:

4   – In OR 716a II wird die Zulässigkeit der Bildung von Ausschüssen für **verwaltungsratsinterne Hilfsfunktionen** bestätigt und eine «angemessene Berichterstattung» an den Gesamtverwaltungsrat verlangt.

5   – Nach OR 716b I kann der Verwaltungsrat unter bestimmten Voraussetzungen die **Geschäftsführung** «an einzelne Mitglieder» und mithin auch an einen Ausschuss (als Mehrzahl von Mitgliedern) **übertragen**.

6   – Nach OR 726 I schliesslich kann der Verwaltungsrat von ihm bestellte Ausschüsse jederzeit **abberufen**.

7   b) Für Institute des **Bank- und Finanzsektors** verlangt das FINMA-Rundschreiben 2008/24 «Überwachung und interne Kontrolle Banken» – falls gewisse Grössenkriterien erfüllt sind oder Papiere des Instituts kotiert sind – die Bestellung eines Prüfungs- und Revisionsausschusses[5].

8   c) Die Bildung gewisser Ausschüsse – und vor allem eines Prüfungs- und Revisionsausschusses – gilt heute für grössere Gesellschaften als *best practice*[6] und wird in Codices zur Corporate Governance regelmässig gefordert[7]. Auch der **Swiss Code** verlangt, dass der Verwaltungsrat «Ausschüsse mit definierten Aufgaben» bestellt[8], wobei drei Ausschüsse explizit erwähnt werden:

– der **Prüfungs- oder Revisionsausschuss**, das Audit Committee[9],

– der **Entschädigungsausschuss**, das Compensation Committee[10],

– der **Nominierungsausschuss**, das Nomination Committee[11, 12].

---

[5] FINMA-RS 2008/24 N 32 ff.
[6] Nach einer 2008 durchgeführten Umfrage bei den grösseren kotierten Gesellschaften der Schweiz hatten 98,2% der Verwaltungsratsmitglieder eine Ausschussfunktion inne (RÜDISSER 91).
[7] Dazu allgemein ausführlich BÖCKLI, Aktienrecht § 14 N 50 ff. sowie zum Swiss Code BASTIAN 242 ff.
[8] Swiss Code Ziff. 21.
[9] Swiss Code Ziff. 23 f., dazu N 84 ff.
[10] Swiss Code Ziff. 25 f., dazu N 100 ff.
[11] Swiss Code Ziff. 27, dazu N 121 ff.
[12] Präzisiert wird, dass mittlere und kleine Unternehmen anstelle von Ausschüssen **Einzelbeauftragte** einsetzen oder die entsprechenden Aufgaben durch den **Gesamtverwaltungsrat** wahrnehmen lassen können (Swiss Code Ziff. 28).

d) International tätige Unternehmen können aufgrund ausländischer oder internationaler Standards, an denen sie sich orientieren, gehalten sein, Ausschüsse mit unabhängigen und/oder besonders sachkundigen Mitgliedern zu bilden.

9

2. Wesen, Zweck und Arten

a) In der Schweiz findet sich keine Legaldefinition von Verwaltungsratsausschüssen. Die flexible schweizerische Regelung gewährt dem Verwaltungsrat auch in dieser Hinsicht eine **Vielzahl von Gestaltungsmöglichkeiten und Aufgabenzuweisungen:** Verwaltungsratsausschüsse können einerseits untergeordnete Hilfstätigkeiten wahrnehmen, andererseits kann ihnen der Verwaltungsrat aber auch die gesamte Geschäftsführung übertragen[13].

10

b) Ausschüsse können vielfältigen **Zwecken** dienen, wobei ihr offensichtlichster Vorteil in der effizienten Wahrnehmung der dem Verwaltungsrat zugewiesenen Aufgaben durch eine Arbeits- bzw. Aufgabenteilung und Spezialisierung innerhalb des Verwaltungsrats liegt[14]. Daneben hat die Aufbereitung von Information für den Gesamtverwaltungsrat zentrale Bedeutung, dies vor allem bei kotierten Gesellschaften, in vereinfachter Weise aber auch bei mittleren oder sogar kleinen Unternehmen[15]. Schliesslich verbessern Ausschüsse die Qualität der Debatte und Entscheidfindung im Gesamtgremium[16].

11

c) Nach der **Systematik des Gesetzes** sind zwei Ausschussarten zu unterscheiden: einerseits Ausschüsse, denen lediglich **Hilfsaufgaben** zukommen wie die Vorbereitung und Ausführung von Verwaltungsratsbeschlüssen und die Überwachung von Geschäften, und andererseits Ausschüsse, an die **Entscheidkompetenzen** und damit Geschäftsführungsaufgaben zur selbständigen Erledigung übertragen werden[17]. Die Ausschüsse, denen Hilfsaufgaben zukommen, finden sich in OR 716a II geregelt. Zu den Ausschüssen mit Entscheidkompetenzen schweigt das Gesetz. Sie sind nach OR 716b I zu behandeln, also nach den gleichen Voraussetzungen wie die Übertragung der Geschäftsführung «an einzelne Mitglieder»[18]. Die unterschiedliche gesetzli-

12

---

[13] Jutzi 13.
[14] R. Plutschow: VR-Ausschüsse in nicht an der Börse kotierten Aktiengesellschaften?, Jusletter vom 15.12.2003 N 11.
[15] Homburger N 742.
[16] Böckli, *Aktienrecht* § 13 N 417; R. Trigo Trindade: La répartition des tâches au sein du conseil d'administration, SZW 2004 24 ff, 26.
[17] Forstmoser/Meier-Hayoz/Nobel § 29 N 30 f.
[18] Forstmoser/Meier-Hayoz/Nobel § 29 N 34.

che Anknüpfung der beiden Ausschussarten[19] ist im Zusammenhang mit den formellen Voraussetzungen für ihren Einsatz von Bedeutung[20].

13 In der Praxis ist die theoretisch klare und grundlegende Unterscheidung in Verwaltungsratsausschüsse **mit** und solche **ohne** Entscheidungsgewalt aber nur selten anzutreffen. Die Regel bei der Kompetenzordnung von Ausschüssen ist viel eher eine graduelle Differenzierung entsprechend der Bedeutung eines Geschäfts: Die meisten Ausschüsse sind entscheidungsberechtigt in einem Rahmen, der einerseits durch die Kompetenzen der Geschäftsleitung und andererseits durch die dem Gesamtverwaltungsrat zum Entscheid vorbehaltenen Geschäfte begrenzt wird. Bei Geschäften, deren Entscheid sich der Gesamtverwaltungsrat wegen ihrer Bedeutung vorbehalten hat, und bei solchen, die unübertragbar in den Aufgabenkreis des Gesamtverwaltungsrats fallen, können Ausschüsse vorbereitend, ausführend und überwachend tätig sein[21]. Solche **gemischten Ausschüsse** sind wegen der Komponente «Entscheidungsmacht» im Organisationsreglement zu regeln, und in der Tat finden sich in den Pflichtenheften von Ausschüssen regelmässig Aufgaben mit und solche ohne Entscheidungsgewalt. Dabei kann es sich empfehlen, generell festzuhalten, dass Beschlüsse von Ausschüssen als Empfehlungen an den Verwaltungsrat zu qualifizieren sind, wenn eine Entscheidung auf Ausschussstufe nicht zulässig ist[22] und dass die Entscheidung und Gesamtverantwortung in diesen Fällen beim Verwaltungsrat verbleiben.

14 Die Möglichkeit, Entscheidkompetenzen an Ausschüsse zu delegieren, findet ihre **Grenze in den unübertragbaren Aufgaben des Verwaltungsrats**, welche im Wesentlichen, aber nicht abschliessend, in OR 716a I aufgelistet sind[23]. Konsequenz der Unübertragbarkeit ist, dass der Verwaltungsrat zwar unterstützende – vorbereitende, ausführende oder überwachende – Funktionen an Ausschüsse delegieren kann, der Entscheid in der Sache selbst aber beim Gesamtverwaltungsrat verbleiben muss. Den Ausschüssen kommt dann nur ein Antragsrecht zu. Dass deshalb, wie vertreten wird[24], im Bereich der drei «klassischen» Ausschüsse – Prüfungs-, Entschädigungs- und Nominierungsausschuss – **wenig Raum** für eine Delegation von Entscheidkompetenzen an

---

[19] Vgl. aber zur Relativierung der Unterscheidung § 4 N 9 ff.
[20] Dazu hinten N 30 f.
[21] Oft entscheidet der Verwaltungsrat auch nur die Grundsätze – etwa die Eckwerte eines Vertrages von strategischer Bedeutung – und delegiert die Konkretisierung an einen Ausschuss.
[22] Nach BÖCKLI, Aktienrecht § 13 N 423 beziehen sich die «meisten Aufgaben, die der Verwaltungsrat einem seiner *Ausschüsse* zuweist, … auf die Vorbereitung von Entscheidungen und Überwachung ihrer Ausführung». Der Erfahrung des Autors entspricht dies nicht.
[23] Zu den unübertragbaren Aufgaben ausführlich § 8.
[24] BÖCKLI, Aktienrecht § 13 N 424.

Ausschüsse besteht, mag zwar theoretisch richtig sein, entspricht aber nicht der praktischen Erfahrung[25].

d) Unterschieden werden kann zwischen **ständigen Ausschüssen** und **Ad-hoc-Ausschüssen**, wie sie für einzelne, nicht periodisch wiederkehrende Aufgaben gebildet werden können. Die Regelung der ständigen Ausschüsse erfolgt im Organisationsreglement gewöhnlich recht detailliert, während die von Ad-hoc-Ausschüssen generell gehalten sein muss, um für konkrete Situationen die nötige Flexibilität zu erhalten[26]. 15

e) Ein konzeptioneller Unterschied besteht zwischen der (früher üblichen) Bestellung eines **einzigen** (geschäftsführenden) Ausschusses, der aus Verwaltungsrats«insidern» zusammengesetzt ist[27], und der Bildung einer **Mehrzahl** von spezialisierten Ausschüssen zum Zwecke der Vertiefung und Professionalisierung der Verwaltungsratsarbeit[28]. 16

f) Aufgrund ihrer **Aufgaben** lassen sich in Publikumsgesellschaften etwa folgende Ausschüsse ausmachen: 17

– der Exekutivausschuss oder ein (mehrköpfiges) Verwaltungsratspräsidium, dazu N 75 ff.,

– der Revisionsausschuss[29], dazu N 84 ff.,

– der Entschädigungsausschuss[30], dazu N 100 ff.,

– der Nominierungsausschuss[31] (allenfalls in Kombination mit dem Entschädigungsausschuss oder als Ad-hoc-Ausschuss), dazu N 121 ff.[32],

– der Finanz- und Risikoausschuss (oder getrennte Ausschüsse für die beiden Funktionen), dazu N 138 ff.,

---

25 Selbst wenn formale Entscheide beim Gesamtverwaltungsrat bleiben (müssen), sind Ausschüsse wegen ihrer grösseren Vertrautheit mit den ihnen zugewiesenen Themen und den Fachkenntnissen ihrer Mitglieder überdies oft faktisch die eigentlichen Entscheidungsträger, weil der Gesamtrat regelmässig ihren begründeten Anträgen folgt.

26 Das Formerfordernis der Regelung in einem Organisationsreglement bleibt dabei zumindest dann gewahrt, wenn die Konkretisierung in einem protokollierten Verwaltungsratsbeschluss erfolgt, vgl. hinten § 14 43 f. und § 15 N 18 ff. zu den formellen Anforderungen an das Organisationsreglement und ihm gleichzustellende Dokumente.

27 Dazu Näheres hinten N 79 ff.

28 Dazu hinten N 81.

29 Nach der in Anm. 6 erwähnten Umfrage hatten 96,3% der untersuchten Gesellschaften einen Revisionsausschuss, a.a.O. 96.

30 Gemäss erwähnter Umfrage in 82,9% der Gesellschaften vorhanden, a.a.O.

31 In 70,7% der untersuchten Gesellschaften gegeben, Umfrage a.a.O.

32 Diese drei Ausschüsse machten gemäss Umfrage 72,1% aller Ausschüsse aus, a.a.O.

- der Investitions- und Anlagenausschuss, dazu N 142 ff.,
- der Strategieausschuss, dazu N 133 ff.,
- Governance-, Aktionariats- und/oder Corporate Responsibility bzw. Ethik-Ausschüsse, dazu N 136 ff.,
- Ad-hoc-Ausschüsse, etwa für strategisch wichtige Vorhaben wie Akquisitionen und Desinvestitionen, für grosse Bauvorhaben, wichtige Rechtsverfahren oder auch für die Sanierung, dazu N 146 ff.

18 Aus diesem Strauss von Möglichkeiten findet sich auch in **grossen und komplexen Unternehmen** stets nur eine **Auswahl**, wobei die drei «klassischen» Ausschüsse für Prüfung, Entschädigung und Nominierung meist vorhanden sind[33]. Oft werden auch Aufgaben verschiedener hier aufgeführter Ausschüsse in einem einzigen Ausschuss zusammengefasst[34], und mehr als etwa fünf (ständige) Ausschüsse finden sich kaum je[35], weil ansonsten eine Zersplitterung drohen und überdies die Zahl der Verwaltungsratsmitglieder für eine angemessene Besetzung nicht ausreichen würde. In **kleineren Verhältnissen** ist die Anzahl der Ausschüsse naturgemäss geringer, wobei der Revisionsausschuss selten fehlt.

19 g) In **Konzernverhältnissen** kommt es in der Praxis vor, dass Ausschüsse eingesetzt werden, die sich um die Belange sowohl der Muttergesellschaft wie auch der einzelnen Tochtergesellschaften kümmern. Dies kann etwa für Entschädigungsausschüsse sinnvoll sein, ist indes für Prüfungsausschüsse eher abzulehnen[36]. Es ist dies ein Schritt zur Betonung der wirtschaftlichen Einheit und weg von der rechtlichen Selbständigkeit einzelner Konzerngesellschaften.

20 h) Von **gemischten Ausschüssen** kann sodann auch noch in einem anderen als dem vorn in N 13 gebrauchten Sinn gesprochen werden: als Bezeichnung für Ausschüsse, denen als Mitglieder – und nicht nur als Berater oder Gäste – auch Personen angehören, die **nicht Mitglieder des Verwaltungsrats**

---

[33] Vgl. die Zahlen in Anm. 29–32.
[34] Vgl. BÖCKLI, Aktienrecht § 13 N 422.
[35] Nach der in Anm. 6 erwähnten Umfrage gab es in den untersuchten Gesellschaften – den grösseren schweizerischen Publikumsgesellschaften – durchschnittlich 3,5 Ausschüsse.
[36] Vgl. hiezu etwa H. PETER: Les comités dans les groupes (vers un ou des comités de groupe?), SZW 2004 54 ff.

sind[37], was insbesondere bei Mitgliedern der Geschäftsleitung zuweilen vorkommt[38].

3. Rechtfertigung und Kritik

a) Die **Rechtfertigung** von Ausschüssen liegt – wie bereits erwähnt – vor allem in einer Arbeits- und Aufgabenteilung innerhalb des Verwaltungsrats und der dadurch ermöglichten Spezialisierung[39]. Die besonderen Fachkenntnisse der einzelnen Mitglieder können so besonders wirksam zum Tragen kommen[40]. Die Spezialisierung erlaubt eine vertiefte Auseinandersetzung mit den Themen auf der Ebene des Ausschusses[41] und damit qualitativ bessere Entscheidungen im Gesamtverwaltungsrat[42]. Die Arbeit in Ausschüssen ermöglicht es unabhängigen aussenstehenden Verwaltungsratsmitgliedern, sich wirksamer einzubringen. Sie ist daher auch ein Instrument der *checks and balances*[43]. Durch die Zuweisung von konfliktträchtigen Entscheidungen[44] an Ausschüsse aus unabhängigen Mitgliedern können ausserdem Interessenkonflikte vermieden werden[45].

21

b) Zur **Kritik** an der Bildung von Ausschüssen wird etwa vorgetragen, sie könnten zu einer Zweiklassengesellschaft führen[45a]. Diese Gefahr bestand und besteht in der Tat, wenn der Verwaltungsrat einen einzigen (geschäftsführenden) Ausschuss bestellt, sehr viel weniger dagegen, wenn mehrere Aus-

22

---

[37] Zur Zulässigkeit solcher gemischten Ausschüsse vgl. vorn Anm. 4.
[38] So können etwa einem M&A-Ausschuss (dazu hinten N 148) neben dem Präsidenten und weiteren Mitgliedern des Verwaltungsrats auch der CEO und allenfalls der CFO angehören (vgl. TSCHÄNI/DIEM [zit. hinten Anm. 202] 103).
[39] Vgl. etwa WATTER/ROTH PELLANDA in BSK zu OR 716a N 34; BÖCKLI, *Aktienrecht* § 13 N 405b.
[40] Dadurch wird eine gewisse Schwäche des schweizerischen Rechts kompensiert: Auf der Ebene des Gesamtverwaltungsrats ist keine Spezialisierung vorgesehen, obwohl offenkundig ist, dass in komplexeren Verhältnissen kein Verwaltungsratsmitglied alle anstehenden Probleme voll überblicken kann und – wie in AVO 12 I richtig festgehalten wird – der Verwaltungsrat nur «in seiner Gesamtheit den Aufgaben zur Beaufsichtigung und Oberleitung» der Gesellschaft nachzukommen vermag.
[41] ROTH PELLANDA N 628.
[42] BÖCKLI, *Aktienrecht* § 13 N 417; TRIGO TRINDADE (zit. Anm. 16) 24 ff., 26.
[43] ROTH PELLANDA N 547 ff.
[44] Etwa solchen der Entschädigung.
[45] ROTH PELLANDA N 544 ff. Vgl. dazu aber VOGT/SCHIWOW/WIEDMER in AJP *2009* 1359 ff., 1382: Wenn es um unübertragbare Aufgaben geht, kann die Delegation an einen «konfliktfreien Ausschuss» nur die Vorbereitung betreffen, s. hinten Anm. 205.
[45a] Vgl. hinten N 80.

schüsse eingesetzt werden und alle Verwaltungsratsmitglieder auch auf Ausschussebene eingebunden sind.

23 Kritisiert wird sodann, dass durch die Einführung von Ausschüssen mit Entscheidungskompetenz eine zusätzliche Hierarchiestufe eingeführt werde. Umgekehrt könnten bloss vorbereitende Ausschüsse[46] allenfalls Beschlüsse dem Gesamtgremium derart detailliert präsentieren, dass der Entscheid im Verwaltungsrat nur noch eine Formalität darstelle[47]. Schliesslich könne die Ausschussbildung auch zu einer «Zersplitterung der Verwaltungsratsarbeit» führen[48].

24 Durch eine angemessene Organisation und Zusammensetzung kann diesen Kritikpunkten indessen u.E. Rechnung getragen werden.

4. Die Praxis

25 a) Bis in die 90er-Jahre des letzten Jahrhunderts war bei grösseren Unternehmen *der* (einziger) **Verwaltungsratsausschuss** üblich, eine Auswahl von Verwaltungsratsmitgliedern, zu deren Aufgaben die laufende Überwachung der Geschäftstätigkeit sowie ganz allgemein der Entscheid in Fragen gehörte, die aufgrund ihrer Bedeutung nicht mehr in den Kompetenzbereich der Geschäftsleitung fallen sollten, die aber wiederum auch nicht die Behandlung durch den Gesamtverwaltungsrat erforderten[49, 50].

26 b) Heute hat bei grösseren – und insbesondere bei kotierten – Gesellschaften eine **Mehrzahl spezialisierter Ausschüsse** (wozu die drei vom Swiss Code vorgesehenen[50a], aber je nach Bedarf auch andere gehören[51]) den herkömmlichen geschäftsführenden Ausschuss ersetzt oder zumindest ergänzt[52]. Bei

---

[46] Zur Unterscheidung vorn N 13.
[47] Zu beidem etwa KRNETA N 1643.
[48] WATTER/ROTH PELLANDA in BSK zu OR 716a N 52; P. BÖCKLI: Die Schweizer Verwaltungsräte zwischen Hammer und Amboss, SJZ *2010* 1 ff., 4.
[49] PLUTSCHOW (zit. Anm. 14); vgl. auch BÖCKLI, Aktienrecht § 13 N 407.
[50] Vgl. hinten N 79 f.
[50a] Vgl. hinten N 84 ff.
[51] Vgl. hinten N 132 ff.
[52] Geschäftsführende Ausschüsse sind insb. noch **bei Gesellschaften mit grösseren Verwaltungsräten** anzutreffen. Sich effizient und laufend mit der Geschäftstätigkeit vertieft zu befassen und sich mit zahlreichen Einzelfragen eingehend auseinanderzusetzen, ist in einem grossen Gremium schwierig und allenfalls nicht möglich. Durch die Einsetzung eines geschäftsführenden Ausschusses wird dieses Problem gelöst und ein eigentliches Führungsorgan geschaffen, das die vom Gesamtverwaltungsrat zu fassenden Entscheide sorgfältig vorbereitet (vgl. etwa KRNETA N 1642).

kleineren Gesellschaften ist mittlerweile – auch wenn der Verwaltungsrat nur aus wenigen Mitgliedern besteht – der Revisionsausschuss weit verbreitet. Wo einzelne Verwaltungsratsmitglieder voll- oder hauptamtlich geschäftsführend tätig sind, kommt zudem der (aus externen Mitgliedern bestehende) Entschädigungsausschuss oft vor. Für bestimmte Aufgaben – etwa die Suche eines neuen CEO oder ein Bauvorhaben – werden sodann Ad-hoc-Ausschüsse gebildet.

Allgemein lässt sich sagen, dass die Bestellung von Ausschüssen dann, wenn ein Verwaltungsrat mehr als nur eine Handvoll Mitglieder zählt, heute eher die **Regel** als die Ausnahme ist.

27

5. Kompetenzen des Verwaltungsrats und Einflussmöglichkeiten des Aktionariats bei der Bildung von Ausschüssen

a) Die Aufgabenteilung und -übertragung und damit auch der Einsatz von Ausschüssen ist Ausfluss der **Organisationsfreiheit** des Verwaltungsrats. Vorbehältlich zwingender gesetzlicher Vorgabe liegt es in seinem Ermessen, wie er die ihm zukommenden Pflichten erfüllen will. Kann oder will er eine Aufgabe sinnvollerweise nicht selber erfüllen und ist bei einem Ausschuss das notwendige Fachwissen und genügend Erfahrung konzentriert, um eine Aufgabe effizienter und kompetenter zu erfüllen als im Verwaltungsratsgremium, dann drängt sich der Einsatz eines Ausschusses im Interesse der Gesellschaft auf und entspricht *best practice*[53].

28

b) Gemäss OR 716a I Ziff. 2 ist die Organisation des Verwaltungsrats selbst und damit grundsätzlich auch seiner Ausschüsse eine undelegierbare und unentziehbare Aufgabe des Verwaltungsrats.

29

Für die Bildung von Verwaltungsratsausschüssen **ohne Entscheidkompetenzen** bestehen keine formellen Voraussetzungen. Insbesondere erübrigt sich eine statutarische Ermächtigung, d.h., die Generalversammlung kann weder direkt noch indirekt auf die Bildung solcher Ausschüsse Einfluss nehmen. Statutarisch verbindliche Vorgaben zu ihrer Bildung sind unzulässig[54] und un-

30

---

53 Vgl. auch FORSTMOSER/MEIER-HAYOZ/NOBEL § 30 N 27; BÖCKLI, *Governance* 276; TRIGO TRINDADE (zit. Anm. 16) 30.
54 S. auch JUTZI 142 f.

wirksam. Die Regelung ihrer Aufgaben in einem Organisationsreglement kann zwar empfehlenswert sein, ist aber nicht vorgeschrieben[55].

31 c) Anders verhält es sich bei Ausschüssen **mit Entscheidkompetenzen**. Ihre Bestellung setzt eine Ermächtigung durch die Generalversammlung in Form einer statutarischen Delegationsnorm voraus[56]. Die Statuten können die Bildung von Ausschüssen ohne Einschränkung oder auch mit Auflagen zulassen, wobei Ersteres die Regel ist und in der Praxis meist die Formulierung von OR 716b I übernommen wird.

32 Positiv anordnen können die Statuten die Bildung von entscheidenden Ausschüssen ebenso wenig wie die von vorbereitenden Ausschüssen. Vielmehr ist der Verwaltungsrat frei, im Rahmen der statutarischen Ermächtigung Ausschüsse einzuführen und ihre Kompetenzen zu bestimmen, wobei seine Pflicht zur sorgfältigen Wahrnehmung seiner Organisationsverantwortung[57] die Bestellung von Ausschüssen gebieten kann[58].

33 d) Die **Auflösung** von Ausschüssen kann vom Verwaltungsrat aufgrund der zwingenden Norm von OR 726 I jederzeit beschlossen werden.

6. Arbeitsweise[59] und Beschlussfassung

34 a) Die **einschlägigen gesellschaftsinternen Bestimmungen** finden sich überwiegend im Organisationsreglement. Möglich und ebenfalls verbreitet ist aber auch eine eigene Committee Charter für jeden Ausschuss[60].

35 Für Ausschüsse mit Entscheidkompetenz verlangt OR 716b II eine Regelung der Bestellung, Aufgaben und Berichterstattung im Organisationsreglement. Doch genügt auch die Ordnung in einer schriftlichen Charter, falls sie vom Gesamtverwaltungsrat erlassen wird, da sie dann die Anforderungen von OR 716b erfüllt[61].

---

[55] In der Praxis werden jedenfalls die Funktionen permanenter Ausschüsse gewöhnlich in einem Reglement geregelt, auch soweit sie nur vorbereitender, ausführender oder überwachender Natur sind.
[56] FORSTMOSER/MEIER-HAYOZ/NOBEL § 29 N 23 ff.; WATTER/ROTH PELLANDA zu OR 716b N 6.
[57] OR 716a I Ziff. 2 i.V.m. OR 717 I.
[58] Kritisch zu dieser Ansicht JUTZI 117 ff.
[59] Zur Arbeitsweise von Ausschüssen im Einzelnen s. JUTZI 207 ff.; vgl. auch hinten § 12 N 3 ff.
[60] Dazu ROTH PELLANDA N 193 ff.
[61] Vgl. hinten § 15 N 19.

Falls bzw. soweit eine Regelung fehlt, wird im Allgemeinen die für den Verwaltungsrat aufgestellte Ordnung sinngemäss Anwendung finden[62]. 36

b) Wie für den Gesamtverwaltungsrat ist auch für Ausschüsse ein **Vorsitzender** zu bestellen. 37

c) Der **Sitzungsrhythmus** ist einerseits mit dem des Verwaltungsrats abzustimmen[63], andererseits mit dem Terminkalender der Unternehmung[64]. Ausschüsse tagen in der Regel weniger häufig als der Gesamtrat, mit Ausnahme der sog. geschäftsführenden Ausschüsse[65], die im Gegenteil häufiger tagen. 38

d) Die **Einladung** zu den Sitzungen und deren **Durchführung** richtet sich – sofern nichts anderes bestimmt wird – nach den für Verwaltungsratssitzungen aufgestellten Regeln. Gelegentlich wird – allenfalls auch nur für einzelne Ausschüsse – die Einberufungsfrist verkürzt. 39

e) Für die **Beschlussfassung** gelten – analog – dieselben Regeln wie für den Gesamtverwaltungsrat[66]. Zusammenfassend Folgendes: 40

– Ein Präsenzquorum ist gesetzlich nicht vorgesehen, findet sich aber allenfalls im Organisationsreglement. 41

– Wird die Beschlussfassung nicht – wie dies häufig der Fall ist – reglementarisch festgelegt, dann entscheidet – analog OR 713 I – die «Mehrheit der abgegebenen Stimmen»[67]. 42

– Ist nichts anderes vorgesehen, dann hat auch in den Ausschüssen der Vorsitzende den Stichentscheid[68]. 43

---

[62] Vgl. Swiss Code Ziff. 21, 2. Lemma. In den Organisationsreglementen wird dies nicht selten explizit gesagt, vgl. das Beispiel hinten § 19 N 9 a.E.
[63] Dies vor allem, soweit Ausschüssen vorbereitende Funktionen zukommen.
[64] Falls etwa die Genehmigung von Zwischenabschlüssen an den Prüfungsausschuss delegiert worden ist, muss für diesen eine Sitzung unmittelbar nach dem Vorliegen des Resultats, aber vor dessen Bekanntgabe an das Aktionariat bzw. – bei Publikumsgesellschaften – an die Öffentlichkeit terminiert sein.
[65] Dazu hinten N 76 ff.
[66] Dazu § 11 N 79 ff.; speziell für Beschlüsse von Ausschüssen JUTZI 217 ff.
[67] Es gilt also das relative Mehr, ein positiver Beschluss ist gefällt, wenn die Ja-Stimmen die Nein-Stimmen überwiegen; Stimmenthaltungen werden nicht berücksichtigt.
[68] Die gesetzliche (OR 713 I Satz 2) wie auch eine allfällige innergesellschaftliche (dazu § 11 N 85) Regelung für den Gesamtverwaltungsrat findet u.E. auch für Ausschüsse Anwendung, falls nicht ein Gesellschaftsorgan – Generalversammlung oder allenfalls Verwaltungsrat – eine andere Regelung getroffen hat. Gesellschaftsintern wird man einen Ausschluss des Stichentscheides auf Ausschussebene durch den Verwaltungsrat auch dann zulassen, wenn man dem Verwaltungsrat diese Kompetenz für die Ebene des Gesamtrates nicht zugestehen will (vgl. dazu § 11 N 85 und Anm. 148).

44 f) Obwohl – anders als für den Gesamtverwaltungsrat[69] – die **Protokollierungspflicht** im Gesetz nicht ausdrücklich festgehalten ist, sind auch Sitzungen des Ausschusses zu protokollieren[70]. Dabei finden die Regeln über die Protokollierung von Sitzungen des Gesamtverwaltungsrats sinngemäss Anwendung[71]. Zusammenfassend Folgendes:

45 – Das Protokoll wird in der Regel nicht knapper gefasst sein als ein Verwaltungsratsprotokoll, zumal es oft auch der Berichterstattung an den Gesamtrat dient. Wie beim Gesamtrat[72] genügt ein blosses Beschlussprotokoll nicht, sondern es sind auch die «Verhandlungen» zu protokollieren[73], was heisst, dass die wesentlichen in der Beratung vorgetragenen Argumente – knapp zusammengefasst – wiederzugeben sind, wobei die Votanten genannt werden können, aber nicht müssen. Explizit zu Protokoll gegebene Erklärungen sind dagegen mit dem Namen ihres Autors zu protokollieren, wobei auch hier auf eine wörtliche Wiedergabe verzichtet werden kann.

46 – Vertrauliche Diskussionen – etwa in personellen Angelegenheiten – können ausnahmsweise *off the record* geführt werden, doch ist von dieser Möglichkeit zurückhaltend Gebrauch zu machen und sind jedenfalls Beschlüsse ausnahmslos zu protokollieren.

47 – Sinnvoll ist es, dem Protokoll die Sitzungsunterlagen beizufügen.

48 – Protokollführer wird in der Regel der Sekretär des Verwaltungsrats sein, doch kann auch ein anderer Protokollführer bestimmt werden[74]. Ausnahmsweise kann auch der Vorsitzende oder ein Mitglied des Ausschusses das Protokoll führen.

49 – Das Protokoll ist vom Vorsitzenden (und einem allfälligen Sekretär) zu unterzeichnen, und es wird in der Regel an einer nächsten Sitzung genehmigt[75].

---

[69] Für jenen vgl. OR 713 III.
[70] BÖCKLI, *Aktienrecht* § 13 N 157 f. JUTZI 214 f. scheint dagegen die Protokollierung nur als wünschbar zu betrachten. U.E. ist sie als Element einer angemessenen Sitzungsorganisation unabdingbar.
[71] Zu diesen § 11 N 65 ff.
[72] Und anders als bei GV-Protokollen, zu diesen OR 702 II, insb. Ziff. 2.
[73] OR 713 III; ebenso JUTZI 214 f.
[74] So kann es Sinn machen, im Entschädigungs- und im Nominierungsausschuss aus Gründen der Vertraulichkeit die Protokollierung durch eine andere Person – etwa den Personalverantwortlichen – vorzusehen.
[75] Eine gesetzliche Pflicht zur ausdrücklichen Genehmigung besteht aber nicht, vgl. § 11 N 69.

– Das Protokoll steht allen Mitgliedern des Ausschusses zur Verfügung, in aller Regel auch den übrigen Verwaltungsratsmitgliedern. 50

g) Für alle Ausschüsse muss die **Berichterstattung** an den Gesamtverwaltungsrat geregelt werden[76]. Für Ausschüsse mit Entscheidungsgewalt muss diese Regelung in einem Organisationsreglement enthalten sein[77]. 51

Die Regelung kann generell gehalten werden[78], sie kann aber auch – im Reglement selbst oder in einem konkretisierenden weiteren Dokument – detailliert die Themen, den Inhalt und den Zeitpunkt vorschreiben. 52

Als Basis kann dienen, dass die **Protokolle** der Ausschüsse **sämtlichen Mitgliedern des Verwaltungsrats zugestellt** werden. Falls die Protokolle eine gewisse Ausführlichkeit aufweisen, kann dies auch ausreichend sein. Weitergehend kann vorgesehen werden, dass sämtliche an die Ausschussmitglieder gehenden **Informationen und Dokumente dem Gesamtverwaltungsrat zugestellt** werden. Im Sinne einer stufengerechten Information kann dies freilich auch ein Übermass zur Folge haben[79], und es kann sich das Verantwortlichkeitsrisiko erhöhen, da die zugestellten Dokumente allenfalls als bekannt vorausgesetzt werden[80]. Gute Praxis ist es, dass der Ausschussvorsitzende an der nächsten Sitzung des Gesamtverwaltungsrats mündlich Bericht erstattet[81]. 53

---

[76] OR 716a II, 716b II; dazu etwa Homburger N 742 f.; Jutzi 223 ff.; Roth Pellanda N 685 ff.; ferner Bächtold.
[77] Da dieses aber nicht notwendig aus einem so benannten Dokument zu bestehen braucht, genügt ein schriftlich dokumentierter Beschluss des Verwaltungsrats, vgl. § 15 N 19.
[78] «Orientierung über die Sitzungen des Ausschusses und besondere Vorfälle in dessen Aufgabenbereich.»
[79] Denn Ausschüsse werden ja insb. auch dann gebildet, wenn der Gesamtrat zeitlich oder fachlich überfordert ist.
[80] Diesem Risiko kann begegnet werden, indem ausdrücklich erklärt wird, dass das Studium der gesamten Dokumentation nicht erwartet werde. Diesfalls ist aber zu präzisieren, welche Dokumente zu studieren sind (vgl. § 4 N 75), oder es ist auf andere Weise der angemessenen Berichterstattung Rechnung zu tragen.
[81] Unumgänglich – aber allenfalls nicht ausreichend – ist dies, soweit ein Ausschuss nur vorbereitend tätig ist.

54 h) Zwischen den Aufgaben verschiedener Ausschüsse können sich Überschneidungen ergeben[82]. Dem kann durch **gemeinsame bzw. überlappende Sitzungen** Rechnung getragen werden[83, 84].

7. Anforderungen an Ausschussmitglieder[85] und Zusammenfassung von Ausschüssen

55 a) Von selbst versteht sich, dass Ausschussmitglieder über die für die Erfüllung ihrer Funktion nötige **Zeit** und **zeitliche Flexibilität** verfügen müssen.

56 b) Je nach Ausschuss sind spezifische **Fachkenntnisse** erforderlich, sei es für alle, sei es zumindest für einzelne Mitglieder. Diese Kenntnisse können generell umschrieben sein wie etwa im Swiss Code[86], wonach die Mehrheit der Mitglieder des Prüfungsausschusses «im Finanz- und Rechnungswesen erfahren» sein soll. In ausländischen Standards sind sie allenfalls präzise definiert, woran sich dann auch international tätige kotierte Schweizer Unternehmen halten und im Falle ihrer Kotierung an einer ausländischen Börse auch halten müssen.

57 c) Der Swiss Code empfiehlt – in Übereinstimmung mit allgemein anerkannten Regeln einer *good practice* – für bestimmte Ausschüsse, dass ihre Mitglieder mehrheitlich **nicht exekutiv** tätig und **unabhängig**[87] sein sollen. Als **unabhängig** gelten «nicht exekutive Mitglieder des Verwaltungsrats, welche der Geschäftsführung nie oder vor mehr als drei Jahren angehört haben und die mit der Gesellschaft in keinen oder nur verhältnismässig geringfügigen geschäftlichen Beziehungen stehen»[88, 89]. Der Swiss Code definiert nicht, wann ein Verwaltungsratsmitglied als **nicht exekutiv** gilt. Dies ist in Anlehnung an die SIX-Richtlinie betreffend Informationen zur Corporate Governance dann

---

[82] So etwa zwischen dem Finanz- und dem Risikoausschuss, falls diese Funktionen nicht in einem einzigen Ausschuss vereint sind, oder auch zwischen dem Prüfungs- und dem Risikoausschuss.
[83] Dies befreit die Mitglieder der Geschäftsleitung und weitere Referenten davon, die gleichen Präsentationen mehrmals vortragen zu müssen.
[84] Wo dies dazu führt, dass fast alle Verwaltungsratsmitglieder – in ihrer Eigenschaft als Ausschussmitglieder – zur Sitzung einzuladen sind, ist dies freilich ein Indiz dafür, dass ein Traktandum in den Gesamtverwaltungsrat gehört.
[85] Dazu ausführlich ROTH PELLANDA N 245 ff.
[86] Vgl. Ziff. 23, 2. Lemma.
[87] Dazu ausführlich ROTH PELLANDA N 287 ff.
[88] Swiss Code Ziff. 22 I. Die Anforderungen im angelsächsischen Raum an sog. *independent outside directors* gehen weiter, vgl. ROTH PELLANDA N 291.
[89] Zum Einsatz von Ausschüssen als Massnahme zur Verhinderung von Interessenkonflikten s. § 11 N 102 ff.

anzunehmen, wenn ein Ausschussmitglied operative Führungsaufgaben weder für die Gesellschaft selbst noch für eine Konzerngesellschaft wahrnimmt[90].

Des Weiteren empfiehlt der Swiss Code, dass bei **kreuzweiser Einsitznahme** in Verwaltungsräten die Unabhängigkeit im Einzelfall sorgfältig zu prüfen ist[91]. Einer *good governance* widersprechen würde etwa eine kreuzweise Einsitznahme von VR-Delegierten in Compensation Committees. 58

d) Aktionärseigenschaft ist nicht verlangt, Verwaltungsratsmitgliedschaft u.E. ebenso wenig[92]. Immerhin muss Mitgliedern des Verwaltungsrats im Ausschuss eine beherrschende Position zukommen, will man von einem **Verwaltungsrats**ausschuss sprechen[93]. 59

e) In der Regel setzen sich Ausschüsse aus drei bis sechs Mitgliedern zusammen[94]. Bei kleinen Verwaltungsräten können es auch nur zwei sein oder es kann eine Ausschussaufgabe einem einzelnen Verwaltungsratsmitglied übertragen werden. Mehr als sechs Mitglieder finden sich kaum je, und dies ist angesichts der heutigen Tendenz zu kleinen Gremien auch nicht sinnvoll. 60

f) Ein Anspruch bestimmter Aktionärskategorien auf einen Einsitz in Ausschüsse besteht – im Gegensatz zum früheren Recht[95] – nicht. Doch kann es missbräuchlich sein, wenn einer Verwaltungsratsminderheit konsequent der Einsitz in Ausschüsse verweigert wird, welchen wichtige Entscheidungen zugewiesen sind, während alle übrigen Verwaltungsratsmitglieder diesen Ausschüssen angehören[96]. 61

---

[90] RLCG Ziff. 3.1 lit. b.
[91] Swiss Code Ziff. 22 II.
[92] Die Frage ist aber umstritten, vgl. vorn N 4.
[93] Denkbar sind u.E. exekutive Ausschüsse, die sich aus Mitgliedern sowohl des Verwaltungsrats wie auch der Geschäftsleitung zusammensetzen, und Ausschüsse ohne Entscheidungskompetenz können grundsätzlich frei zusammengestellt werden.
[94] Vgl. JUTZI 193 f. Nach einer Umfrage der KPMG von 2010 (vgl. hinten Anm. 124) zählten 65% der schweizerischen Revisionsausschüsse 3–4 Mitglieder und fanden sich in keinem einzigen Revisionsausschuss mehr als 8 Mitglieder.
[95] OR 708 IV sah in seiner vor 1992 geltenden Version vor, dass wichtige Aktionärsgruppen ein Recht auf Vertretung im Ausschuss haben.
[96] BÖCKLI, *Aktienrecht* § 13 N 74; vgl. auch ROTH PELLANDA N 629. Umgekehrt kann aber die Ausschussbildung auch gerade dazu genutzt werden, Interessenkonflikte auszuschliessen, denen Verwaltungsratsmitglieder ausgesetzt sind, die von einem «friendly competitor» oder einem Kunden bzw. Lieferanten entsandt worden sind. Vgl. dazu auch hinten N 152 und Anm. 205.

8. Transparenz

62 a) OR 716b statuiert eine **Orientierungspflicht** des Verwaltungsrats mit Bezug auf die «Organisation der Geschäftsführung». Diese bezieht sich auch auf die Ausschüsse[97].

63 b) Für **kotierte Gesellschaften** verlangt sodann die RLCG, in einem eigenen Kapitel des jährlichen Geschäftsberichts Angaben zu machen über die «Aufgabenteilung im Verwaltungsrat»[98], die personelle Zusammensetzung der Ausschüsse, deren Aufgaben und Kompetenzabgrenzung[99] sowie über die Arbeitsweise nicht nur des Verwaltungsrats insgesamt, sondern auch seiner Ausschüsse[100].

9. Neueste Entwicklungen und künftiges Recht

64 a) Per 1.1.2008 sind zwei Änderungen des OR in Kraft getreten, die beide den **Umgang mit Risiken** betreffen:

65 – Nach neu OR 663b Ziff. 12 muss der Verwaltungsrat jeder AG im Anhang der Jahresrechnung «Angaben über die Durchführung einer Risikobeurteilung» machen.

66 – Nach neu OR 728b I muss der bei der ordentlichen Revision[101] dem Verwaltungsrat zu erstattende Revisionsbericht «Feststellungen über ... das interne Kontrollsystem» enthalten.

67 Auch wenn dem Verwaltungsrat damit keine neuen Pflichten betreffend die Risikobeurteilung und -prävention auferlegt werden[102], dürften diese Neuerungen nicht ohne Einfluss auf das Risiko-Management und die Ausgestaltung von Organisationsreglementen geblieben sein:

68 – In grösseren Verhältnissen stellt sich vor diesem Hintergrund vermehrt die Frage, ob ein **Risikoausschuss** bestellt werden soll, allenfalls kombiniert mit dem Finanzausschuss, da bei den vom Verwaltungsrat zu beurteilenden Risiken ein Schwergewicht auf den finanziellen Risiken liegt[103].

---

[97] Näheres hinten § 29 N 19 ff.
[98] RLCG Ziff. 3.4.1.
[99] RLCG Ziff. 3.4.2.
[100] RLCG Ziff. 3.4.3.
[101] Und damit zwingend bei Publikumsgesellschaften und grösseren Aktiengesellschaften.
[102] Diese waren stets Aufgabe eines sorgfältig handelnden Verwaltungsrats.
[103] Vgl. die explizite Nennung der Finanzkontrolle und Finanzplanung in OR 716a I Ziff. 3 sowie die spezifischen Vorschriften für Kapitalverlust und Überschuldung in OR 725 f.

– Im Übrigen wird es sich aufdrängen, die Auseinandersetzung mit den Risiken der AG durch den Verwaltungsrat im Organisationsreglement anzusprechen und zu regeln.

b) Die derzeit hängigen **Revisionsbestrebungen** im Aktienrecht ändern nichts Grundsätzliches am Konzept[104]. Der derzeitige Stand der Dinge[105] lässt Folgendes erwarten:

– Am System der Ausschüsse wird prinzipiell nichts geändert, OR 716b bleibt in der Substanz unverändert[106]. In E OR 716c II Ziff. 1 soll neu ausdrücklich festgehalten werden, dass das Organisationsreglement «die Ausschüsse des Verwaltungsrats» mit Entscheidkompetenzen festlegt, was aber bereits unter dem heutigen Recht gilt[107].

– Der bundesrätliche Entwurf schlug vor, die Statuten könnten vorsehen, «dass der Verwaltungsrat der Generalversammlung bestimmte Entscheide zur Genehmigung vorlegen muss». Aufgrund eines solchen Genehmigungsvorbehalts hätte der Verwaltungsrat vor der Bildung eines Ausschusses – auch eines solchen ohne Entscheidkompetenzen – allenfalls einen Antrag an die Generalversammlung stellen müssen, den diese hätte annehmen oder ablehnen können[108]. Diese Bestimmung ist in der parlamentarischen Beratung zu Recht gestrichen worden.

– In der rechtspolitischen Diskussion standen und stehen zurzeit die Debatte über die Vergütungen von Verwaltungsrat und Topmanagement und die Kompetenzen zu deren Festlegung im Zentrum. Der **Entschädigungsausschuss** könnte so – bei kotierten Gesellschaften – zu grösserer Bedeutung kommen, wobei die Aktionäre auf seine Zusammensetzung künftig – in Einschränkung des Selbstorganisationsrechts des Verwaltungsrats – allenfalls direkt werden Einfluss nehmen können[108a].

* * *

---

[104] Vgl. die – freilich zum Teil nicht auf dem neuesten Stand befindlichen – Hinweise bei JUTZI 17 ff., 143 f.; ROTH PELLANDA N 622 f.; BÖCKLI, *Aktienrecht* § 13 N 405 ff.; WATTER/ROTH PELLANDA in BSK zu OR 716b N 34.
[105] Stand der parlamentarischen Beratungen Ende 2010.
[106] Vgl. die Wiedergabe von E-Art. 716c II in Einleitung N 5.
[107] Vgl. JUTZI 17.
[108] E-OR 716b I, vgl. dazu JUTZI 144.
[108a] So der Vorschlag der Volksinitiative «gegen die Abzockerei» (Wahl der Mitglieder des Vergütungsausschusses durch die Generalversammlung), nicht dagegen bisher (Ende 2010) die verschiedenen Gegenvorschläge, vgl. die Übersicht bei BÜHLER (zit. Anm. 156) 263 f.

74 Im Folgenden werden einige häufig anzutreffende Ausschüsse und ihre Aufgaben vorgestellt. Hier ist zu betonen, dass die grosse Flexibilität des schweizerischen Rechts zu einer ebenso grossen Vielfalt in der Ausgestaltung der Ausschüsse geführt hat. Die folgenden Ausführungen zeigen daher lediglich einige häufige Erscheinungsformen und ihre Charakteristik auf, womit kein Urteil über die Qualität und Zweckmässigkeit anderer Ausgestaltungen verbunden ist. Immerhin gibt es für einzelne Ausschüsse *Best-practice*-Regeln betreffend Unabhängigkeit und Fachkunde, die nachstehend ebenfalls erwähnt werden.

II. Geschäftsführender Ausschuss, Präsidium und ähnliche Gremien

75 Diesen Erscheinungsformen ist gemeinsam, dass ein innerer Kreis von Verwaltungsratsmitgliedern gebildet wird, die in einer engeren und zeitlich intensiveren Beziehung zur Gesellschaft stehen als die anderen. Im Übrigen sind die Konzepte durchaus unterschiedlich.

1. Der geschäftsführende Ausschuss oder Exekutivausschuss[109]

76 a) Möglich ist es, die Geschäftsführung und Vertretung einzelnen «**exekutiven**» oder «**geschäftsleitenden**» **Verwaltungsratsmitgliedern** zuzuweisen, während andere, «*outside board members*», im Wesentlichen eine Begleit- und Überwachungsfunktion erfüllen und so – neben dem Entscheid von Grundsatzfragen – die Qualitätssicherung und das Risiko-Management gewährleisten sollen[110]. Der Gesamtverwaltungsrat fokussiert sich dann auf seine unübertragbaren Aufgaben[111], während einzelne seiner Mitglieder im Rahmen eines **Ausschusses** die Verantwortung für die taktischen Entscheidungen und

---

[109] Auch «Executive Committee» (JUTZI 108 f.), «grosser Verwaltungsratsausschuss» (BÖCKLI, *Aktienrecht* § 13 N 420 f.), «eigentlicher Verwaltungsratsausschuss» (KRNETA N 1641 ff.) genannt.

[110] Vgl. etwa H. C. VON DER CRONE in NZZ vom 13. Oktober 2001, 29.

[111] In der früheren Praxis erfüllten die externen Verwaltungsratsmitglieder freilich die ihnen verbleibenden Aufgaben gelegentlich eher formal und es lagen die Entscheidungen dann auch im Rahmen der unübertragbaren Aufgaben nach OR 716a I materiell beim Exekutivausschuss. Solche Pro-forma-Verwaltungsräte, deren Hauptaktivität im Wining and Dining bestand, sind in den Medien, aber auch in der Lehre oft sarkastisch kommentiert worden, vgl. etwa WATTER/ROTH PELLANDA in BSK zu OR 716a N 35.

das Tagesgeschäft tragen. Es kann so eine Struktur gefunden werden, die dem traditionellen amerikanischen «*Unitary board*»-Modell mit seiner Gliederung in externe nebenamtlich und interne vollamtlich tätige geschäftsführende Mitglieder nahekommt[112, 113].

b) Verbreitet (und oft sinnvoll) ist die Bildung eines Exekutivausschusses in kleineren Gesellschaften, etwa in **Familienaktiengesellschaften**. Den Ausschuss bilden dann die aktiven, dem Unternehmen nahe stehenden «Unternehmeraktionäre», während die übrigen Aktionäre oder Vertreter verschiedener Familienstämme («Investoraktionäre») sich durch ihren Einsitz im Verwaltungsrat als einfaches Mitglied immerhin eine grössere Nähe zur Unternehmung sichern können als dies in der blossen Aktionärsstellung möglich wäre. Die unentziehbaren Aufgaben[114] des Verwaltungsrats nehmen sie zwar nicht ernsthaft wahr, unterstehen aber dennoch der aktienrechtlichen Treue-[115] und Verschwiegenheitspflicht[116].

Bei **Publikumsgesellschaften** kam das Konzept eines exekutiv tätigen Verwaltungsratsausschusses schon bisher kaum vor. Von einer Verkennung der Realität dürfte es daher zeugen, wenn im Swiss Code das Postulat steht, es solle die Mehrheit des Verwaltungsrats «in der Regel aus Mitgliedern [bestehen], die im Unternehmen keine operativen Führungsaufgaben erfüllen (nicht exekutive Mitglieder)»[117]. Dieses Erfordernis dürfte bei Schweizer Publikumsgesellschaften – und an diese richtet sich der Swiss Code[118] – ausnahmslos erfüllt und damit selbstverständlich sein, auch bei jenen (recht häufigen) Unternehmen, die von einem oder einigen wenigen – meist derselben Familie angehörenden – Grossaktionären kontrolliert werden.

---

112 Vgl. BASTIAN 158 ff.
113 Aufgrund der wachsenden Kritik aus dem Kreis vor allem der institutionellen Investoren haben amerikanische Publikumsgesellschaften in den letzten Jahren dieses Konzept freilich mehr und mehr modifiziert.
114 OR 716a I, dazu hinten § 8 N 18 ff.
115 OR 717 I.
116 Sie wird – anders als für die Revisoren (vgl. OR 730b II) – im Gesetz nicht ausdrücklich genannt, ergibt sich aber aus der Treuepflicht (vgl. immerhin den Hinweis auf die Wahrung der Geschäftsgeheimnisse in OR 697 II). In der Praxis ergeben sich daraus Probleme, weil (Familien-)«Vertreter» oft nicht zuletzt bestellt werden, um «Ohr der Vertretenen» in der Gesellschaft zu sein. Allenfalls – aber das ist u.W. selten – kann eine Klärung durch Verwaltungsratsbeschluss erzielt werden, verbunden mit einer Vertraulichkeitserklärung der zu Informierenden.
117 Swiss Code. Ziff. 12, 3. Lemma.
118 Swiss Code, Ingress. Immerhin wird in Ziff. 3 der Präambel der Hoffnung Ausdruck gegeben, es könnten «[a]uch **nicht kotierte** volkswirtschaftlich bedeutende Gesellschaften [...] dem Swiss Code zweckmässige Leitideen entnehmen.»

2. Der (traditionelle) schweizerische Verwaltungsratsausschuss

79 a) Dagegen war es bis vor ein oder zwei Jahrzehnten in Schweizer Publikumsgesellschaften üblich, den Verwaltungsrat aufzuteilen in Mitglieder, die **dem** Ausschuss angehörten und der Unternehmung nahe standen, und solche, die als «gewöhnliche» Verwaltungsratsmitglieder in erster Linie für das Networking zuständig waren. Auch die Ausschussmitglieder hatten freilich niemals die Nähe zum Geschäft, die für einen geschäftsführenden Ausschuss notwendig gewesen wäre.

80 Dieses Konzept war angesichts der oft mehr als 20 und nicht selten über 30 Mitglieder zählenden Verwaltungsräte von Publikumsgesellschaften sinnvoll. Doch wurde zu Recht kritisiert, dass durch die Einsetzung eines Ausschusses zwischen dem Verwaltungsrat und der Geschäftsleitung eine **zusätzliche Hierarchiestufe** eingeführt wird. Das kann bei jenen Aufgaben, die zwingend einen Entscheid des Gesamtverwaltungsrats erfordern, zu Doppelspurigkeiten führen. Sodann besteht die Gefahr, dass durch **den** Ausschuss im Verwaltungsrat eine **Zweiklassengesellschaft** entsteht: Der Ausschuss verfügt aufgrund seiner höheren Sitzungsfrequenz und der grösseren Nähe zur Geschäftsleitung über einen Informationsvorsprung gegenüber den übrigen Verwaltungsratsmitgliedern. Und allenfalls bereitet er die Beschlüsse für das Gesamtgremium derart detailliert vor, dass der Entscheid im Verwaltungsrat nur noch eine Formalität darstellt. Die nicht dem Verwaltungsratsausschuss angehörenden Verwaltungsratsmitglieder können sich dann kaum mehr einbringen und sehen ihre Aufgabe auf das Stellen von Erläuterungs- und Verständlichkeitsfragen reduziert[119].

81 b) Heute ist dieses System bei Publikumsgesellschaften kaum mehr anzutreffen. Vielmehr hat sich eine Strukturierung des Verwaltungsrats in **mehrere Ausschüsse** durchgesetzt, die grundsätzlich gleichrangig sind, denen aber – entsprechend der Erfahrung und Ausbildung ihrer Mitglieder – jeweils spezifische Kompetenzen, etwa solche der Kontrolle (Audit Committee), der Risikobeurteilung (Finance and Risk Committee) oder der organisatorischen Strukturierung (Governance Committee) bzw. der personellen Planung und Entschädigung (Succession and Remuneration Committee) zukommen[120].

---

[119] KRNETA N 1643.
[120] Zu den wichtigsten Ausschüssen vgl. sogleich nachstehend N 84 ff.

3. Präsidium[121] und Koordinationsausschuss

a) In grossen Gesellschaften mit einer komplexen Struktur findet sich vereinzelt ein sog. **Präsidium** des Verwaltungsrats, bestehend aus dem Präsidenten und (allenfalls mehr als einem) Vizepräsidenten, die alle voll- oder hauptamtlich tätig sind. Dieses befasst sich mit Fragen von strategischer Bedeutung[122], und es obliegt ihm auch die laufende Überwachung der Geschäftsführung. So kann ein kleines und schlagkräftiges Gremium geschaffen werden, wobei freilich eine Tendenz zur Vorherrschaft dieser Mitglieder im Verwaltungsrat besteht. Aus diesem Grund ist denn auch das Präsidium bei einer ins Schlingern geratenen Grossbank vor Kurzem stark kritisiert und in der Folge abgeschafft worden. 82

b) Weiter findet sich in komplexen Verhältnissen und bei einer Mehrzahl von Ausschüssen gelegentlich ein mehr oder weniger institutionalisierter **Koordinationsausschuss**, bestehend aus dem Präsidenten (und allenfalls dem Vizepräsidenten) und den Vorsitzenden einzelner oder aller Ausschüsse. Einem solchen Gremium kommen vorbereitende und – wie der Name sagt – koordinierende Aufgaben zu, insbesondere auch bei positiven oder negativen Kompetenzkonflikten zwischen den verschiedenen Ausschüssen. 83

III. Revisionsausschuss[123, 124]

Falls ein Verwaltungsrat überhaupt Ausschüsse gebildet hat, wird ein Revisionsausschuss «als Bindeglied zur Revisionsfunktion»[125] wohl nie fehlen. Publikumsgesellschaften verfügen praktisch ausnahmslos über diesen Ausschuss. 84

---

[121] Auch «Chairman's office»; vgl. dazu etwa Iseli N 115 f.
[122] Vgl. Krneta N 1651.
[123] Auch: Prüfungsausschuss, «Audit Committee».
[124] Vgl. dazu etwa Böckli, *Audit Committee*; ders., *Aktienrecht* § 13 N 385 ff.; Bastian 249 ff.; Jutzi 59 ff.; Bauen/Venturi N 266 ff.; Krneta N 1652 ff.; R. Bischofberger: Die Erfolgsfaktoren für Audit Committees von multinationalen, börsenkotierten Unternehmen mit Sitz in der Schweiz (Diss. oec. St. Gallen 2007). Ein Musterreglement für den Revisionsausschuss findet sich bei Müller/Lipp/Plüss 726 ff. – Eine internationale Übersicht über die Zusammensetzung und die Arbeitsweise von Audit Committees wird alljährlich vom Audit Committee Institute der KPMG veröffentlicht.
[125] Böckli, *Aktienrecht* § 13 vor N 385.

1. Personelle Besetzung

85 Der Revisionsausschuss besteht ausschliesslich[126] oder zumindest mehrheitlich[127] aus Mitgliedern, die mit den Rechnungslegungsstandards vertraut und **im Finanz- und Rechnungswesen erfahren** sind *(financial literacy)*. Eine weitergehende, besondere Qualifikation wird nach internationalen Standards für den Vorsitzenden verlangt[128].

Der Swiss Code empfiehlt, dass sich der Ausschuss aus nicht exekutiven, vorzugsweise **unabhängigen** Mitgliedern des Verwaltungsrats zusammensetzt[129].

2. Aufgaben

86 Entsprechend OR 716a I Ziff. 3 und 5 gehört es zu den Kernaufgaben des Verwaltungsrats, für eine angemessene Rechnungslegung, Finanzkontrolle und Überwachung der Gesellschaft zu sorgen. Ein Revisionsausschuss erlaubt es, diese zunehmend komplexen Aufgaben mit Unterstützung eines fachkompetenten Gremiums zu bewältigen.

87 Die Hauptaufgaben des Revisionsausschusses sind in der Schweiz zwar nicht gesetzlich umschrieben, wohl aber im Swiss Code und speziell für Banken, Effektenhändler, Finanzgruppen und bank- oder effektenhandeldominierte Finanzkonglomerate im FINMA-Rundschreiben 2008/24 «Überwachung und interne Kontrolle Banken» vom 20. November 2008[130]. Schwergewichtig sind es typischerweise die folgenden[131]:

88 – Der Ausschuss macht sich ein Bild von der Leistung und Wirksamkeit, der Unabhängigkeit und der Höhe der Entschädigung der **externen Revision** sowie über deren Zusammenwirken mit der **internen Revision**. Dabei ar-

---

[126] So P. BÖCKLI: Leitung eines «Audit Committee»: Gratwanderung zwischen Übereifer und Unsorgfalt, ST *2003* 561.
[127] So Swiss Code Ziff. 23, 2. Lemma; BASTIAN 251.
[128] Vgl. BASTIAN 252.
[129] Swiss Code Ziff. 23, 1. Lemma. Siehe zu den Begriffen «unabhängig» und «nicht exekutiv» vorn N 57. BÖCKLI, *Aktienrecht*, § 13 N 386, verlangt, dass der Revisionsausschuss *ausschliesslich* aus unabhängigen Mitgliedern bestehen soll.
[130] FINMA-RS 2008/24.
[131] Swiss Code Ziff. 24; FINMA-RS 2008/24 N 41–53; vgl. auch BÖCKLI, *Aktienrecht*, § 13 N 390; WATTER, *Verwaltungsratsausschüsse* 191; A. VON PLANTA: Le rôle du comité d'audit dans le gouvernement d'entreprise, SZW *2004* 43 ff.; STEBLER/ABRESCH: Audit Committee, Abschlussprüfer und Interne Revision, Zusammenarbeit und Kommunikation, ST *2004* 389 ff.; JUTZI 59 ff.

beitet er eng mit der internen und der externen Revision zusammen, koordiniert deren Aufgaben und tauscht regelmässig Informationen mit ihnen aus[132].

- Er beurteilt das **interne Kontrollsystem**[133], zu dem insbesondere die **interne Revision** und in der Regel auch die **Compliance-Funktion**[134] sowie das **Risiko-Management** gehören[135]. Dabei kontrolliert er u.a. den Ablauf, die Qualität und die Ergebnisse der Revisionsarbeit der internen Revision[136].

89

- Er überzeugt sich davon, dass die **Einzelrechnung** und die **Konzernrechnung** samt ihren Anhängen den anwendbaren Rechnungslegungsgrundsätzen entsprechen[137]. Er geht die Jahresabschlüsse, Zwischenabschlüsse und die Abschlussprüfungen der externen Revisionsstelle kritisch durch, vor allem im Hinblick auf ausserordentliche Geschäfte und nicht abgesicherte Bewertungen. Im Rahmen dieser Aufgabe führt er bei Bedarf getrennte Befragungen der internen und externen Revisoren sowie des Finanzchefs durch. Er unterbreitet den geprüften Jahresabschluss dem Gesamtverwaltungsrat mit einer Empfehlung zur Vorlage der Rechnung an die Generalversammlung[138]. Er orientiert den Präsidenten bei besonders wichtigen Erkenntnissen und solchen, die dringendes Handeln verlangen[139]. Bei nicht revidierten **Zwischenabschlüssen** erfolgt allenfalls die Verabschiedung und Freigabe zur Publikation durch den Revisionsausschuss allein.

90

---

132 BÖCKLI, *Aktienrecht* § 13 N 385; DERS. (zit. Anm. 131) 567 f.; WATTER 191; JUTZI 74 ff.
133 Gemäss OR 728a I Ziff. 3 und OR 728a II hat die Revisionsstelle im Rahmen der ordentlichen Revision zu prüfen, ob eine Gesellschaft über ein internes Kontrollsystem verfügt, und sie hat dieses bei der Durchführung und der Festlegung des Umfangs der Revision zu berücksichtigen. Wie weit die Prüfung durch die Revisionsstelle zu gehen hat, ist noch nicht ganz geklärt: Der Bundesrat wollte die Revisionsstelle verpflichten zu prüfen, ob ein «**funktionierendes**» internes Kontrollsystem existiert. Im Parlament wurde diese Anforderung diskutiert und schliesslich gestrichen; vgl. zur Gesetzesentwicklung D. CH. PFIFFNER: Revisionsstelle und Corporate Governance (Diss. Zürich 2008 = SSHW 275) N 1876 ff. Doch wird die Revisionsstelle ihre Bestätigung nur abgeben dürfen, wenn eine Kontrollorganisation besteht, die diesen Namen verdient.
134 BASTIAN 270.
135 Falls ein Risikoausschuss besteht, kommen diese Aufgaben jenem Ausschuss zu, wobei die Abgrenzung nicht immer leicht fällt.
136 BÖCKLI, *Aktienrecht* § 13 N 385; JUTZI 69 ff.
137 Swiss Code Ziff. 24, 3. Lemma; BÖCKLI, *Aktienrecht* § 13 N 386; JUTZI 62 ff.; WATTER 191.
138 Swiss Code Ziff. 24, 4. Lemma.
139 BÖCKLI, *Aktienrecht* §13 N 388.

| 91 | Sowohl die Oberaufsicht als auch die eigentliche Finanzkontrolle sind unübertragbare und unentziehbare Aufgaben des Verwaltungsrats[140]; die meisten Aufgaben des Revisionsausschusses sind daher **vorbereitender, ausführender oder überwachender Natur.** Eigene Entscheidkompetenz kann dem Revisionsausschuss etwa im Zusammenhang mit der Beurteilung der Unabhängigkeit der externen Revision und der Genehmigung einer parallelen Beratungstätigkeit der Revisoren zukommen[141], sodann – wie soeben erwähnt – im Hinblick auf die Verabschiedung von nicht revidierten Zwischenabschlüssen. |

| 92 | **Nicht** an den Revisionsausschuss **delegierbar** sind insbesondere Entscheide über den Rechnungslegungsstandard[142], über die personelle Zusammensetzung und die Struktur der internen Revision, des Risiko-Managements und der Compliance[143] sowie über den Antrag an die Generalversammlung betreffend die Wahl der externen Revisionsstelle[144]. Doch ist der Revisionsausschuss in diesen Fragen regelmässig Antragsteller. |

| 93 | Bei Publikumsgesellschaften, aber auch bei den übrigen grossen und mittelgrossen Gesellschaften ist der Revisionsausschuss ein zentrales **Instrument zur Sicherstellung einer korrekten Rechnungslegung, Finanzkontrolle und Unternehmensüberwachung,** dem an den Schnittstellen von Verwaltungsrat und Geschäftsleitung einerseits sowie Verwaltungsrat und Revisionsstelle andererseits eine Schlüsselposition im Unternehmen zukommt. |

3. Funktionsweise und Berichterstattung

| 94 | a) Der Revisionsausschuss ist in der Regel ein gemischter Ausschuss, dem zwar überwiegend vorbereitende und überwachende Funktionen, daneben aber auch Entscheidkompetenzen zukommen. Im Zentrum seiner Aufgaben stehen die vertiefte Analyse von Risiko-, Finanz- und Rechnungslegungsfragen sowie die Unterstützung und Überwachung des Verwaltungsrats und der Revisionsstelle. Doch kommen dem Audit Committee zumeist auch Entscheidfunktionen zu, etwa – wie erwähnt – betreffend Zwischenabschlüsse oder die Bewilligung revisionsfremder Tätigkeiten der Revisionsstelle. |

| 95 | Der Revisionsausschuss **prüft nicht selbst.** Er stellt weder den Jahresabschluss auf noch übernimmt er die Funktion einer «Oberrevisionsstelle»[145]. Um eine |

---

[140] OR 716a I Ziff. 3 und 5.
[141] BÖCKLI, *Aktienrecht* § 13 N 425; JUTZI 68; s. dazu auch WATTER 191 ff.
[142] WATTER 195.
[143] Vgl. WATTER 192.
[144] BÖCKLI, *Aktienrecht* § 13 N 425.
[145] KRNETA N 1658; BÖCKLI, *Audit Committee* 24; JUTZI 58.

Verwischung der Grenzen seiner Verantwortung zu vermeiden, muss der Revisionssausschuss darauf achten, sich **nicht in die Tätigkeit der Geschäftsleitung** (insbesondere des CFO) oder die eigentliche **Prüfungsarbeit** der internen und externen Revision **einzumischen**[146]. Vielmehr macht sich der Revisionsausschuss «ein Bild von den Prüfungen und den Prüfern, zieht Schlüsse und berichtet an den Verwaltungsrat»[147].

b) Der Revisionsausschuss tagt **mehrmals jährlich**. Da sich der Sitzungsrhythmus an seinen Aufgaben orientiert, sind bei Gesellschaften, die Quartalsabschlüsse vorlegen, vier Sitzungen das Minimum.

In der Regel sind der CFO, der Chef des Rechnungswesens sowie die internen und externen Revisoren zumindest bei einzelnen Traktanden präsent. Gute Praxis ist es, mit den internen und den externen Revisoren allein regelmässig Privatsitzungen vorzusehen.

c) Bei den meisten vom Revisionsausschuss zu behandelnden Themen bleibt – wie erwähnt – der Gesamtverwaltungsrat Entscheidträger. Von grosser Bedeutung ist daher eine sorgfältige **Berichterstattung und Antragstellung** an den Gesamtverwaltungsrat.

d) Ein wichtiger Aspekt der Arbeit des Revisionsausschusses ist die Auseinandersetzung mit dem sog. **Management Letter** – der Niederschrift von kritischen Beobachtungen, welche der Abschlussprüfer im Verlaufe seiner Revisionsarbeiten gemacht hat. Dazu gehört auch die periodische Überprüfung der Liste von nicht erledigten Pendenzen aus dem Letter.

IV. Entschädigungsausschuss[148, 149]

1. Gesetzliche Vorgaben und Kompetenzen

a) Das traditionelle Aktienrecht befasst sich nur ganz am Rande mit der Frage der **Entschädigung**, nämlich bei der Erwähnung von **Tantiemen** als den Verwaltungsratsmitgliedern zukommenden Gewinnanteilen[150], die in der Praxis

---

[146] BÖCKLI, *Aktienrecht* § 13 N 388.
[147] BÖCKLI, *Aktienrecht* § 13 N 388; vgl. auch eingehend BÖCKLI, *Audit Committee* 40 ff.
[148] Auch: «Compensation Committee» oder «Remuneration Committee».
[149] Dazu BASTIAN 295 ff.; JUTZI 90 ff.; ROTH PELLANDA N 616 ff.; ferner etwa KRNETA N 1661 f.; BÖCKLI, *Aktienrecht* § 13 N 426 f., § 14 N 90; WATTER/MAIZAR in BSK zu OR 663bis; WATTER 196; Swiss Code 25 f.
[150] OR 627 Ziff. 2, 677, 679 I.

aber schon deshalb keine Rolle (mehr) spielen[151], weil die Gesellschaft entsprechende Zahlungen nicht als Kosten absetzen, sondern als Gewinn versteuern müsste[152].

101 In der Liste der unübertragbaren Aufgaben des Verwaltungsrats wird die Regelung der Entschädigungen nicht erwähnt, weshalb in der Literatur bisher auch mehrheitlich die Ansicht vertreten wurde, Entschädigungsfragen könnten vollumfänglich an einen Entschädigungsausschuss **delegiert** werden[153]. In letzter Zeit dürfte jedoch – auch als Folge der intensiven Diskussion der Salärfragen in Politik, Wissenschaft und am Stammtisch – die Ansicht überhand genommen haben, die Entschädigungspolitik sei von strategischer Bedeutung und überdies mit der Verantwortung für die Ernennung der mit der Geschäftsführung betrauten Personen derart eng verbunden, dass zumindest die **Grundsatzentscheide nicht delegierbar** seien[154].

102 Die vorläufige Folge der Auseinandersetzungen der letzten Jahre mit den Topsalären in kotierten Gesellschaften war die Ergänzung der für börsenkotierte Gesellschaften geltenden Transparenzvorschriften durch die Pflicht, im **Anhang der Bilanz** detaillierte **Angaben** über die Vergütungen von Verwaltungsrat und Topmanagement zu machen[155]. Die Diskussion wird zurzeit im Rahmen der Aktienrechtsreform auf breiter Basis weitergeführt[156].

103 b) Nach dem Swiss Code «kümmert sich [der Entschädigungsausschuss] um die Entschädigungspolitik, vor allem auf oberster Unternehmensebene»[157].

---

[151] Ein – exotisches – Beispiel, das seine Erklärung in Auseinandersetzungen im Aktionariat haben dürfte, findet sich im Urteil 4C.386/2002 des BGer vom 12.10.2004.
[152] In der derzeit laufenden Diskussion um die Topsaläre einzelner Manager und Verwaltungsratspräsidenten hat die Idee der Tantieme ein *revival* erfahren: Nach einem intensiv diskutierten Vorschlag der RK-S sollten Saläre über einem bestimmten Betrag (CHF 3 Mio.) nur aus dem Gewinn bezahlt werden können. Sie wären daher von der Generalversammlung zu beschliessen und von der Gesellschaft zu versteuern (BBl *2011* 209 ff.; vgl. aber den Alternativvorschlag des Bundesrates, wonach solche Saläre zwar steuerrechtlich nicht als Aufwand abzugsfähig wären, aktienrechtlich jedoch nicht als Gewinn behandelt würden [BBl *2011* 243 ff.]) Der Fortgang der Diskussion ist offen.
[153] So etwa WATTER 196.
[154] Anders verhält es sich mit der Festlegung der Einzelentschädigungen, dazu N 107.
[155] OR 663bis.
[156] Einen Zwischenstand per November 2010 (vor der ständerätlichen Beratung Mitte Dezember) vermittelt CH. B. BÜHLER: Vergütungen an Verwaltungsrat und Geschäftsleitung: Volksinitiative «gegen die Abzockerei» und Gegenentwürfe, in: R. Watter (Hrsg.), Die «grosse» Schweizer Aktienrechtsrevision (Zürich 2010 = SSHW 300) 247 ff.
[157] Ziff. 26.

Er soll **vorbereitend** tätig sein und «unterbreitet die Grundsätze für die Entschädigung der Mitglieder des Verwaltungsrats und der Geschäftsleitung dem Verwaltungsrat zur Genehmigung». 104

c) In der Realität kommen dem Entschädigungsausschuss regelmässig auch **Entscheidungs**kompetenzen zu, es handelt sich also um einen gemischten Ausschuss: 105

– Mit Bezug auf das **Salärkonzept** und die **Entschädigungspolitik** ist der Entschädigungsausschuss stets nur vorbereitendes Organ. 106

– Dagegen kommen ihm bei der **Festlegung einzelner Saläre** zumeist Entscheidungsfunktionen zu: In der Regel obliegt es ihm, die Entschädigung des CEO und der Mitglieder der Geschäftsleitung zu bestimmen[158], allenfalls auch die des Verwaltungsratspräsidenten. Über die Entschädigung seiner (übrigen) Mitglieder entscheidet der Verwaltungsrat in der Regel als Gremium. 107

2. Zusammensetzung und Arbeitsweise

a) Gemäss Swiss Code setzt sich der Entschädigungsausschuss «**mehrheitlich** aus nicht exekutiven und unabhängigen Mitgliedern des Verwaltungsrats zusammen»[159]. Die *best practice* dürfte heute strenger sein und eine Zusammensetzung **ausschliesslich** aus unabhängigen und nicht exekutiven Mitgliedern verlangen[160]. 108

Ohne die Unterstützung durch in der Gesellschaft voll- oder hauptamtlich tätige Personen wird der Entschädigungsausschuss freilich kaum je in der Lage sein, sachgerechte Entscheide zu fällen. Es ist daher sinnvoll, dass der Swiss Code festhält, dass Verwaltungsratspräsident und CEO «in der Regel, ausser wenn es um ihre eigene Entschädigung geht, zu den Sitzungen beigezogen» werden[161]. Auch der Personalchef wird in aller Regel im Ausschuss aktiv mitwirken, wobei all diesen weiteren Teilnehmenden nur beratende Stimme zukommt. 109

b) In komplexen Verhältnissen werden gewöhnlich **externe Berater** beigezogen, die nicht nur Unterstützung bei der Erarbeitung des Entschädigungs- 110

---

[158] Wobei bezüglich der Mitglieder der Geschäftsleitung die Kompetenz – unter Festlegung des Rahmens – an den CEO delegiert werden kann.
[159] Ziff. 25, 1. Lemma.
[160] So ROTH PELLANDA N 617 und BASTIAN 297.
[161] Swiss Code Ziff. 25, 2. Lemma.

konzepts leisten, sondern in **Benchmark-Studien** für die verschiedenen Chargen marktübliche Ansätze aufzeigen sollen[162].

3. Exkurs: Ziele der Entschädigungspolitik[162a]

111 a) In der betriebswirtschaftlichen Literatur wie auch in der rechtspolitischen Auseinandersetzung wurden und werden die mit dem Salärkonzept anzustrebenden Ziele und die Komponenten eines solchen Konzepts derzeit intensiv und vielfach kontrovers diskutiert. Dazu ist hier nicht Stellung zu nehmen, sondern es soll lediglich durch einige Hinweise auf den Swiss Code und auf die relevanten Kriterien ein Anhaltspunkt für die in den Verwaltungsräten individuell zu führenden Diskussionen vermittelt werden:

112 b) Nach dem Swiss Code soll eine Gesellschaft

«markt- und leistungsgerechte Gesamtentschädigungen anbiete[n], um Personen mit den nötigen Fähigkeiten und Charaktereigenschaften zu gewinnen und zu behalten»[163].

Dabei soll die Entschädigung «nachvollziehbar vom nachhaltigen Erfolg des Unternehmens und vom persönlichen Beitrag abhängig gemacht werden; falsche Anreize sind zu vermeiden»[164].

Falls Aktienoptionspläne als Entschädigungselement eingesetzt werden, soll dies mit einem möglichst geringen Verwässerungseffekt für die Aktionäre erfolgen und dürfen die Ausübungsbedingungen nicht nachträglich abgeändert werden.

Schliesslich sollen die Kündigungsregeln angemessen und im Interesse der Gesellschaft ausgestaltet sein. Abgangsleistungen sollen nur erbracht werden dürfen, soweit sie «entweder vertraglich geschuldet sind oder in Übereinstimmung mit dem Gesellschaftsinteresse ausgehandelt werden».

113 Dem wird niemand widersprechen. Wie diese Grundsätze umzusetzen sind, ist aber höchst umstritten. Dies liegt auch daran, dass bei der Festlegung der

---

[162] Moniert wird in Medien und Literatur, dass dies – wie auch die erhöhte Salärtransparenz – tendenziell zu einem Anstieg der Topsaläre führte.

[162a] Vgl. dazu statt aller SENN/PEDERGNANA: Vergütungssysteme in der Schweiz (Zürich 2010) insb. 42 ff. und BÜHLER (zit. Anm. 156); sodann R. MÜLLER: Honorierung von Verwaltungsräten aus rechtlicher Sicht, ZBJV *2011* 113 ff.

[163] Swiss Code Ziff. 26, 1. Lemma.

[164] Swiss Code Ziff. 26, 2. Lemma.

Saläre meist ganz **unterschiedliche und zum Teil sich widersprechende Ziele** verfolgt werden:

- Zum Ersten geht es darum, die Interessen der Leitungsorgane mit denen der Aktionäre möglichst parallel zu schalten[165].   114

- Zum Zweiten soll Leistung honoriert werden[166].   115

- Und schliesslich sollen als Drittes die «richtigen» Anreize gesetzt werden, damit keine übermässigen Risiken eingegangen werden[167], aber auch – was weniger oft erwähnt wird – nicht allzu geringe Risiken, was mit einem Verzicht auf realistische Geschäftschancen verbunden wäre.   116

Im Einzelnen steht eine Vielzahl von **Elementen** und **Techniken** zur Verfügung, die zumeist kombiniert werden: 117

- feste und variable Lohnbestandteile[168],

- Errechnung der variablen Komponente aufgrund einer Formel oder diskretionäre Bestimmung,

- Ausschüttungen in bar, Aktien, Optionen oder anderen Werten, wobei Aktien und Optionen regelmässig für eine gewisse Zeit gesperrt bleiben und Optionen allenfalls beim Ausscheiden aus der Gesellschaft vor ihrer Ausübbarkeit (teilweise oder ganz) verfallen[169, 170].

Besondere Aufmerksamkeit verdienen – weil es sich oft um hohe Beträge handelt – Einzelleistungen wie Begrüssungsgelder *(«golden handshakes»)* und deren Gegenstück, der Verfall von Leistungen bei vorzeitigem Ausscheiden *(«gol-*   118

---

[165] Dies kann insb. durch die Zuweisung von – für eine gewisse Zeit gesperrten – Aktien geschehen.

[166] Wobei Verwaltungsrat und Geschäftsleitung nicht selten gerade dann besonders gefordert sind, wenn sich die Gesellschaft in einer schwierigen Lage befindet und die Aktionäre darben, weshalb dieses zweite Ziel im Widerspruch zum ersten stehen kann.

[167] Diesem Ziel dienen vor allem die von der FINMA aufgestellten Grundsätze zur Entschädigung. FINMA-RS 2010/1 «Vergütungssysteme».

[168] In der Realwirtschaft werden die festen Elemente, bei Finanzdienstleistern die variablen traditionell stärker betont. Zurzeit (Ende 2010) ist allgemein eine Tendenz zu einem höheren Fixanteil festzustellen.

[169] Durch das Sperren für mehrere Jahre sollen die Ausrichtung auf langfristigen Erfolg gefördert und kurzfristige Gewinnmanipulationen verhindert werden; ausserdem ist dies mit Steuervorteilen verbunden.

[170] Je nach Art des Geschäfts kann allenfalls auch ein «clawback» (eine Rückforderung) vorgesehen sein für den Fall, dass eine Entwicklung anders als prognostiziert verläuft. Arbeitsvertraglich muss freilich eine Rückforderung im technischen Sinne vermieden und durch eine verminderte (allenfalls auch null betragende) Ausschüttung ersetzt werden.

den handcuffs»[171]), sodann auch unter gewissen Voraussetzungen (etwa bei einer Übernahme) geschuldete Abgangsentschädigungen[172].

119 Der in der Praxis verfügbare **Spielraum** ist geringer, als in Medien und Politik meist angenommen wird, da eine Unternehmung (auch) bei der Entschädigung dem **Diktat des Marktes** nicht entkommen kann. Immerhin können vor allem durch die **Zusammensetzung** der Salärkomponenten unterschiedliche Akzente gesetzt und Persönlichkeiten mit unterschiedlichem Risikoappetit angesprochen werden.

120 d) Besondere Probleme ergeben sich beim **Verwaltungsrat:** Er legt nach heutigem Recht sein Salär selbst fest[173] und ist so in einer ähnlichen Situation wie ein Selbstkontrahent. Systemkonform wäre es, wenn die Generalversammlung – falls sie dies will – bei der Bestimmung der Saläre nicht nur eine indirekte Kontrolle in der Form von Wahl und Abberufung von Verwaltungsratsmitgliedern ausüben, sondern direkt mitbestimmen könnte. Dem wird im Zuge der Aktienrechtsreform Rechnung getragen werden: Es ist nicht mehr bestritten, dass künftig der Generalversammlung – zumindest bei Publikumsgesellschaften – die Möglichkeit eingeräumt wird, über die Gesamtentschädigung des Verwaltungsrats und ihre Elemente zu entscheiden[174].

---

[171] In der Praxis zeigt sich, dass «golden handcuffs» selten wirksam sind, sondern vielmehr nur dazu führen, dass der neue Arbeitgeber die entsprechenden Leistungen im Sinne eines «golden handshake» übernimmt, womit das Recht von Neuanstellungen enorm verteuern können.

[172] Diese haben besonders oft falsche Anreize gesetzt.

[173] Die Kompetenz dazu ergibt sich aus OR 716 I.

[174] Entgegen dem, was allgemein angenommen wird, besteht die Möglichkeit, die **Vergütung der Mitglieder des Verwaltungsrats durch die Generalversammlung festzulegen,** u.E. freilich schon nach **geltendem Recht:** Die Generalversammlung wählt die Mitglieder des Verwaltungsrats, und darin eingeschlossen ist u.E. auch das Recht, in den Schranken des zwingenden Rechts die Ausgestaltung dieses Mandats (einschliesslich der Honorierung) zu bestimmen (vgl. FORSTMOSER/MEIER-HAYOZ/NOBEL § 28 N 128). Anders verhält es sich bei den Mitgliedern der Geschäftsleitung, die durch den Verwaltungsrat zu bestellen sind (OR 716a I Ziff. 4), was die Kompetenz zur Festsetzung der Anstellungsbedingungen einschliesst und u.E. auch künftig einschliessen sollte. Im künftigen Recht wird freilich – dies steht wohl heute (Ende 2010) fest, auch wenn die rechtspolitische Diskussion noch im Gange ist – bei Publikumsgesellschaften die Generalversammlung die Gesamtsumme der Entschädigungen der Geschäftsleitung und die Grundzüge ihrer Ausgestaltung festlegen.

V. Nominierungsausschuss[175, 176]

1. Gesetzliche Vorgaben und Kompetenzen

a) Dem Nominierungsausschuss obliegen Aufgaben bei der **Selektion des obersten Kaders**, vor allem der Geschäftsleitung, und hier wiederum in erster Linie des **CEO**[177]. Darüber hinaus hat sich das Nomination Committee generell mit der **Nachfolgeplanung** und den **Stellvertretungen** zu befassen, ebenso mit der **Beurteilung der Leistungen** des Topmanagements. Ferner hat es sich – in Koordination mit dem Verwaltungsratspräsidenten – mit der Auswahl neuer Verwaltungsratsmitglieder auseinanderzusetzen, obschon deren Wahl der Generalversammlung obliegt[178].

121

Der Swiss Code setzt die Gewichte etwas anders: Danach soll der Nominierungsausschuss sich primär mit der Bestellung des **eigenen Gremiums** beschäftigen[179], während ihm Aufgaben «im Zusammenhang mit der Auswahl und Beurteilung von Kandidaten für das oberste Kader» lediglich zugewiesen werden «können»[180].

122

Oft ist das Nomination Committee **Ansprechpartner der Geschäftsleitung** für alle Fragen von Human Resources. Ferner befasst es sich – falls diese Aufgabe nicht dem Präsidenten des Verwaltungsrats obliegt – mit der **Einführung neuer Verwaltungsratsmitglieder,** der Weiterbildung des Verwaltungsrats und seiner **Selbstevaluation**[181].

123

b) Das Nomination Committee ist also vorwiegend in Bereichen tätig, die zum Entscheid unübertragbar dem Gesamtverwaltungsrat zukommen. Es hat daher **schwergewichtig vorbereitende** und allenfalls **ausführende Aufgaben** ohne Entscheidungskompetenz[182].

124

---

175 Auch: Personalausschuss, Nomination Committee.
176 Vgl. etwa BASTIAN 341 ff.; JUTZI 104 ff.; ROTH PELLLANDA N 612 ff.; WATTER 195 f.; BÖCKLI, Aktienrecht § 13 N 427 ff.; KRNETA N 1663 ff.; BAUEN/VENTURI N 276; Swiss Code Ziff. 27.
177 Vgl. OR 716a I Ziff. 4.
178 Der Verwaltungsrat hat geeignete Kandidaten zur Wahl vorzuschlagen: WATTER 195; zurückhaltend JUTZI 104 f. Es ergibt sich dies u.E. aus OR 716a I Ziff. 6, wonach dem Verwaltungsrat die Vorbereitung der Generalversammlung obliegt.
179 Swiss Code Ziff. 27, 1. Lemma.
180 Swiss Code Ziff. 27, 2. Lemma.
181 Vgl. BASTIAN 351.
182 Auch dieser Ausschuss ist aber kaum je auf die reine Vorbereitung und Ausführung beschränkt, auch er fällt regelmässig Entscheidungen im durch die Grundsatzentscheide des Gesamtrates gesetzten Rahmen.

125 c) Oft wird der Nominierungsausschuss kombiniert mit dem Entschädigungsausschuss, gelegentlich ist er auch gleichzeitig Governance-Ausschuss.

2. Zusammensetzung

126 Der Swiss Code stellt keine besonderen Anforderungen an die **Unabhängigkeit** der Mitglieder von Nomination Committees, doch entspricht es guter Schweizer Praxis, dass zumindest die Mehrheit aus unabhängigen Mitgliedern besteht[183].

127 Es ist sinnvoll, dass der Verwaltungsratspräsident Mitglied dieses Ausschusses ist, jedenfalls dann, wenn er haupt- oder vollamtlich tätig ist[184].

3. Arbeitsweise

128 a) Die Personalplanung (auch) an der Unternehmensspitze ist eine permanente Aufgabe. Daher sollte der Nominierungsausschuss ein **ständiges Organ** sein, falls der Gesamtverwaltungsrat die personellen Fragen nicht ganz in seiner Hand behalten will. In diesem zweiten Fall kann es für einzelne wichtige Fragen der Personalplanung – etwa der Suche eines neuen CEO oder Finanzchefs oder der Neubestellung des Verwaltungsratspräsidiums – sinnvoll sein, einen **Ad-hoc-Ausschuss** zu bestellen. Diesem kommen dann ausschliesslich vorbereitende Aufgaben zu.

129 b) Soweit dem Nominierungsausschuss allgemeine Aufgaben der Personal- und Managementplanung und -beurteilung obliegen, wird er periodisch tagen, in Abstimmung mit den Sitzungen des Gesamtverwaltungsrats, für die er vorbereitend tätig ist. Die spezifische Aufgabe, einen Nachfolger für den CEO, CFO oder ein anderes Geschäftsleitungsmitglied oder eine Ergänzung für den Verwaltungsrat vorzuschlagen, fällt dagegen unregelmässig an und verlangt entsprechende zeitliche Flexibilität.

---

[183] BÖCKLI, *Aktienrecht* § 13 N 413; JUTZI 104 scheint gar einen (ausschliesslich) aus «unabhängigen Mitgliedern zusammengesetzten Ausschuss» zu befürworten, was u.E. aber nicht sinnvoll ist, da Tuchfühlung mit dem geschäftlichen Alltag in diesem Ausschuss unabdingbar ist. Auch BASTIAN spricht sich für einen gemischten Ausschuss aus (343).

[184] Die Meinungen dazu gehen weit auseinander: KRNETA sieht eine Leitung durch den Verwaltungsratspräsidenten vor, wobei er aber offenbar vor allem an Ad-hoc-Kommitees denkt. Auch BAUEN/VENTURI sind der Meinung, der Verwaltungsratspräsident solle in diesem Ausschuss den Vorsitz einnehmen (N 276). ROTH PELLANDA ist dagegen (generell) der Meinung, es sei von einer Einsitznahme des Verwaltungsratspräsidenten in den Ausschüssen «eher abzusehen» (N 568). BÖCKLI, *Aktienrecht*, betont, dass der Präsident «nicht stimmberechtigtes Mitglied des Nominierungsausschusses sein» sollte (§ 13 N 413).

c) Die Aufgaben dieses Ausschusses verlangen eine enge **Zusammenarbeit mit der Geschäftsleitung**. In der Regel wird es sinnvoll sein, wenn der CEO und allenfalls auch der Personalchef an den Sitzungen mit beratender Stimme teilnehmen[185]. Der Verwaltungsratspräsident sollte zumindest beratend mitwirken, falls er nicht – was u.E., wie erwähnt, zu befürworten ist – ohnehin Mitglied ist.

130

d) Bei der Neubesetzung von Schlüsselstellungen wird heute in grösseren Unternehmen – wenn nicht eine unternehmensinterne Lösung gefunden werden kann – regelmässig mit **spezialisierten Beratern** zusammengearbeitet, die geeignete Kandidaten eruieren und deren Dossier zusammenstellen.

131

VI. Weitere ständige Ausschüsse[186]

Je nach Branche, Unternehmensgrösse und Komplexität der Organisation, aber auch mit Rücksicht auf die spezifische Unternehmenskultur und die Arbeitsweise des Verwaltungsrats finden sich in der Praxis weitere Ausprägungen ständiger Ausschüsse[187]. Zu finden sind etwa die folgenden:

132

1. Strategieausschuss[188]

a) Die Entscheidung strategischer Fragen ist eine unentziehbare Aufgabe des Verwaltungsrats[189]. Einem Strategieausschuss können daher **nur vorbereitende Aufgaben** zukommen.

133

b) Der Verwaltungsrat als Gremium wird freilich kaum je in der Lage sein, die Unternehmensstrategie selbst zu entwickeln. Vielmehr geschieht dies im Austausch mit der Geschäftsleitung: Diese entwickelt die Strategie und stellt dem Verwaltungsrat entsprechende Anträge. Der Verwaltungsrat hinterfragt, regt an, weist allenfalls zurück und genehmigt schliesslich die strategische Ausrichtung. In diesem Zusammenspiel kann ein besonderer Strategieausschuss eine unnötige zusätzliche hierarchische Ebene darstellen. U.E. sind daher **Strategieausschüsse in der Regel entbehrlich**. Wo sie vorkommen, dürften sie zumeist mit einem Präsidialausschuss oder Chairman's Commit-

134

---

[185] Wenn es um Fragen der personellen Planung auf Verwaltungsratsstufe geht, hat dies in Privatsitzungen ohne Präsenz von Geschäftsleitungsmitgliedern zu erfolgen.
[186] Vgl. ROTH PELLANDA N 624 ff.; JUTZI 108 ff.; BÖCKLI, *Aktienrecht* § 13 N 414a ff.
[187] Oder auch erweiterte Aufgaben für die geschilderten üblichen Ausschüsse.
[188] Vgl. BÖCKLI, *Aktienrecht* § 13 N 415b; ausführlich zur Entwicklung der Strategie ROTH PELLANDA N 462 ff.
[189] Angesprochen insb. in der Pflicht zur Oberleitung, OR 716a I Ziff. 1.

tee zusammenfallen. Dies wiederum kann – wie erwähnt[190] – zu einem Zweiklassensystem im Verwaltungsrat führen und dazu, dass es für externe Verwaltungsratsmitglieder schwierig ist, ihre Kompetenzen mit dem nötigen Gewicht einzubringen.

135 c) Dagegen kann die (stets nur vorbereitende) Bearbeitung **strategischer Einzelfragen** – etwa die Tunlichkeit einer Akquisition – durch einen Ausschuss sinnvoll sein. Dabei wird es sich aber in der Regel um einen Ad-hoc-Ausschuss handeln[191].

2. Governance-, Shareholder-, Corporate-Responsibility- oder Ethik-Ausschuss

136 a) Solche Ausschüsse beurteilen Organisation und Verhalten der Unternehmung anhand von *Best-practice*-Kriterien oder widmen sich spezifisch den Interessen von Aktionären oder anderen Stakeholdern. Oft befassen sie sich auch mit der Kommunikationspolitik der Unternehmung.

137 b) In der Regel handelt es sich um gemischte Ausschüsse: Fundamentale Themen der Positionierung der Gesellschaft in ihrem Umfeld sind unübertragbar durch den Verwaltungsrat zu entscheiden, eher ausführende Fragen, die jedoch stets auch mit Entscheidungen verbunden sind[192], können an den Ausschuss delegiert werden.

3. Finanzausschuss[193]

138 a) Der Finanzausschuss macht sich ein Bild von der Investitions- und Finanzplanung, vom Funktionieren der Finanz- und Liquiditätskontrolle, vom Stand des Rechnungswesens, und er befasst sich mit der mittelfristigen Eigen- und Fremdkapitalentwicklung[194].

139 b) Da die Finanzkontrolle und -planung eine unübertragbare und unentziehbare Aufgabe des Verwaltungsrats ist[195], hat der Finanzausschuss im Wesentlichen vorbereitende Aufgaben.

---

[190] Vorn N 80.
[191] Dazu sogleich nachstehend N 146 ff.
[192] Etwa hinsichtlich der internen und externen Kommunikation.
[193] Vgl. JUTZI 111 ff.; ferner BÖCKLI, *Aktienrecht* § 13 N 414a.
[194] Vgl. BÖCKLI, *Aktienrecht* § 13 N 414a.
[195] OR 716a I Ziff. 3.

c) Der Finanzausschuss ist in der Praxis nicht selten mit dem Risikoausschuss kombiniert. Eine Kombination mit dem Revisionsausschuss ist problematisch, da letzterer zwingend unabhängig sein muss und sich insbesondere nicht in die proaktive Finanzplanung und Finanzführung des Unternehmens einmischen soll[196].

140

4. Risikoausschuss

Ein besonderer Risikoausschuss kommt vor allem bei Banken, Versicherungen und anderen Finanzdienstleistern vor. Seine Aufgabe ist die Überprüfung der Grundlagen des Risiko-Managements und die Beurteilung der wichtigsten Risikopositionen sowie das Studium von Risikoberichten.

141

5. Investitions- oder Anlagenausschuss

a) Ein Investitions- oder Anlagenausschuss kann sich bei Gesellschaften mit beträchtlichen Finanzanlagen empfehlen. Diesem Ausschuss kann etwa die Aufgabe zukommen, die strategische *asset allocation* und damit die Eckwerte für die taktischen Anlageentscheide festzulegen und deren Beachtung sowie die Beziehungen zu den Banken und auch deren Konditionen zu überprüfen.

142

b) Ein Anlagenausschuss macht in der Regel nur dann Sinn, wenn er zeitnah und in engem Kontakt mit dem Chief Investment Officer (CIO) agiert.

143

6. Forschungs- und Entwicklungsausschuss

Solche Ausschüsse finden sich vor allem bei Industrie- und bei Pharmaunternehmen.

144

7. Zusammensetzung und Arbeitsweise weiterer Ausschüsse

Die Ausschüsse gemäss Ziff. 3–6 hievor sind in der Regel aus **Spezialisten** zusammengesetzt, und sie arbeiten in engem Kontakt mit den zuständigen Einheiten in der Unternehmung. Ihre Aufgabe ist dann oft nicht nur die Vorbereitung und – in begrenztem Ausmass – Überwachung der Umsetzung von

145

---

[196] BÖCKLI, *Audit Committee* 103.

Verwaltungsratsentscheiden, sondern auch die eines **Sparringpartners für die Geschäftsleitung.**

VII. Ad-hoc-Ausschüsse[197]

146 a) Ausschüsse können vom Verwaltungsrat auch auf Ad-hoc-Basis, von Fall zu Fall für die Überwachung bestimmter Projekte oder die Untersuchung einzelner Vorfälle, gebildet werden[198]. Solchen Ausschüssen oder *task forces* stehen in der Regel keine Entscheidbefugnisse zu, sie übernehmen primär vorbereitende Aufgaben und unterbreiten die erarbeiteten Lösungsansätze dem Verwaltungsrat zur Genehmigung[199].

147 b) Hauptvorteil von Ad-hoc-Ausschüssen ist ihre **Flexibilität:** Sie können kurzfristig gebildet und auf die Behandlung spezifischer Probleme zugeschnitten werden. Mit Ad-hoc-Lösungen kann auch der Aufbau von zeitaufwendigen und kostspieligen permanenten Strukturen vermieden werden[200]. Einige Beispiele:

148 – **M&A-Ausschüsse** werden in der Praxis zur Evaluation von Akquisitionsprojekten und zur Koordination der Aktivitäten der Gesellschaft im Fall von Übernahmeversuchen bzw. -verhandlungen eingesetzt[201]. Nicht selten handelt es sich dabei aber auch um ständige Ausschüsse (oder es werden einem ständigen Ausschuss – etwa dem Strategie- oder dem Shareholderausschuss – diese Aufgaben zugewiesen[202]).

149 – **Bauausschüsse** können geschaffen werden für die Beurteilung und Begleitung eines grösseren Bauvorhabens.

---

[197] Vgl. BÖCKLI, *Aktienrecht* § 13 N 416a; JUTZI 51 f.; ROTH PELLANDA N 624; WATTER/ROTH PELLANDA in BSK zu OR 716a N 50.
[198] JUTZI 51.
[199] Aufgrund seiner Organisationsautonomie kann der Verwaltungsrat jedoch Ad-hoc-Ausschüssen auch Geschäftsführungskompetenzen übertragen, immer mit dem Vorbehalt seiner unübertragbaren Aufgaben (vgl. JUTZI 51 f.) und gestützt auf eine – von ihm zu schaffende – Grundlage (Organisationsreglement oder gleichwertige Basis, dazu § 15 N 19).
[200] KRNETA N 1667.
[201] Vgl. H. C. VON DER CRONE: Arbeitsteilung im Verwaltungsrat, in: Baer (Hrsg.): Verwaltungsrat und Geschäftsleitung (Bern 2006) 98.
[202] Dies im Sinne einer permanenten und präventiven Auseinandersetzung mit der Problematik, vgl. TSCHÄNI/DIEM: Das Defence- bzw. M&A-Manual, in: Tschäni (Hrsg.): Mergers & Acquisitions X (Europa Institut Bd. 86, Zürich 2008) 97 ff., 103 f.

- **Juristischen Ausschüssen** kommt allenfalls die Aufgabe zu, Unregelmässigkeiten in der Gesellschaft zu untersuchen[203] oder die Auseinandersetzungen in Rechtsstreitigkeiten zu begleiten. 150

- **Sanierungsausschüsse** übernehmen Aufgaben beispielsweise im Zusammenhang mit der Sanierung von Tochtergesellschaften[204]. 151

c) Ad-hoc-Ausschüsse können auch dazu dienen, einzelne Verwaltungsratsmitglieder von einer Thematik fernzuhalten, bei der sie sich in einem **Interessenkonflikt** befinden[205]. 152

B. Sonderstellung einzelner Verwaltungsratsmitglieder

OR 712 sieht vor, dass im Verwaltungsrat ein **Präsident** zu bestimmen ist[206] (dazu Ziff. I, N 155 ff.). Ein oder mehrere Mitglieder können sodann als **Delegierte** Exekutivfunktionen ausüben (dazu Ziff. II, N 206 ff.[207]). In Publikumsgesellschaften wird allenfalls ein **Lead Director** ernannt, der ein Gegengewicht zu einem mit Exekutivaufgaben betrauten Präsidenten bilden soll (dazu Ziff. III, N 238 ff.). Besondere Aufgaben kommen den **Vorsitzenden von Ausschüssen** zu (dazu Ziff. IV, N 241 ff.). Das Gesetz erwähnt sodann sog. «**Vertreter**» von juristischen Personen oder Handelsgesellschaften[208], be- 153

---

[203] JUTZI 51.
[204] JUTZI 51.
[205] Dazu schon vorn Anm. 96 sowie SOMMER 119 f.: Sind z.B. bei einer Desinvestition einzelne Verwaltungsratsmitglieder am Erwerb des zu veräussernden Unternehmensteils interessiert, dann können sie von der Mitwirkung auf Unternehmensseite und der entsprechenden internen Information ausgeschlossen und gleich wie Drittinteressenten *at arm's length* behandelt werden, indem ein Ad-hoc-Ausschuss gebildet wird, der das Projekt betreut und dem die am Erwerb interessierten Verwaltungsratsmitglieder nicht angehören.
Zu beachten ist, dass solchen «konfliktfreien» Ausschüssen keine Entscheidungskompetenzen im Rahmen der unübertragbaren Kompetenzen gemäss OR 716a I (dazu Näheres in § 8 N 5 ff.) zugewiesen werden dürfen (VOGT/SCHIWOW/WIEDMER in AJP *2009* 1359 ff., 1382). Die Vorbereitung – das *decision shaping* – ohne das betroffene Mitglied ist aber in aller Regel ausreichend, jedenfalls dann, wenn der Ausschuss den Antrag an den Gesamtverwaltungsrat einstimmig unterstützt. Zu weiteren Massnahmen, mit denen Interessenkonflikte vermieden werden können, vgl. im Übrigen § 11 N 102 ff. und § 21 N 14 ff.
[206] Gesetzlich nicht verlangt, aber im mehrköpfigen Verwaltungsrat die Regel ist die Wahl eines Vizepräsidenten (dazu hinten N 192 ff.). Vereinzelt werden bzw. wurden frühere Präsidenten auch zu Ehrenpräsidenten ernannt (dazu N 199 ff.).
[207] Möglich ist die Personalunion mit dem Präsidenten, vgl. N 232 ff.
[208] OR 707 III.

sonderen Aktienkategorien oder Minderheiten[209] oder von Körperschaften des öffentlichen Rechts[210] (dazu Ziff. V, N 244 ff.).

154 Auf diese Verwaltungsratsmitglieder mit Sonderstellung wird im Folgenden eingegangen, wobei es nicht nur um die Delegation von Kompetenzen geht. Als Exkurs wird ferner der gesetzlich verlangte[211] **Sekretär** des Verwaltungsrats vorgestellt (dazu Ziff. VI, N 254 ff.).

I. Präsident des Verwaltungsrats[212]

1. Rechtliche Ordnung und Praxis[213]

155 a) Zwar ist die Wahl eines Präsidenten des Verwaltungsrats gesetzlich zwingend vorgeschrieben[214], doch sind dessen **Aufgaben im Gesetz** nur knapp und recht zufällig geregelt:

156 – Der Präsident hat die Verwaltungsratssitzungen einzuberufen[215] und zu leiten[216].

157 – Er ist Anlaufstelle für die übrigen Verwaltungsratsmitglieder, so für Informations-[217] und für Einberufungsbegehren[218].

---

[209] OR 709.
[210] OR 762.
[211] OR 712 I.
[212] Vgl. dazu die Monografien von HUNGERBÜHLER und WUNDERER; sodann BAUEN/VENTURI N 237 ff., 291; ROTH PELLANDA N 586 ff.; MÜLLER/LIPP/PLÜSS 68 ff.; ISELI N 109 ff. und die Standardwerke von BÖCKLI, *Aktienrecht* § 13 N 105 f., 186a, 418; FORSTMOSER/MEIER-HAYOZ/NOBEL § 28 N 137 ff.; HOMBURGER zu OR 712; WERNLI in BSK zu OR 712 N 6 ff.; ferner aus betriebswirtschaftlicher Sicht R. DUBS: Die Rolle des Verwaltungsrats-Präsidenten, in: Biland/Hilb (Hrsg.): Verwaltungsrat als Gestaltungsrat (Zürich 1998) 47 ff.
[213] Die Aufgaben und die Stellung des Präsidenten des Verwaltungsrats werden hier mit Schwergewicht auf Fragen der Organisation und ihrer Abbildung im Organisationsreglement behandelt. Eine detaillierte Besprechung, die sich auch als eine Art Manual für den Verwaltungsratspräsidenten eignet, findet sich bei HUNGERBÜHLER 61–166. Aus betriebswirtschaftlicher Sicht vgl. sodann WUNDERER 139 ff.
[214] OR 712 I. Die Bestellung erübrigt sich beim Einpersonenverwaltungsrat, Urteil 4A_457/2010 des BGer vom 5.1.2011.
[215] Dies wird im Gesetz zwar nicht explizit gesagt, aber in OR 715 vorausgesetzt.
[216] OR 713 I spricht zwar in der deutschen Fassung vom «Vorsitzenden», der nicht notwendig mit dem Präsidenten übereinzustimmen braucht. Die französische und die italienische Gesetzesfassung verwenden dagegen in OR 712 I und 713 I einheitlich den Begriff «Président», «Presidente», was zumindest den Regelfall aufzeigt.
[217] OR 715a III.
[218] OR 715.

– Als administrative Aufgabe obliegt ihm die Unterzeichnung der Protokolle von Verwaltungsratssitzungen[219].

– Angedeutet wird die Vorrangstellung des Präsidenten sodann dadurch, dass ihm dispositiv der Stichentscheid im Verwaltungsrat eingeräumt wird[220].

b) Knapp fasst sich auch der **Swiss Code**. Er erwähnt lediglich zwei Funktionen:

– generell «die Leitung des Verwaltungsrats», wobei der Präsident «die ordnungsmässigen Abläufe von Vorbereitung, Beratung, Beschlussfassung und Durchführung» gewährleisten soll[221],

– sodann speziell die Sicherstellung angemessener Informationen[222].

c) Angesichts dieser Vorgaben kommt der **innergesellschaftlichen Ordnung** – vor allem dem Organisationsreglement, aber auch den in einer Gesellschaft herrschenden Übungen – für die Konkretisierung der Funktion des Präsidenten grosse Bedeutung zu.

2. Begründung und Beendigung des Präsidialamtes

a) Der Verwaltungsratspräsident wird gemäss dem Prinzip der Selbstorganisation **durch den Verwaltungsrat bestellt,** sofern die Statuten diese Kompetenz nicht der **Generalversammlung** zugewiesen haben[223]. Die Wahl ist annahmebedürftig[224]. Die Funktion ist im Handelsregister einzutragen[225].

---

[219] OR 713 III. Vor 2008 hatte der Präsident (oder allenfalls ein Vizepräsident) auch Anmeldungen von Handelsregistereintragungen zu unterzeichnen (altHRegV 22 II), eine Aufgabe, die nun von zwei beliebigen Mitgliedern des Verwaltungsrats oder einem Mitglied mit Einzelzeichnungsberechtigung wahrgenommen werden kann (OR 931a II, HRegV 17 I lit. c).
[220] OR 713 I; das Gesetz spricht, wie erwähnt (Anm. 216), in der deutschen Fassung vom Vorsitzenden, doch hat der Präsident regelmässig den Vorsitz inne.
[221] Swiss Code Ziff. 15, 1. Lemma.
[222] Swiss Code Ziff. 15, 2. Lemma.
[223] OR 712 II. In der laufenden Aktienrechtsreform wird diese Regelung nicht infrage gestellt.
[224] BGE 105 II 132; HUNGERBÜHLER 43 f.
[225] GWELLESSIANI N 180; ZIHLER/KRÄHENBÜHL: Zeichnungsberechtigungen und Funktionen in der handelsregisterrechtlichen Praxis, REPRAX 3/2010 1 ff., 71. Die Eintragung hat lediglich deklaratorische Wirkung, doch ergibt sich aus der Eintragung – wie allgemein für Handelsregistereinträge – eine positive Publizitätswirkung (OR 933 I).

165 b) Die Beendigung kann durch **Abberufung** seitens des Wahlorgans erfolgen, im Normalfall also durch den Verwaltungsrat[226]. Erfolgte die Ernennung durch die Generalversammlung, kann der Verwaltungsrat den Präsidenten in seinem Amt vorläufig suspendieren, unter Einberufung einer Generalversammlung[227].

166 Weitere Beendigungsgründe sind die Demission[228] und das Ende der Amtsperiode[229].

167 Auf die Stellung als (gewöhnliches) Mitglied des Verwaltungsrats hat die Beendigung des Präsidialamts keinen Einfluss[230]. Doch fällt die Beendigung oft mit dem Ausscheiden aus dem Verwaltungsrat zusammen.

168 c) Die **Amtsdauer** dürfte bei Wahl durch die Generalversammlung – wenn kein abweichender Beschluss vorliegt – der Dauer des Verwaltungsratsmandats entsprechen[231]. Bei der Bestellung durch den Verwaltungsrat bestimmt dieser – im Organisationsreglement oder anlässlich der Wahl – die Amtsdauer. Häufig ist – unabhängig von der für das Verwaltungsratsmandat vorgesehenen Amtsdauer – eine einjährige Amtszeit, die jeweils im Zuge der alljährlichen Konstituierung des Verwaltungsrats nach der Generalversammlung erneuert wird.

169 d) Fällt der Präsident weg, ohne dass ein Nachfolger bestellt ist, übernimmt ein allfälliger Vizepräsident seine Aufgaben. Gibt es keinen solchen, wird man für begrenzte Zeit die Amtsführung durch ein beliebiges Mitglied zulassen. Wird nicht innert angemessener Frist ein neuer Präsident bestellt, kommen Massnahmen wegen Organisationsmangels[232] in Betracht[233].

170 e) Besondere **Wählbarkeitsvoraussetzungen** gibt es nicht, doch wird zu Recht darauf hingewiesen, dass dem Präsidenten im Verwaltungsrat regelmässig eine **Sonderstellung** zukommt, die vor allem höhere zeitliche Verfügbarkeit und

---

[226] OR 726 I. Nach künftigem Recht wird die Ernennung bei Publikumsgesellschaften voraussichtlich zwingend der Generalversammlung obliegen.
[227] OR 726 II.
[228] Diese erfolgt in Form einer einseitigen, empfangsbedürftigen (mündlichen oder schriftlichen) Willenserklärung, DUBS/TRUFFER in BSK zu OR 705 N 2.
[229] Falls sich der Präsident nicht oder erfolglos zur Wiederwahl stellt.
[230] So für den analogen Fall der Abberufung eines Delegierten WATTER in BSK zu OR 726 N 7.
[231] Dazu OR 710 I; in der laufenden Aktienrechtsreform wird vorgesehen, dass für Publikumsgesellschaften zwingend eine einjährige Amtsdauer gelten soll.
[232] OR 731b.
[233] WATTER/WIESER in BSK zu OR 731b N 6.

Flexibilität – allenfalls auch die Bereitschaft zu einem Haupt- oder Vollamt – erfordert[234].

3. Aufgaben[235]

a) Wie erwähnt ist die gesetzliche Ordnung für den Verwaltungsratspräsidenten – dies gilt besonders auch für die Umschreibung seiner Aufgaben – bruchstückhaft und zufällig. Dies wird der Schlüsselfunktion, die ihm oftmals zukommt, nicht gerecht. Daher ist es sinnvoll, die Aufgaben des Präsidenten **im Organisationsreglement zu konkretisieren**.

b) Anschaulich ist noch immer die Umschreibung der Aufgaben des Präsidenten durch BÜRGI[236]: Er hat

> «die Sitzungen vorzubereiten, einzuberufen und zu leiten, vom Verwaltungsrat gefasste Beschlüsse und Direktiven nötigenfalls weiterzuleiten und bekannt zu geben, Erklärungen und Mitteilungen für die Verwaltung entgegen zu nehmen und den Mitgliedern zur Kenntnis zu bringen ... Darüber hinaus wird der Vorsitzende, ohne gesetzlicher Vertreter der Gesellschaft zu sein, weitgehend die Verwaltung nach innen und aussen repräsentieren ...; er wird in dringenden unaufschiebbaren Geschäften gezwungen sein, ohne vorherige Einberufung einer Sitzung im Namen des Verwaltungsrats zu handeln, bindende Anweisungen, Entscheidungen und Massnahmen zu treffen ...».

Ergänzen mag man dieses Potpourri noch durch die Aufgaben, die dem Präsidenten gegenüber den Aktionären bzw. im Hinblick auf die Generalversammlung zukommen, sowie durch seine formellen Aufgaben und seine besondere Verantwortung für die Governance in der Gesellschaft.

c) Dem Präsidenten kommt eine zentrale Funktion mit Bezug auf die **Arbeit im Verwaltungsrat** zu[237]. Das Gesetz erwähnt zwar nur gerade eine Teilaufgabe, und auch dies nur für eine Ausnahmesituation[238], aber es ist unbestritten und selbstverständlich, dass dem Präsidenten die Vorbereitung[239],

---

[234] Vgl. etwa HUNGERBÜHLER 38 f.
[235] Ausführlich dazu HUNGERBÜHLER 61 ff.; WUNDERER 139 ff. Vgl. auch die Beispiele aus der Praxis hinten § 20 N 3 ff.
[236] OR 714 N 10.
[237] Vgl. dazu HUNGERBÜHLER 90 ff.
[238] OR 715: Einberufung einer Sitzung auf Begehren eines Mitglieds.
[239] Dazu HUNGERBÜHLER 101 ff.; WUNDERER 215 ff.

Einberufung[240] und Leitung[241] der Verwaltungsratssitzungen obliegt. In Pattsituationen trifft er nach dispositivem Gesetzesrecht den Entscheid[242]. Er sorgt auch für eine angemessene Protokollierung und bürgt mit seiner Unterschrift für die Richtigkeit des Protokolls[243].

175 Auch ausserhalb der Sitzungen kommt dem Präsidenten eine Schlüsselposition zu. Er sorgt für Kontinuität und insbesondere die Umsetzung der getroffenen Entscheidungen, ist Bindeglied zu einer allfälligen Geschäftsleitung[244] und Anlaufstelle für Informationsbegehren der Verwaltungsratsmitglieder[245].

176 Der Präsident ordnet Zirkulationsbeschlüsse an[246], und er trifft in ausserordentlichen Situationen – zumindest vorläufig – Entscheidungen, die normalerweise in die Kompetenz des Gesamtverwaltungsrats fallen.

177 Eine besondere Stellung kommt dem Präsidenten zu, wenn ein **Delegierter des Verwaltungsrats**[247] ernannt worden ist. Es ist denkbar, dass der Präsident diese Funktion zusätzlich zum Präsidium einnimmt[248], was zu einer ausserordentlichen Machtfülle in einer Hand führt. Anderseits kann der Präsident auch im Sinne von *checks and balances* Gegenpol zum Delegierten sein und so dessen Machtfülle begrenzen.

178 Mangels einer angemessenen gesetzlichen Regelung werden die Präsidialaufgaben häufig im **Organisationsreglement** konkretisiert, so etwa betreffend Form und Frist der Einladungen zu Verwaltungsratssitzungen, Zirkulationsbeschlüsse, Informationsbegehren und ausserordentliche Kompetenzen in Fällen von Dringlichkeit[249]. In den **Statuten** ist allenfalls der Stichentscheid wegzubedingen[250, 251].

---

[240] Dazu HUNGERBÜHLER 62 ff.; WUNDERER 218 ff.
[241] Dazu HUNGERBÜHLER 90 ff., 104 ff.; der Präsident ist der «geborene» Vorsitzende und im Gesetz – zumindest primär – mit diesem Begriff gemeint, vgl. vorn Anm. 216.
[242] OR 713 I.
[243] OR 713 III.
[244] Dazu sogleich N 179.
[245] OR 715a III, IV.
[246] Dazu Böckli, *Aktienrecht* § 13 N 138 ff.
[247] Dazu N 206 ff.
[248] Dazu N 232 ff.
[249] Es kann sinnvoll sein, dem Präsidenten «bestimmte Notkompetenzen zuzuweisen», BÖCKLI, *Aktienrecht* § 13 N 314c; HUNGERBÜHLER 128.
[250] Umstritten ist, ob ein Entzug auch im Organisationsreglement erfolgen kann, vgl. dazu § 11 N 85 und Anm. 148.
[251] Sinnvoll kann die Wegbedingung etwa in Joint-Venture-Gesellschaften mit je hälftiger Beteiligung der Partner (auch) im Verwaltungsrat sein, da sonst eine Seite zumindest im Rahmen des ordentlichen Geschäftsgangs alle Meinungsverschiedenheiten für sich entscheiden kann. Wird der Stichentscheid des Vorsitzenden im Verwaltungsrat kombiniert mit dessen Stich-

d) Da der Verwaltungsrat als Gremium nur während seiner Sitzungen operiert, hat der Präsident für die nötige **Kontinuität** zu sorgen. In diesem Sinne ist er insbesondere **Bindeglied zur Geschäftsleitung**, deren laufende Oberaufsicht[252] er ausübt und deren «Begleiter» und Ansprechpartner er ist[253]. Er figuriert als Sprecher des Gesamtverwaltungsrats[254], übermittelt dessen Entscheidungen und nimmt Erklärungen an diesen entgegen. Sein Gegenüber ist in der Regel der Vorsitzende der Geschäftsleitung (CEO), doch kann er auch direkt mit anderen Geschäftsleitungsmitgliedern und Personen in Kaderfunktion verkehren. Sinnvoll kann es sein, dass der Präsident regelmässig an den Sitzungen der Geschäftsleitung teilnimmt. Ein direkter Draht führt sodann zu den Verantwortlichen für Sicherungsfunktionen[255]: Compliance, interne Revision, allenfalls Abteilungen für Recht und Risiko-Management.

179

Sorge zu tragen ist dafür, dass die operative Ebene (für welche Geschäftsleitung und CEO verantwortlich sind) und die Strategie- und Überwachungsebene (des Verwaltungsrats) getrennt bleiben. Bei Entscheiden auf der Geschäftsleitungsebene wirkt daher der Präsident in der Regel nicht mit. Einfluss nehmen wird er aber, wenn Entscheidungen der Geschäftsleitung solchen des Verwaltungsrats zuwiderlaufen[256].

180

Im **Organisationsreglement** zu regeln sind allenfalls die institutionalisierten Beziehungen zum CEO und zur Geschäftsleitung (regelmässige Berichterstattung, Teilnahme an Sitzungen), die Rapportierung seitens der Funktionen interne Revision[257], Compliance, Recht und Risiko-Management sowie ein allfälliges Veto-Recht bei Entscheidungen der Geschäftsleitung, welche den Weisungen des Verwaltungsrats oder dem Geist der von ihm beschlossenen strategischen Ausrichtung zuwiderlaufen[258]. Nützlich mag es sein klarzustellen, dass dem Präsidenten ein unbeschränktes Recht auf Information zukommt. Umgekehrt kann es Sinn machen festzuhalten, dass der Präsident auf operativer Ebene nicht mitentscheidet.

181

---

entscheid in der Generalversammlung, was statutarisch möglich ist (vgl. BGE 95 II 555 ff.), hat es diejenige Partei, die einmal das Präsidium erlangt hat, in der Hand, die andere dauernd zu majorisieren. – Eine Alternative zum Entzug des Stichentscheides ist bei Joint-Venture-Gesellschaften die Einsetzung eines neutralen Präsidenten.

[252] Vgl. OR 716a I Ziff. 5.
[253] Vgl. HUNGERBÜHLER 124 ff.
[254] Vgl. HUNGERBÜHLER 119 ff.
[255] Falls diese nicht an ein Audit Committee rapportieren.
[256] Seine Meinung äussern wird er sodann, wenn es um Themen im Kompetenzbereich des Verwaltungsrats, insb. die Interessen des Aktionariats, geht.
[257] Dazu HUNGERBÜHLER 133 f.
[258] Dies verbunden mit der Pflicht, den Gesamtverwaltungsrat unverzüglich einzuberufen oder zumindest zu informieren.

182 e) Der Präsident ist auch **Bindeglied zu den Aktionären**. Auch ihnen gegenüber figuriert er als Sprecher des Verwaltungsrats und – darüber hinausgehend – der Gesellschaft als Ganzes[259].

183 Während sich die Beziehungen zu einzelnen Aktionären über das ganze Jahr hin erstrecken können[260], kulminiert der Kontakt mit dem Aktionariat als Ganzem in der **Generalversammlung**. Auch diesbezüglich schweigt der Gesetzgeber[261], doch ist es für die Lehre[262] und in der Praxis selbstverständlich, dass der Verwaltungsratspräsident für die ordnungsgemässe Durchführung der Generalversammlung zuständig ist. Anlässlich der Vorbereitung sorgt er für die Erstellung der Traktandenliste, die Organisation der Protokollierung und der Stimmenzählung sowie allfälliger institutioneller Stellvertretungen, die Einladung der Aktionäre und allfälliger Gäste. Nach Eröffnung mitsamt den gängigen Feststellungen betreffend Quorum, Stimmrechtsvertretung etc. führt er durch die Versammlung und sorgt für einen reibungslosen Ablauf. Dabei hat er stets zu beachten, dass die gesetzliche Ordnung eingehalten wird, insbesondere hinsichtlich der Wahrung der Aktionärsrechte, aber auch deren Beschränkung im Interesse einer effizienten Verhandlungsführung (Koordination der Wortmeldungen, Entscheid über allfällige Zeitbeschränkungen für Voten, Beantwortung von Fragen aus dem Aktionariat betreffend Auskunft und Einsicht im Sinne von OR 697, Vorlage von Aktionärsanträgen zur Abstimmung).

184 Regeln betreffend die Generalversammlung – etwa über Art und Frist der Einberufung – finden sich meist in den Statuten, bezüglich der Einzelheiten allenfalls auch im Organisationsreglement oder einem besonderen Reglement für die Generalversammlung.

185 f) In grösseren Gesellschaften mit Publikumskontakt ist der Verwaltungsratspräsident – zusammen und in Absprache mit dem CEO – **Repräsentant**

---

[259] Für Publikumsgesellschaften wird man zur Abgrenzung von den Aufgaben des CEO vorsehen, dass der Präsident für die Beziehungen zu den Aktionären zuständig ist, der CEO für diejenigen zu Markt und Kunden. Oder, wie es treffend ausgedrückt wurde: die Generalversammlung (als Ort der Kommunikation mit den Aktionären) ist Sache des Präsidenten, die Bilanzmedienkonferenz dagegen die des CEO. – Im Einzelnen wird freilich – unter Berücksichtigung der Persönlichkeiten von Präsident und CEO, ihrer Interessen und ihres Beziehungsnetzes – oft und zu Recht von diesen Faustregeln abgewichen.

[260] Wobei jedoch das Gleichbehandlungsprinzip zu beachten ist (OR 717 II). Dem wird grundsätzlich Genüge getan, wenn der Präsident alle Aktionäre, die den Kontakt zur Gesellschaft suchen, gleich behandelt.

[261] Das OR spricht an den einschlägigen Stellen – OR 699 I und 702 I – vom (Gesamt-)Verwaltungsrat und nicht von seinem Präsidenten.

[262] Statt aller HUNGERBÜHLER 134 ff.

der **Gesellschaft** gegenüber der Allgemeinheit, wobei ihm jedoch keine privilegierte Vertretungsbefugnis zukommt[263]. Für die öffentliche Berichterstattung über die laufende Geschäftstätigkeit ist dagegen regelmässig der CEO zuständig.

Im Organisationsreglement kann der Präsident des Verwaltungsrats ausdrücklich als «Sprecher» der Gesellschaft vorgesehen sein, und jedenfalls ist er der Sprecher des Verwaltungsrats. 186

g) Als formelle Pflicht erwähnt OR 713 II die **Unterzeichnung der Verwaltungsratsprotokolle**[264, 265]. Auch für die **Protokollierung der Generalversammlungen** ist der Präsident verantwortlich[266]. 187

Die Protokollierungspflicht wird allenfalls im Organisationsreglement explizit genannt oder konkretisiert, was freilich angesichts der recht präzisen gesetzlichen Regelung[267] nicht erforderlich ist. 188

Weitere formelle Pflichten, für die nach früherem Recht ausschliesslich der Verwaltungsratspräsident zuständig war – nämlich die Unterzeichnung handelsregisterrechtlicher Anmeldungen[268] und die Entgegennahme von Mitteilungen der Revisoren bezüglich wahrgenommener Mängel –, können heute von jedem Verwaltungsratsmitglied oder müssen vom Gesamtverwaltungsrat erfüllt werden[269]. 189

---

[263] Nach OR 718 I steht die Vertretungsbefugnis zwar jedem Verwaltungsratsmitglied einzeln zu; nach OR 718a II kann jedoch die Vertretungsbefugnis eines jeden Mitglieds – also, soweit statutarisch oder im Organisationsreglement nicht anders vorgesehen, auch diejenige des Präsidenten – entzogen werden, was allenfalls bei Joint-Venture-Gesellschaften vorkommt, bei denen ein neutraler Präsident die Rolle eines Moderators spielt.

[264] Die Rede ist im deutschen Gesetzestext, wie bereits erwähnt (Anm. 216), zwar vom «Vorsitzenden», doch ist selbstverständlich, dass der Vorsitz in aller Regel vom Präsidenten ausgeübt wird.

[265] Materiell ist darin die Verantwortung für eine angemessene Protokollierung eingeschlossen.

[266] OR 702 spricht freilich – wie erwähnt – vom Verwaltungsrat als Ganzem.

[267] OR 713 III (Protokollierung der Verhandlungen und Beschlüsse des Verwaltungsrats) und OR 702 II (Protokollierung der Beschlüsse und Wahlergebnisse sowie weiterer Informationen bezüglich der Generalversammlung). Im künftigen Recht soll die Liste der in der Generalversammlung zu protokollierenden Fakten und Erklärungen noch erweitert werden, vgl. E Aktienrecht 702 II.

[268] Vor dem 1.1.2008 waren diese zwingend durch den Verwaltungsratspräsidenten zu unterzeichnen. Nach geltendem Recht sind zwei beliebige Mitglieder des Verwaltungsrats oder ein Mitglied mit Einzelzeichnungsberechtigung zuständig (HRegV 17 I lit. c), wobei in der Praxis in der Regel weiterhin der Präsident unterschreibt.

[269] Die Information richtet sich nach geltendem Recht an den Gesamtverwaltungsrat: OR 728c I für die ordentliche Revision; für die eingeschränkte Revision fehlt eine entsprechende Regelung.

190 h) Aufgrund seiner zentralen Funktion an der Schnittstelle von Verwaltungsrat, operativer Leitung, Aktionariat und Allgemeinheit kommt dem Präsidenten auch eine wichtige Rolle in der Sicherstellung einer guten **Governance** zu[270].

191 Im Organisationsreglement kann diese Aufgabe darin ihren Ausdruck finden, dass dem Präsidenten *ex officio* der Vorsitz in einem Governance-Ausschuss des Verwaltungsrats zugewiesen wird.

4. Exkurs I: Vizepräsident[271]

192 a) Das Gesetz erwähnt den Vizepräsidenten nicht. Ein solcher braucht – anders als der Präsident[272] – nicht bestellt zu werden, doch ist dies in einem mehrköpfigen Verwaltungsrat gleichwohl die Regel[273].

193 b) Die Ernennung erfolgt durch den Verwaltungsrat[273a]. Die Generalversammlung kann diese Kompetenz – anders als die Wahl des Präsidenten[274] – statutarisch nicht an sich ziehen[275].

---

[270] Dabei geht es nach einer treffenden Umschreibung im Rundschreiben 2008/32 der FINMA vom 20.11.2008 um «die Grundsätze und Strukturen, anhand derer ein Unternehmen gesteuert und kontrolliert wird» (a.a.O. N 5). Zweck ist dabei «ein funktionales Gleichgewicht zwischen den verschiedenen Organen des Unternehmens (‹Checks and Balances›), eine ausreichende Transparenz der unternehmensinternen Vorgänge sowie die Abstimmung der Zielgruppen des Unternehmens mit den Erwartungen der verschiedenen Anspruchsgruppen» (FINMA a.a.O.). Während diese Definition die Interessen aller Stakeholder einbezieht, fokussiert der Swiss Code enger: Danach geht es um die «Gesamtheit der auf das Aktionärsinteresse ausgerichteten Grundsätze» (Swiss Code Präambel Ziff. 2.2). In den beiden Formulierungen kommt die unterschiedliche Ausrichtung des Stakeholder- und des Shareholder-Value-Ansatzes zum Ausdruck, die sich freilich in der Praxis kaum auswirkt (zum Ganzen vgl. P. FORSTMOSER: Profit – das Mass aller Dinge?, in: FS zum Schweiz. Juristentag 2006 [Zürich 2006] 55 ff.). Während in kleinen Verhältnissen die Ausrichtung auf die Interessen der Aktionäre (und allenfalls der Mitarbeitenden) angemessen scheint, liegt es bei grossen Publikumsgesellschaften nicht zuletzt auch im Interesse des Aktionariats, die Interessen aller von einer unternehmerischen Tätigkeit Betroffenen zu beachten.

[271] Dazu HUNGERBÜHLER 213 ff.; KRNETA N 668 ff.; BÖCKLI, *Aktienrecht* § 13 N 107; BAUEN/VENTURI N 244.

[272] OR 712 I.

[273] Vgl. BUCHMANN (zit. hinten Anm. 284) 89; GLAUS 120.

[273a] Ein Eintrag ins Handelsregister kommt vor, wird aber von ZIHLER/KRÄHENBÜHL (zit. Anm. 225) 72 kritisiert.

[274] OR 712 II.

[275] So der klare Wortlaut des Gesetzes; ebenso HUNGERBÜHLER 213 f. und BÖCKLI, *Aktienrecht* § 13 N 170.

Dass der Vizepräsident im Falle des Ausscheidens des Präsidenten in das Präsidialamt nachrückt, ist gesetzlich nicht vorgesehen. Falls der Präsident durch die Generalversammlung gewählt wird, könnte eine solche Regelung auch nicht im Organisationsreglement getroffen werden[276]. Oft ist ein automatisches Nachrücken ohnehin nicht sinnvoll, da die Aufgaben des Vizepräsidenten diesen nicht notwendig als für das Präsidium prädestiniert erscheinen lassen.

194

Hauptaufgabe des Vizepräsidenten ist es, den Präsidenten zu **vertreten**, wenn dieser verhindert ist[277] oder sich in einem Interessenkonflikt befindet[278].

195

Oft ist der Vizepräsident auch Diskussionspartner des Präsidenten und das Sprachrohr des Gesamtverwaltungsrats gegenüber dem Präsidenten[279]. Es kann aber auch eine eigentliche **Aufteilung der Aufgaben** zwischen Präsident und Vizepräsident vorgesehen sein, wobei der Vizepräsident bestimmte Bereiche selbständig bearbeitet und direkt an den Gesamtverwaltungsrat rapportiert.

196

d) Präsident und Vizepräsident(en) bilden gegebenenfalls zusammen das **Präsidium,** dem – als Ausschuss – bestimmte Aufgaben zugewiesen sein können[280]. Falls der Präsident – als Delegierter – auch Exekutivfunktionen wahrnimmt[281], wird oft ein unabhängiger Vizepräsident als sog. **Lead Director** bestellt, um so *checks and balances* zu schaffen[282]. Eine ähnliche Konstellation kann erreicht werden, wenn der Delegierte «nur» Vizepräsident ist und das Präsidium einem nicht exekutiven Verwaltungsratsmitglied zugewiesen wird.

197

e) Die **Aufgaben** des Vizepräsidenten sind im Organisationsreglement zu regeln. Fehlen Bestimmungen, dann wird es (einzige) Aufgabe des Vizepräsidenten sein, den Präsidenten im Verhinderungsfall zu vertreten.

198

---

[276] Vgl. HUNGERBÜHLER 216.
[277] HUNGERBÜHLER 214 f.; KRNETA N 670. – Die Vertretung beschränkt sich nicht auf die Sitzungsleitung, sondern kann auch etwa bei der Einladung zu einer Sitzung erforderlich sein.
[278] HUNGERBÜHLER 215; BÖCKLI, *Aktienrecht* § 13 N 107.
[279] KRNETA N 671; HUNGERBÜHLER 215.
[280] Vgl. dazu vorn N 82 f.
[281] Dazu hinten N 232 ff.
[282] Dazu hinten N 238 ff.

5. Exkurs II: Ehrenpräsident[283]

199 a) Die früher bei Publikumsgesellschaften verbreitete Geste, einen verdienten Verwaltungsratspräsidenten zum Ehrenpräsidenten zu ernennen, ist heute ausser Mode gekommen. Nicht selten findet man dagegen Ehrenpräsidenten auch heute noch bei Familiengesellschaften[284].

200 Das Gesetz kennt den Ehrenpräsidenten nicht. Auch eine Erwähnung in den Statuten ist nicht üblich. Ein Hinweis findet sich allenfalls im Organisationsreglement.

201 b) Die Bestellung kann durch den Verwaltungsrat oder – richtiger – die Generalversammlung erfolgen[285]. Üblich ist die Ernennung durch Akklamation.

202 Die Eintragung im Handelsregister ist nicht vorgesehen und nicht möglich[286].

203 Das Amt ist in der Regel nicht terminiert. Es endet durch Tod, Verzicht oder Widerruf.

204 c) Das Ehrenpräsidium ist ein Ehrenamt[287], das mit ganz unterschiedlichen Funktionen verbunden sein kann[288]. Üblich (und wohl noch am ehesten sinnvoll) ist die Beschränkung auf blosse Ehrungen, etwa durch Einladung an die Generalversammlung und besondere Anlässe. Zumindest aus der Vergangenheit sind aber auch Ehrenpräsidenten bekannt, die regelmässig an den Verwaltungsratssitzungen teilnahmen[289] und dort – zwar ohne Stimmrecht, aber mittels ihrer Mitwirkung an den Beratungen – als Überväter weiterhin aktiv auf die Geschicke der Gesellschaft Einfluss nahmen[290].

---

[283] Vgl. Hungerbühler 217 ff.; Krneta N 664 ff.; Forstmoser/Meier-Hayoz/Nobel § 28 N 148; Bauen/Venturi N 243.

[284] Vgl. die (freilich veralteten) Zahlen bei Glaus 120 f. und P. Buchmann: Organisation der Verwaltungsräte in 20 der grössten Aktiengesellschaften ... (Diss. Zürich 1976) 82.

[285] Hungerbühler 218 erachtet diese «als für die Schaffung von Ehrenämtern ausschliesslich zuständig».

[286] Forstmoser/Meier-Hayoz/Nobel § 28 N 148; SAG 1965 256 f.

[287] Forstmoser/Meier-Hayoz/Nobel § 28 N 148; Krneta N 665.

[288] Vgl. Hungerbühler 220; Krneta N 666 f.

[289] Krneta N 666 spricht von «etliche[n] Gesellschaften», die offenbar Regeln betreffend den Ehrenpräsidenten kennen und etwa vorsehen, dass er auf seinen Wunsch an den Verwaltungsratssitzungen beratend teilnehmen kann.

[290] Eine solche Einwirkung durch eine nicht ordentlich gewählte Person widerspricht einer guten Governance, und sie dürfte auch rechtlich nicht unproblematisch sein.

Falls dem Ehrenpräsidenten privilegierte Informationen zukommen, ist er an die Geheimhaltungspflicht gebunden[291], und zumindest dann, wenn er im Verwaltungsrat mitwirkt, dürfte er auch weiterhin der Treue- und Geheimhaltungspflicht unterworfen sein[292].

II. Delegierter des Verwaltungsrats[293]

Während jede AG mit mehrköpfigem[294] Verwaltungsrat einen Präsidenten zu bestellen hat[295], ist die Ernennung eines Delegierten nicht zwingend und es sind ihm keine spezifischen Aufgaben gesetzlich zugewiesen.

Allgemein kann der Delegierte als «ein mit besonderen Vollmachten ausgestattetes VR-Mitglied» umschrieben werden[296], etwas konkreter und auf den Regelfall ausgerichtet als «ein Mitglied des Verwaltungsrats, dem der Gesamtverwaltungsrat, gestützt auf eine Ermächtigung in den Statuten, die Geschäftsführung – oder einzelne Teile derselben – und die Vertretung der Gesellschaft überträgt»[297].

1. Rechtliche Ordnung und Ausgestaltung in der Praxis

a) Das **Gesetz** erwähnt den Delegierten eher beiläufig im Zusammenhang mit den Möglichkeiten der Kompetenzdelegation:

- implizit in OR 716b I, wonach die Geschäftsführung «ganz oder zum Teil an einzelne Mitglieder» des Verwaltungsrats übertragen werden kann,

---

[291] Dazu § 21 N 18 ff.
[292] Vgl. SOMMER § 9 III.; HUNGERBÜHLER 221, besonders hinsichtlich eines Konkurrenzverbots.
[293] Vgl. dazu I. BUSCH: Die Übertragung der Geschäftsführung auf den Delegierten des Verwaltungsrats, in: FS Forstmoser (Zürich 1993) 69 ff.; K. MEYER: Die rechtliche Stellung des Delegierten des Verwaltungsrats nach schweizerischem Recht (Diss. Zürich 1946); BERTSCHINGER, *Arbeitsteilung* N 227; sodann aus den neueren Monografien zum Verwaltungsrat und seiner Organisation BAUEN/VENTURI N 245 ff.; BASTIAN 154 ff., ISELI N 201 ff.; KRNETA N 1668 ff.; MÜLLER/LIPP/PLÜSS 70 ff.; ROTH PELLANDA N 596 ff.; ferner die Standardwerke und Kommentare von BÖCKLI, *Aktienrecht* § 13 N 533 ff., 551 ff.; FORSTMOSER/MEIER-HAYOZ/NOBEL § 28 N 149 ff.; HOMBURGER N 747 ff.
[294] WERNLI in BSK zu 712 N 3.
[295] OR 712 I.
[296] KRNETA N 1671; FORSTMOSER/MEIER-HAYOZ/NOBEL § 28 N 149.
[297] BUSCH (zit. Anm. 293) 74; ähnlich MÜLLER/LIPP/PLÜSS 70.

210 — explizit in OR 718 II, wo vorgesehen ist, dass der Verwaltungsrat «die Vertretung einem oder mehreren Mitgliedern (Delegierte) ...» übertragen kann,

211 — und schliesslich in OR 726 I, wo bestätigt ist, dass der Verwaltungsrat «die von ihm bestellten ... Delegierten ... jederzeit abberufen» kann.

212 Der **Swiss Code of Best Practice** spricht vom Delegierten nur im Hinblick auf die besondere Situation seiner Personalunion mit dem Verwaltungsratspräsidenten[298] sowie im Zusammenhang mit Genehmigungsvorbehalten bei der Delegation von Führungsaufgaben[299].

213 b) **Innergesellschaftlich** bedarf es – wie bei jeder Delegation von Kompetenzen – der doppelten Voraussetzung einer statutarischen Ermächtigungsnorm und ihrer Umsetzung in einem Organisationsreglement[300].

214 c) **Nicht zugelassen** ist die Position eines Delegierten bei **Bankaktiengesellschaften**[301] und bei **Versicherungsunternehmen**[302], da bei diesen Finanzdienstleistern eine Trennung zwischen der Oberleitung, Aufsicht und Kontrolle einerseits und der Geschäftsführung andererseits gesetzlich vorgeschrieben ist.

215 d) Der Delegierte des Verwaltungsrats findet sich oft in **kleinen und mittleren Gesellschaften,** die von einem aktiven Grossaktionär beherrscht werden, der aufgrund seines finanziellen Engagements die Risiken und Chancen unternehmerischer Tätigkeit ähnlich einem Einzelunternehmer selbst trägt. Häufig sind Delegierte in Familiengesellschaften und ganz allgemein in personenbezogenen Aktiengesellschaften. Aber auch in **Publikumsgesellschaften** kommt die Bestellung von Delegierten als Bindeglied zwischen Verwaltungsrat und Geschäftsleitung vor[303], obgleich deren Zahl im Zuge einer stärkeren Betonung der Trennung von Aufsicht und Geschäftsführung in neuerer Zeit gesunken ist.

216 e) Mehrheitlich wird eine **einzige Person** als Delegierter bestellt, doch können es auch **zwei**[304] und ausnahmsweise eine **grössere Zahl**[305] sein, womit

---

[298] Swiss Code Ziff. 18; zur Problematik hinten N 232.
[299] Swiss Code Ziff. 11, 2. Lemma.
[300] OR 706b I, Näheres hinten § 15 N 12 ff.
[301] BankG 3 II lit. a und BankV 8.
[302] AVO 13 I.
[303] Vgl. etwa die Untersuchung von GLAUS 121.
[304] Etwa die Vertreter zweier Familienstämme.
[305] MÜLLER/LIPP/PLÜSS 73 erwähnen Fälle von «zehn und mehr gleichzeitig [im Handelsregister] eingetragenen VR-Delegierten».

man sich dem Konzept des geschäftsführenden Ausschusses[306] nähert. Die Einsetzung eines Delegierten kann allerdings auch mit der Bestellung eines geschäftsführenden Ausschusses, an welchen der Delegierte rapportiert, kombiniert werden.

f) In der Regel kommen dem oder den VR-Delegierten **Geschäftsführungsaufgaben** zu, doch ist dies nicht zwangsläufig so und können auch Delegierte ohne Geschäftsführungs- und Vertretungsbefugnisse bestellt werden, als «Bindeglied zwischen Verwaltungsrat und Geschäftsleitung zur Verbesserung des Informationsflusses»[307] und zur Erfüllung der verwaltungsrätlichen **Überwachungsaufgaben**[308, 309].

217

g) Die Einsetzung von (geschäftsführenden) Delegierten ist oft **kritisiert** worden[310], doch kann sie durchaus vorteilhaft sein, und zwar nicht nur – wie allgemein anerkannt – in aussergewöhnlichen Situationen. Nicht stichhaltig ist jedenfalls – für die vom monistischen Konzept ausgehende schweizerische Ordnung[311] – der Einwand, die Zugehörigkeit zum Aufsichts- und gleichzeitig zum Geschäftsführungsorgan schliesse sich wechselseitig aus[312].

218

h) Eine besonders starke Stellung ergibt sich, wenn der Delegierte im Verwaltungsrat das **Präsidium** ausübt, dazu nachstehend N 232 ff.

219

2. Begründung und Beendigung der Delegiertenstellung

a) Die **Bestellung** von Delegierten steht ausschliesslich dem Verwaltungsrat zu; die Generalversammlung kann – anders als die Wahl des Präsidenten[313] – diese Kompetenz nicht an sich ziehen[314]. Wohl aber kann die Generalversammlung die Ernennung von geschäftsführenden Delegierten verhindern, indem sie keine statutarische Ermächtigungsnorm hierfür vorsieht. Delegierte,

220

---

[306] Dazu vorn N 76 ff.
[307] MÜLLER/LIPP/PLÜSS 70 f.
[308] KRNETA N 1680.
[309] Zu den typischen Funktionen im Einzelnen vgl. nachstehend N 228 ff.
[310] Besonders scharf von KRNETA N 1674 ff., dort Hinweise auf weitere kritisch eingestellte Autoren.
[311] Vgl. vorn § 2 N 2 f.
[312] So aber VON GREYERZ 208.
[313] Dazu OR 712 II.
[314] Anders das vor 1992 geltende Aktienrecht, nach dessen Art. 717 II die Generalversammlung statutarisch ermächtigt werden konnte, «die Geschäftsführung oder einzelne Zweige derselben ... an eine oder mehrere Personen ... zu übertragen.».

denen lediglich Überwachungsfunktionen zukommen, können aber gestützt auf OR 716a II auch ohne statutarische Ermächtigung ernannt werden[315].

221 b) Delegierte sind – als Verwaltungsratsmitglieder – zwangsläufig im Handelsregister eingetragen, doch ist die Eintragung ihrer besonderen Funktion zwar möglich, aber nicht verlangt[316].

222 c) Der Verwaltungsrat kann Delegierte jederzeit **abberufen**[317]. Die Abberufung berührt ihre Stellung als (gewöhnliches) Verwaltungsratsmitglied nicht.

223 Mit der Beendigung des Verwaltungsratsmandats endet auch die Stellung als Delegierter[318]. Da die Generalversammlung die Mitglieder des Verwaltungsrats jederzeit abberufen kann[319], kann sie auf diesem Wege auch die Stellung des Delegierten beenden.

3. Rechtsstellung und Aufgaben

224 a) Der Delegierte ist und bleibt Mitglied des Verwaltungsrats, er übernimmt jedoch zusätzliche Aufgaben[320], die ihm vom Verwaltungsrat zugewiesen werden. Er ist so Mitglied eines Gremiums, zu welchem er zugleich in einem Subordinationsverhältnis[321] steht und dessen Weisungen er zu befolgen hat[322]. Praktische Probleme ergeben sich freilich weniger aus dieser konzeptionell schwer einzustufenden Position als aus der Dominanz, die dem Delegierten in-

---

[315] Auch die Vertretungsbefugnis kann der Verwaltungsrat in eigener Kompetenz einräumen (OR 716a I Ziff. 4 und OR 718 II), und es ist ihm unbenommen, die damit betrauten Personen – auch wenn ihnen die Geschäftsführung nicht zukommt – als «Delegierte» zu bezeichnen, zumal der Gesetzgeber selber diesen Ausdruck verwendet.

[316] So die Auskunft verschiedener Handelsregisterämter; dazu mit ausführlicher Begründung MÜLLER/LIPP/PLÜSS 71 f. Ablehnend zur Eintragung ZIHLER/KRÄHENBÜHL (zit. Anm. 225) 72 f.

[317] OR 726 I.

[318] BUSCH (zit. Anm. 293) 75; der Betroffene kann allenfalls seine bisherigen Aufgaben trotzdem weiterführen, in der Position eines Direktors.

[319] OR 705 I.

[320] HOMBURGER N 748.

[321] BUSCH (zit. Anm. 293) 76; ROTH PELLANDA N 582 spricht freilich vom «Fehlen eines Subordinationsverhältnisses», was aber angesichts der Bestellung durch den (Gesamt-)Verwaltungsrat und der Berichterstattungspflicht gegenüber demselben nicht überzeugt. Vielmehr ist nach den zur Diskussion stehenden Aufgaben zu differenzieren und besteht trotz der grundsätzlichen Gleichstellung aller Verwaltungsratsmitglieder bezüglich der Geschäftsführungsfunktion ein Unterstellungsverhältnis des Delegierten gegenüber dem Gremium.

[322] BUSCH (zit. Anm. 293) a.a.O.

nerhalb des Verwaltungsrats zukommen kann[323], vor allem dann, wenn er als einziges Mitglied des Gremiums vollamtlich tätig ist[324]. Dass in einem solchen Fall der Verwaltungsratspräsident ein starkes Gegengewicht ausüben sollte, wie es KRNETA[325] fordert, ist richtig, in der Praxis aber oft Wunschdenken. Schranken können dem Delegierten im Organisationsreglement durch eine Konkretisierung seiner Berichterstattungspflicht und durch Genehmigungsvorbehalte gesetzt werden.

b) Der in der Geschäftsleitung tätige Delegierte steht nach herrschender Lehre zur Gesellschaft in einem **doppelten Rechtsverhältnis**[326], wobei das Amt des vollamtlichen Delegierten regelmässig aufgrund eines Arbeitsvertrages ausgeübt werden dürfte[327]. Allenfalls kann auch ein auftragsrechtliches Verhältnis gegeben sein[328] bzw. ein auftragsähnliches Innominatverhältnis[329].

Die organschaftliche Rechtsbeziehung zur Gesellschaft und diejenige aus Arbeitsvertrag, Auftrag oder Innominatkontrakt sind auseinanderzuhalten, und es ist **beiden Grundlagen Rechnung zu tragen**. So sind etwa sowohl die gesellschaftsrechtliche Treuepflicht nach OR 717 I wie die arbeitsvertragliche nach OR 321a zu beachten[330], und für die persönliche Verantwortlichkeit besteht eine doppelte Haftungsbasis[331]. Vor allem aber können bei Beendigung der Rechtsbeziehungen zur Gesellschaft das Verwaltungsratsmandat und das zusätzliche Rechtsverhältnis des Delegierten **getrennte Schicksale** haben: So kann durch Abberufung oder Rücktritt ein Verwaltungsratsmandat jederzeit

---

[323] BUSCH (zit. Anm. 293) 78.
[324] BINDER 170.
[325] N 1688.
[326] Dazu ausführlich R. MÜLLER: Die arbeitsrechtliche Situation des VR-Delegierten in der Schweiz, AJP *2001* 1367 ff.; DERS.: Der Verwaltungsrat als Arbeitnehmer (Zürich 2005); DERS.: Problematik einer Doppelstellung als Verwaltungsrat und Arbeitnehmer, ST *2006* 851 ff.; sodann ROTH PELLANDA N 582 ff., mit weiteren Hinweisen, sowie MÜLLER/LIPP/PLÜSS 32 ff.
[327] FORSTMOSER/MEIER-HAYOZ/NOBEL § 28 N 154; BUSCH (zit. Anm. 293) 75; PLÜSS 129; das arbeitsvertragliche Verhältnis besteht zur Gesellschaft und nicht etwa – wie in der Literatur gelegentlich vertreten – zum Verwaltungsrat. Zu den Lehrmeinungen vgl. VOLLMAR 99 f. – Nach einer Untersuchung von MÜLLER (vgl. AJP, zit. Anm. 326, 1367 ff. und *Arbeitnehmer*, zit. ebenda 156) standen Ende 2000 von gut 922 befragten Delegierten 73% in einem Arbeitsverhältnis zu ihrer Gesellschaft.
[328] MÜLLER/LIPP/PLÜSS 33 ff.
[329] So BGE 125 III 81 für den Fall der wirtschaftlichen Identität zwischen AG und Verwaltungsratsmitglied.
[330] BGE 130 III 213 ff., E. 2.1 216, wobei die bundesgerichtliche Gewichtung in jenem Entscheid – persönliche Verantwortlichkeit nach Aktienrecht, aber kein wichtiger Beendigungsgrund nach Arbeitsrecht – schwer nachvollziehbar ist.
[331] BUSCH (zit. Anm. 293) 78.

mit unmittelbarer Wirkung beendet werden, während vertragliche – etwa arbeitsvertragliche – Beziehungen weiterlaufen und nach ihren eigenen Regeln zu Ende zu führen sind[332, 333]. Der aus dem Verwaltungsrat ausgeschiedene Delegierte kann seine Aufgabe allenfalls in der Funktion eines Direktors weiterführen.

227 c) Die aktienrechtliche und die schuldvertragliche Ebene sind zu **koordinieren**. Die Grundlage für eine Delegation von Geschäftsführungskompetenzen muss auf jeden Fall im Organisationsreglement enthalten sein[334]. Die Konkretisierung kann ebenfalls im Organisationsreglement, allenfalls aber auch in einem Arbeitsvertrag oder Auftrag geschehen. Die schuldvertraglichen Beziehungen können in das Organisationsreglement integriert werden[335] oder es kann – was sinnvoller sein dürfte – die reglementarische Ordnung durch Verweisung im Arbeitsvertrag oder Auftrag, soweit möglich und passend, zu dessen Bestandteil gemacht werden.

228 d) Der Delegierte kann – wie erwähnt[336] – **Überwachungsfunktionen** haben[337]. Beschränkt sich seine Aufgabe darauf, bedarf es weder einer statutarischen Basis noch einer Regelung im Organisationsreglement, die Bestellung beruht auf der in OR 716a II vorgesehenen Möglichkeit, die «Überwachung von Geschäften ... einzelnen [Verwaltungsrats-]Mitgliedern» zuzuweisen.

229 Regelmässig ist der Delegierte – allein oder kollektiv mit anderen Verwaltungsratsmitgliedern oder sonstigen Organpersonen – zur **Vertretung** befugt[338]. Auch dafür bedarf es keiner besonderen gesellschaftsinternen Grundlage, denn der Verwaltungsrat ist von Gesetzes wegen ermächtigt (und verpflichtet), die mit der Vertretung betrauten Personen zu ernennen[339].

---

[332] Vgl. BGE 111 II 482. Für den Delegierten kann die Abberufung allenfalls einen wichtigen Grund für die fristlose Auflösung seines Arbeitsverhältnisses nach OR 337 bedeuten.

[333] Allenfalls kann eine arbeitsvertragliche Beziehung auf die Amtsperiode als Verwaltungsratsmitglied terminiert sein (MÜLLER in AJP *2001* 1375) oder es kann das Ausscheiden aus dem Verwaltungsrat als Grund für die Beendigung des Arbeitsverhältnisses vorgesehen werden, wobei dann jedoch die gesetzlichen oder vertraglichen Kündigungsfristen zu beachten sind.

[334] OR 716b I.

[335] Was die Qualifikation als Arbeitsvertrag oder allenfalls Auftrag nicht ausschliesst; HOMBURGER N 749.

[336] Vorn N 217.

[337] BAUEN/VENTURI N 246 f.; MÜLLER/LIPP/PLÜSS 73; FORSTMOSER/MEIER-HAYOZ/NOBEL § 28 N 151.

[338] Dadurch unterscheidet sich der Delegierte von **Ausschussmitgliedern**, die ihre spezifischen Aufgaben in der Regel im **Innenverhältnis**, gegenüber der Gesellschaft ausüben.

[339] OR 716a I Ziff. 4, OR 718 II.

Die Regel ist es, dass der Delegierte in der Geschäftsleitung Einsitz hat, meist als Vorsitzender, dem **die Gesamtverantwortung für die Geschäftsführung** zugewiesen ist. Dies setzt voraus, dass die Statuten den Verwaltungsrat ermächtigt haben, die Geschäftsführung zu übertragen, und dass dieser von seiner Kompetenz mithilfe eines Organisationsreglements Gebrauch gemacht hat[340].

230

In dieser – typischen – Funktion als Vorsitzender der Geschäftsleitung kommt dem Delegierten eine in der Lehre zum Teil kritisch betrachtete Vorrangstellung in beiden Gremien (Verwaltungsrat und Geschäftsleitung) zu, welcher mit geeigneten *checks and balances* zu begegnen ist. Neben einem starken Sparringpartner in der Person des Verwaltungsratspräsidenten oder eines Lead Director[341] drängen sich in dieser Hinsicht eine umfassende **Berichterstattungspflicht**[342] sowie **Genehmigungsvorbehalte** auf[343]. Zwingend sind Genehmigungsvorbehalte dann, wenn dem Delegierten Aufgaben aus dem Bereich der unübertragbaren Kompetenzen des Verwaltungsrats zugewiesen worden sind.

231

4. Personalunion mit dem Verwaltungsratspräsidium insbesondere[344]

a) Eine besonders starke Machtfülle in einer Hand ergibt sich dann, wenn eine Person beiden «Boards» zugleich vorsteht: der Geschäftsleitung als Delegierter und CEO und dem Verwaltungsrat als Präsident. Eine solche Personalunion entspricht klassischen französischen und amerikanischen Konzepten: dem **Président Directeur Général (PDG)** und dem **Chairman and CEO**[345].

232

---

[340] OR 716b I.
[341] Zu diesem N 238 ff.
[342] Eine wesentliche Legitimation für das Amt des Delegierten besteht darin, «dass durch eine solche Schnittstelle der Informationsfluss zwischen der Geschäftsleitung und dem Verwaltungsrat erleichtert werden soll», ROTH PELLANDA N 599, mit Hinweis.
[343] Nach Swiss Code Ziff. 11, 2. Lemma behält sich der Verwaltungsrat, der die Führungsaufgaben an einen Delegierten übertragen hat, in der Regel «bestimmte bedeutsame Geschäfte zur Genehmigung vor»; vgl. auch BÖCKLI, *Aktienrecht* § 13 N 533 («Vorbehaltsgeschäfte»).
[344] Vgl. dazu BAUEN/VENTURI N 390 ff., 985 ff.; BÖCKLI, *Aktienrecht* § 13 N 551 ff.; HUNGERBÜHLER 17 ff.; ISELI N 201 ff.; MÜLLER/LIPP/PLÜSS 610 ff.; ROTH PELLANDA N 308 ff.
[345] In beiden Ländern ist die Personalunion noch heute verbreitet, doch ist in den letzten Jahren eine starke Tendenz zur Doppelspitze festzustellen. Nach einer Untersuchung von SPENCER STUART (Board Index 2008) sahen 1998 nur 16% der S&P-500-Gesellschaften eine Trennung der Funktionen des Verwaltungsratspräsidenten und des CEO vor, 2008 dagegen 39% (a.a.O. 4).

233 b) Die **Personalunion** von Verwaltungsratspräsident und Geschäftsleitungsvorsitzendem ist in den letzten Jahren bei Publikumsgesellschaften – aufgrund schlechter Erfahrungen in einzelnen Unternehmen – stark kritisiert worden[346] und heute bei diesen ein Auslaufmodell. Gerügt werden die **Machtkonzentration in einer Hand,** das Fehlen einer angemessenen Überwachung und ein Mangel an *checks and balances*.

234 Hierzu ist zu bemerken, dass es keinen empirischen Nachweis dafür gibt, dass die Ämterkumulation generell negative Folgen hat. Empirische Studien legen im Gegenteil den Schluss nahe, dass sich die Verbindung der beiden Mandate tendenziell **positiv auswirkt**[347]. Doch ist nicht zu bestreiten, dass die Personalunion mit ihrer zentralen Ausrichtung auf eine einzige Person hin **erhöhte Risiken** schafft[348].

235 Allgemein wird heute (u.E. zu Recht) postuliert, dass die Doppelspitze – also die **Trennung** der Ämter des Präsidenten und des Delegierten – die Regel sein sollte. Für die **Personalunion** kann es aber **gute Gründe** geben, etwa in einer kritischen Periode, die rasche Entscheide verlangt, zur Überbrückung der Zeit bis zur Bestellung eines geeigneten Nachfolgers auf einer der beiden Ebenen oder auch dann, wenn die Gesellschaft von einem Hauptaktionär kontrolliert wird und dieser die Geschicke der Gesellschaft selber leiten will[349].

236 c) Das **schweizerische Recht** steht der Ämterkumulation oder -trennung neutral gegenüber, und dies auch bei Publikumsgesellschaften[350]. Auch für den **Swiss Code**[351] sind Personalunion und Doppelspitze grundsätzlich gleichwertig, wobei freilich als Normalfall von einer Aufteilung der obersten Funktionen ausgegangen wird. Betont wird, dass bei Personalunion «für adäquate Kontrollmechanismen»[352] zu sorgen ist, allenfalls durch Bestellung eines Lead Director[353]. Auf der Stufe des Verwaltungsrats kann die Macht des Präsiden-

---

[346] Vgl. etwa BÖCKLI, *Aktienrecht* § 13 N 555; BAUEN/VENTURI N 985 f.; ROTH PELLANDA N 308 ff.; HUNGERBÜHLER 17 ff. Ausführlich zur Doppelstellung auch MÜLLER/LIPP/PLÜSS 610 ff.

[347] Vgl. AMMANN/LEUENBERGER/VON WYSS: Eigenschaften von Verwaltungsräten und Unternehmensperformance, SZVS 2005 1 ff., 13 f.

[348] Zu den Vor- und Nachteilen vgl. etwa BÖCKLI, *Aktienrecht* § 13 N 551 ff.; MÜLLER/LIPP/PLÜSS 611 f.; ROTH PELLANDA N 311 ff. sowie die tabellarische Gegenüberstellung bei ISELI N 224.

[349] Verbreitet und tendenziell vorzuziehen ist freilich eine abgemilderte Version: Der Hauptaktionär ist Delegierter und Vizepräsident; in der Person des Präsidenten hat er ein Gegenüber, das seine Ansichten kritisch hinterfragt und Gegenargumente einbringt.

[350] Auch für die Zukunft sind – zu Recht – keine Änderungen geplant.

[351] Ziff. 18.

[352] Swiss Code Ziff. 18, 2. Lemma.

[353] Zu diesem sogleich nachstehend N 238.

ten und (gleichzeitig) Delegierten durch eine klare Regelung der Berichterstattung und durch Genehmigungsvorbehalte in Grenzen gehalten werden, auf der Ebene der Geschäftsleitung durch Elemente einer kollegialen Führung, die der Verwaltungsrat im Organisationsreglement verankern kann.

d) Die **Aktionäre** können das Doppelmandat unterbinden, indem sie statutarisch eine Delegation von Kompetenzen nur an solche Personen erlauben, die nicht dem Verwaltungsrat angehören[354].

III. Lead Director[355]

a) Der Swiss Code schlägt – wie erwähnt[356] – für den Fall einer Ämterkumulation die Ernennung eines «**Lead Director**» vor, der als «nicht exekutives, erfahrenes» und – so ist zu ergänzen – unabhängiges Mitglied des Verwaltungsrats für «adäquate Kontrollmechanismen» sorgen soll. Dieser Anregung sind diejenigen Publikumsgesellschaften, welche das Doppelmandat kennen, soweit ersichtlich durchwegs gefolgt[357]. Auch in privaten Aktiengesellschaften finden sich – zumindest der Sache nach – entsprechende Konzepte[358].

b) Der Lead Director stellt ein **Korrektiv zur Machtkonzentration** beim Verwaltungsratspräsidenten und CEO dar. Er kann insbesondere dann korrigierend eingreifen, wenn beim geschäftsführenden Verwaltungsratspräsidenten ein **Interessenkonflikt** auftritt. Sodann ist er Ansprechpartner für die übrigen nicht exekutiven Verwaltungsrats- und allenfalls auch die Geschäftsleitungsmitglieder. Er ist «befugt, wenn nötig selbständig eine Sitzung des Verwaltungsrats einzuberufen und zu leiten»[359].

c) Sinnvoll kann es sein – neben dem Recht, selbständig Sitzungen des Verwaltungsrats (ohne Beisein des Präsidenten) einzuberufen –, die Informationsrechte des Lead Director im Organisationsreglement umfassend auszugestalten und insbesondere vorzusehen, dass er von Mitgliedern der Geschäftsleitung

---

[354] BÖCKLI, *Aktienrecht* § 13 N 557a. Die Befugnis der Generalversammlung, eine Kompetenzdelegation zuzulassen oder zu verweigern, umfasst auch die Möglichkeit, die Delegation nur in bestimmten Grenzen zuzulassen, vgl. § 9 N 24 ff.
[355] Dazu BLANC 111 ff.
[356] Soeben N 236 bei Anm. 352.
[357] Vgl. economiesuisse (Hrsg.): Zwischenbericht zur Corporate Governance – Gute Umsetzung des Swiss Code of Best Practice, vom 8. November 2004, 7.
[358] So etwa in Form einer Zuwahl von sachkundigen externen Verwaltungsratsmitgliedern in Familiengesellschaften, wobei sich der Familienvertreter als starke Person allenfalls im Verwaltungsrat mit dem Vizepräsidium begnügt.
[359] Swiss Code Ziff. 18, 2. Lemma.

über einzelne Geschäfte auch ohne Ermächtigung des Präsidenten[360] Auskunft verlangen kann[361].

IV. Vorsitzende von Ausschüssen

241 Auf der Stufe der Ausschüsse kommen den Vorsitzenden **ähnliche Funktionen zu wie dem Präsidenten im Gesamtverwaltungsrat.** Insbesondere berufen sie die Ausschusssitzungen ein oder – falls die Einberufung durch den Verwaltungsratspräsidenten erfolgt – können sie diese wenigstens verlangen. Sie leiten die Sitzungen und sind für den Kontakt zu Dritten – etwa zur internen und externen Revision im Falle des Vorsitzenden des Audit Committee – verantwortlich, ebenso für die Berichterstattung an den Gesamtverwaltungsrat.

242 Diese Aufgaben können – müssen aber nicht – im Organisationsreglement präzisiert werden, oder es können die für den Verwaltungsratspräsidenten aufgestellten Regeln *mutatis mutandis* für anwendbar erklärt werden. Letzteres dürfte auch dann gelten, wenn das Organisationsreglement schweigt.

243 Die Ausschussvorsitzenden können – zusammen mit dem Verwaltungsratspräsidenten – in einem Koordinationsausschuss zusammengefasst sein[362].

V. «Vertreter» von Gruppen, Minderheiten, juristischen Personen und des Gemeinwesens[363]

1. Die gesetzliche Ordnung

244 a) Das Gesetz sieht verschiedentlich vor, dass bestimmte Personen als «Vertreter» von Aktionären oder Dritten in den Verwaltungsrat gewählt werden können:

---

[360] Abweichend von OR 715 III.
[361] So kann auch dem von KRNETA N 659 als «Hauptproblem» genannten Umstand begegnet werden, «dass sämtliche Informationen des Unternehmens beim PDG zusammenlaufen und er im Rahmen dieser Informationsballung allein entscheidet, welche Informationen an den VR weitergegeben werden».
[362] Vgl. vorn N 82 f.
[363] Vgl. dazu etwa FORSTMOSER/MEIER-HAYOZ/NOBEL § 28 N 162 ff., 172 ff., § 63 und BÖCKLI, *Aktienrecht* § 13 N 66 ff., 476 ff.; P. FORSTMOSER: «Vertreter» im Verwaltungsrat und ihr Recht auf Weitergabe von Information (erscheint 2011 in einer Festschrift). Zum «**Vertreter» einer juristischen Person oder Handelsgesellschaft** vgl. sodann insb. S. KÄCH: Die Rechts-

- Nach OR 707 III können für «eine juristische Person oder eine Handelsgesellschaft», die an einer AG beteiligt ist, «ihre Vertreter» in den Verwaltungsrat gewählt werden.   245

- OR 709 I verlangt zwingend, dass dann, wenn «in Bezug auf das Stimmrecht oder die vermögensrechtlichen Ansprüche mehrere Kategorien von Aktien» bestehen, statutarisch jeder Kategorie «die Wahl wenigstens eines Vertreters im Verwaltungsrat zu sichern» ist. Nach OR 709 II kann ein solches Vertretungsrecht auch einer anders definierten Aktionärsgruppe oder einer Minderheit eingeräumt werden[364, 365].   246

- Nach OR 656e kann den Partizipanten statutarisch ein «Anspruch auf einen Vertreter im Verwaltungsrat» zugestanden werden.   247

- OR 762 I schliesslich sieht die Möglichkeit vor, Körperschaften des öffentlichen Rechts statutarisch das Recht zu geben, «Vertreter in den Verwaltungsrat ... abzuordnen»[366].   248

b) Auf die Rechtsstellung dieser «Vertreter» ist hier nicht im Einzelnen einzugehen[367]. Fest steht, dass ihnen grundsätzlich die gleiche Rechtsstellung zukommt wie allen übrigen Verwaltungsratsmitgliedern auch[367a]. Insbesondere gilt auch für sie die Sorgfalts- und Treuepflicht, und zwar gegenüber der   249

---

stellung des Vertreters einer juristischen Person im Verwaltungsrat der Aktiengesellschaft (Diss. Zürich 2001); W. DE CAPITANI: Der delegierte Verwaltungsrat, SJZ *1994* 347 ff.; VÖGELI/GEIGER: Verwaltungsräte von Tochtergesellschaften im Konzern, SJZ *2006* 73 ff. Zum **Gruppen- oder Minderheitenvertreter** vgl. insb. A. BENOÎT: La représentation de groupes et de minorités d'actionnaires à l'administration des sociétés anonymes (Diss. Lausanne 1956) und D. MÜNCH: Das Recht einer Aktionärsminderheit auf Vertretung im Verwaltungsrat der Aktiengesellschaft ... (Diss. Zürich 1976). Zum Abgeordneten eines Gemeinwesens vgl. M. STÄMPFLI: Die gemischtwirtschaftliche Aktiengesellschaft (Diss. Bern 1991 = ASR 533); A. STOFFEL: Beamte und Magistraten als Verwaltungsräte gemischtwirtschaftlicher Aktiengesellschaften (Diss. St. Gallen 1975); FORSTMOSER/JAAG: Der Staat als Aktionär (Zürich 2000 = SnA 15).

[364] OR 709 II spricht allgemein von «Bestimmungen zum Schutz von Minderheiten oder einzelnen Gruppen», doch folgert die Lehre aus der systematischen Stellung des Absatzes, dass es dabei um eine Vertretung im Verwaltungsrat geht, vgl. § 9 Anm. 14.

[365] So kann etwa den Namen- und den Inhaberaktionären das Recht auf je mindestens einen Vertreter eingeräumt werden, obwohl es sich um (von der Übertragbarkeit abgesehen) gleichberechtigte Aktionärsstellungen und damit nicht um unterschiedliche Kategorien im Sinne von OR 709 I handelt. In einer Familien-AG kann jedem Familienstamm eine bestimmte Aktienkategorie zugewiesen werden, wobei die einzige Differenzierung darin besteht, dass jede Kategorie ein Verwaltungsratsmitglied verbindlich vorschlagen kann. Auch ein Proporzwahlrecht ist denkbar, vgl. § 9 N 13.

[366] Dazu FORSTMOSER/JAAG (zit. Anm. 363) N 1 ff., 20 ff. und *passim*.

[367] Vgl. dazu die in Anm. 363 angeführte Literatur.

[367a] Präzisierend aber FORSTMOSER (zit. Anm. 363), mit zahlreichen Literaturangaben.

Gesamtgesellschaft und allen Aktionären und nicht nur gegenüber der von ihnen «vertretenen» Gruppe[368]. Zu differenzieren ist dagegen bezüglich der Schweigepflicht[369].

2. Regelung im Organisationsreglement

250 a) Problematisch ist die Stellung der «Vertreter» vor allem in zweierlei Hinsicht:

- mit Bezug auf die Information der «vertretenen» Personen und
- bei Interessenkonflikten.

251 Es kann sinnvoll sein, diese beiden Fragen im Organisationsreglement zu behandeln.

252 b) Bezüglich der **Information der «Vertretenen»** kann vorgesehen werden, dass der «Vertreter» von der Schweigepflicht ganz oder teilweise entbunden ist, falls sich die «Vertretenen» ihrerseits zur Geheimhaltung verpflichten[370].

253 Sodann empfiehlt es sich, im Organisationsreglement das Verhalten bei **Interessenkonflikten** generell zu regeln, wobei eine solche Regelung für «Vertreter» von Handelsgesellschaften oder juristischen Personen von besonderer Bedeutung sein dürfte[371].

VI. Exkurs: Der Sekretär des Verwaltungsrats[372]

254 a) Das Gesetz schreibt zwingend die Ernennung eines Sekretärs des Verwaltungsrats vor[373], ein Erfordernis, das u.E. auch für den aus einer einzigen Per-

---

[368] Vgl. BGE 66 II 51: «[A]uch der Gruppenvertreter hat sich im Verwaltungsrat in erster Linie von den allgemeinen Interessen der Gesellschaft leiten zu lassen, und nur in deren Rahmen darf er die Sonderinteressen der Gruppe verfechten.»
[369] Vgl. dazu § 29 N 27 ff.
[370] Vgl. das Beispiel hinten § 29 N 30. Dass ein solches Informationsrecht, verbunden mit einer entsprechenden Geheimhaltungspflicht, schon von Gesetzes wegen besteht, wie dies R. M. WENNINGER (Die aktienrechtliche Schweigepflicht [Diss. Zürich 1983 = SSHW 70] 165 f.) annimmt, ist u.E. fraglich.
[371] Vgl. das Beispiel in § 21 N 15.
[372] Vgl. BAUEN/VENTURI N 252 ff.; BÖCKLI, Aktienrecht § 13 N 108; MÜLLER/LIPP/PLÜSS 73 ff.; ROTH PELLANDA N 632 ff.; WERNLI in BSK zu OR 712 N 13 ff.
[373] OR 712 I.

son bestehenden Verwaltungsrat gilt[374]. Der Sekretär sollte als permanente Position gewählt und nicht (bzw. nur ausnahmsweise, etwa bei besonders vertraulichen Themen) fallweise bestellt werden[375].

b) Der Sekretär führt das **Protokoll**[376], doch gehen seine Aufgaben regelmässig darüber hinaus[377]. Er ist für **vielfältige administrative Aufgaben** zuständig, etwa die Organisation der Verwaltungsratssitzungen, die Einladung zu diesen und die vorgängig zuzustellende Dokumentation sowie die (administrative) Vorbereitung der Generalversammlung. In grösseren Gesellschaften ist er eigentlicher *Process Manager* des Verwaltungsrats. Oft sind ihm auch die Verantwortung für die Führung des Aktienbuchs[378] und der Verkehr mit dem Handelsregisteramt übertragen. In grösseren Verhältnissen ist der Sekretär häufig Jurist, sodass er juristische Fragen von Verwaltungsratsmitgliedern bearbeiten kann.

255

Organstellung kommt dem Sekretär des Verwaltungsrats in der Regel nicht zu, es sei denn, dass ihm zusätzliche Aufgaben zugewiesen sind[379]. Der vollamtlich tätige Sekretär – so bei grösseren Gesellschaften üblich – hat jedoch in der Regel die Stellung eines Prokuristen oder Direktors und wird dann auch als solcher im Handelsregister eingetragen[379a].

256

c) Da die Stellung des Sekretärs im Gesetz lückenhaft geregelt ist[380], empfiehlt sich in komplexeren Verhältnissen eine **innergesellschaftliche Regelung.** Diese kann in einem Stellenbeschrieb oder einem Pflichtenheft erfolgen, aber auch Bestandteil des Organisationsreglements sein. Letzteres kann deshalb Sinn machen, weil die Aufgabe des Sekretärs in enger Verflechtung mit der des Präsidenten (und allenfalls weiterer Verwaltungsratsmitglieder) steht.

257

---

[374] Da auch ein Mitglied des Verwaltungsrats die Funktion des Sekretärs übernehmen kann (vgl. § 3 N 19), ist Personalunion möglich, womit sich die Rolle als Sekretär darin erschöpft, die Protokolle auch in dieser Eigenschaft zu unterzeichnen.

[375] Vgl. vorn § 3 N 19 f. Umstritten ist, ob es sich dabei um eine gesetzliche Pflicht handelt, vgl. ZIHLER/KRÄHENBÜHL (zit. Anm. 225) 73, m.N.; ROTH PELLANDA N 301; WALDBURGER 219 Anm. 50, alle selbst nicht entschieden und m.N. Für Zulässigkeit der Ad-hoc-Bestellung MÜLLER/LIPP/PLÜSS 73, dagegen (mit Ausnahmen) vorn § 3 N 19 f.

[376] So implizit OR 713 III, dazu § 11 N 65.

[377] Der im früheren Aktienrecht verwendete Begriff «Protokollführer» (altOR 714 I) ist denn auch durch die gehaltvollere Bezeichnung «Sekretär» ersetzt worden.

[378] ROTH PELLANDA N 634.

[379] BÖCKLI, *Aktienrecht* § 13 N 108; WERNLI in BSK zu OR 712 N 13.

[379a] Dagegen offenbar immer seltener mit seiner spezifischen Funktion: ZIHLER/KRÄHENBÜHL (zit. Anm. 225) 73 f.

[380] OR 712 I: Bestellung; OR 713 III: Unterzeichnung des VR-Protokolls.

C. Exkurs: Beiräte[381]

1. Begriff und Regelung

258 a) Als «Beirat» werden in der Rechtspraxis Gremien unterschiedlichster Art bezeichnet[382], denen ebenso unterschiedliche Aufgaben zukommen[383]. Immer aber braucht es «eine gewisse **Institutionalisierung**»[384] und **Beständigkeit**[385, 386, 387].

259 b) Gesetzlich sind Beiräte nicht vorgesehen, und auch der Swiss Code schweigt sich zu ihnen aus. Die durch das BG vom 7.10.2005 eingeführten neuen Transparenzvorschriften für Gesellschaften mit kotierten Aktien verlangen nun aber auch die Offenlegung aller Vergütungen an Mitglieder von Beiräten und führen so den Begriff – freilich eher zufällig – in das Gesetz ein[388]. Und die künftigen Regeln zu den Kompetenzen der Generalversammlung für die Festlegung der Saläre in Publikumsgesellschaften werden voraussichtlich auch allfällige Beiräte erfassen[388a].

---

[381] Vgl. dazu die Monographie von F. REIFF: Beiräte als Beratungs- und Führungsgremien bei schweizerischen Aktiengesellschaften (Diss. Zürich 1988 = SSHW 115), dessen Ausführungen zur Delegation von Kompetenzen an Beiräte freilich – da vor dem Inkrafttreten von OR 716a und der dortigen Aufzählung unübertragbarer Kompetenzen des Verwaltungsrats verfasst – überholt sind; ferner etwa FORSTMOSER/MEIER-HAYOZ/NOBEL § 20 N 34 ff.; HOMBURGER N 141 ff.; KRNETA N 319 ff.; ROTH PELLANDA N 528 und WATTER/MAIZAR in BSK zu OR 663b[bis] N 18; WATTER/ROTH PELLANDA in BSK zu OR 716b N 13; WUNDERER 44 f.

[382] Zu den Erscheinungsformen sogleich nachstehend N 268 ff.

[383] Vgl. etwa REIFF 20 ff.; HOMBURGER N 141; KRNETA N 319; ROTH PELLANDA N 528.

[384] WATTER/ROTH PELLANDA in BSK zu OR 716b N 13; WATTER/MAIZAR in BSK zu OR 663b[bis] N 18.

[385] Sachverständige, die im Einzelfall beigezogen werden, sind u.E. nicht als Beirat zu bezeichnen.

[386] Unklar, allenfalls a.M. ROTH PELLANDA N 528.

[387] Die Differenzierung ist wesentlich wegen der sogleich zu erwähnenden Offenlegungspflicht.

[388] OR 663b[bis] I Ziff. 3, 663c III.

[388a] So jedenfalls die heute auf dem Tisch liegenden Vorschläge, vgl. die Übersicht bei BÜHLER (zit. Anm. 156) 257.

2. Funktionen[389]

a) Mögliche Aufgaben eines Beirats können etwa sein: 260

- die Beratung von Verwaltungsrat und/oder Geschäftsleitung («**Advisory Boards**», «**Expertenbeiräte**»[390]), generell oder in bestimmten Bereichen (wissenschaftlicher Beirat, künstlerischer Beirat, Beiräte für bestimmte Regionen oder Märkte), 261

- die Vernetzung der Gesellschaft und die Hebung ihres Prestiges («**Prominentenbeiräte**»), 262

- Überwachungsfunktionen («**Supervisory Boards**»), als Ergänzung der Überwachung durch den Verwaltungsrat oder – selten – in Konzernverhältnissen zur **Überwachung des Verwaltungsrats** selbst im Auftrag des Hauptaktionärs[391], 263

- **Geschäftsführungsfunktionen**[392], 264

- bis vor Kurzem in ausländisch beherrschten Gesellschaften auch die Sicherstellung angemessener Mitwirkungsrechte des Hauptaktionärs auf der Exekutivebene[393]. 265

---

[389] Dazu ausführlich REIFF (zit. Anm. 381) 20 ff.

[390] Qualifizierte Fachleute können so ihr Spezialwissen der Gesellschaft zur Verfügung stellen. Dieses Vorgehen kann sachgerechter sein als die Zuwahl in den Verwaltungsrat, in welchem solche Spezialisten sowohl überfordert (im Hinblick auf allgemeine wirtschaftliche und insb. betriebswirtschaftliche Kenntnisse) als auch unterfordert (im Hinblick auf ihr Spezialwissen) sein können. Zudem lässt sich so die unternehmerische Verantwortung und das damit verbundene Risiko einer persönlichen Verantwortlichkeit vermeiden.

[391] Vgl. das bei KRNETA N 321 erwähnte Beispiel, sodann REIFF (zit. Anm. 381) 65 ff. (bezüglich der Ausführungen zur Delegation von Geschäftsführungskompetenzen überholt).

[392] Solche können auch an Beiräte nur im Rahmen von OR 716b I übertragen werden, also nur durch den Verwaltungsrat (und nicht durch die Generalversammlung) und nur aufgrund einer statutarischen Ermächtigungsnorm und unter Einhaltung der an ein Organisationsreglement zu stellenden formellen Anforderungen.

[393] Bis Ende 2007 verlangte der nun ersatzlos gestrichene OR 708, dass die Mitglieder des Verwaltungsrats mehrheitlich Schweizer Bürger mit Wohnsitz in der Schweiz sein mussten (eine Bestimmung, die freilich bereits dadurch entschärft war, dass bezüglich der Nationalitätsvorschriften Bürger aus EU- und EFTA-Staaten Schweizern gleichgestellt waren). Um eine Aufblähung des Verwaltungsrats durch die Zuwahl von Strohleuten zum zahlenmässigen Ausgleich für ausländische Mitglieder zu vermeiden, behalf man sich gelegentlich mit Beiräten, da dessen Mitglieder den Nationalitäts- und Wohnsitzerfordernissen nicht unterstellt waren. Der mehrheitlich aus in der Schweiz wohnhaften Schweizern zusammengesetzte Verwaltungsrat und der aus Ausländern bestehende Beirat tagten dann jeweils gemeinsam, und sie leiteten die Geschicke der Gesellschaft gemeinschaftlich. Zwar kam den Mitgliedern des Beirats nur eine beratende Stimme zu, doch spielte dies in der Praxis keine Rolle.

266 b) In **Familienaktiengesellschaften** können Beiräte auch dazu dienen, Familienangehörige – ohne dass sie die Verantwortung von Verwaltungsratsmitgliedern übernehmen müssten – näher an die Gesellschaft heranzuführen, durch vertiefte Information, aber auch durch Einbezug in die Entscheidfindung als Mitglied eines als «Sounding Board» wirkenden Gremiums.

267 c) Einschränkend ist zu betonen, dass einem Beirat **keine Aufgaben** übertragen werden können, die gesetzlich **zwingend einem der drei obligatorischen Organe** – insbesondere dem Verwaltungsrat[394] – vorbehalten sind[395].

3. Erscheinungsformen

268 Neben der soeben erwähnten Differenzierung nach Funktionen können auch etwa folgende Unterscheidungen vorgenommen werden:

269 a) Beiräte **mit Entscheidungskompetenz** und demgegenüber **rein konsultative** Beiräte[396]. Praktisch wesentlich ist diese Unterscheidung besonders im Hinblick auf eine allfällige aktienrechtliche Verantwortlichkeit der Beiratsmitglieder, aber auch aufgrund der formalen Anforderungen bei einer Delegation von Entscheidkompetenzen[397].

270 b) Mit Blick auf die **hierarchische Ebene**[398]: Beiräte

– auf der Ebene des Verwaltungsrats[399],

– in einem Unterstellungsverhältnis zum Verwaltungsrat,

– in einem Unterstellungsverhältnis zur Geschäftsleitung.

271 c) Auch die **Zusammensetzung** von Beiräten ist höchst unterschiedlich: Sie können ausschliesslich aus externen Persönlichkeiten bestehen; häufig sind aber auch gemischte Beiräte anzutreffen, in welchen Mitglieder des Verwaltungsrats und/oder der Geschäftsleitung mitwirken.

---

[394] Vgl. die Liste der unübertragbaren und unentziehbaren Kompetenzen in OR 716a I, dazu § 8 N 18 ff.

[395] BÖCKLI, *Aktienrecht* § 13 N 431, mit Hinweis auf unklare Lehrmeinungen; HOMBURGER N 142. Eine solche Kompetenzzuweisung dürfte als Verstoss gegen die Grundstruktur der AG nichtig sein, OR 706b Ziff. 3. Zur Rechtslage vor der Einführung von OR 716a I vgl. REIFF (zit. Anm. 381) 65 ff.

[396] REIFF (zit. Anm. 381) 51 ff., z.T. wegen OR 716a überholt; BÖCKLI, *Aktienrecht* § 13 N 429 und 431; KRNETA N 322, 329 f.; WUNDERER 44 f.; ROTH PELLANDA bei Anm. 1681 f.

[397] Vgl. N 272.

[398] Dazu REIFF (zit. Anm. 381) 9 ff., z.T. überholt.

[399] Von BÖCKLI, *Aktienrecht* § 13 N 429 zu Recht als problematisch bezeichnet.

4. Rechtliche Basis

a) Sofern einem Beirat organschaftliche Entscheidungskompetenzen zustehen sollen, ist die Regelung – zumindest in den Grundzügen – im Organisationsreglement vorzunehmen, gestützt auf eine statutarische Ermächtigung[400]. Im Übrigen können Beiratsverhältnisse auch lediglich schuldvertraglich, als Auftrag, geregelt werden[401].

272

Unzulässig ist u.E. eine Ordnung direkt in den Statuten. Dies jedenfalls dann, wenn dem Beirat Entscheidungskompetenzen zukommen, denn damit würde die unentziehbare Organisationskompetenz des Verwaltungsrats[402] verletzt[403].

273

b) Die Bestellung erfolgt durch Wahl – seitens des Verwaltungsrats, allenfalls, in den erwähnten Schranken, auch durch die Generalversammlung – oder auch durch Abschluss eines (Mandats-)Vertrags[404].

274

5. Organisation

a) Auch hinsichtlich der Organisation und Arbeitsweise bestehen grosse Unterschiede. Sinnvoll kann es sein, sich an den für Ausschüsse des Verwaltungsrats aufgestellten Vorschriften zu orientieren. Zu regeln sind etwa Aufgaben und Kompetenzen, die Anzahl der Sitzungen, deren Einberufung und Durchführung, die Berichterstattung an den Verwaltungsrat (oder allenfalls die Geschäftsleitung), Amtsdauer und Entschädigung[405].

275

b) Die einschlägigen Bestimmungen können sich in einem speziellen Reglement für den Beirat finden, aber auch im Organisationsreglement des Verwaltungsrats. Auch eine Verweisung auf die (analog anwendbaren) Regeln des Organisationsreglements kann zweckmässig sein. Soweit die Stellung des einzelnen Mitglieds infrage steht, kann die Regelung wie erwähnt[406] schuldvertraglich verankert sein, allenfalls wiederum mit Verweisungen auf einschlägige Reglemente.

276

---

[400] OR 716b I, dazu § 15 N 12. Vgl. etwa KRNETA N 326.
[401] Vgl. REIFF (zit. Anm. 381) 7 ff.; HOMBURGER N 141.
[402] OR 716a I Ziff. 2.
[403] Gl.M. BÖCKLI, Aktienrecht § 13 N 429; a.M. HOMBURGER N 141 (Festlegung «durch Statuten oder Reglement») und offenbar auch WATTER/ROTH PELLANDA in BSK zu OR 716b N 13. Anders – aufgrund früheren Rechts – noch REIFF (zit. Anm. 381) 37 ff., mit Beispielen aus der Praxis.
[404] Dazu REIFF (zit. Anm. 381) 119 ff
[405] Vgl. REIFF (zit. Anm. 381) 40 ff.
[406] N 274.

6. Verbreitung

277 Während im Ausland – etwa in Deutschland, den USA und England[407] – Beiräte recht verbreitet sind, kommen sie in der Schweiz **eher selten** vor.

278 Praktisch verschwunden sind aufgrund harscher und nicht unberechtigter Kritik die «Prominentenbeiräte», mit denen sich früher Publikumsgesellschaften schmückten. Nicht selten anzutreffen sind – oft unter anderer Bezeichnung und vielfach nur durch Usanz geregelt – Beiräte in Familiengesellschaften. In Publikumsgesellschaften und komplexeren privat gehaltenen Firmen finden sich auf unterschiedlichen unternehmerischen Ebenen angesiedelte Expertenbeiräte.

---

[407] Vgl. KRNETA N 319 für Deutschland und die USA; HOMBURGER N 143 ff. für England; ferner REIFF (zit. Anm. 381) 17 ff.

§ 6 Die Delegation von Kompetenzen an eine Direktion, Geschäfts- oder Konzernleitung

Vorbemerkungen

a) OR 716b I erlaubt, falls die entsprechenden formalen Voraussetzungen – statutarische Ermächtigungsnorm und deren Umsetzung in einem Organisationsreglement – gegeben sind, auch eine Delegation der Geschäftsführung an **Dritte**, worunter in erster Linie eine **Direktion**[1] oder **Geschäftsleitung** bzw. – im Rahmen einer konzernmässig organisierten Unternehmung – eine **Konzernleitung**[2] zu verstehen sind[3, 4, 5]. Dem Verwaltungsrat verbleiben dann nur – aber immerhin – die «unübertragbaren Aufgaben» gemäss OR 716a I[6] und die in OR 754 II besonders erwähnte «Auswahl, Unterrichtung und Überwachung» der Delegationsempfänger.

b) Dieses Konzept ist – mit Ausnahme kleinster Verhältnisse, in welchen faktisch Selbstorganschaft besteht[7] – bei schweizerischen Aktiengesellschaften die **Regel**: Es erfolgt eine **Kompetenzaufteilung** in dem Sinne, dass das Tagesgeschäft einer vollamtlich tätigen Geschäfts- oder Konzernleitung übertragen wird, während sich der nebenamtliche Verwaltungsrat auf die Strategiefindung, die Oberaufsicht und die Regelung der Organisation und Kontrolle sowie die wichtigsten personellen Entscheide konzentriert, sowie überdies auf vorbehaltene Entscheide in taktischen Fragen, die erhebliche finanzielle

---

[1] Der Begriff «Direktor» findet sich in OR 718 II als Präzisierung des Begriffs «Dritter», ferner in OR 726 I. Zur Frage, ob bzw. inwiefern unter dem Begriff «Dritte» neben Direktoren als gesellschaftsintern Tätigen auch externe Personen oder Organisationen verstanden werden können, vgl. § 7 N 5.

[2] Vor allem bei einer weniger intensiven Integration der einzelnen Unternehmensteile wird gelegentlich auch von **Gruppenleitung** gesprochen.

[3] Das Gesetz erwähnt lediglich – und dies eher beiläufig – die Direktoren, vgl. OR 718 II, 726 I, ferner – genereller im Rahmen des Verantwortlichkeitsrechts – die «mit der Geschäftsführung ... befassten Personen», OR 754 I.

[4] Zu einer Delegation an Dritte **ausserhalb** der Gesellschaft und der damit verbundenen rechtlichen Problematik vgl. nachstehend § 7.

[5] Im Folgenden werden diese geschäftsleitenden Gremien – wo nicht eine Differenzierung nötig ist – zusammenfassend als «Geschäftsleitung» bezeichnet.

[6] Dazu im Einzelnen § 8 N 18 ff.

[7] Dazu vorn § 3 N 2.

Konsequenzen nach sich ziehen oder strategische Weichenstellungen präjudizieren.

3   Diese Aufgabenteilung zwischen Verwaltungsrat und Geschäftsleitung liegt auch den **Musterreglementen in den Anhängen I – III, S. 409 ff.** zugrunde. In kleineren Verhältnissen sind die dortigen Vorschläge insofern anzupassen, als vermehrt Kompetenzen dem Verwaltungsrat vorbehalten bleiben oder einzelnen Verwaltungsratsmitgliedern zugewiesen werden. Dabei braucht die Zuständigkeit des Gesamtverwaltungsrats wegen der gesetzlichen Kompetenzvermutung von OR 716 I[8] nicht eigens erwähnt zu werden.

4   c) In mittleren und grösseren Unternehmen – und ausnahmslos in börsenkotierten Gesellschaften – wird von der Möglichkeit der Kompetenzdelegation an eine Geschäfts- oder Konzernleitung **umfassend** Gebrauch gemacht, ist es doch bei Grossunternehmen fast unmöglich, auch nur die Liste der unübertragbaren Verwaltungsratskompetenzen *à la lettre* im Plenum abzuarbeiten.

5   d) **Delegationsempfängerin** kann die Geschäfts- oder Konzernleitung als **Gremium** sein. Regelmässig werden aber auch die Aufgaben einzelner Mitglieder des geschäftsführenden Organs im Organisationsreglement umschrieben, so die des Präsidenten bzw. Vorsitzenden der Geschäftsleitung, des **CEO**, meist auch die des Finanzchefs, des **CFO**, und daneben gelegentlich – je nach Bedarf – **weiterer Mitglieder** des geschäftsleitenden Gremiums, der «**C-Etage**». Vor allem in Konzernverhältnissen wird auch der Kompetenzbereich der **Leiter von Divisionen** oder anderer regionaler oder funktionaler **Unterorganisationen** im Reglement festgelegt. Im Rahmen dieser Vorgaben des Verwaltungsrats ist es dann Sache der Geschäftsleitung und vor allem ihres Vorsitzenden, Aufgaben zuzuweisen und die Organisation zu bestimmen.

6   e) Die Geschäftsleitung als Gremium lässt sich mit dem Verwaltungsrat vergleichen, weshalb – *mutatis mutandis* – die **für den Verwaltungsrat entwickelten Regeln analog anwendbar** sind. Ebenso kann die für Verwaltungsratsmitglieder mit besonderen Aufgaben getroffene Ordnung als Ausgangspunkt für die hinsichtlich einzelner Geschäftsleitungsmitglieder vorzusehende Regelung dienen.

7   Im Folgenden wird nur auf einige Besonderheiten der Delegation an die Geschäftsleitungsebene eingegangen und im Übrigen auf die ausführliche Darstellung zum **Verwaltungsrat** in §§ 4 und 5 verwiesen. Generell ist vorab auf zwei wesentliche **Unterschiede** der beiden Gremien hinzuweisen:

---

[8]   S. § 2 N 2 ff., § 3 N 1.

– Während der Verwaltungsrat nur sporadisch tagt, ist die **Geschäftsleitung permanent tätig**. Dies erlaubt eine weniger formale Ordnung, etwa im Hinblick auf die Einberufung und Durchführung von Sitzungen und die Berichterstattung.

– Auch wenn dem Präsidenten des Verwaltungsrats gelegentlich eine sehr starke Stellung innerhalb seines Gremiums zukommt, ist er in der Beschlussfassung regelmässig den übrigen Mitgliedern gleichgestellt – allenfalls mit dem Vorbehalt des Stichentscheides[9]. Auf der **Geschäftsleitungsebene** wird dagegen meist **hierarchisch differenziert**: Eine kollektive Führungsspitze mit gleichberechtigten Mitgliedern ist die Ausnahme, die Vorrangstellung des Vorsitzenden die Regel. Dies schlägt sich insbesondere in der Beschlussfassung nieder: Dem **Vorsitzenden** kommt gewöhnlich der Stichentscheid zu, manchmal aber auch ein **Vetorecht** oder – darüber hinausgehend – gar die Kompetenz, bei Meinungsunterschieden (auch positiv) allein zu entscheiden. Sodann hat er oftmals das Recht, die **Organisation** des geschäftsleitenden Gremiums im vom Verwaltungsrat gesetzten Rahmen selbständig **zu bestimmen**.

f) Im Folgenden wird zunächst die Geschäftsleitung als **Gremium** behandelt (lit. A, N 11 ff.), dann die Rolle **einzelner Mitglieder** (lit. B, N 35 ff.).

A. Die Direktion, Geschäfts- oder Konzernleitung als Gremium[10]

I. Realien

1. Die Delegation von Geschäftsführungsfunktionen als Regel

a) Wie erwähnt ist die Übertragung der Aufgaben der operativen Geschäftsführung vom Verwaltungsrat an eine Geschäftsleitung sowie die Konzentra-

---

[9] Zu diesem vgl. § 11 N 85 ff.
[10] Die juristische Literatur zur Geschäftsleitung als Gremium ist erstaunlich dürftig und knapp gehalten. Vgl. etwa BAUEN/VENTURI N 279 ff.; BÖCKLI, Aktienrecht § 13 N 528 f.; R. FELBER: Die Direktion der Aktiengesellschaft (Diss. Zürich 1949); FORSTMOSER/MEIER-HAYOZ/NOBEL § 29 N 47 ff.; GIGER 303 ff.; HOMBURGER N 720 ff.; ISELI N 186 ff.; KRNETA N 1692 ff.; MÜLLER/LIPP/PLÜSS 714 f.; VOLLMAR 108 ff.; ferner – mit Bezug auf die Offenlegungspflicht von OR 663b[bis] – WATTER/MAIZAR in BSK zu OR 663b[bis] N 28. FELBER und VOLLMAR sind aufgrund der Revision des Aktienrechts 1968/1991 teilweise überholt. Da-

tion des Verwaltungsrats auf die Oberleitung und Oberaufsicht – von kleinen Verhältnissen abgesehen – die Regel und in grösseren Unternehmen die einzig gangbare Organisationsform. Das strategische Management, die **Entwicklungsfunktion,** kommt so vorwiegend dem Verwaltungsrat zu, das operative Management, die **Lenkungsfunktion** schwergewichtig der Geschäftsleitung[11], wobei die **Interdependenzen** nicht ausser Acht gelassen werden dürfen:

12 – Der Verwaltungsrat kann seiner strategischen Aufgabe zumeist nur aufgrund entsprechender Vorarbeiten und Vorschläge der Geschäftsleitung nachkommen.

13 – Umgekehrt nimmt er auf die Führungsfunktionen der Geschäftsleitung in mehrfacher Hinsicht Einfluss: durch die Bestellung der geschäftsleitenden Personen, durch deren Kontrolle, durch Festlegung der organisatorischen Rahmenbedingungen[12] und durch – allgemeine oder fallbezogene – Weisungen[13].

14 Der Verwaltungsrat ist frei, im Rahmen allfälliger statutarischer Begrenzungen[14] und unter Beachtung seiner eigenen unentziehbaren und unübertragbaren Aufgaben die Geschäftsführungsfunktion beliebig an eine Geschäftsleitung zu delegieren, **vollständig** oder mit **Einschränkungen.** In der Praxis sind Einschränkungen üblich[15], die als umfassende Kompetenz des Verwaltungsrats im vorbehaltenen Bereich oder auch nur als Genehmigungs- oder Ratifizierungsvorbehalt zugunsten des Verwaltungsrats formuliert sein können[16].

2. Die Ausgestaltung der Geschäftsleitung[17]

15 a) Das Gesetz schweigt sich zur Strukturierung der Geschäftsleitung aus und überlässt somit – zu Recht – auch in dieser Hinsicht die Wahl der passenden

---

gegen sind in der laufenden Reform kaum Änderungen der für die Geschäftsleitung geltenden Regeln zu erwarten.
[11] So KOLLER 803.
[12] Insb. im Organisationsreglement.
[13] Vgl. etwa GIGER 303.
[14] Solche sind in der Praxis selten.
[15] BÖCKLI, *Aktienrecht* § 13 N 528, mit Hinweisen.
[16] Die Unterschiede zwischen einer umfassenden Kompetenz und einem blossen Genehmigungsvorbehalt sind in der Praxis eher gering, da der Verwaltungsrat ohnehin nur in der Lage sein wird, aufgrund der Vorbereitungen und Anträge der Geschäftsleitung zu entscheiden, was auf eine Genehmigung hinausläuft.
[17] Vgl. FORSTMOSER/MEIER-HAYOZ/NOBEL § 29 N 51 ff.

Ordnung den einzelnen Gesellschaften[18]. In der Praxis kommen die verschiedensten Erscheinungsformen vor:

- In kleineren Verhältnissen wirken gelegentlich Mitglieder der Geschäftsleitung (Direktoren) und Verwaltungsratsmitglieder gemeinsam an der Führung der Geschäfte mit, ohne dass im Alltag eine hierarchische Gliederung erkennbar wäre. 16

- In grösseren Unternehmen besteht dagegen stets eine Zweiteilung und Kompetenzabgrenzung zwischen den beiden Organen «Verwaltungsrat» und «Geschäftsleitung». Dem Verwaltungsrat kommen schwergewichtig Überwachungsaufgaben und die in OR 716a I genannten undelegierbaren Kompetenzen zu, die Geschäftsleitung führt die Geschäfte, wobei als Bindeglied allenfalls ein Delegierter des Verwaltungsrats[19] bestellt sein kann. 17

b) In grösseren Gesellschaften – und bei allen kotierten Unternehmen – besteht die Geschäftsleitung aus **mehreren Personen**[20]. Dabei finden sich wiederum unterschiedlichste Strukturen: 18

- Die Mitglieder können grundsätzlich **gleichberechtigt** sein, es hat lediglich eines als *primus inter pares* oder als Sprecher den Vorsitz oder eine Vorrangstellung inne[21]. 19

- Es kann aber auch ein CEO, Geschäftsleitungsvorsitzender oder Direktionspräsident ernannt werden, dem die übrigen Geschäftsleitungsmitglieder **unterstellt** sind und der grundsätzlich allein an den Verwaltungsrat rapportiert[22]. 20

- In Grossgesellschaften ist die Geschäftsleitung zudem oft **funktionell und hierarchisch gegliedert**: Es kann ein «**geschäftsleitender**» **Ausschuss** und es können **Fachausschüsse** gebildet werden. Neben der Geschäftsleitung im engeren Sinn als «eigentlicher» Geschäftsleitung kann auch eine «**erweiterte**» **Geschäftsleitung** vorgesehen sein, der Vertreter einer zweiten 21

---

[18] Zu den – schliesslich allesamt abgelehnten – Vorschlägen, im Rahmen der Aktienrechtsreform 1968/1991 zwingende Vorgaben aufzustellen, vgl. HOMBURGER N 320.
[19] Zu diesem vgl. § 5 N 206 ff.
[20] Eine Studie zu den hundert grössten Schweizer Unternehmen ermittelte eine durchschnittliche Grösse von 7 Mitgliedern, eine häufigste Grösse von 6 Mitgliedern und Varianten zwischen 1 und 24 Mitgliedern. Die SMI-Geschäftsleitungen zählten durchschnittlich 8,5 Mitglieder (Untersuchung guido schilling Partner AG, Ausgabe 2008, 4.).
[21] Wird absolute Gleichstellung angestrebt, kann der Vorsitz im Turnus wechseln.
[22] In der Praxis werden freilich regelmässig weitere Geschäftsleitungsmitglieder – allen voran der CFO – bei der Berichterstattung beigezogen.

Stufe der Hierarchie – etwa Länder- oder Divisionsverantwortliche – angehören.

3. Exkurs: Formale und faktische Hierarchie zwischen Verwaltungsrat und Geschäftsleitung

22 a) **Rechtlich** ist die Hierarchie zwischen Verwaltungsrat und Geschäftsleitung klar: Der Verwaltungsrat ist das vorgesetzte Organ, er bestellt die Geschäftsleitung, kann ihr beliebig Weisungen erteilen, und die Geschäftsleitung hat an den Verwaltungsrat zu rapportieren.

23 b) **Tatsächlich** ist das Verhältnis jedoch in gut funktionierenden Gesellschaften das einer **Wechselbeziehung:** Der Verwaltungsrat erteilt zwar Weisungen, muss aber auf den Input der Geschäftsleitung bauen. Die Geschäftsleitung stellt Anträge, hat dabei aber die Vorgaben des Verwaltungsrats zu beachten und ist vom zustimmenden Entscheid des Verwaltungsrats abhängig. Mittlere und grössere Gesellschaften lassen sich «nur im Zusammenspiel von Verwaltungsrat und Geschäftsleitung erfolgreich führen»[23].

24 c) Aufgrund der Sachnähe der Geschäftsleitung zum Tagesgeschäft und der vollamtlichen Tätigkeit der Geschäftsleitungsmitglieder ergibt sich in der Realität oft auch eine «**faktische Herrschaft des Managements**»[24], was im Hinblick auf das gesetzliche Konzept nicht unproblematisch ist[25, 26]. Mit einer guten Governance, insbesondere durch klare und konsequent eingehaltene Kontroll-, Report- und Beschlussmechanismen, kann dem begegnet werden.

II. Die Rechtsstellung der Geschäftsleitung und ihrer Mitglieder

25 a) Die Geschäftsleitung hat **Organstellung:** Nach KRNETA[27] ist sie «das vierte Organ» (neben Generalversammlung, Revisionsstelle und Verwaltungsrat),

---

[23] H. C. VON DER CRONE: Arbeitsteilung im Verwaltungsrat, in: Baer (Hrsg.): Verwaltungsrat und Geschäftsleitung (Bern/Stuttgart/Wien 2006) 79 ff, 79.
[24] WATTER/PÖSCHEL 816; vgl. auch KRNETA N 1694, mit weiteren Hinweisen.
[25] Vgl. HOMBURGER N 720 und dort zit. H. J. BÄR.
[26] Zu beobachten ist auch die Unsitte, dass die Geschäftsleitung selbständig die neu zu wählenden Mitglieder des Verwaltungsrats aussucht und sich der Verwaltungsrat anschliessend darauf beschränkt, die so getroffene Vorentscheidung abzusegnen.
[27] N 1692 ff.

und BÖCKLI[28] nennt die Geschäftsleitung ein «auf Delegation gegründete[s] Organ». Von einem «fakultativen Organ» sprechen VON BÜREN/STOFFEL/WEBER[29].

Die Organstellung der Geschäftsleitung besteht jedenfalls im Sinne einer **materiellen** Organstellung, da deren Mitglieder «tatsächlich Organen vorbehaltene Entscheide treffen oder die eigentliche Geschäftsführung besorgen und so die Willensbildung der Gesellschaft massgebend bestimmen»[30]. Da die Mitglieder der Geschäftsleitung ihre Funktion aufgrund einer formellen Ernennung ausüben und überdies im Handelsregister eingetragen sind[31], kann – entgegen gewissen Ausführungen in der Literatur – aber auch von einem **Organ im formellen Sinn** gesprochen werden. 26

b) Die Mitglieder der Geschäftsleitung unterstehen der gleichen **Sorgfalts-** und **Treuepflicht** wie die Verwaltungsratsmitglieder[32]. Den Aktionären gegenüber haben auch sie den Grundsatz der **Gleichbehandlung** zu beachten[33]. Sie sind in gleicher Weise wie die Mitglieder des Verwaltungsrats zur Verschwiegenheit verpflichtet[34] und sind wie jene der aktienrechtlichen Verantwortlichkeit unterworfen[35]. 27

Anders als die Mitglieder des Verwaltungsrats stehen die Geschäftsleitungsmitglieder regelmässig in einem **arbeitsvertraglichen Verhältnis**[36] zur Gesellschaft, das die aktienrechtlichen Organpflichten konkretisiert und das sei- 28

---

[28] *Aktienrecht* § 13 N 311.
[29] N 454.
[30] BGE 117 II 442; vgl. auch BGE 107 II 353 f.; ferner KRNETA N 1699.
[31] Eintragung als «Mitglied der Geschäftsleitung». Uneinheitlich ist die Praxis mit Bezug auf die Eintragung bestimmter Funktionen, vgl. ZIHLER/KRÄHENBÜHL (zit. § 5 Anm. 225) 62 ff., wobei die Praxis dahin tendieren dürfte, entweder gar keine Funktionen oder aber nur die des «Vorsitzenden der Geschäftsleitung» einzutragen.
[32] Vgl. OR 717 I, FORSTMOSER/MEIER-HAYOZ/NOBEL § 29 N 59.
[33] OR 717 II.
[34] Die Geheimhaltungs- und Schweigepflicht ergibt sich aus der aktienrechtlichen Loyalitätspflicht. Sie wird für die Mitglieder des Verwaltungsrats und der Geschäftsleitung nicht eigens im Gesetz erwähnt (anders für die Revisionsstelle: OR 730b II). Analogien können zum Arbeitsvertragsrecht gezogen werden, OR 321a IV, vgl. BGE 80 IV 30, im Anschluss an BGE 64 II 172.
[35] Vgl. OR 754 I, wo die Haftung für Verwaltung und Geschäftsführung in gleicher Weise geregelt ist und wonach neben den Mitgliedern des Verwaltungsrats «alle mit der Geschäftsführung ... befassten Personen» dieser Haftung unterstehen.
[36] Zu den Beziehungen zwischen Arbeits- und Aktienrecht vgl. etwa BGE 130 III 213 ff. sowie vorn § 5 N 225 ff.

nerseits durch die spezifisch aktienrechtlichen Bestimmungen ergänzt und präzisiert wird[37].

III. Die gesellschaftsinterne Regelung und ihre Umsetzung im Organisationsreglement

29 Anders als für den Verwaltungsrat kennt das Gesetz für die Geschäftsleitung keine Bestimmungen über ihre Aufgaben, Arbeitsweise und Beschlussfassung[38]. Die einschlägigen Bestimmungen sind daher im Organisationsreglement zu verankern[39]. Das Gesetz weist auf das Erfordernis einer gesellschaftsinternen Regelung und auf deren Inhalt in OR 716b II ausdrücklich hin:

> «Dieses Reglement [das Organisationsreglement] ordnet die Geschäftsführung, bestimmt die hierfür erforderlichen Stellen, umschreibt deren Aufgaben und regelt insbesondere die Berichterstattung.»

30 Soweit das Reglement keine spezifischen Bestimmungen enthält, wird man in der Regel die für den Verwaltungsrat aufgestellten analog beiziehen[40]. Allenfalls kann auch auf gesetzliche Bestimmungen für den Verwaltungsrat zurückgegriffen werden. Beides rechtfertigt sich deshalb, weil sowohl der Verwaltungsrat wie auch die Geschäftsleitung Exekutivorgane sind und ihre Mitglieder – wie soeben erwähnt – der gleichen Sorgfaltspflicht und Verantwortlichkeit unterliegen.

31 b) Neben Bestimmungen für die Geschäftsleitung als **Gremium** finden sich in Organisationsreglementen zumeist auch solche für **einzelne Mitglieder,** regelmässig für den Vorsitzenden, oft für den Finanzchef und gelegentlich für weitere oder alle Mitglieder. Institutionalisierte Ausschüsse finden sich weniger häufig als in (grösseren) Verwaltungsräten[41]. Dafür wird bei grösseren Unternehmen häufig gegliedert in eine erweiterte Geschäftsleitung und eine

---

[37] Die Mitglieder des Verwaltungsrats haben dagegen kaum je Arbeitnehmerstellung, mit Ausnahme eventuell des Delegierten und gelegentlich des Präsidenten des Verwaltungsrats.
[38] Für den Verwaltungsrat vgl. insb. OR 716, 716a, 713.
[39] Für Beispiele vgl. § 22 N 3 ff.
[40] Dabei sind jedoch die Unterschiede zwischen diesen beiden Gremien zu beachten, so etwa hinsichtlich der Beschlussfassung die dem CEO oft eingeräumte Vorrangstellung oder hinsichtlich der Einberufung und Durchführung von Versammlungen die vollamtliche Tätigkeit der Geschäftsleitungsmitglieder, die ein weniger formales Vorgehen und insb. kürzere Fristen erlaubt.
[41] Dafür werden oft Ad-hoc-Ausschüsse für bestimmte Aufgaben gebildet.

Geschäftsleitung im engeren Sinne (allenfalls auch als Ausschuss bezeichnet), der dann die eigentlichen Geschäftsführungsentscheide zukommen[42].

c) Zum typischen Inhalt im Einzelnen vgl. § 22 N 1 ff. 32

IV. Pflicht zur Bestellung einer Geschäftsleitung im Finanzmarktrecht[43]

a) Bei **Bankaktiengesellschaften** müssen die Oberleitung, Aufsicht und Kontrolle einerseits und die Geschäftsführung auf der anderen Seite zwingend getrennten Organen zugewiesen werden[44]. Nach dem Wortlaut des BankG wird die Zweiteilung zwar nur dann verlangt, wenn «der Geschäftszweck oder der Geschäftsumfang es erfordert»[45], doch setzt die Aufsichtsbehörde die Bestimmung bei allen Banken in der Rechtsform der AG unabhängig von ihrer Grösse durch[46]. Es wird so eine vollständige personelle Trennung zwischen Verwaltungsrat und Geschäftsleitung verlangt[47]. Aufgrund der Praxis der FINMA (bzw. ihrer Vorgängerin, der EBK) gilt das für Banken vorgesehene dualistische Leitungsprinzip auch für **Effektenhändler**[48]. 33

b) Weniger weit geht die Unvereinbarkeit im **Versicherungsrecht**: Eine Delegation der Geschäftsführung ist nicht zwingend verlangt[49]. Falls aber eine Geschäftsleitung eingesetzt wird, darf der Verwaltungsratspräsident nicht zugleich ihr Vorsitzender sein[50]. 34

---

[42] Während im Verwaltungsrat eine solche «Zweiklassengesellschaft» eher verpönt ist (vgl. § 5 N 80), ergibt sie sich auf der Stufe der Geschäftsleitung als natürliche Folge einer hierarchischen Struktur.
[43] Dazu ausführlich Iseli N 492 ff., 710 ff.; ferner R. von Büren: Verantwortlichkeit des Verwaltungsrats von Banken, in: A. Kellerhals (Hrsg.): Verantwortlichkeit im Unternehmensrecht V (Zürich 2010) 63 ff., 68 ff.
[44] Vgl. BankG 3 II lit. a., BankV 8 II, dazu Iseli N 502 ff.; S. Emmenegger: Bankorganisationsrecht als Koordinationsaufgabe (Bern 2004) 215 ff.; Hungerbühler 15 f.
[45] BankG 3 II lit. a.
[46] Giger 272.
[47] BankV 8 II: «Kein Mitglied des für die Oberleitung, Aufsicht und Kontrolle verantwortlichen Organs einer Bank darf der Geschäftsführung angehören.»
[48] Vgl. Nobel in «Aktuelle Rechtsprobleme des Finanz- und Börsenplatzes Schweiz» 8/1999 (Bern 2000) 177.
[49] Vgl. Iseli N 721 ff.
[50] AVO 13 I; gemäss Abs. 2 kann die Aufsichtsbehörde Ausnahmen bewilligen. Ausführlich zur Gewaltentrennung bei Versicherungsaktiengesellschaften Iseli N 706 ff. Iseli N 735 beurteilt das Verbot der Personalunion «sowohl aus rechtsstaatlicher, politischer und demokratischer Sicht als auch aus dem Blickwinkel der Rechtssetzungslehre» wegen Fehlens einer eindeutigen gesetzlichen Grundlage als «kritisch».

B. Einzelne Geschäftsleitungsmitglieder insbesondere

I. Allgemeines

1. Ernennung

35 a) Die Mitglieder der Geschäftsleitung sind **einzeln vom Verwaltungsrat zu ernennen**[51]. Eine Delegation der Ernennungskompetenz an einen Geschäftsleitungsvorsitzenden ist nicht zulässig. Allerdings spielt der CEO bei der Eruierung möglicher Kandidaten regelmässig eine zentrale Rolle, besonders dann, wenn eine Nachfolge unternehmensintern vollzogen wird[52].

36 b) Die **Zuweisung einer bestimmten Funktion** kann direkt durch den Verwaltungsrat erfolgen oder aber im Rahmen der Konstituierung der Geschäftsleitung durch das Gremium selbst bzw. den CEO. Möglich ist auch eine Kombination: Bestimmung der wichtigsten Funktionsträger – etwa des CFO und des Chief Operating Officer, COO – direkt durch den Verwaltungsrat, im Übrigen Konstituierung der Geschäftsleitung durch diese selbst oder ihren Vorsitzenden.

2. Aufgaben und Organisation

37 a) Unternehmens**intern** wirken die Mitglieder der Geschäftsleitung einerseits als **Teil des Gremiums,** zum anderen als **Leiter bestimmter Funktionen** – etwa Finanzen, Operatives, Human Resources, Risiko-Management, IT, Forschung und Entwicklung, Recht – oder als **Leiter von organisatorischen Einheiten,** die **geografisch,** aufgrund der **Unternehmensabläufe** oder der angebotenen **Produkte** bzw. **Dienstleistungen** gebildet werden. Im Konzern ist die Zuweisung bestimmter Einheiten nach **rechtlichen Gesichtspunkten,** wie sie aus juristischer Sicht naheliegen würde, zwar möglich, aber heute kaum mehr verbreitet[53].

---

[51] Vgl. OR 716a I Ziff. 4 zur einschränkenden Auslegung jener Norm s. § 8 N 105.
[52] Dies ist schon deshalb richtig, weil es der CEO ist, der in erster Linie mit den Mitgliedern der Geschäftsleitung zusammenarbeiten muss.
[53] Im Verwaltungsrat von Tochtergesellschaften nehmen zwar regelmässig Mitglieder der Geschäftsleitung oder – seltener – des Verwaltungsrats der Muttergesellschaft Einsitz, doch geht es dabei meist nur um die **Einhaltung der gesetzlich verlangten Formalien,** während die Geschäftsführung nach materiellen oder wirtschaftlichen Gesichtspunkten organisiert wird.

b) Geschäftsleitungsmitglieder treten regelmässig auch **nach aussen** auf. Es steht ihnen durchwegs ein im Handelsregister eingetragenes Zeichnungsrecht zu[54], wobei **Kollektivunterschrift zu zweien** heute die Regel ist, das Einzelzeichnungsrecht die Ausnahme, die gelegentlich für den Vorsitzenden vorgesehen wird.

38

c) Auch wenn einzelnen Geschäftsleitungsmitgliedern **spezifische Aufgaben** durch das Organisationsreglement zugeteilt sind, bleiben sie (zudem) **Mitglied der Geschäftsleitung als Gremium**, das effizient zusammenarbeiten soll. Dies wird unter anderem sichergestellt durch **Berichterstattungspflichten** nicht nur gegenüber dem CEO, sondern auch der Geschäftsleitung insgesamt und durch die Bildung von **Teams oder Ausschüssen** für bestimmte Aufgaben. So hat sich etwa mit finanziellen Risiken nicht nur der Finanzchef zu befassen, sondern auch der Chief Risk Officer und allenfalls der Anlagechef. Die Auseinandersetzung mit operationellen Risiken betrifft neben dem Chief Risk Officer den Chief Operating Officer und den Chef IT. Bei Investitionsvorhaben ist ausserdem der CFO gefordert. Neben ständigen Ausschüssen, wie sie – wenn auch weniger häufig als im Verwaltungsrat – auch auf Geschäftsleitungsebene gebildet werden, kommen vor allem Ad-hoc-Ausschüsse oder Arbeitsgruppen für bestimmte Projekte zum Einsatz.

39

II. Vorsitzender der Geschäftsleitung (CEO)

a) Ausser in den – seltenen – Fällen einer kollektiven Führung durch eine aus gleichberechtigten Mitgliedern zusammengesetzte Geschäftsleitung kommt dem Vorsitzenden/Präsidenten/CEO regelmässig eine Vorrangstellung zu, die sich auch darin manifestiert, dass seine Position und Aufgaben im Organisationsreglement mehr oder weniger umfassend umschrieben werden[55].

40

b) Bei grösseren Unternehmen werden etwa die folgenden **Aufgaben** erwähnt und konkretisiert:

41

– operationelle Führung der Gesellschaft bzw. Gruppe, einschliesslich der Errichtung einer Führungsorganisation (im Rahmen der Vorgaben des Verwaltungsrats) und der Aufstellung der erforderlichen internen Regeln und Vorschriften (im gleichen Rahmen),

42

– Führung des Gremiums «Geschäftsleitung», Leitung der Sitzungen,

43

---

[54] Vgl. OR 718 II.
[55] Vgl. die Beispiele in § 23 N 3 ff.

44 – Entwicklung der Anträge für die Strategie und – aufgrund der Beschlussfassung des Verwaltungsrats – Umsetzung derselben,

45 – Überwachung der Umsetzung der Beschlüsse des Verwaltungsrats und der Geschäftsleitung,

46 – Antragstellung an den Verwaltungsrat in personellen Angelegenheiten,

47 – periodische Berichterstattung an den Verwaltungsrat, laufende Information des Verwaltungsratspräsidenten,

48 – Vertretung der Gesellschaft bzw. Unternehmung gegenüber Kunden, Behörden und Medien (in Koordination mit dem Präsidenten des Verwaltungsrats),

49 – in Konzernverhältnissen wichtige personelle Entscheide bei den Tochtergesellschaften (auf der Ebene von Verwaltungsrat und Geschäftsleitung, allenfalls hinsichtlich gewisser Spezialisten), soweit sich der Verwaltungsrat diese nicht vorbehalten hat.

50 c) Die starke Stellung des Vorsitzenden zeigt sich auch darin, dass ihm bei der **Beschlussfassung** ein **Vorrecht** zukommt: der Stichentscheid, allenfalls ein Vetorecht oder gar das Recht, entgegen der Mehrheit der Geschäftsleitung allein zu entscheiden[56].

III. Finanzchef (CFO)

51 a) Neben der Funktion des CEO wird oft auch die des CFO besonders erwähnt und geregelt.

52 b) Dem CFO werden etwa folgende **Aufgaben** zugewiesen:

53 – Sicherstellung der Finanzierung der Geschäftstätigkeit (einschliesslich eines allfälligen ausserordentlichen Bedarfs, z.B. bei Akquisitionen) sowie der Liquidität, Anlage von zurzeit nicht benötigten Mitteln,

54 – finanzielle Planung und finanzielle Kontrollprozesse,

55 – Ermittlung des Finanzergebnisses und Finanzberichterstattung,

56 – Steuern,

57 – Koordination der Beziehungen zur internen Revision (die direkt dem Verwaltungsrat untersteht) und zur externen Revisionsstelle,

---

[56] Vgl. vorn N 9.

– in Publikumsgesellschaften Investor Relations und Verkehr mit der Börse. 58

IV. Weitere, in Organisationsreglementen spezifisch erwähnte Mitglieder der Geschäftsleitung

Je nach Art und Komplexität der unternehmerischen Tätigkeit werden etwa folgende Mitglieder der Geschäftsleitung im Organisationsreglement besonders genannt: 59

1. Stabschef, Chief Operating Officer (COO)

Dessen Aufgaben und Einflussbereiche können sehr unterschiedlich sein: Die Funktion des COO kann sich darauf beschränken, saubere organisatorische Abläufe und die entsprechenden Kontrollen sicherzustellen. Seine Funktion ist dann mit der des Sekretärs auf Verwaltungsratsstufe vergleichbar. Er kann aber auch Stellvertreter (und potenzieller Nachfolger) des CEO sein, wobei ihm dieser (oder der Verwaltungsrat im Organisationsreglement) Teile seiner Aufgaben zur selbständigen Bearbeitung übertragen kann. 60

2. Chief Information Officer (CIO)

Er ist verantwortlich für alle IT-Angelegenheiten, einschliesslich der Antragstellung für die IT-Strategie. 61

3. Personalchef, Verantwortlicher für Human Resources

Seine Zuständigkeit ist das Personalwesen einschliesslich der Entschädigungsstrategie (im Rahmen der vom Verwaltungsrat – in einem Entschädigungsreglement oder anderweitig – aufgestellten Vorgaben), der Nachwuchs- und Rekrutierungsplanung, der Weiterbildung, der Personalvorsorge. 62

In neuerer Zeit ist die Tendenz festzustellen, bei den Geschäftsleitungsmitgliedern zwar den IT-Verantwortlichen besonders aufzuführen, nicht aber den Personalchef, was u.E. die Bedeutung der verschiedenen unternehmerischen «Ressourcen» nicht richtig widerspiegelt. 63

4. Rechtskonsulent, General (Legal) Counsel

64 Neben den rechtlichen Angelegenheiten (einschliesslich der Begleitung von Gerichts- oder Verwaltungsprozessen) ist dem General Counsel in der Regel auch die Compliance-Funktion und damit die Überwachung der Einhaltung interner und externer Regeln aller Art zugewiesen, daneben – in Abstimmung mit dem CFO – der Bereich Steuern, in kotierten Gesellschaften der Verkehr mit den Börsen und bei regulierten Tätigkeiten auch der mit der Aufsichtsbehörde, soweit dies nicht in den Aufgabenbereich des CEO oder des CFO fällt.

5. Chief Risk Officer (CRO)

65 Er ist der Hauptverantwortliche für das Risiko-Management, die Überwachung des Risiko-Portefeuilles und die Berichterstattung über die Risikolage an Geschäftsleitung und Verwaltungsrat.

6. Marketingchef

66 In seine Verantwortlichkeit gehört die Entwicklung der Kundenbeziehungen, in grösseren Unternehmen allenfalls auch Public Relations und Werbung.

7. Anlagechef, Chief Investment Officer (CIO)

67 Diese Funktion findet sich auf Geschäftsleitungsebene vor allem bei Banken und Versicherungen, aber auch bei anderen Unternehmen, die über eine hohe freie Liquidität verfügen und damit Anlagebedarf haben.

8. Chef Forschung und Entwicklung

68 Seine Aufgaben sind bei Technologie- und Pharmaunternehmen gelegentlich im Organisationsreglement geregelt.

9. Verantwortliche für Regionen oder Divisionen

69 Den vorerwähnten Geschäftsleitungsmitgliedern kommen Aufgaben auf der Ebene der **Gesamtunternehmung** zu. In Konzernen und allgemein in regional oder nach Tätigkeiten strukturierten Unternehmen sind in der Geschäftsleitung (allenfalls in einer erweiterten Geschäftsleitung) oft auch die **Leiter**

von Regionen oder Divisionen vertreten. Denkbar, aber heute selten ist auch eine Vertretung nach **formalrechtlichen Gesichtspunkten.** Doch sind die Präsidenten der Verwaltungs- oder Aufsichtsräte der wichtigeren Tochtergesellschaften oft – zwar nicht in dieser rechtlichen Funktion, aber aufgrund ihrer Führungsaufgaben – in der Geschäftsleitung der Muttergesellschaft bzw. des Konzerns vertreten.

§ 7 Die Delegation von Kompetenzen an Dritte ausserhalb der eigenen Gesellschaft[1]

1 Gesellschaften können zur Erfüllung ihrer Aufgaben **aussenstehende Dritte** beiziehen. Es fragt sich, inwieweit dies auch hinsichtlich der Aufgaben des Verwaltungsrats zulässig ist. In der Praxis sind Delegationen «nach aussen» nicht selten (Ziff. I, N 2 f.), allerdings zum Teil auf dünner rechtlicher Grundlage (Ziff. II, N 4 ff.). Besonders verbreitet ist die Delegation in **Konzernverhältnissen:** Das Prinzip der einheitlichen Leitung[2] verlangt die Delegation von Entscheidkompetenzen an die Konzernobergesellschaft[3] (Ziff. III, N 32 ff.), die wirtschaftliche Einheit des Konzerns legt sodann aus Effizienzgründen die Übertragung von Aufgaben an sog. Managementgesellschaften nahe[4] (Ziff. IV, N 44 ff.). Vereinzelt kommt eine Delegation von Geschäftsführungsfunktionen auch ausserhalb von Konzernverhältnissen vor (Ziff. V, N 49 ff.). Mit der Delegation nach aussen kann allenfalls eine Reduktion des Verantwortlichkeitsrisikos erreicht werden (Ziff. VI, N 53 ff.).

I. Realien und Fragestellung[5]

2 Kompetenzdelegationen finden sich – wie gesagt – vor allem im **Konzern**.

---

[1] Vgl. dazu insb. die Monografie von Ruepp; sodann Krneta N 1709 ff.; Böckli, Aktienrecht § 13 N 558 f.; Watter/Roth Pellanda in BSK zu OR 716b N 12; Watter/Maizar in ESK zu OR 663b^{bis} N 29; Homburger N 758 ff.; ferner Iseli N 184 f.; Roth Pellanda N 527; Wegmüller 117, 119 und Kammerer 251 f. Ausführungen zur Delegation von Kompetenzen an Personen oder Institutionen ausserhalb der eigenen Gesellschaft finden sich vor allem auch in den Monografien zum Konzernrecht, vgl. etwa Amstutz, Konzernorganisationsrecht N 585; M. Albers-Schönberg: Haftungsverhältnisse im Konzern (Diss. Zürich 1980 = SSHW 449) 83 f.; R. von Büren: Der Konzern, SPR VIII/6 (2. A. Basel 2005) 73 ff.; Handschin (zit. § 8 Anm. 236); F. von Planta: Der Interessenkonflikt des Verwaltungsrats der abhängigen Konzerngesellschaft (Zürich 1988) 105 ff. sowie die hinten in Anm. 32 und in § 8 Anm. 236 ausgeführte Lit.

[2] OR 663e I.

[3] Dem schweizerischen Konzernrecht liegt vorderhand das sog. Leitungsprinzip zugrunde, das bei der Konzerndefinition auf die **Ausübung der Leitung** abstellt und die blosse **Leitungsmöglichkeit** nicht genügen lässt, vgl. § 8 N 131. Zu einem allfälligen Paradigmenwechsel vgl. § 8 Anm. 330.

[4] Vgl. die bei Ruepp 3 ff. referierten Untersuchungen.

[5] Vgl. insb. Ruepp 3 ff.; ferner etwa Krneta N 1711, 1714.

Ausserhalb von Konzernen kommt die Delegation von Geschäftsführungsaufgaben im Sinne des OR 716b I[6] etwa zur Durchführung einer **Sanierung** vor, wenn in Verwaltungsrat und Geschäftsleitung die erforderliche Erfahrung oder Zeit fehlt[7].

II. Rechtliche Grundlagen

OR 716b I erlaubt eine Übertragung der Geschäftsführung «an Dritte». Es fragt sich, ob damit auch Personen ausserhalb der eigenen Gesellschaft gemeint sind (Ziff. 1, N 5 ff.). Weiter stellt sich die Frage, ob Dritte nur natürliche oder ob sie auch juristische Personen sein können (Ziff. 2, N 11 ff.). Die Liste der undelegierbaren Aufgaben nach OR 716a I bildet ein Hindernis für die Kompetenzdelegation (Ziff. 3, N 22 ff.). Aus all dem ergibt sich, dass die in der Praxis häufige Delegation von Kompetenzen an natürliche oder juristische Personen ausserhalb der eigenen Gesellschaft rechtlich nicht unproblematisch ist (Ziff. 4, N 31).

1. Personen ausserhalb der eigenen Gesellschaft als Dritte im Sinne von OR 716b I?

a) OR 716b I lässt eine **Übertragung** «an Dritte» ganz generell zu, womit auch eine Übertragung an Personen ausserhalb der eigenen Gesellschaft als zulässig erscheint[8]. OR 718 II lautet jedoch: «Der Verwaltungsrat kann die Vertretung ... Dritten (Direktoren) übertragen». Es fragt sich, ob daraus (auch für OR 716b I) eine Einschränkung, nämlich die Zulässigkeit einer Übertragung nur gesellschafts*intern* (an «Direktoren»), folgt. Die Lehre scheint zum Teil mit dieser Auffassung zu sympathisieren[9], wobei aber nicht klar getrennt wird zwischen der Zulässigkeit einer Delegation nach aussen schlechthin und der in N 11 ff. zu behandelnden Frage, ob eine Delegation an eine juristische Person zulässig ist. Überwiegend wird die Zulässigkeit der Delegation

---

[6] Davon ist hier die Rede und nicht etwa vom Beizug Dritter für die Erfüllung bestimmter Aufgaben, der unproblematisch und – falls in der Gesellschaft selbst nicht die nötigen Ressourcen vorhanden sind – geboten ist und der keiner Abstützung im Organisationsreglement bedarf.

[7] KRNETA N 1711.

[8] In der Lehre wird dies denn auch zum Teil als selbstverständlich vorausgesetzt. Vgl. etwa WATTER/MAIZAR in BSK zu OR 663b^bis N 29.

[9] Vgl. etwa ISELI N 185 und ROTH PELLANDA N 527. Unklar FORSTMOSER/MEIER-HAYOZ/NOBEL § 29 N 48.

nach aussen freilich – u.E. zu Recht – bejaht[10]. Dies drängt sich um so mehr auf, als eine AG – wie jede andere Rechtsperson auch – zur Erfüllung ihrer Aufgaben auch ohne Bezugnahme auf OR 718 II Dritte beiziehen kann.

6 Die Zulässigkeit der Übertragung **innerhalb eines Konzerns** scheint im Grundsatz unbestritten[11].

7 b) Die Übertragung (auch) von Geschäftsführungsaufgaben auf qualifizierte Dritte kann eine **zweckmässige organisatorische Massnahme** sein, die sich allenfalls auch zum Zwecke der Haftungsbefreiung aufdrängt.

8 Zu beachten ist freilich, dass – wie bei jeder Übertragung von Organfunktionen – beim delegierenden Organ, konkret also beim Verwaltungsrat und seinen Mitgliedern, eine Sorgfaltspflicht hinsichtlich der «Auswahl, Unterrichtung und Überwachung» verbleibt[12]. In Konzernverhältnissen – bei einer Übertragung von Aufgaben der Tochtergesellschaft an die Muttergesellschaft – ist es aber nicht realistisch, die Ausübung dieser Pflicht seitens der Mitglieder der Verwaltungsräte von Tochtergesellschaften gegenüber der Obergesellschaft zu erwarten oder auch nur für möglich zu halten: Die Mutter beherrscht die Tochter, und deren Organe haben keine rechtliche Handhabe, um auf die Muttergesellschaft einzuwirken.

9 c) Bei der Übertragung von **Organfunktionen** werden die Delegationsempfänger selbst zu **(faktischen) Organen**[13], womit ihnen – freilich begrenzt auf den übertragenen Aufgabenbereich[14] – die gleichen Pflichten zukommen wie einem gesellschaftsinternen formellen Organ[15], weshalb sie insofern auch der aktienrechtlichen Verantwortlichkeit unterstehen.

10 d) Unproblematisch erscheint die Übertragung **nicht organschaftlicher Aufgaben** an aussenstehende Dritte, ebenso ganz allgemein die Übertragung von **Vorbereitungs-, Ausführungs- und Überwachungsaufgaben**[16].

---

[10] Vgl. etwa KRNETA N 1709.
[11] Einschränkend immerhin – mit ausführlicher Begründung – RUEPP 123 ff., 154, wonach eine AG einer «Managementgesellschaft [des Konzerns] weder wesentliche Einflussrechte auf ihre Geschäftstätigkeit einräumen noch dieser massgebliche Geschäftsführungskompetenzen übertragen» darf.
[12] OR 754 II.
[13] BÖCKLI, *Aktienrecht* § 13 N 559; WATTER/ROTH PELLANDA in BSK zu OR 716b N 12; grundlegend hierzu HORBER insb. 99 ff.
[14] Zu dieser Einschränkung vgl. FORSTMOSER, *Verantwortlichkeit* N 687.
[15] KRNETA N 1710, der empfiehlt, Berichterstattungs-, Sorgfalts- und Treuepflicht (wozu auch die Verschwiegenheitspflicht gehört) vertraglich zu fixieren.
[16] Vgl. OR 716a II, wo freilich – zu eng – nur von Ausschüssen und Mitgliedern des Verwaltungsrates die Rede ist.

2. Delegation von Kompetenzen an eine juristische Person insbesondere

a) In Konzernverhältnissen erfolgt die Kompetenzdelegation regelmässig nicht an eine natürliche, sondern an eine juristische Person: die Muttergesellschaft, eine Managementgesellschaft oder eine andere Schwestergesellschaft. Aber auch ausserhalb der Konzerne werden Geschäftsleitungskompetenzen allenfalls juristischen Personen übertragen[17].

b) Die **Lehre** steht einer **Delegation an juristische Personen** überwiegend kritisch bis ablehnend gegenüber, teils ohne Begründung, im Übrigen vor allem mit dem Hinweis auf OR 707 III, wonach als Mitglieder des Verwaltungsrats nur natürliche Personen wählbar sind[18]. Einzelne Autoren halten dagegen die Delegation an eine juristische Person für zulässig[19].

Auch diejenigen Autoren, welche die Delegation an eine juristische Person grundsätzlich für unzulässig halten, scheinen diese aber im **Rahmen des Konzerns** für **rechtens** zu halten[20], wobei für die Differenzierung freilich kaum Argumente vorgebracht werden.

c) Die Übertragung auf andere Konzerngesellschaften ist u.E. – unter Ausklammerung der sogleich in N 22 ff. zu erwähnenden Sonderproblematik der Delegation unübertragbarer Aufgaben – schon deshalb zulässig, weil das Gesetz die **Realität des Konzerns** als selbstverständlich und rechtens voraussetzt[21].

Aber auch **ausserhalb von Konzernverhältnissen** lassen sich dem – an sich starken – Argument, OR 707 III verlange für die Geschäftsführung natürliche Personen, Gegenargumente entgegenstellen:

– Nach ZGB 53 sind juristische Personen «aller Rechte und Pflichten fähig, die nicht die natürlichen Eigenschaften des Menschen ... zur notwendigen Voraussetzung haben». Dass Aufgaben der Geschäftsführung der Sache nach von einer juristischen Person übernommen werden können, ist

---

[17] So etwa die Aufgabe der Sanierung einer spezialisierten Beraterfirma.
[18] RUEPP 89 f.; HOMBURGER N 759; vgl. auch ROTH PELLANDA N 527.
[19] KRNETA N 1713; WEGMÜLLER 119, der dies für die herrschende Lehre hält (mit z.T. nicht überzeugenden Literaturhinweisen).
[20] Differenzierend allerdings RUEPP, a.a.O., unentschieden HOMBURGER N 759; vgl. auch BÖCKLI, *Aktienrecht* § 13 N 558.
[21] So etwa in OR 663e ff., wo der Konzern definiert wird und für dessen Rechnungslegung besondere Bestimmungen aufgestellt werden.

selbstverständlich, und es ist daran zu erinnern, dass das Bundesgericht die Rechtsfähigkeit juristischer Personen weit fasst[22].

17 – Es ist wenig sachgerecht, die für den Verwaltungsrat in OR 707 III aufgestellte Restriktion auf tiefere Ebenen der Geschäftsleitung zu übertragen, zumal die persönliche Erfüllung der grundlegenden Aufgaben durch natürliche Personen mit OR 716a I gewährleistet ist.

18 – Schliesslich ist zu beachten, dass das Aktienrecht andernorts, nämlich bei der Revisionsstelle, die Mandatierung juristischer Personen ohne Weiteres zulässt[23].

19 Es ist daher u.E. zumindest vertretbar, die Möglichkeit der Übertragung von Organfunktionen an juristische Personen nicht nur für **sachlich sinnvoll**, sondern auch für **rechtlich zulässig** zu erachten. Im Übrigen ist auch unter diesem Aspekt zu betonen, dass die Delegation einem sorgfältigen Verhalten entsprechen[24], ja als solches geradezu geboten sein kann. Zudem ist ein Schädigungspotenzial – bei sorgfältiger Erfüllung der delegierten Aufgaben durch eine juristische Person mit entsprechender Sachkunde – nicht ersichtlich.

20 d) Beim Verwaltungsrat der delegierenden AG verbleiben die **drei *curae*** [25] – nicht anders als bei der Delegation an eine natürliche Person. Ferner ist für eine angemessene **Berichterstattung** zu sorgen[26].

21 e) Den handelnden Dritten kann **(faktisch) Organstellung** bei der delegierenden AG zukommen, und zwar u.E. sowohl den bei der Delegationsempfängerin (der juristischen Person) handelnden natürlichen Personen wie auch der Delegationsempfängerin selbst, mit entsprechenden Konsequenzen für die Verantwortlichkeit[27].

---

[22] Vgl. etwa BGE 95 II 490 ff. (Ehrenschutz); BGE 97 II 97 ff. (Geheim- und Privatsphärenschutz).
[23] Die Interessenlage ist bei diesem nur ganz ausnahmsweise geschäftsführenden (vgl. OR 699 I, 728c III) Organ freilich nicht identisch mit der bei Exekutivorganen.
[24] A.M. ROTH PELLANDA N 527.
[25] Dazu soeben N 8.
[26] OR 716b II, 716a II.
[27] Vgl. dazu FORSTMOSER, *Haftung* 7.

3. Delegation von gemäss OR 716a I undelegierbaren Aufgaben

a) In der Lehre ist unter dem Stichwort «**Konzernparadox**» eine merkwürdig widersprüchliche Haltung des schweizerischen Rechts vielfach thematisiert worden[28]:

- Einerseits wird der **Konzern** – und damit die einheitliche Leitung einer Mehrheit von rechtlich selbständigen Körperschaften – für **rechtmässig** erachtet. Besonders augenfällig ist dies in OR 663e I, wo sich eine eigentliche Definition des Konzerns findet. Aber auch andernorts wird die Konzernrealität als selbstverständlich (und rechtmässig) vorausgesetzt und geregelt[29].

- Auf der anderen Seite werden in OR 716a I bestimmte grundlegende Aufgaben **unübertragbar und unentziehbar** dem Verwaltungsrat zugewiesen[30], ohne dass für Konzernverhältnisse eine Ausnahme vorgesehen wäre[31]. Die in OR 716a I aufgelisteten grundlegenden Kompetenzen – worunter die Oberleitung der Gesellschaft und die Festlegung ihrer Organisation, die wichtigsten personellen Entscheide, die grundlegenden Entscheide zur Rechnungslegung und die Finanzplanung – sind aber gerade diejenigen, die typischerweise (zumindest mehrheitlich) von den Konzernobergesellschaften beansprucht werden.

Es hat nicht an Versuchen gefehlt, einen Ausweg aus dieser Quadratur des Kreises zu finden. Argumentiert wird vor allem, die Liste unübertragbarer Aufgaben nach OR 716a sei «auf die Konzernsituation nicht direkt übertragbar»[32]. Der Normtatbestand von OR 716a sei

---

[28] Vgl. statt aller J. N. DRUEY: Die drei Paradoxe des Konzernrechts, in: von Büren (Hrsg.): Aktienrecht 1992–1997, FS Bär (Bern 1998) 75 ff.
[29] Offenlegung der Beteiligungsverhältnisse (OR 663b Ziff. 7), Berücksichtigung wechselseitiger Beteiligungen im Hinblick auf eigene Aktien (OR 659b), Konzernbetrachtung bei der Regelung der Unabhängigkeit der Revisoren (OR 728 VI) und beim bedingten Kapital (OR 653 I), Sonderbestimmungen für Holdinggesellschaften (OR 671 IV bezüglich der Reservebildung, früher auch OR 708 I hinsichtlich der Nationalitäts- und Wohnsitzerfordernisse für Verwaltungsratsmitglieder, per 1.1.2008 aufgehoben).
[30] Dazu § 8.
[31] Es soll dies auch unter künftigem Recht so bleiben, enthält doch der Entwurf für eine Aktienrechtsreform keinerlei einschlägige Vorschläge und wurden solche auch in der parlamentarischen Beratung nicht eingebracht.
[32] DRUEY/VOGEL: Das schweizerische Konzernrecht in der Praxis der Gerichte (Zürich 1999) 379; BÖCKLI, *Aktienrecht* § 11 N 275 ff. und schon DERS., *Konzernrecht* 50 ff.; BERTSCHINGER, *Arbeitsteilung* N 293 ff.

«auf eine Konzernuntergesellschaft überhaupt nicht zugeschnitten. Deshalb findet Art. 716a auf den Tatbestand einer in einen Konzern eingeordneten und damit der Oberleitung einer anderen Gesellschaft unterstellten Untergesellschaft nicht direkt Anwendung»[33].

26 Unter geltendem Recht ist diese Position freilich schwer vertretbar[34]. Vor allem aber scheint das Bundesgericht nicht gewillt, Vorschläge für eine der besonderen Situation im Konzern angepasste Regelung abzusegnen[35].

27 b) Auf die skizzierte Frage kann hier nicht erneut eingegangen werden. Festgehalten sei nur, dass sich die schweizerische Lehre[36] und Praxis – ein Paradebeispiel für die normative Kraft des Faktischen – **mit diesem Widerspruch arrangiert** haben: Man ist sich einig, dass es möglich sein muss, Konzerne einheitlich zu führen, und dass dazu Weisungen der Konzernleitung gehören, die von den Verwaltungsräten der Tochtergesellschaften und ihren Geschäftsleitungen zu befolgen sind[37]. Solche **Weisungen** seitens der Obergesellschaft – **gerade in den grundsätzlichen Fragen** – sind in den Konzernen die Regel, ebenso direkte Unterstellungen von Angestellten der Tochtergesellschaften unter die in der Muttergesellschaft oder einer Schwestergesellschaft Verantwortlichen und schliesslich auch die Übernahme von Funktionen durch Schwestergesellschaften, insbesondere eine Managementgesellschaft. Und all dies ist auch sachgerecht.

28 c) Was bleibt, ist das **Haftungsrisiko** aller beteiligten natürlichen Personen, der Mitglieder des Verwaltungsrats der Tochtergesellschaft wie auch der in anderen Konzerngesellschaften für die Tochtergesellschaft Tätigen.

---

[33] BÖCKLI, *Aktienrecht* § 11 N 290, mit Literaturhinweisen für und gegen diese Auffassung.
[34] Vgl. die Ausführungen bei P. FORSTMOSER: Das externe Verwaltungsratsmitglied in einer Konzerntochtergesellschaft, in: A. Kellerhals (Hrsg.): Verantwortlichkeit im Unternehmensrecht V (Zürich 2010) 5 ff.
[35] Vgl. BGE 130 III 213; dazu FORSTMOSER, a.a.O.
[36] Mit im Einzelnen verschiedenartigen Positionen: Während einzelne Autoren – wie soeben gezeigt – für Konzerne eine – im Gesetz freilich nicht adressierte – Sonderregelung postulieren, gehen andere davon aus, dass eine Delegation unübertragbarer Aufgaben «nach oben» zwar nicht rechtens, aber bei Einhaltung bestimmter Vorsichtsmassnahmen folgenlos ist (so FORSTMOSER, *Haftung* 136).
[37] Die Realität sieht freilich nochmals anders aus: Es ist zumeist nicht so, dass der Verwaltungsrat der Tochtergesellschaft von der Muttergesellschaft Weisungen erhalten und diese umsetzen würde, sondern es wird der **Tochterverwaltungsrat oft schlicht ausgeblendet**: Die Rapport- und Weisungswege im Konzern laufen direkt vom Zuständigen der Muttergesellschaft zum Verantwortlichen der Tochtergesellschaft. Der Verwaltungsrat der Tochtergesellschaft wird über diese Rapport- und Befehlsströme – bestenfalls – informiert. Vgl. FORSTMOSER, *Haftung* 105.

Für den Verwaltungsrat der zu 100% gehaltenen Tochtergesellschaft lässt 29
sich dazu immerhin festhalten, dass sein Verantwortlichkeitsrisiko entfällt,
solange die Tochtergesellschaft in der Lage ist, ihren Verpflichtungen gegenüber Dritten nachzukommen[38].

Heikler ist dagegen die Position in der nur mit einer Mehrheitsbeteiligung beherrschten Konzerngesellschaft, bei welcher die Interessen von Minderheitsaktionären zu beachten sind. 30

4. Ergebnis

Eine Delegation von Kompetenzen – auch von Organkompetenzen – an Dritte 31
ausserhalb der eigenen Gesellschaft ist in der Praxis verbreitet, vor allem in
Konzernverhältnissen, aber auch etwa in Sanierungsfällen. Rechtlich stellen
sich heikle Fragen hinsichtlich der (wohl eher die Regel als die Ausnahme bildenden) Delegation an juristische Personen und – dies vor allem – mit Bezug
auf die Delegation «unübertragbarer» Aufgaben im Sinne von OR 716a I. In
der Praxis hat man sich jedoch arrangiert, und die Verantwortlichkeitsrisiken
der Beteiligten können durch geeignete Massnahmen[38a] begrenzt werden.

III. Delegation von Kompetenzen an eine Konzernobergesellschaft insbesondere

An dieser Stelle wird auf die Situation der **Untergesellschaft** eingegangen, die 32
Kompetenzen an die Holdinggesellschaft überträgt. Die Situation der Holdinggesellschaft und ihres Verwaltungsrats kommt in § 8 N 187 ff. zur Sprache.

a) Nach dem vorstehend Ausgeführten ist es zulässig oder zumindest vertretbar, die Geschäftsführung gestützt auf OR 716b I und unter Einhaltung 33
der dort verlangten Formvorschriften an eine Obergesellschaft zu delegieren.
Darum geht es aber im Konzernverhältnis nicht bzw. es ist dies zumindest
nicht das charakteristische Element. Vielmehr umfasst die «Delegation nach
oben» gerade auch und schwergewichtig die nach OR 716a I **unübertragbaren und unentziehbaren Aufgaben**.

---

[38] Vgl. § 8 N 192.
[38a] Etwa Treuhandverträge mit Verpflichtungen zur Schadloshaltung sowie – vor allem – Sicherstellung genügender Liquidität bei der Tochtergesellschaft für die Erfüllung ihrer Verpflichtungen.

34 Wie erwähnt ist eine solche Delegation u.E. rechtlich eigentlich nicht zulässig. Doch wird auch die gegenteilige Meinung vertreten, und die Praxis setzt sich – auch dies ist erwähnt worden – über den Wortlaut des Gesetzes hinweg. Gesetzesänderungen sind keine geplant. Problematisch ist in dieser Situation immerhin die Bundesgerichtspraxis, die von der Anweisung gemäss OR 717 I, die Organe müssten «die Interessen der Gesellschaft in guten Treuen wahren» (und das heisst: die Interessen der **eigenen** Gesellschaft wahren), für den Konzern keine Ausnahmen zu dulden, sondern diese Pflicht gar in Konzernverhältnissen besonders streng anzuwenden scheint[39].

35 b) In der Praxis wird in den **Organisationsreglementen** – soweit ersichtlich – auf den Sonderfall der Übertragung «unübertragbarer» Kompetenzen **keinerlei Bezug genommen**[40]. Vielmehr wird regelmässig und stereotyp die Liste von OR 716 I kopiert, allenfalls ergänzt durch weitere unübertragbare Aufgaben, die sich an anderer Stelle des Gesetzes finden[41, 42] – all dies in Verkennung der Konzernrealität.

36 c) Dagegen finden sich in den **Statuten** gelegentlich Hinweise auf die Einbettung in den Konzern, von unterschiedlicher Intensität, beginnend mit der Wahl einer **Firma**, welche die wesentlichen Bestandteile der Kennzeichnung des Konzerns enthält, weitergehend allenfalls durch einen **Zweckartikel**, welcher die Gesellschaft in den Dienst des Konzernganzen stellt. Ein **Verzicht auf die Gewinnstrebigkeit** (der eigenen Gesellschaft), wie er zusätzlich erforderlich wäre, um eine Hintanstellung der eigenen Interessen hinter das Konzerninteresse zu rechtfertigen, ist dagegen, soweit ersichtlich, nicht üblich.

37 d) Häufig gibt es zwischen Konzerngesellschaften **personelle Verflechtungen**, mit denen ein abgestimmtes Verhalten unterstützt werden soll. Mit solchen Konstellationen wird ausserdem versucht, OR 716 I Ziff. 1 zumindest dem Wortlaut nach Genüge zu tun: Die in Doppelfunktion tätige Person bringt die Wünsche oder Anliegen der Muttergesellschaft zum Ausdruck, der Verwaltungsrat der Tochtergesellschaft einschliesslich des «Vertreters» der Muttergesellschaft stimmt den entsprechenden Anträgen zu. Zum Schutz vor einer persönlichen Verantwortlichkeit ist ein solches Vorgehen von beschränktem Wert: Der in einer Doppelfunktion Tätige muss darauf achten, welchen Hut

---

[39] BGE 130 III 213, dazu FORSTMOSER (zit. Anm. 34) 5 ff.
[40] Vgl. § 27 N 10 ff.
[41] Zu diesen vgl. § 8 N 98 ff.
[42] Dagegen wird bei den **Konzernobergesellschaften** regelmässig auf die Aufgaben des Verwaltungsrats und der Geschäftsleitung sowie allenfalls weiterer Organe im Hinblick auf die gesamte Gruppe Bezug genommen, vgl. § 27 N 2 ff.

er jeweils trägt. Im Verwaltungsrat der Tochter muss er *deren* Interessen wahren. Noch mehr trifft dies für die übrigen Verwaltungsratsmitglieder zu[43].

Vor allem aber sind solche Vorkehren dann nicht gangbar, wenn ein Konzern – wie dies heute üblich ist – nicht aufgrund seiner rechtlichen Struktur, sondern nach wirtschaftlichen Gesichtspunkten organisiert ist, womit die rechtliche Selbständigkeit der einzelnen Tochtergesellschaft belanglos wird (und den Handelnden oft gar nicht bewusst ist). 38

Üblich sind sodann **Treuhandverträge** (Mandatsverträge)[43a]: Die Verwaltungsratsmitglieder der Tochtergesellschaft vereinbaren mit der (sie wählenden) Muttergesellschaft, deren Weisungen unter dem Vorbehalt der Einhaltung von (zwingendem) Recht und guten Sitten sowie der Statuten zu befolgen. Im Gegenzug verpflichtet sich die Muttergesellschaft zur Schadloshaltung, vorbehältlich einer absichtlichen oder grob fahrlässigen Pflichtverletzung. 39

e) Besonderes Augenmerk ist der **Berichterstattungspflicht** zu widmen, wobei die Information sich nicht auf die eigene Gesellschaft beschränken, sondern – zumindest im Grundsätzlichen – den Konzern als Ganzes erfassen sollte. Auch dies wird in den Organisationsreglementen kaum angesprochen, kann aber Teil des Mandatsvertrages sein. 40

f) Erwähnt sei, dass für die (seltenen) Tochtergesellschaften, deren Aktien **börsenkotiert** sind, zusätzliche Offenlegungsregeln gelten: 41

– Nach OR 663c sind die bedeutenden Aktionäre und ist damit die Konzernobergesellschaft im Anhang der Bilanz zu nennen[44], eine Bestimmung, die inzwischen durch die weitergehende und vor allem zeitnäher greifende börsenrechtliche Offenlegungspflicht gemäss BEHG 20 überholt ist. 42

– Nach OR 663b^{bis} I Ziff. 2 sind sodann im Anhang der Bilanz Vergütungen offenzulegen, die an mit der Geschäftsführung betraute Personen bezahlt wurden, wozu u.E.[45] auch Konzernleitungsmitglieder gehören. 43

---

[43] Zum Problem vgl. P. FORSTMOSER: Interessenkonflikte von Verwaltungsratsmitgliedern, in: Liber amicorum Schulin (Basel 2002) 9 ff.
[43a] Vgl. die in Anm. 1 zit. Lit., insb. etwa VON BÜREN 169 ff.
[44] Dazu etwa WATTER/MAIZAR in BSK zu OR 663c N 14 ff.; BÖCKLI, *Aktienrecht* § 8 N 661 ff.; FORSTMOSER/MEIER-HAYOZ/NOBEL § 39 N 9, wobei die dortige Kritik an der Unzuverlässigkeit der Angaben überholt ist, da den Gesellschaften nun aufgrund der börsenrechtlichen Meldepflichten die erforderlichen Informationen zur Verfügung stehen (BEHG 20).
[45] Entgegen der einschränkenden Präzisierung im Gesetzestext («Geschäftsleitung»).

IV. Delegation von Kompetenzen an eine Managementgesellschaft insbesondere[46]

44 a) Neben einer Übertragung von Funktionen «nach oben», an die Muttergesellschaft, kann auch eine «horizontale Übertragung» auf eine andere Konzerngesellschaft und insbesondere eine **Managementgesellschaft** erfolgen, und zwar direkt durch die Gesellschaft selbst[47] oder auch auf dem Umweg einer Weiterdelegation der von der Muttergesellschaft usurpierten Kompetenzen[48].

45 b) **Vorbereitende, ausführende und überwachende Funktionen** im Sinne von OR 716a II können u.E. ohne Weiteres übertragen werden[49], und von selbst versteht sich, dass Dienstleistungen wie Buchführung und Abwicklung des Zahlungsverkehrs, Rechtsberatung, allgemeine Verwaltung u.a. von einer Konzerngesellschaft genauso gut bezogen werden können wie von einem externen Dritten. Bei der Übertragung von **geschäftsleitenden Funktionen** durch die Gesellschaft stellen sich die allgemeinen Fragen einer Delegation an Dritte. Insbesondere ist an die Problematik, aber auch allfällige Zweckmässigkeit einer Delegation von Aufgaben aus der Liste von OR 716a I zu erinnern. Inwieweit die Muttergesellschaft Geschäftsführungsaufgaben an eine Managementgesellschaft weiterübertragen darf, ist umstritten[50]. Es stellen sich hier die gleichen Fragen wie bei der Delegation unübertragbarer Aufgaben durch die Gesellschaft selbst, und es kann auf die Ausführungen dazu verwiesen werden[51].

---

[46] Vgl. dazu v.a. RUEPP *passim,* insb. 86 ff., wobei zu erwähnen ist, dass RUEPP mit Bezug auf die Zulässigkeit der Delegation an eine Managementgesellschaft eine restriktive Haltung einnimmt; D. KÜPFER: Geschäftsführung durch juristische Personen (Diss. Basel, soll 2011 erscheinen). Vgl. ferner P. FORSTMOSER: Horizontale Integration im Konzern, in: FS Druey (Zürich 2002) 383 ff.; WATTER/ROTH PELLANDA in BSK zu OR 716b N 12; BÖCKLI, *Aktienrecht* § 13 N 558 und HOMBURGER N 759.

[47] Dazu RUEPP 123 ff.
[48] Dazu RUEPP 77 ff.
[49] Vgl. FORSTMOSER (zit. Anm. 46) 393.
[50] Nach RUEPP 77 ff., 153 darf der Verwaltungsrat der Obergesellschaft «keine organschaftlichen Konzernleitungsaufgaben an die Managementgesellschaft delegieren». Kritisch – wegen der Gefahr einer «Abkoppelung» und Verselbständigung der Führungsfunktion – auch BÖCKLI, *Aktienrecht* § 13 N 558. Die Gegenposition wird durch AMSTUTZ N 585 eingenommen: Danach käme «ein managerialer Eingriff in die Tagesgeschäfte [durch die Konzernleitung] einer Verschleuderung von Gesellschaftsmitteln gleich», was rechtlich bedeute, «dass die Verwaltung der Mutter zur konzernweiten Delegation sämtlicher delegierbarer Aufgaben *verpflichtet* ist»; mit Hinweis auf DRUEY in ZSR *1999* II 173 ff., 361 N 163.
[51] Vorn N 5 ff.

c) In den Organisationsreglementen hat die «Seitwärtsdelegation», soweit ersichtlich, keinen Niederschlag gefunden. Vielmehr findet sich die Regelung – wenn sie überhaupt in einem einschlägigen Dokument systematisch erfolgt – in einem **Mandatsvertrag**.

d) Die (seltenen) börsenkotierten Tochtergesellschaften müssen im Anhang ihrer Bilanz bei einer Delegation von Geschäftsführungsfunktionen an eine Managementgesellschaft über die **Vergütung** der dort für die Tochtergesellschaft Tätigen Bericht erstatten[52].

e) Am Rande sei erwähnt, dass durch die Volksinitiative «gegen die Abzockerei» (Initiative Minder) die Übertragung von Geschäftsführungsfunktionen an Managementgesellschaften untersagt werden soll[53].

V. Delegation von Kompetenzen an Dritte ausserhalb des Konzerns insbesondere[54]

a) In der Praxis werden gelegentlich auch Kompetenzen an **aussenstehende Dritte** delegiert. So können für einzelne Elemente der Geschäftsführung spezialisierte Drittunternehmen nicht nur beratend beigezogen, sondern auch mit Entscheidungskompetenz ausgestattet werden. In besonderen Situationen – vor allem in Sanierungsfällen – wird ausnahmsweise die **Geschäftsführung als Ganzes** an einen aussenstehenden Dritten – eine natürliche oder eine juristische Person – übertragen.

b) Wiederum: Soweit die Übertragung nur **vorbereitende, ausführende und überwachende Elemente** im Sinne von OR 716a II betrifft, ist sie u.E. unproblematisch und auch nicht an besondere Formvorschriften gebunden. Immerhin ist für die Berichterstattung Sorge zu tragen[55], wobei zu beachten ist, dass die Orientierung durch aussenstehende Dritte stärker zu formalisieren ist als die durch unterstellte Mitarbeitende.

U.E. ist auch eine Delegation von **Geschäftsführungsaufgaben** im Sinne von OR 716b II an Dritte grundsätzlich **zulässig**[56], aber nur bei Einhaltung der allgemein zu beachtenden Formvorschriften, d.h. aufgrund einer statutari-

---

[52] Vgl. OR 663b^{bis} I Ziff. 2.
[53] BBl *2009* 299 ff., 304; vgl. den Vorschlag für einen neuen Art. 95 III BV, lit. b) a.E.: «Die Führung der Gesellschaft kann nicht an eine juristische Person delegiert werden.»
[54] Vgl. dazu KRNETA N 1709 ff., 1714; BÖCKLI, *Aktienrecht* § 13 N 559; ISELI N 185.
[55] Vgl. OR 716a II.
[56] Vgl. die Ausführungen vorn N 5 ff.

schen Delegationsnorm und ihrer Umsetzung im Organisationsreglement[57]. Es ist dies aber **umstritten**[58], und es wird auch mit Recht darauf hingewiesen, dass die gesetzliche Ordnung nicht auf ein solches *Outsourcing* der Geschäftsführung zugeschnitten ist[59]. In Situationen, in denen sich der Verwaltungsrat überfordert fühlt, kann eine umfassende Delegation an Dritte indes zweckmässig sein, wozu freilich wieder zu entgegnen ist, dass der Verwaltungsrat in der Lage sein müsste, auch in aussergewöhnlichen Situationen das Zepter in der Hand zu behalten, und dass – wenn er dazu nicht fähig ist – eine personelle Umgestaltung des Verwaltungsrats die richtige Massnahme wäre. Aufgrund der allgemeinen Sorgfaltspflicht sollte die Delegation der Geschäftsführung oder von Teilen derselben an Dritte jedenfalls nur ausnahmsweise und **vorübergehend** erfolgen.

52 c) Aussenstehende Dritte können – wenn ihnen Organfunktionen übertragen werden – zu **faktischen Organen** werden. Sie unterstehen dann den aus der Sorgfaltspflicht von OR 717 abgeleiteten Organpflichten[60] und der aktienrechtlichen Verantwortlichkeit nach OR 754[61]. Beim Verwaltungsrat der Gesellschaft verbleibt – mindestens – die Pflicht zur sorgfältigen «Auswahl, Unterrichtung und Überwachung» gemäss OR 754 II, wozu auch die Sicherstellung einer angemessenen Berichterstattung gehört.

VI. Exkurs: Verantwortlichkeit[62]

53 Zur verantwortlichkeitsrechtlichen Situation ist kurz und vereinfacht Folgendes festzuhalten:

54 – Wenn der Verwaltungsrat zu Recht (und unter Beachtung allfälliger Formerfordernisse) an – konzernverbundene oder unabhängige – Dritte delegiert, dann haftet er nur (aber immerhin) für die sorgfältige Auswahl der Delegationsempfänger sowie für ihre Instruktion und Überwachung[63].

---

[57] OR 716b I.
[58] Vgl. etwa HOMBURGER N 759; ISELI N 185.
[59] BÖCKLI, *Aktienrecht* § 13 N 559, vgl. auch ISELI N 185. So kann etwa die beim delegierenden Verwaltungsrat verbleibende Überwachungspflicht nicht in gleicher Weise wahrgenommen werden wie bei einer unterstellten Person.
[60] Dazu vorn § 6 N 26.
[61] Dazu präzisierend – und einschränkend (Erfordernis einer «organtypischen» Einwirkung) – FORSTMOSER, *Verantwortlichkeit* N 661 ff.
[62] Vgl. dazu statt aller ALBERS-SCHÖNBERG (zit. Anm. 1) *passim;* BASTIAN 355 ff.; BERTSCHINGER, *Arbeitsteilung passim;* VON BÜREN (zit. Anm. 1) *passim* und FORSTMOSER, *Haftung* 89 ff.
[63] OR 754 II.

- Delegiert der Verwaltungsrat unzulässigerweise und/oder ohne Einhaltung der gesetzlich verlangten Form, bleibt er vollumfänglich in der Verantwortung und Haftung. 55

- Die Delegationsempfänger werden allenfalls faktische Organe und sind als solche persönlich verantwortlich, freilich nur im Rahmen ihres Aufgabenbereiches[64]. 56

Vgl. im Übrigen hinten § 10. 57

---

[64] FORSTMOSER, *Verantwortlichkeit* N 687.

§ 8 Grenzen der Kompetenzdelegation[1]

I. Die gesetzliche Zuweisung von unübertragbaren Aufgaben an den Verwaltungsrat

1. Das Schweizer Konzept

1 a) Das schweizerische Recht sieht eine **Kompetenzvermutung zugunsten des Verwaltungsrats** vor[2]: Alle Aufgaben, die weder gesetzlich noch statutarisch einem anderen Organ zugewiesen sind, fallen in den Kompetenzbereich des Verwaltungsrats, der denn auch – in Anlehnung an die Botschaft *1983*[3] – als «**Kompetenzauffangbecken**» bezeichnet wird[4].

2 b) Als Organ, das in der Regel – zumindest mehrheitlich – aus nebenamtlich tätigen Mitgliedern zusammengesetzt ist und das nur in grösseren Abständen tagt, ist der Verwaltungsrat freilich nicht in der Lage, die ihm zugewiesene Fülle von Aufgaben allein zu bewältigen. Er muss **delegieren**. Das Gesetz erlaubt dies[5], wobei als Delegationsempfänger – wie in den vorherigen Paragrafen gezeigt – einzelne Mitglieder des Gremiums[6], eine Geschäfts- oder Konzernleitung[7] oder auch Dritte[8] in Betracht kommen.

3 c) Gewisse **Kernkompetenzen** sind jedoch **undelegierbar**, d.h. der Verwaltungsrat muss sie als Gremium selbst wahrnehmen.

4 d) Das **Delegationsverbot** untersagt nicht nur eine Übertragung **nach unten**, an eine Geschäftsleitung, sondern ebenso eine Delegation **nach oben**, an die Generalversammlung[9]. Zwar bleibt es dem Verwaltungsrat unbenom-

---

[1] Vgl. etwa die Monografien von BASTIAN, insb. 77 ff.; BÖCKLI, *Kernkompetenzen*, insb. 21 ff. und KAMMERER insb. 138 ff.; die systematischen Darstellungen von BÖCKLI, *Aktienrecht* § 13 N 279 ff. und FORSTMOSER/MEIER-HAYOZ/NOBEL § 30 N 29 ff.; die Kommentare von HOMBURGER N 530 ff.; KRNETA N 1177 ff.; WATTER/ROTH PELLANDA in BSK zu OR 716a N 4 ff. und WATTER in BSK zu OR 721 N 2 sowie die Handbücher von BAUEN/VENTURI N 415 ff. und von MÜLLER/LIPP/PLÜSS 139 ff.
[2] OR 716 I.
[3] S. 921.
[4] So etwa von WEGMÜLLER 91 und BÖCKLI, *Aktienrecht* § 13 N 297.
[5] OR 716b.
[6] Dazu § 5 S. 59 ff.
[7] Dazu § 6 S. 125 ff.
[8] Dazu § 7 S. 140 ff.
[9] Zu den Einwirkungsmöglichkeiten der Generalversammlung im Kompetenzbereich des Verwaltungsrats vgl. nachstehend § 9 S. 207 ff.

men, die Meinung des Aktionariats einzuholen, doch haben informelle oder formelle Stellungnahmen der Aktionäre nur konsultativen Charakter[10] und weder bindende noch haftungsbefreiende Wirkung[11]. Es ist dies (auch) eine Konsequenz des **Paritätsprinzips**, das jedem der drei obligatorischen Organe der AG bestimmte Kompetenzen zwingend zuordnet[12].

2. Übersicht über die unübertragbaren Aufgaben des Verwaltungsrats

a) OR 716a (mit dem Marginale «unübertragbare Aufgaben») führt in Abs. 1 eine gehaltvolle Liste von **Kernkompetenzen** auf, die jeder Verwaltungsrat eigenständig wahrnehmen muss.

b) Die in den sieben Ziffern von OR 716a I aufgeführte Liste sollte nach der Absicht des Gesetzgebers vollständig und abschliessend sein[13]. Dies ist aber nicht gelungen: Im Aktienrecht des **OR** verstreut finden sich weitere unübertragbare Verwaltungsratsaufgaben, und diese werden noch ergänzt durch Pflichten, die in **Spezialgesetzen** verankert sind.

3. Die Reichweite der Unübertragbarkeit

a) Die unübertragbaren Aufgaben sind vom **Verwaltungsrat in seiner Gesamtheit** zu erfüllen[14]; das einzelne Mitglied ist nur indirekt Adressat.

b) Die Unübertragbarkeit beschränkt sich auf die Entscheidfindung und den Entscheid an sich; die Vorbereitung, die Ausführung sowie die Überwachung können delegiert werden[15, 16].

---

10 Zur Möglichkeit und Tragweite von Konsultativabstimmungen neuestens umfassend ISLER 37 ff.
11 Vgl. etwa FORSTMOSER/MEIER-HAYOZ/NOBEL § 30 N 72; FORSTMOSER, *Eingriffe* 169 ff.; M.-T. MÜLLER: Unübertragbare und unentziehbare Verwaltungsratskompetenzen und deren Delegation an die Generalversammlung, AJP *1992* 784 ff.; HOMBURGER N 524 ff.
12 Dazu vorn § 1 N 18 ff., zu den unübertragbaren Kompetenzen der Generalversammlung vgl. insb. OR 698 II, zu denen der Revisionsstelle OR 728a ff. und OR 729a ff.
13 Vgl. KAMMERER 137 (mit weiteren Hinweisen), 198; HOMBURGER N 633 ff.; ROTH PELLANDA N 505.
14 Dies im Sinne des Prinzips der Gesamtgeschäftsführung, vgl. dazu vorn § 3.
15 OR 716a II.
16 Bezüglich der Überwachung ist freilich einschränkend darauf hinzuweisen, dass OR 716a I Ziff. 5 die «Oberaufsicht» dem Verwaltungsrat unübertragbar zuweist, weshalb Kontrollaufgaben nicht vollständig delegierbar sind.

9   c) Nach herrschender und u.E. richtiger Lehre ist der Katalog der unübertragbaren Aufgaben **eng auszulegen**[17, 18]. Es entspricht dies der Idee der Gestaltungsfreiheit, die das schweizerische Aktienrecht prägt, und drängt sich schon deshalb auf, weil die dem Verwaltungsrat zugewiesenen Aufgaben auch in einem engen Verständnis noch immer das Maximum dessen darstellen, was von einem nebenamtlich tätigen Organ vernünftigerweise erwartet werden kann.

10 d) Der **konkrete Gehalt** einer undelegierbaren Aufgabe ist **individuell** nach Art und Ausgestaltung einer AG zu bestimmen, und er ist **dynamisch den jeweiligen Verhältnissen anzupassen**[19]:

11 – Bei Grossunternehmen ist naturgemäss eine Übertragung von Aufgaben weit umfassender zuzulassen als in kleinen, übersichtlichen Verhältnissen[20].

12 – An ein professionelles und hochqualifiziertes Management kann mehr delegiert werden als an solche Mitarbeitende, deren fachliche oder gar charakterliche Qualifikationen nicht über alle Zweifel erhaben sind[21].

---

[17] DOMENICONI/VON DER CRONE in SZW *2008* 516; BÄRTSCHI 251; WATTER 192.

[18] Hierzu ist eine **Warnung** angebracht: Das Bundesgericht hat in einer – u.E. weltfremden und mit der gesetzlichen Ordnung schwer zu vereinbarenden, aber konstanten – Praxis zur persönlichen Haftung der Verwaltungsratsmitglieder für die Bezahlung von **Sozialabgaben** die Überwachungspflicht in diesem Bereich nahezu **undelegierbar** gemacht – weit über eine «Ober»-Aufsichtspflicht hinaus: Vgl. statt aller BGE 132 III 523 (Pra 2007, Nr. 32) E. 4.5, 114 V 219 E. 3 (bestätigt in 129 V 11 E. 3); speziell für das fiduziarisch tätige Mitglied des Verwaltungsrats einer Tochtergesellschaft BGE 112 V 1. BÖCKLI, *Aktienrecht* § 13 N 572 f. und § 18 N 156a, spricht von einer «Garantiehaftung». – In neuester Zeit sind die einschlägigen Erwägungen des Bundesgerichts freilich differenzierter, vgl. die Urteile 9C_228/2008 vom 5.2.2008 und 9C_204/2008 vom 6.5.2009 sowie bereits EVG im Entscheid H 217/02 vom 23.6.2003 E. 5.2.2. – Vgl. zum Ganzen auch R. GRONER: Art. 52 AHVG – Praxis und Zweck der Arbeitgeberhaftung, SZW *2006* 81 ff.; HÄRING/HOCHSTRASSER: Verantwortlichkeit nach Art. 52 AHVG: Faktische Organstellung und Grenzen der Haftung, GesKR *2009* 246 ff.; T. NUSSBAUMER: Die Haftung des Verwaltungsrats nach Art. 52 AHVG, AJP *1996* 1071 ff.; M. REICHMUTH: Die Haftung des Arbeitgebers und seiner Organe nach Art. 52 AHVG (Zürich 2008) insb. 173 ff. Zu erinnern ist auch an die allfällige Mithaftung der Verwaltungsratsmitglieder für **Steuerforderungen**, etwa nach DBG 55 und MWSTG 15.

[19] In vielen Organisationsreglementen ist die Pflicht zu seiner periodischen Überprüfung ausdrücklich erwähnt, vgl. § 26 N 11 f.

[20] Dies anerkennt das Bundesgericht auch bei der Pflicht zur Überwachung von Sozialabgaben, wobei freilich die Latte generell zu hoch gelegt wird, vgl. die in Anm. 18 erwähnten Entscheide.

[21] Nach der Qualifikation der Delegationsempfänger richten sich auch die Instruktions- und Überwachungspflichten: Bei einer Delegation an einen ausgewiesenen Spezialisten kann von den Mitgliedern des Verwaltungsrats – soweit sie Generalisten sind – bezüglich der Instruktion nicht allzu viel erwartet werden, vgl. etwa KAMMERER 225 f., m.N.

– Eine Gesellschaft in kritischer finanzieller Lage benötigt eine intensivere Finanzkontrolle[22] als eine stark kapitalisierte AG in guter wirtschaftlicher Position.

4. Exkurs: Die entscheidenden Verwaltungsratsaufgaben in der Innensicht

Empirische Studien (bei grösseren und grossen Schweizer Gesellschaften) zeigen, dass für die Verwaltungsratsmitglieder selbst im Rahmen der unübertragbaren Aufgaben drei Bereiche im Zentrum stehen: die **Strategiefindung**, die Auswahl und Beurteilung des (**Top-**)**Managements** und die **Finanzkontrolle**:

Eine Umfrage bei rund 500 Schweizer Verwaltungsratsmitgliedern mit insgesamt 1275 Mandaten aus dem Jahr 1983[23] ergab folgende Rangliste: 1. Auswahl neuer Führungskräfte für die oberste Führungsebene, 2. Durchsetzung einer strategischen Planung, 3. Sicherstellen der Nachfolgeplanung auf Stufe Geschäftsleitung, 4. Bewältigen von Krisensituationen und 5. Genehmigung und Kontrolle der Einhaltung von Unternehmensstrategie, Budgets und Investitionsprojekten.

Ein Vierteljahrhundert später zeigt die u.W. neueste Studie[24] ähnliche Resultate: Als **wichtigste Aufgaben** wurden bezeichnet: 1. *defining strategic goals*, 2. *questioning the chosen strategy*, 3. *evaluating the management*, 4. *supervising people managing the company* und 5. *monitoring financial activities (financial control)*[25]. Als **wenig wichtig** werden die in OR 716a I aufgeführten **administrativen Aufgaben** beurteilt: die Ausgestaltung des Rechnungswesens, die Erstellung des Geschäftsberichts und die Vorbereitung der Generalversammlung[26].

* * *

Im Folgenden wird zunächst auf die **unübertragbaren Kernaufgaben gemäss OR 716a I** eingegangen (Ziff. II, N 18 ff.), dann auf **weitere unübertragbare Aufgaben**, die sich aus dem **OR** ergeben (Ziff. III, N 98 ff.), und schliesslich auf in **weiteren Gesetzen** vorgesehene unübertragbare Aufgaben (Ziff. IV,

---

[22] Etwa durch wöchentliche Rapporte zur Liquidität, über welche in normalen Zeiten lediglich mehrmals jährlich an den Sitzungen kurz berichtet wird.
[23] Wiedergegeben bei WUNDERER 107 und bei KAMMERER 195. Bei KAMMERER 196 f. werden drei weitere Studien aus den Jahren 1985, 1994 und 1995 referiert.
[24] RÜDISSER, insb. 86 ff., basierend auf einer Umfrage von 2008.
[25] A.a.O. 118.
[26] A.a.O. 118.

N 139 ff.). Sodann werden die Möglichkeiten der **Delegation** von Vorbereitung, Ausführung und Überwachung behandelt (Ziff. V, N 161 ff.). Nach einer Würdigung des schweizerischen Konzepts (Ziff. VI, N 168 ff.) wird referiert, welchen Niederschlag dieses in der Praxis in den Organisationsreglementen findet (Ziff. VII, N 197 f.). Abschliessend wird kurz auf das mutmassliche künftige Recht eingegangen (Ziff. VIII, N 199 ff.).

II. Die unübertragbaren Aufgaben nach OR 716a I

1. Übersicht

18 OR 716a I enthält – in etwas zufälliger Gliederung – eine Liste von sieben unübertragbaren und unentziehbaren Verwaltungsratskompetenzen von sehr unterschiedlicher Tragweite[27]. Es gehören dazu – soweit nicht der Generalversammlung vorbehalten[28] – **Grundsatzentscheide** wie insbesondere die Festlegung der Strategie, **grundlegende Exekutivaufgaben** wie Regelung der Organisation, Planung und Einrichtung angemessener Kontrollen, sodann auch mehr **administrative Funktionen** wie die Erstellung des Geschäftsberichts und die Vorbereitung der Generalversammlung. Dass der wirklich unübertragbare Kern einer jeden dieser zentralen Aufgaben unterschiedlich festzulegen ist, versteht sich von selbst und ist im Folgenden für die einzelnen Aufgaben zu konkretisieren[29].

---

[27] Für eine grobe thematische Zusammenfassung vgl. vorn § 1 N 27.
[28] Vgl. dazu die Liste von OR 698 II. Die Abgrenzung ist nicht immer überzeugend: So kommt der Generalversammlung eine umfassende Entscheidungskompetenz hinsichtlich der Beschaffung von Eigenkapital zu (Entscheide oder zumindest Grundsatzentscheide betreffend Kapitalerhöhungen, Entscheid über Ausschüttungen und damit auch über den Rückbehalt von Gewinnen), während die Fremdkapitalbeschaffung allein in der Hand des Verwaltungsrats liegt, zumindest so lange, als nicht hybride Formen mit einer Eigenkapitalkomponente wie Wandel- und Optionsanleihen infrage stehen.
[29] Auch ist daran zu erinnern, dass zwischen Vorbereitung und Ausführung (für diese lässt OR 716a II eine Delegation ausdrücklich zu) einerseits und Entscheidung andererseits nur in der Theorie eine klare Grenze gezogen werden kann; in der Praxis geht es viel eher um **graduelle Abstufungen**, vgl. § 4 N 30 ff. und hinten N 165.

2. Oberleitung (Ziff. 1)[30]

a) Die zentrale unübertragbare Aufgabe des Verwaltungsrats ist die der **Ober-** 19
leitung der Gesellschaft. «Oberleitung bedeutet ein Dreifaches, nämlich Entwicklung der strategischen Ziele der Gesellschaft, Festlegung der Mittel, um diese Ziele zu erreichen, und Kontrolle der Geschäftsführungsorgane im Hinblick auf die Verfolgung der festgelegten Ziele.»[31]

b) Der Begriff der «Oberleitung» deckt weitgehend das ab, was in der Liste 20
von OR 716a I in der Folge aufgeführt ist. Sieht man von den eher administrativen Aufgaben im Verkehr mit den Aktionären ab, dann sind «[v]iele der [weiteren] aufgezählten Aufgabenbereiche ... nichts anderes als Konkretisierungen dieses Begriffes»[32].

Unübertragbar ist nur die **Oberleitung**, nicht dagegen die Leitung der Gesellschaft im Einzelnen[33]: Nur die **grundlegenden** Entscheide sind gemeint, nicht 21
die laufenden taktischen Entscheidungen der Geschäftsführung, die delegiert werden können und regelmässig zu Recht auch delegiert werden.

Im Zentrum steht – obwohl das Gesetz diesen Begriff nicht verwendet – die 22
Festlegung der **Unternehmensstrategie**[34] und der **Unternehmensziele**[35].

c) Zur Oberleitung gehört auch die **Allokation der Mittel**[36], vor allem der 23
finanziellen Ressourcen.

---

[30] Vgl. dazu etwa BASTIAN 77 ff.; BÖCKLI, *Aktienrecht* § 13 N 303 ff.; ISELI N 125 ff.; KAMMERER 138 ff.; KRNETA N 177 ff.; ferner FORSTMOSER/MEIER-HAYOZ/NOBEL § 30 N 31; MÜLLER/LIPP/PLÜSS 142 f.; WATTER/ROTH PELLANDA in BSK zu OR 716a N 4.
[31] Botschaft *1983* 921 f., in der Literatur vielfach wiederholt. Eine etwas andere Differenzierung findet sich bei BÖCKLI, *Aktienrecht* § 13 N 306.
[32] Botschaft *1983* 923.
[33] Botschaft *1983* 921; vgl. etwa ISELI N 127; HOMBURGER N 535; KRNETA N 1177. Aus betriebswirtschaftlicher Sicht ausführlich sodann D. ERNY: Oberleitung und Oberaufsicht (Diss. oec. 2000 = Beiträge des Instituts für Rechnungswesen und Controlling der Universität Zürich 11) 123 ff.
[34] Vgl. ausführlich ERNY (zit. Anm. 33) 133 ff. Zur – für die rechtliche Beurteilung wenig ergiebigen – Diskussion über die Terminologie vgl. HOMBURGER N 536.
[35] Und zwar nicht in allen Einzelheiten, wohl aber so genau, dass sich daraus klare Leitlinien für die Geschäftsführung ergeben; vgl. etwa ROTH PELLANDA N 463 ff.
[36] Dazu ISELI N 133 ff.

24 d) Schliesslich ist eine angemessene **Kontrolle** sicherzustellen[37], wozu sich in OR 716a I Konkretisierungen finden, die freilich weder umfassend noch besonders kohärent sind[38].

25 e) Umgesetzt werden die Oberleitung und vor allem die strategischen Entscheidungen kraft der in OR 716a I Ziff. 1 ebenfalls erwähnten «**Erteilung der nötigen Weisungen**», an welche die Geschäftsleitung gebunden ist. Darunter fallen etwa «reglementarische Anordnungen generell-abstrakter Natur ... und schriftliche oder mündliche Instruktionen»[39], wobei wichtigere Weisungen durchwegs in Schriftform erfolgen, sei es generell-abstrakt in Reglementen (einschliesslich des Organisationsreglements) und Pflichtenheften oder individuell-konkret in protokollierten Verwaltungsratsbeschlüssen.

26 Eine Konkretisierung der Pflicht zur Erteilung von Weisungen bildet die in Ziff. 2 verankerte Organisationspflicht. Das Gesetz spricht von den «nötigen» Weisungen, was als **Recht, sich auf das Grundsätzliche zu beschränken** und dabei die **konkreten Umstände**[40] zu berücksichtigen, zu verstehen ist.

27 f) In den letzten Jahren ist das **Risiko-Management** auf dem Radarschirm des Gesetzgebers aufgetaucht. Unbestritten ist, dass damit (auch) eine zentrale und im Kern unübertragbare Aufgabe des Verwaltungsrats angesprochen ist, obwohl sie nicht Eingang in den Katalog der unübertragbaren Aufgaben gefunden hat und vielmehr nur verschämt und indirekt im Gesetz zur Sprache kommt: nämlich in der Pflicht des Verwaltungsrats, im Anhang der Jahresrechnung über die «Durchführung einer Risikobeurteilung» zu berichten[41], und in der Pflicht der Revisionsstelle, im Rahmen der ordentlichen Revision zu prüfen, ob «ein internes Kontrollsystem existiert»[42]. Die Auseinandersetzung mit den Unternehmensrisiken war – auch dies ist offenkundig – seit jeher eine unübertragbare Aufgabe des Verwaltungsrats. Allenfalls wird man die Pflicht zur Risikobeurteilung unter die Oberleitungspflicht subsumieren,

---

[37] Dazu ausführlich ERNY (zit. Anm. 33) 124 ff.
[38] Vgl. Ziff. 3: «Finanzkontrolle»; Ziff. 5: Oberaufsicht «im Hinblick auf die Befolgung der Gesetze, Statuten, Reglemente und Weisungen».
[39] WATTER/ROTH PELLANDA in BSK zu OR 716a N 5; ausführlich KRNETA N 1194 ff. und HOMBURGER N 544 ff.
[40] Wird an einen ausgewiesenen Fachmann delegiert, dann können sich die Weisungen auf die Umschreibung der Aufgabe beschränken.
[41] OR 663b Ziff. 12, dazu etwa MOSER/STENZ: Angaben über die Durchführung einer Risikobeurteilung, ST *2007* 591 ff.; die Pflicht zur Risikobeurteilung wird also vorausgesetzt. Vgl. auch hinten N 69, 126 f.
[42] OR 728a I Ziff. 3. Wiederum ergibt sich daraus nur implizit, dass ein internes Kontrollsystem (IKS) zumindest bei grösseren Gesellschaften erforderlich ist.

während die Aufgabe, für ein Kontrollsystem zu sorgen, in der Pflicht zur Finanzkontrolle[43] zumindest mit einem wichtigen Element aufscheint.

g) Durch die Oberleitungspflicht im Allgemeinen und die Pflicht zur Erteilung von Weisungen im Besonderen wird klargestellt, dass der Verwaltungsrat eine **zukunftsgerichtete Führungstätigkeit** auszuüben hat, sich also weder mit blossen Kontrollen noch mit der Entscheidung «in Angelegenheiten ..., die ihm von Geschäftsleitungsorganen vorgetragen oder vorgelegt werden», begnügen darf[44]. 28

3. Festlegung der Organisation (Ziff. 2)[45]

a) Ein wesentliches Element der Oberleitungsfunktion ist der Entscheid über die **organisatorischen Grundlagen** der AG. «Die hierarchische Struktur ist festzulegen, Aufgaben sind zuzuweisen und abzugrenzen, Berichterstattung und Kontrolle müssen sichergestellt werden.»[46] 29

b) Zu bestimmen ist zunächst die **Führungsstruktur des Unternehmens**[47]: Welche Kompetenzen will der Verwaltungsrat in der Hand behalten, was will er delegieren, an wen[48]? Entscheidungsfreiheit hat der Verwaltungsrat diesbezüglich freilich nur insoweit, als die Statuten eine Kompetenzdelegation zulassen[49]. 30

c) Im Weiteren hat der Verwaltungsrat seine **eigene Organisation und Arbeitsweise** zu regeln[50]. Nach herrschender und u.E. zutreffender Ansicht ist (auch) in dieser Hinsicht die Kompetenz des Verwaltungsrats nicht nur unübertragbar, sondern – dem Wortlaut von OR 716a I entsprechend – auch unentziehbar: Die Generalversammlung «hat keine Möglichkeit, statutarisch dem VR seine Organisation und Arbeitsweise vorzuschreiben»[51]. Abzulehnen ist u.E. die gelegentlich vertretene Auffassung, OR 716a I Ziff. 2 beziehe sich «nur auf die Organisation der Gesellschaft bei Delegation von Organkompe- 31

---

[43] OR 716a I Ziff. 3.
[44] KAMMERER 145, mit Hinweisen.
[45] Vgl. BASTIAN 90 ff.; BÖCKLI, *Aktienrecht* § 13 N 318 ff.; HOMBURGER N 550 ff.; ISELI N 90 ff.; KAMMERER 147 ff.; WATTER/ROTH PELLANDA in BSK zu OR 716a N 9 ff.; ferner FORSTMOSER/MEIER-HAYOZ/NOBEL § 30 N 34 ff. und KRNETA N 1205 ff., 1219 ff.
[46] FORSTMOSER/MEIER-HAYOZ/NOBEL § 30 N 34.
[47] Vgl. KAMMERER 151 f. und WATTER/ROTH PELLANDA in BSK zu OR 716a N 10.
[48] Dazu ausführlich §§ 3–7 hievor.
[49] OR 716b I, dazu ausführlich § 9 N 20 ff.
[50] Vgl. HOMBURGER N 554; KAMMERER 153 ff.; KRNETA N 1220, mit weiteren Hinweisen.
[51] KRNETA N 1220; ebenso etwa FORSTMOSER/MEIER-HAYOZ/NOBEL § 30 N 36 und § 29 N 30; KAMMERER 153; TANNER N 104 zu OR 698; vgl. auch hinten § 9 N 44 ff.

tenzen ..., nicht aber auf die Konstituierung des Verwaltungsrats»[52]. Diese Meinung findet weder im Wortlaut noch im Sinn des Gesetzes eine Stütze, und es ist nicht einzusehen, weshalb gerade die Organisation des eigenen Gremiums dem Verwaltungsrat nicht unentziehbar zustehen sollte[53, 54].

32   d) Weiter zu regeln ist – immer im Rahmen der statutarisch eingeräumten Delegationskompetenz – die **Organisation** der dem Verwaltungsrat direkt unterstellten Hierarchiestufe, der **Geschäftsleitung, Direktion oder Konzernleitung**. Für tiefer angesiedelte Stellen kann der Verwaltungsrat ebenfalls organisatorische Regeln aufstellen, doch muss er dies nicht tun[55] und ist dies in der Regel auch nur begrenzt sinnvoll[56]. Auch auf der Ebene der Geschäfts- oder Konzernleitung kann sich der Verwaltungsrat – im Sinne der Stufengerechtigkeit – auf das Grundsätzliche beschränken; die Ausgestaltung der Detailorganisation gehört nicht zu seinen unübertragbaren Aufgaben[57].

33   e) Zu regeln ist jedoch stets die **Berichterstattung**[58]. Grundsätzlich besteht **kein Formerfordernis,** doch ist Schriftlichkeit[59] die Regel und schon deshalb zu empfehlen, weil der Verwaltungsrat auf diese Weise den Nachweis erbringen kann, seiner Organisationspflicht nachgekommen zu sein[60]. Zweckmässig ist die Verankerung der Grundlagen im **Organisationsreglement.** «Dieses kann ergänzt und konkretisiert werden durch Pflichtenhefte, Organigramme, Funktionendiagramme, Stellenbeschreibungen, die Bestandteil des Organisationsreglements sein, aber auch getrennt erlassen werden können»[61]. Die

---

[52] So EHRAT 791 Anm. 33.
[53] Gl.M. mit ausführlicher Begründung und Hinweisen auf die (damalige) Handelsregisterpraxis KAMMERER 147 ff., 153 ff. Vgl. auch KRNETA N 1206 f., 1220. Zu den Möglichkeiten der Einflussnahme der Generalversammlung vgl. hinten N 34 ff. und ausführlich § 9 N 20 ff. – Eine Aufstellung von Befürwortern und Gegnern der organisatorischen Autonomie des Verwaltungsrats findet sich bei BÖCKLI, Aktienrecht § 13 Anm. 253.
[54] Die Organisationsautonomie des Verwaltungsrats steht auch im Einklang mit seiner persönlichen Verantwortlichkeit, vgl. dazu § 10.
[55] BÖCKLI, Aktienrecht § 13 N 319a; FORSTMOSER/MEIER-HAYOZ/NOBEL § 30 N 34; KRNETA N 1211; WATTER/ROTH PELLANDA in BSK zu OR 716a N 11.
[56] Mit einer Ausnahme allenfalls für die **der Geschäftsleitung direkt untergeordnete Hierarchiestufe,** für die der Verwaltungsrat Grundsätze aufstellen oder zumindest seine Genehmigungskompetenz vorbehalten mag.
[57] BÖCKLI, Aktienrecht § 13 N 320.
[58] OR 716b II, dazu ausführlich § 4 N 49 ff.
[59] Ergänzt durch die mündliche Berichterstattung und Kommentierung in den Verwaltungsratssitzungen.
[60] WATTER/ROTH PELLANDA in BSK zu OR 716a N 12.
[61] FORSTMOSER/MEIER-HAYOZ/NOBEL § 30 N 37.

Ordnung in einem Organisationsreglement wird insoweit zwingend verlangt, als der Verwaltungsrat **Geschäftsführungskompetenzen delegieren** will[62].

f) Die gesetzliche Ordnung lässt dem Verwaltungsrat **grosse Freiheit**[63]. Nach nicht ganz unbestrittener, aber u.E. richtiger und herrschender Ansicht darf die Generalversammlung in die Organisation des Verwaltungsrats und der ihm unterstellten Organe nicht eingreifen[64]. Statutarische Bestimmungen über die Anzahl jährlicher Verwaltungsratssitzungen oder über die Beschlussfassung im Verwaltungsrat, wie sie gelegentlich anzutreffen sind, sind daher u.E. unwirksam. Einfluss nehmen kann die Generalversammlung – durch die Statuten – nur in zweierlei Hinsicht: 34

– Sie kann bestimmen, ob und in welchem Umfang die Geschäftsführung durch den Verwaltungsrat **delegiert** werden darf[65]. 35

– Sie kann die **Grösse** des Verwaltungsratsgremiums festlegen[66]. 36

g) In der Literatur wird zu Recht betont, dass die einmal gewählte Organisation regelmässig zu **überprüfen** und gegebenenfalls an geänderte Verhältnisse **anzupassen** ist[67]. Es empfiehlt sich dafür ein *reminder* im Organisationsreglement[67a]. 37

4. Planung (Ziff. 3)[68]

a) Das Gesetz erwähnt nur **einen** Aspekt der Planung, nämlich die **Finanzplanung**[69]. Dementsprechend befasst sich die Lehre – soweit ersichtlich – ebenfalls schwergewichtig mit diesem – besonders wichtigen – Gesichtspunkt. 38

---

[62] OR 716b I, dazu § 4 N 20 ff.
[63] Vgl. WATTER/ROTH PELLANDA in BSK zu OR 716a N 12: Zwingend verlangt ist nur die Bestellung eines Präsidenten und die Ernennung eines Sekretärs. Indirekt können sich Auflagen aus anderen gesetzlichen Pflichten ergeben, etwa hinsichtlich der Organisation des Verwaltungsrats selbst aus der Protokollierungspflicht gemäss OR 713 III; vgl. BÖCKLI, Aktienrecht § 13 N 101.
[64] S. vorn N 31.
[65] OR 716b I, dazu § 9 N 20 ff.
[66] Es ist dies freilich nicht unbestritten, ergibt sich aber u.E. aus der Wahlkompetenz der Generalversammlung. Wenn die Generalversammlung beschliessen kann, welche Personen sie wählen will, dann muss sie auch allgemein festlegen können, wie viele zu wählen sind; gl.M. HOMBURGER N 554a.
[67] BÖCKLI, Aktienrecht § 13 N 336; KAMMERER 152; KRNETA N 1224 ff.; WATTER/ROTH PELLANDA in BSK zu OR 716a N 14.
[67a] S. § 18 N 72 f. und § 26 N 11 f.
[68] Vgl. die zur Finanzverantwortung in Anm. 83 angeführte Lit.
[69] OR 716a I Ziff. 3.

39 b) Allerdings gehört zur Oberleitung als prospektives Element die **Planung schlechthin,** neben der Finanzplanung also auch etwa die Planung von Produktion und Vertrieb, die personelle Planung[70] (einschliesslich der Nachfolgeplanung) und die Planung der künftigen organisatorischen Strukturen[71].

40 c) Wie allgemein bei den unübertragbaren Aufgaben geht es auch bei der Finanz- und sonstigen Planung nicht darum, dass der Verwaltungsrat die Grundlagen selbst erarbeitet, sondern vielmehr um eine kritische Auseinandersetzung mit den Vorschlägen der Geschäftsleitung und deren Genehmigung oder Zurückweisung. Auch kann sich der Verwaltungsrat auf das Grundsätzliche konzentrieren.

5. Personelles (Ziff. 4)[72]

41 a) Die Generalversammlung kann zwar den Verwaltungsrat statutarisch dazu zwingen, die Geschäftsführung als Gesamtorgan selbst wahrzunehmen, indem sie es unterlässt, in die Statuten eine Ermächtigung zur Delegation aufzunehmen[73]. Ist aber die Delegation der Geschäftsführung gestützt auf eine statutarische Klausel erlaubt und macht der Verwaltungsrat von dieser Möglichkeit Gebrauch, dann muss er «die Verantwortung dafür übernehmen, dass sie [die Geschäftsführung] durch kompetente Personen ausgeübt wird»[74]. Konsequenterweise ist auch diese Funktion dem Verwaltungsrat unübertragbar und unentziehbar zugewiesen: Die Generalversammlung hat keine Möglichkeit, die Bestellung der Geschäftsleitung oder etwa ihres Vorsitzenden selbst vorzunehmen[75]. Und der Verwaltungsrat kann diese Aufgabe nicht an eines seiner Mitglieder oder gar an Dritte delegieren.

42 b) Unübertragbar ist jedoch nur die Bestellung der **obersten Hierarchiestufe:** «Geschäftsführer [im Sinne von OR 716a I Ziff. 4] ist, wer auf der Kommandobrücke der Gesellschaft steht. In Grossgesellschaften ernennt der Verwal-

---

[70] Diese auch als Voraussetzung der unabdingbaren Pflicht, die Geschäftsleitung zu berufen, OR 716a I Ziff. 4.
[71] Als Teil der Organisationsverantwortung, OR 716a I Ziff. 2.
[72] Vgl. BASTIAN 109 ff.; BÖCKLI, *Aktienrecht* § 13 N 355 ff.; FORSTMOSER/MEIER-HAYOZ/NOBEL § 30 N 46 ff.; HOMBURGER N 573 ff.; KAMMERER 174 ff.; KRNETA N 1260 ff.; N. TURIN: Aspekte einer neuen Interpretation von Art. 716a Abs. 1 Ziff. 4 OR, REPRAX 1/1999 42 ff.; WEGMÜLLER 100 ff.
[73] OR 716b I, dazu § 9 N 23.
[74] Botschaft *1983* 922.
[75] BÖCKLI, *Aktienrecht* § 13 N 357.

tungsrat nur die oberste Geschäftsleitung, welche die ihr untergebenen Stellen besetzt»[76].

In kleineren Gesellschaften behält sich der Verwaltungsrat freilich nicht selten die Ernennung auch der unteren Chargen vor, und in grösseren ist es verbreitet, dass zwar die Geschäftsleitung bzw. der CEO die übrigen geschäftsführenden Personen ernennt, jedoch verbunden mit einem **Genehmigungsvorbehalt oder Vetorecht** zugunsten des Verwaltungsrats.

OR 716a I Ziff. 4 erwähnt als unübertragbare Aufgabe auch die Ernennung und Abberufung der mit der **Vertretung** betrauten Personen, eine Bestimmung, die durch OR 721 – Ernennung von Prokuristen und anderen Bevollmächtigten durch den Verwaltungsrat – noch verstärkt wird. Es fragt sich, ob dadurch die Einräumung der Zeichnungsberechtigung ausschliesslich dem Verwaltungsrat vorbehalten ist. Es war dies die Ansicht des Gesetzgebers und auch herrschende Lehre in den ersten Jahren nach Einführung des revidierten Rechts. Heute wird dagegen der Wortlaut von OR 716a I Ziff. 4 nicht mehr zum Nennwert genommen[77].

c) Mit ihrer Ernennung verbunden ist die in OR 716a I Ziff. 5 verankerte «**Oberaufsicht** über die mit der Geschäftsführung betrauten Personen»[78, 79]. Diese *cura in custodiendo* ist – neben der mit der Ernennung verbundenen *cura in eligendo*, der Sorgfalt in der Auswahl – die zweite der dem Verwaltungsrat im Falle einer Delegation von Aufgaben verbleibenden Sorgfaltspflichten[80]. Die dritte Pflicht, die *cura in instruendo*[81], wird der Verwaltungsrat dagegen oft kaum wahrnehmen können oder müssen, da die aufgrund ihrer besonderen Ausbildung und Erfahrung ausgewählten Geschäftsleitungsmitglieder in ihrem Aufgabenbereich den Mitgliedern des Verwaltungsrats überlegen oder zumindest ebenbürtig sein dürften und daher von diesen nicht «instruiert» zu werden brauchen.

d) Neben der Ernennung liegt auch die **Abberufung** in der unübertragbaren und unentziehbaren Kompetenz des Verwaltungsrats. Dieser Aspekt wird in OR 726 I nochmals aufgenommen[82].

---

[76] Botschaft *1983* 922; vgl. auch etwa BÖCKLI, *Aktienrecht* § 13 N 356; WEGMÜLLER 102; KRNETA N 1262; und präzisierend FORSTMOSER/MEIER-HAYOZ/NOBEL § 30 N 46.
[77] S. nachstehend N 105 ff.
[78] Hervorhebung hinzugefügt.
[79] Dazu nachstehend N 57 ff.
[80] OR 754 II.
[81] Instruktions- und Ausbildungspflicht.
[82] Vgl. dazu nachstehend N 109.

6. Finanzverantwortung (Ziff. 3)[83]

47 a) Die Pflicht zur **finanziellen Führung** – auch sie im Sinne einer Oberleitungspflicht[84] – ist in letzter Zeit im Zusammenhang mit der Corporate-Governance-Diskussion zunehmend zu einem zentralen Aspekt der Arbeit des Verwaltungsrats geworden[85]. Das Gesetz erwähnt drei Aspekte: Ausgestaltung des Rechnungswesens, Finanzkontrolle und Finanzplanung[86].

48 b) Der Verwaltungsrat ist zuständig für die Ausgestaltung des **Rechnungswesens** als einem – in den Worten der Botschaft 1983 – «wichtigen Informationsinstrument und Führungsmittel»[87], [88].

49 Das Rechnungswesen soll eine jederzeitige finanzielle Standortbestimmung ermöglichen[89] und «zeitgerecht die Liquiditäts-, Ertrags- und Vermögensveränderungen zum Ausdruck bring[en]»[90]. Es hat den Grundsätzen einer ordnungsmässigen Rechnungslegung[91] zu genügen.

50 Zum Rechnungswesen gehört insbesondere die **Finanzbuchhaltung**, also die laufende Aufzeichnung der finanziellen Folgen der Geschäftätigkeit und deren Abschlüsse: die Bilanz als Statusbetrachtung und die Erfolgsrechnung als Bericht über eine bestimmte Periode. In der Praxis immer häufiger und oft notwendig ist eine **Mittelflussrechnung**[92]. Zur Finanzbuchhaltung, welche die AG in ihrer Gesamtheit erfasst, können **Betriebsbuchhaltungen** für ein-

---

[83] Vgl. BASTIAN 101 ff.; BAUEN/VENTURI N 440 ff.; BÖCKLI, Aktienrecht § 13 N 340 ff.; FORSTMOSER/MEIER-HAYOZ/NOBEL § 30 N 39 ff.; HOMBURGER N 562 ff.; KAMMERER 159 ff.; KRNETA N 1227 ff.; MÜLLER/LIPP/PLÜSS 150 ff.; WATTER/ROTH PELLANDA in BSK zu OR 716a N 15 ff.; aus betriebswirtschaftlicher Sicht ERNY (zit Anm. 33) 181 ff.
[84] Dazu allgemein und ausführlich MÜLLER/LIPP/PLÜSS 150 ff.; vgl. auch etwa BÖCKLI, Aktienrecht § 13 N 340 ff.; KAMMERER 159 f.
[85] Vgl. etwa BAUEN/VENTURI N 440.
[86] Zur Formulierung des Gesetzes vgl. HOMBURGER N 561: Das Wort «Ausgestaltung» sollte sich ursprünglich nur auf das Rechnungswesen beziehen, und die Einschränkung passt insofern nicht zur «Finanzplanung», als sich der Verwaltungsrat in dieser Hinsicht nicht auf die Ausgestaltung des Verfahrens beschränken darf, sondern «die massgebenden Planentscheide selber ... treffen» muss, als Element der «Hauptaufgabe Oberleitung».
[87] A.a.O. 922.
[88] Auch diese Aufgabe kommt ihm unübertragbar und unentziehbar zu; die Generalversammlung kann die Kompetenz nicht an sich ziehen, BÖCKLI, Aktienrecht § 13 bei Anm. 942, mit Hinweisen auch auf die abweichende Meinung von BERTSCHINGER, Arbeitsteilung N 255 und AJP 2001 904 f.
[89] KAMMERER 161.
[90] KRNETA N 1230.
[91] Vgl. OR 662a II.
[92] Im künftigen Recht dürfte die Mittel- bzw. Geldflussrechnung für grössere Gesellschaften obligatorisch werden, vgl. E Aktienrecht 961b.

zelne Teilbereiche hinzukommen, ergänzend **Kostenrechnungen,** durch welche der Aufwand für bestimmte Produkte oder Leistungen bestimmt wird, sowie **Sonderrechnungen** für bestimmte Tätigkeiten und **Planungsrechnungen** als Basis für die Festlegung der unternehmerischen Ziele.

Zur «Ausgestaltung» gehören gegebenenfalls auch die allfällige **Wahl eines Rechnungslegungsstandards**[93] und die Festlegung des **Rhythmus der Berichterstattung,** der auf die Tätigkeiten der Gesellschaft, aber auch auf ihre finanzielle Lage abzustimmen ist[94]. Die Aufgabe des Verwaltungsrats ist auch hier eine solche der Oberleitung: Er ist verantwortlich für die «Ausgestaltung» des Rechnungswesens, für dessen Ordnungs- und Zweckmässigkeit, nicht aber für die Einzelheiten oder gar die Ausführungsarbeiten[95]. 51

c) Der Verwaltungsrat ist undelegierbar auch dafür verantwortlich, dass sämtliche Elemente der **Finanzkontrolle** «zweckmässig ausgestaltet und im Unternehmen effizient ausgeübt werden»[96]. Dabei geht es im Wesentlichen um einen «Soll-Ist-Vergleich mit anschliessender Abweichungsanalyse»[97] für die im Hinblick auf die finanzielle Situation und Entwicklung der Unternehmung wesentlichen Grössen. Zum Instrumentarium der Finanzkontrolle gehören insbesondere das auf der Stufe der Geschäftsleitung angesiedelte **Controlling** (als teils prospektives Element), die **Interne Revision** (Inspektorat) als wichtigster Bestandteil des internen Kontrollsystems (IKS)[98] und die Zusammenarbeit mit der **externen Revision**[99]. Aufschlussreich sind Vergleiche zwischen Perioden wie auch zwischen Budget und Realität. Für die rasche Analyse nützlich und für die Oberaufsicht oft unabdingbar sind **Kennzahlen** (etwa zu EBIT, Umsatz und Umsatzrentabilität, verschiedenen Kostenpositionen, Wertschöpfung und Margen, Eigenkapitalrendite und Ähnlichem). 52

Innerhalb des Verwaltungsrats spielt das allfällige **Audit Committee**[100] eine zentrale Rolle bei der Ausübung der Kontrollaufgaben. 53

d) Als dritten Pfeiler der Finanzverantwortung nennt das Gesetz die **Finanzplanung,** die sicherstellen soll, dass dem Unternehmen kurz-, mittel- und langfristig die zur Erreichung der Unternehmensziele erforderlichen finanziellen 54

---

93 In der Praxis kommen Swiss GAAP FER, IFRS, IFRS für KMU und US GAAP in Betracht.
94 Vgl. vorn N 13.
95 Vgl. etwa KRNETA N 1229.
96 BÖCKLI, *Kernkompetenzen* 12.
97 BÖCKLI, a.a.O.
98 Dazu nachstehend N 126.
99 Zur Abgrenzung der Begriffe «Überwachung», «Aufsicht», «Prüfung», «Revision», «Kontrolle» und «Control» (aus betriebswirtschaftlicher Sicht) GLAUS 39 ff.
100 Dazu § 5 N 84 ff.

Mittel zur Verfügung stehen[101]. Die Finanzplanung beruht auf Prognosen, wobei es zur Sorgfalt gehört, dass verschiedene Szenarien – zumindest in kritischen Situationen auch ein *Worst-case*-Szenario – durchgespielt werden.

55 Verfehlt ist die in der parlamentarischen Beratung eingefügte Einschränkung, die Finanzplanung sei Aufgabe des Verwaltungsrats nur, «sofern diese für die Führung der Gesellschaft notwendig ist»: Nach einhelliger Lehre[102] ist eine Finanzplanung bei praktisch jeder (aktiven) Gesellschaft erforderlich, als wichtiger «Teilbereich der umfassenden Unternehmensplanung»[103], die ihrerseits ein unverzichtbares Element der Oberleitung darstellt[103a].

56 e) Zur Finanzverantwortung gehört letztlich auch die in Ziff. 6 erwähnte Verantwortung für den **Geschäftsbericht**[104] bzw. dessen **Zahlenteil**, die Jahresrechnung und eine allfällige Konzernrechnung[105].

7. Kontrollaufgaben (Ziff. 3 und 5)[106]

57 a) Das Gesetz nennt in OR 716a I zwei unübertragbare Prüfungsaufgaben des Verwaltungsrats: die soeben in N 47 ff. besprochene **Finanzkontrolle** (Ziff. 3) und die **personelle Oberaufsicht** (Ziff. 5), auf die im Folgenden (N 62 ff.) einzugehen ist.

58 Prominent wird auf die Kontrollaufgaben des Verwaltungsrats im **Swiss Code** hingewiesen: Unter der Überschrift «Internes Kontrollsystem, Umgang mit Risiken und Compliance» wird gefordert:

---

[101] FORSTMOSER/MEIER-HAYOZ/NOBEL § 30 N 42; HOMBURGER N 562; KAMMERER 172.
[102] Vgl. etwa BÖCKLI, *Aktienrecht* § 13 N 341, 354; FORSTMOSER/MEIER-HAYOZ/NOBEL § 30 N 43; KRNETA N 1248; BAUEN/VENTURI N 452.
[103] MÜLLER/LIPP/PLÜSS 204.
[103a] Trotzdem soll diese Einschränkung – leicht anders formuliert – auch künftig im Gesetz bleiben, E Aktienrecht 716a I Ziff. 3, zit. vorn § 2 Anm. 17.
[104] Dazu nachstehend N 93.
[105] Vgl. OR 662 I.
[106] Zur Finanzkontrolle vgl. die in Anm. 83 aufgeführte Lit.; zur Aufsichtsfunktion allgemein und speziell zur «Oberaufsicht» im Sinne von OR 716a I Ziff. 5 vgl. BASTIAN 119 ff.; BAUEN/VENTURI N 461 ff.; BÖCKLI, *Aktienrecht* § 13 N 373 ff.; DERS. *Governance* 275 ff.; FORSTMOSER/MEIER-HAYOZ/NOBEL § 30 N 47 ff.; GLAUS insb. 53 ff.; HOMBURGER N 578 ff.; ISELI N 158 ff.; KAMMERER 182 ff.; KRNETA N 1280 ff.; MÜLLER/LIPP/PLÜSS 145; PEYER *passim*; ROTH PELLANDA N 473 ff.; WATTER/ROTH PELLANDA in BSK zu OR 716a N 23 ff.; WEGMÜLLER 121 ff.

– «Der Verwaltungsrat sorgt für ein dem Unternehmen angepasstes internes Kontrollsystem und Risiko-Management.»[107] Verlangt wird weiter eine Interne Revision.	59
– Sodann: «Der Verwaltungsrat trifft Massnahmen zur Einhaltung der anwendbaren Normen (Compliance).»[108]	60
– Zu erwähnen sind in diesem Zusammenhang auch die Aussagen des Swiss Code zum Prüfungsausschuss[109].	61
b) In personeller Hinsicht fordert das Gesetz – als Konkretisierung der allgemeinen Oberleitungspflicht[110] –, dass der Verwaltungsrat die «Oberaufsicht über die mit der Geschäftsführung betrauten Personen» wahrnimmt[111]. Verlangt wird damit – dies sei wiederholt – lediglich eine «**Ober**»-Aufsicht; die laufenden Überwachungsaufgaben können delegiert werden[112].	62
Die Oberaufsicht[113] umfasst zwei Elemente:	63
– Der Verwaltungsrat muss für geeignete **Strukturen** und **Instrumente** sorgen. Es trifft ihn damit eine **Ordnungsaufgabe** im Bereich des Aufsichtswesens.	
– Gestützt darauf muss der Verwaltungsrat sodann gewisse **Prüfungsaufgaben** wahrnehmen.	
Auch im Rahmen seiner Ordnungs- und **Organisationsfunktion** kann sich der Verwaltungsrat auf die Grundsätze konzentrieren – Einsetzung der erforder-	64

---

[107] Ziff. 19; konkret verlangt wird ein «der Grösse, der Komplexität, und dem Risikoprofil der Gesellschaft» angepasstes System, das allenfalls «auch das Risikomanagement [abdeckt]» und sich «sowohl auf finanzielle wie auf operationelle Risiken beziehen soll».

[108] Ziff. 20; auch die Funktion der Compliance soll sich auf die «Besonderheiten des Unternehmens» ausrichten. Der Verwaltungsrat soll «sich mindestens einmal jährlich darüber Rechenschaft» geben, «ob die für ihn und das Unternehmen anwendbaren Compliance-Grundsätze hinreichend bekannt sind und ihnen dauernd nachgelebt wird». Zum Begriff und Inhalt der Compliance vgl. neben dem Standardwerk von BUFF die in Anm. 116 zit. Lit.

[109] Ziff. 23 f., dazu vorn § 5 N 84 f.

[110] Vgl. etwa KAMMERER 182; KRNETA N 1291; ISELI N 159.

[111] Diese in Ziff. 5 von OR 716a I verankerte Pflicht hängt auch eng zusammen mit der in Ziff. 4 erwähnten Ernennungs- und Abberufungspflicht, WATTER/ROTH PELLANDA in BSK zu OR 716a N 25. Zu jener vgl. N 41 ff. hievor.

[112] Vgl. etwa BÖCKLI, *Aktienrecht* § 13 N 373; FORSTMOSER/MEIER-HAYOZ/NOBEL § 30 N 48; HOMBURGER N 582; KAMMERER 182; WEGMANN 124.

[113] Ausführlich zu dieser aus betriebswirtschaftlicher Sicht F. MALIK: Die neue Corporate Governance – Wirksame Unternehmensaufsicht (Frankfurt 2002) und ERNY (zit Anm. 33) 237 ff. Vgl. auch die bei GLAUS 46 ff. zusammengestellten «Grundsätze ordnungsgemässer Überwachung».

lichen Institutionen und Erlass der Reglemente, welche deren Aufgaben (einschliesslich der Berichterstattungspflicht) regeln. Seine **Prüfungen** erfassen zwingend die ihm direkt nachfolgende Hierarchiestufe, also die Geschäftsleitung[114], während die Kontrolle unterer Hierarchiestufen delegierbar ist.

65 c) Das Gesetz betont die **formelle** Seite der Oberaufsicht, die Prüfung der «Befolgung der Gesetze, Statuten, Reglemente und Weisungen»[115], also der **Einhaltung von Regeln aller Art,** welche gemeinhin mit dem Begriff *Compliance* umschrieben wird[116]. «Gesetze» sind dabei **staatlich gesetzte Normen** aller Art und Stufen, bei international operierenden Gesellschaften neben den schweizerischen auch solche anderer Staaten, in denen die Unternehmung tätig ist. Erfahrungsgemäss spielen eine wichtige Rolle die Bestimmungen des Arbeitsrechts und des Kartellrechts, Normen zum Konsumentenschutz, Strafnormen zur Korruptionsbekämpfung und gegen Geldwäscherei, Regeln des Steuerstrafrechts und bei kotierten Gesellschaften auch solche gegen Insidergeschäfte.

66 Bei den **gesellschaftsintern** aufgestellten Regeln spielen die Statuten in der Praxis kaum eine Rolle, umso mehr dagegen die «Reglemente und Weisungen». Diese basieren vielfach auf ethischen Grundsätzen, zu denen sich eine Unternehmung verpflichtet hat[117] und die in einem *Code of Conduct*[118] konkretisiert werden. Auch ein – für sämtliche Mitarbeitende verbindlicher – *Code of Conduct* wird freilich noch immer allgemein gehalten sein und vor allem die Geisteshaltung, die ein Unternehmen von seinen Mitarbeitenden erwartet, umschreiben. Konkrete Verhaltensanweisungen für den Alltag finden sich in **Pflichtenheften** für bestimmte Tätigkeiten und Mitarbeitende, etwa für Ein-

---

[114] BAUEN/VENTURI N 462; KAMMERER 183; es entspricht dies der auf die Geschäftsleitung bezogenen Ernennungs- und Abberufungspflicht gemäss Ziff. 4 (dazu vorn N 41 ff.).
[115] OR 716a I Ziff. 5.
[116] Grundlegend hierzu BUFF. Vgl. sodann auch etwa M. ROTH: Compliance – Voraussetzung für nachhaltige Unternehmensführung (Zürich 2010); DIES.: Good Corporate Governance: Compliance als Bestandteil des internen Kontrollsystems (Zürich/St. Gallen 2007); DIES.: Compliance, Integrität und Rgulierung (Zürich 2005); DIES.: To do the right things right (Zürich 2003); DIES.: Compliance-Voraussetzung für nachhaltige Unternehmensführung (Zürich 2010); DIES. (Hrsg.): Corporate Governance und Compliance, eine Fallstudie mit Glossar (Zürich/St. Gallen 2009) sowie «Close up on Compliance» (Zürich/St. Gallen 2009); ferner BÖCKLI, *Aktienrecht* § 13 N 378 ff. und neuestens auch H. WOHLMANN im Sammelband: Compliance. Aufbau – Management – Risikobereiche, hrsg. von Görling/Inderst/Bannenberg (Heidelberg 2010) 66 ff.
[117] Solche Ethical Standards sind meist so pauschal gehalten, dass sie zwar als allgemeine Leitlinie dienen können, in Zweifelsfällen aber kaum eine Handhabe bieten.
[118] So beispielsweise bei der Credit Suisse AG: «Code of Conduct» und der UBS AG: «Code of Business Conduct and Ethics of UBS»; die Dokumente sind auch im Internet einsehbar.

kauf und Verkauf oder für Human Resources. Bei grossen Gesellschaften finden sich solche Regeln zumeist unterhalb der vom Radarschirm des Verwaltungsrats sinnvollerweise erfassten Regulierung.

d) Ebenso wichtig – oder wichtiger – ist die **materielle** Überprüfung der Geschäftsorganisation mit Bezug auf ihre **Zweckmässigkeit** und **Effektivität**[119]. Die Prüfung hat daher auch unter **betriebswirtschaftlichen** Gesichtspunkten zu erfolgen[120].

67

e) Die Oberaufsicht ist sowohl **vergangenheits-** wie auch – und dies vor allem – **zukunftsbezogen** auszuüben[121]. Zukunftsbezogen ist der normative Teil der Oberaufsicht, nämlich die Aufstellung der einschlägigen Regeln. Daneben soll der Verwaltungsrat «bereits in einem frühen Stadium (bedeutende) Planungsprozesse beaufsichtigen, bei ihnen allenfalls mitwirken, sie methodisch oder inhaltlich unterstützen»[122]. Auch diesbezüglich ist jedoch daran zu erinnern, dass der Verwaltungsrat (zumindest überwiegend) aus nebenamtlich tätigen Mitgliedern besteht und dieses Gremium nur periodisch tagt: Der Verwaltungsrat in seiner Gesamtheit kann sich – und muss sich in der Regel – darauf beschränken, ihm begründet vorgelegte Vorschläge kritisch zu hinterfragen, sie allenfalls zur Überarbeitung zurückzuweisen und schliesslich zu genehmigen. Eine eigentliche Mitwirkung muss auf den Präsidenten, einen allfälligen Delegierten oder ein anderes Mitglied übertragen werden, falls der Verwaltungsrat involviert sein will. Überwiegend ist der **Planungsprozess Sache der Geschäftsleitung.**

68

f) Eine (zukunftsgerichtete) Oberaufsicht kann wirksam nur aufgrund einer **Risikobeurteilung** erfolgen[123]. Diese verlangt eine **ganzheitliche,** holistische

69

---

[119] BÖCKLI, *Aktienrecht* § 13 N 374; FORSTMOSER/MEIER-HAYOZ/NOBEL § 30 N 48; HOMBURGER N 583; KAMMERER 183. Der Gesetzestext drückt dies äusserst diskret aus, indem darauf hingewiesen wird, dass die (formelle) Prüfung der Einhaltung der Regeln nicht abschliessend gemeint ist («namentlich»). Der Gesetzgeber war sich jedoch dieses Aspekts bewusst, vgl. Botschaft *1983* 923, wonach sich die Oberaufsicht über die Geschäftsleitung «nicht bloss auf die Legalität, sondern auf die Opportunität der Geschäftsführung schlechthin» beziehe.

[120] BÖCKLI, *Aktienrecht* § 13 N 374, mit Hinweisen; WATTER/ROTH PELLANDA in BSK zu OR 716a N 24.

[121] BAUEN/VENTURI N 464; HOMBURGER N 589 ff.; ISELI N 160; KAMMERER 184; WEGMANN 125.

[122] WUNDERER 104.

[123] Eine solche gehörte seit jeher zur sorgfältigen Oberleitung. Seit Anfang 2008 ist sie nun auch gesetzlich verankert, freilich nur indirekt in OR 663b Ziff. 12, vgl. vorn N 27 und dazu etwa LEHMANN/ROTH PELLANDA: Agenda für ein (besseres) Risikomanagement durch den Verwaltungsrat, GesKR *2009* 317 ff.; M. BLANC: Mise en place du système de contrôle interne: une nouvelle tâche du conseil d'administration?, in: L. Ojha (Hrsg.): Aspects pratiques du

Betrachtung, und sie wird durch das **interne Kontrollsystem** vorbereitet[124, 125]. Die Verantwortung für das IKS ist daher ebenfalls eine unübertragbare Aufgabe des Verwaltungsrats[126].

70 g) In grösseren Unternehmen wird der Verwaltungsrat in seinen Aufsichtsaufgaben durch eine Reihe von **Personen** und **Institutionen** unterstützt:

71 – Neben dem **Rechtskonsulenten**[127] ist es vor allem der **Compliance Officer,** der die Einhaltung von Regeln sicherzustellen hat, nicht nur durch Kontrollen, sondern vor allem auch proaktiv durch Wegleitungen[128] und Schulung.

72 – Die externe **Revisionsstelle** unterstützt den Verwaltungsrat in seiner Oberaufsichtsfunktion durch ihre eigenen Prüfungen und ihre Berichterstattung[128a]. Bei grossen Gesellschaften[129] verlangt das Gesetz explizit eine

---

droit de l'entreprise (Lausanne 2010 = CEDIDAC vol. 86) 63 ff.; P. NOBEL: Risikomanagement als Aufgabe, in: FS Bucher (Bern/Zürich 2009) 546 ff.; L. MÜLLER: Das interne Kontrollsystem bei KMU, in: FS Forstmoser (Zürich 2008) 317 ff.; AMHOF/SCHWEIZER: Verwaltungsrat und Umgang mit Risiko, in: Müller/Volkart 73 ff. Zur Umsetzung in der Praxis s. PFAFF/SCHOEB in ST *2010* 858 ff.
Die Bestimmung gilt für sämtliche Gesellschaften, und sie dürfte die *awareness* für die Risikoproblematik in den Verwaltungsräten geschärft haben. Im künftigen Recht soll die Pflicht zur Berichterstattung im Anhang auf grössere Gesellschaften (zu den Kriterien vgl. Anm. 129) beschränkt werden, was nichts daran ändert, dass die Pflicht als solche für die Verwaltungsräte **aller** Aktiengesellschaften besteht.

[124] Dazu PFAFF/RUUD: Schweizer Leitfaden zum Internen Kontrollsystem (IKS) (5. A. Zürich, erscheint 2011) sowie PEYER, mit zahlreichen Angaben; ferner verschiedene Beiträge in: M. Boemle, FS zum 80. Geburtstag (Zürich 2008) 281 ff. *De lege ferenda* etwa WYSS.
[125] Ein IKS wird schon durch den Swiss Code gefordert (vgl. dessen Ziff. 19), und es ist nun ebenfalls – freilich wiederum nur indirekt und beschränkt auf die grossen Gesellschaften – im Gesetz verankert: Nach OR 728a I Ziff. 3 muss die Revisionsstelle bei der ordentlichen Revision prüfen, ob «ein internes Kontrollsystem existiert», und nach OR 728b I muss sie in ihrem umfassenden Bericht an den Verwaltungsrat Feststellungen über das IKS machen. – Im Finanzmarktrecht wurde ein internes Kontrollsystem mit einer internen Revisionsstelle (einem Inspektorat) seit jeher verlangt, vgl. etwa das (aufgehobene) Rundschreiben der Eidg. Bankenkommission vom 3.10.1988: Interne Revision (Inspektorat) und BEHV 20.
[126] PEYER 72 ff.
[127] In kleineren Verhältnissen dem ständigen externen Rechtsberater.
[128] In den Aufgabenbereich des Compliance Officer gehört etwa die Vorbereitung und Betreuung des *Code of Conduct.*
[128a] Vgl. hinten N 83 und etwa PFYFFER/WALLIMANN: Die Zusammenarbeit zwischen Verwaltungsrat und Revisionsstelle, in: Müller/Volkart 154 ff.
[129] Als gross im Sinne des Gesetzes gelten Gesellschaften, die in zwei aufeinanderfolgenden Geschäftsjahren zwei der nachstehenden Grössen überschreiten: eine Bilanzsumme von 10 Millionen Franken, einen Umsatzerlös von 20 Millionen Franken oder 50 Vollzeitstellen im Jahresdurchschnitt: OR 727 I. (Diese Schwellenwerte sollen allerdings künftig bei 20/40/250

Meldung zuhanden des Verwaltungsrats, falls die Revisionsstelle «Verstösse gegen das Gesetz, die Statuten oder das Organisationsreglement» festgestellt hat[130]. Überdies muss die Revisionsstelle dem Verwaltungsrat bei grossen Gesellschaften «einen **umfassenden Bericht** mit Feststellungen über die Rechnungslegung, das interne Kontrollsystem sowie die Durchführung und das Ergebnis der Revision» erstatten[131], wozu sachlich auch der sog. **Management Letter**[132] gehört, eine Liste der anlässlich der Prüfung festgestellten Mängel und der Verbesserungsmöglichkeiten[133].

– Zumindest in international tätigen Grossunternehmen ist in den letzten Jahren auch in der Schweiz die Möglichkeit eines sog. **Whistleblowing** eingeführt worden[134]. Whistleblowing ermöglicht es den Mitarbeitenden, als *ultima ratio* Missstände ohne Beachtung der Hierarchie zu melden, notfalls in anonymer Form. Adressat ist grundsätzlich der Compliance Officer, als letzte Instanz auch der Verwaltungsrat bzw. dessen Präsident oder eine externe Persönlichkeit. Auch wenn die Institution nicht selten als Mittel zur Diffamierung verwendet wird, hat sie sich u.E. bewährt[135]. Sache des Verwaltungsrats ist der Grundsatzentscheid über die Einführung einer Möglichkeit des Whistleblowing und die Auseinandersetzung mit Berichten, die auf Missstände von grundsätzlicher (den Einzelfall übersteigender) Tragweite hinweisen.

73

h) Wie andere Aufgaben auch, erledigt der Verwaltungsrat die Oberaufsicht durch das Einfordern von und die Auseinandersetzung mit **Berichten**[136], durch Fragestellung und Diskussion und durch die anschliessende Entscheidung in seinen Sitzungen[137]. Ein wesentlicher Teil der Standard-Traktanden, die an jeder oder periodisch an bestimmten Verwaltungsratssitzungen zu behandeln sind, betrifft (auch) die Oberaufsicht.

74

---

liegen. Der Nationalrat hat dies am 20.9.2010 vorgeschlagen, der Ständerat ist diesem Vorschlag am 28.2.2011 gefolgt.)

[130] OR 728c I.
[131] OR 728b I, Hervorhebung hinzugefügt.
[132] Dazu etwa BÖCKLI, *Aktienrecht* § 15 N 330; MÜLLER/LIPP/PLÜSS 524.
[133] Die Geschäftsleitung hat Gelegenheit, sich zu diesen Feststellungen zu äussern, und sie hat im Folgenden die Behebung allfälliger Mängel zu bestätigen.
[134] Dazu statt aller Z. LEDERGERBER: Whistleblowing unter dem Aspekt der Korruptionsbekämpfung (Diss. Zürich 2005 = SSA 64); ferner die Literatur zum Thema «Compliance», dazu vorn Anm. 116.
[135] Dazu etwa BÖCKLI, *Aktienrecht* § 13 N 380a.
[136] KRNETA N 1292.
[137] KAMMERER 184.

75 Die Vorbereitung, Ausführung und Überprüfung, aber auch die detaillierte Auseinandersetzung mit Berichten werden in grösseren Verhältnissen regelmässig und zu Recht **delegiert,** wobei verschiedene Möglichkeiten (auch kombiniert) offenstehen:

76 – Delegation an einen (oft hauptamtlich tätigen) Präsidenten oder an einen Delegierten,

77 – Delegation an einen Verwaltungsratsausschuss, zumeist an den Prüfungsausschuss[138] oder – falls ein solcher besteht – an den Exekutivausschuss[139].

78 Die laufende Betreuung, die Berichterstattung, Antragsstellung und der Vollzug von Verwaltungsratsbeschlüssen liegt wiederum bei grösseren Gesellschaften meist bei der **Geschäftsleitung** als dem permanent tätigen Exekutivorgan.

79 i) Aufsicht setzt eine **kritische Haltung** des Verwaltungsrats voraus. Doch ist zu betonen, dass der Verwaltungsrat grundsätzlich davon ausgehen darf, dass die ihm Unterstellten ihre Aufgaben korrekt erfüllen. Daher reicht es im Allgemeinen aus, wenn der Verwaltungsrat für eine angemessene Berichterstattung sorgt, die Orientierungen zur Kenntnis nimmt und gewissenhaft würdigt[140].

80 Doch verletzen die Mitglieder des Verwaltungsrats und insbesondere der Präsident und die Mitglieder des Audit Committee ihre Überwachungspflichten, wenn trotz Unregelmässigkeiten in der Geschäftsführung, die bekannt sind oder bekannt sein müssten, keine Untersuchungen und keine weiteren Massnahmen veranlasst werden[141]. Auch ist es sinnvoll, wenn der Verwaltungsrat durch die Interne Revision die Richtigkeit und Vollständigkeit der ihm vorgelegten Informationen stichprobenartig überprüfen lässt[142].

81 j) In Erinnerung gerufen sei die Anomalie, dass aufgrund der Bundesgerichtspraxis mit Bezug auf die **Sozialabgaben** vom Verwaltungsrat mehr zu tun ist als es die Oberaufsicht verlangt[143].

---

[138] Dazu § 5 N 84 ff.
[139] Dazu § 5 N 76 ff.
[140] Vgl. etwa Rep. *1984* 363, 366. BGE 97 II 403 ff., 411 ff.; 122 III 195 ff., 197 f.; Urteile des BGer 4C.358/2005 vom 12.2.2007 und H 182/06 vom 29.1.2008 (die beiden Entscheide sind zusammengefasst und kommentiert bei H. U. VOGT: Aktienrecht, Entwicklungen *2007/08* 154 ff. und *2008* 129 ff.
[141] Vgl. BGE 97 II 411 ff.
[142] Näheres zur konkreten Erfüllung der Überwachungsaufgabe bei GLAUS *passim*.
[143] Dazu Anm. 18.

k) Hinsichtlich der **Beziehungen zu den beiden anderen zwingend vorgesehenen Organen** der AG für den Bereich der Aufsicht Folgendes[144]:

aa) Die **Revisionsstelle** unterstützt den Verwaltungsrat in seiner Oberaufsicht durch ihre Prüfungen[145] und ihre Berichterstattung[146], insbesondere durch den bei der ordentlichen Revision zu erstattenden «umfassenden» Bericht[147] im Sinne von OR 728b I.

In der Literatur wird erklärt, der Verwaltungsrat habe umgekehrt im Rahmen seiner Oberaufsicht die Tätigkeit der Revisionsstelle zu überprüfen[148]. Das ist nur in beschränktem Umfang möglich und sinnvoll, nämlich insoweit, als sich der Verwaltungsrat ein Bild von der **Qualität** der Arbeit der Revisionsstelle zu machen hat, weil er bei der Generalversammlung ihre Wiederwahl oder allfällige Abberufung beantragen muss. Im Übrigen ist daran zu erinnern, dass die Revisionsstelle so wie der Verwaltungsrat von der Generalversammlung gewählt wird und dass auch ihr entsprechend der Paritätstheorie[149] zwingend – unübertragbar und unentziehbar – bestimmte Aufgaben zugewiesen sind, auf deren Erledigung der Verwaltungsrat Einfluss weder nehmen kann noch soll[150]. Zu prüfen hat er dagegen die **Unabhängigkeit** der Revisionsstelle[151] und ihre **fachliche Befähigung**[152]. In der Praxis erfolgen diese Prüfungen regelmässig durch das Audit Committee, falls ein solches besteht. Der Gesamtverwaltungsrat begnügt sich dann damit, vom Bericht des Audit Committee billigend Kenntnis zu nehmen, was sinnvoll ist und auch vor dem Erfordernis der Unübertragbarkeit standhält.

---

[144] Allgemein zu den Beziehungen des Verwaltungsrats zur Revisionsstelle und zur Generalversammlung MÜLLER/LIPP/PLÜSS 453 ff., 402 ff.
[145] Dazu umfassend Schweizer Handbuch Bd. 2, insb. 697 ff., 568 ff.
[146] Dazu umfassend Schweizer Handbuch Bd. 2, insb. 415 ff., 590 ff.
[147] Dazu Schweizer Handbuch Bd. 2, 450 ff.
[148] Vgl. etwa HOMBURGER N 587; KRNETA N 1287.
[149] Dazu § 1 N 24.
[150] Es wäre daher verfehlt, dem Verwaltungsrat die Kompetenz einzuräumen, den Prüfungsplan der Revisionsstelle festzulegen. Wohl aber soll dieser in Abstimmung mit dem Verwaltungsrat (sowie der Geschäftsleitung und der Internen Revision) erstellt werden, und es kann der Verwaltungsrat die Revisionsstelle mit zusätzlichen Prüfungen beauftragen, vgl. sogleich nachstehend bei N 85.
[151] Vgl. hinten N 121 und Anm. 218.
[152] Vgl. hinten N 121 und Anm. 219.

85 Zulässig ist es, dass der Verwaltungsrat die Revisionsstelle mit zusätzlichen Prüfungsaufgaben[153] beauftragt oder sie für weitere Aufgaben beizieht[154]. Dabei darf aber ihre Unabhängigkeit nicht beeinträchtigt werden[155].

86 bb) Die **Generalversammlung** hat die mit der Unübertragbarkeit verbundene Unentziehbarkeit der Aufsichtsfunktion des Verwaltungsrats zu beachten[156]. Sie kann daher weder diese Funktion an sich ziehen noch dem Verwaltungsrat für ihre Ausübung Weisungen erteilen noch auch ihn von der Oberaufsichtspflicht entbinden.

87 Die Aktionäre haben jedoch die Möglichkeit, im Rahmen ihrer **Informationsrechte**[157] Auskunft über die Wahrnehmung der Oberaufsicht und deren Ergebnisse zu verlangen. Überdies kann die Generalversammlung in eigener Kompetenz **zusätzliche Prüfungen** anordnen, und zwar durch zwei Massnahmen:

88 – Zum Ersten kann sie den Aufgabenbereich der Revisionsstelle erweitern[158], und zwar nicht nur im Sinne einer Intensivierung der klassischen Prüfungen – etwa mittels Zwischenprüfungen –, sondern auch durch den Auftrag, Prüfungen vorzunehmen, die mit den Kontrollen des Verwaltungsrats im Rahmen seiner Oberaufsicht überlappen.

89 – Zum Zweiten kann die Generalversammlung «zur Prüfung der Geschäftsführung oder einzelner Teile Sachverständige ernennen»[159]. Sie kann so «in

---

[153] Etwa mit der Untersuchung eines behaupteten Missstandes oder der Angemessenheit des Internen Kontrollsystems, vgl. Schweizer Handbuch Bd. 3, 271 ff.

[154] Etwa für die Steuerplanung oder Untersuchungen im Zusammenhang mit einer *Due Diligence*.

[155] Vgl. OR 731a II; zumindest die international tätigen Revisionsstellen sind in der Beachtung ihrer Unabhängigkeit und der Berichterstattung über mögliche Konflikte äusserst sorgfältig.

[156] Zu den beschränkten Einflussmöglichkeiten der Generalversammlung auf die Verwaltungsratstätigkeit vgl. § 9 N 44 ff.

[157] Vgl. OR 697, dazu insb. WEBER in BSK zu OR 696 ff., mit umfassenden Literaturangaben; ferner etwa P. FORSTMOSER: Informations- und Meinungsäusserungsrechte des Aktionärs, in: Druey/Forstmoser (Hrsg.): Rechtsfragen um die Generalversammlung (Zürich 1997 = SnA 11) 85 ff.; F. HORBER: Die Informationsrechte des Aktionärs (Zürich 1995); P. V. KUNZ: Der Minderheitenschutz im schweizerischen Aktienrecht (Bern 2001) § 12 N 4 ff.; L. M. MARTINEZ: Information der Aktionäre nach schweizerischem Aktien- und Kapitalmarktrecht (Diss. Zürich 2006 = SSHW 248).

[158] OR 731a I, dazu etwa BÖCKLI, *Aktienrecht* § 15 N 743 ff. und REUTTER/RASMUSSEN in BSK zu OR 731a N 5 ff.

[159] OR 731a III; dazu etwa R. TRUFFER: Die Sachverständigen zur Prüfung der Geschäftsführung ..., in: FS Watter (Zürich/St. Gallen 2008) 405 ff.; BÖCKLI, *Aktienrecht* § 15 N 754 ff.; REUTTER/RASMUSSEN in BSK zu OR 731a N 11 ff.; HOMBURGER N 570 ff.; BASTIAN 130 ff.; KRNETA N 1297 ff.

den nach Art. 716a Abs. 1 Ziff. 5 OR ausschliesslichen Zuständigkeitsbereich des VR, ‹Oberaufsicht über die mit der Geschäftsführung betrauten Personen›, ein[greifen]»[160]. Solche Massnahmen der Generalversammlung kommen in der Praxis selten vor[161]. Sie entbinden den Verwaltungsrat nicht von seinen eigenen Kontrollpflichten. Da sie *de facto* ein Misstrauensvotum an die Adresse des Verwaltungsrats darstellen, dürfte dieser in der Regel nicht mit den Revisoren bzw. Sachverständigen zusammenarbeiten, sodass unabhängig voneinander parallele Kontrollen des Verwaltungsrats einerseits und der Sachverständigen andererseits stattfinden.

Zu weiteren Möglichkeiten der Generalversammlung, auf die Organisation und Tätigkeit des Verwaltungsrats Einfluss zu nehmen, vgl. hinten § 9 N 20 ff. 90

8. Verkehr mit den Aktionären (Ziff. 6)[162]

a) Ziff. 6 nennt drei Pflichten, die der Verwaltungsrat den Aktionären gegenüber zu erfüllen hat: 91

– die Erstellung des Geschäftsberichts,

– die Vorbereitung der Generalversammlung und

– die Ausführung der Beschlüsse der Generalversammlung.

Auf den Inhalt dieser Pflichten im Einzelnen ist in dieser Publikation, die von der Organisation des Verwaltungsrats handelt, nicht näher einzugehen. In aller Kürze Folgendes: 92

---

[160] HOMBURGER N 570. Nach HOMBURGER erklärt sich diese Bestimmung daraus, dass die Ordnung des OR von 1936 praktisch unverändert übernommen wurde, ohne dass ihr Verhältnis zu OR 716a I Ziff. 3 und 5 bedacht wurde. HOMBURGER hält dafür, dass ein solcher Eingriff nur zulässig sei, «wenn schwerwiegende Anhaltspunkte dafür vorliegen, dass der VR seine Aufsichtspflicht verletzt», eine Einschränkung, für welche sich freilich im Gesetz keine Anhaltspunkte finden.
[161] REUTTER/RASMUSSEN in BSK zu OR 731a N 12, mit Hinweisen.
[162] Vgl. BAUEN/VENTURI N 477 ff. (mit Checkliste zur Vorbereitung und Durchführung der GV in N 480 ff.); BÖCKLI, *Aktienrecht* § 13 N 394 ff. (mit Übersicht über die konkreten Schritte zur Vorbereitung der GV); FORSTMOSER/MEIER-HAYOZ/NOBEL § 30 N 52 ff.; HOMBURGER N 597 ff. (mit einer Übersicht zur Einberufung der GV allgemein); KRNETA N 1300 ff. (mit Übersichten zum Inhalt des Geschäftsberichts sowie zur Einberufung und Durchführung der GV); MÜLLER/LIPP/PLÜSS 402 ff. (ebenfalls mit einer allgemeinen Übersicht zur Einberufung und Durchführung der GV); WATTER/ROTH PELLANDA in BSK zu OR 716a N 29 ff.

93 b) Die Pflicht, den **Geschäftsbericht** als zentrales Dokument zu erstellen[163], steht *pars pro toto* für die Pflicht des Verwaltungsrats zur Berichterstattung und Rechenschaftsablage gegenüber dem Aktionariat[164].

94 c) Die **Vorbereitung der Generalversammlung**[165] obliegt in der Praxis vor allem dem Präsidenten des Verwaltungsrats[166] in Zusammenarbeit mit dem Sekretär.

95 d) Dass der Verwaltungsrat als «Beauftragter der Aktionäre» zur **Ausführung der** (rechtmässigen und damit insbesondere nicht gegen OR 716a I verstossenden) **Beschlüsse der Generalversammlung** verpflichtet ist[167], versteht sich von selbst. Diese Bestimmung wird an anderer Stelle des Gesetzes vor allem im Zusammenhang mit Kapitalerhöhungen konkretisiert[168].

96 e) Zu betonen ist, dass auch diese Pflichten im Sinne einer allgemeinen **Oberleitungspflicht** zu verstehen sind. Der Verwaltungsrat braucht diese Aufgaben nicht selber auszuführen[169], er ist aber verantwortlich dafür, dass sie korrekt erfüllt werden.

9. Massnahmen bei Vermögenszerfall (Ziff. 7)[170]

97 In OR 716a I Ziff. 7 ist als ultimative Pflicht bei fortlaufendem Vermögenszerfall die zur **Benachrichtigung des Gerichts** aufgeführt, eine Pflicht, die sich auch aus OR 725 II ergibt. Weitere Pflichten im Rahmen eines Vermögenszerfalls ergeben sich aus OR 725; auch sie obliegen dem Verwaltungsrat unentziehbar und unübertragbar[171].

---

[163] Dazu etwa BAUEN/VENTURI N 477 ff.; BÖCKLI, *Aktienrecht* § 13 N 394 ff.; FORSTMOSER/MEIER-HAYOZ/NOBEL § 30 N 52; KRNETA N 1319 ff.; MÜLLER/LIPP/PLÜSS 250 ff.; WATTER/ROTH PELLANDA in BSK zu OR 716a N 29.

[164] In Publikumsgesellschaften bestehen diese Pflichten aufgrund des Börsenrechts und insb. des Kotierungsreglements darüber hinaus auch gegenüber dem **Markt** bzw. den **Investoren schlechthin**.

[165] Dazu etwa BAUEN/VENTURI N 479 ff.; BÖCKLI, *Aktienrecht* § 13 N 397 ff.; FORSTMOSER/MEIER-HAYOZ/NOBEL § 30 N 54; KRNETA N 1302 ff.; MÜLLER/LIPP/PLÜSS 402 ff.; WATTER/ROTH PELLANDA in BSK zu OR 716a N 30.

[166] KRNETA N 1316 f.

[167] Dazu etwa HOMBURGER N 627 ff.; WATTER/ROTH PELLANDA in BSK zu OR 716a N 32.

[168] Vgl. hinten N 112 ff.

[169] Vgl. etwa BÖCKLI, *Aktienrecht* § 13 N 399 und KRNETA N 1315.

[170] Vgl. dazu etwa BASTIAN 134 ff.; BÖCKLI, *Aktienrecht* § 13 N 402 f.; FORSTMOSER/MEIER-HAYOZ/NOBEL § 30 N 56; HOMBURGER N 630 ff.; KAMMERER 191 ff.; KRNETA N 1478; WATTER/ROTH PELLANDA in BSK zu OR 716a N 33 sowie vor allem die Literatur zu OR 725 f.

[171] BÖCKLI, *Aktienrecht* § 13 N 402, vgl. dazu hinten N 118.

III. Weitere im Obligationenrecht vorgesehene unübertragbare Aufgaben

1. Allgemeines

a) Wie erwähnt[172] ist die Liste von OR 716a I entgegen den Intentionen des Gesetzgebers[173] nicht abschliessend[174]. Im Aktienrecht verstreut[175] finden sich weitere unentziehbare Pflichten[176], etwa in personellen Belangen (Ziff. 2, N 104 ff.), bezüglich der Kapitalbasis (Ziff. 3 und 4, N 112 ff.), des Aktionariats (Ziff. 5, N 119 f.), der Revisionsstelle (Ziff. 6, N 121 ff.) und des Umgangs mit Risiken (Ziff. 7, N 126 f.). Unübertragbar zuständig ist der Verwaltungsrat sodann für die Grundsatzentscheide betreffend die Ausübung von aktienrechtlichen Klagerechten (Ziff. 8, N 128 ff.), und in Konzernverhältnissen können sich Pflichten aus einer analogen Anwendung von OR 716a I ergeben (Ziff. 9, N 131 ff.). Der Verwaltungsrat hat schliesslich – als formale Pflicht – gewisse Statutenänderungen vorzunehmen, und es obliegt ihm der Verkehr mit dem Handelsregisteramt (Ziff. 10, N 137 f.).

98

Diese Aufgaben finden ihren *nucleus* zum Teil schon in einer der in OR 716a I aufgeführten Pflichten und sind dann als deren **Konkretisierung** zu verstehen[177]. Zum Teil handelt es sich um Aufgaben eher administrativer Art, die dem Verwaltungsrat zugewiesen sind, weil sie sich aus einem direkten «**Auftrag**» **der Generalversammlung** ergeben[178]. Andere Pflichten obliegen dem Verwaltungsrat wegen ihrer grundsätzlichen, allenfalls **strategischen Bedeutung**[179].

99

b) Der Umfang der Unübertragbarkeit ist auch bei diesen weiteren Aufgaben **eng zu fassen:** Der Verwaltungsrat als Gremium soll Berichte[180] zur Kenntnis nehmen, Beschlüsse fassen, dafür sorgen und nötigenfalls prüfen (lassen), dass sie ausgeführt werden. Im Übrigen besteht die Möglichkeit der **Delegation**, wie sie in OR 716a II – freilich unvollständig – angesprochen ist: Der Verwaltungsrat kann delegieren, und zwar über den Wortlaut von OR 716a II

100

---

[172] Vorn N 6.
[173] Vgl. die Hinweise vorn Anm. 13.
[174] Zur a.M. von WATTER/ROTH PELLANDA vgl. Anm. 183.
[175] Sowie in Spezialgesetzen, dazu nachstehend Ziff. IV, N 139 ff.
[176] Eine Übersicht findet sich bei BASTIAN 137 ff.
[177] So etwa die Aufgaben im Zusammenhang mit dem **Risiko-Management**.
[178] So die Feststellungs- und Anmeldungspflichten bei **Kapitalerhöhungen**.
[179] So die Ausübung von aktienrechtlichen **Klagerechten**.
[180] Seiner Ausschüsse, einzelner seiner Mitglieder, der Geschäftsleitung oder von Dritten.

hinaus nicht nur innerhalb des eigenen Gremiums, sondern auch an Dritte, insbesondere die Geschäftsleitung[181].

101 Ganz besonders drängt sich der Beizug Dritter für die **administrativen Aufgaben** auf, die das Gesetz dem Verwaltungsrat zuweist[182].

102 c) Die folgende Aufstellung begnügt sich im Wesentlichen damit, die weiteren gesetzlich vorgesehenen Aufgaben zu benennen. Für ihren materiellen Gehalt sei auf die Spezialliteratur verwiesen.

103 d) Einzelne Autoren halten die weiteren im OR skizzierten Aufgaben des Verwaltungsrats – oder zumindest einzelne von ihnen – für **übertragbar**, freilich offenbar nur **innerhalb des Verwaltungsrats**[183]. Die unterschiedlichen Ansichten dürften für die Praxis kaum von Bedeutung sein[184] und sich vor allem daraus erklären, dass die Abgrenzung zwischen (Grundsatz-)Entscheid und Vollzug ungleich getroffen wird. Kaum haltbar ist es jedenfalls, Entscheide mit bedeutendem inhaltlichem Gehalt zu delegieren. Dazu gehören u.E. etwa der Entscheid, von der Genehmigung einer Kapitalerhöhung Gebrauch zu machen oder aktienrechtliche Klagerechte wahrzunehmen, ebenso die Grundsatzentscheide zu Risiko-Management und IKS, welche auch unter den Begriff der Oberleitung[185] subsumierbar sind.

2. Aufgaben im personellen Bereich

104 Diese Aufgaben sind durchwegs in OR 716a I vorgezeichnet, sie werden aber an anderen Stellen des Gesetzes wiederholt und allenfalls konkretisiert:

105 a) OR 721 bestimmt – in Ergänzung zu OR 716a I Ziff. 4[186] –, dass der Verwaltungsrat «Prokuristen und andere Bevollmächtigte ernennen» kann. Die klare Absicht des Gesetzgebers war es, die **Einräumung der Vertretungs-**

---

[181] Vgl. § 4 Anm. 23 und hinten N 161.
[182] So etwa die Vollzugsaufgaben im Zuge von Kapitalerhöhungen.
[183] So insb. WATTER/ROTH PELLANDA in BSK zu OR 716a N 2, wonach die Aufzählung von OR 716a I abschliessend ist und «andere vom Gesetz dem VR vorbehaltene Beschlüsse ... rechtsgültig insb. an einen Ausschuss des VR» delegierbar sein sollen.
[184] Gegenüber Dritten oder gegenüber den Aktionären vollzogene Rechtshandlungen sind wirksam, ein aufgrund der Delegation entstandener Schaden lässt sich meist nicht ausmachen und die Delegation lässt sich oftmals unter dem Aspekt der Sorgfalt rechtfertigen, weil der Verwaltungsrat als Gesamtorgan zur Erfüllung der Aufgabe wenig geeignet wäre.
[185] OR 716a I Ziff. 1.
[186] Ernennung und Abberufung der mit der Vertretung betrauten Personen.

macht unübertragbar dem Verwaltungsrat zuzuweisen[187, 188]. Die herrschende Lehre ging daher nach dem Inkrafttreten des revidierten Rechts davon aus, dass sämtliche Zeichnungsberechtigungen durch den Verwaltungsrat zu erteilen seien[189], obwohl offensichtlich war, dass dies «bei Grossgesellschaften, in denen jährlich Hunderte von Zeichnungsberechtigungen zu erteilen und zu entziehen sind, unsinnig» ist[190]. Eine Ausnahme wurde nur für Banken gemacht, mit der Begründung, diese seien vom BankG auf ein dualistisches System verpflichtet[191], weshalb sich die Delegation der Einräumung von Vertretungsmacht als einer geschäftsleitenden Massnahme aufdränge[192].

Inzwischen hat sich – weniger aufgrund einer überzeugenden Begründung als wegen praktischer Bedürfnisse und der normativen Kraft des Faktischen – die Ansicht durchgesetzt, dass unterhalb der Hierarchiestufe «Geschäftsleitung bzw. Direktion» die **Einräumung der Zeichnungsbefugnis delegierbar** ist[193].

106

Grossgesellschaften sind im Übrigen dazu übergegangen, **allen nach aussen auftretenden Sachbearbeitern** nach einer gewissen Anstellungszeit ohne Weiteres eine (nicht im Handelsregister einzutragende) **Unterschriftsberechtigung einzuräumen**, im Sinne einer **Zweitunterschrift,** wobei eine weitere Unterschrift als «Kontrollunterschrift» von einer im Handelsregister eingetragenen Person zu leisten ist[194]. Dadurch wird – durch generell-abstrakte Entschei-

107

---

[187] Vgl. Botschaft *1983* 946: «Die Ernennung von Prokuristen und anderen Bevollmächtigten wird in der Regel auch in Grossgesellschaften durch den Verwaltungsrat vorgenommen. Es erscheint angebracht, diese bewährte Praxis gesetzlich zu verankern ...» (diese Behauptung war allerdings schon damals nicht richtig).

[188] Am Rande sei erwähnt, dass jedenfalls ein Mitglied des Verwaltungsrats zeichnungsberechtigt sein muss (OR 718 III, zur Frage der Verbindlichkeit dieser Norm vgl. WATTER in BSK zu OR 718 N 2, 14) oder – falls entgegen der Vermutung von OR 718 I für den Verwaltungsrat Kollektivunterschrift besteht – zwei Mitglieder des Verwaltungsrats zeichnungsberechtigt sein müssen. Eine Einschränkung des Zeichnungsrechts dergestalt, dass Verwaltungsmitglieder die Gesellschaft nur zusammen mit Mitgliedern der Direktion vertreten können, ist also nicht zulässig. Ist Kollektivunterschrift für den Verwaltungsrat vorgesehen und verbleibt nur ein einziges zeichnungsberechtigtes Mitglied, dann kommt diesem ohne Weiteres das Einzelzeichnungsrecht zu (BGE 133 III 77).

[189] Vgl. etwa FORSTMOSER/MEIER-HAYOZ/NOBEL § 29 N 64.

[190] FORSTMOSER/MEIER-HAYOZ/NOBEL, a.a.O.

[191] Vgl. dazu vorn § 6 N 33.

[192] Vgl. etwa B. KLEINER: Bankengesetz und neues Aktienrecht, SZW *1992* 256 ff., 258.

[193] Vgl. etwa BAUEN/VENTURI N 285; BÖCKLI, *Aktienrecht* § 13 N 356a, 507; KAMMERER 176 f.; KRNETA N 2012; WATTER in BSK zu OR 721 N 2; WEGMÜLLER 103.

[194] Vgl. etwa FORSTMOSER/MEIER-HAYOZ/NOBEL § 29 Anm. 12; HOMBURGER N 574; WATTER in BSK zu OR 718 N 37; BAUEN/VENTURI N 82.

dung über die Vertretungsmacht – dem Wortlaut des Gesetzes entsprechend durch den Verwaltungsrat selbst entschieden[195].

108 Für die **in das Handelsregister einzutragenden Vertretungsberechtigungen** braucht es eine Mitwirkung des Verwaltungsrats jedenfalls insofern, als die Anmeldung durch ein Mitglied bzw. – bei Kollektivunterschrift – zwei Mitglieder des obersten Leitungsorgans erfolgen muss[196].

109 b) OR 726 I bestätigt das **Abberufungsrecht**[197] des Verwaltungsrats für die von ihm ernannten Personen. Es handelt sich um eine Wiederholung von OR 716 I Ziff. 4, wobei präzisiert wird, dass die Abberufung «jederzeit» erfolgen kann[198].

110 OR 726 II statuiert sodann ein Recht des Verwaltungsrats, die von der Generalversammlung Bevollmächtigten und Beauftragten «**jederzeit in ihren Funktionen» einzustellen,** ein Recht, das weiter geht als das in OR 716a I Vorgesehene und das schon deshalb unübertragbar dem Verwaltungsrat zukommen muss, weil damit – wenn auch nur vorübergehend – in Entscheidungen der Generalversammlung eingegriffen wird.

111 c) OR 754 II[199] hält zur Oberaufsichtspflicht gemäss OR 716a I Ziff. 5 präzisierend fest, dass auch bei erlaubter Delegation eine Verantwortung für die drei *curae* – die Auswahl, Unterrichtung und Überwachung der Delegationsempfänger – beim Delegierenden verbleibt.

---

[195] Es wird also eine Handlungsvollmacht im Sinne von OR 462 II eingeräumt. Unrichtig MÜLLER/LIPP/PLÜSS 145, wonach «die zur Vertretung befugten Personen im Handelsregister einzutragen sind, damit ihre Handlungen für die Gesellschaft bindende Wirkung entfalten können».

[196] OR 931a sowie HRegV 17 I lit. c, vgl. GWELLESSIANI N 80. Das Zeichnungsrecht eines nicht dem Verwaltungsrat angehörenden Sekretärs ist entfallen.

[197] Vgl. dazu neben der vorzitierten Standardliteratur etwa P. BÖCKLI: Die Abberufung von Geschäftsleitungsmitgliedern durch den Verwaltungsrat: Befugnis, Verpflichtung, Verhältnismässigkeit, in: FS Bär (Bern 1998) 35 ff.

[198] Eine allfällige arbeitsvertragliche Position wird dadurch nicht berührt, vgl. etwa KRNETA N 1276; WEGMÜLLER 123. Zur Differenzierung zwischen organschaftlichen und arbeitsvertraglichen Rechtsbeziehungen vgl. etwa BGE 130 III 213 ff.

[199] Vgl. dazu hinten § 10 N 15 ff. und die dort in Anm. 1 zit. Lit.

3. Aufgaben im Zusammenhang mit dem Eigenkapital, insbesondere mit Kapitalveränderungen

a) Der Verwaltungsrat hat unübertragbare Aufgaben im Zusammenhang mit der Liberierung (lit. b), bei den verschiedenen Arten der Kapitalerhöhung (lit. c–e) wie auch bei der Kapitalherabsetzung (lit. f).

112

b) Dem Verwaltungsrat obliegt nach OR 634a unübertragbar der Entscheid über die **nachträgliche Leistung von Einlagen** auf nicht voll einbezahlte Aktien[200]. Bei qualifizierten Formen der Liberierung hat er einen entsprechenden Bericht vorzulegen[201], und er hat auch die «Statutenänderung betreffend die Höhe der geleisteten Einlagen» zu beschliessen[202].

113

c) Bei der **ordentlichen Kapitalerhöhung** hat der Verwaltungsrat deren erfolgreiche Durchführung festzustellen und die entsprechenden Statutenänderungen vorzunehmen[203].

114

d) Bei der **genehmigten Kapitalerhöhung** entscheidet er im Rahmen seiner Ermächtigung durch die Generalversammlung, ob, wann und in welchem Umfang das Kapital erhöht wird, und er «erlässt ... die notwendigen Bestimmungen, soweit sie nicht schon im Beschluss der Generalversammlung enthalten sind»[204].

115

e) Bei der **bedingten Kapitalerhöhung** hat der Verwaltungsrat insbesondere alljährlich Anzahl, Nennwert und Art der neuen Aktien, den Stand des Aktienkapitals und allfällige Vorrechte einzelner Aktienkategorien festzustellen

116

---

[200] Vgl. dazu neben der Standardliteratur CH. WIDMER: Die Liberierung im schweizerischen Aktienrecht (Diss. Zürich 1998 = SSHW 184) 139 ff.
[201] Analog dem Gründungsbericht nach OR 635; vgl. HRegV 54 I lit. d 4. und lit. e 1.
[202] HRegV 54 II lit. c. Umstritten ist, ob der Verwaltungsrat auch für die Ergänzung der Statuten zuständig ist, falls diese durch eine Sacheinlageklausel zu ergänzen sind, oder ob dieser Entscheid der Generalversammlung zukommt, vgl. die bei SCHENKER in BSK zu OR 634a N 10 referierten Ansichten. Die HRegV geht von der Zuständigkeit des Verwaltungsrats aus: HRegV 54 II lit. b.
[203] Vgl. OR 652g und 652h, dazu neben der Standardliteratur KAMMERER 204 ff., mit weiteren Angaben.
[204] OR 651 IV; vgl. dazu neben der Standardliteratur D. GERICKE: Die genehmigte Kapitalerhöhung (Diss. Zürich 1996 = SSBR 43) 229 ff.; A. VON PLANTA: Die genehmigte Kapitalerhöhung – mehr Freiheit oder mehr Unsicherheit für den Verwaltungsrat?, in: FS Bär (Bern 1998) 311 ff. Zum Erhöhungsbeschluss und den Feststellungen des Verwaltungsrats vgl. HRegV 50.

und gestützt darauf die Statuten bezüglich des Aktienkapitals und des verbleibenden bedingten Kapitals anzupassen[205].

117 f) Durch die hängige erneute Revision des Aktienrechts soll die Möglichkeit geschaffen werden, den Verwaltungsrat im Rahmen eines sog. Kapitalbandes zu ermächtigen, **Kapitalherabsetzungen** vorzunehmen[206]. Auch diese Kompetenz wird dem Verwaltungsrat unentziehbar zukommen.

4. Aufgaben bei Vermögenszerfall

118 Die in OR 716a I Ziff. 7 verankerte Pflicht zur Benachrichtigung des Gerichts im Fall der Überschuldung[207] wird in OR 725 durch vorher einsetzende Pflichten bei Vermögenszerfall ergänzt: die Pflicht zur Einberufung einer Generalversammlung und zur Beantragung von Sanierungsmassnahmen «in entschlussreifer Form»[208] bei **hälftigem Kapitalverlust**[209] sowie die Pflicht, bei begründeter Besorgnis einer Überschuldung eine **Zwischenbilanz** erstellen zu lassen[210]. Auch bei diesen Aufgaben kann der Verwaltungsrat seine Verantwortung – und das heisst die Entscheidungen – nicht delegieren.

5. Aufgaben im Hinblick auf das Aktionariat und den Aktionärswechsel

119 a) Der Verwaltungsrat trägt – im Rahmen seiner Oberleitungspflicht – die Verantwortung für die **Führung des Aktienbuchs**[211]. Erneut geht es (nur) darum, die ordnungsgemässe Erfüllung dieser Aufgabe sicherzustellen; der Vollzug kann selbstverständlich delegiert werden, innerhalb der Gesellschaft oder auch an Dritte.

---

[205] Vgl. dazu neben der Standardliteratur etwa CH. C. WENGER: Das bedingte Kapital im schweizerischen Aktienrecht (Diss. Zürich 1996 = SSHW 165) 212 ff.; KAMMERER 207 ff.; zu Feststellungen und Statutenänderung durch den Verwaltungsrat vgl. HRegV 52.

[206] E Aktienrecht 653s, dazu Botschaft 2007 1652 ff. und etwa D. GERICKE: Kapitalband..., in: R. Watter (Hrsg.): Die «grosse» Schweizer Aktienrechtsrevision (Zürich 2010 = SSHW 300) 113 ff., m.w.H.

[207] Diese Pflicht wird in OR 725 I wiederholt und durch den Vorbehalt eines Rangrücktritts ergänzt.

[208] BGE 121 III 425.

[209] OR 725 I.

[210] OR 725 II a.A.

[211] Vgl. etwa KAMMERER 221 ff.; OERTLE/DU PASQUIER in BSK zu OR 686 N 2; KRNETA N 1515 ff.; FORSTMOSER/MEIER-HAYOZ/NOBEL § 43 N 76; zum Aktienbuch allgemein (vor dem Inkrafttreten des geltenden Rechts) vgl. U. BENZ: Aktienbuch und Aktionärswechsel (Diss. Zürich 1981 = SSHW 63) 23 ff.

b) Bei **vinkulierten Namenaktien**[212] kann die GV grundsätzlich den Entscheid über die Zulassung eines Gesuchstellers an sich ziehen. Da jedoch bei kotierten Aktien eine Ablehnung innert 20 Tagen zu erfolgen hat[213], muss bei diesen die Entscheidung aus praktischen Gründen beim Verwaltungsrat liegen. Dieser hat die Entscheidungskriterien vorzugeben[214]; den Entscheid im Einzelfall und im Rahmen der formulierten Kriterien kann er delegieren[215]. In der Praxis obliegt es auch bei nicht kotierten Aktien zumeist dem Verwaltungsrat, über die Anwendung der Vinkulierungsbestimmungen zu entscheiden.

120

6. Aufgaben im Zusammenhang mit der Revisionsstelle

a) Obwohl im Gesetz nicht ausdrücklich genannt, folgt aus der Antragspflicht des Verwaltungsrats zuhanden der Generalversammlung[216], dass der Verwaltungsrat für die (Vor-)Selektion der Revisionsstelle zuständig ist. Dazu gehört – und es ergibt sich dies auch aus seiner Oberleitungspflicht[217] –, dass er sich ihrer **Unabhängigkeit**[218] und **Befähigung**[219] vergewissert, eine Aufgabe, die nicht nur beim erstmaligen Vorschlag, sondern permanent wahrzunehmen ist[219a]. Als Beleg für die nötige Befähigung dürfte die Zulassung zu den einschlägigen Revisionsarbeiten durch die Eidg. Revisionsaufsichtsbehörde genügen. Zur Unabhängigkeit macht die Revisionsstelle Angaben in ihrem Bericht[220].

121

Wo ein **Audit Committee** besteht, wird diese Aufgabe weitestgehend an diesen Ausschuss delegiert, und der Gesamtverwaltungsrat kann sich mit dessen Berichterstattung begnügen.

122

---

[212] Zu diesen grundlegend H. Kläy: Die Vinkulierung, Theorie und Praxis im neuen Aktienrecht (Diss. Basel 1996).
[213] OR 685g.
[214] Oertle/du Pasquier in BSK zu OR 685a N 8; Forstmoser/Meier-Hayoz/Nobel § 44 N 129; Krneta N 1523, mit weiteren Hinweisen.
[215] Entgegen der herrschenden Lehre (vgl. Krneta N 1523; Kläy [zit. Anm. 212] 354) ist u.E. eine statutarische Grundlage hiefür nicht erforderlich (gl.M. Böckli, *Aktienrecht* § 6 N 34, der dortige Hinweis auf Forstmoser/Meier-Hayoz/Nobel trifft nicht zu).
[216] OR 700 II.
[217] Dazu vorn N 19 ff.
[218] Dazu OR 728, 729 sowie RAG 11 (für Revisionsunternehmen); vgl. Schweizer Handbuch Bd. 2, 43, 54 ff., 61 ff.
[219] Dazu OR 727b, 727c, RAG 4–6, RAV 5–7; vgl. Schweizer Handbuch Bd. 2, 54 ff.
[219a] Vgl. vorn N 84.
[220] OR 728b II, 729b III; vgl. Schweizer Handbuch Bd. 2, 432.

123 b) **Verzichten** die Aktionäre in einer kleinen AG auf die Revision[221], dann hat der Verwaltungsrat nicht nur die Erfüllung der dafür erforderlichen Voraussetzungen[222] zu prüfen, sondern nötigenfalls auch die Statuten anzupassen und dem Handelsregister die erforderliche Meldung zu erstatten[223].

124 c) Entfallen sind mit der Revision des Revisionsrechts per 1.1.2008 allfällige Pflichten, die dem Verwaltungsrat früher im Hinblick auf den – damals gesondert zu bestellenden – Konzernprüfer oblagen, da nun die Revisionsstelle der Konzernobergesellschaft auch die Konzernrechnung zu prüfen hat[224].

125 d) Eine Pflicht, die **Tätigkeit** der Revisionsstelle **zu überprüfen**, besteht nur begrenzt[225].

7. Risiko-Management und Errichtung eines internen Kontrollsystems

126 Die Risikobeurteilung wird nun im Gesetz – freilich nur indirekt[226] – als Pflicht des Verwaltungsrats erwähnt. Bei grösseren Gesellschaften besteht zudem die Pflicht, ein internes Kontrollsystem einzurichten[227].

127 Diese Aufgaben können als Elemente der in OR 716a I genannten Oberleitungs-, Organisations- und Oberaufsichtspflichten verstanden werden[228].

8. Ausübung von Klagerechten der Gesellschaft[229]

128 a) Nach OR 706 I kommt (auch) dem Verwaltungsrat das Recht zur Anfechtung von **Generalversammlungsbeschlüssen** zu, wenn diese gesetzes- oder statutenwidrig sind. Klagt ein Aktionär, dann obliegen dem Verwaltungsrat –

---

[221] Dazu OR 727a II–IV.
[222] Es besteht keine Pflicht zur ordentlichen Revision, die Gesellschaft hat nicht mehr als zehn Vollzeitstellen im Jahresdurchschnitt, sämtliche Aktionäre haben zugestimmt, OR 727a II, vgl. auch HRegV 174.
[223] OR 727a V; letztere Aufgabe kann an einzelne Mitglieder delegiert werden, vgl. N 138.
[224] OR 727 I, dazu Schweizer Handbuch Bd. 2, 346 ff.
[225] Dazu vorn N 84.
[226] Vgl. N 27, ferner N 69 und Anm. 123.
[227] Auch dies wird im Gesetz nur indirekt gesagt, vgl. vorn N 69 und insb. Anm. 125.
[228] Vgl. vorn N 20.
[229] Zu den Kagerechten allgemein statt aller P. V. KUNZ: Die Klagen im Schweizer Aktienrecht (Zürich 1997 = SnA 12); DERS. (zit. Anm. 157) § 11.

wegen der grundsätzlichen Tragweite des Verfahrens – die Entscheide über die wesentlichen Verfahrensschritte seitens der Gesellschaft[230].

Nach OR 678 III kann die «Gesellschaft» **Rückerstattungsklagen** geltend machen, nach OR 756 I **Verantwortlichkeitsklagen**. Innerhalb der Gesellschaft liegt die Entscheidung beim Verwaltungsrat[231], und zwar u.E. – als Grundsatzfrage – unübertragbar. 129

b) Im Übrigen ist aber der **Entscheid über die Prozessführung delegierbar**, mit Ausnahme von Verfahren, denen strategische Bedeutung zukommt. Doch ist es – dies sei am Rande erwähnt – üblich, dass der Verwaltungsrat Entscheide über die Einleitung von Klagen oder deren vergleichsweise Erledigung sowie über den Weiterzug von Urteilen in seiner Hand behält, sei es generell, sei es zumindest dann, wenn sich die Verfahren nicht aus dem laufenden Geschäftsgang ergeben[232]. 130

9. Unübertragbare Pflichten des Verwaltungsrats einer Konzernobergesellschaft[233]

Konzerne sind nach dem Leitungsprinzip, wie es dem geltenden schweizerischen Recht zugrunde liegt, Zusammenschlüsse mehrerer (formalrechtlich selbständiger) Gesellschaften «unter einheitlicher Leitung»[234]. Auf die Problematik dieses Konzepts im Hinblick auf die unübertragbaren und unentziehbaren Kernkompetenzen eines jeden Verwaltungsrats ist bereits hingewiesen worden[235]. Betrachtet man – wie es auch der Gesetzgeber tut – den Konzern als rechtlich anerkannte Realität, dann trifft den Verwaltungsrat der Konzernobergesellschaft eine **Konzernleitungspflicht**[236]. Diese erstreckt sich 131

---

230 Zur Klage des Verwaltungsrats selbst vgl. dagegen OR 706a II: gerichtliche Bestellung eines Vertreters für die Gesellschaft.
231 OR 716 I.
232 Aus dem laufenden Geschäftsgang resultieren etwa Klagen wegen schlechter oder verspäteter Lieferungen oder Dienstleistungen.
233 Grundsätzlich hiezu AMSTUTZ, *Konzernorganisationsrecht* N 550 ff., insb. N 585; vgl. auch etwa M. ALBERS-SCHÖNBERG: Haftungsverhältnisse im Konzern (Diss. Zürich 1980 = SSHW 44) insb. 38 ff. (aus verantwortungsrechtlicher Sicht); KAMMERER 243 ff.; RUEPP 39 ff., insb. 45 ff., alle mit weiteren Angaben.
234 So die Legaldefinition von OR 663e I. Zu einem bevorstehenden Paradigmenwechsel s. hinten Anm. 330.
235 Vgl. § 7 N 22 ff.
236 Dazu statt aller DRUEY, *Leitungsrecht* (zit. Anm. 329) 24 ff.; L. HANDSCHIN: Der Konzern im geltenden schweizerischen Privatrecht (Zürich 1994) 109 ff. und besonders ausführlich K. BEYELER: Konzernleitung im Schweizerischen Privatrecht (Diss. Zürich 2004 = SSHW 234) 52 ff. sowie AMSTUTZ, *Konzernorganisationsrecht* N 550 ff.

u.E. freilich nur auf diejenigen Bereiche, für welche die Konzernobergesellschaft die **Leitung beansprucht**[237], und sie ist insoweit **unübertragbar**, als es die entsprechende Funktion bei einer unabhängigen Gesellschaft wäre.

132 Lehrbuchmässig wird dazu in ZR 2009 Nr. 33 S. 129 ff. festgehalten:

«In Konzernverhältnissen findet in der faktischen Umsetzung dieser Norm[238] eine vertikale Aufgabenteilung statt: Der Verwaltungsrat der herrschenden Gesellschaft bestimmt dabei u. a. unübertragbar die konzernweite Finanzplanung und hat über die Eigenkapitalausstattung der abhängigen Gesellschaften zu entscheiden»[239].

133 Zu präzisieren ist, dass der Verwaltungsrat der Konzernobergesellschaft u.E. – in den Schranken seiner Organisationspflicht – **frei ist, Aufgaben nicht zu usurpieren**, sondern bei den Tochtergesellschaften zu belassen[240].

134 Der Verwaltungsrat einer Holdinggesellschaft ist gleichermassen frei, auf eine einheitliche Leitung[241] und damit eine Konzernbildung gänzlich zu verzichten und die Muttergesellschaft auf die Funktionen einer **Finanzholding** zu beschränken: Die Untergesellschaften bleiben dann weitgehend selbständig, eine Steuerung erfolgt im Wesentlichen nur durch die Zuweisung bzw. den Abzug finanzieller Mittel, so, wie dies jeder beherrschende Aktionär tun kann. Der Verwaltungsrat kann sich auch für das Konzept einer **Strategieholding** entscheiden, bei der die Grundsatzentscheidungen von den Organen der

---

[237] Analog zu den für die faktische Organschaft entwickelten Regeln, dazu ALBERS-SCHÖNBERG (zit. Anm. 233) 39 ff. sowie umfassend D. GEHRIGER: Faktische Organe im Gesellschaftsrecht (Diss. St. Gallen 1978 = SSHW 34).

[238] D.h. von OR 716a I.

[239] A.a.O. 129, ausführlicher 133.

[240] Aufgrund der Pflicht zu einer sorgfältigen Organisation kann es sich aber allenfalls verbieten, Funktionen bei der Konzernuntergesellschaft und ihrem Verwaltungsrat zu belassen, wenn diesen die Qualifikation für die Ausübung der Aufgabe oder die dafür erforderlichen Instrumente fehlen, eine Situation, die in Konzernen häufig und geradezu konzerntypisch ist: So ist es in Konzernen oft sinnvoll, das Risikomanagement im Sinne eines konsolidierten Verständnisses konzernweit zu organisieren und das Interne Kontrollsystem – einschliesslich etwa der Internen Revision – zentral zu betreiben. Auch für die Sicherstellung der *Compliance* kann sich eine integrierte Struktur aufdrängen, zumal dann, wenn die Mitarbeitenden konzernintern ohne Beachtung der formalrechtlichen Ordnung nach rein betriebswirtschaftlichen Gesichtspunkten organisiert sind und eingesetzt werden. Dies schliesst eine Verfeinerung durch einzelgesellschafts-, orts- oder marktspezifische Regeln und Überwachungsorgane nicht aus.

[241] Die tatsächliche Ausübung der Beherrschung ist nach geltendem Recht ein Element des Konzernbegriffs (OR 663e I, Leitungsprinzip). Das künftige Recht will auf dieses Erfordernis verzichten und die blosse Kontrolle genügen lassen (E Aktienrecht 963 I, Kontrollprinzip, vgl. Botschaft 2007 1723).

Obergesellschaft getroffen, die Tochtergesellschaften im Übrigen aber an der langen Leine geführt werden. Oder er kann für die **vollständige Integration** der Tochtergesellschaften optieren, für eine Organisation also, die nach betriebswirtschaftlichen Kriterien aufgebaut ist, ohne dass – über die zwingenden formalen Anforderungen hinaus – auf die rechtlichen Strukturen Rücksicht genommen würde.

Entscheidet sich der mit der «Oberleitung» des Konzerns befasste Verwaltungsrat der Konzernmutter, eine Aufgabe an sich zu ziehen, dann hat er seinerseits – im Rahmen der Muttergesellschaft – die **Schranken der Unübertragbarkeit von OR 716a I zu beachten**[242] und die unübertragbaren Aufgaben – nun eben in einer konzernweiten Betrachtung – in seiner Hand zu behalten. Mit dieser Vorgabe wäre es nicht zu vereinbaren, dass ein Organisationsreglement die Kompetenz zur Vornahme konzerninterner Transaktionen in unbeschränktem Umfang auf den CEO der herrschenden Gesellschaft überträgt[243]. Eine weitere Schranke ergibt sich daraus, dass die Verantwortung für diejenigen Aufgaben, die für eine einheitliche Leitung zentralisiert sein müssen, bei der Obergesellschaft anzusiedeln ist[244]. Nur Hilfsfunktionen – vorbereitend, ausführend, überprüfend – können in diesen Bereichen an eine Managementgesellschaft oder andere Konzerngesellschaften delegiert werden.

Nachzutragen ist, dass die Gestaltungsfreiheit des Verwaltungsrats dadurch begrenzt werden kann, dass die Aktionäre durch eine **statutarische Bestimmung** der Konzernobergesellschaft explizit die **Pflicht zur Konzernleitung** zum Zweck geben. Ist dies der Fall, dann gehört die einheitliche Leitung zu den unübertragbaren Aufgaben des Verwaltungsrats der Konzernmuttergesellschaft und kann sich dieser nicht für das Konzept einer blossen Finanzholding ohne Leitungsfunktionen entscheiden.

10. Statutenänderungen und Verkehr mit dem Handelsregisteramt

a) Das Gesetz weist verschiedentlich die Kompetenz zu **Statutenänderungen** dem Verwaltungsrat zu[245]. Diese Aufgaben sind **unübertragbar,** wobei

---

[242] Dazu wiederum illustrativ ZR 2009 129.
[243] Vgl. ZR 2009 131 f.
[244] So ist etwa eine einheitliche Leitung ohne zentrale Finanzplanung und – allgemeiner – ohne zentrale oder zumindest koordinierte Planung kaum denkbar.
[245] So etwa bei Kapitalveränderungen, OR 651a, 652g, 653g und beim Verzicht auf eine Revisionsstelle bei Kleingesellschaften oder bei der Einführung einer solchen aufgrund des Begehrens eines Aktionärs, OR 727a V, ferner bei der nachträglichen Leistung von Einlagen

festzuhalten ist, dass es sich um rein **feststellende Beschlüsse ohne Entscheidungsspielraum** handelt, dem Verwaltungsrat also nur eine formelle Kompetenz und Pflicht eingeräumt wird.

138 b) Sodann wird in verschiedenen Bestimmungen des OR der Verwaltungsrat angewiesen, **Anmeldungen beim Handelsregisteramt** vorzunehmen[246]. Diese Pflichten sind – da rein administrativ und ohne Entscheidungsspielraum – **delegierbar**, aber nur **innerhalb des Verwaltungsrats**, da HRegV 17 I lit. c verlangt, dass Registeranmeldungen

> «von zwei Mitgliedern des obersten Leitungs- oder Verwaltungsorgans oder von einem Mitglied mit Einzelzeichnungsberechtigung»

unterzeichnet sein müssen[247].

IV. Spezialgesetze

1. Allgemeines

139 a) Aus Spezialgesetzen, die zum Teil nach dem Inkrafttreten von OR 716a[248] verabschiedet und in Kraft gesetzt worden sind, ergeben sich weitere unübertragbare Aufgaben. Zu nennen sind insbesondere

- das Fusionsgesetz[249] (dazu Ziff. 2, N 140 ff.),
- das Börsengesetz[250] (dazu Ziff. 3, N 145 ff.),
- die Spezialgesetzgebung für Finanzdienstleister[251] (dazu Ziff. 4, N 150 ff.),

---

auf nicht voll liberierte Aktien, OR 634a I und HRegV 54 I lit. a. – Die aus dem früheren Recht übernommene Bestimmung, wonach die Änderung der Statuten eine **unübertragbare Befugnis der Generalversammlung** sein soll (OR 698 II Ziff. 1.), ist daher seit 1992 nicht mehr korrekt. Trotzdem soll sie auch im Zuge der laufenden Reform unverändert beibehalten werden.

[246] Vgl. OR 652h, 653h, 727a V.
[247] So auch OR 931a II.
[248] 1.7.1992.
[249] FusG, BG vom 3.10.2003 über Fusion, Spaltung, Umwandlung und Vermögensübertragung (SR 221.301), in Kraft seit 1.7.2004.
[250] BEHG, BG vom 24.3.1995 über die Börsen und den Effektenhandel (SR 954.1), in Kraft seit 1.2.1997/1.1.2008.
[251] BankG, BG vom 8.11.1934 über die Banken und Sparkassen (SR 952.0); VAG, BG vom 17.12.2004 betreffend die Aufsicht über Versicherungsunternehmen (SR 961.01), in Kraft seit 1.1.2006.

- indirekt das Strafrecht (dazu Ziff. 5, N 158 f.)
- sowie aufgrund der bundesgerichtlichen Praxis das Sozialversicherungsrecht (dazu Ziff. 6, N 160).

2. Fusionsgesetz[252]

a) Soweit das FusG nicht auf die einschlägigen Bestimmungen des OR verweist, legt es fest, dass für die Erstellung der für eine Umstrukturierung erforderlichen Unterlagen und die damit zusammenhängenden Beschlüsse die **obersten Leitungs- oder Verwaltungsorgane** der jeweiligen juristischen Person zuständig sind – bei der AG ist dies mithin der **Verwaltungsrat**[253]. Dies wird damit begründet, dass es sich bei den undelegierbaren Pflichten gemäss FusG um einen Ausfluss der Oberleitungsfunktion handelt[254]. 140

b) Dem Verwaltungsrat obliegt somit die Zustimmung zum **Fusionsvertrag**[255], zum **Spaltungsvertrag**[256] und zum **Übertragungsvertrag**[257], er hat die entsprechenden Pläne zu erstellen[258] sowie Berichte zu erstatten[259]. Wie immer geht es hierbei um die «Ober»-Verantwortung: Technische Vorbereitungen und Verhandlungen können – und müssen in komplexeren Fällen – delegiert werden[260], beim Verwaltungsrat verbleibt die «Abschluss-» und «Verabschiedungskompetenz». Genehmigende Beschlüsse der Generalversammlung bleiben vorbehalten[261]. 141

c) Während der Fusionsverhandlungen obliegen dem Verwaltungsrat Pflichten zur **Information der Transaktionspartnerin**[262]. 142

---

[252] Dazu statt aller ALTENBURGER/CALDERAN/LEDERER: Schweizerisches Umstrukturierungsrecht (Zürich 2004); AMSTUTZ/MABILLARD: Fusionsgesetz (Basel 2008); Baker & McKenzie (Hrsg.): Fusionsgesetz (Bern 2003); P. BERETTA: Strukturanpassungen, SPR VIII/8 (Basel 2006); H. C. VON DER CRONE u.a.: Das Fusionsgesetz (Zürich 2004); J. A. LUGINBÜHL und T. GELTZER in ZK zum FusG (F. Vischer [Hrsg.], Zürich 2004); Watter u.a. (Hrsg.): Fusionsgesetz (Basel 2004); KRNETA N 1631 ff.; ROTH PELLANDA N 483; BAUEN/VENTURI N 1065 ff.
[253] Botschaft zum FusG vom 13.6.2000 (BBl 2000 4337 ff.) 4406.
[254] Vgl. LUGINBÜHL (zit. Anm. 252) zu FusG 12 N 13, 15 ff.
[255] FusG 12 I.
[256] FusG 36 I.
[257] FusG 70 I.
[258] Vgl. FusG 36 I, 59 I.
[259] FusG 14 I (mit Vorbehalt in II), FusG 61 I.
[260] LUGINBÜHL (zit. Anm. 252) zu FusG 12 N 20 f.
[261] Vgl. FusG 18 I, 43 I, 64 I, ferner die Ausnahme von FusG 23 f. für die Konzernfusion.
[262] FusG 17 I.

143 d) Nach vollzogener Transaktion ist der Verwaltungsrat zur **Anmeldung beim Handelsregisteramt** verpflichtet[263], wobei diese Aufgabe entsprechend HRegV 17 I lit. c delegiert werden kann, jedoch nur innerhalb des Verwaltungsrats.

144 e) In der «Ober»-Verantwortung des Verwaltungsrats liegt schliesslich auch die Pflicht, die **Gläubiger** auf ihr Recht zur **Sicherstellung** aufmerksam zu machen[264] und eine **Konsultation der Arbeitnehmervertretung** zu veranlassen[265].

3. Börsengesetz[266]

145 a) Aus dem BEHG und den darauf basierenden[267] Kotierungsreglementen[268] ergeben sich zusätzliche **Informationspflichten,** insbesondere solche zur Ad-hoc-Publizität (bei der SIX Swiss Exchange nach KR 53[268a]), aber auch die Pflicht zur Vorlage von Halbjahresberichten[269] und zur Offenlegung der Organisation und Arbeitsweise[269a]. Umstritten ist, inwieweit hier eine Delegation zulässig ist[270]. U.E. sind auch diese Pflichten im Rahmen der Oberleitungs- und Organisationsverantwortung des Verwaltungsrats zu beurteilen:

---

[263] FusG 21 I, 51 I, 73 I.
[264] FusG 25.
[265] So implizit FusG 28 II, wo eine entsprechende Informationspflicht zuhanden der Generalversammlung vorgesehen ist.
[266] Vgl. dazu etwa die in Anm. 268a zit. Lit. zu den börsenrechtlichen Informationspflichten sowie die Lit. zum Übernahmerecht, etwa TSCHÄNI/IFFLAND/DIEM: Öffentliche Kaufangebote (2. A. Zürich 2010) und U. SCHENKER: Schweizerisches Übernahmerecht (Bern 2009); sodann die Standardwerke zum BEHG, etwa Watter/Vogt (Hrsg.): BSK zum Börsengesetz und zum Finanzmarktaufsichtsgesetz (2. A. Basel 2011), und P. NOBEL: Schweizerisches Finanzmarktrecht ... (3. A. Bern 2010).
[267] Vgl. BEHG 4 betreffend Selbstregulierung der Börsen.
[268] Insb. das KR der SIX Swiss Exchange vom 12.11.2010.
[268a] Vgl. dazu die Richtlinie vom 29.10.2008 betreffend Ad-hoc-Publizität sowie neben der aktienrechtlichen Standardliteratur (insb. BÖCKLI, *Aktienrecht* § 7 N 86 ff.) etwa P. NOBEL: Schweizerisches Finanzmarktrecht ... (3. A. Bern 2010) § 10 N 361 ff. und M. VON FISCHER: Die Ad-hoc-Publizität nach Art. 72 Kotierungsreglement ... (Diss. Bern 1999 = ASR 629) *passim*; P. CH. HSU: Ad-hoc-Publizität ... (Diss. Zürich 2000 = SSHW 194); MARTINEZ (zit. Anm. 157) 287 ff.
[269] S. KR 50.
[269a] Dazu hinten § 29 N 19 ff.
[270] BÖCKLI, *Aktienrecht* § 7 N 100 hält die Vorstellung, dass der Gesamtverwaltungsrat beim Auftreten einer kursrelevanten Tatsache zur Debatte über das Traktandum «Ad-hoc-Publizität» zusammentritt und darüber einen Beschluss fasst, zu Recht für wirklichkeitsfremd. Gl.M. ist auch HSU (zit. Anm. 268a) 283 f.; a. M. BERTSCHINGER, *Arbeitsteilung* N 141 und VON FISCHER (zit. Anm. 268a) 180.

Er hat die Aufgabe, dafür zu sorgen, dass Meldungen zeitgerecht und richtig vorgenommen werden, die dafür verantwortliche Stelle zu bezeichnen[271] und festzulegen, in welchem Rhythmus die Gesellschaft periodisch informiert (halbjährlich oder quartalsweise). Im Rahmen der engen Vorgaben des Kotierungsreglements und – dies vor allem – der extensiven Praxis der SIX Swiss Exchange kann der Verwaltungsrat zudem festlegen, welche Tatsachen von der Gesellschaft als kursrelevant zu betrachten sind und eine Ad-hoc-Mitteilung auslösen[272].

b) Darüber hinaus hat der Verwaltungsrat dafür zu sorgen, dass die umfassenderen Anforderungen an die Berichterstattung von **kotierten Gesellschaften**[273] erfüllt werden. Einmal mehr: Es geht um die Bestimmung der Grundsätze, die Zuweisung von Aufgaben, die Organisationsverantwortung und nicht etwa darum, dass der Verwaltungsrat die Berichte selbst redigieren müsste oder auch nur sollte.

c) Besondere Pflichten treffen den Verwaltungsrat einer Gesellschaft mit kotierten Aktien, wenn ein **Übernahmeangebot** für die Aktien der Gesellschaft unterbreitet wurde[274]: Ganz allgemein ist er dann gehalten, «zu einem fairen Verfahren beizutragen»[275], und insbesondere muss er in einem Bericht zuhanden der Aktionäre zum Angebot Stellung nehmen[276]. Er kann empfehlen, das Angebot anzunehmen oder abzulehnen oder aber er kann sich einer Stellungnahme enthalten und lediglich die Vor- und Nachteile darlegen.

Entscheidet der Verwaltungsrat, sich grundsätzlich – wenn auch allenfalls *faute de mieux* – einem Angebot nicht zu widersetzen, dann ändert sich der Fokus seiner Sorgfaltsbemühungen: War er bisher gehalten, die Interessen «der Gesellschaft» (!) in guten Treuen zu wahren[277], was neben den Interessen der Aktionäre namentlich auch die der Mitarbeitenden einschliesst[278], so

---

[271] Hsu (zit. Anm. 268a) 288.
[272] Vgl. Hsu (zit. Anm. 268a) 289 f.; eine entsprechende Pflicht besteht jedoch nicht.
[273] Vgl. KR 49 ff.
[274] Böckli, *Aktienrecht* § 7 N 142 ff.; Müller/Lipp/Plüss 450.
[275] Böckli, *Aktienrecht* § 1 N 101. Dazu gehört etwa das Gebot, bis zur Veröffentlichung der Ergebnisse eines Übernahmeangebots Rechtsgeschäfte zu unterlassen, «mit denen der Aktiv- oder Passivbestand der Gesellschaft in bedeutender Weise verändert würde», es sei denn, der Verwaltungsrat handle in Ausführung eines Generalversammlungsbeschlusses, BEHG 29 II.
[276] BEHG 29 I; dazu etwa M. Glatthaar: Der Verwaltungsratsbericht bei öffentlichen Übernahmeangeboten (Diss. St. Gallen 2007 = St. Galler Schriften zum Finanzmarktrecht 2).
[277] OR 717 I.
[278] Vgl. Urteil 4A_188/2007 des BGer vom 13.9.2007, E. 4.3.5: «Le devoir de diligence de l'administrateur implique une prise de compte des intérêts légitimes à la fois de la société, des actionnaires, des créanciers et du personnel de l'entreprise.»

hat er sich nun auf eine Maximierung des Kaufpreises für die Aktien zu konzentrieren, was allenfalls die Zurückweisung eines ersten Angebots, die Suche nach einem *white knight* oder andere Massnahmen zur Erzielung eines höheren Angebotspreises einschliesst[279].

149 Wiederum sind zumindest die Grundsatzentscheide vom Verwaltungsrat im Plenum zu treffen.

4. Branchenspezifische Regeln für Gesellschaften in regulierten Märkten, insbesondere für Finanzdienstleister

150 a) Branchenspezifische Anforderungen finden sich vor allem im **Finanzmarktrecht**, hier für Banken, Versicherungen und Investmentgesellschaften mit variablem Kapital.

151 b) Für **Banken**[280] besteht aufgrund der eine Bewilligungsvoraussetzung darstellenden Funktions- und Gewaltentrennung[281] zwingend die Pflicht, ein Organisationsreglement zu erlassen, in welchem «eine Ausscheidung zwischen Oberleitungs-, Kontroll- und Überwachungsaufgaben einerseits und Geschäftsführungsaufgaben andererseits» vorgenommen wird[282].

152 Sodann sind Banken gehalten, das **Risiko-Management** in einem Reglement zu normieren[283] und eine **Interne Revision** zu bestellen[284].

153 c) Für **Versicherungsaktiengesellschaften** ist eine personelle Trennung zwischen dem Präsidium im Verwaltungsrat und dem Vorsitz in der Geschäftsleitung vorgeschrieben[285], aber nicht zwingend eine Delegation der Geschäftsführung an die Geschäftsleitung[286].

---

[279] SCHENKER (zit. Anm. 266) 561 ff.
[280] Dazu statt aller ISELI N 488 ff., insb. 546 ff. und 582 ff.
[281] Vgl. § 6 N 33.
[282] ISELI N 553; aufgrund des OR besteht zwar eine Organisationspflicht, nicht aber eine Pflicht, ein Organisationsreglement zu erlassen, vgl. § 3 N 14 ff.
[283] BankV 9 II; zu den Risikokategorien vgl. BankV 9 Abs. 2 und EMCH/RENZ/ARPAGAUS: Das Schweizerische Bankgeschäft (Zürich/Basel/Genf 2004) N 2829 und N 2858.
[284] Vgl. FINMA-RS 2008/24 «Überwachung und interne Kontrolle Banken» vom 20.11.2008, das am 1.1.2009 in Kraft gesetzt worden ist und mit dem am 1.1.2007 in Kraft gesetzten EBK-RS 06/6 übereinstimmt; dazu etwa ISELI N 660 ff.
[285] Vgl. § 4 N 8; ausführlich und kritisch dazu ISELI N 706 ff.
[286] ISELI N 721 ff., 740.

Das VAG verlangt zudem ein umfassendes **Risiko-Management**[287] und – wie bei Banken – eine **Interne Revision**[288]. Die Anforderungen an das Risiko-Management und die interne Kontrolle sind im FINMA-RS 2008/32 «Corporate Governance Versicherer» vom 20.11.2008 in Rz. 12 ff. konkretisiert[289].

154

Auch bei Versicherungsunternehmen ist also die Gestaltungsfreiheit des Verwaltungsrats eingeschränkt. Betreffend die «Unübertragbarkeit»[290] gilt auch hier, dass nur der Entscheid über eine angemessene Organisation und der Kern der Überwachungsarbeit im Sinne einer kritischen Kenntnisnahme einschlägiger Berichte beim Verwaltungsrat als Gesamtorgan verbleiben müssen.

155

d) Eine Funktionentrennung ist aufgrund der Praxis der EBK bzw. FINMA auch für **Effektenhändler** vorgeschrieben[291].

156

e) Sodann verlangt das KAG bzw. die darauf gestützte Kollektivanlagenverordnung[292] für **Investmentgesellschaften mit variablem Kapital**[293] vom Verwaltungsrat über die Liste von OR 716a I hinaus die unübertragbare Wahrnehmung bestimmter weiterer Aufgaben, namentlich die Festlegung der Grundsätze der Anlagepolitik und die Bezeichnung der Depotbank[294]. Präzisiert wird sodann, dass die unübertragbaren und unentziehbaren Aufgaben gemäss OR 716a I «in der Schweiz wahrgenommen» werden müssen[295]. Im Übrigen bestehen die gleichen Delegationsmöglichkeiten wie nach OR[296].

157

5. Indirekt aus dem Strafrecht sich ergebende Aufgaben

a) Nach StGB 102 I kann einem Unternehmen ein Verbrechen oder Vergehen dann zugerechnet werden, wenn die Tat «wegen mangelhafter Organisation des Unternehmens keiner bestimmten natürlichen Person zugerechnet

158

---

[287] Vgl. VAG 22 I; ZOBL/BLÖCHLINGER: Risiken, Ziele und Massnahmen in der schweizerischen Kapitalmarktgesetzgebung, in: Weber/Zobl (Hrsg.): Risikomanagement durch Recht im Banken- und Versicherungsbereich (Zürich/Basel/Genf 2006) 1–74.
[288] VAG 27 I.
[289] Dazu ISELI N 773 ff.
[290] OR 716a I kommt vollumfänglich zur Anwendung, vgl. dazu N 18 ff.
[291] Vgl. § 6 N 33 a.E.
[292] KKV vom 22.11.2006, SR 951.311.
[293] Diese unterstehen – vorbehältlich der spezialgesetzlichen Bestimmungen – dem Aktienrecht, vgl. KAG 37 I sowie hinsichtlich des Verwaltungsrats KAG 51 und dazu KKV 64–66.
[294] KKV 64 I. In Abs. 2 wird ausdrücklich festgehalten, dass diese Aufgaben nicht delegierbar sind. Man kann sie auch als Konkretisierungen der sich aus OR 716a I ohnehin ergebenden Strategie- und Organisationsverantwortung verstehen.
[295] KKV 42 lit. a.
[296] In KAG 51 II wird OR 716b I wörtlich wiederholt.

werden» kann. Bei Straftaten zur Finanzierung des Terrorismus[297], bei Geldwäscherei[298], Bestechung[299] und bei Verleitung zum Vertragsbruch[300] wird das Unternehmen gemäss StGB 102 II unabhängig von der Strafbarkeit natürlicher Personen bestraft, wenn ihm vorzuwerfen ist, «dass es nicht alle erforderlichen und zumutbaren organisatorischen Vorkehren getroffen hat, um eine solche Straftat zu verhindern». Hieraus erwächst dem Verwaltungsrat im Rahmen seiner Oberleitungspflicht die Aufgabe, für eine auch diesbezüglich **angemessene Organisation und entsprechende Überwachungsmassnahmen** zu sorgen[301].

159 b) Bei kotierten Gesellschaften hat der Verwaltungsrat überdies die Pflicht, für geeignete Massnahmen zur Verhinderung von **Insiderdelikten**[302] zu sorgen[303].

6. Pflichten aus dem Sozialversicherungsrecht[304]

160 Wie erwähnt[305] ergeben sich aus der äusserst strengen Praxis des Bundesgerichts betreffend die Verantwortlichkeit bei Nichtleistung von Sozialabgaben Überwachungspflichten, die über das in anderen Bereichen Angemessene hinausgehen.

V. Delegation von Vorbereitungs-, Ausführungs- und Überwachungshandlungen

161 a) Diese Hilfsfunktionen sind **immer delegierbar,** ohne dass es einer statutarischen Ermächtigung und der Regelung in einem Organisationsreglement bedürfte[306], und zwar – entgegen dem zu eng gefassten Wortlaut von OR 716a II – nicht nur innerhalb des Verwaltungsrats, sondern auch an andere Gremien oder Personen innerhalb der Gesellschaft und schliesslich auch an

---

[297] StGB 260quinquies.
[298] StGB 305bis.
[299] StBG 322ter, 322quinquies, 322septies I.
[300] BG gegen den unlauteren Wettbewerb (UWG) vom 19.12.1986 (SR 241) Art. 4a I lit. a.
[301] Vgl. BÖCKLI, Aktienrecht §13 N 336b; ISELI N 366 ff.
[302] StGB 161.
[303] Vgl. etwa HOMBURGER N 588; BÖCKLI, Aktienrecht § 7 N 132a; ISELI N 424.
[304] Vgl. dazu die vorn in Anm. 18 zit. Literatur und Judikatur.
[305] Vorn Anm. 18.
[306] Vgl. § 4 N 16.

Dritte ausserhalb der Gesellschaft[307]. Für den Verwaltungsrat naheliegend ist die Beauftragung seines Präsidenten oder der Geschäftsleitung bzw. ihres Vorsitzenden[308], welche dann ihrerseits über eine angemessene Weiterdelegation entscheiden können.

b) Beim Verwaltungsrat verbleiben die Pflichten zur «**Auswahl, Unterrichtung und Überwachung**»[309], die mit «nach den Umständen gebotene[er] Sorgfalt» auszuüben sind und je nach den Umständen sehr unterschiedlich ausfallen können: In komplexen Verhältnissen wird sich die (Mitwirkung bei der) Auswahl auf eine oder zwei Hierarchiestufen unterhalb des Verwaltungsrats beschränken können und müssen, während in einer Kleingesellschaft allenfalls sämtliche Mitarbeitende direkt vom Verwaltungsrat zu bestellen sind. Beim Beizug von Spezialisten wird die «Unterrichtung» im Wesentlichen darin bestehen, die Kenntnis der Aufgabe und auch der Besonderheiten der Gesellschaft sicherzustellen. Hinsichtlich der Überwachung sieht das Gesetz selbst (OR 716a II) explizit Übertragbarkeit vor.

162

In jedem Fall muss eine angemessene – wiederum entsprechend den jeweiligen Verhältnissen unterschiedlich auszugestaltende – **Berichterstattung** an den Gesamtverwaltungsrat gewährleistet sein[310]. Bei einer Delegation an Dritte ist deren Pflicht zur **Verschwiegenheit** zu verankern, soweit sie nicht aufgrund eines gesetzlichen Berufsgeheimnisses ohnehin besteht[311].

163

c) Es ist daran zu erinnern, dass nicht nur ein **Recht** zur Delegation von vorbereitenden, ausführenden und überwachenden Funktionen besteht, sondern – im Rahmen der Organisationsverantwortung[312] – u.U. auch eine **Pflicht**, falls sich dies aufgrund der Grösse der Gesellschaft oder der Komplexität ihrer Tätigkeiten aufdrängt[313].

164

d) Ebenfalls in Erinnerung zu rufen ist der Umstand, dass die **Grenze** zwischen stets übertragbaren **Hilfsfunktionen** einerseits und nur aufgrund einer Basis in Statuten und Organisationsreglement delegierbaren **Entscheidfunktionen** andererseits **nur scheinbar klar gezogen** werden kann[314]: Die Art der Vorbereitung kann sich präjudizierend und nicht selten auch bestimmend auf die Entscheidung auswirken, im Rahmen der Ausführung sind stets auch Ent-

165

---

[307] § 4 N 12 und Anm. 23.
[308] KRNETA N 1485.
[309] OR 754 II.
[310] Dazu ausführlich § 4 N 49 ff.
[311] FORSTMOSER/MEIER-HAYOZ/NOBEL § 28 N 50; HOMBURGER N 687.
[312] OR 716a I 2.
[313] Vgl. § 4 N 19.
[314] Dazu § 4 N 34 ff.

scheide zu treffen, und auch in der Intensität und Art der Überwachung besteht regelmässig Spielraum. Daraus sind zwei Folgerungen zu ziehen:

166 – Der Realität gerecht wird – vor allem bei grösseren Gesellschaften – nur ein **grosszügiges Verständnis** der Übertragbarkeit gemäss OR 716a II[315].

167 – Auch aus Gründen der Vorsicht kann es sich empfehlen, im **Organisationsreglement die Zulässigkeit der Delegation von im Grundsatz nicht übertragbaren Aufgaben ausserhalb ihres Kerngehalts** vorzusehen.

VI. Würdigung

1. Allgemeines

168 a) Mit OR 716a und 716b[316] hat der schweizerische Gesetzgeber u.E. eine **gangbare Lösung** zur Umschreibung der Aufgaben des Verwaltungsrats geschaffen, freilich nur dann, wenn die gesetzliche Ordnung in einer Weise verstanden wird, die den Möglichkeiten Rechnung trägt, die realistischerweise von einem **nebenamtlich tätigen** und nicht permanent im Einsatz stehenden Organ erwartet werden können, dessen Mitglieder ihre Aufgaben **kompetent und sorgfältig** ausüben. Hieraus ergeben sich zwei **Postulate für die Auslegung:**

169 – Der Katalog der **unübertragbaren Aufgaben** des Verwaltungsrats gemäss OR 716a I ist **eng zu verstehen.** Die Undelegierbarkeit bezieht sich lediglich auf den **Kern der jeweiligen Aufgabe,** auf die – informierte und aufgrund einer sorgfältigen Diskussion im Gremium erfolgende – **Grundsatzentscheidung.**

170 – Gleichzeitig ist der Bereich der gemäss OR 716a II übertragbaren **Hilfsfunktionen weit zu fassen.** In Grossgesellschaften müssen sowohl der Verwaltungsrat als auch die Geschäftsleitung als erste Delegationsempfängerin einen grossen Spielraum für den Beizug unterstützender Gremien und Personen innerhalb und ausserhalb der Gesellschaft haben.

---

[315] Dies entsprechend einer engen Auslegung der unübertragbaren Aufgaben, vgl. N 9, 169.
[316] Und den Ergänzungen, die sich aus anderen Bestimmungen des Aktienrechts und aus Spezialgesetzen ergeben.

2. Schranken der organisatorischen Flexibilität

a) Das schweizerische Aktienrecht zeichnet sich durch eine grosse **Gestaltungsfreiheit** aus, und dies erklärt auch die Beliebtheit der AG in der Schweiz[317].

b) Allerdings **schränkt** die zwingende Zuweisung sowohl unübertragbarer als auch unentziehbarer Aufgaben an den Verwaltungsrat diese **Gestaltungsfreiheit in dreierlei Hinsicht ein:**

- Der Verwaltungsrat ist nicht frei, sich auf eine blosse **Aufsichtsfunktion** zurückzuziehen und die Strategie-, Organisations- und Oberleitungsfunktion vollumfänglich einem untergeordneten Organ – der Geschäfts- oder Konzernleitung oder einzelnen Verwaltungsratsmitgliedern – zuzuweisen.

- Der Verwaltungsrat kann aber auch nicht eine «**Delegation nach oben**» vornehmen, d.h. der Generalversammlung als dem «obersten Organ»[318] der AG die ihm gesetzlich zwingend zugewiesenen Aufgaben zur Entscheidung übertragen[319]. Ebenso wenig hat es die **Generalversammlung** in der Hand, Kompetenzen, die von Gesetzes wegen zwingend dem Verwaltungsrat zugeordnet sind – Strategieentscheidungen, Festlegung der Organisation, Oberaufsicht und grundlegende personelle Entscheide –, nach Belieben an sich zu ziehen[320].

- Schliesslich ist auch in einer anderen Hinsicht eine **Delegation nach oben** nicht vorgesehen: die Übertragung der zwingend als unübertragbar ausgestalteten Aufgaben an eine **Konzernobergesellschaft**[320a].

c) Diese – in der Praxis nicht immer beachteten – **Schranken der grundsätzlich liberalen Ausgestaltung des Schweizer Aktienrechts** schaffen Probleme in verschiedener Hinsicht:

- Ein reines **Aufsichtsratssystem** nach deutschem Vorbild ist nicht möglich[321].

---

[317] Dazu § 2 N 21 ff.
[318] OR 698 I.
[319] Zulässig – und allenfalls in kleineren Verhältnissen wünschbar – sind dagegen **Konsultativabstimmungen** zu grundsätzlichen Fragen, vgl. § 9 N 69 ff. Der Verwaltungsrat wird dadurch aber nicht von seiner Entscheidungsverantwortung entbunden.
[320] Zur Möglichkeit und rechtlichen Tragweite von Generalversammlungsentscheiden im Rahmen der Verwaltungsratskompetenzen vgl. § 9 N 51 ff.
[320a] Dazu § 7 N 32 ff.
[321] Dazu Ziff. 3, N 181 ff.

178 – Der **Konzern** als eine Verbindung rechtlich selbständiger Gesellschaften zu einer wirtschaftlichen Einheit steht rechtlich nicht auf einem soliden Fundament[322].

179 – Und schliesslich ist es bei **personenorientierten kleinen und mittleren Aktiengesellschaften** schwierig, die erwünschten Mitwirkungsmöglichkeiten der Aktionäre aktienrechtlich umzusetzen[323].

180 Im Einzelnen zu diesen Problemen – im Sinne einer Skizze – Folgendes:

3. Kein reines Aufsichtsratssystem im Schweizer Aktienrecht

181 a) Durch die zwingende Zuordnung der **grundlegenden Exekutivfunktionen** an den Verwaltungsrat wird sichergestellt, dass dieser seine Funktion als **Exekutive** – oder zumindest **Ober-Exekutive** – nicht abgeben und dass sie ihm auch nicht entzogen werden kann.

182 Der schweizerische Verwaltungsrat ist mithin – auch bei der in Grossunternehmen üblichen und dringend gebotenen grösstmöglichen Kompetenzdelegation an eine Geschäfts- oder Konzernleitung – weiterhin für Führungsaufgaben in der Pflicht. Er ist nicht nur (Ober-)**Aufsichts-**, sondern auch (Ober-) **Exekutivorgan.**

183 b) Ein **echt dualistisches System,** in welchem sich der Verwaltungsrat auf die Aufgaben eines reinen Aufsichtsrats bzw. Supervisory Board zurückzieht, ist daher in der Schweiz **rechtlich nicht umsetzbar.**

184 Dem Verwaltungsrat schweizerischer Prägung verbleibt vielmehr auch dann, wenn seine Funktionen auf das gesetzlich zulässige Minimum reduziert sind, ein **weit grösserer Aufgabenbereich als etwa dem deutschen Aufsichtsrat**[324].

---

[322] Dazu Ziff. 4, N 187 ff.
[323] Dazu Ziff. 5, N 193 ff.
[324] Vgl. FLEISCHER in ZIP *2003* 1, 4 f. Zum Vergleich der Aufgaben des Schweizer Verwaltungsrats mit denen des deutschen Aufsichtsrates bzw. Vorstandes s. BÖCKLI, *Aktienrecht* § 13 N 903 ff.
Zu Recht wird denn in der Botschaft *1983* Ziff. 215.11, 840 festgehalten, dass «das Aufsichtsratssystem, insbesondere dasjenige Deutschlands, viel stärker von dem Grundgedanken unseres Aktienrechts ab[weicht], als man gemeinhin annimmt».
Am Rande sei erwähnt, dass der deutsche Aufsichtsrat zum Teil auch Funktionen erfüllt, die in der Schweiz dem dritten obligatorischen Organ der AG, nämlich der Revisionsstelle, zukommen, so die Prüfung der Bücher (AktG 111 II, vgl. damit OR 728 I) und die subsidiäre Pflicht zur Einberufung einer Aktionärsversammlung (AktG 111 II, vgl. damit OR 699 I Satz 1).

Dieser hat, von der Bestellung des Vorstandes[325] und der Beschlussfassung über bestimmte ihm zur Zustimmung vorzulegende Geschäfte[326] abgesehen, kaum Entscheidungskompetenzen[326a], während der schweizerische Verwaltungsrat auch bei grösstmöglicher Kompetenzdelegation die **grundlegenden unternehmerischen Weichenstellungen selbst vornehmen** muss.

Wie gezeigt heisst dies freilich nicht, dass die **Vorbereitungen** hierzu nicht durch einen Verwaltungsratsausschuss oder durch Dritte vorgenommen werden können[327]. In der Realität wird der Verwaltungsrat in grösseren Gesellschaften niemals in der Lage sein, die Strategie selber zu erarbeiten, ein Kontrollsystem zu entwickeln, die Finanzierung zu regeln oder die Personalentscheide ohne Vorbereitung durch Dritte eigenständig zu treffen. Vielmehr wird es stets nur darum gehen können, die von der Geschäftsleitung erarbeiteten Unterlagen kritisch zu würdigen und darauf basierend einen Entscheid zu treffen oder aber die Vorschläge zur Überarbeitung – allenfalls mit konkretisierenden Auflagen – zurückzuweisen. Es ist diese Selbstbeschränkung nicht nur sein **Recht,** sondern auch seine **Pflicht,** denn eine sorgfältige Amtsausübung[328] gebietet es, die nötigen organisatorischen Weisungen zu erlassen, um eine informierte Entscheidfindung zu ermöglichen. Dazu gehört die stufengerechte Aufarbeitung der Entscheidungsgrundlagen zugunsten des Verwaltungsrats als einem regelmässig nur teilzeitlich tätigen Organ.

Ebenso ist es zulässig und geboten, die **Ausführung** der Entscheidungen des Verwaltungsrats zu delegieren, wobei freilich dem Rat die Pflicht zur (Ober-)Aufsicht verbleibt, während die **laufende Überwachung** wiederum übertragen werden kann.

4. Unlösbares Konzernparadox

a) Vor der Quadratur des Kreises findet man sich, wenn es darum geht, für Konzerne eine angemessene Ordnung aufzustellen: Das schweizerische Recht definiert Konzerne nach dem Leitungsprinzip als Mehrzahl von Gesellschaf-

---

[325] AktG 84 I.
[326] AktG 111 IV.
[326a] Vgl. AktG 111 IV a.A.: «Massnahmen der Geschäftsführung können dem Aufsichtsrat nicht übertragen werden».
[327] Vgl. OR 716a II, dazu soeben N 161 ff.
[328] OR 717 I.

ten, die «unter einheitlicher Leitung» zusammengefasst sind[329, 330]. Die einheitliche Leitung einer Mehrzahl von Gesellschaften setzt aber voraus, dass die **Verwaltungsräte der Konzernuntergesellschaften auf ihren eigenen Leitungsanspruch verzichten**[331]. Gerade dies unterbindet jedoch OR 716a I, weil die dort aufgezählten Kernkompetenzen weder intern noch extern rechtswirksam delegiert werden dürfen[332], auch nicht an eine übergeordnete Konzernmuttergesellschaft oder eine nebengeordnete Managementgesellschaft.

188 «Einheitliche Leitung» bedeutet zudem, dass die **Interessen des Gesamtkonzerns** massgebend sind, nicht diejenigen einer einzelnen Gruppengesellschaft, was wiederum im Konflikt zur Weisung des Gesetzgebers steht, es habe der Verwaltungsrat in guten Treuen für seine **eigene Gesellschaft** – und nur für diese – zu sorgen[333].

189 b) Der Konflikt zwischen einheitlicher Leitung einerseits und Wahrung der Einzelinteressen einer jeden Gruppengesellschaft andererseits stellt ein Problem dar, dessen Lösung vielfach versucht worden[334], aber nie voll gelungen ist[335].

190 c) Zu Antworten auf dieses «**Konzernparadox**»[336] in der Praxis vgl. § 7 N 25 f., 35 ff. und § 27 N 10 ff.

---

[329] OR 663e; vgl. statt vieler J. N. DRUEY: Leitungsrecht und -pflicht im Konzern, in: Baer (Hrsg.): Vom Gesellschafts- zum Konzernrecht (Bern/Stuttgart/Wien 2000) 1 ff., 3.

[330] Nach geltendem schweizerischem Recht geht es um die **tatsächliche** einheitliche Leitung; die blosse Möglichkeit genügt – anders als nach angelsächsischem Konzept – nicht, vgl. P. BÖCKLI: Konsolidierungspflicht: Auslösung durch «control» oder «einheitliche Leitung», ST *1994* 369 ff.; KAMMERER 245 ff. Der E Aktienrecht sieht nun einen Paradigmenwechsel – den Übergang zum Control-Prinzip – vor, vgl. Botschaft *2007* 1722.

[331] Vgl. statt aller FORSTMOSER, *Haftung* 102 ff.

[332] Vgl. etwa MÜLLER/LIPP/PLÜSS 426, ferner vorn § 7 N 24.

[333] Die in OR 717 I verankerte **Interessenwahrungspflicht** bezieht sich auf die Gesellschaft, in deren Verwaltungsrat der Betroffene tätig ist. **Deren** Interessen müssen die Verwaltungsratsmitglieder «**in guten Treuen wahren**»; vgl. dazu statt aller PLÜSS 40 ff.

[334] Am überzeugendsten wohl von BÖCKLI, *Konzernrecht* 35 ff.; vgl. auch die Hinweise in § 7 Anm. 32.

[335] Zu Recht wird in ZR *1999* Nr. 52 225 ff., 244 gesprochen von einem «dramatischen Interessenkonflikt abhängiger Verwaltungsräte, die als Organe der abhängigen Gesellschaft einerseits deren Interessen zu vertreten, gleichzeitig aber auch die Konzerninteressen wahrzunehmen haben». Das «geltende Normgefüge [biete] keine Handhabe» für die Lösung dieses Konflikts. – In der neueren Judikatur wird dagegen vermehrt von einer Sonderregelung für Konzerne ausgegangen, vgl. ZR *2009* Nr. 33 S. 129 (zit. vorn N 132). Dem Gesetz lässt sich dies aber nicht entnehmen.

[336] Es ist dies nicht das einzige, vgl. DRUEY (zit. § 7 Anm. 28) *passim*.

d) Oft wird es freilich auch im ureigenen Interesse einer in einen Konzern eingebundenen Gesellschaft sein, **im Sinne des Konzernganzen zu agieren**. Die schweizerische Vertriebsgesellschaft eines international tätigen Konzerns mit Sitz der Muttergesellschaft im Ausland etwa wird vielleicht aus wirtschaftlichen Überlegungen und im Eigeninteresse gut daran tun, trotz gesellschaftsrechtlicher Bedenken[336a] zu einer Verpfändung ihrer wesentlichen Aktiven zugunsten der Muttergesellschaft Hand zu bieten, um einen drohenden Kollaps der Gruppe insgesamt zu verhindern. Denn ein solcher Kollaps müsste letztlich auch zum Zusammenbruch der Tochtergesellschaft führen[337].

e) Die Konzernproblematik ist dann entschärft, wenn eine Tochtergesellschaft **zu 100% in einen Konzern integriert** ist, weil dann keinerlei Ansprüche von Minderheitsaktionären zu berücksichtigen sind[338]. Aus praktischer Sicht reduzieren sich die Eigeninteressen der Tochtergesellschaft in diesen Fällen darauf, nicht in eine Überschuldung zu geraten und liquid zu bleiben, um den Verpflichtungen gegenüber Dritten vollumfänglich und rechtzeitig nachkommen zu können. Die zwingend dem Verwaltungsrat zugewiesenen Aufgaben werden dann zwar materiell nicht erfüllt, doch erwächst daraus kein rechtlich relevanter Schaden, weil der einzige Aktionär mit diesem Vorgehen einverstanden ist, sich dies auch die beherrschte Tochtergesellschaft entgegenhalten lassen muss und Gläubiger kein Klagerecht haben, solange ihre Forderungen erfüllt werden[339].

5. Keine «Omnipotenz» der Aktionäre

a) Bei zahlreichen Aktiengesellschaften mit einem personell eng begrenzten Aktionariat, das zur Unternehmenstätigkeit oft eine nicht nur finanzielle Beziehung hat, besteht das Bedürfnis, eine **direkte Mitwirkung der Aktionäre bei grundlegenden unternehmensleitenden Entscheidungen**[340] zu ermögli-

---

[336a] Vgl. etwa das aus OR 680 II folgende Kapitalrückzahlungsverbot sowie die in OR 675 II enthaltenen Voraussetzungen für Dividendenausschüttungen.
[337] Ob dafür die Steuerbehörden Verständnis haben oder ob sie eine solche Verschiebung des wirtschaftlichen Wertes von Aktiven ins Ausland als eine steuerpflichtige geldwerte Leistung gemäss DBG 58 I lit. b und VstG 4 I lit. b qualifizieren, die zu Gewinn- und Verrechnungssteuerfolgen – u.U. mit persönlicher Haftung der Handelnden – führt, steht auf einem anderen Blatt und hängt insb. davon ab, ob sich die getroffenen Massnahmen mit dem Prinzip des *dealing at arm's length* vereinbaren lassen.
[338] Entsprechendes gilt, wenn eine Gesellschaft von einigen wenigen Aktionären beherrscht wird, die sich untereinander absprechen oder die durch einen Aktionärbindungsvertrag zu einem einheitlichen Verhalten verpflichtet sind.
[339] OR 757 I.
[340] Wie sie in der Liste von OR 716a I enthalten sind.

chen. Es entspricht dies der Ordnung bei Personengesellschaften, namentlich der Kollektiv- und – in begrenzterem Masse – der Kommanditgesellschaften, bei denen grundsätzlich das Einstimmigkeitsprinzip gilt, grundlegende Entscheide also nicht ohne Zustimmung aller Gesellschafter gefällt werden können[341].

194 b) Die **unübertragbaren und unentziehbaren Kompetenzen des Verwaltungsrats** schränken jedoch eine direkte Einflussnahme der Aktionäre ein. Das Gesetz sieht nur einige wenige Möglichkeiten der Einflussnahme der Generalversammlung auf die Organisation und Entscheidfindung des Verwaltungsrats vor.

195 c) Doch hat das **Aktionariat** – über die gesetzlich explizit der Generalversammlung zugewiesenen und die statutarisch zuweisbaren Rechte hinaus – verschiedene **Möglichkeiten, auf die Strategie und deren Umsetzung im geschäftlichen Alltag Einfluss** zu nehmen, vgl. dazu § 9 N 20 ff., 51 ff.

196 d) Zu einem – im Parlament abgelehnten – Vorschlag des Bundesrats, die Einflussmöglichkeiten der Aktionäre zu erweitern, vgl. § 9 N 81 ff.

VII. Die in Organisationsreglementen übliche Ordnung[342]

197 a) In den Organisationsreglementen wird die Liste unübertragbarer Aufgaben von OR 716a I zumeist stereotyp **wörtlich wiederholt**. Oft wird sie **ergänzt** durch eine mehr oder weniger vollständige Liste weiterer unübertragbarer Aufgaben. Dies mag – im Sinne einer Checkliste – sinnvoll sein, erforderlich ist es nicht.

198 b) Sachlicher als der Gesetzgeber tragen die Organisationsreglemente dem Umstand Rechnung, dass eine scharfe Trennung zwischen Entscheid und vorbereitender bzw. ausführender Hilfsfunktion oft nicht möglich ist, dass sich vielmehr eine **Abstufung der Kompetenzen je nach der Bedeutung eines Geschäfts** aufdrängt: Entscheidkompetenzen werden – entsprechend ihrer (meist finanziell bestimmten) Tragweite – einer einzelnen Organperson (einem Direktions- oder Geschäftsleitungsmitglied oder auch einem Prokuristen), der Geschäftsleitung als Gesamtorgan, einem Verwaltungsratsaus-

---

[341] Vgl. die Verweisungen in OR 557 II und 598 II auf OR 534 I. Bei den Kommanditgesellschaften ist für die Geschäftsführung freilich nur die eine Kategorie der Gesellschafter (die der Komplementäre) zuständig.

[342] Vgl. dazu die Beispiele hinten in § 18 N 21 f.

schuss oder schliesslich dem Gesamtverwaltungsrat zugewiesen. Dabei kommen der nächstunteren Hierarchiestufe die Aufgaben der Vorbereitung und Antragstellung wie auch der Ausführung zu. Ohne Rücksicht auf eine solche Abstufung werden dem Gesamtverwaltungsrat sodann meist Entscheidungen von **strategischer Tragweite** vorbehalten[343].

VIII. Künftiges Recht

In der laufenden Aktienrechtsreform zeichnen sich – abgesehen vom Themenkreis «Saläre bei Publikumsgesellschaften» – nur wenige Änderungen in Bezug auf die unübertragbaren Kompetenzen des Verwaltungsrats ab[344]: 199

a) Die **Liste der unübertragbaren und unentziehbaren Aufgaben** von OR 716a I bleibt praktisch unverändert[345]. Auch im Übrigen bleibt es – von der Salärfrage bei Publikumsgesellschaften abgesehen – beim bisherigen Pflichtenkatalog[346]. 200

b) Von grösserer Tragweite ist E Aktienrecht 627 Ziff. 20: Nach dieser Bestimmung soll künftig die Generalversammlung die Möglichkeit haben, «**die Beschlussfassung des Verwaltungsrats**» **statutarisch zu regeln**[347]. Unter geltendem Recht steht dagegen die Regelung nach herrschender Lehre als Teil des Selbstorganisationsrechts unentziehbar dem Verwaltungsrat zu[348]. 201

c) Eine markante Erweiterung des Pflichtenkatalogs des Verwaltungsrats wird sich – das steht bereits heute fest, obwohl die Einzelheiten noch hitzig kontrovers diskutiert werden – aufgrund der durch die Volksinitiative «gegen die Abzockerei»[349] losgetretenen Debatte um die Salärierung von Personen an der Unternehmensspitze von Publikumsgesellschaften ergeben: Zwar 202

---

[343] So etwa betreffend die Eröffnung neuer Niederlassungen, die Aufnahme eines Produktionszweiges, die Einleitung eines Gerichtsverfahrens, auch wenn damit nur überschaubare finanzielle Konsequenzen verbunden sind.

[344] Zur – inhaltlich wenig bedeutsamen – Neuformulierung der Umschreibung der Anforderungen an das Organisationsreglement vgl. Einleitung N 5.

[345] Vorgeschlagen wird eine einzige, materiell wohl bedeutungslose Änderung, s. § 2 Anm. 17.

[346] Leicht ergänzt werden sollen die Pflichten bei Vermögenszerfall: In E Aktienrecht 725a wird dem Verwaltungsrat eine Pflicht zum Handeln auch bei begründeter **Besorgnis einer Zahlungsunfähigkeit** auferlegt (bisher: Kapitalverlust und Überschuldung), was eine sorgfältige Geschäftsführung freilich schon heute verlangt.

[347] Die Bestimmung überstand die parlamentarische Beratung bisher unbeschadet, AmtlBull SR *2009* 607 ff.

[348] Vgl. § 9 N 44 ff.

[349] Vgl. BBl *2009* 304 f.

werden in diesem Bereich dem Verwaltungsrat Kompetenzen entzogen und diese an die Generalversammlung transferiert[350], aber es wird auch der Verwaltungsrat selbst vermehrt in die Pflicht genommen, indem ihm – so jedenfalls nach dem indirekten Gegenvorschlag des Bundesrats[351] und weiteren Vorschlägen – der Erlass eines **Vergütungsreglements** auferlegt wird. Auch die Vorlage eines besonderen **Vergütungsberichts** – zusätzlich zum Geschäftsbericht – dürfte zur unübertragbaren Aufgabe werden[352].

203 d) Der bundesrätliche Vorschlag sah noch die Möglichkeit einer Delegation bestimmter Entscheide «nach oben» vor, doch hat das Parlament diesem Vorschlag – zu Recht – eine Absage erteilt und die betreffende Norm ersatzlos aus dem Entwurf gestrichen[353].

---

[350] Fest steht, dass die Generalversammlung in Publikumsgesellschaften die Gesamtvergütung des Verwaltungsrats zwingend bestimmen wird. Auch über die Gesamtvergütung der Geschäftsleitung wird sie entscheiden können – ob zwingend oder nur dann, wenn sich die Aktionäre nicht für eine andere Lösung entschieden haben, ist noch offen. Offen ist weiter, ob die Generalversammlung auch bei Spitzensalären (über CHF 3 Mio.) an Mitarbeitende, die nicht der Geschäftsleitung angehören, mitentscheiden soll, vgl. dazu § 5 Anm. 152.
[351] Botschaft *2008* 321 ff., E Aktienrecht 731c.
[352] Botschaft *2008* 323, E Aktienrecht 731d.
[353] Vgl. dazu § 9 N 81 ff.

§ 9 Einflussmöglichkeiten des Aktionariats auf Zusammensetzung, Organisation und Entscheidungen des Verwaltungsrats[1]

Nach dem in der Schweiz geltenden **Paritätsprinzip**[2] kommen jedem der drei gesetzlich zwingend vorgeschriebenen Organe der AG bestimmte Aufgaben unübertragbar und – was den Verwaltungsrat und die Revisionsstelle betrifft – unentziehbar zu. Es kann daher – wie dargelegt[2a] – **keine «Omnipotenz»** der **Aktionäre** vorgesehen werden.

Doch lässt das Aktienrecht Raum für gewisse – direkte oder auch nur indirekte – **Einflussnahmen des Aktionariats im Kompetenzbereich des Verwaltungsrats**: im **personellen Bereich** (Ziff. I, N 4 ff.), hinsichtlich der **Organisation und Arbeitsweise** (Ziff. II, N 20 ff.) und bezüglich der **Entscheidungen** des Verwaltungsrats (Ziff. III, N 51 ff.). In Ausnahmesituationen können sich die **Kompetenzen verschieben** (Ziff. IV, N 87 ff.). **Kompetenzverletzungen** können unterschiedliche Konsequenzen haben (Ziff. V, N 94 f.).

Ihren Einfluss nehmen die Aktionäre – wie ihre kollektiven Rechte überwiegend auch im Übrigen – in der **Generalversammlung** wahr. Doch wird die körperschaftsrechtliche Regelung nicht selten ergänzt und überlagert durch **vertragliche Vereinbarungen** (Ziff. VI, N 96 ff.).

---

[1] Dazu etwa BÖCKLI, Aktienrecht § 13 N 295 ff., 436 ff., 452a, 528; FORSTMOSER, Eingriffe passim; DERS., Organisationsreglement 19 ff.; FORSTMOSER/MEIER-HAYOZ/NOBEL § 30 N 61 ff.; HOMBURGER N 517 ff.; F. HORBER: Die Konsultativabstimmung in der Generalversammlung der Aktiengesellschaft, SJZ 2005 101 ff.; ISLER passim; CH. J. MEIER-SCHATZ: Die Entscheidung durch die Generalversammlung von Fragen aus dem Kompetenzbereich des Verwaltungsrats, in: FS Bär (Bern 1998) 263 ff.; DERS.: Zusammenarbeit passim; M.-TH. MÜLLER: Unübertragbare und unentziehbare Verwaltungsratskompetenzen und deren Delegation an die Generalversammlung, AJP 1992 784 ff.; ROTH PELLANDA N 118 ff., 166 ff., 516 ff., 554 ff.; TH. STAEHELIN: Die «unübertragbaren Aufgaben» einer Familienaktiengesellschaft, SZW 1992 200 ff.
[2] Dazu § 1 N 24 ff.
[2a] § 8 N 193 ff.

I. Einflussmöglichkeiten der Generalversammlung im personellen Bereich

4   Der Generalversammlung kommt zwingend die Kompetenz zur Wahl und Abberufung der Mitglieder des Verwaltungsrats zu[3]. Im Übrigen hat sie nur beschränkte Einwirkungsmöglichkeiten auf die personelle Ausgestaltung der Exekutive. Keinen Einfluss nehmen kann sie auf die Ernennung von Personen unterhalb der Hierarchiestufe des Verwaltungsrats.

Im Einzelnen Folgendes:

1. Wahl und Abberufung der Mitglieder des Verwaltungsrats

5   Gemäss OR 698 II Ziff. 2 hat die Generalversammlung die unübertragbare Kompetenz, die **Mitglieder des Verwaltungsrats zu wählen**. Sie kann so (indirekt) auch die Auffassungen dieses Gremiums und seinen Arbeitsstil beeinflussen.

6   Auch durch die **Abwahl** von Verwaltungsratsmitgliedern gestützt auf OR 705 I[4] kann die Generalversammlung Einfluss auf den Verwaltungsrat und sein Rollenverständnis nehmen.

---

[3]   **Unzulässig** wären etwa die statutarische Festlegung der **Kooptation** durch den Verwaltungsrat selbst oder eine Klausel, die eine **stillschweigende Wiederwahl** festlegt (ROTH PELLANDA N 169, mit weiteren Hinweisen). Unzulässig wären auch – vorbehältlich OR 709 – zwingende **Vorschlagsrechte Dritter**, ebenso **Vetorechte** von Drittpersonen (ROTH PELLANDA a.a.O., mit Hinweisen). – Von einem praktischen Gesichtspunkt aus ist allerdings festzuhalten, dass die Wahlvorschläge, die der Verwaltungsrat zu unterbreiten hat (vgl. OR 700 II), die Wahlen präjudizieren und im Regelfall bestimmen.

[4]   Grundsätzlich kann eine Abwahl jederzeit mit dem allgemeinen Quorum der absoluten Mehrheit der vertretenen Aktienstimmen (OR 703) erfolgen. Doch lässt das Bundesgericht eine – massvolle – Erschwerung der Beschlussfassung über die Abberufung und damit eine entsprechende Einschränkung der Kompetenz der Generalversammlung zu, BGE 117 II 313 f., vgl. dazu BÖCKLI, Aktienrecht § 13 N 64 f.; BÜRGI zu OR 703 N 25 f.; HOMBURGER N 231; FORSTMOSER/MEIER-HAYOZ/NOBEL § 22 N 30 und § 27 N 39.

2. Möglichkeit zur Wahl des Präsidenten, aber keine weiteren Einflussmöglichkeiten auf die Konstituierung

a) Die Generalversammlung kann sich nach OR 712 II statutarisch das Recht einräumen, den **Präsidenten des Verwaltungsrats zu bestimmen**[5]. Nach einer Lehrmeinung muss sie sich bindend entscheiden, kann sie sich nicht die Möglichkeit offen lassen, im Einzelfall ihr Bestimmungsrecht auszuüben oder darauf zu verzichten. «Es geht um ein vom Gesetz eingeräumtes gestalterisches Wahlrecht des Statutengebers, der Generalversammlung, das determiniert im einen oder anderen Sinn auszuüben und in den Statuten zu verankern ist»[6]. U.E. können sich die Aktionäre aber auch bloss die **Option**, den Präsidenten zu wählen, statutarisch vorbehalten und jeweils im Einzelfall entscheiden, ob sie von dieser Möglichkeit Gebrauch machen wollen[7]. Denn dies ist eine weniger weit gehende Abweichung von der dispositiven gesetzlichen Ordnung als die vorbehaltlose Kompetenzattraktion.

Fehlt eine statutarische Bestimmung, so hat der Verwaltungsrat (wenn er nicht aus einer einzigen Person besteht) selber seinen Präsidenten zu bestimmen[8].

b) Über die Wahl des Präsidenten hinaus kann die Generalversammlung nach geltendem Recht **keinen direkten Einfluss auf die Konstituierung** des Verwaltungsrats nehmen[9].

Indirekt kann sie immerhin dadurch Einfluss ausüben, dass sie eine für eine bestimmte Charge besonders befähigte Person in den Verwaltungsrat wählt[10], ohne freilich Gewähr zu haben, dass diese die seitens der Generalversammlung für sie vorgesehene Aufgabe dann auch durch den Verwaltungsrat zugewiesen erhält[11].

---

[5] BÖCKLI, Aktienrecht § 13 N 104; MEIER-SCHATZ, Zusammenarbeit 824; KRNETA N 469; FORSTMOSER/MEIER-HAYOZ/NOBEL § 29 N 3; FORSTMOSER, Eingriffe 173.
[6] BÖCKLI, Aktienrecht § 13 N 104.
[7] Gl.M. wohl WERNLI in BSK zu OR 712 N 5, der sinngemäss die Auffassung vertritt, dass eine «Kann»-Vorschrift zulässig ist. Dabei müsse der mehrköpfige Verwaltungsrat immer dann einen Präsidenten bestimmen, wenn die Generalversammlung von ihrem Recht keinen Gebrauch mache. Ebenso G. THOMI in REPRAX 1999 Heft 1, 66 f.
[8] WERNLI in BSK zu OR 712 N 5; HOMBURGER 253 f.; KRNETA N 471.
[9] Vgl. N 37 ff.; zu möglichem künftigem Recht N 40.
[10] MEIER-SCHATZ, Zusammenarbeit 824; FORSTMOSER/MEIER-HAYOZ/NOBEL § 30 N 70.
[11] Vgl. auch N 50.

3. Wahl von Minderheits- und Gruppenvertretern[11a]

11 a) Bestehen unterschiedliche Kategorien von Aktien, dann kommt gemäss OR 709 I den Aktionären einer jeden Kategorie (unabhängig von deren Grösse) das Recht auf einen Vertreter im Verwaltungsrat zu[12]. Es handelt sich – genau besehen – um ein zwingend eingeräumtes Vorschlagsrecht, wobei die vorgeschlagenen Kandidaten nur aus wichtigen Gründen von der Generalversammlung abgelehnt werden dürfen[13].

12 b) Die Statuten können noch weiter gehen und gemäss OR 709 II «besondere Bestimmungen zum Schutz von Minderheiten oder einzelnen Gruppen von Aktionären vorsehen»[14]. Für solche Vorkehren besteht grosse Flexibilität. Es kann etwa bestimmt werden, dass – nach dem Belieben der Mehrheit – **irgendein** Aktionär der betreffenden Aktionärsgruppe zu wählen ist, es kann aber einer Gruppe auch ein – **unverbindliches oder** entsprechend OR 709 I **verbindliches** – **Vorschlagsrecht** gewährt werden[15].

13 c) Denkbar ist auch die Schaffung eines **Proporzsystems,** indem bei Verwaltungsratswahlen jeder Aktie so viele Stimmen zuerkannt werden wie Mitglieder des Verwaltungsrats zu wählen sind, womit ein Aktionär seine Stimmen kumulieren kann[16].

14 d) Am Rande erwähnt sei das **Abordnungsrecht,** das gemäss OR 762 I einer Körperschaft des öffentlichen Rechts im Falle eines öffentlichen Interesses an

---

[11a] Zu deren Stellung vgl. § 5 N 244 ff.
[12] Wie OR 709 I klarstellt, muss es sich um **Kategorien unterschiedlicher Rechtsstellung** handeln. Es geht um Fälle, in denen eine Gesellschaft Stimmrechts- oder Vorzugsaktien geschaffen hat. Blosse Unterschiede im Nominalwert genügen – wenn sie nicht mit einer unterschiedlichen Stimmkraft verbunden sind – nicht. Nicht ausreichend sind auch Unterschiede in der Übertragbarkeit. Schon gar nicht besteht ein Entsendungsrecht in den Verwaltungsrat, wenn lediglich die Interessenlage verschiedener Gruppen divergiert, vgl. BGE 120 II 50/51. – In all diesen Fällen hat es eine Gesellschaft aber in der Hand, freiwillig durch statutarische Bestimmung, entsprechende Minderheitenrechte zu schaffen, vgl. sogleich N 12.
[13] Vgl. BGE 66 II 50 ff., 107 II 185.
[14] Aus der systematischen Stellung dieses Absatzes folgert die Lehre, dass es darin (nur) um die Vertretung im Verwaltungsrat geht; vgl. etwa HOMBURGER N 198; FORSTMOSER/MEIER-HAYOZ/NOBEL § 27 N 88.
[15] Beispiele: Einräumung eines Vertretungsrechts je zugunsten der Namen- und der Inhaberaktionäre; in einer Familien-AG Schaffung eines Vorschlagsrechts zugunsten eines jeden Familienstammes, indem jedem Stamm eine Aktienkategorie zugewiesen und erklärt wird, jeder Kategorie stehe das Recht zu, einen Kandidaten verbindlich vorzuschlagen.
[16] Dazu etwa ROTH PELLANDA N 170, mit Hinweisen. Ein Textvorschlag findet sich bei L. GLANZMANN: Das Proporzwahlverfahren (cumulative voting) als Instrument der Corporate Governance, in: FS Druey (Zürich 2002) 401 ff., 407.

einer Aktiengesellschaft statutarisch eingeräumt werden kann und das keinen Aktienbesitz voraussetzt[17].

4. Aufstellen von Wählbarkeitsvoraussetzungen und -schranken[18]

a) Aus der Wahlkompetenz von OR 698 II Ziff. 2 folgt, dass die Generalversammlung frei ist, die für eine Wahl erforderlichen Qualifikationen festzulegen. Über die einzelne Wahlentscheidung hinaus muss sie dies auch in genereller Form tun können, im Sinne von statutarisch festgelegten **Wählbarkeitsvoraussetzungen und -schranken**. 15

b) Statutarisch können etwa **Altersgrenzen**[19] und **Amtszeitbeschränkungen**[20] festgesetzt werden[21]. 16

c) Es kann auch ein **Anforderungsprofil** bezüglich der Fähigkeiten und/oder der Erfahrung von Kandidaten aufgestellt werden. Es ist dies freilich selten und insofern nicht zweckmässig, als Verwaltungsräte aus Persönlichkeiten mit unterschiedlichem Hintergrund zusammengesetzt sein sollten, deren Erfahrungen und Kompetenzen sich wechselseitig ergänzen. Problematisch – weil allzu schematisch – ist auch eine statutarische Begrenzung der Anzahl derjenigen Mandate, die ein Verwaltungsratsmitglied ausserhalb der Gesellschaft wahrnehmen darf. 17

---

[17] Vgl. F. BUOB: Aktiengesellschaften mit staatlicher Beteiligung (Diss. Zürich 2008 = SSHW 273; FORSTMOSER/JAAG: Der Staat als Aktionär (Zürich 2000 = SnA 15); M. STÄMPFLI: Die gemischtwirtschaftliche Aktiengesellschaft (Diss. Bern 1991 = ASR 533).
[18] Vgl. dazu ROTH PELLANDA N 168, 171, 280 ff.
[19] Häufig liegt die Schranke bei 70, allenfalls bei 72 Jahren. Tiefer sollte die Limite – zumindest für nicht exekutive Verwaltungsratsmitglieder – nicht angesetzt werden, weil sonst das Reservoir von aus Altersgründen von ihren Exekutivfunktionen zurückgetretenen Topmanagern weitgehend verschlossen bliebe.
[20] Häufig 12 oder 16 Jahre. Kurze maximale Amtszeiten gewährleisten zwar eine häufige Erneuerung des Gremiums, sie sind aber insofern problematisch, als dadurch Persönlichkeiten mit grosser Erfahrung in der Gesellschaft ausgeschlossen werden. Sinnvoller als eine – nicht selten als Element guter Governance postulierte – Amtszeitlimite dürfte eine gute Durchmischung des Verwaltungsrats auch hinsichtlich der Amtsjahre sein.
[21] Solche Schranken finden sich oft auch in Organisationsreglementen, was dann aber die Generalversammlung nicht bindet, sondern lediglich den Verwaltungsrat in seiner Antragskompetenz einschränkt, wobei er sich durch eine Änderung des Reglements dieser Schranke jederzeit entledigen kann.

5. Festlegung der Grösse des Verwaltungsrats

18 a) Gestützt auf OR 707 I besteht der Verwaltungsrat aus einem oder mehreren Mitgliedern. Weiter bestimmt OR 626 Ziff. 6, dass die Statuten Bestimmungen über die Verwaltung[22] zu enthalten haben. Die Generalversammlung kann somit statutarisch die **Anzahl der Mitglieder des Verwaltungsrats festlegen**[23], durch Angabe einer bestimmten[24] oder der minimalen bzw. maximalen Zahl von Mitgliedern[25].

6. Keine Kompetenz zu personellen Entscheidungen unterhalb der Ebene des Verwaltungsrats

19 Auf die personellen Entscheide unterhalb der Ebene des Verwaltungsrats kann die Generalversammlung keinen Einfluss nehmen, vgl. OR 716a I Ziff. 4[26].

---

[22] Der Begriff wurde – wohl aus Versehen – aus dem früheren Aktienrecht übernommen. Richtig müsste es nach heutiger Terminologie «Verwaltungsrat» heissen.

[23] Statt vieler: MEIER-SCHATZ 824; FORSTMOSER, *Eingriffe* 174; HOMBURGER N 554a.

[24] In der Regel empfiehlt es sich nicht, die Zahl der Verwaltungsratsmitglieder exakt festzulegen, da sonst beim Wegfall auch nur eines Mitglieds – etwa durch Tod – unverzüglich Neuwahlen erfolgen müssen.
Ratsam ist eine genaue Bestimmung allenfalls dann, wenn die Zusammensetzung des Verwaltungsrats die **Kräfteverhältnisse im Aktionariat** widerspiegeln soll.

[25] Ob die Statuten entsprechende Bestimmungen enthalten **müssen,** ist umstritten, vgl. ROTH PELLANDA N 437, mit Hinweisen. Fest steht jedenfalls, dass keine fixe Zahl oder Maximalzahl angegeben werden muss, weshalb die Übernahme der offenen gesetzlichen Umschreibung von OR 707 I (ein oder mehrere Mitglieder) ausreicht.
Oft findet sich in den Statuten eine **Bandbreite,** was insofern sinnvoll ist, als die Generalversammlung damit ihre Vorstellung von der Grösse des Verwaltungsrats und so indirekt auch von seiner Arbeitsweise (dazu nachstehend N 20 ff.) kund tut, ohne sich selbst ein Korsett anzulegen.
In Publikumsgesellschaften wird die Zahl von Verwaltungsratsmitgliedern gelegentlich auch als Teil eines Abwehrdispositivs in **fester Höhe** statutarisch festgelegt, verbunden mit einer mehrjährigen Amtszeit und gestaffelten Amtsperioden. In einem einzelnen Jahr ist dann nur eine Minderheit von Verwaltungsratsmitgliedern neu zu wählen, und die an sich jederzeit mögliche Abwahl wird durch ein qualifiziertes Quorum (vgl. Anm. 4) erschwert. Ein Raider kann so nicht einfach handstreichartig den Verwaltungsrat auswechseln.

[26] Dazu § 8 N 41 ff.

II. Einflussmöglichkeiten der Generalversammlung auf die Organisation und Arbeitsweise der Exekutive

Die Aktionäre haben es in der Hand, dem Verwaltungsrat die Möglichkeit zu verweigern, die Geschäftsführung zu delegieren. Sie können ihn umgekehrt aber nicht zur Delegation zwingen (vgl. Ziff. 1, N 21 ff.). Im Übrigen haben die Aktionäre nur sehr begrenzte Möglichkeiten, auf die Organisation und Arbeitsweise des Verwaltungsrats Einfluss zu nehmen (vgl. Ziff. 2, N 36 ff.).

1. Einräumung bzw. Beschränkung von Delegationskompetenzen

a) Die Delegation der Geschäftsführung vom Verwaltungsrat an einzelne seiner Mitglieder oder an Dritte bedarf einer **statutarischen Ermächtigung**[27]. Ohne eine solche kann der Verwaltungsrat seine Organfunktionen nicht (haftungsbefreiend[28]) auf einzelne seiner Mitglieder oder ihm untergeordnete Stellen übertragen.

b) Der Generalversammlung steht es frei, eine entsprechende Delegationsnorm in die Statuten aufzunehmen oder aber darauf zu verzichten.

Fehlt eine Ermächtigung zur Delegation, so zwingt dies den Verwaltungsrat, die Geschäftsführung gemäss der dispositiven gesetzlichen Regelung vollumfänglich selbst auszuüben[29]. Es besteht dann ein **Delegationsverbot,** und die Mitglieder des Verwaltungsrats müssen die Geschäftsführungsaufgaben **gemeinsam** wahrnehmen[30]. Dies stellt einen erheblichen Eingriff der Generalversammlung in das Selbstorganisationsrecht des Verwaltungsrats dar[31].

Kann die Generalversammlung die Delegation der Organfunktionen durch den Verwaltungsrat gänzlich unterbinden, so muss sie – als kleinere Ein-

---

[27] § 15 N 12 ff. Dazu neuestens ausführlich BASTIAN 29 ff.
[28] Vgl. aber OR 754 II hinsichtlich der beim Verwaltungsrat verbleibenden Restverantwortung für sorgfältige Auswahl, Instruktion und Überwachung der Delegationsempfänger, dazu § 8 N 45.
[29] Dazu vorn § 3.
[30] OR 716b III.
[31] MEIER-SCHATZ 825; FORSTMOSER/MEIER-HAYOZ/NOBEL § 30 N 65; FORSTMOSER, *Eingriffe* 173.

schränkung – auch die Möglichkeit haben, die **Delegation lediglich teilweise zuzulassen**[32].

25 Eine solche Beschränkung kann auf verschiedene Weise erfolgen:

26 – Der **Kreis der Delegationsempfänger kann eingegrenzt** werden, sodass der Verwaltungsrat Organfunktionen ausschliesslich an einzelne seiner Mitglieder oder auch ausschliesslich an eine (vom Verwaltungsrat getrennte) Geschäftsleitung bzw. einen CEO delegieren darf[33].

27 – Das Recht zur Delegation kann ferner in **sachlicher Hinsicht eingeschränkt** werden, sodass nur gewisse Bereiche der Geschäftsführung übertragen werden dürfen und bestimmte Aufgaben in der Kompetenz des Verwaltungsrats verbleiben müssen[34].

28 – Schliesslich muss die Generalversammlung auch berechtigt sein zu bestimmen, mit welchem **Quorum** Delegationsbeschlüsse zu fassen sind[35].

29 – Einfluss auf die Organisation kann allenfalls auch die statutarische Regelung der Vertretungsbefugnis (**Ausschluss der Einzelvertretungsbefugnis**[36]) haben.

30 Umstritten ist, ob sich die Generalversammlung die **Genehmigung** der vom Verwaltungsrat gewählten Ordnung **vorbehalten** kann. U.E. ist dies der Fall, was wiederum aus einem Schluss *a maiore ad minus* folgt: Kann die Generalversammlung die Delegation schlechthin unterbinden, muss es ihr auch gestattet sein, die Delegation zwar grundsätzlich zuzulassen, aber doch im Einzel-

---

[32] Vgl. etwa BÖCKLI, *Aktienrecht* § 13 N 52; WATTER/ROTH PELLANDA in BSK zu OR 716b N 4; FORSTMOSER, *Eingriffe* 173; KAMMERER 86, 150; VON MOOS-BUSCH 14, 99 f.; a.M. HOMBURGER N 734.

[33] KAMMERER 86; MEIER-SCHATZ, *Zusammenarbeit* 824; FORSTMOSER, *Eingriffe* 173; a.M. KRNETA N 1637, der lediglich eine Beschränkung auf gewisse Bereiche, nicht dagegen eine solche hinsichtlich des Delegationsempfängers zulassen will.

[34] KAMMERER 86; MEIER-SCHATZ 824; FORSTMOSER, *Eingriffe* 173; VON MOOS-BUSCH 71; KRNETA N 1637.

[35] Dagegen gehört es im Übrigen zur unentziehbaren Organisationskompetenz des Verwaltungsrats, die für ihn geltenden Quoren selbst festzulegen, vgl. N 44 f.

[36] OR 718 I. Es besteht eine **alternative Kompetenz** von Generalversammlung und Verwaltungsrat, wobei einer allfälligen statutarischen Ordnung insofern der Vorrang zukommt, als die Statuten für den Verwaltungsrat verbindlich ausschliesslich die Kollektivunterschrift vorsehen und das Einzelzeichnungsrecht ausschliessen können. Dagegen muss es dem Verwaltungsrat gestattet sein, auch dann ausschliesslich Kollektivunterschriften vorzusehen, wenn in den Statuten das Einzelzeichnungsrecht verankert ist. Denn in der Kompetenz, das Vertretungsrecht einzuräumen (OR 718 II) (oder auch zu verweigern), ist auch die Befugnis enthalten, dieses näher zu regeln oder zu begrenzen.

fall zu prüfen, ob sie diese billigen kann[37]. Allerdings ist zu präzisieren: Für genehmigungspflichtig können nur die spezifischen **Regeln über die Delegation** erklärt werden, nicht dagegen die übrigen Bestimmungen zur Organisation (etwa die über die Arbeitsweise und Beschlussfassung des Verwaltungsrats), da deren Aufstellung in die unentziehbare Organisationskompetenz des Verwaltungsrats fällt[38].

In der Literatur wird partiell die Ansicht vertreten, eine allzu starke **Einschränkung** und **Feinsteuerung der Delegationsmöglichkeiten** sei in Anbetracht des Paritätsprinzips problematisch und ab einem gewissen Mass unzulässig[39]. Dem ist u.E. deshalb nicht zuzustimmen, weil es – wie mehrfach betont – der Generalversammlung unbenommen ist, die Delegation schlechthin zu verbieten[40].

c) Umgekehrt ist festzuhalten, dass die Generalversammlung eine **Kompetenzdelegation niemals erzwingen** kann[41]. Stets handelt es sich um eine **Ermächtigung**[42], von welcher der Verwaltungsrat (umfassend oder auch nur teilweise, aber immer in den statutarisch vorgegebenen Schranken) in sorgfältiger Ausübung seiner unentziehbaren Organisationskompetenz Gebrauch machen kann, aber nicht muss.

Gänzlich unzulässig wäre es sodann, wenn die Aktionäre statutarisch die **Delegation selbst vornehmen** wollten[43].

d) Zusammenfassend also: Die Generalversammlung kann die Delegation von Kompetenzen seitens des Verwaltungsrats lediglich **verhindern** oder dafür gewisse **Schranken** aufstellen, sie kann dagegen **nie selbst eine Delegation**

---

[37] Anders noch FORSTMOSER/MEIER-HAYOZ/NOBEL § 11 N 26 und – mit ausführlicher Begründung und Hinweisen – HOMBURGER N 732 ff. Wie hier BÖCKLI, *Aktienrecht* § 13 N 525 ff., mit Hinweisen auf die a.M. in Anm. 1373.
[38] OR 716a I Ziff. 2. Unzulässig wäre daher eine Statutenbestimmung, welche der Generalversammlung die Genehmigung des Organisationsreglements vorbehält, BÖCKLI, *Aktienrecht* § 13 N 332; MÜLLER/LIPP/PLÜSS 65; MEIER-SCHATZ, *Zusammenarbeit* 824.
[39] KAMMERER 86 Anm. 344 und 150.
[40] Dass allzu starke Einschränkungen wenig Sinn machen und sich qualifizierte Kandidaten unter solchen Umständen weigern dürften, ein Mandat anzunehmen, steht auf einem anderen Blatt.
[41] Vgl. etwa ROTH PELLANDA N 497, mit Hinweis auf a.M.
[42] OR 716b I.
[43] FORSTMOSER, *Eingriffe* 172; MEIER-SCHATZ 825; KAMMERER 150 f.; ROTH PELLANDA N 498, mit weiteren Angaben. Diese Ansicht ist freilich nicht unbestritten. A.M.: NOBEL 330.

durchsetzen. Es ist dies insofern konsequent, als die Mitglieder des Verwaltungsrats für die (von ihnen) gewählte Organisation verantwortlich sind[44].

35 e) In der **Praxis** ist es üblich, dem Verwaltungsrat statutarisch **grösstmögliche Freiheit** zur Delegation von Kompetenzen einzuräumen. In den gebräuchlichen Musterstatuten wird – soweit ersichtlich – die Formulierung von OR 716b I durchwegs wörtlich übernommen[44a], und bei der individuellen Statutengestaltung ist es die Regel, diese Formel stereotyp zu kopieren.

2. Weitere Möglichkeiten der Generalversammlung, auf die Organisation Einfluss zu nehmen

36 Im Übrigen hat die Generalversammlung nur punktuell – und teils nur indirekt – Möglichkeiten, auf die Organisation der aktienrechtlichen Exekutive Einfluss zu nehmen:

37 a) Hat sich die Generalversammlung statutarisch die **Wahl des Verwaltungsratspräsidenten** vorbehalten, dann kann sie durch die Auswahl einer Persönlichkeit, die erklärtermassen ihr Amt in einer bestimmten Weise auszuüben gedenkt[45], die Arbeitsweise des Verwaltungsrats indirekt beeinflussen.

38 Einzelne Autoren vertreten die Meinung, die Generalversammlung könne zusätzlich zur Wahl des Verwaltungsratspräsidenten **Einfluss auf die Aufteilung der Funktionen** innerhalb des Verwaltungsrats nehmen[46]. Dieser Meinung folgend könnte die Generalversammlung einzelnen Mitgliedern des Verwaltungsrats spezifische Chargen zuteilen, etwa einem in den Verwaltungsrat gewählten Naturwissenschafter die Verantwortung für Forschung und Entwicklung oder einem Wirtschaftsprüfer den Vorsitz im Audit Committee.

39 Gegen die Zulässigkeit einer solchen Kompetenzzuweisung durch die Generalversammlung spricht indessen schon der Gesetzestext. OR 712 II hält lediglich fest, dass die Statuten die Wahl des Verwaltungsratspräsidenten durch die Generalversammlung vorsehen können. Daraus ist *e contrario* zu folgern, dass die Generalversammlung keine weiteren Personen für bestimmte Funktionen wählen kann[47]. Es entspricht dies der Regelung von OR 716a I Ziff. 2,

---

[44] OR 754 I, vgl. etwa Böckli, *Aktienrecht* § 13 N 527.
[44a] Oft ergänzt durch die – überflüssige – Präzisierung, die Delegationsempfänger müssten nicht Aktionäre sein.
[45] Haupt- oder nebenamtlich, als klarer Chef oder eher als Koordinator des Verwaltungsrats.
[46] Wernli in BSK zu OR 712 N 4; Ehrat 791.
[47] Meier-Schatz 824; Homburger N 254; Forstmoser/Meier-Hayoz/Nobel § 29 N 3; Forstmoser, *Eingriffe* 174.

wonach die «Festlegung der Organisation» **unentziehbar** dem Verwaltungsrat zukommt[48]. Das Recht und die Pflicht des Verwaltungsrats, sich selber zu konstituieren, ist deshalb sachlich gerechtfertigt, weil die Mitglieder des Verwaltungsrats für dessen Organisation persönlich verantwortlich[49] sind. Sie müssen daher auch das Recht haben, sich in eigener Kompetenz zweckmässig zu organisieren[50], und es sind Einflussmöglichkeiten der Generalversammlung über die gesetzlich ausdrücklich vorgesehenen Ausnahmen hinaus abzulehnen[51].

Für das **künftige Recht** wird vorgeschlagen, dass die Generalversammlung in Publikumsgesellschaften die Mitglieder des Vergütungsausschusses direkt wählt[51a].

b) Im Rahmen der Beschlussfassung im Verwaltungsrat hat der **Vorsitzende** gestützt auf OR 713 I den **Stichentscheid, sofern die Statuten nichts anderes vorsehen**[52].

Die Generalversammlung kann also den Stichentscheid **statutarisch ausschliessen**. Sie kann so Einfluss auf den Entscheidungsprozess im Verwaltungsrat nehmen[53]: Hat der Vorsitzende den Stichentscheid, dann entscheidet er bei einer Pattsituation – zustimmend oder ablehnend[54]; ist der Stichentscheid hingegen wegbedungen, ist ein Antrag bei Stimmengleichheit abgelehnt und

---

[48] Das Wort «unentziehbar» ist bewusst gewählt worden: Während der bundesrätliche Entwurf zur Aktienrechtsreform nur von «unübertragbaren» Aufgaben sprach, ist im Ständerat das Wort «unentziehbar» beigefügt worden, AmtlBull SR *1988* 514 f.
[49] OR 754 I.
[50] MEIER-SCHATZ 824; FORSTMOSER, *Eingriffe* 174.
[51] Vgl. statt aller BÖCKLI, *Aktienrecht* § 13 N 104; FORSTMOSER/MEIER-HAYOZ/NOBEL § 29 N 3.
[51a] So die Volkinitiative «gegen die Abzockerei» E BV 95 III lit. a, Botschaft *2008* 304.
[52] In der Regel ist Vorsitzender der Präsident des Verwaltungsrats. Doch kommt der Stichentscheid gleichermassen jedem anderen Mitglied zu, das den Vorsitz anlässlich einer Verwaltungsratssitzung ausübt, vgl. etwa FORSTMOSER/MEIER-HAYOZ/NOBEL § 31 N 30; WERNLI in BSK zu OR 713 N 13a.
[53] FORSTMOSER/MEIER-HAYOZ/NOBEL § 30 N 65; FORSTMOSER, *Eingriffe* 173; MEIER-SCHATZ 824.
[54] Er ist frei, einen Antrag mit Stichentscheid auch dann **abzulehnen**, wenn er ihn in der vorherigen Abstimmung **befürwortet** hat. Es kann dies Sinn machen, weil in Verwaltungsräten in der Regel dahin tendiert wird, für Entscheidungen Einstimmigkeit oder zumindest eine starke Mehrheit zu erlangen. Sieht man von Verwaltungsräten ab, die von zwei Aktionärsgruppen mit divergierenden Interessen dominiert sind, dann werden in der Praxis nur selten Entscheidungen gefällt, hinter denen nicht der gesamte Verwaltungsrat (wenn auch vielleicht mit unterschiedlicher Begeisterung seiner Mitglieder) steht. Wird gegen einen Antrag opponiert, dann wird dieser in der Regel weiter bearbeitet und modifiziert, bis alle Verwaltungsratsmitglieder oder die grosse Mehrheit einverstanden sind.

es wird der *status quo* beibehalten, da ein positiver Beschluss die Mehrheit der Stimmen benötigt[55].

43 Der statutarische Ausschluss des Stichentscheides muss **ausdrücklich** erfolgen. Dies wird mit der Wichtigkeit einer solchen Bestimmung begründet, die vom (dispositiven) Recht abweicht, welches «eine Blockierung des Verwaltungsrats in Pattsituationen ausschliesst»[56, 57].

44 Umstritten ist, ob die Generalversammlung darüber hinaus auf die **Organisation, Arbeitsweise und Beschlussfassung** des Verwaltungsrats Einfluss nehmen kann. Nach Ansicht gewisser Autoren[58] ist dies möglich, können also statutarisch etwa Quoren für die Beschlussfassung im Verwaltungsrat[59], Anwesenheitsquoren oder die Anzahl minimal abzuhaltender Sitzungen zwingend festgelegt werden.

45 Auch diese Ansicht ist u.E. – im Einklang mit der herrschenden Lehre – abzulehnen[60]. Sie steht im Widerspruch zu OR 716a I Ziff. 2, wonach die Organisation der Gesellschaft – mit den vorn erwähnten Ausnahmen[61] – allein in die Kompetenz des Verwaltungsrats fällt. Erneut ist zu unterstreichen, dass es nicht angehen kann, dass der Verwaltungsrat einerseits für sein Handeln verantwortlich ist, sich aber andererseits nicht die nach seiner Ansicht angemessenen Organisations- und Beschlussfassungsregeln geben kann[62]. Das **künftige Recht** wird dies freilich insofern **ändern,** als nach E Aktienrecht 627 Ziff. 20

---

[55] FORSTMOSER/MEIER-HAYOZ/NOBEL § 31 N 23.
WERNLI vertritt in BSK zu OR 713 N 13a die Auffassung, dass die Generalversammlung den Stichentscheid nicht nur ausschliessen, sondern auch gezielt nur dem Präsidenten des Verwaltungsrats (und nicht einem allfälligen Tagesvorsitzenden) zukommen lassen können soll. Diese Ansicht ist zumindest vertretbar.

[56] WERNLI in BSK zu OR 713 N 14.

[57] In den Statuten – oder in Organisationsreglementen – wird gelegentlich auch vorgesehen, dass in Pattsituationen die Stimme des Vorsitzenden **doppelt zählen** soll. Angesichts des grundsätzlichen Verbots eines Mehrfachstimmrechts im Verwaltungsrat (vgl. etwa FORSTMOSER/MEIER-HAYOZ/NOBEL § 31 N 22; TRIGO TRINDADE 143 f.; WERNLI in BSK zu OR 713 N 8; BGE 71 I 187 ff.) ist dies problematisch. Auch sachlich ist der **Stichentscheid vorzuziehen,** da er die Flexibilität belässt, einen umstrittenen Antrag zurückzuziehen und zu überarbeiten (vgl. Anm. 54).

[58] Vgl. etwa WERNLI in BSK zu OR 713 N 6a.

[59] So BÖCKLI, *Aktienrecht* § 13 Anm. 252, mit dem Hinweis darauf, dass diese Ansicht «sehr umstritten» ist.

[60] Gl.M. KRNETA N 1220; ROTH PELLANDA N 174; TANNER N 104 zu OR 698; KAMMERER 153; MÜLLER/LIPP/PLÜSS 65; FORSTMOSER/MEIER-HAYOZ/NOBEL § 30 N 66; MEIER-SCHATZ, *Zusammenarbeit* 824. A.M. BÖCKLI, *Aktienrecht* § 13 N 120, der in Anm. 313 von einer «schwachen Mehrheitsmeinung» spricht, ferner EHRAT 791. Vgl. auch vorn § 8 N 31.

[61] Vgl. N 21 ff.

[62] MEIER-SCHATZ 824; FORSTMOSER, *Eingriffe* 174.

die Statuten Regeln über «die Beschlussfassung des Verwaltungsrats», die von den gesetzlichen Vorschriften abweichen, vorsehen können[62a].

Die Handelsregisterämter gingen früher in ihrer Praxis uneinheitlich vor[63]. Heute werden statutarische Quoren für den Verwaltungsrat durch die Registerämter akzeptiert[64], wobei zu betonen ist, dass wegen der beschränkten Kognition der Registerämter[65] die Zulassung der Eintragung einer Bestimmung im Handelsregister noch nichts über deren Rechtmässigkeit aussagt[66]. 46

c) **Indirekt** kann – wie schon angesprochen[67] – die Generalversammlung auf Organisation und Arbeitsweise Einfluss nehmen etwa durch 47

– die **Festlegung der Grösse** des Verwaltungsrats: Bei einem vielköpfigen Verwaltungsrat drängt sich eine Strukturierung mithilfe von Ausschüssen auf, bei wenigen Mitgliedern hingegen ist dies nicht sinnvoll; 48

– die Einführung eines Proporzsystems oder einer anderen Form der offen **deklarierten Interessenvertretung:** Dadurch kann die Arbeitsweise im Verwaltungsrat stark durch die Verfechtung divergierender Interessen der jeweils «Vertretenen» geprägt sein[68]; 49

– die **Regelung von Wählbarkeitsvoraussetzungen** oder die zielgerichtete Wahl von Personen, die sich für bestimmte Funktionen besonders eignen[69]: Auch wenn der Verwaltungsrat dazu nicht verpflichtet ist, liegt es nahe, das verfügbare Know-how in einer passenden Struktur zu nutzen[70]. 50

[62a] Dazu § 8 N 201.
[63] Vgl. KAMMERER 155 ff. referierte Umfrage.
[64] So jedenfalls das Ergebnis einer Umfrage bei fünf Registerämtern.
[65] Dazu statt aller MEIER-HAYOZ/FORSTMOSER § 6 N 44 ff.
[66] U.E. ist die Eintragung in der Tat zuzulassen, obwohl die Regelung nicht rechtens ist, da es sich nicht um eine **offensichtliche** Rechtswidrigkeit handelt.
[67] N 36 ff.
[68] Dazu ist freilich einschränkend zu betonen, dass alle Mitglieder des Verwaltungsrats – auch die «Vertreter» von Gruppierungen – in erster Linie die Interessen der Gesellschaft und damit des Aktionariats insgesamt zu verfolgen haben (OR 717 I), vgl. § 5 N 249.
[69] Etwa die Wahl eines Finanzsachverständigen, eines im Tätigkeitsbereich der Gesellschaft ausgewiesenen Wissenschafters, eines Juristen etc.
[70] In der Praxis werden die Kandidaten für ein Verwaltungsratsmandat oft ganz bewusst und transparent im Hinblick auf die von ihnen zu übernehmende Funktion – etwa den Vorsitz im Audit Committee oder einem Finance and Risk Committee – vorgeschlagen.

III. Einflussmöglichkeiten der Generalversammlung auf Entscheidungen im Kompetenzbereich des Verwaltungsrats

51 Vor allem in kleineren, personenbezogenen Aktiengesellschaften besteht ein verständliches Bedürfnis, Entscheide von grundsätzlicher Bedeutung (auch) aus dem Feld der Strategie und Geschäftspolitik dem Aktionariat vorzulegen, also etwa vorzusehen, dass Investitionen ab einer bestimmten Höhe durch die Generalversammlung zu beschliessen oder zu genehmigen sind oder dass die Aktionäre bei der Besetzung von Schlüsselfunktionen der Geschäftsleitung einzubeziehen sind.

52 Solchen Bestrebungen setzt zwingendes Aktienrecht dadurch Schranken[71], dass der Verwaltungsrat nicht nur mit Bezug auf seine Organisation und Arbeitsweise, sondern auch hinsichtlich der Entscheidungen in seinem unübertragbaren Kompetenzbereich prinzipiell von der Generalversammlung unabhängig agieren kann (vgl. Ziff. 1, N 54 ff.). Freilich kann das Aktionariat indirekt – durch das Schaffen oder Verweigern notwendiger Voraussetzungen – auf diese Entscheidungen einwirken (vgl. Ziff. 2, N 61 ff.). Gelegentlich wird die Generalversammlung auch durch Konsultativabstimmungen in die Entscheidfindung des Verwaltungsrats einbezogen (vgl. Ziff. 3, N 69 ff.). Doch kann sie Geschäftsführungsentscheide nicht an sich ziehen (Ziff. 4, N 79 f.). In der rechtspolitischen Diskussion wurden Möglichkeiten einer erweiterten Einflussnahme des Aktionariats zwar vorgeschlagen, aber abgelehnt (vgl. Ziff. 5, N 81 ff.).

53 Generell zu erwähnen sind in diesem Zusammenhang zwei weitere Einschränkungen der Delegationsmöglichkeiten: Der Verwaltungsrat kann die – an sich delegierbare[72] – Aufgabe der Geschäftsführung nicht «nach oben», an die Generalversammlung weitergeben (vgl. Ziff. 6, N 84), und die Generalversammlung kann ihre eigenen «unübertragbaren» Aufgaben[73] nicht an den Verwaltungsrat abgeben (vgl. Ziff. 7, N 85 ff.).

---

[71] Vgl. dagegen für die GmbH OR 811.
[72] OR 716b I.
[73] OR 698.

1. Keine Usurpation der Kompetenzen des Verwaltungsrats durch die Generalversammlung, aber auch keine Überspitzung des Paritätsprinzips

a) Einerseits ist zu betonen, dass die Verankerung sowohl unübertragbarer als auch unentziehbarer Aufgaben des Verwaltungsrats in zwingendem Gesetzesrecht[74] eine klare **Funktionentrennung** gewährleistet, wie sie dem Paritätsprinzip entspricht. In diesem Sinne ist eine sog. «Parallelkompetenz» der Generalversammlung[75] u.E. abzulehnen[76], falls sie nicht aus dem Gesetz hervorgeht[77].

b) Andererseits kann sowohl auf der Ebene des Aktionariats – also der Generalversammlung – als auch auf der des Verwaltungsrats ein legitimes **Bedürfnis** bestehen, die **Aktionäre in die Entscheidfindung einzubeziehen:**

– Aktionäre, die sich ihrer Gesellschaft langfristig (und vielleicht nicht nur finanziell, sondern ebenso emotional) verbunden fühlen, möchten ihre Meinung zu strategischen und wichtigen taktischen sowie personellen Fragen wirksam äussern können.

– Dem Verwaltungsrat wiederum ist daran gelegen, sich in seinen Entscheidungen von den Aktionären gestützt zu wissen.

Solche Bedürfnisse bestehen insbesondere in Gesellschaften mit einigen wenigen Aktionären, und in diesen sollte es – wie HOMBURGER[78] versöhnlich schreibt – «in der Regel möglich sein …, Meinungsverschiedenheiten zwischen Aktionären und dem VR über dessen Ausübung der ihm ausschliesslich zustehenden Befugnisse durch Dialog zu beseitigen». Im Übrigen wird man nicht allzu päpstlich sein und namentlich einer Mitwirkung der Aktionäre mittels **Konsultativabstimmungen**[79] Gewicht beimessen[80].

---

[74] OR 716a I.
[75] Für eine solche aber U. BERTSCHINGER: Zuständigkeit der Generalversammlung der Aktiengesellschaft – ein unterschätzter Aspekt der Corporate Governance, in: FS Druey (Zürich 2002) 309 ff., 317. – Ablehnend nun mit ausführlicher Begründung auch BASTIAN 199 ff.
[76] Vgl. etwa FORSTMOSER, *Eingriffe* 170 ff.; HOMBURGER N 513 ff.; KAMMERER 65 ff. sowie neuestens ausführlich BÖCKLI, *Aktienrecht* § 13 N 442 ff.
[77] Dies ist der Fall in OR 718 I, wonach die im dispositiven Gesetzesrecht vorgesehene Einzelzeichnungsbefugnis der Verwaltungsratsmitglieder sowohl statutarisch (also durch die Generalversammlung) als auch im Organisationsreglement (und somit durch den Verwaltungsrat) wegbedungen werden kann, vgl. dazu vorn Anm. 36.
[78] N 520.
[79] Dazu nachstehend N 69 ff.
[80] Weitergehend, nämlich für eine Zulässigkeit von (verbindlichen) Einzelentscheiden der Generalversammlung in grundlegenden Angelegenheiten noch – wohl etwas blauäugig und mit

59 c) Aber auch bei einer – im Rahmen des Vertretbaren – flexiblen Handhabung der gesetzlichen Ordnung bleiben die Einflussmöglichkeiten der Generalversammlung beschränkt. Insbesondere ist zu beachten, dass die beiden Pfeiler, auf denen die Einflussnahme des Aktionariats[81] beruht, nämlich

- die indirekte Einflussnahme durch Ausübung der (unübertragbaren) Rechte der Generalversammlung und
- die Konsultativabstimmung als unverbindliche Willenserklärung

eine grundlegende **Schwäche** haben: Sie wirken bestenfalls unterstützend[82], im Übrigen aber ausschliesslich **verhindernd**[83]. Eine **Initiative für Neues** kann von ihnen kaum je ausgehen[84].

60 Wenn die begrenzten Einflussmöglichkeiten des Aktienrechts nicht genügen, dann empfiehlt sich die Wahl einer anderen Körperschaft, nämlich der personenbezogenen **GmbH** mit ihrem Konzept der Selbstorganschaft und vielfältigen Einflussmöglichkeiten der Gesellschafter, oder dann die einer **Personengesellschaft**[85]. In der Praxis sehr verbreitet ist sodann die Ergänzung der aktienrechtlichen Ordnung durch eine vertragliche, d.h. durch einen **Aktionärbindungsvertrag zwischen allen Aktionären**[86].

2. Indirekte Einflussmöglichkeiten

61 a) Die Generalversammlung kann auf Entscheidungen des Verwaltungsrats dadurch Einfluss nehmen, dass sie die für deren Umsetzung erforderlichen **Voraussetzungen schafft oder verweigert**. In der Tat gibt es eine Vielzahl von strategischen und taktischen Entscheidungen, die zwar nach OR 716a Ziff. 1

---

dünner dogmatischer Legitimation – FORSTMOSER, *Organisationsreglement* 22 (aufgrund einer statutarischen Basis) und MÜLLER 787 (auch ohne eine solche, wobei die Generalversammlung frei im Entscheid darüber sei, ob sie über die ihr vorgelegte Angelegenheit beschliessen wolle oder nicht).

[81] Von informellen persönlichen und von schuldvertraglichen (dazu N 96 ff.) Einwirkungen abgesehen.
[82] Wenn den Anträgen des Verwaltungsrats zugestimmt wird.
[83] Bei Ablehnung der Anträge des Verwaltungsrats.
[84] Die in Ziff. 2, N 61 ff. zu nennenden indirekten Einflussmöglichkeiten schaffen allenfalls die Voraussetzungen dafür, dass der Verwaltungsrat seine Absichten umsetzen kann, sie setzen aber keine entsprechenden Ziele. Und in Konsultativabstimmungen begnügt sich die Generalversammlung in der Regel damit, Anträge des Verwaltungsrats gutzuheissen oder abzulehnen. Eine differenzierte Einflussnahme ist mit dem Mittel der Abstimmung in einer Versammlung – mit typischerweise zahlreichen Teilnehmern – nicht möglich.
[85] Kollektiv- oder Kommanditgesellschaft.
[86] Vgl. hinten N 98 ff.

in die Zuständigkeit des Verwaltungsrats fallen, jedoch **weitergehende Auswirkungen**, insbesondere auf die Statuten der Gesellschaft und deren Kapitalbasis, haben und somit die Mitwirkung der Generalversammlung erfordern[87]. Zu nennen sind etwa die folgenden:

aa) **Umschreibung des Gesellschaftszwecks:** Der Zweck einer Aktiengesellschaft kann – in den Schranken von zwingendem Recht und guten Sitten – grundsätzlich frei festgelegt werden[88]. Durch eine **enge Fokussierung des Gesellschaftszwecks** auf eine spezifische Geschäftstätigkeit kann der Verwaltungsrat gezwungen werden, jegliche Erweiterung oder Neuorientierung durch die Generalversammlung genehmigen zu lassen[89]. Von Gesetzes wegen ist hierfür zwingend die Zustimmung von **zwei Dritteln der in der Generalversammlung vertretenen Stimmen** und der **absoluten Mehrheit der vertretenen Aktiennennwerte** erforderlich[90]. Statutarisch kann dieses Quorum erschwert (nicht aber erleichtert) werden, ja es ist selbst Einstimmigkeit im Sinne eines Zustimmungserfordernisses nicht nur aller vertretenen, sondern **sämtlicher Aktienstimmen** möglich, wodurch das personengesellschaftliche Einstimmigkeitsprinzip im Aktienrecht verwirklicht werden kann[91].

62

Eine strategische oder geschäftspolitische Entscheidung ist auch immer dann der Generalversammlung vorzulegen, wenn sie eine **faktische Änderung des Gesellschaftszwecks** mit sich bringt[92]. Je nach Formulierung des Gesellschaftszwecks können z.B. der Rückzug einer Aktiengesellschaft aus dem operativen Geschäft auf eine Holdingfunktion oder das vollständige Verlassen des durch den Gesellschaftszweck vorgegebenen Geschäftsbereichs dazu führen, dass die Tätigkeit der AG nicht mehr dem statutarischen Zweck entspricht. Auch die territoriale Expansion oder der Vorstoss in einen neuen Geschäftsbereich können eine faktische Änderung des Gesellschaftszwecks mit sich bringen. Es sind daher – im Einklang mit der bundesgerichtlichen Rechtsprechung – nicht nur solche strategischen

63

---

[87] Vgl. MEIER-SCHATZ, *Entscheidung* (zit. Anm. 1) 268 f., 269.
[88] Vgl. FORSTMOSER/MEIER-HAYOZ/NOBEL § 8 N 49.
[89] Aus einer präzis und spezifisch gefassten Umschreibung des Gesellschaftszwecks können sich für den Verwaltungsrat nicht nur Beschränkungen, sondern auch positive Handlungsanweisungen ergeben, etwa die Pflicht zur Konzernleitung, vgl. § 8 N 136.
[90] OR 704 I Ziff. 1.
[91] Vgl. OR 534 I und die Verweisungen in OR 557 II und 598 II. Sinnvoll ist dies freilich in aller Regel nicht, und es empfiehlt sich, ein – wenn auch allenfalls hoch angesetztes – **Mehrheitserfordernis** vorzusehen, um gegen eine allenfalls schikanöse Rechtsausübung durch einzelne Kleinstaktionäre gewappnet zu sein.
[92] FORSTMOSER, *Eingriffe* 176; MEIER-SCHATZ, *Entscheidung* (zit. Anm. 1) 268 f.

Entscheide der Generalversammlung vorzulegen, die eine Weiterverfolgung des explizit in den Statuten aufgeführten Gesellschaftszwecks verunmöglichen, sondern auch diejenigen, die auf eine faktische Zweckänderung hinauslaufen[93].

64 bb) Entscheid über **Kapitalerhöhungen:** Durch eine **knappe finanzielle Ausstattung** der Gesellschaft kann der Verwaltungsrat gezwungen werden, das Plazet der Generalversammlung für jedwelche Expansion einzuholen, falls die erforderlichen Mittel nicht auf dem Wege der Selbstfinanzierung oder durch Beschaffung von Fremdkapital bereitgestellt werden können[94].

64a cc) Entscheid über die **Verwendung des Bilanzgewinns,** Festlegung der **Dividende**[95]: Die Generalversammlung kann beschliessen, Gewinne voll auszuschütten oder aber umgekehrt zum Zweck der Selbstfinanzierung zu thesaurieren und so dem Verwaltungsrat Mittel zur Entwicklung der unternehmerischen Tätigkeiten zur Verfügung zu stellen.

65 dd) Entscheid über die Schaffung **bedingten** oder **genehmigten Kapitals** insbesondere: Dadurch kann auf die Festlegung der **Kapitalstruktur** der AG Einfluss genommen werden[96].

---

[93] BGE 100 II 384 ff. (E. 2b); FORSTMOSER/MEIER-HAYOZ/NOBEL § 22 N 72 und 78; ROTH PELLANDA N 520 sowie – mit Hinweis auf die deutsche «Holzmüller»-Entscheidung – K. HOFSTETTER: Corporate Governance im Konzern, in: FS Forstmoser (Zürich 2003) 287 ff., 307 f.
Die Beachtung des **faktischen Zwecks** ist insb. bei **Holdinggesellschaften** von Bedeutung: Hat eine Holdinggesellschaft zum Zweck den «Erwerb und die Verwaltung von Beteiligungen aller Art», dann liegt u.E. in einer Veräusserung aller Beteiligungen und der Investition der frei gewordenen Mittel in Publikumsgesellschaften eine (faktische) Zweckänderung, die von der Generalversammlung zu genehmigen ist. Das frühere Aktienrecht trug diesem Umstand Rechnung, indem es nicht nur die Zweckänderung, sondern auch die Änderung des «Gegenstandes» der gesellschaftlichen Tätigkeit der Zustimmung der Generalversammlung unterstellte, freilich mit einem weniger anspruchsvollen Quorum (vgl. altOR 649: Präsenzquorum von zwei Dritteln aller Aktien in einer ersten Versammlung bzw. von einem Drittel in der zweiten. Für Zweckänderungen war dagegen in altOR 648 ein Zustimmungsquorum von zwei Dritteln des gesamten Grundkapitals verlangt).
[94] Der Beschluss kann durch die Generalversammlung grundsätzlich mit dem ordentlichen Mehr von OR 703 – **absolute Mehrheit der vertretenen Aktienstimmen** – gefasst werden (zu Ausnahmen vgl. OR 704 I Ziff. 4–6), doch kann das **Quorum** in den Statuten **beliebig angehoben** werden.
[95] OR 698 II Ziff. 4.
[96] Nach der gesetzlichen Ordnung ist es der Verwaltungsrat, der für die Entscheide betreffend **Fremdkapital** zuständig ist, während die Generalversammlung über die **Eigenfinanzierung** durch Kapitalerhöhungen bzw. die Reduktion der Eigenkapitalbasis durch Kapitalherabsetzungen oder die Ausschüttung von Dividenden entscheidet. Bei der Beschaffung von **hybri-**

ee) **Ausschluss des Bezugsrechts:** Für Akquisitionen und Joint Ventures kann eine (genehmigte) Kapitalerhöhung mit **Bezugsrechtsausschluss** erforderlich sein, falls die Gesellschaft nicht über die erforderlichen eigenen Aktien verfügt[97]. 66

b) Die obige Liste könnte erweitert werden, doch geht es stets um die gleiche Problematik: Der Verwaltungsrat ist zwar für einen bestimmten Entscheid zuständig, kann aber diesen – in Beachtung seiner Sorgfaltspflicht[98] – nur dann umsetzen, wenn die **Generalversammlung** die dafür nötigen **Voraussetzungen schafft.** Der Verwaltungsrat formuliert mithin im Rahmen seiner (unübertragbaren und unentziehbaren) Kompetenzen[99] ein Ziel, dessen Realisierung eine der Generalversammlung zukommende Entscheidung[100] zwingend voraussetzt. Die Thematik fällt so *de facto* in den **Kompetenzbereich beider Gremien.** 67

Allerdings bleiben grundsätzlich beide Organe je für ihren Entscheidbereich zuständig. Es handelt sich insofern nicht um einen Kompetenzkonflikt, sondern vielmehr um eine **Kompetenzüberlappung,** was eine entsprechende **Koordination erfordert**[101]. Aus der Sorgfaltspflicht des Verwaltungsrats[102] folgt, dass er einen Entscheid nur dann definitiv fassen darf, wenn er davon ausgehen kann, dass die Generalversammlung die nötigen Voraussetzungen für die Umsetzung schaffen wird oder geschaffen hat. Insofern geht es nicht bloss um eine **Mitentscheidung** der Generalversammlung[103], sondern es steht ihr *de facto* die **Grundentscheidung** zu[104]. 68

---

    dem Kapital (etwa von Wandelanleihen) ist der Verwaltungsrat in der Regel auf die Mitwirkung der Generalversammlung angewiesen.
[97] Erforderlich ist das **qualifizierte Mehr** von OR 704 – Zweidrittelmehrheit der vertretenen Stimmen und absolute Mehrheit der vertretenen Nennwerte (OR 704 I Ziff. 5) –, falls statutarisch nicht ein höheres Quorum vorgesehen ist.
[98] OR 717 I.
[99] OR 716a I.
[100] OR 698.
[101] MEIER-SCHATZ, *Entscheidung* (zit. Anm. 1) 271.
[102] OR 717 I.
[103] So aber MEIER-SCHATZ, *Entscheidung* (zit. Anm. 1) 271.
[104] Es verhält sich nicht anders als bei der Organisationskompetenz (dazu vorn N 20 ff.): Die Generalversammlung steckt den Rahmen ab, der Verwaltungsrat entscheidet, inwieweit er von dem ihm eingeräumten Spielraum Gebrauch machen will.

3. Konsultativabstimmungen[105]

69 a) Der Verwaltungsrat kann das Bedürfnis haben, für gewisse Fragen die **Meinung der Aktionäre bzw. der Generalversammlung** einzuholen[106]. Nach unbestrittener Auffassung ist er frei, solche **Konsultativabstimmungen** zu veranlassen, und zwar «sowohl im Bereich der delegierbaren als auch der nicht delegierbaren Aufgaben nach Art. 716 Abs. 1 OR»[107].

70 Aus der Pflicht zur sorgfältigen Geschäftsführung kann sich allenfalls dann eine **Vorlagepflicht**[108] ergeben, wenn ein Projekt ohne die Unterstützung des Aktionariats gar nicht möglich ist. Der Verwaltungsrat kann sich auch schon im Organisationsreglement die Pflicht auferlegen, bestimmte wichtige Fragen der Generalversammlung konsultativ zu unterbreiten[109].

71 b) Die **Generalversammlung** ihrerseits kann eine Pflicht zur Vorlage von Fragen, die in den Kompetenzbereich des Verwaltungsrats fallen, **nicht erzwingen**. Immerhin ist eine **statutarische Klausel,** wonach die Generalversammlung über alle Gegenstände, die ihr vom Verwaltungsrat vorgelegt werden, Beschluss fassen kann, zulässig[110]. Dies kann einen Anreiz für die konsultative Befragung der Generalversammlung schaffen; erforderlich ist eine solche statutarische Basis aber nicht.

72 c) Im Rahmen der unentziehbaren Verwaltungsratskompetenzen steht u.E. den Aktionären insbesondere auch kein Recht zu, durch Ausübung ihres Einberufungs- und Traktandierungsrechts[111] eine Konsultativabstimmung zu erzwingen[112]. Dagegen können Aktionäre aufgrund ihres Meinungsäus-

---

[105] Dazu neuestens umfassend ISLER 37 ff., sodann HORBER (zit. Anm. 1); BASTIAN 188 ff.; ROTH PELLANDA N 523 ff.; BÖCKLI, *Aktienrecht* § 12 N 58a ff., § 13 N 455a ff.

[106] HORBER (zit. Anm. 1) 104; ISLER 37; FORSTMOSER, *Eingriffe* 176. BÖCKLI, *Aktienrecht* § 12 N 58a ortet einen solchen Bedarf vor allem bei mittleren und grossen Gesellschaften. Nach unserer Erfahrung besteht dieses Bedürfnis dagegen vorwiegend bei kleinen und mittleren, personenbezogenen Gesellschaften mit einem engagierten Aktionariat.

[107] ROTH PELLANDA N 523, mit zahlreichen Hinweisen; HORBER (zit. Anm. 1) 102; speziell für die Vermögensübertragung FISCHER 67 f. Nach BÖCKLI, *Aktienrecht* § 12 N 58a sollten dagegen Konsultativabstimmungen «eine Ausnahme bleiben, denn in einem solchen Vorgang liegt mindestens psychologisch eine Tendenz zur Rückdelegation an ein Gremium, das zur Geschäftsführung weder bestimmt noch geeignet ist».

[108] Ausführlich hierzu ISLER 52 ff., die zwar eine eigentliche Pflicht verneint, aber in gewissen Fällen eine Obliegenheit bejaht.

[109] FORSTMOSER, *Eingriffe* 176.

[110] BGE 100 II 88; vgl. auch FORSTMOSER/MEIER-HAYOZ/NOBEL § 30 N 73.

[111] OR 699 III.

[112] So auch die h.L., vgl. ISLER 82 ff., mit Hinweis auf die verschiedenen Lehrmeinungen sowie ROTH PELLANDA N 524, mit Hinweis auf die a.M. von U. BERTSCHINGER in AJP *2001* 901 ff., 905.

serungsrechts eine Konsultativabstimmung über Fragen aus dem Zuständigkeitsbereich der Generalversammlung durchsetzen[113].

d) Fraglich ist, ob vom Verwaltungsrat veranlasste Konsultativabstimmungen zu **traktandieren** sind[114]. U.E. ist dies zumindest wünschenswert, damit sich die Aktionäre angemessen vorbereiten können.

e) Die Konsultativabstimmung über eine Frage aus dem undelegierbaren und unentziehbaren Kompetenzbereich des Verwaltungsrats führt nicht zu einer Kompetenzverschiebung: Die **Entscheidungskompetenz bleibt beim Verwaltungsrat**. Dieser ist durch den Beschluss der Generalversammlung nicht gebunden[115]. Er darf und soll jedoch die Meinung der Generalversammlung berücksichtigen[116], und es ist allenfalls als Pflichtwidrigkeit zu qualifizieren, wenn ein Verwaltungsrat seine Absicht durchsetzt, obwohl er weiss, dass das Aktionariat nicht bereit ist, die für die Umsetzung erforderlichen (z.B. finanziellen) Grundlagen zu schaffen.

f) Der Entscheid der Generalversammlung vermag die **Verantwortung des Verwaltungsrats grundsätzlich nicht aufzuheben**. Doch ist zu präzisieren[117]: Der zustimmende Aktionär kann u.E. keine Schadenersatzansprüche geltend machen, falls die Beschlussfassung traktandiert wurde und er korrekt über den Gegenstand und die Grundlagen des betreffenden Antrages informiert wurde[118]. Gegenüber der Gesellschaft und den nicht zustimmenden Aktionären sowie gegenüber den Gläubigern bleibt die Verantwortlichkeit der Mitglieder des Verwaltungsrats hingegen bestehen[119].

g) In jüngster Zeit sind einzelne kotierte Gesellschaften dazu übergegangen, ihr **Vergütungskonzept** oder den **Vergütungsbericht** des Verwaltungsrats der

---

113 So auch ISLER 82; ebenso HORBER (zit. Anm. 1) 104 sowie ROTH PELLANDA N 526.
114 Verneinend ROTH PELLANDA N 523 und HORBER (zit. Anm. 1) 104. – Differenzierend nun ISLER 72 ff.: Grundsätzlich besteht Traktandierungsgebundenheit, doch ist es ausnahmsweise vertretbar, eine Konsultativabstimmung ohne Traktandierung zur Einholung eines Meinungsbildes durchzuführen.
115 HOMBURGER N 526; FORSTMOSER/MEIER-HAYOZ/NOBEL § 30 N 72; MEIER-SCHATZ 826.
116 FORSTMOSER, *Eingriffe* 176; ISLER 60 ff. Insofern besteht eine gewisse faktische Bindungswirkung: ISLER 96 ff.
117 Umfassend zu den Auswirkungen einer Konsultativabstimmung auf die aktienrechtliche Verantwortlichkeit nun ISLER 108 ff.
118 Dies in Analogie zur Regelung für die Entlastung, OR 758 I. A.M. BÖCKLI, *Aktienrecht* § 12 N 586 und § 13 N 456, der einem Verlust der Klagebefugnis nur in Ausnahmefällen zustimmt. ISLER 117 lehnt zwar die Gleichstellung mit der Décharge ab, kommt aber aufgrund der Einrede der Einwilligung zu einem entsprechenden Ergebnis (129 f.).
119 FORSTMOSER, *Eingriffe* 173 Anm. 21. Die Frage ist aber umstritten, vgl. ROTH PELLANDA N 525.

Generalversammlung für eine Konsultativabstimmung zu unterbreiten[120]. Für das künftige Recht wird die Einführung entsprechender Abstimmungen der Generalversammlungen von Publikumsgesellschaften diskutiert –, und zwar nicht lediglich als konsultative, sondern allenfalls auch als bindende Stellungnahmen[121].

77 Solche Konsultativabstimmungen sind u.E. deshalb von beschränkter Aussagekraft, weil sie nur in einem Ja- oder Nein-Entscheid resultieren, der über die Beweggründe der Aktionäre und ihre Auffassung zu einzelnen Vergütungselementen nichts aussagt.

78 h) Am Rande sei erwähnt, dass das Bundesgericht den Genehmigungsbeschluss der Generalversammlung auch als ein Mittel zur **Überwindung von Interessenkonflikten** betrachtet[122].

4. Keine Möglichkeit der Generalversammlung, Geschäftsführungsentscheide direkt an sich zu ziehen

79 a) Nach herrschender und u.E. richtiger Ansicht kann die Generalversammlung Entscheide im Rahmen der **unübertragbaren und unentziehbaren (!) Kompetenzen des Verwaltungsrats** nicht an sich ziehen[123].

80 b) Umstritten ist, ob die Generalversammlung Geschäftsführungsentscheide **unterhalb der Schwelle** der nach OR 716a I **unentziehbaren Aufgaben** an sich ziehen kann. Entgegen der Mehrheitsmeinung legt BASTIAN[124] neuestens überzeugend dar, dass auch im «nach unten» (an die Geschäftsleitung) delegierbaren Bereich eine Kompetenzattraktion durch die Generalversammlung **nicht zulässig** ist[125], u.a. wegen der persönlichen Verantwortlichkeit, die nur die Verwaltungsratsmitglieder trifft, nicht aber die Generalversammlung als Organ oder einzelne Aktionäre[126], aber auch deswegen, weil sich die General-

---

[120] Vgl. ISLER 336 ff.
[121] Vgl. dazu ISLER 336 ff.
[122] Dazu ausführlich und mit Hinweisen ROTH PELLANDA N 357 ff. sowie ISLER 187 ff., 285 ff.
[123] Vgl. dazu neuestens ausführlich BASTIAN 177 ff., mit ausführlicher Wiedergabe der bisherigen Literatur.
[124] 197 ff., 231.
[125] So wenig wie eine Delegation durch den Verwaltungsrat an die Generalversammlung, dazu hinten N 84.
[126] BASTIAN 222 ff.

versammlung für die Geschäftsführung nicht eignet[127]. Es wäre auch schwer vorstellbar, wie der Verwaltungsrat seine bei einer Delegation verbleibenden Pflichten zur sorgfältigen Auswahl, Unterrichtung und Überwachung im Falle einer Delegation «nach oben» erfüllen könnte.

5. Genehmigungsvorbehalte zugunsten der Generalversammlung im künftigen Recht[128]?

a) Art. 716b des bundesrätlichen Entwurfs für eine Revision des Aktien- und Rechnungslegungsrechts[129] lautet wie folgt: 81

> «[1]Die Statuten können vorsehen, dass der Verwaltungsrat der Generalversammlung bestimmte Entscheide zur Genehmigung vorlegen muss. Die Entscheide des Verwaltungsrats nach Artikel 716a Absatz 1 Ziff. 3–7 können nicht der Genehmigung durch die Generalversammlung unterstellt werden.
>
> [2]Der Verwaltungsrat muss der Generalversammlung alle Informationen vorlegen, die für den Entscheid der Generalversammlung von Bedeutung sind.
>
> [3]Die Genehmigung durch die Generalversammlung schränkt die Haftung des Verwaltungsrats nicht ein.»

Durch die Verankerung eines derartigen **Genehmigungsvorbehaltes** in den Statuten[129a] könnte sich die Generalversammlung somit eine Geschäftsführungsaufgabe einräumen und **weitergehende Mitbestimmungsrechte** hinsichtlich bestimmter Beschlüsse sichern. Aus Sicht der Gesellschafterversammlung handelte es sich mithin um eine **Kompetenzattraktion**[130]. 82

b) Im Parlament fand dieser vom revidierten GmbH-Recht inspirierte Vorschlag[131] freilich keine Gnade; E OR 716b wurde ersatzlos gestrichen[131a]. 83

---

[127] BASTIAN 231; ISLER 32 f.
[128] Umfassend dazu nun ISLER 157 ff.; vgl. auch BASTIAN 208 ff. und BÖCKLI, *Aktienrecht* § 13 N 295 ff. und N 452a.
[129] BBl *2008* 1751, 1783.
[129a] Mittels eines qualifizierten Mehrs, E OR 704 I Ziff. 9.
[130] FORSTMOSER/PEYER: Die Einwirkung der Gesellschafterversammlung auf geschäftsführende Entscheide in der GmbH, SJZ *2007* 397 ff., 401.
[131] OR 811, dazu FORSTMOSER/PEYER, a.a.O. *passim.*
[131a] AmtlBull SR *2009* 701.

6. Exkurs I: Unzulässigkeit einer Delegation der Geschäftsführung «nach oben»

84 Während es dem Verwaltungsrat – eine statutarische Grundlage vorausgesetzt – erlaubt ist, die Geschäftsführung an eine hierarchisch untergeordnete Stelle – einzelne seiner Mitglieder oder Dritte – zu übertragen[132], ist die Übertragung von Geschäftsführungsaufgaben an die Generalversammlung u.E. unzulässig[133, 134]. Dies schon deshalb, «weil die Delegation von Aufgaben an die Generalversammlung jede Verantwortlichkeit aufhebt»[135]. In der Literatur ist dies freilich umstritten[136] und es wird auch die Auffassung vertreten, dass «im Rahmen der delegierbaren Aufgaben stets die Möglichkeit zur Kompetenzdelegation durch den VR an die GV» besteht, «dies unabhängig davon, ob die Statuten eine Klausel enthalten, wonach die GV über alle Gegenstände Beschluss fassen kann, die ihr vom VR zum Entscheid vorgelegt werden»[137]. U.E. ist ein solcher Einbezug der Generalversammlung nur im Rahmen einer Konsultativabstimmung und mit den beschränkten Konsequenzen einer solchen[138] möglich.

7. Exkurs II: Keine Delegation von unübertragbaren Kompetenzen der Generalversammlung an den Verwaltungsrat

85 a) Von selbst versteht sich, dass die Generalversammlung im Rahmen ihrer eigenen **unübertragbaren Kompetenzen**[139] keine Delegation an den Verwaltungsrat vornehmen kann[140].

86 b) Ausserhalb der unübertragbaren Kompetenzen stellt sich die Frage einer Delegation von Kompetenzen der Generalversammlung an den Verwaltungs-

---

[132] OR 716b I, dazu ausführlich vorn §§ 4–7.
[133] BASTIAN 187 f.; BÖCKLI, *Aktienrecht* § 13 N 441, 447a; ISLER 29 f., 172 f.; FISCHER 66; a.M. BERTSCHINGER in AJP *2001* 901 ff., 905. Auch HOMBURGER N 524 ff. scheint eine «Delegation nach oben» ausserhalb der unübertragbaren Kompetenzen zulassen zu wollen.
[134] Es entspricht dies dem Verbot einer Kompetenzattraktion von Geschäftsführungsaufgaben durch die Generalversammlung, dazu vorn N 79 f.
[135] Botschaft *1983* 842.
[136] Vgl. die Übersicht bei WATTER/ROTH PELLANDA in BSK zu OR 716 N 6.
[137] WATTER/ROTH PELLANDA in BSK zu OR 716 N 6, mit Hinweis auf eine vom Bundesrat vorgeschlagene Gesetzesänderung, E OR 627 Ziff. 14. Diese Bestimmung ist aber vom Ständerat gestrichen worden (AmtlBull SR *2009* 617 ff.).
[138] Dazu vorn N 69 ff.
[139] OR 698.
[140] WATTER/ROTH PELLANDA in BSK zu OR 716 N 5; BÖCKLI, *Aktienrecht* § 13 N 296 f.

rat deshalb nicht, weil die nicht von Gesetzes wegen der Generalversammlung zugewiesenen Aufgaben **vermutungsweise** ohnehin **dem Verwaltungsrat zukommen**[141].

IV. Kompetenzverschiebungen zugunsten der Generalversammlung in Ausnahmesituationen

Für Publikumsgesellschaften sieht das Börsenrecht eine Kompetenzverschiebung zugunsten der Generalversammlung während eines Übernahmeverfahrens vor (Ziff. 1, N 88 ff.). Lehre und Praxis räumen der Generalversammlung allgemein in Ausnahmesituationen zusätzliche Kompetenzen ein (Ziff. 2, N 92 f.). 87

1. Die Kompetenzverschiebung gemäss BEHG 29

Für den Fall eines **öffentlichen Übernahmeverfahrens** legt BEHG 29 II fest, dass der Verwaltungsrat der Zielgesellschaft in der Zeit zwischen der Veröffentlichung des Angebots bis zur Veröffentlichung des Ergebnisses keine Rechtsgeschäfte abschliessen darf, mit denen der **Aktiv- oder Passivbestand der Gesellschaft** in bedeutender Weise verändert würde. Beschlüsse der **Generalversammlung** unterliegen dieser Beschränkung jedoch nicht und dürfen deshalb ausgeführt werden, unabhängig davon, ob sie vor oder nach der Veröffentlichung des Angebots gefasst wurden[142]. 88

Das Börsenrecht verbietet mithin dem Verwaltungsrat in einer Übernahmesituation den Abschluss gewisser Geschäfte in eigener Kompetenz und erklärt gleichzeitig für den Entscheid die Generalversammlung für zuständig. Die **börsengesetzliche Ordnung greift so in die gesellschaftsrechtliche Kompetenzabgrenzung** zwischen Verwaltungsrat und Generalversammlung **ein**[143]. 89

Allerdings ist **umstritten,** ob das BEHG für den Abschluss der dem Verwaltungsrat verwehrten Geschäfte wirklich eine Zuständigkeit der Generalversammlung begründet. Ein Teil der Lehre vertritt die Auffassung, dass durch BEHG 29 II nicht der Generalversammlung das übertragen werden könne, was gemäss Aktienrecht in die Zuständigkeit des Verwaltungsrats falle[144]. 90

---

[141] OR 716 I.
[142] BEHG 29 II.
[143] Tschäni/Iffland/Diem in BSK zum BEHG (Basel/Genf/München 2007) zu BEHG 29 N 14 f.; Schenker (zit. § 8 N 266) 619 ff.
[144] Von Büren/Bähler in AJP *1996* 400.

Die Mehrheit vertritt jedoch die gegenteilige Meinung[145], wonach die Generalversammlung für den Abschluss derjenigen Geschäfte zuständig wird, deren Abschluss dem Verwaltungsrat durch BEHG 29 II verwehrt ist.

91 Folgt man dieser (Mehrheits-)Position, dann ist der **Eingriff der Generalversammlung in die Kompetenzen des Verwaltungsrats zweifacher Natur:** Dem Verwaltungsrat werden aufgrund der aktienrechtlichen Ordnung ihm zustehende Kompetenzen entzogen, und die Generalversammlung kann ausnahmsweise Entscheide treffen, welche ihr aufgrund des Paritätsprinzips[146] eigentlich verwehrt wären[147].

2. Geschäftsführungskompetenzen der Generalversammlung bei vorübergehender Funktionsunfähigkeit des Verwaltungsrats[148]

92 Fehlt es an einem Verwaltungsrat oder ist dieser funktionsunfähig, so kann das **Gericht** aufgrund des Antrags eines Aktionärs, Gläubigers oder des Handelsregisterführers die **erforderlichen Massnahmen** ergreifen[149].

93 Unter bisherigem Recht[150] liess es die Praxis zu, dass bei Fehlen oder Handlungsunfähigkeit des Verwaltungsrats **ausserhalb der Verwaltung stehenden Personen oder anderen Organen Verwaltungsbefugnisse eingeräumt** wurden, wobei in erster Linie die **Generalversammlung** in Betracht kam. Eine solche Lösung haben auch das Bundesgericht und in seinem Gefolge verschiedene kantonale Gerichte toleriert[151]. Obwohl sie umstritten blieb[152], ist sie u.E. aus praktischen Gründen zu begrüssen, und zwar auch unter geltendem Recht[153]. Jedoch sind die Verwaltungsfunktionen der Generalversammlung auf ein Minimum zu beschränken und es muss ihre primäre Aufgabe sein, den gesetzlichen Zustand wiederherzustellen.

---

[145] TSCHÄNI/IFFLAND/DIEM (zit. Anm. 143) zu BEHG 29 N 14 f.; DIETZI/LATOUR: Schweizerisches Börsenrecht (Basel/Genf/München 2002) 106 f.; ISLER 196.
[146] Dazu § 1 N 24.
[147] MEIER-SCHATZ, *Entscheidung* (zit. Anm. 1) 271; ISLER 196.
[148] Hiezu ausführlich TANNER N 7 ff. zu OR 698, mit Hinweisen.
[149] OR 731b I.
[150] Vor dem Inkrafttreten von OR 731b per 1.1.2008 galt altOR 625 II, wonach eine Auflösungsklage angestrengt werden konnte, wenn einer AG die notwendigen Organe fehlten.
[151] BGE 78 II 374 f.
[152] FORSTMOSER/MEIER-HAYOZ/NOBEL § 20 N 45.
[153] Dieses sieht nun freilich in OR 731b eine spezifische Ordnung bei Organisationsmängeln vor, wodurch sich eine Ausnahmekompetenz der Generalversammlung regelmässig erübrigen dürfte bzw. diese auf eine kurze Zeitspanne beschränkt sein dürfte.

V. Rechtsfolgen von unrechtmässigen Kompetenzanmassungen der Generalversammlung

Statutenbestimmungen, mit denen die Generalversammlung rechtswidrig in die Organisationskompetenz des Verwaltungsrats eingreift, sind u.E. als Verstoss gegen die aktienrechtliche Grundstruktur unwirksam und **nichtig**[154, 155].

94

Masst sich die Generalversammlung in **Einzelfragen** Entscheidkompetenzen im unentziehbaren Aufgabenbereich des Verwaltungsrats an, dann kann der Verwaltungsrat (und jeder Aktionär) solche Beschlüsse **anfechten**, falls nicht die Voraussetzungen der **Nichtigkeit** – OR 706b, insbesondere Ziff. 3 – erfüllt sind[156].

95

VI. Exkurs: Einflussnahme des Aktionariats mittels vertraglicher Vorkehren

In der Praxis werden – weit über die aktienrechtlichen Möglichkeiten hinausgehende – Einflüsse des Aktionariats im Rahmen der von Gesetzes wegen unentziehbaren Verwaltungsratsaufgaben mittels **vertraglicher Vereinbarungen** durchgesetzt:

96

---

[154] OR 706b Ziff. 3; dazu v.a. H. M. RIEMER: Anfechtungs- und Nichtigkeitsklage im schweizerischen Gesellschaftsrecht (Zürich 1998) 44 ff.; ferner TANNER N 64 zu OR 706b; FORSTMOSER/MEIER-HAYOZ/NOBEL § 25 N 68 ff. – DUBS/TRUFFER in BSK zu OR 716b N 15 und BÖCKLI, Aktienrecht § 16 N 168 scheinen dagegen – so ist aus den von ihnen ausgeführten Beispielen zu schliessen – die Nichtigkeitsfolge auf noch gravierendere Fälle beschränken zu wollen (vgl. immerhin BÖCKLI, Aktienrecht § 13 N 270, wo für den umgekehrten Fall der Anmassung von Generalversammlungskompetenzen durch den Verwaltungsrat Nichtigkeit bejaht wird). Wäre eine statutarische Kompetenzanmassung durch die Generalversammlung nur anfechtbar, dann hätten es eine Gesellschaft und ihre Aktionäre in der Hand, durch Verzicht auf die Anfechtung eine gesetzeswidrige Kompetenzordnung in Kraft treten zu lassen (vgl. OR 706a I).

[155] Immerhin können solche Beschlüsse – vergleichbar mit einer Konsultativabstimmung (zu dieser N 69 ff.) – Ausdruck dessen sein, was das Aktionariat für angemessen hält.

[156] OR 706 I, vgl. BÖCKLI, Aktienrecht § 13 N 301.

1. Fiduziarisch tätige Mitglieder des Verwaltungsrats

97 Nicht selten üben Mitglieder des Verwaltungsrats ihr Amt fiduziarisch aus, auf der Basis von Treuhandverträgen, in denen sie sich verpflichten, in den Schranken von Recht und guter Sitte die Weisungen des Treugebers zu befolgen.

97a Auf die Rechtsstellung des fiduziarisch tätigen Verwaltungsratsmitglieds ist hier nicht näher einzugehen[157]. Als Richtschnur dürfte noch immer die Theorie des «doppelten Pflichtnexus» dienen, wonach zwar die Pflichten gegenüber der Gesellschaft, in deren Verwaltungsrat der Fiduziar tätig ist, vorgehen, Drittweisungen aber immerhin insoweit befolgt werden dürfen, als dies im Rahmen des oft weiten Ermessensbereichs einer Organperson statthaft ist[158]. Dies erlaubt eine starke Einflussnahme der delegierenden Aktionäre sowie in Konzernverhältnissen die Dominanz der Muttergesellschaft als Haupt- oder Alleinaktionärin und die einheitliche Führung des Konzerns.

2. Aktionärbindungsverträge

98 a) Gleichfalls verbreitet sind von sämtlichen Aktionären abgeschlossene[159] **Aktionärbindungsverträge**, welche die körperschaftsrechtliche – durch Statuten und Reglement geprägte – Ordnung überlagern und mit denen insbe-

---

[157] Vgl. dazu statt aller M. LAZOPOULOS: Interessenkonflikte und Verantwortlichkeit des fiduziarischen Verwaltungsrats (Diss. Zürich 2004 = SSHW 237) *passim;* CH. LIPS-RAUBER: Die Rechtsbeziehung zwischen dem beauftragten finduziarischen Verwaltungsrat und dem Fiduzianten (Diss. Zürich 2005 = SSHW 241), mit ausführlicher Übersicht zu Lit. und Judikatur (S. 41 ff.); C. BAZZANI: Vertragliche Schadloshaltung weisungsgebundener Verwaltungsratsmitglieder (Diss. Luzern 2007 = LBR 15) und M. BLANC: Corporate Governance dans les groupes de sociétés (Diss. Lausanne 2010 = SSHW 290). Eine Übersicht über die Lehrmeinungen findet sich auch bei KISSLING N 96 ff. Aus der Judikatur vgl. Urteil 6B_54/2008 des BGer vom 9.5.2008 und dessen Besprechung durch VISCHER/BORSARI in GesKR *2008* 378 ff. sowie Urteil H 217/02 des EVG vom 23.6.2003.

[158] Vgl. dazu etwa S. KÄCH: Die Rechtsstellung des Vertreters einer juristischen Person im Verwaltungsrat der Aktiengesellschaft (Diss. Zürich 2002) 75 ff.; P. FORSTMOSER: Das externe Verwaltungsratsmitglied in einer Konzerntochtergesellschaft, in: A. Kellerhals (Hrsg.): Verantwortlichkeit im Unternehmensrecht V (Zürich 2010) 5 ff.; HOMBURGER N 928 f.; ebenso im Ergebnis nach erneuter sorgfältiger Analyse auch LIPS-RAUBER (zit. Anm. 157) 81. Aus der Judikatur s. etwa EVG im Entscheid H 217/02 vom 23.6.2003 E. 5.2.1.

[159] Aktionärbindungsverträge können von einzelnen oder von sämtlichen Aktionären abgeschlossen werden. Verträge einzelner Aktionäre untereinander dienen der Konsolidierung einer (nur im Verbund gegebenen) Mehrheitsposition oder der wirksamen Geltendmachung von Minderheitenrechten. Die hier angesprochenen **Verträge zwischen sämtlichen Aktionären** bezwecken die Festlegung des Aktionariats (durch Erwerbsrechte und -pflichten aller Art) und – was hier interessiert – die direkte Einflussnahme der Aktionäre auf Strategie, Taktik, personelle Zusammensetzung der Exekutivorgane und weitere Bereiche, die durch das Pari-

sondere auch Entscheidungen im Rahmen der unübertragbaren Aufgaben des Verwaltungsrats vorbestimmt werden.

In personenbezogenen Aktiengesellschaften – etwa Familiengesellschaften oder Gesellschaften, in welchen alle Aktionäre im Unternehmen aktiv tätig sind – kann eine angemessene Ordnung oft nur kraft einer **Kombination der körperschaftlichen** (aktienrechtlichen) mit einer **vertraglichen** (aktionärbindungsvertraglichen) **Ordnung** gewährleistet werden. Aktionärbindungsverträge sind so die «unsichtbare Seite des Mondes», erst durch sie entsteht im Zusammenspiel mit der sichtbaren Seite (Statuten und Organisationsreglement) ein rundes und schönes Ganzes. Sie sind in der Praxis ein unentbehrliches Instrument für die organisatorische Ausgestaltung der zahllosen Schweizer Aktiengesellschaften, die nicht dem gesetzlichen Leitbild der *société anonyme* entsprechen, sondern stark personenbezogen sind. Auf ihre Ausgestaltung und rechtlichen Probleme kann hier ebenfalls nicht eingegangen werden[160]. Erwähnt sei nur dreierlei:

99

– Aktionärbindungsverträge, die eine Einflussnahme auf die Gesellschaft zum Ziel haben, bilden eine «vertragsmässige Verbindung ... zur Erreichung eines gemeinsamen Zweckes [eben der Einflussnahme] mit gemeinsamen Kräften oder Mitteln [nämlich der Ausübung der Aktionärsrechte]» und sind somit als **einfache Gesellschaften** zu qualifizieren[161].

100

– Aktionärbindungsverträge bestimmen, was die Parteien **dürfen,** nicht, was sie **können.** Übt eine Vertragspartei ihre Stimmrechte in der Generalversammlung der AG in Verletzung ihrer vertraglichen Verpflichtungen aus, dann ist die Stimme gleichwohl gültig[162]. Durch eine Reihe von Vorkehren – allen voran hohe Konventionalstrafen – kann solchen Vertragsverletzungen indes vorgebeugt werden[163].

101

– Während die AG als Körperschaft theoretisch ein ewiges Leben haben kann, ist der Aktionärbindungsvertrag kündbar und gibt es eine Reihe

102

---

tätsprinzip (dazu vorn § 1 N 24 f.) aktienrechtlich dem Entscheid der Generalversammlung entzogen sind.

[160] Vgl dazu die allgemeinen Literaturangaben in § 2 Anm. 24.
[161] OR 530. Verträge, die ausschliesslich einen **Austausch** von Leistungen beinhalten (Veräusserung und Erwerb von Aktien), interessieren mit Bezug auf die Organisation der AG nicht. Nur am Rande sei erwähnt, dass Aktionärbindungsverträge allenfalls auch – als nicht kaufmännische Kollektiv- oder Kommanditgesellschaften – im Handelsregister eingetragen werden können (OR 553, 595), was vereinzelt im Interesse einer stabilen und transparenten Ordnung geschieht.
[162] ZR *1970* N 101 261.
[163] Vgl. Dazu etwa LANG (zit. § 2 Anm. 24) *passim.*

weiterer **Auflösungsgründe**[164], allen voran die jederzeit mögliche Auflösung aus wichtigem Grund[165]. In der Praxis sind zwar zahlreiche Wege gefunden worden, um die Lebenszeit von Aktionärbindungsverträgen mit derjenigen der AG zu koordinieren[166], doch bleibt eine gewisse Unsicherheit.

103 b) Will man die rechtlichen Unwägbarkeiten, die mit einer Kombination von Aktiengesellschaft und Aktionärbindungsvertrag verbunden sind, nicht in Kauf nehmen, dann bleibt letztlich nur der Rechtsformwechsel: die Umwandlung in eine **GmbH**, als Rechtsform, die **umfassende Einflussmöglichkeiten der Gesellschafter** erlaubt:

104 – aufgrund der dispositiven Regelung, wonach mangels abweichender statutarischer Vorschrift die Gesellschafter «die Geschäftsführung gemeinsam [ausüben]»[167], eine Regelung, wie sie sich sonst nur im Recht der Personengesellschaften[168] findet,

105 – dadurch, dass – gestützt auf OR 811 – bestimmte Entscheide der Gesellschafterversammlung vorbehalten werden,

106 – ferner auch allgemein durch Möglichkeiten, die Gesellschafter mittels Nebenleistungspflichten stärker an die Gesellschaft zu binden[169].

---

[164] Vgl. OR 545.
[165] OR 545 II.
[166] FORSTMOSER/MEIER-HAYOZ/NOBEL § 39 N 186 f.
[167] OR 809 I.
[168] Vgl. OR 553 I, 599.
[169] OR 796.

§ 10 Exkurs: Organisation und aktienrechtliche Verantwortlichkeit[1]

Die persönliche Haftung von Organpersonen bei Nichterfüllung ihrer Sorgfaltspflichten[2] ist nicht Gegenstand dieser Publikation. Eingegangen wird nur kurz auf zwei Fragen, die spezifisch mit der Organisation der aktienrechtlichen Exekutive zu tun haben:

- auf Haftungsrisiken im Zusammenhang mit der Organisationspflicht des Verwaltungsrats (Ziff. I, N 4 ff.) und

- auf die Auswirkungen einer Kompetenzdelegation mit Bezug auf die persönliche Verantwortlichkeit (Ziff. II, N 15 ff.).

I. Haftungsrisiken im Zusammenhang mit der Organisationspflicht

a) Zu erinnern ist zunächst daran, dass der Verwaltungsrat zwar eine undelegierbare **Organisationsverantwortung** hat, nicht aber die Pflicht zur Erstellung eines Organisationsreglements[3]. Er kann daher seiner Organisationspflicht auch auf **andere Weise** nachkommen.

---

[1] Vgl. dazu BERTSCHINGER, *Arbeitsteilung passim;* UMBACH 25 ff.; sodann die **Monographien zu Organisation und Arbeitsweise des Verwaltungsrats:** BAUEN/VENTURI N 642 ff.; BASTIAN 355 ff.; JUTZI 229 ff. (besonders hinsichtlich der Bildung von Ausschüssen); MÜLLER/LIPP/PLÜSS 308 ff.; ROTH PELLANDA N 706 ff.; TRIGO TRINDADE 203 ff.; die **Standardwerke zur aktienrechtlichen Verantwortlichkeit:** BÄRTSCHI; FORSTMOSER, *Verantwortlichkeit;* M. A. GARBARSKI: La responsabilité civile et pénale des organes dirigeants ... (Diss. Lausanne 2006 = SSHW 247); K. J. GROSS: Analyse der haftpflichtrechtlichen Situation des Verwaltungsrats (Diss. Zürich 1990 = Schriften zum Konsumentenschutzrecht 33); A. NIKITINE: Die aktienrechtliche Verantwortlichkeit nach Art. 754 Abs. 1 OR als Folge unternehmerischer Fehlentscheide (Diss. Zürich 2007 = SSHW 266); die **Standardwerke zum Konzernrecht** (dazu § 7 Anm. 1); ferner als **Monographien zu Einzelfragen** P. O. GEHRIGER: Faktische Organe im Gesellschaftsrecht... (Diss. St. Gallen 1978 = SSHW 34); HORBER; M. VETTER: Der verantwortlichkeitsrechtliche Organbegriff gemäss Art. 754 Abs. 1 OR (Diss. St. Gallen 2007 = SSHW 261); sodann die Übersicht von FORSTMOSER/SPRECHER/TÖNDURY: Persönliche Haftung nach Schweizer Aktienrecht, Risiken und ihre Minimierung (Zürich 2005); die **Handbücher** von BÖCKLI, *Aktienrecht* § 18 N 107 ff. und FORSTMOSER/MEIER-HAYOZ/NOBEL § 36 f. und schliesslich die einschlägigen **Kommentierungen:** BÜRGI/NORDMANN-ZIMMERMANN in ZK; WIDMER/GERICKE/WALLER in BSK und KRNETA N 2050.

[2] OR 754 ff.

[3] Vgl. § 3 N 4 ff.

5   Immerhin wird es im Allgemeinen schon aus Gründen der Klarheit, aber auch der Beweisbarkeit (im Falle von Vorwürfen) in aller Regel sinnvoll sein, zumindest die **Grundlagen** der Organisation **in einem Reglement festzuhalten.** Der anzustrebende Detaillierungsgrad hängt von den Verhältnissen ab: In kleinen und einfach strukturierten Gesellschaften kann die Organisation im Reglement umfassend (und zugleich knapp) geregelt sein, in komplexen Verhältnissen (und allenfalls auch aus Gründen der Vertraulichkeit[4]) können sich Ergänzungen in anderen Dokumenten aufdrängen.

6   b) Kommt der Verwaltungsrat seiner Organisationspflicht nicht korrekt nach, dann sind seine Mitglieder – wie bei anderen Verletzungen von Sorgfaltspflichten auch – persönlich verantwortlich[4a].

7   In der Praxis konkretisiert sich eine solche **Pflichtverletzung** etwa darin, dass der Verwaltungsrat

8   – keine Delegation von Aufgaben vornimmt, obwohl er selbst nicht fähig oder nicht willens ist, diese zu erfüllen,

9   – keine angemessene Ordnung für seine eigene Arbeit vorsieht,

10   – nicht für eine angemessene Berichterstattung sorgt, weshalb er weder seinen Kontrollaufgaben nachkommen kann noch in der Lage ist, die Situation der Gesellschaft[5] richtig zu beurteilen,

11   – die sich selbst gesetzten Anforderungen an die Entscheidfindung, Beschlussfassung und Kontrolle missachtet.

12   Es sind dann jeweils diese **konkreten Pflichtverletzungen,** die gerügt werden, und nur indirekt ist die Vernachlässigung der allgemeinen Organisationspflicht betroffen.

c) Zwei praktische Hinweise:

13   – Eine korrekte **Protokollierung**[6] kann für den Nachweis der Pflichterfüllung von entscheidender Bedeutung sein.

---

[4] So etwa, wenn das Organisationsreglement öffentlich zugänglich gemacht wird, vgl. § 14 N 45 und § 29 Anm. 24.
[4a] OR 754 I.
[5] Besonders auch im Hinblick auf eine allfällige Überschuldung, OR 725.
[6] Vgl. OR 713 III und dazu hinten § 11 N 65 ff.

– Die Ordnung der Delegation von Aufgaben im Organisationsreglement wirkt nur dann haftungsbeschränkend, wenn sie auch im gesellschaftlichen Alltag **gelebt** wird[7, 8]. 14

II. Kompetenzdelegation und persönliche Verantwortlichkeit[9]

1. Haftungsbeschränkung bei korrekter Delegation

a) Bei **materiell erlaubter** und **formell korrekter**[10] **Delegation** bleiben die Mitglieder des Verwaltungsrats nur – aber immerhin – für die drei *curae*, die Auswahl, Instruktion und Kontrolle[11, 11a], verantwortlich[12]. 15

---

[7] Allzu oft werden Organisationsreglemente zwar als Teil der allgemeinen Gründungsdokumentation erstellt, dann aber schubladisiert. Verbreitet ist auch die (Un-)Sitte, geänderten Anforderungen zwar durch Anpassungen der Organisation und Arbeitsweise im Alltag Rechnung zu tragen, das Reglement jedoch nicht nachzuführen.

[8] Durch eine periodische Überprüfung kann dem vorgebeugt werden, vgl. § 8 N 37 und § 26 N 11 f.

[9] Vgl. dazu etwa Bärtschi 250 ff.; Bastian 197 ff.; Bertschinger, *Arbeitsteilung* N 112 f.; Horber; P. V. Kunz: Rechtsnatur und Einredeordnung der aktienrechtlichen Verantwortlichkeitsklage (Bern 1993) 192 ff.; Umbach 27 ff. sowie die weitere in Anm. 1 zit. Lit. und die in Anm. 21 genannten Entscheidbesprechungen.

[10] Bei der Delegation von Organkompetenzen ist OR 716b I einzuhalten, während – wie erwähnt (§ 4 N 42 und § 8 N 161) – eine Delegation von Hilfsfunktionen im Sinne von OR 716a II auch ohne statutarische Grundlage und auch ausserhalb eines Organisationsreglements erfolgen kann. – Zur Frage, wann von einem Organisationsreglement gesprochen werden kann, vgl. § 15 N 19 f.

[11] Vgl. dazu § 8 N 45. Nach Umbach 28 sollen in Anlehnung an die Lehre zur ausservertraglichen Geschäftsherrenhaftung zwei weitere Sorgfaltspflichten hinzukommen: «die Sorgfalt in der Ausrüstung mit tauglichem Werkzeug und Material sowie die Sorgfalt in der Organisation der Arbeit und des Unternehmens». Dies ist insofern zu bejahen, als die Organisationsverantwortung im Gesetz explizit genannt wird (OR 716a Ziff. 2) und wohl auch die «Ausrüstung mit tauglichem Werkzeug» – Bereitstellung einer passenden Struktur und tauglicher Arbeitsinstrumente – als Organisations- und zudem als Oberleitungsaufgabe (OR 716a I Ziff. 1) verstanden werden kann. «Material» meint wohl in erster Linie die erforderlichen finanziellen Mittel, wofür der Verwaltungsrat mit einer angemessenen Finanzplanung (OR 716a I Ziff. 3) zu sorgen hat.

[11a] Die Wahrnehmung der Kontrollverantwortung konkretisiert sich in einer adäquaten Regelung der Berichterstattung (dazu ausführlich § 4 N 49 ff.).

[12] Vgl. dazu im Einzelnen Urteil 4A_501/2007 des BGer und die in Anm. 21 hienach erwähnten Entscheidbesprechungen, die in Anm. 9 zit. Lit. sowie etwa Böckli, *Aktienrecht* § 18 N 118 ff.

16 Verfehlt ist u.E. die in der Literatur anzutreffende Auffassung, eine Haftungsbefreiung trete nur dann ein, wenn eine Aufgabe an ein anderes Organ übertragen werde, nicht aber bei einer Übertragung an eine Hilfsperson[13, 14]. Um dennoch zu einem praktisch sinnvollen[15] Resultat zu kommen, beruft man sich dann auf die von HORBER[16] begründete Theorie, wonach durch die Kompetenzübertragung automatisch eine (faktische) Organstellung geschaffen werde[17]. Dieser Behelf ist u.E. nicht erforderlich, denn es ist zu betonen, dass die **Haftungsbefreiung** – die Beachtung der drei *curae*[17a] vorausgesetzt – **auch dann** eintreten kann, wenn Aufgaben delegiert werden, welche **nicht Organqualität** haben oder wenn die Delegation an eine Person erfolgt, welcher **nicht Organstellung** zukommt[18].

17 b) Im Hinblick auf die persönliche Verantwortlichkeit seiner Mitglieder ist dem Verwaltungsrat im Allgemeinen zu raten, von der Kompetenzdelegation **im grösstmöglichen Ausmass Gebrauch zu machen**. Es gilt dies besonders für mittlere und grosse Gesellschaften, bei denen der Restbestand unübertragbarer Pflichten noch immer an der Grenze dessen liegt, was einem nebenamtlich tätigen Organ vernünftigerweise zugemutet werden kann[19].

2. Haftung wie für eigenes Verhalten bei unkorrekter Delegation

18 Bei **unkorrekter Delegation** – sei es, dass in unzulässiger Weise eine nicht delegierbare Aufgabe übertragen wird, sei es, dass die formalen Voraussetzungen[20] nicht beachtet werden – bleiben die Mitglieder des Verwaltungsrats nach

---

[13] Vgl. die Übersicht über die Lehrmeinungen bei BASTIAN 407 ff. und ROTH PELLANDA N 759, ferner auch VON MOOS-BUSCH 118 ff. und UMBACH 27.
[14] Diese – u.E. irrige – Ansicht wird auch in der Botschaft 1983 vertreten: «Keine Haftungsbefreiung tritt ein, wenn Aufgaben Hilfspersonen zur Erledigung übertragen werden» (S. 850).
[15] Bei Grossgesellschaften, aber auch schon in kleineren Verhältnissen ist der Beizug von Hilfspersonen absolut unumgänglich und entspricht einer sorgfältigen Amtsausübung.
[16] S. 92 f.
[17] Würde jede Delegation automatisch eine Organstellung schaffen, dann müsste konsequenterweise auch verlangt werden, dass eine Delegation stets nur unter Einhaltung der formellen Vorschriften von OR 716b I möglich ist.
[17a] Zu diesen vgl. vorn § 8 N 45.
[18] So schon FORSTMOSER, *Organisationsreglement* 30 f.; vgl. insb. auch BÄRTSCHI 255. Zur Problematik neuestens auch BASTIAN 407 ff.
[19] Zu den Grenzen der Delegationsmöglichkeiten ausführlich § 8.
[20] Ermächtigungsnorm in den Statuten, Konkretisierung im Organisationsreglement. Zur Frage, ob trotz Fehlens der formellen Voraussetzungen eine Haftungsbefreiung eintreten kann, vgl. sogleich N 22.

OR 754 ff. für das Verhalten der Delegationsempfänger **verantwortlich wie für eigenes Verhalten**; es wird ihnen das pflichtwidrige Verhalten der beigezogenen Personen also unmittelbar zugerechnet[21]. Insofern kann von einer Kausalhaftung gesprochen werden[22], doch müssen auch in diesem Fall die allgemeinen Haftungsvoraussetzungen[23] – Schaden, schuldhafte Pflichtwidrigkeit[24] und adäquater Kausalzusammenhang – gegeben sein.

3. Der Sonderfall einer Kompetenzdelegation ohne statutarische Grundlage

a) Nach OR 716b I ist eine wirksame Delegation von Geschäftsführungsaufgaben von zwei formalen Voraussetzungen abhängig: einer Ermächtigung in den Statuten und ihrer Umsetzung in einem Organisationsreglement[25]. Dazu ist Folgendes zu präzisieren:

b) Einschränkend ist zunächst festzuhalten, dass diese formalen Voraussetzungen nur verlangt werden, wenn die «**Geschäftsführung**» delegiert werden soll, d.h. dann, wenn **organschaftliche Aufgaben** übertragen werden. Dagegen bedarf es für eine Übertragung von **nicht organschaftlichen Aufgaben** weder einer besonderen statutarischen Ermächtigung noch der Regelung in einem Organisationsreglement[26].

Zu beachten ist aber in jedem Fall die allgemeine Sorgfaltspflicht, konkretisiert in der **Organisationspflicht**: Die Delegation muss zweckmässig sein, die Delegationsempfänger müssen für ihre Aufgaben die nötigen Fähigkeiten haben, sie müssen klar instruiert sein und es ist die Berichterstattung sicherzustellen. Je nach den konkreten Umständen kann ein sorgfältiges Verhalten eine **Delegation verbieten** oder aber die **Delegation gehört** – es ist dies in grösseren Gesellschaften die häufigere Sachlage – gerade **zur pflichtgemässen Sorgfalt**, weil das Verwaltungsratsgremium nicht in der Lage ist, eine Aufgabe selbst sorgfältig zu erfüllen.

---

21 Vgl. etwa das Urteil 4A_501/2007 des BGer vom 22.2.2008, besprochen durch DOMENICONI/VON DER CRONE in SZW *2008* 512 ff., 518 und durch FACINCANI/MAUERHOFER in GesKR *2008* 267 ff., sodann BASTIAN 399, m.w.H. und GARBARSKI (zit. Anm 1) 52. Diese **Haftung für fremdes Verhalten** entspricht der des Geschäftsherrn nach OR 55, UMBACH 27.
22 So UMBACH 27.
23 S. dazu die in Anm. 1 zitierten Standardwerke und Monografien.
24 Zugrunde zu legen ist das Verhalten des Delegationsempfängers, das jedoch so zu beurteilen ist, wie wenn es sich um ein **Verhalten der delegierenden Person** handelte.
25 Dazu hinten § 15 N 12 ff.
26 Vgl. § 4 N 41 f.

22 c) Schwieriger ist die Frage zu beantworten, ob es möglich ist, dass der Verwaltungsrat **trotz Fehlens einer statutarischen Ermächtigung geschäftsleitende Aufgaben** mit haftungsbefreiender Wirkung delegiert, soweit dies eine **sachlich gebotene Lösung** ist. U.E. ist dies zu bejahen und OR 716b I insofern als nicht abschliessend zu verstehen, da auch dann eine Delegation von Aufgaben «befugterweise»[27] – mit haftungsbefreiender bzw. haftungsbegrenzender Wirkung – möglich sein muss, wenn sich dies aus sachlichen Gründen aufdrängt. Insofern gehen u.e. das Recht und die Pflicht, für eine angemessene Organisation zu sorgen[28], den Regeln über die formalen Anforderungen an die Kompetenzdelegation[29] vor.

23 Immerhin hat in solchen Fällen der Verwaltungsrat die Pflicht, sich um die **Schaffung der statutarischen Grundlage** zu bemühen. Es ist ihm dies aufgrund seines Traktandierungs- und Antragsrechts zuhanden der Generalversammlung[30] auch möglich. Weigert sich die Generalversammlung, entsprechenden Vorschlägen zuzustimmen, stellt sich die Frage des Rücktritts.

24 Der Verwaltungsrat sollte sodann die für ihn aufgestellten formalen Erfordernisse einhalten und die entsprechende Delegation in einem als **Organisationsreglement** zu qualifizierenden Dokument[31] verankern[32].

25 d) In der Praxis dürften sich solche Fragen aus zwei Gründen allerdings nur selten stellen:

26 – Wie mehrmals erwähnt enthalten die Statuten der schweizerischen Aktiengesellschaften praktisch durchwegs eine **umfassende,** an der Formulierung von OR 716b I orientierte **Ermächtigungsnorm**[33].

---

[27] OR 754 II.
[28] OR 716a I Ziff. 2.
[29] OR 716b I. Im Ergebnis, aber nicht in der Begründung ähnlich BERTSCHINGER, *Organisationsreglement* 190 ff.
[30] OR 700 II.
[31] Dazu § 15 N 19 f.
[32] Ausnahmen werden nur in Notsituationen akzeptiert werden können, denn es ist für den Verwaltungsrat ein Leichtes, durch einen schriftlich protokollierten Beschluss die formalen Voraussetzungen zu erfüllen (vgl. zu den Anforderungen an ein «Organisationsreglement» hinten § 15 N 19 f.). A.M. BERTSCHINGER, *Organisationsreglement* 189 ff., der – falls eine statutarische Basis besteht – eine haftungsbeschränkende Delegation auch dann zulassen will, wenn sie «nicht im Organisationsreglement geregelt ist». Bertschinger geht jedoch vom Organisationsreglement im technischen Sinn eines entsprechenden und so bezeichneten Dokuments aus, während nach dem hier vertretenen weiten Verständnis letztlich nur eine bewusste und schriftlich dokumentierte Entscheidung des Verwaltungsrats verlangt ist.
[33] Vgl. § 2 N 17.

– Sodann ist daran zu erinnern, dass eine persönliche Haftung nicht nur eine Pflichtwidrigkeit voraussetzt, sondern auch einen **Schaden**, der durch die Pflichtverletzung **adäquat kausal verursacht** worden ist. Diese weiteren Voraussetzungen werden schwer nachzuweisen sein, wenn eine sachlich gebotene Delegation ohne die verlangte formelle Basis erfolgt ist: Die sachlich korrekte Organisationsmassnahme dürfte nicht zu einem Schaden führen bzw. es dürfte ein solcher nicht dadurch verursacht worden sein, dass die Formalien nicht beachtet wurden.

27

4. Begrenztes Haftungsrisiko bei Delegation an eine Muttergesellschaft

Vgl. dazu § 8 N 192[34].

28

---

[34] Zur Haftung von Organpersonen im Konzern allgemein vgl. etwa ALBERS-SCHÖNBERG (zit. § 7 Anm. 1); HANDSCHIN (zit. § 8 Anm. 236) 293 ff.; FORSTMOSER, *Haftung* sowie allgemein die Lit. zum Verantwortlichkeitsrecht (vgl. vorn Anm. 1) und zum Konzernrecht (vgl. § 7 Anm. 1 und § 8 Anm. 236). – Vgl. ferner auch die Lit. zur Konzernaussenhaftung, insb. K. KUZMIC: Haftung aus «Konzernvertrauen» (Diss. Zürich 1998 = SSHW 187).

3. Kapitel

Die Arbeitsweise der aktienrechtlichen Exekutivorgane (Verwaltungsrat, Verwaltungsratsausschüsse und Geschäftsleitung)

Das Gesetz enthält lediglich rudimentäre Bestimmungen über die Arbeitsweise und Beschlussfassung im Verwaltungsrat[1]. Zur Organisation der Geschäftsleitung äussert es sich nur insofern, als es bei einer Delegation von Kompetenzen an diese ein Organisationsreglement verlangt, das die Aufgaben der Geschäftsführenden umschreibt und deren Berichterstattungspflicht regelt[2].

Es besteht daher die **Möglichkeit,** aber auch – mit Ausnahme einfachster Strukturen – die **Notwendigkeit einer innergesellschaftlichen Regelung,** die regelmässig im Organisationsreglement erfolgt und allenfalls – nämlich bei einer Delegation von Entscheidungskompetenzen – grundsätzlich auch in einem solchen erfolgen muss[3].

Im Folgenden werden die Arbeitsweise und insbesondere die Beschlussfassung im **Verwaltungsrat** ausführlich besprochen (§ 11, S. 248 ff.), während mit Bezug auf **Verwaltungsratsausschüsse** und die **Direktion, Geschäfts- oder Konzernleitung** nur Besonderheiten erwähnt werden (§§ 12 und 13, S. 279 ff. und 283 ff.). Es entspricht dies dem typischen Erscheinungsbild von Organisationsreglementen, bei denen das Schwergewicht zumeist auf den Bestimmungen für den Verwaltungsrat liegt, während die Ordnung der anderen Exekutivgremien nur knapp oder auch ausserhalb des Organisationsreglements geschieht. Für die übrigen Exekutivorgane gelten dann die (rudimentäre) gesetzliche Ordnung und – vor allem – *per analogiam* die für den Verwaltungsrat aufgestellte Regelung.

---

[1] OR 713, 715.
[2] OR 716b II.
[3] Präzisierend vorn § 10, insb. Anm. 32.

§ 11 Verwaltungsrat[1]

1 Der Verwaltungsrat übt seine Arbeit als Gremium in **Sitzungen** aus. In diesen stellen sich die Mitglieder der Geschäftsleitung oder ihr Vorsitzender sowie einzelne mit besonderen Aufgaben betraute Verwaltungsratsmitglieder der Diskussion. Es findet zu den in der Verantwortung des Verwaltungsrats liegenden Themen ein freier **Meinungsaustausch** statt, und auf dieser Basis wird **beschlossen**.

2 Dies darf freilich nicht darüber hinwegtäuschen, dass sich die Pflichten der Verwaltungsratsmitglieder **keineswegs im Besuch von Sitzungen erschöpfen**. In kleineren Verhältnissen, bei Familiengesellschaften oder auch in unselbständigen Konzerntochtergesellschaften, mag dies zwar auch heute noch der Fall sein. In Publikumsgesellschaften aber beträgt der Zeitaufwand für die Vorbereitung der Sitzungen[2] und die laufende Auseinandersetzung mit den geschäftlichen Entwicklungen ein Mehrfaches des Zeitbedarfs für die Teilnahme an Sitzungen[3].

I. Konstituierung und Selbstorganisation

3 a) Nach zwingendem Recht **konstituiert sich der Verwaltungsrat selbst**[4], mit dem einzigen **Vorbehalt**, dass statutarisch die Wahl des **Präsidenten** durch die Generalversammlung vorgesehen werden kann[5].

4 Die Konstituierung erfolgt regelmässig in der **ersten Sitzung nach der Wahl** des Verwaltungsrats, häufig in einer kurzen Zusammenkunft unmittelbar nach der Generalversammlung oder auch – im Hinblick auf voraussehbare Wahlergebnisse – unmittelbar davor. Zwingend vorgeschrieben ist die Bezeich-

---

[1] Vgl. neben der Standardliteratur insb. die Monografien von BAUEN/VENTURI (insb. N 291 ff.); MÜLLER/LIPP/PLÜSS (insb. 55 ff., 82 ff., 217 ff.) und ROTH PELLANDA (insb. N 445 ff.).
[2] Mehr und mehr ist man dazu übergegangen, die **reine Informationsvermittlung vor die Sitzung zu legen**, an den Sitzungen selbst lediglich Ergänzungen und Zusammenfassungen zu den vorgängig zugestellten Unterlagen mündlich oder in Handouts zu vermitteln und die verfügbare Zeit schwergewichtig für die Diskussion zu verwenden.
[3] In grossen Publikumsgesellschaften dürfte der Zeitaufwand für ein Verwaltungsratsmitglied ohne besondere Funktionen etwa **einen Monat pro Jahr** betragen.
[4] VON MOOS-BUSCH 79 f.
[5] OR 712 II, dazu § 9 N 7 ff.

nung des **Präsidenten**[6] und des **Sekretärs**[7, 8], wobei Letzterer nicht Mitglied des Verwaltungsrats zu sein braucht und zumeist auch nicht ist. Des Weiteren können im Rahmen der Konstituierung ein **Vizepräsident**[9], **Vorsitzende von Ausschüssen**[10] und allenfalls ein oder mehrere **Delegierte**[11], in Publikumsgesellschaften mit Personalunion von Präsident und CEO[12] allenfalls auch ein **Lead Director**[13] bestellt werden.

b) Der Verwaltungsrat hat auch seine eigene **Organisation und Arbeitsweise** zu bestimmen[14]. Er tut dies in der Regel in einem Organisationsreglement.

5

II. Sitzungen und Sitzungssurrogate[14a]

1. Verwaltungsratssitzungen

a) Der Verwaltungsrat arbeitet als **Team**, in welchem sich die Fähigkeiten und Kenntnisse der einzelnen Mitglieder gegenseitig **ergänzen**. Unabdingbar sind daher **physische Zusammenkünfte**.

6

b) Im Organisationsreglement wird in der Regel festgehalten, wie oft **ordentliche Sitzungen** (mindestens) stattzufinden haben. Die Zahl muss so bemessen sein, dass sie dem Verwaltungsrat eine ordnungsgemässe Ausübung seiner gesetzlichen und statutarischen Pflichten ermöglicht[15]. Sie ergibt sich aus einer Reihe von Faktoren, insbesondere der **Organisation der Geschäftsführung** (Delegation an eine Geschäfts- oder Konzernleitung, Bildung von Ausschüssen oder Geschäftsführung durch den Gesamtverwaltungsrat), dem **Geschäftsvolumen**, der **Art der Gesellschaft** (Publikumsgesellschaft oder private AG, Einpersonen-AG, Familiengesellschaft, personenbezogene Produk-

7

---

6 Zu diesem § 5 N 155 ff.
7 Zu diesem § 5 N 254 ff.
8 OR 712 II.
9 Zu diesem § 5 N 192 ff.
10 Zu diesen § 5 N 241 ff.
11 Zu diesen § 5 N 206 ff.
12 Dazu § 5 N 232 ff.
13 Zu diesem vgl. § 5 N 238 ff.
14 Nach der hier vertretenen – und herrschenden – Lehre kommt ihm diese Befugnis und Pflicht unübertragbar und unentziehbar zu, vgl. § 8 N 31.
14a Dazu neuestens – als informativer Leitfaden – R. MÜLLER: VR-Sitzung: Verbreitung, Einberufung, Durchführung, Beschlussfassung, Protokollierung, SJZ *2011* 45 ff., ferner als Vademecum für die Praxis R. DUBS: Verwaltungsrats-Sitzungen ... (Bern 2006).
15 WERNLI in BSK zu OR 713 N 4, mit weiteren Hinweisen.

tionsgesellschaft) und ihrer **Tätigkeit** (operativ tätige Gesellschaft oder Holdinggesellschaft) sowie der **Grösse des Verwaltungsrats**[16].

8 Jedenfalls braucht es **eine Sitzung pro Jahr,** nämlich für die **Vorbereitung der Generalversammlung**[17], in welcher u.a. der Geschäftsbericht verabschiedet wird und über die Anträge zur Verwendung des Bilanzgewinns (insbesondere Höhe der Dividende) und für allfällige Wahlen (Verwaltungsrat und Revisionsstelle) zu beschliessen ist. Während diese Sitzung in den ersten Monaten nach Abschluss des Geschäftsjahres stattfinden muss[18], wird praktisch immer eine weitere Sitzung vor Jahresende zur **Planung des neuen Geschäftsjahres** nötig sein[19]. In aller Regel dürften **vier Sitzungen pro Jahr** für eine operative Gesellschaft ein Minimum[19a] darstellen[20].

9 Das Datum, die Tageszeit und allenfalls auch der Sitzungsort für die ordentlichen Versammlungen werden mit Vorteil jeweils **frühzeitig für das ganze Jahr festgelegt.** Zumindest bei Gesellschaften mit einem grösseren Verwaltungsrat ist dies heute gute Praxis. In kleineren Verhältnissen ist es oft üblich, jeweils **am Ende einer Sitzung** das Datum der nächsten zu fixieren[21]. Ausserordentliche Sitzungen sind naturgemäss durch den Präsidenten – meist kurzfristig – zu terminieren.

10 c) Zu unterscheiden ist zwischen **ordentlichen** Sitzungen, die in regelmässigen Zeitabständen und mit vorgegebenen (Haupt-)Traktanden stattfinden, und **ausserordentlichen** Sitzungen, zu denen nach Bedarf einberufen wird. Die Pflicht zur Einberufung einer ausserordentlichen Sitzung besteht immer

---

[16] WERNLI in BSK zu OR 713 N 4; MÜLLER/LIPP/PLÜSS 98 f.
[17] OR 716a I Ziff. 6.
[18] Die Generalversammlung muss innert sechs Monaten nach Abschluss des Geschäftsjahres stattfinden (OR 699 II), und sie muss mindestens 20 Tage im Voraus einberufen werden (OR 700 I, die Frist – eine gesetzliche Minimalfrist, die statutarisch zwar verlängert, nicht aber verkürzt werden kann – ist so zu verstehen, dass die Einladung 20 Tage vor der GV – den Tag der Versammlung nicht eingerechnet – beim Empfänger eintrifft. So zumindest die herrschende Lehre, vgl. FORSTMOSER/MEIER-HAYOZ/NOBEL § 23 N 43, mit Hinweisen auf a.M.).
[19] Vgl. OR 716a I Ziff. 3 betreffend die Finanzplanung.
[19a] So auch Swiss Code Ziff. 14. Nach MÜLLER (zit. Anm. 14a) 47 ist bei KMU eine Sitzung pro Quartal üblich, doch ist dies seiner Ansicht nach bei operativ tätigen Gesellschaften zu wenig, sondern es seien mindestens sechs Sitzungen pro Jahr erforderlich. Bei grossen und börsenkotierten Gesellschaften sollen nach MÜLLER monatliche ordentliche Sitzungen üblich sein. Nach der Erfahrung der Verfasser sind es eher 6–8 Sitzungen pro Jahr.
[20] Doch empfiehlt es sich nicht, im Organisationsreglement eine grosse Anzahl ordentlicher Verwaltungsratssitzungen festzuschreiben, da der Ausfall vorgeschriebener Sitzungen eine Regelwidrigkeit darstellt, die zumindest zusätzlichen Erklärungsbedarf schafft.
[21] Vgl. MÜLLER/LIPP/PLÜSS 96.

dann, wenn die Geschäfte der Gesellschaft eine mündliche Orientierung des Verwaltungsrats[22] oder eine Beschlussfassung erfordern, die nicht bis zur nächsten ordentlichen Sitzung warten und die auch nicht – wie Routinebeschlüsse – auf dem Zirkulationsweg vollzogen werden kann[23].

d) Der **Rhythmus** der ordentlichen Sitzungen hat sich an den gesellschaftsinternen Abläufen zu orientieren, und bei Publikumsgesellschaften ist er auch mit der externen Kommunikation der Unternehmung abzustimmen. Eine regelmässige Verteilung über das ganze Jahr ist meist nicht sinnvoll, es sei denn, die Sitzungen finden so häufig statt, dass stets ein geeignetes Datum für die anstehenden Traktanden zur Verfügung steht[24].

e) Die **gesetzliche Ordnung** für Verwaltungsratssitzungen ist bruchstückhaft: Dispositiv geregelt wird die **Beschlussfassung**[25], zwingend vorgeschrieben die **Protokollierung**[26], und ebenfalls zwingend verankert ist das **Einberufungsrecht eines jeden Mitglieds**[27]. *E contrario* ergibt sich sodann aus der Regelung für Zirkulationsbeschlüsse[28], dass der Gesetzgeber vom Normalfall einer **physischen Zusammenkunft** ausgeht.

2. Sitzungssurrogate

a) Vor allem in Gesellschaften mit einem international zusammengesetzten Verwaltungsrat, aber auch bei Gesellschaften, deren Verwaltungsratsmitglieder nicht ohne Weiteres kurzfristig verfügbar sind, werden Verwaltungsratssitzungen nicht selten in der Form von **Telefon- oder Videokonferenzen** durchgeführt. Die Zulässigkeit eines solchen Vorgehens ist nicht ganz unbestritten[29]. «Angesichts des gegenwärtigen Standes der Informations- und Kommunikationstechnik gibt es [aber] ... wenige gute Gründe, Online-Konferenzen des Verwaltungsrats nicht als zulässig zu erachten.»[30] Mit der herrschenden Lehre sind u.E. nicht nur Video-, sondern auch Telefonkonferenzen

---

[22] Geht es nur um Orientierung, dann genügt allenfalls auch die telefonische Information aller Verwaltungsratsmitglieder durch den Präsidenten oder ein anderes Mitglied.
[23] FORSTMOSER/MEIER-HAYOZ/NOBEL § 31 N 8.
[24] Was etwa bei monatlichen Sitzungen der Fall ist.
[25] OR 713 I, dazu nachstehend N 79 ff.
[26] OR 713 III, dazu nachstehend N 65 ff. und vorn § 3 N 17.
[27] OR 715, dazu nachstehend N 26.
[28] OR 713 II, dazu nachstehend N 17 f.
[29] Dazu ausführlich R. H. WEBER: E-Governance im Unternehmen, in: FS Forstmoser (Zürich 2003) 347 ff., 358 f., mit Hinweisen.
[30] WEBER, a.a.O. 359.

als **Formen der unmittelbaren Teilnahme** zuzulassen[31] und so zu behandeln wie Sitzungen mit physischer Präsenz[32].

14 Zu Recht wird jedoch darauf hingewiesen, dass auch eine ausgeklügelte Technik die Sitzung unter Anwesenden nie voll ersetzen kann[33], weshalb Sitzungen ohne physische Präsenz die **Ausnahme** bleiben sollten. Erfahrungsgemäss kommen sie denn auch meist nur für dringende ausserordentliche Geschäfte zum Zug sowie allenfalls dann, wenn lediglich Routinebeschlüsse[34] zu fassen sind.

15 Zu beachten ist, dass auch bei der Telefon- oder Videokonferenz die Teilnehmenden vorgängig mit den nötigen **Unterlagen** zu versehen sind und dass die «Verhandlungen und Beschlüsse» **protokolliert** werden müssen[35].

16 In den Organisationsreglementen wird nicht selten die Zulässigkeit von Telefon- und Videokonferenzen ausdrücklich bestätigt – allenfalls verbunden mit der Einschränkung, diese Formen sollten nur im Falle von Dringlichkeit zur Anwendung kommen. Erforderlich ist eine solche reglementarische Verankerung aber u.E. nicht.

17 b) An die Stelle einer Sitzung kann ein sog. **Zirkulationsbeschluss**[36] als Form der **schriftlichen Beschlussfassung** treten[37]. Der Zirkulationsweg eignet sich insbesondere für Routinetraktanden und solche von untergeordneter Bedeutung[37a]. Eine wichtige Rolle kommt ihm zudem bei dringlichen Beschlüssen zu, wenn es nicht gelingt, eine Sitzung mit ausreichender Präsenz einzuberufen[38].

---

[31] Vgl. etwa BÖCKLI, Aktienrecht § 13 N 137 f.
[32] MÜLLER/LIPP/PLÜSS 227. Dies bedeutet auch, dass die Einladung form- und fristgerecht zu erfolgen hat, falls nicht sämtliche Mitglieder teilnehmen und auf die Einhaltung dieser Erfordernisse verzichten. In der Praxis kann diesen Anforderungen bei Dringlichkeit oft nicht nachgelebt werden. Man behilft sich dann damit, dass der Präsident im Anschluss an die – mangelhafte – Beschlussfassung mündlich oder schriftlich das Einverständnis der «abwesenden» Mitglieder einholt, ein Vorgehen, das zumindest in Fällen der Einstimmigkeit vertretbar ist.
[33] Vgl. etwa BÖCKLI, Aktienrecht § 13 N 137a.
[34] Etwa Beschlüsse über die formale Anpassung der Statuten, dazu § 14 N 17.
[35] OR 713 III, dazu nachstehend N 65 ff. und vorn § 3 N 17.
[36] Auch Zirkularbeschluss genannt.
[37] Dazu VON MOOS-BUSCH 93 ff.
[37a] Zirkulationsbeschlüsse sollten jedoch die Ausnahme bleiben, vgl. MÜLLER (zit. Anm. 14a) 51.
[38] MÜLLER/LIPP/PLÜSS 226 f.

Zirkulationsbeschlüsse sind nur dann zulässig, wenn nicht «ein Mitglied die mündliche Beratung verlangt»[39]. In der Lehre wird hieraus auf ein «Einstimmigkeitserfordernis bezüglich des schriftlichen Verfahrens» geschlossen[40]. Die Praxis ist jedoch weniger streng und lässt Zirkulationsbeschlüsse auch dann zu, wenn **einzelne Mitglieder** innert der für die Beantwortung gesetzten Frist **inaktiv** bleiben. Der Gesetzeswortlaut erlaubt das, und es entspricht auch einem praktischen Bedürfnis, da einzelne Verwaltungsratsmitglieder allenfalls zeitweilig nicht erreichbar sind[41]. 18

Sofern das Organisationsreglement nichts anderes vorsieht, gelten die **normalen Präsenz- und Beschlussquoren**. Als «anwesend» gilt demnach jedes Mitglied, das innert Frist seine Unterzeichnung übermittelt. Es ist weder erforderlich, dass dies alle Mitglieder rechtzeitig tun, noch ist Einstimmigkeit notwendig[42]. Stimmenthaltungen sind auch bei Zirkulationsbeschlüssen möglich[43]. 19

Ein positiver Beschluss ist gefasst, wenn bis zum Ablauf der Frist die erforderliche Mehrheit der Mitglieder zugestimmt hat. Stimmt die erforderliche Mehrheit schon vor Fristablauf zu, ist der Beschluss unter der aufschiebenden Bedingung zustande gekommen, dass bis zum Fristablauf kein Mitglied die Durchführung einer Sitzung verlangt[44]. 20

Nötig ist **Schriftlichkeit**, d.h., es ist ein Dokument mit ausformuliertem Antrag von den einzelnen Mitgliedern eigenhändig zu unterzeichnen. Entgegen der Etikettierung wird die Unterschrift in der Regel nicht auf ein unter den Mitgliedern zirkulierendes Dokument gesetzt, sondern es werden den Mitgliedern gleichzeitig Kopien zur Unterzeichnung zugestellt[45]. Da beim Zirkulationsbeschluss eine Beratung entfällt, muss der Antrag so formuliert sein, dass die Mitglieder mit einfachem «Ja» oder «Nein» antworten können[46]. Zweckmässigerweise wird für die Beantwortung des Antrags ausdrücklich eine angemessene Frist gesetzt, wobei das Organisationsreglement hierzu Richtlinien enthalten kann; fehlt eine Fristansetzung, beurteilt sich die Rechtzeitigkeit der 21

---

[39] OR 713 II.
[40] WERNLI in BSK zu OR 713 N 23, mit Hinweis.
[41] Immerhin wird dann jeweils versucht, im Nachhinein die fehlenden Stellungnahmen einzuholen. Dies ist zwar nicht unproblematisch (vgl. BÖCKLI, *Aktienrecht* § 13 N 134), aber für die Legitimierung eines Beschlusses sinnvoll.
[42] BÖCKLI, *Aktienrecht* § 13 N 140; HOMBURGER N 331; WERNLI in BSK zu OR 713 N 20; KRNETA N 816.
[43] BÖCKLI, *Aktienrecht* § 13 N 140.
[44] WERNLI in BSK zu OR 713 N 19.
[45] Vgl. BÖCKLI, *Aktienrecht* § 13 N 138.
[46] HOMBURGER N 331; WERNLI in BSK zu OR 713 N 19.

Antworten analog OR 5[47]. Innert Frist muss dem Vorsitzenden die Unterzeichnung übermittelt werden, wobei dies neben der brieflichen Zusendung des Originals auch durch Telefax[48] oder per E-Mail, durch Zusendung einer elektronischen Kopie (z.B. PDF) des Originals, erfolgen kann, unter Nachreichung des Originaldokuments[49].

22   **Notariell zu beurkundende** Beschlüsse[50] dürften auf dem Zirkulationsweg **nicht möglich** sein, weil der Notar zu bestätigen hat, dass die in der Urkunde genannten Belege bei der Beschlussfassung vorgelegen haben[51, 52].

23   Zirkulationsbeschlüsse sind selbständig zu **protokollieren** oder in das Protokoll der nächsten Sitzung aufzunehmen[52a], wobei sich aus dem Protokoll (bzw. seinen Anhängen) auch die Zustellung des Antrags an diejenigen Mitglieder, die nicht geantwortet haben, ergeben sollte[53]. Naturgemäss entfällt die Protokollierung von «Verhandlungen»[54].

24   Die Erwähnung von Zirkulationsbeschlüssen (und deren Regelung) im Organisationsreglement ist zweckmässig, aber nicht Bedingung für deren Zulässigkeit.

---

[47]   WERNLI in BSK zu OR 713 N 4.
[48]   BÖCKLI, *Aktienrecht* § 13 N 138; FORSTMOSER/MEIER-HAYOZ/NOBEL § 31 N 48; WERNLI, in BSK zu OR 713 N 19.
[49]   Die E-Mail selbst genügt dem Erfordernis der Schriftlichkeit nicht, es sei denn, sie werde mit einer zertifizierten elektronischen Signatur zugestellt.
[50]   Solche sind etwa bei den im Zuge von Kapitalerhöhungen anfallenden Statutenänderungen erforderlich, vgl. OR 647, 651a I, 652g, 653g.
[51]   Vgl. CH. BRÜCKNER: Schweizerisches Beurkundungsrecht (Zürich 1993) N 2995; ferner FORSTMOSER/MEIER-HAYOZ/NOBEL § 31 N 52; HOMBURGER N 333 ff.; offen dagegen WERNLI in BSK zu OR 713 N 21, mit Hinweisen.
[52]   In der Praxis stellt sich das Problem vor allem bei den feststellenden statutenändernden Beschlüssen, die der Verwaltungsrat im Zuge von Kapitalerhöhungen zu fällen hat, vgl. § 8 N 114. Man behilft sich damit, dass für solche Beschlüsse im Organisationsreglement die Präsenz eines einzigen Verwaltungsratsmitglieds als ausreichend angesehen wird. So kann dann der Präsident oder ein anderes Mitglied vor dem Notar allein eine physische «Sitzung» abhalten.
[52a] So MÜLLER (zit. Anm. 14a) 52.
[53]   BÖCKLI, *Aktienrecht* § 13 N 143; zurückhaltend KRNETA N 820. In der Tat dürfte eine entsprechende Feststellung im Protokoll genügen (aber auch erforderlich sein).
[54]   FORSTMOSER/MEIER-HAYOZ/NOBEL § 31 N 51.

III. Einberufung und Teilnahme

1. Einberufung

a) Die Einberufung von Verwaltungsratssitzungen obliegt dem **Präsidenten**[55], bei seiner Verhinderung dem Vizepräsidenten.

Nach OR 715 kann jedes Verwaltungsratsmitglied «vom Präsidenten die unverzügliche Einberufung einer Sitzung verlangen». Dieses **unentziehbare Individualrecht** darf nicht beschränkt werden – weder auf bestimmte Traktanden noch[56] auf ein Minderheitenrecht[57]. Das **Einberufungsgesuch** muss die Gründe für die Durchführung einer Sitzung nennen[58], und diese sind den anderen Verwaltungsratsmitgliedern in der Einladung mitzuteilen. Im Einberufungsgesuch ist auch der zu behandelnde Sachverhalt anzugeben, wobei an den Detaillierungsgrad keine allzu grossen Anforderungen zu stellen sind. Adressat ist der Präsident. Das Gesuch ist **formfrei gültig** und kann deshalb auch mündlich, per Telefon, Telefax oder auf elektronischem Weg gestellt werden. Aus beweisrechtlichen Gründen ist jedoch Schriftlichkeit zu empfehlen[59]. Ein Formerfordernis gemäss Organisationsreglement ist – sofern nicht übermässig erschwerend – u.E. zulässig.

Der Präsident darf ein Einberufungsgesuch nur dann **ablehnen,** wenn es rechtsmissbräuchlich, etwa in offenkundig querulatorischer Absicht, gestellt wird[60].

---

[55] MÜLLER (zit. Anm. 14a) 46; FORSTMOSER/MEIER-HAYOZ/NOBEL § 31 N 5; WUNDERER 215. Vgl. jedoch BÖCKLI, Aktienrecht § 13 und BAUEN/VENTURI N 292, wonach grundsätzlich der Gesamtverwaltungsrat für die Entscheidung zuständig ist, an welchem Ort und zu welcher Zeit eine Sitzung stattfinden soll. Auch nach BÖCKLI ist es jedoch Usanz, dass der Präsident über weitgehende Befugnisse im Hinblick auf die Einberufung verfügt. Dass der Präsident auf die Bedürfnisse, Anregungen und Wünsche der übrigen Mitglieder eingehen und dass Sitzungen – ausser in Fällen hoher Dringlichkeit – erst nach Abklärung der zeitlichen Verfügbarkeit festgelegt werden sollen, versteht sich von selbst.

[56] In Analogie zu OR 699 III.

[57] BÖCKLI, Aktienrecht § 13 N 115; HOMBURGER N 436.

[58] Fehlt dies, dann darf der Präsident die Einberufung einstweilen verweigern und den Gesuchsteller auffordern, eine Begründung nachzureichen. Geschieht dies nicht, ist der Präsident nicht verpflichtet, auf das Begehren einzutreten, HUNGERBÜHLER 64.

[59] WERNLI in BSK zu OR 715 N 5; HUNGERBÜHLER 63 und 67; KRNETA N 900 ff.

[60] WERNLI in BSK zu OR 715 N 3 ff.; HUNGERBÜHLER 64 f.; BÖCKLI, Aktienrecht § 13 N 115; ähnlich, aber u.E. zu weit gehend EIGENMANN 44 f., welcher die Ablehnung bereits bei Fehlen eines stichhaltigen Grundes zulassen will.

28 Umstritten ist, ob – wie dies in der Lehre vertreten wird[61] – dem Gesuchsteller eine **Leistungsklage** gegen die Gesellschaft zusteht, in deren Rahmen das Gericht notfalls die Einberufung anordnen kann, wenn sich der Präsident weigert, einem Einberufungsgesuch Folge zu leisten.

29 Im Organisationsreglement kann überdies ein Recht einzelner Verwaltungsratsmitglieder vorgesehen werden, **selbst Sitzungen einzuberufen**[62]. Abzulehnen ist u.E. die in der Literatur geäusserte Ansicht[63], ein solches Recht könne auch statutarisch eingeräumt werden. Dies würde gegen das Selbstorganisationsrecht des Verwaltungsrats[64] verstossen. – Zweckmässig ist ein Einberufungsrecht einzelner Mitglieder jedenfalls nur als subsidiäres Recht für den Fall, dass der Verwaltungsratspräsident (oder allenfalls der Vizepräsident) seiner Einberufungspflicht nicht innert angemessener Frist nachkommt.

30 b) Da das Gesetz keine Vorschriften betreffend **Form** und **Frist** der Einberufung enthält, empfiehlt es sich, diese Punkte im Organisationsreglement zu klären.

31 Hinsichtlich der **Form** ist Schriftlichkeit üblich und sinnvoll[64a] worunter u.E. die Einberufung per Fax oder E-Mail in diesem Zusammenhang auch dann zu subsumieren ist, wenn es nicht explizit gesagt wird. In dringlichen Fällen genügt auch eine telefonische Einladung, zumindest dann, wenn kein Einspruch erhoben wird.

32 Die **Einberufungsfrist** ist so festzulegen, dass sie den Mitgliedern eine vernünftige Terminplanung und Sitzungsvorbereitung ermöglicht[65]. Üblich sind (5–)

---

[61] Vgl. HUNGERBÜHLER 64; HOMBURGER N 435. MÜLLER/LIPP/PLÜSS 96 Anm. 262 referieren ein unveröffentlichtes Urteil des Zuger Kantonsgerichtspräsidenten, in welchem eine solche Klage gutgeheissen und die ersatzweise Einberufung durch das Gericht vorgenommen wurde.
[62] HUNGERBÜHLER 62.
[63] Vgl. etwa MÜLLER (zit. Anm. 14a) 47; WERNLI in BSK zu OR 715 N 6.
[64] Vgl. § 8 N 31. Unter künftigem Recht könnte sich dies ändern: Nach E Aktienrecht 627 Ziff. 20 soll es möglich sein, in den Statuten Bestimmungen über «die Beschlussfassung des Verwaltungsrats» vorzusehen. Wird diese Bestimmung weit ausgelegt – was freilich u.E. angesichts des Eingriffs in das Paritätsprinzip (zu diesem § 1 N 24 ff.) problematisch ist –, dann könnten darunter auch die Modalitäten rund um die Beschlussfassung – einschliesslich der Einberufung und Durchführung von Sitzungen – fallen.
[64a] Vgl. auch MÜLLER (zit. Anm. 14a) 47 f.
[65] FORSTMOSER/MEIER-HAYOZ/NOBEL § 31 N 7.

10 (Werk-)Tage und die Möglichkeit einer Verkürzung dieses Zeitraums bei Dringlichkeit[66].

Bei der Bemessung der Frist ist ein Kompromiss zu finden zwischen dem Bedürfnis nach grösstmöglicher **Aktualität** der den Verwaltungsratsmitgliedern vorgängig zuzustellenden Unterlagen und dem nach einer **ausreichenden Zeitspanne für Studium und Vorbereitung**[67]. 33

Verlangen einzelne **Verwaltungsratsmitglieder** eine Sitzung, dann ist diese grundsätzlich unverzüglich unter Beachtung der reglementarischen Fristen einzuberufen. Doch wird man eine gewisse Erstreckung der Frist dann zulassen, wenn in absehbarer Zukunft ohnehin eine Verwaltungsratssitzung einzuberufen ist. Allerspätestens ist das eingebrachte Thema aber an der nächsten ordentlichen Sitzung zu traktandieren[68]. 34

Solange alle Mitglieder an einer Sitzung teilnehmen (**Universalversammlung**), spielen Form und Frist der Einberufung rechtlich keine Rolle[69]. Doch hat es – wenn nicht form- und fristgerecht eingeladen wurde – jedes Mitglied in der Hand, durch Verlassen des Sitzungsraums die Durchführung der Sitzung zu vereiteln oder zu beenden. 35

c) Aus der **Einladung** muss ersichtlich sein, dass, wo und wann eine Verwaltungsratssitzung stattfinden soll. Obwohl gesetzlich nicht ausdrücklich verlangt, ist es gute Praxis, in Analogie zu der für die Generalversammlung geltenden Ordnung[70] die Traktanden bekannt zu geben[71], und in den Organisationsreglementen wird dies regelmässig vorgeschrieben[72]. Weniger ge- 36

---

[66] HUNGERBÜHLER 69 mit Hinweisen; MÜLLER/LIPP/PLÜSS 96 f.; BÖCKLI, *Aktienrecht* § 13 N 113; FORSTMOSER/MEIER-HAYOZ/NOBEL § 31 N 7. Ob Dringlichkeit vorliegt, bestimmt der Einberufende, also in der Regel der Präsident.

[67] Allenfalls kann es sich aufdrängen, besonders aktuelle Unterlagen in einem zweiten Versand nachzuliefern oder an der Versammlung selbst auszuteilen. Wo aber die Mehrzahl der Unterlagen regelmässig erst im zweiten Versand zugestellt oder gar als Handout an die Sitzung mitgebracht wird, dürfte der Einberufungstermin falsch angesetzt sein.

[68] Böckli, *Aktienrecht* § 13 N 114; FORSTMOSER/MEIER-HAYOZ/NOBEL § 31 N 6; MÜLLER/LIPP/PLÜSS 96.

[69] OR 701 analog; vgl. TANNER *Quoren* 324; WERNLI in BSK zu OR 713 N 4 und OR 715 N 8.

[70] OR 700 II.

[71] Ein Präsident, der dies unterlässt, könnte seine Sorgfaltspflicht gemäss OR 717 I verletzen.

[72] Erfolgt die Einladung auf Gesuch eines Mitglieds, sind die vom Gesuchsteller genannten Gründe in der Einladung ebenfalls aufzuführen.

37 bräuchlich, aber allenfalls sinnvoll ist die Angabe der Anträge der einberufenden Instanz[73].

37 d) Um eine informierte Entscheidfindung und produktive Diskussionen in der Sitzung sicherzustellen, ist es unabdingbar, den Sitzungsteilnehmern die **beschlussrelevanten Informationen** im Vorfeld – im Normalfall gemeinsam mit der Einladung[74] – zukommen zu lassen. Die Verwaltungsratsmitglieder müssen in die Lage versetzt werden, sich ein zur verantwortungsvollen Beschlussfassung genügendes Bild von den zu behandelnden Themen, möglichen Lösungsansätzen und deren Auswirkungen zu machen. So sind etwa Jahresbericht und Jahresrechnung sowie die Einladung zur Generalversammlung nach Möglichkeit der Einladung im Entwurf beizulegen, ebenso etwaige Anträge für Änderungen der Statuten oder des Organisationsreglements. Auch Vorschläge für Zuwahlen in den Verwaltungsrat sollten vorgängig bekannt gegeben werden[75]. An der Sitzung selbst kann dann die Information da und dort vertieft, allenfalls aktualisiert und – dies vor allem – diskutiert werden[76].

38 e) Nimmt ein Mitglied aufgrund einer **fehlerhaften Einberufung** an einer Sitzung nicht teil, dann sind die dort getroffenen Beschlüsse unwirksam[77], es sei denn, es kann zweifelsfrei nachgewiesen werden, dass sie auch an einer ordnungsgemäss einberufenen Sitzung gefasst worden wären[77a]. In der Praxis behilft man sich damit, dass die Zustimmung zu den gefassten Beschlüssen beim abwesenden Mitglied nachträglich eingeholt wird[77b].

---

[73] Für die Generalversammlung wird dies in OR 700 II verlangt, in den Organisationsreglementen für Verwaltungsratssitzungen dagegen in der Regel nicht.
[74] Präzisierend sogleich Anm. 75.
[75] Ist eine Zustellung im Vorfeld aus Zeitgründen oder Gründen der Vertraulichkeit nicht möglich, dann kann es sinnvoll sein, entsprechende Unterlagen vorgängig der Sitzung **zum Studium aufzulegen**. Tischvorlagen (Handouts) an der Sitzung selbst sollten die Ausnahme sein. Vgl. § 4 N 54.
[76] Eine – verbreitete – Unsitte ist es, die **vorgängig zugestellten Informationen in der Sitzung nochmals vorzutragen**. Es geht dadurch nicht nur unnötig Zeit verloren, die dann für die Diskussion und die Einbringung zusätzlicher Informationen und Erfahrungen durch die Verwaltungsratsmitglieder fehlt, sondern es werden auch die Verwaltungsratsmitglieder demotiviert, ihre Hausaufgaben zu machen und die zugestellte Dokumentation vor der Sitzung durchzuarbeiten.
[77] WERNLI in BSK zu OR 714 N 12 und 715 N 8; HUNGERBÜHLER 70; HOMBURGER N 366; BÖCKLI, *Aktienrecht* § 13 N 263 ff.
[77a] Dies entsprechend der in OR 691 III getroffenen Interessenabwägung.
[77b] Vgl. vorn Anm. 32.

2. Teilnahme und Teilnahmepflicht

a) Jedes Mitglied des Verwaltungsrats hat zwingend ein **Recht zur Teilnahme an den Sitzungen**[78]. Beschlüsse von Sitzungen, zu denen nicht alle Mitglieder eingeladen wurden, sind allenfalls nichtig[79]. Die Teilnahme an Sitzungen ist aber nicht nur ein **Recht** der Mitglieder des Verwaltungsrats, sondern auch ihre **Pflicht**: Die Abwesenheit stellt eine Sorgfaltspflichtverletzung[80] dar, wenn kein entschuldbarer Grund vorliegt (höhere Gewalt oder andere, im Wirtschaftsleben gemeinhin akzeptierte Gründe, unter denen die unabwendbare Kollision von Terminen der wichtigste sein dürfte)[81]. Wann ein Abwesenheitsgrund entschuldbar ist, kann im Organisationsreglement festgelegt werden. Es kann eine schriftliche Absage mit Angabe des Grundes verlangt werden. Zulässig ist es auch, die Höhe der Entschädigung von der Anzahl der Teilnahmen an Sitzungen abhängig zu machen, was dadurch geschehen kann, dass neben einer Grundentschädigung Sitzungsgelder bezahlt werden.

Ist ein Verwaltungsratsmitglied voraussichtlich in Zukunft wiederholt an der Sitzungsteilnahme verhindert, dann kann es die Sorgfaltspflicht gebieten, den Rücktritt einzureichen[82].

b) Teilzunehmen hat auch der **Sekretär**, der nicht Mitglied des Verwaltungsrats sein muss. Doch kann der Sekretär bei der Behandlung besonders sensitiver Fragen von der Teilnahme dispensiert werden[83], sofern die Protokollführung[83a] anderweitig sichergestellt ist[84].

---

[78] Im Falle von Interessenkonflikten können aber einzelne Mitglieder von der Beschlussfassung und allenfalls auch Beratung einzelner Traktanden ausgeschlossen werden, vgl. nachstehend N 102 ff.
[79] Vgl. soeben N 38, dort auch zur Möglichkeit einer «Heilung».
[80] Vgl. OR 717 I.
[81] FORSTMOSER, *Verantwortlichkeit* N 311 Anm. 576; MÜLLER/LIPP/PLÜSS 219; KRNETA N 720; WERNLI in BSK zu OR 713 N 6 mit weiteren Hinweisen.
[82] KRNETA N 721.
[83] FORSTMOSER/MEIER-HAYOZ/NOBEL § 31 N 13; KRNETA N 753.
[83a] Zu dieser hinten N 65 ff.
[84] Sie kann durch ein Mitglied des Verwaltungsrats übernommen werden oder durch einen aufgrund des zu behandelnden Themas besonders geeigneten anderen Protokollführer. So wird etwa bei der Behandlung von Salärfragen der für *Human Resources* Zuständige nicht nur für die Vorbereitung, sondern auch für die Protokollierung beigezogen.
Ausnahmsweise können Sitzungen oder Teile von Sitzungen auch als sog. **Privatsitzungen ohne Protokollierung** stattfinden. Sofern solche Sitzungen nicht ausschliesslich dem Meinungsaustausch dienen, sondern zu **Beschlüssen** führen, sind aber zumindest diese zu **protokollieren**.

42 c) **Dritte** haben kein Teilnahmerecht. Doch entspricht es heute guter Praxis, dass entweder die **Geschäftsleitung** als Ganzes oder – da dies bei Geschäftsleitungen mit einer grösseren Anzahl Mitglieder oft eine zu grosse Belastung des Geschäftsbetriebes bedeutet[85] – deren **Vorsitzender (CEO)** und eventuell auch der **Finanzchef (CFO)** an den Sitzungen teilnehmen. Weitere Mitglieder des Topmanagements können dann von Fall zu Fall beigezogen werden. Überdies kann jedes Verwaltungsratsmitglied im Rahmen seines Auskunftsrechts[86] die Anwesenheit von Mitgliedern der Geschäftsleitung verlangen. Während sich die Teilnahme gewisser Geschäftsleitungsmitglieder oft auf einzelne einschlägige Traktanden beschränkt, nehmen der Vorsitzende und oft auch der Finanzchef zumeist an der ganzen Sitzung teil, wobei sie allenfalls bei einzelnen Traktanden den Raum verlassen.

43 Bei der Besprechung der finanziellen Berichterstattung ist allenfalls die Teilnahme von Vertretern der **Revisionsstelle** sinnvoll[87].

44 Darüber hinaus kann der Beizug von internen oder externen **Sachverständigen** aufgrund der Sorgfaltspflicht geboten sein[88]. In der Regel entscheidet darüber der Verwaltungsratspräsident im Rahmen seiner Sitzungsvorbereitung. Doch kann der Gesamtverwaltungsrat mit Mehrheitsbeschluss die Teilnahme von Dritten, also neben Geschäftsleitungsmitgliedern auch etwa die von externen Beratern oder sonstigen Dritten, zulassen oder verlangen[89].

45 Es versteht sich von selbst, dass Dritten kein Stimmrecht zukommt und dass sie allenfalls auch von der Beratung oder von Teilen derselben auszuschliessen sind.

46 In Organisationsreglementen wird die Präsenz von Dritten – von den Mitgliedern der Geschäftsleitung abgesehen – zumeist nicht geregelt. Der Entscheid steht dann – wie erwähnt – dem Vorsitzenden (also im Regelfall dem Präsidenten) zu oder dem Verwaltungsratsgremium als Ganzem, das darüber mit dem ordentlichen Beschlussquorum entscheidet[90].

---

[85] Vgl. BAUEN/VENTURI N 297.
[86] OR 715a II.
[87] Vielfach beschränkt sich ihre Präsenz freilich auf die Sitzungen des zuständigen Verwaltungsrats**ausschusses**, des Audit Committee.
[88] BGE 97 II 403, 413; WERNLI in BSK zu OR 713 N 5 m.N.
[89] MÜLLER/LIPP/PLÜSS 218; KRNETA N 758 verlangt die Zustimmung sämtlicher Mitglieder, was u.E. zu weit geht. Eher kann man sich fragen, ob es nicht angemessen ist, einer Minderheit oder gar einem einzelnen Verwaltungsratsmitglied die Möglichkeit einzuräumen, den Beizug eines Sachverständigen zu fordern, falls dies im Interesse einer informierten Entscheidfindung nötig ist. Dies entspricht dem allgemeinen Recht der Verwaltungsratsmitglieder, nötigenfalls Sachverständige beizuziehen, vgl. § 4 N 99.
[90] Vgl. OR 713 I.

d) Die Mitglieder des Verwaltungsrats werden von der Generalversammlung *ad personam* gewählt. Daher gibt es – nach freilich nicht unbestrittener Auffassung – **keine Stellvertretung** in den Verwaltungsratssitzungen[91]. Das bevollmächtigende Mitglied gilt deshalb als abwesend, der «Stellvertreter» als Gast, der nicht stimmberechtigt ist.

Abzulehnen ist insbesondere auch die Bevollmächtigung eines anderen Mitglieds[92]. Auch hier gilt das bevollmächtigende Mitglied als abwesend. Diese Auffassung ist aber umstritten, und es wird auch die Ansicht geäussert, eine Vertretung sei zumindest dann möglich, wenn eine entsprechende Statutenbestimmung bestehe und dem Vertreter genaue Instruktionen erteilt würden[93]. Richtig ist es aber u.E., in solchen Fällen die Form des Zirkulationsbeschlusses (der eine physische Zusammenkunft der verfügbaren Mitglieder nicht ausschliesst) zu wählen.

Anders verhält es sich mit **Suppleanten,** d.h. mit von der Generalversammlung gewählten **Ersatzmitgliedern,** die an die Stelle eines verhinderten ordentlichen Mitglieds treten können[94]. Die Lehre erachtet ihre Wahl mehrheitlich

---

[91] BGE 71 II 279: «Das Mandat des Verwaltungsrats ist seiner Natur nach an die Person des damit von der Generalversammlung Betrauten gebunden. Dieser ist zu einer Delegation seines Mandats nicht befugt.» Zur Frage umfassend WEBER *passim*. WEBER selbst vertritt freilich eine weniger rigide Haltung: Eine Vertretung soll zulässig sein, wenn eine statutarische Ermächtigung besteht (a.a.O. 85 ff., 104 ff.), wobei dem Vertreter spezifische Weisungen für die Stimmrechtsausübung mitgegeben werden können (a.a.O. 153 ff.). Als Vertreter kommen jedoch nach WEBER nur andere Verwaltungsratsmitglieder, nicht dagegen Dritte, in Betracht (a.a.O. 112 ff.). Ähnlich MÜLLER (zit. Anm. 14a) 51, der eine Stellvertretung «aus zwingenden Gründen» für zulässig erachtet, falls eine statutarische Basis besteht (vgl. aber zur Problematik bzw. Unzulässigkeit entsprechender Statutenbestimmungen vorn § 8 N 31). – Entsprechend der Mehrheitsmeinung dagegen etwa FORSTMOSER/MEIER-HAYOZ/NOBEL § 28 N 192; BÖCKLI, *Aktienrecht* § 13 N 129; WERNLI in BSK zu OR 713 N 10 f.; HOMBURGER N 34 ff.; PLÜSS 84 f. sowie VON MOOS-BUSCH 85 f. – In der Handelsregisterpraxis wird die Stellvertretung eines Verwaltungsratsmitglieds durch ein anderes offenbar akzeptiert und bei Publikumsgesellschaften soll es entsprechende Statutenbestimmungen geben, vgl. M. TROTTMANN in Jahrbuch des Handelsregisters 1993 (Zürich 1993) 54 und MÜLLER (zit. Anm. 14a) 51.

[92] FORSTMOSER/MEIER-HAYOZ/NOBEL § 28 N 18 und N 188, § 31 N 33 f.; BÖCKLI, *Aktienrecht* § 13 N 128 ff.; VON MOOS-BUSCH, 85 f.; a.M.: MÜLLER/LIPP/PLÜSS 128 f.; WEBER 169 ff.; WERNLI in BSK zu OR 713 N 10.

[93] WERNLI in BSK zu OR 713 N 10; MÜLLER/LIPP/PLÜSS 128 f. und mit ausführlicher Begründung WEBER.

[94] FORSTMOSER/MEIER-HAYOZ/NOBEL § 28 N 189; MÜLLER/LIPP/PLÜSS 26; HOMBURGER N 49 ff.

für zulässig[95]. Die Handelsregisterämter tragen Suppleanten jedoch nicht ein[95a], und in der Praxis ist ihre Bestellung selten.

50 Ist absehbar, dass ein Verwaltungsratsmitglied von einem bestimmten Zeitpunkt an nicht mehr tätig sein kann (etwa wegen Erreichens der Altersgrenze oder wegen der Übernahme eines anderen Amtes), dann kann von der Generalversammlung bereits im Voraus auf diesen Zeitpunkt hin ein Nachfolger als dannzumal vollberechtigtes Mitglied gewählt werden.

IV. Traktanden, insbesondere Standardtraktanden

51 a) Anders als bei der Generalversammlung[96] sieht das Gesetz für den Verwaltungsrat **keine Vorschriften für die Traktandierung** vor. Da es im Verwaltungsrat im Gegensatz zur Generalversammlung keinen Minderheitenschutz gibt und der Handlungsbedarf der Gesellschaft den Individualinteressen der Verwaltungsratsmitglieder vorgeht, können grundsätzlich auch ohne vorgängige Traktandierung gültige Beschlüsse gefasst werden[97]. Gleichwohl gehört die Angabe der Traktanden sowie gegebenenfalls die Zustellung von Unterlagen, die für die Vorbereitung und die Beschlussfassung an der Sitzung erforderlich sind, im Rahmen des Möglichen zu den Sorgfaltspflichten des einberufenden Präsidenten[98]. Ein Verstoss gegen diesbezügliche reglementarische Vorschriften hat aber in der Regel keinen Einfluss auf die Gültigkeit der Beschlussfassung[99], und jedenfalls fehlt es für Nichtigkeit an der notwendigen Intensität einer allfälligen Rechtsverletzung[100].

---

[95] FORSTMOSER/MEIER-HAYOZ/NOBEL § 28 N 189; WEBER 4, m.N.; offen WALDBURGER 106 f., m.N. Gegen Zulässigkeit ZIHLER/KRÄHENBÜHL (zit. § 5 Anm. 225) 74 f.
[95a] ZIHLER/KRÄHENBÜHL (zit. § 5 Anm. 225) 75 f.
[96] OR 700 II und III.
[97] HUNGERBÜHLER 64 und 68; KRNETA N 744; TANNER, *Quoren* 322; WERNLI in BSK zu OR 715 N 8; BÜRGI zu OR 713 N 23 und zu OR 716 N 2.
[98] MÜLLER/LIPP/PLÜSS 100; MÜLLER (zit. Anm. 14a) 48.
[99] HUNGERBÜHLER 70; HOMBURGER N 367 ff.; WERNLI in BSK zu OR 714 N 3; BÖCKLI, *Aktienrecht* § 13 N 263 ff. – Die u.E. vertretbare strengere Auffassung, wonach eine Pflicht zur Aufstellung einer Traktandenliste besteht, dürfte rechtlich keine Auswirkungen haben (von einer allfälligen persönlichen Verantwortlichkeit wegen einer Verletzung der Sorgfaltspflicht seitens des unterlassenden Verwaltungsratspräsidenten abgesehen): Verwaltungsratsbeschlüsse sind nach heute unbestrittener Auffassung nicht anfechtbar (vgl. etwa BGE 109 II 243 f., 86 II 63, ZR *1998* Nr. 127, 310 f.).
[100] Vgl. zur Nichtigkeit statt aller FORSTMOSER/MEIER-HAYOZ/NOBEL § 25 N 86 ff.

b) Sinnvoll und verbreitet ist es, für einzelne ordentliche Sitzungen ein **Themenschwergewicht** und ganz allgemein für jede ordentliche Sitzung gewisse **Standardtraktanden** festzulegen[100a]:

- **Traktanden einer jeden Sitzung** dürften die Themen «Geschäftsgang seit der letzten Sitzung», «Ausblick», «Personelles» sowie allenfalls «Nächste Sitzung» sein.

- **Schwerpunkte einzelner Sitzungen** können sich namentlich an den Berichterstattungspflichten der Gesellschaft ausrichten und beispielsweise die Rechnungsabschlüsse (Quartals-, Halbjahres-, und Jahresabschlüsse), die interne Analyse der Ergebnisse und die Finanzplanung betreffen. Eine – von anderen Traktanden möglichst entlastete – Sitzung sollte der Strategie gewidmet sein. Periodisch zur Sprache kommen sollten sodann Fragen der Corporate Governance bzw. der Organisation der Gesellschaft.

- Üblich sind auch die Standardtraktanden «Mitteilungen»[101] und «Varia» oder «Diverses»[102].

Aus dem Recht eines jeden Mitglieds, die Einberufung einer Sitzung zu verlangen, folgt auch das **Recht, Traktanden einzubringen**[103].

c) In **Konzernen,** in denen dem Verwaltungsrat der Konzernobergesellschaft auch die **Konzernleitung** zusteht, wird gelegentlich in der Traktandenliste differenziert zwischen Geschäften, welche den Konzern als Ganzes betreffen, und solchen der Konzernobergesellschaft allein. Überwiegend wird aber in den Obergesellschaften auf eine solche Unterscheidung verzichtet und – im Sinne einer wirtschaftlichen Gesamtbetrachtung – die jeweilige Thematik gleichzeitig für die Muttergesellschaft und den Konzern als Ganzes behandelt und entschieden, wobei das Schwergewicht der Diskussion auf dem Konzernganzen liegt – mit der Ausnahme von Geschäften, die nur die Muttergesellschaft betreffen, wie etwa der Dividendenvorschlag zuhanden der Generalversammlung.

d) Erwähnt sei überdies, dass – bei aller Fokussierung und Strukturierung der Sitzungsarbeit – stets auch Raum für den **freien Meinungsaustausch** ein-

---

[100a] Vgl. dazu etwa DUBS (zit. Anm. 14a) 25 ff.
[101] Dazu MÜLLER/LIPP/PLÜSS 100.
[102] Schlechter Stil ist es, unter diesem Traktandum wichtige Fragen zur Entscheidung vorzulegen – ohne entsprechende Unterlagen und Vorbereitung. Vielmehr sollte dieses Traktandum auf den **Meinungsaustausch** zu sonst nicht zur Sprache gekommenen Themen beschränkt sein.
[103] MÜLLER/LIPP/PLÜSS 220; unrichtig u.E. WUNDERER 215, der das Traktandierungsrecht nur für den Verwaltungsratspräsidenten erwähnt.

geräumt werden sollte. Wenn nicht anders vorgesehen, kann ein solcher unter dem Traktandum «Varia» erfolgen. Genauso wichtig – in der Praxis manchmal wichtiger – ist der informelle Gedankenaustausch – etwa an gemeinsamen Essen vor oder nach der Sitzung[104].

V. Durchführung und Leitung[104a]

59 a) Am Anfang jeder Sitzung des Verwaltungsrats sind – soweit nicht von vornherein klar – die Beschlussfähigkeit und die erforderlichen Quoren festzustellen, und es sind der Vorsitzende sowie der Protokollführer zu bezeichnen bzw. – ausnahmsweise[104b] – zu wählen.

60 b) Den **Vorsitz** nimmt in aller Regel der **Präsident des Verwaltungsrats** ein, der auch die Sitzung vorbereitet hat[105]. Ist er verhindert, dann übernimmt der Vizepräsident oder ein anderes, ad hoc gewähltes Mitglied den Vorsitz, falls das Organisationsreglement keine andere Regelung enthält.

61 c) Zur **Sitzungsleitung** gehören namentlich die Eröffnung der Sitzung, die Festlegung der Reihenfolge der Traktanden, die Moderation der Diskussionen und die Durchführung der Abstimmungen. Das Organisationsreglement kann die Modalitäten näher ausgestalten, was freilich selten und auch nicht nötig ist. Wird eine Regelung vorgenommen, kann es sich empfehlen, aus Gründen der Klarheit zwischen dem Präsidenten und dem Vorsitzenden (der ausnahmsweise mit dem Präsidenten nicht identisch ist) zu unterscheiden.

62 Der **Ablauf der Sitzung** richtet sich nach den anstehenden Traktanden. Am Anfang steht – soweit nicht der Vorsitzende zu bestellen und/oder die Beschlussfähigkeit festzustellen ist – gewöhnlich die Frage, ob die vorgelegte Traktandenliste akzeptiert wird. Es folgen die Genehmigung des Protokolls der letzten Sitzung[105a] sowie in der Regel eine allgemeine Berichterstattung über Geschäftsgang und Finanzen, bevor mit der Behandlung der einzelnen

---

[104] An solchen werden etwa Themen der Nachfolgeplanung, der Qualifikation der Geschäftsleitungsmitglieder oder andere Angelegenheiten, die der Verwaltungsrat ohne das Beisein Dritter besprechen möchte, behandelt.
[104a] Vgl. dazu etwa DUBS (zit. Anm. 14a) 45 ff.
[104b] In der Regel stehen diese Funktionsträger fest, vgl. sogleich nachstehend.
[105] Falls er – wegen eines Interessenkonflikts – in den Ausstand zu treten hat, ergibt sich die Stellvertretung zumeist von selbst: Sie kommt dem Vizepräsidenten oder – wenn es um die Salarierung des Präsidenten geht – dem Präsidenten des Entschädigungsausschusses zu.
[105a] Falls eine solche vorgesehen ist, was zwar üblich, aber nicht erforderlich ist, vgl. hinten N 69.

Sachgeschäfte begonnen wird. Das Ende der Sitzung ist vom Vorsitzenden formell festzuhalten.

d) Jedem Verwaltungsratsmitglied steht ein Recht auf freie **Meinungsäusserung** zu den an der Sitzung behandelten Themen zu[106]. Die für die Generalversammlung geltenden Regeln lassen sich analog anwenden, wenngleich in weniger strenger Form[107]. So dürfte etwa eine Redezeitbeschränkung in der Regel nicht nur unnötig, sondern sogar unzulässig sein[108]. 63

Mitglieder des Verwaltungsrats können sich – wenn nicht anders vorgesehen[108a] – auch dann zu einem Diskussionspunkt äussern, wenn sie diesbezüglich ein persönliches Interesse haben oder sich gar in einem Interessenkonflikt befinden, der dann für die Beschlussfassung ihren Ausstand verlangt[109]. 64

e) Der Sitzungsablauf ist zu **protokollieren**[110], eine Aufgabe, die in aller Regel dem Sekretär des Verwaltungsrats zukommt[111]. Die Protokollierungspflicht gilt ausnahmslos, also auch bei Einpersonenverwaltungsräten[112]. 65

Im Protokoll sind Ort, Datum, Zeit und Dauer der Sitzung, anwesende Mitglieder sowie – wenn nicht selbstverständlich – die für die Konstituierung der Sitzung notwendigen Feststellungen aufzuführen (rechtsgültige Einberufung, Beschlussfähigkeit). 66

---

[106] Zusammen mit dem unentziehbaren Einberufungs- und Traktandierungsrecht (dazu vorn N 26 ff. und N 56) ergibt sich daraus ein umfassendes Recht zur Stellungnahme mit Bezug auf alle für die Gesellschaft relevanten Themen.
[107] FORSTMOSER/MEIER-HAYOZ/NOBEL § 31 N 12.
[108] FORSTMOSER/MEIER-HAYOZ/NOBEL § 31 N 10; BAUEN/VENTURI 295. Vorbehalten bleibt das Recht des Vorsitzenden, im Interesse eines ordnungsmässigen Sitzungsablaufes unnötig ausschweifende Äusserungen zu beenden.
[108a] Dazu hinten N 107 und insb. Anm. 183.
[109] Dazu hinten N 102 ff.
[110] OR 713 III; vgl. dazu § 3 N 17 ff. und im Einzelnen MÜLLER (zit. § 3 Anm. 34) mit einem Musterprotokoll auf S. 67 ff., sodann auch MÜLLER (zit. Anm. 14a) 52 f.
[111] OR 713 III (implizit).
[112] BÖCKLI, Aktienrecht § 13 N 152; FORSTMOSER/MEIER-HAYOZ/NOBEL § 31 N 17; MEIER-HAYOZ/FORSTMOSER § 16 N 448; WERNLI in BSK zu OR 713 N 2 und 29. Das Bundesgericht stellt dies in BGE 133 III 77 ff., 79 f. in Frage, mit dem Hinweis darauf, dass der im früheren Recht enthaltene explizite Hinweis auf die Protokollierungspflicht im Einpersonenverwaltungsrat nicht in das seit 1992 geltende Recht übernommen worden sei. Angesichts des klaren Wortlauts von OR 713 III, der keine Ausnahmen für Einpersonenverwaltungsräte vorsieht, ist aber mit der herrschenden Lehre an der Protokollierungspflicht auch in Verwaltungsräten mit einem einzigen Mitglied festzuhalten, und zweifellos ist dies zur Beweissicherung empfehlenswert. Richtig ist dagegen, dass die fehlende Protokollierung keine Nichtigkeit von Beschlüssen zur Folge hat (BGE, a.a.O.).

67 Das Protokoll muss nicht nur den genauen Inhalt der **Beschlüsse** festhalten, sondern – anders als für die Generalversammlung – auch die **Verhandlungen** wiedergeben[113]. Das heisst, dass wenigstens in knapper Form die zu jedem Traktandum vorgebrachten Erwägungen referiert werden müssen. Die Zusammenfassung jedes einzelnen Votums oder gar die Nennung des Votanten ist dagegen nicht notwendig[114]. Jedes Mitglied hat aber das Recht, Aussagen mit Namensnennung zu Protokoll zu geben. Schliesslich sind auch Zirkulationsbeschlüsse jeweils in das Protokoll der nächsten Sitzung aufzunehmen[115], falls sie nicht selbständig protokolliert worden sind.

68 Das Protokoll muss **schriftlich** sein, und es ist durch den Vorsitzenden und den Sekretär bzw. Protokollführer zu unterzeichnen[116]. Tonbandaufnahmen genügen nicht, werden aber gelegentlich als Hilfe für die Protokollierung verwendet. Eine öffentliche Beurkundung ist lediglich bei Kapitalerhöhungen und der Nachliberierung von Aktienkapital – wegen der statutenändernden Wirkung der entsprechenden Verwaltungsratsbeschlüsse – erforderlich[117].

69 Üblich, aber nicht zwingend verlangt ist die **Genehmigung** der Protokolle durch das Plenum, die zweckmässigerweise jeweils am Anfang der nächsten Sitzung erfolgt[117a]. Jedes Mitglied hat das Recht, vor der Genehmigung Änderungsanträge zu stellen. Wird diesen nicht mit der notwendigen Mehrheit zugestimmt, kann verlangt werden, dass die abweichende Meinung dem Protokoll angefügt wird[118]. Die Protokolle sind gemäss OR 962 zehn Jahre lang **aufzubewahren.**

70 Die genannten Grundsätze sind **zwingend**. Das Organisationsreglement kann sie zur Verdeutlichung wiederholen und allenfalls präzisieren oder verschärfen, nicht aber abschwächen.

---

[113] OR 713 III. Vgl. zu dieser OR 702 Ziff. 2.
[114] BAUEN/VENTURI N 320; KRNETA N 836.
[115] BAUEN/VENTURI N 322.
[116] HUNGERBÜHLER 81; KRNETA N 531.
[117] OR 647.
[117a] Vgl. TANNER N 239 zu OR 702 und Urteil 4A_165/2010 des BGer vom 4.6.2010 E. 3.6. Wird auf eine Genehmigung verzichtet, dann kann jedes Mitglied Einwände oder Präzisierungen in einem späteren Protokoll festhalten lassen.
[118] BÖCKLI, *Aktienrecht* § 13 N 153; BAUEN/VENTURI N 324.

VI. Beschlussfähigkeit und Beschlussfassung[119]

Im Hinblick auf die im Verwaltungsrat zu treffenden Beschlüsse ist zu unterscheiden zwischen der Beschluss**fähigkeit**, die durch **Präsenzquoren** bestimmt wird (dazu Ziff. 1, N 72 ff.), und der Beschluss**fassung** selbst, für welche die **Beschlussquoren** massgebend sind (dazu Ziff. 2, N 79 ff.).

71

1. Beschlussfähigkeit

a) Ein **Präsenzquorum** wird vom Gesetz für Beschlüsse des Verwaltungsrats genauso wenig verlangt wie für solche der Generalversammlung[120]. Ein mehrköpfiger Verwaltungsrat ist daher – vorbehältlich einer anders lautenden Regelung im Organisationsreglement – bereits bei Anwesenheit auch nur eines einzigen Mitglieds beschlussfähig[121].

72

b) Während jedoch für die Generalversammlung meist die gesetzliche Ordnung übernommen wird, sind für Verwaltungsratssitzungen innergesellschaftlich **häufig Anwesenheitsquoren** vorgesehen. Diese sind im Organisationsreglement zu verankern[122].

73

Generell wird oft verlangt, dass an der Sitzung die **Mehrheit** der Mitglieder präsent sein muss. Für bestimmte Beschlüsse von besonderer Tragweite werden **qualifizierte Präsenzquoren**[123] aufgestellt. Es können so Zufallsentscheide verhindert und Minderheitsinteressen geschützt werden[124].

74

Nicht selten ist eine qualifizierte Präsenz auch nur für eine **erste Sitzung** notwendig. Wird sie nicht erreicht, kann dann – nach einer bestimmten Frist – in einer weiteren Sitzung unter Beachtung des ordentlichen Präsenzquorums oder auch ohne Mindestpräsenz beschlossen werden. Zulässig ist es auch, un-

75

---

[119] Vgl. dazu neben der aktienrechtlichen Standardliteratur und den Monografien zum Verwaltungsrat insb. das grundlegende Werk von TANNER, *Quoren*, insb. 317 ff.
[120] Für jene vgl. OR 703 und 704. Das geltende Recht verlangt – anders als das frühere (zu diesem § 9 Anm. 93) – auch für wichtige Beschlüsse der Generalversammlung lediglich eine qualifizierte Zustimmung, die sich nach den jeweils in der Versammlung vertretenen Stimmen richtet, nicht aber eine minimale Präsenz.
[121] WEBER 119.
[122] Eine Regelung in den Statuten ist nach der hier vertretenen Auffassung wegen des Selbstorganisationsrechts des Verwaltungsrats (dazu § 9 N 44 ff. und hinten Anm. 134) unverbindlich.
[123] Etwa statt der absoluten Mehrheit der Mitglieder eine Zweidrittelmehrheit. Zu qualifizierten Quoren vgl. auch das bezüglich der Beschlussfassungsquoren hinten N 80 ff. Ausgeführte.
[124] Dies etwa dadurch, dass sichergestellt wird, dass von jeder (Minderheiten-)Gruppe zumindest ein oder auch mehrere Vertreter präsent sind.

ter bestimmten Voraussetzungen – insbesondere bei zeitlicher Dringlichkeit – **Ausnahmen** von einem generellen Präsenzquorum vorzusehen.

76 Um die Handlungsfähigkeit des Verwaltungsrats zu gewährleisten, empfiehlt es sich, die Latte **nicht zu hoch** zu legen[125]. Allerdings kann auch gerade die Absicht bestehen, durch ein (hohes) Quorum sicherzustellen, dass ein zustimmender Beschluss nicht ohne die Einwilligung der Vertreter einer bestimmten Aktionärsgruppe gefasst wird, sodass dieser faktisch ein Vetorecht zukommt. Rechtlich zulässig ist u.E. auch das Erfordernis der **Einstimmigkeit**[126]. In einem solchen Fall hat es jedes Verwaltungsratsmitglied in der Hand, durch blosses Fernbleiben die Beschlussfassung zu verhindern[127].

77 Ein verstecktes Präsenzquorum kann sich daraus ergeben, dass sich das Quorum für die Beschlussfassung nicht nach den jeweils anwesenden Verwaltungsratsmitgliedern bestimmt, sondern nach der **Gesamtzahl** sämtlicher Verwaltungsratsmitglieder.

78 c) Aus Gründen der Praktikabilität empfehlenswert ist eine **Ausnahme von allfälligen Präsenzquoren** für die Beschlussfassung über die Feststellung einer erfolgten Kapitalerhöhung und die daran anschliessende Statutenänderung[128]. Diese beiden öffentlich zu beurkundenden Beschlüsse[129] sind eine blosse Routineangelegenheit ohne Ermessensspielraum, weshalb die Mitwirkung eines einzigen Mitglieds genügt. Eine entsprechende Regelung gehört heute zum normalen «Inventar» der Organisationsreglemente.

2. Beschlussfassung

79 a) Nach Gesetz werden die Beschlüsse des Verwaltungsrats «mit der Mehrheit der abgegebenen Stimmen gefasst»[130]. Leerstimmen, Stimmenthaltungen oder die Stimmen abwesender Mitglieder werden weder positiv noch negativ mitgezählt. Als Beschlussquorum ist somit das **relative Mehr** massgebend[131].

---

[125] BAUEN/VENTURI N 299.
[126] A.M. BAUEN/VENTURI N 301, die eine Zweidrittel-Präsenzerfordernis als «äusserste Grenze» erachten.
[127] Immerhin ist daran zu erinnern, dass die Verwaltungsratsmitglieder aufgrund ihrer Sorgfaltspflicht (OR 717 I) grundsätzlich verpflichtet sind, an den Sitzungen teilzunehmen.
[128] FORSTMOSER/MEIER-HAYOZ/NOBEL § 31 N 21.
[129] Vgl. OR 651a I, OR 652g und OR 653g.
[130] OR 713 I.
[131] BÖCKLI, *Aktienrecht* § 13 N 120; WERNLI in BSK zu OR 713 N 8; KRNETA N 772 ff.; MÜLLER/LIPP/PLÜSS 129; WEBER 138. Dies im Gegensatz zur Generalversammlung, bei der nach dispositivem Gesetzesrecht (OR 703) das **absolute Mehr** gilt. (Im künftigen Recht dürfte sich dies ändern: E Aktienrecht 703 I spricht zwar von der «absoluten Mehrheit der abgegebe-

Erhöhte Quoren für bestimmte wichtige Beschlüsse sind gesetzlich nicht vorgesehen[132].

Die gesetzliche Regelung ist nach unbestrittener Lehre dispositiver Natur[133]. Das Organisationsreglement[134] kann also etwa statt der relativen die **absolute Mehrheit** der Stimmen der Anwesenden verlangen[135]. Für Beschlüsse von **besonderer Tragweite** werden oft qualifizierte Mehrheitserfordernisse (etwa zwei Drittel der abgegebenen oder der an der Versammlung vertretenen Stimmen) aufgestellt. Anders als bei den Präsenzquoren[136] sind Erleichterungen für Fälle zeitlicher Dringlichkeit bei Beschlussquoren – soweit diese nicht auf die Gesamtzahl der Verwaltungsratsmitglieder abstellen – sachlich nicht gerechtfertigt.

80

Hohe Beschlussquoren können ebenso wie hohe Präsenzquoren die Entscheidungs- und Handlungsfähigkeit der Gesellschaft beeinträchtigen. Unzulässig sind sie deswegen nicht, und – aber das ist nicht unbestritten – selbst ein **Einstimmigkeitserfordernis** ist u.E. nicht verboten[137]. Es ist zu beachten, dass die Gesellschaft bei Nichterreichen eines Quorums nicht beschlussunfähig ist. Vielmehr liegt dann ein **ablehnender Entscheid** vor, die Gesellschaft wird also auf den *status quo* verpflichtet[138]. Die Regelung entspricht dann der im Gesetz für Personengesellschaften[139] vorgesehenen. Das Erfordernis der Ein-

81

---

nen Stimmen». In Abs. 2 wird dann aber gesagt, dass «Enthaltungen nicht als abgegebene Stimmen gelten sollen», womit nach der hier benutzten Terminologie die relative Mehrheit eingeführt wird.)

[132] Vgl. dagegen für die Generalversammlung OR 704.
[133] TANNER, *Quoren* 357 ff.; FORSTMOSER/MEIER-HAYOZ/NOBEL § 31 N 25; WERNLI in BSK zu OR 713 N 8; BÖCKLI, *Aktienrecht* § 13 N 118.
[134] Unzulässig ist es u.E. aufgrund des unentziehbaren Selbstorganisationsrechts des Verwaltungsrats, in den **Statuten** Beschlussquoren für Verwaltungsratsbeschlüsse vorzusehen: WERNLI in BSK zu OR 713 N 8; BÖCKLI, *Aktienrecht* § 13 N 120; FORSTMOSER/MEIER-HAYOZ/NOBEL § 31 N 23 ff. – Anders wohl das künftige Recht, vgl. E Aktienrecht 627 Ziff. 20 und dazu vorn Anm. 64 und § 9 N 45 a.E.
[135] Beim absoluten Mehr wirken sich Stimmenthaltungen wie Neinstimmen aus.
[136] Dazu vorn N 72 ff., 75.
[137] Gl. M. MÜLLER (zit. Anm. 14a) 50, wonach ein qualifiziertes Mehr, das «Beschlüsse allenfalls vereitelt», «durchaus zulässig» ist. A.M. BÖCKLI, *Kernkompetenzen* 53, wonach selbst ein allgemeines Beschlussquorum von zwei Dritteln nicht zulässig sein soll. Wenn ein Verwaltungsrat je nach Konstellation – wegen Nichterreichen des Quorums – dauernd nur negativ, nicht aber positiv entscheiden könne, sei dies mit dessen unentziehbarer Verantwortung für die Exekutivaufgaben der Gesellschaft gemäss OR 716a und OR 716b nicht vereinbar.
[138] TANNER, *Quoren* 333. Entgegen MÜLLER (zit. Anm. 14a) 50 wird daher genau besehen ein Beschluss nicht «vereitelt».
[139] Vgl. für die einfache Gesellschaft OR 534 I, eine Bestimmung, die kraft Verweisung auch für die Kollektiv- und die Kommanditgesellschaft gilt, OR 557 II und 598 II.

stimmigkeit für bestimmte Beschlüsse von grundlegender Tragweite findet sich denn auch nicht selten bei personenbezogenen Aktiengesellschaften, die aus der Umwandlung einer Personengesellschaft in eine AG entstanden sind.

82 Ein Problem kann sich aus allzu hohen Anforderungen an die verlangte Mehrheit freilich für die Fälle ergeben, in denen für das Funktionieren der Gesellschaft ein positiver Beschluss verlangt wird, wie dies etwa für die obligatorischen Anträge an die Generalversammlung[140] der Fall ist. Auch dies spricht jedoch nicht gegen die Zulässigkeit eines Einstimmigkeitserfordernisses, sondern führt allenfalls zur Auflösung der Gesellschaft[141].

83 b) Obwohl das Gesetz die Frage nicht ausdrücklich regelt, gilt nach unbestrittener Lehre und Praxis im Verwaltungsrat zwingend das Prinzip der **einen Stimme pro Kopf**[142]. Das Kopfstimmrecht ergibt sich aus der Gleichberechtigung aller Verwaltungsratsmitglieder[142a] sowie aus ihrer gleichgelagerten Verantwortlichkeit.

84 Aus dem Kopfstimmrecht resultiert für die Ebene des Verwaltungsrats[143] das Verbot, individuell bestimmten einzelnen Mitgliedern ein Recht zu geben, positive Beschlüsse zu verhindern (**Vetorecht**)[144]. Auch darf keinem Mitglied mehr als eine Stimme (**Pluralstimmrecht**) verliehen werden[145]. Entsprechende Bestimmungen in Organisationsreglementen sind u.E. ungültig oder – was das Pluralstimmrecht (des Vorsitzenden) betrifft – in ein Recht zum Stichentscheid umzudeuten[146].

85 c) Nach OR 713 I Satz 2 verfügt der jeweilige Vorsitzende im Verwaltungsrat über den **Stichentscheid**. Gemäss ausdrücklicher gesetzlicher Regelung kann

---

[140] Vgl. OR 716a I Ziff. 6.
[141] Gestützt auf die analoge Anwendung von OR 731b oder auf eine Klage nach OR 736 Ziff. 4. Auch darin zeigt sich eine Parallele zum Recht der Personengesellschaften.
[142] VON MOOS-BUSCH 92 f. (mit Hinweisen); BÖCKLI, Aktienrecht § 13 N 127; KRNETA N 284; FORSTMOSER/MEIER-HAYOZ/NOBEL § 31 N 22; WERNLI in BSK zu OR 713 N 8; BAUEN/VENTURI N 305; MÜLLER/LIPP/PLÜSS 127, wobei Letztere allerdings ein Mehrfachstimmrecht im Falle der Vertretung einzelner Verwaltungsräte durch andere (auf statutarischer Grundlage und nur bei Abwesenheit aus zwingenden Gründen) befürworten: MÜLLER/LIPP/PLÜSS 128 f. und neuestens MÜLLER (zit. Anm. 14a) 51; ebenso WEBER 85 ff, 104 ff., dazu vorn Anm. 91.
[142a] Dazu WALDBURGER passim.
[143] Anders hingegen auf Stufe der Geschäftsleitung, dazu § 13 N 21.
[144] Dem steht nicht entgegen, dass – wie soeben erwähnt – durch Einführung des Einstimmigkeitserfordernisses jedem Verwaltungsratsmitglied (aber eben nicht spezifisch einzelnen von ihnen) ein Vetorecht eingeräumt werden kann.
[145] FORSTMOSER/MEIER-HAYOZ/NOBEL § 31 N 22; MÜLLER/LIPP/PLÜSS 127 ff.; WERNLI in BSK zu OR 713 N 8. – Zu a.M. s. vorn Anm. 142.
[146] Vgl. hinten Anm. 150.

die Generalversammlung jedoch den Stichentscheid statutarisch ausschliessen[147]. Sofern die Statuten hierzu nichts sagen und insbesondere die Zulassung des Stichentscheides nicht ausdrücklich vorschreiben, kann der Stichentscheid u.E. – aber das ist stark umstritten – auch im Organisationsreglement ausgeschlossen werden[148]. Eine explizite statutarische Regelung geht aber auf jeden Fall vor.

Die Statuten wie auch das Organisationsreglement können vorsehen, dass der Stichentscheid nur dem **Präsidenten,** nicht aber auch allfälligen anderen Vorsitzenden zusteht[149]. Das lässt sich damit begründen, dass der Stichentscheid nur dem Mitglied zukommen soll, das in besonderem Mass mit den Geschicken der Gesellschaft befasst und vertraut ist. 86

Der Stichentscheid setzt voraus, dass die abstimmenden Mitglieder (einschliesslich des Vorsitzenden) gleich viele Ja- wie Neinstimmen abgeben. Nur in diesem Fall hat der Vorsitzende das Recht, ein Überwiegen der Ja- bzw. Neinstimmen zu bewirken. Es wird so das Kopfstimmprinzip insofern modifiziert, als bei **Pattsituationen** der klaren Entscheidung der Vorzug vor der Gleichbehandlung aller Mitglieder gegeben wird. Eine generelle Pflicht, den Stichentscheid im Einzelfall auch tatsächlich auszuüben, besteht jedoch nicht. Da es für einen positiven Entscheid einer Mehrheit bedarf, ist dann bei einem Patt der entsprechende Antrag abgelehnt. 87

Die vorgängige eigene Stimmabgabe bindet den Vorsitzenden hinsichtlich des Stichentscheides nicht. Vielmehr kann er auch gegen seine vorgängige Stimmabgabe votieren, was dann Sinn machen kann, wenn der Vorsitzende seine Meinung nicht gegen die Hälfte des Verwaltungsrats durchsetzen will[150]. 88

---

[147] OR 713 I a.E., dazu vorn § 9 N 41.
[148] P. FORSTMOSER: Würdigung der Aktienrechtsreform aus der Sicht der Rechtswissenschaft, in: DERS. (Hrsg.): Rechtliche und betriebswirtschaftliche Aspekte der Aktienrechtsreform, SSHW 74 *1984* 123; DERS.: Kritische Beurteilung der Reformvorschläge für die Verwaltung, in: Aktienrechtsreform, Schriftenreihe der Schweizerischen Treuhand- und Revisionskammer *1984* 61; implizit: MÜLLER/LIPP/PLÜSS 66. A.M. jedoch: FORSTMOSER/MEIER-HAYOZ/NOBEL § 8 N 81; WERNLI in BSK zu OR 713 N 14; HOMBURGER N 317; WUNDERER 56 Anm. 140; M.-A. SCHAUB: Droit des sociétés anonymes: Quelle majorité au conseil d'administration?, in: SJZ *1986* 160 f. und anscheinend auch KRNETA N 779.
[149] Vgl. WERNLI in BSK zu OR 713 N 13a; MONTAVON, 627.
[150] Der Stichentscheid ist also nicht gleichzusetzen mit der Bestimmung, die Stimme des Vorsitzenden solle doppelt zählen. Eine **doppelte Stimmkraft** wird nicht selten in Organisationsreglementen vorgesehen. Es ist dies jedoch nicht nur **unzweckmässig** (weil es den Vorsitzenden seines Spielraums beraubt, trotz grundsätzlicher Befürwortung einen Antrag nicht durchboxen zu wollen), sondern es dürfte im Lichte des Verbots eines Mehrstimmrechts auch **unzulässig** sein, vgl. FORSTMOSER/MEIER-HAYOZ/NOBEL § 13 N 32; TANNER, *Quoren* 143.

89 Der Stichentscheid kommt in der Praxis vor allem dann zur Anwendung, wenn sich im Verwaltungsrat zwei gleich starke Lager gegenüberstehen. Da er bei kontroversen Vorlagen die Balance zugunsten der Seite des Vorsitzenden verschiebt, kann seine Bedeutung beträchtlich sein.

90 d) An die Stelle der Stimmabgabe in der Sitzung kann eine schriftliche Stimmabgabe im Rahmen eines **Zirkulationsbeschlusses** treten, wobei ein solcher nur im Einverständnis aller Verwaltungsratsmitglieder zulässig ist[151].

91 Dagegen gibt es **keine schriftliche Stimmabgabe** an Verwaltungsratssitzungen **durch abwesende Mitglieder.** Das Gesetz geht vielmehr von der Unmittelbarkeit der Willensbildung in den Verwaltungsratssitzungen aus, in welchen jedes Mitglied die Gelegenheit haben muss, zu den gestellten Anträgen Stellung zu nehmen und sich in der Diskussion nach Abwägung sämtlicher Argumente eine Meinung zu bilden. Die schriftliche Stimmabgabe durch Abwesende widerspricht diesem Konzept und ist deshalb – mit Ausnahme des eigens geregelten Zirkulationsbeschlusses – nach herrschender Lehre unzulässig[152].

92 **Unzulässig** ist u.E. auch eine Stimmabgabe durch **Stellvertreter**[153]. **Zulässig** dagegen ist die Stimmabgabe von **Suppleanten,** falls diese statutarisch vorgesehen und durch die Generalversammlung gewählt sind[154].

93 e) In der Lehre wird die Auffassung vertreten, es habe die **Stimmabgabe stets offen** zu erfolgen, da dies für die Beurteilung der Verantwortlichkeit unentbehrlich sei[155]. Ein Geheimhaltungsrecht gegenüber den anderen Mitgliedern bestehe aufgrund des Kollegialitätsprinzips nicht, während die Geheimhaltung nach aussen aufgrund der Geheimhaltungspflicht aller Verwaltungsratsmitglieder[156] geschützt sei. Eine geheime Abstimmung könne somit im Organisationsreglement nicht vorgesehen und auch durch den Präsidenten nicht angeordnet werden[157].

Das – unzulässige – Pluralstimmrecht lässt sich aber in einen – zulässigen – Stichentscheid umdeuten.

[151] Vgl. vorn N 17.
[152] VON MOOS-BUSCH 95 f.; BÖCKLI, *Aktienrecht* § 13 N 132; MÜLLER/LIPP/PLÜSS 129; MÜLLER (zit. Anm. 14a) 51; a.M. WERNLI in BSK zu OR 713 N 10b. Möglich ist es, trotz Durchführung einer Sitzung Beschlüsse auf dem Zirkulationsweg zu fassen. Dies kann etwa dann Sinn machen, wenn die abwesenden Mitglieder in die Beschlussfassung einbezogen werden sollen. Doch sind in diesem Fall die für Zirkulationsbeschlüsse geltenden Regeln einzuhalten.
[153] Vgl. vorn N 47, dort auch Hinweis auf a.M.
[154] Vgl. vorn N 49.
[155] WERNLI in BSK zu OR 713 N 9 m.N.; a.M. KRNETA N 792.
[156] Dazu WENNINGER 150 ff.
[157] WERNLI in BSK zu OR 713 N 9 m.N.

U.E. ist diese Auffassung zu rigide und sollte man eine geheime Stimmabgabe – gestützt auf eine Bestimmung im Organisationsreglement oder aufgrund einer Anweisung des Vorsitzenden im Einzelfall sowie allenfalls auch eines Beschlusses der Versammlung – zulassen[158]. Sinn machen kann sie etwa bei Wahlen[159].

f) Im Gegensatz zum Aktionär, den nach zwingendem Recht keine Sorgfaltspflicht trifft und der frei entscheiden kann, ob er seine Stimme abgeben will oder nicht, kann die **Nichtmitwirkung** eines Verwaltungsratsmitglieds an der Beschlussfassung eine **Verletzung seiner Sorgfaltspflicht** bedeuten[160]. Dies ist etwa dann der Fall, wenn die Verweigerung der Stimmabgabe systematisch dazu eingesetzt wird, für die Beschlussfassung erforderliche Mitwirkungsquoren zu vereiteln. Das Organisationsreglement kann eine **Pflicht zur Mitwirkung an Abstimmungen** (mit Ja- oder Neinstimme oder Stimmenthaltung) vorsehen[161], aber wohl keine Pflicht, in jedem Fall entweder mit *Ja* oder mit *Nein* zu stimmen, was die Stimmenthaltung unterbinden würde.

g) Ist umgehendes Handeln des Verwaltungsrats geboten, kann jedoch innert nützlicher Frist kein ordentlicher Verwaltungsratsbeschluss gefasst werden, so kann ganz ausnahmsweise der Verwaltungsratspräsident allein oder eine Delegation des Verwaltungsrats Beschlüsse im Kompetenzbereich des Gesamtrats fassen. Eine solche **Notbeschlusskompetenz** besteht allerdings nur für «Leitungsmassnahmen»[162], bedarf einer ausdrücklichen Grundlage im Organisationsreglement und greift nur, falls der Verwaltungsrat nicht auf irgendeine Art, namentlich im Rahmen einer Telefonkonferenz, entscheiden kann. Sodann gebietet es die Sorgfaltspflicht, dass der Verwaltungsratspräsident die Meinung möglichst vieler seiner Kollegen einholt, selbst wenn dies nicht in einer Sitzung möglich ist. Notbeschlüsse sind unverzüglich dem Gesamtverwaltungsrat zur Ratifizierung zu unterbreiten[163].

h) Am Rande sei erwähnt, dass es in der Praxis Usanz ist, Beschlüsse in Verwaltungsräten nach Möglichkeit **einstimmig** zu fassen oder auf eine formelle

---

[158] Für eine Klärung in einem allfälligen Verantwortlichkeitsverfahren gibt es die nötigen prozessualen Mittel.
[159] Wobei freilich bei kleinen Verwaltungsräten der Schutz kaum wirksam ist, da dann ohnehin bekannt sein dürfte, wer wie gestimmt hat.
[160] KRNETA N 722; MÜLLER/LIPP/PLÜSS 219.
[161] FORSTMOSER/MEIER-HAYOZ/NOBEL § 31 N 27; WERNLI in BSK zu OR 713 N 6.
[162] BÖCKLI, *Aktienrecht* § 13 N 147.
[163] HUNGERBÜHLER 128 f.; BÖCKLI, *Aktienrecht* § 13 N 147; FORSTMOSER/MEIER-HAYOZ/NOBEL § 31 N 53; KRNETA N 831 und N 643.

Beschlussfassung überhaupt zu verzichten[164]. Auch wenn nur eine Minderheit oder ein einzelnes Mitglied opponiert, zieht man es vielfach vor, einen Antrag zu überarbeiten und in einer neuen Fassung vorzulegen, welcher dann alle Mitglieder zustimmen können.

98 i) Auf Antrag eines Mitglieds kann der Verwaltungsrat Beschlüsse in **Wiedererwägung** ziehen und – soweit der Beschluss weder ausgeführt worden ist noch Aussenwirkung entfaltet hat – widerrufen oder abändern[165]. Hierfür braucht es keine besondere Ermächtigung im Organisationsreglement. Der **Weiterzug** eines Beschlusses **an die Generalversammlung** ist dagegen – zumindest im Rahmen der unentziehbaren Kompetenzen des Verwaltungsrats gemäss OR 716a I – **nicht zulässig**[166].

99 k) Zum **Nichterreichen** von vorgeschriebenen Quoren ist festzuhalten:

100 Mangelt es in einer Sitzung an der erforderlichen **Präsenz**, kann der Verwaltungsrat keine formellen Beschlüsse fassen. Eine trotzdem durchgeführte Abstimmung vermag zu keinem wirksamen Beschluss zu führen, was nötigenfalls durch Feststellungsklage konstatiert werden kann[167, 168].

101 Wird ein **Beschlussquorum** nicht erreicht, so ist der entsprechende Antrag abgelehnt. Es ist also ein Beschluss zustande gekommen, aber ein ablehnender[169], was in der Praxis oft verkannt wird.

---

[164] Vgl. BAUEN/VENTURI N 306, die jedoch «[b]ei wichtigen Sachgeschäften wie auch bei Traktanden mit formellem Charakter» für eine Abstimmung durch Handheben votieren. Dem ist zuzustimmen.

[165] BGE 88 II 104: «Der Verwaltungsrat als Organ der Aktiengesellschaft bildet im Rahmen seiner Zuständigkeit deren Willen frei und kann ihn daher an sich auch frei jederzeit ändern»; BÖCKLI, Aktienrecht § 13 N 144 m.N.; WERNLI in BSK zu OR 713 N 12.

[166] BÖCKLI, Aktienrecht § 13 N 145. – Zur – im Zuge der Aktiensrechtsrevision vorgeschlagenen, aber abgelehnten – Möglichkeit eines Genehmigungsvorbehalts der Generalversammlung vgl. § 9 N 81 ff.

[167] TANNER, Quoren 198.

[168] In Organisationsreglementen wird oft vorgesehen, dass anschliessend – nach Ablauf einer gewissen Minimalfrist – eine weitere Versammlung stattfinden kann, in welcher das Präsenzquorum entfällt oder reduziert ist, vgl. vorn N 75.

[169] TANNER, Quoren 197.

VII. Umgang mit Interessenkonflikten[170]

a) Aus der Sorgfalts- und Treuepflicht des Verwaltungsrats folgt auch die Pflicht, **Interessenkonflikte** zu vermeiden[171]. Freilich ist dies nicht immer möglich[171a], zumal geeignete Persönlichkeiten nicht selten in einer Mehrzahl von Verwaltungsräten tätig sind, deren Interessen sich zumindest berühren[172, 173]. 102

b) Das geltende Aktienrecht kennt – im Gegensatz zum künftigen[174, 175] – keine allgemeine Regelung für Interessenkonflikte[176]. Das angemessene Verhalten ergibt sich aus der allgemeinen Sorgfalts- und Loyalitätspflicht, und es ist sinnvoll, es im Organisationsreglement zu konkretisieren. 103

c) Auch bei einer bloss latenten Interessenkollision sollte das betroffene Verwaltungsratsmitglied **Transparenz** schaffen, indem es zumindest den Präsidenten des Verwaltungsrats informiert. Dagegen kennt das Aktienrecht **keine allgemeine Ausstandspflicht** für die Verwaltungsratsmitglieder im Falle von 104

---

[170] Vgl. dazu etwa H. C. VON DER CRONE: Interessenkonflikte im Aktienrecht, SZW *1994* 1 ff.; P. FORSTMOSER: Interessenkonflikte von Verwaltungsratsmitgliedern, in: Liber amicorum Schulin (Basel 2002) 9 ff.; BÖCKLI, *Aktienrecht* § 13 N 633 ff.; L. HANDSCHIN: Treuepflicht des Verwaltungsrates bei der gesellschaftsinternen Entscheidfindung, in FS Forstmoser (Zürich 2003) 169 ff, 171; KISSLING N 111 ff.; LAZOPOULOS; LIPS-RAUBER (zit. § 10 Anm. 157) 111 ff.; MÜLLER/LIPP/PLÜSS 233 f.; BAUEN/VENTURI N 204 ff.; N. ZÜRCHER FAUSCH: Konkurrenzverbote in Konzernverhältnissen (Diss. St. Gallen 2007 = ASR 737) insb. 268 ff., 303 ff.; SOMMER 85 ff.; ferner Swiss Code Ziff. 16 f.

[171a] Vgl. ROTH PELLANDA N 301, wonach «Interessenkonflikte ... bei Principal Agent-Verhältnissen systeminhärent» sind.

[171] Vgl. statt aller MÜLLER/LIPP/PLÜSS 233.

[172] Vgl. zum graduellen Unterschied zwischen einer blossen «**Interessenberührung**» und einem eigentlichen **Konflikt** BÖCKLI, *Aktienrecht* § 13 N 633 ff., mit Hinweisen. Zu keinem Problem führt die oft anzutreffende **Interessenkoinzidenz**.

[173] Der Swiss Code verlangt denn auch nur, Verwaltungsrats- und Geschäftsleitungsmitglieder hätten ihre «persönlichen und geschäftlichen Verhältnisse so zu ordnen, dass Interessenkonflikte mit der Gesellschaft **möglichst** vermieden werden» (Ziff. 16, Hervorhebung hinzugefügt).

[174] Dazu sogleich N 110.

[175] In der Spezialgesetzgebung wird das Thema vereinzelt angesprochen. So verlangt die UEV-UEK in Präzisierung von BEHG 29, dass im Bericht des Verwaltungsrats, der im Rahmen eines Übernahmeangebots vorzulegen ist, Interessenkonflikte des Verwaltungsrats und der obersten Geschäftsleitung offenzulegen sind: UEV-UEK 32.

[176] Es ist keineswegs unzulässig, «dass die selbe Person Verwaltungsratsmandate gleichzeitig in mehreren Gesellschaften wahrnimmt, die den gleichen Markt bearbeiten oder die aufgrund von vertraglichen Beziehungen gegenläufige Interessen haben» (FORSTMOSER [zit. Anm. 170] 13). Vgl. immerhin das Formerfordernis von OR 718b für Verträge zwischen der Gesellschaft und ihrem Vertreter.

Eigeninteressen[176a]. So kann ein Mitglied bei der Wahl des Präsidenten oder bei der Bestellung von Ausschüssen für sich selber stimmen. Soweit mit dem Gesellschaftsinteresse vereinbar, kann ein Mitglied auch in anderen Angelegenheiten mitwirken, in denen es Eigeninteressen oder die Interessen der von ihm «vertretenen» Aktionäre verfolgt[177]. Keinesfalls reicht eine blosse «Berührung» eigener Interessen mit denen der Gesellschaft für ein Aussetzen des Stimmrechts aus. Ebenso wenig besteht in Konzernverhältnissen bei Geschäften, welche Mutter- und Tochtergesellschaft zugleich betreffen, eine Ausstandspflicht[178].

105 Eine **Ausstandspflicht** ist aber – analog zu den Regeln zum Selbst- und Doppelkontrahieren[179] – grundsätzlich dann **zu bejahen**, wenn über Verträge zwischen der Gesellschaft und einem Mitglied oder einer ihm nahestehenden Person abgestimmt wird[180]: Hier stehen sich Interessen diametral gegenüber, denn Vorteile für das Mitglied wirken sich meist zwangsläufig nachteilig für die Gesellschaft aus[180a].

106 Im Organisationsreglement können die Ausstandspflichten **erweitert** und **näher geregelt** werden, was zur Klärung der Sachlage sinnvoll ist[181].

107 Soweit eine Ausstandspflicht besteht, hat das betroffene Mitglied **kein Stimmrecht** und ist wie ein **abwesendes Mitglied** zu zählen. Es kann auch von der Beratung des Traktandums ausgeschlossen werden, doch ist es in der Regel ratsam, ihm die Möglichkeit einzuräumen, sich eingangs – vor der ohne sein Beisein stattfindenden Diskussion und Beschlussfassung – zu äussern[182, 183].

[176a] Abzulehnen ist insb. auch die analoge Anwendung des vereinsrechtlichen Stimmrechtsausschlusses von ZGB 68; SOMMER 111.
[177] FORSTMOSER/MEIER-HAYOZ/NOBEL § 28 N 31 f.; BÖCKLI, Aktienrecht § 13 N 643.
[178] MÜLLER/LIPP/PLÜSS 66.
[179] FORSTMOSER/MEIER-HAYOZ/NOBEL § 30 N 121 ff.
[180] FORSTMOSER/MEIER-HAYOZ/NOBEL § 28 N 34; BÖCKLI, Aktienrecht § 13 N 635, 643 ff.; SOMMER 111 f.; vgl. auch H. C. VON DER CRONE (zit. Anm. 170).
[180a] Wo durch ein (Schein-)Geschäft die Interessen der AG klar verletzt werden, reicht es aber nicht aus, dass sich ein Verwaltungsratsmitglied in den Ausstand begibt: Urteil 4A_462/2009 des BGer vom 16.3.2010 E. 6.3.
[181] Vgl. etwa die Musterklausel bei MÜLLER/LIPP/PLÜSS 222 sowie hinten § 21 N 14 f.
[182] Vgl. Botschaft 2007 1688: «Der Ausstand kann die Beratung des Geschäfts und die Beschlussfassung oder in weniger gravierenden Fällen nur die Abstimmung umfassen.»
[183] Dies kann sich auch im Interesse der Gesellschaft aufdrängen; «verfügt die betroffene Person beispielsweise als einzige über das erforderliche Sachwissen, um das Geschäft zu beurteilen, kann es nötig sein, dass sie an der Beratung teilnimmt und lediglich bei der Abstimmung in Ausstand tritt» (Botschaft 2007 1688). Mit einer Gelegenheit zur Stellungnahme wird auch der Unsitte entgegengewirkt, dass von einem Konflikt betroffene Mitglieder informell in Einzelgesprächen für ihre Position lobbyieren. – Zur Frage, ab wann das mit einem

d) Aufgrund eines Interessenkonflikts kann auch das **Recht auf Information eingeschränkt** sein. Falls es sich nicht um einen isolierten Einzelfall handelt, sondern um eine institutionelle Konfliktsituation, behilft sich die Praxis gelegentlich damit, dass für die Behandlung der betreffenden Themen ein **Ausschuss** gebildet wird, dem sämtliche Verwaltungsratsmitglieder mit Ausnahme des vom Konflikt Betroffenen angehören. 108

Sind Konflikte grundlegend und auf Dauer angelegt, kann sich freilich ein **Rücktritt** aus dem Verwaltungsrat aufdrängen. 109

e) Im **künftigen** Aktienrecht soll das Prozedere bei Interessenkonflikten geregelt werden, dies mit einer Bestimmung, die unter geltendem Recht als Muster für eine gesellschaftsinterne Regelung im Organisationsreglement dienen kann. E OR 717a lautet – mit dem Marginale «Interessenkonflikte» – wie folgt[184]: 110

> «Die Mitglieder des Verwaltungsrats und der Geschäftsleitung informieren den Präsidenten des Verwaltungsrats unverzüglich und vollständig über Interessenkonflikte. Befindet sich der Präsident in einem Interessenkonflikt, so wendet er sich an den stellvertretenden Präsidenten.
>
> Der Präsident oder der stellvertretende Präsident informiert, soweit erforderlich, den Verwaltungsrat.
>
> Der Verwaltungsrat ergreift die Massnahmen, die zur Wahrung der Interessen der Gesellschaft nötig sind. Bei der Beschlussfassung über die entsprechenden Massnahmen muss die betroffene Person in Ausstand treten».[185]

f) Am Rande sei erwähnt, dass in kotierten Gesellschaften der Verwaltungsrat regelmässig Massnahmen zur **Verhinderung von Insiderdelikten** trifft[186], insbesondere durch die Einführung von sog. «Closed Periods», d.h. von **Sperrzeiten**, während derer Titel der Gesellschaft oder andere sensitive Werte wie Optionen und Derivate mit Bezug zur Gesellschaft von den Organpersonen nicht gehandelt werden dürfen. 111

Konflikt behaftete Mitglied nicht mitwirken kann – bloss bei der Beschlussfassung, bereits bei der Beratung, auch beim Beschluss darüber, ob Massnahmen zu treffen sind (so Botschaft 2007 1688) – vgl. VOGT/SCHIWOW/WIEDMER in AJP 2009 1359 ff., 1374.

[184] Vgl. dazu VOGT/SCHIWOW/WIEDMER (zit. Anm. 183).
[185] Es folgt ein weiterer Artikel, mit dem bei kotierten Gesellschaften ein gegenseitiger Einfluss von Organpersonen auf die Festsetzung ihrer Vergütungen verhindert werden soll, E OR 717b.
[186] Der Swiss Code schreibt dies in Ziff. 17 ausdrücklich vor.

VIII. Berichterstattung im Verwaltungsrat und Informationsrechte der Verwaltungsratsmitglieder im Allgemeinen

112 S. dazu vorn § 4 N 83 ff.

§ 12 Ausschüsse des Verwaltungsrats[1]

Die Arbeit in Ausschüssen ist mit der im Gesamtverwaltungsrat vergleichbar, weshalb in diesem Paragrafen nur Besonderheiten vorgestellt werden und im Übrigen auf § 11, S. 248 ff. verwiesen wird[2].

Für die Zusammensetzung, die Aufgaben und Arbeitsweise einzelner Ausschüsse kann sodann auf § 5 N 2 ff., S. 59 ff. verwiesen werden[3].

I. Konstituierung und Organisation

a) Während der Verwaltungsrat – falls die Generalversammlung diese Kompetenz nicht an sich gezogen hat – seinen Vorsitzenden selbst bestimmt[4], konstituieren sich die Ausschüsse in aller Regel nicht eigenständig. Vielmehr werden deren Vorsitzende **durch den Gesamtverwaltungsrat gewählt**.

Die Betreuung weiterer Mitglieder mit spezifischen Aufgaben, wie sie im Verwaltungsrat oft vorkommt[5], ist in Ausschüssen nicht üblich[6].

b) Die **Organisation** und **Arbeitsweise** werden – in den Grundzügen zumindest – regelmässig durch den Verwaltungsrat festgelegt, sei es in einem eigenen Kapitel des Organisationsreglements, sei es in besonderen Ausschussreglementen[7].

---

[1] Vgl. dazu insb. die Monografien von BASTIAN insb. 233 ff. und JUTZI insb. 179 ff.; sodann vorn § 5 N 2 ff.

[2] Für die Ausschüsse geltende Bestimmungen finden sich in speziellen Kapiteln der Organisationsreglemente (so die Beispiele hinten § 19, S. 344 ff.) oder in besonderen Geschäftsreglementen für Ausschüsse, in Ausschusssatzungen oder Committee Charters (vgl. JUTZI 180 f.).

[3] Geschäftsführender Ausschuss: § 5 N 76 ff., Revisionsausschuss: § 5 N 84 ff., Entschädigungsausschuss: § 5 N 100 ff., Nominierungsausschuss: § 5 N 121 ff., weitere ständige Ausschüsse: § 5 N 132 ff., Ad-hoc-Ausschüsse: § 5 N 146 ff.

[4] § 11 N 3.

[5] Vgl. § 5 N 153 ff.

[6] Abgesehen allenfalls von einem Stellvertreter des Vorsitzenden. Auch dieser wird jedoch überwiegend bei Verhinderung des Vorsitzenden ad hoc bestimmt.

[7] Für Beispiele vgl. § 19 N 4 ff.

II. Sitzungen und Sitzungssurrogate

6 Es gilt das für den Verwaltungsrat Gesagte[8], mit folgenden Präzisierungen:

7 – Da der Teilnehmerkreis kleiner ist – die Regel sind etwa 3–5 Mitglieder –, besteht **erhöhte Flexibilität**[9].

8 – Der **Rhythmus** von Ausschusssitzungen ist auf den der Verwaltungsratssitzungen[10] abzustimmen. In der Regel finden ordentliche Sitzungen vor einer Verwaltungsratssitzung statt[11]. Meist sind Ausschusssitzungen **weniger häufig** als Sitzungen des Gesamtrates, mit Ausnahme der Sitzungen eines geschäftsführenden Ausschusses[12], der öfter – vielfach monatlich oder gar vierzehntäglich – tagt.

III. Einberufung und Teilnahme

9 Auch in dieser Hinsicht kommt das für den Gesamtrat Gesagte[13] *mutatis mutandis* zur Anwendung. Eigens erwähnt sei dreierlei:

10 – Die **Fristen** sind gelegentlich **kürzer** angesetzt.

11 – Oft wird die **Einladung** mit den entsprechenden Unterlagen[14] nicht nur den Mitgliedern des Ausschusses, sondern **sämtlichen Verwaltungsratsmitgliedern zugestellt**, als Element der Informations- und Berichterstattungspflicht[14a].

12 – Zuweilen wird vorgesehen, dass der Präsident des Verwaltungsrats oder der Delegierte an Ausschusssitzungen als **Gast** teilnimmt, oder es wird

---

[8] § 11 N 6 ff.
[9] Auch Ausschusssitzungen sind aber grundsätzlich **physisch durchzuführen** – mit Ausnahme der Beschlussfassung auf dem Zirkulationsweg (vgl. § 11 N 17 ff.) – und auch für sie besteht eine Protokollierungspflicht (vgl. § 11 N 65 ff.).
[10] Zu diesen § 11 N 6 ff.
[11] Bei international zusammengesetzten Verwaltungsräten können sich zweitägige Sitzungen empfehlen: Ausschusssitzungen am ersten Tag, Sitzungen des Gesamtrates am zweiten.
[12] Dazu § 5 N 76 ff.
[13] § 11 N 25 ff.
[14] Dazu § 11 N 37.
[14a] Dabei ist jedoch – schon zur Klärung des im Rahmen der Sorgfaltspflicht Erwarteten – klarzustellen, bei welchen Unterlagen das Studium vor der Ausschusssitzung erwartet wird und welche lediglich der weiterführenden Dokumentation dienen.

sämtlichen Verwaltungsratsmitgliedern ein **Teilnahmerecht als Gast** eingeräumt.

IV. Traktanden, insbesondere Standardtraktanden

Es ist zu trennen zwischen Traktanden, bei denen einem Ausschuss lediglich **vorbereitende** oder **ausführende** bzw. **überwachende** Aufgaben zukommen[15], und solchen, bei denen er **entscheidet**[16]. Häufig sind unterstützende (vorbereitende) Funktionen und Entscheidkompetenzen aber kombiniert, indem der Ausschuss in einer Angelegenheit bis zu einer bestimmten Limite selbst entscheidet und darüber hinaus einen Antrag an den Gesamtrat zu stellen hat[17].

Vgl. im Übrigen § 11 N 51 ff.

V. Durchführung und Leitung[18]

Zum für den Verwaltungsrat Gesagten[19] ist zu ergänzen, dass auch die **Protokolle** von Ausschusssitzungen oft **sämtlichen Verwaltungsratsmitgliedern zugestellt** werden[20], als Kernstück der Berichterstattung.

VI. Beschlussfähigkeit und Beschlussfassung[21]

Es gelten *mutatis mutandis* die gleichen Regeln wie für den Gesamtrat[22]. Zu den **Quoren** ist zu präzisieren, dass in der Regel die Präsenz einer Mehr-

---

[15] In diesem Rahmen kann der Verwaltungsrat eine Delegation an Ausschüsse vornehmen, ohne dass er dazu in den Statuten ermächtigt sein muss, vgl. § 4 N 15 ff.
[16] Dafür braucht es eine statutarische Ermächtigung (§ 9 N 20 ff.). Diese findet sich jedoch regelmässig in den Statuten selbst kleiner Gesellschaften.
[17] Vgl. § 5 N 13.
[18] Vgl. dazu auch JUTZI 207 ff.
[19] § 11 N 59 ff.
[20] Mit einer Ausnahme allenfalls für besonders sensitive Protokolle, wie sie bei einem geschäftsführenden Ausschuss oder bei einem Entschädigungs- bzw. Nominierungsausschuss anfallen können.
[21] Vgl. auch JUTZI 217 ff.
[22] § 11 N 71 ff.

17 Allenfalls kann den Ausschussmitgliedern oder einer Ausschussminderheit das Recht eingeräumt werden, zu fordern, dass eine Frage dem gesamten Verwaltungsrat zur Entscheidung vorgelegt wird[23]. Ein solches **Eskalationsrecht** kommt dem Verwaltungsrat im Verhältnis zu seinem übergeordneten Organ – der Generalversammlung – grundsätzlich nicht zu[24].

18 **Notariell zu beurkundende Beschlüsse**[25] gibt es auf der Stufe von Ausschüssen nicht.

VII. Interessenkonflikte

19 Vgl. dazu § 11 N 102 ff. und das Beispiel in § 21 N 15.

VIII. Berichterstattung und Informationsrechte

20 S. dazu § 4 N 49 ff., insbesondere N 53 ff.

21 Zu betonen ist, dass die Ausschüsse in ihrer Beziehung zum Verwaltungsrat eine Berichterstattungs**pflicht** im Sinne einer **Bringschuld** trifft. Zur Erfüllung dieser Pflicht kann – wie erwähnt – namentlich vorgesehen sein, dass die Einladungen zu Ausschusssitzungen einschliesslich aller Unterlagen sowie die Ausschussprotokolle sämtlichen Verwaltungsratsmitgliedern zugestellt werden[26]. Dazu kommt eine – stufengerechte – **Berichterstattung** der Ausschussvorsitzenden **in den Verwaltungsratssitzungen**[27].

---

[23] Die Vorlage an den Gesamtverwaltungsrat kann auch als Pflicht für den Fall der Stimmengleichheit – zur Lösung einer Pattsituation also – vorgesehen werden.
[24] Siehe dazu § 9 N 84. Vgl. aber zur Möglichkeit von Konsultativabstimmungen der Generalversammlung und zu ihrer Bedeutung § 9 N 69 ff.
[25] Vgl. dagegen für den Verwaltungsrat § 11 N 22.
[26] Vgl. vorn N 11.
[27] Vgl. die Beispiele in § 19 N 8 f.

§ 13 Direktion, Geschäfts- oder Konzernleitung[1]

Auch für die Geschäftsleitung (Direktion) oder die Konzern- bzw. Gruppenleitung[2] gelten ähnliche Regeln wie für das Gremium «Verwaltungsrat». Deshalb kann auch hier auf die Ausführungen in § 11, S. 248 ff. verwiesen werden, mit einigen wenigen Ergänzungen zu Besonderheiten.

I. Konstituierung und Organisation

In diesem Punkt besteht ein grundlegender Unterschied zum Verwaltungsrat: Dieser konstituiert sich selbst[3] und entscheidet in eigener Kompetenz über seine Organisation[4]. Den Geschäftsleitungsmitgliedern dagegen werden ihre spezifischen Aufgaben durch den Verwaltungsrat als hierarchisch übergeordnetes Organ zugewiesen[5], und es ist auch der Verwaltungsrat, der die Organisation der Geschäftsleitung – in den Grundzügen zumindest – in dem von ihm zu beschliessenden Organisationsreglement oder einem entsprechenden Dokument festlegt.

II. Sitzungen und Sitzungssurrogate

Der Sitzungsrhythmus ist naturgemäss weit **dichter als beim Verwaltungsrat**. Verbreitet sind ordentliche Sitzungen im Monats- oder gar Wochenrhythmus, und ausserordentliche Sitzungen können öfter vorkommen.

Im Übrigen kann auf das zum Verwaltungsrat Gesagte verwiesen werden[6].

---

[1] Vgl. dazu auch § 6, S. 125 ff.
[2] Im Folgenden wird *pars pro toto* von «Geschäftsleitung» gesprochen.
[3] Allenfalls mit Ausnahme der Wahl des Präsidenten, die durch die Generalversammlung erfolgen kann, vgl. § 9 N 7.
[4] Vgl. § 8 N 31.
[5] Vgl. § 8 N 32.
[6] § 11 N 6 ff.

III. Einberufung und Teilnahme

5 Vgl. das zum Verwaltungsrat Gesagte[7]. Das Recht, die Einberufung einer Sitzung zu verlangen, kommt einzelnen Geschäftsleitungsmitgliedern nur dann zu, wenn dies innergesellschaftlich so vorgesehen ist[8].

IV. Traktanden, insbesondere Standardtraktanden

6 Wie bei Verwaltungsratsausschüssen[9] können auch bei der Geschäftsleitung **Vorbereitungs- und Entscheidkompetenzen** mehr oder minder klar **unterschieden** werden:

7 – Die Geschäftsleitung ist im Rahmen der unübertragbaren Aufgaben des Verwaltungsrats regelmässig vorbereitend und ausführend tätig, da der Verwaltungsrat als nicht permanent agierendes Gremium Entscheide oftmals nur aufgrund entsprechender Vorbereitung seitens der Geschäftsleitung treffen kann und zumeist auch die Umsetzung delegieren muss.

8 – Daneben – und vor allem – obliegt der Geschäftsleitung die Geschäftsführung, soweit der Verwaltungsrat diese Kompetenz nicht in seiner Hand behalten hat[10] und soweit die Geschäftsleitung Geschäftsführungsfunktionen nicht weiterdelegiert hat[11, 12].

---

[7] § 11 N 25 ff.
[8] Vgl. dagegen für den Verwaltungsrat und seine Mitglieder OR 715 und dazu § 11 N 26 ff.
[9] Zu diesen vgl. § 12, S. 279 ff.
[10] Diesfalls bzw. in diesem Umfang ist die Geschäftsleitung mit der Vorbereitung und Ausführung befasst.
[11] Der Verwaltungsrat hat es im Rahmen seiner Organisationskompetenz in der Hand, nicht die Geschäftsleitung als Ganzes oder ihren Vorsitzenden zu mandatieren, sondern bestimmte Stellen (Spezialisten) innerhalb der Geschäftsleitung (einzelne Geschäftsleitungsmitglieder wie etwa den CFO oder die Leiter von Divisionen) oder auch auf unterer Hierarchiestufe. Die Organisationsreglemente bzw. die ihnen beigefügte detaillierte Kompetenzzuordnung (oft in der Form eines Funktionendiagramms, dazu hinten Anhang IV, S. 455 ff.) sieht zumeist eine differenzierte Lösung und die Zuweisung von Funktionen auch an einzelne Geschäftsleitungsmitglieder vor (vgl. die Beispiele hinten § 22, S. 365 ff.). Die Geschäftsleitung selbst kann und wird ebenfalls delegieren, soweit der Verwaltungsrat die Kompetenz dazu eingeräumt oder zumindest die Weiterdelegation nicht unterbunden hat (vgl. dazu hinten § 18 N 32; zur Frage, ob eine Weiterdelegation beim Fehlen einer Regelung zulässig oder untersagt ist, vgl. § 4 N 46 ff.).
[12] Im Rahmen der ihr undelegierbar zugewiesenen Aufgaben erfolgt zumeist in mehr oder minder grossem Ausmass eine Delegation von Vorbereitung und Ausführung.

Die der Geschäftsleitung zukommenden Aufgaben bestimmen auch die **Traktandenliste** ihrer Sitzungen, wobei diese in der Regel weniger stark von Standardtraktanden geprägt sind und ad hoc eingeführte Themen grösseren Raum einnehmen.

9

Wesentlichen Raum beanspruchen die Berichterstattung durch die Unterstellten und die gegenseitige Information.

10

V. Durchführung und Leitung

Geschäftsleitungssitzungen werden vom Vorsitzenden der Geschäftsleitung (CEO) geleitet, wobei sich ähnliche Regeln und Usanzen wie bei den Verwaltungsratssitzungen finden. Für die Gestaltung besteht insofern grössere Freiheit, als die Geschäftsleitung – anders als der Verwaltungsrat – keine von Gesetzes wegen zwingend zugewiesenen Rechte und Pflichten hat.

11

Abweichungen von der Arbeitsweise des Verwaltungsrats ergeben sich namentlich in zweierlei Hinsicht:

12

– Im Gegensatz zu den meisten Mitgliedern des Verwaltungsrats sind die Geschäftsleitungsmitglieder **vollamtlich** tätig. Sie sind daher leichter verfügbar und es sind an die Formalien – etwa mit Blick auf die Einberufung der Sitzungen – geringere Anforderungen zu stellen.

13

– Ein Unterschied besteht sodann in der **Stellung des Vorsitzenden:** Auch wenn im Verwaltungsrat der Präsident eine starke Position innehat[13], sind die Mitglieder des Verwaltungsrats doch insofern gleichberechtigt, als jedem eine Stimme zukommt[14]. In der Geschäftsleitung dagegen kommt dem **Vorsitzenden** – wenn nicht ausnahmsweise das Konzept einer kollegialen Führung durch gleichberechtigte Partner gewählt wird – eine **Sonderstellung** zu: Er beantragt beim Verwaltungsrat die Ernennung und Abberufung seiner Kollegen, steht zum Verwaltungsrat oder seinem Präsidenten in engem Kontakt, und nicht selten hat er bei Beschlüssen der Geschäftsleitung nicht nur den **Stichentscheid,** sondern darüber hinausgehend ein **Vetorecht**[14a] oder gar das **Recht, entgegen dem Mehrheitswillen allein zu entscheiden**[14b].

14

---

[13] Vgl. dazu § 5 N 171 ff.
[14] Der Präsident kann immerhin den Stichentscheid haben (vgl. § 5 N 159, § 11 N 83 ff., § 18 N 85 f.), und es wird ihm manchmal das Recht eingeräumt, bei Dringlichkeit allein zu entscheiden (vgl. § 18 N 29, 96).
[14a] Dazu § 6 N 9.
[14b] Vgl. die Beispiele in § 22 N 28 ff.

VI. Beschlussfähigkeit und Beschlussfassung

15 a) Grundsätzlich gelten die gleichen Regeln wie für den Verwaltungsrat:

16 – Für die **Beschlussfähigkeit** werden Quoren – meist Anwesenheit einer Mehrheit – vorgesehen.

17 – Die **Beschlussfassung** erfolgt – vorbehältlich der Sonderrechte des Vorsitzenden der Geschäftsleitung – in der Regel mit dem absoluten oder dem einfachen Mehr. Qualifizierte Quoren sind – soweit ersichtlich – nicht gebräuchlich.

18 b) Es besteht **grössere Gestaltungsfreiheit** als für den Verwaltungsrat. Von dieser wird oft in zweierlei Hinsicht Gebrauch gemacht:

19 – Dem **Vorsitzenden** der Geschäftsleitung[15] kommt bei der Beschlussfassung eine **stärkere Stellung** zu als dem Verwaltungsratsvorsitzenden[16]. Insbesondere kann ihm – wie soeben erwähnt – nicht nur der Stichentscheid eingeräumt sein, sondern auch ein **Vetorecht**, allenfalls auch das **Recht, entgegen dem Mehrheitswillen allein zu entscheiden.**

20 – **Stellvertretung** bei der Stimmabgabe ist möglich[17] und kommt – aufgrund einer expliziten Regelung im Organisationsreglement oder auch als Usanz – in der Praxis recht oft vor.

21 Unüblich[18] – aber rechtlich zulässig – sind **Pluralstimmrechte** einzelner Mitglieder.

22 c) Zumindest die Beschlüsse sind zu **protokollieren**[19]. Weil das Protokoll auch der Berichterstattung an den Verwaltungsrat dient, macht es Sinn, auch die wesentlichen Argumente *pro* und *contra* wiederzugeben.

23 d) Notariell zu beurkundende aktienrechtliche Beschlüsse[20] dürfte es auf der Stufe der Geschäftsleitung nicht geben.

---

[15] Dagegen nicht unbedingt einem eventuellen Ad-hoc-Vorsitzenden.
[16] Dazu soeben vorn N 14.
[17] Vgl. dagegen für den Verwaltungsrat § 11 N 47.
[18] Vom Präsidenten abgesehen, dem anstelle eines Stichentscheids gelegentlich auch eine doppelte Stimmkraft eingeräumt wird.
[19] Vgl. für den Verwaltungsrat § 11 N 65 ff.
[20] Zu diesen vgl. § 11 N 22.

VII. Interessenkonflikte

a) Aufgrund der vollamtlichen Tätigkeit der Mitglieder der Geschäftsleitung sollten **Interessenkonflikte seltener** vorkommen als bei den Mitgliedern des Verwaltungsrats. Die dafür zu treffende Ordnung – Informations- und Ausstandspflichten – entspricht der für die Verwaltungsratsmitglieder vorgesehenen, und oft findet sich im Organisationsreglement auch eine für alle Organpersonen einheitlich geltende Ordnung[21].

b) In Konzernen können sich **gruppeninterne Konflikte** ergeben: Geschäftsleitungsmitglieder der Muttergesellschaft sind oft auch in Gremien der Tochtergesellschaften – vor allem in deren Verwaltungsräten, manchmal auch in der Geschäftsleitung – tätig. Daraus ergeben sich Spannungen zwischen dem Konzernanspruch auf einheitliche Leitung und den Eigeninteressen der Tochtergesellschaften[22]. Diese werden zumeist – selten gestützt auf eine explizite Regelung, häufiger aufgrund der ausgesprochenen oder als selbstverständlich vorausgesetzten Praxis, den Konzern nach unternehmerischen und nicht nach rechtlichen Kriterien zu organisieren – im Sinne einer **Priorität der Konzerninteressen** gelöst, wenn den Betroffenen der immanente Konflikt überhaupt bewusst ist[23].

VIII. Berichterstattung

Während für den Verwaltungsrat vor allem das **Recht** auf Information geregelt wird[24], ist für die Geschäftsleitung in erster Linie die **Pflicht** zur Berichterstattung festzuhalten[25].

---

[21] Dazu hinten § 24 N 3, § 21 N 8 ff.
[22] Vgl. dazu § 7 N 22 ff. und § 8 N 187 ff. Spannungen können sich auch ergeben, wenn – was ebenfalls oft vorkommt – jemand gleichzeitig in den Verwaltungsräten oder Geschäftsleitungen mehrerer Tochtergesellschaften tätig ist, vgl. dazu P. FORSTMOSER: Horizontale Integration im Konzern, in: Schweizer u.a. (Hrsg.): FS Druey (Zürich 2002) 383 ff., insb. 390 ff.
[23] Auch auf der Stufe des Verwaltungsrats können sich solche Konflikte ergeben, wenn Personen in den Verwaltungsräten sowohl der Muttergesellschaft als auch von Tochtergesellschaften Einsitz haben. Dies kommt gelegentlich für die Präsidien vor, und manchmal sind auch die Verwaltungsräte der Muttergesellschaft und der (wichtigeren) Tochtergesellschaften personell identisch zusammengesetzt.
[24] Eine Informationspflicht zuhanden des «übergeordneten» Organs, der Generalversammlung, besteht immerhin im Rahmen der Pflicht, den Geschäftsbericht zu erstellen und die Generalversammlung vorzubereiten, OR 716a I Ziff. 6.
[25] Das Gesetz schreibt dies ausdrücklich und prominent vor: OR 716b II und auch OR 716a II a.E.

IX. Erweiterte Geschäftsleitung

27 In komplexeren Verhältnissen – und vor allem bei auch geografisch gegliederten Gruppen – wird neben der «eigentlichen» Geschäftsleitung bisweilen auch eine erweiterte Geschäftsleitung[26] eingesetzt. Diese tagt seltener – oft etwa im gleichen Rhythmus wie der Verwaltungsrat –, und die Sitzungen dienen vor allem der Information – von oben nach unten, aber auch von unten nach oben und horizontal – und der einheitlichen Instruktion in gruppenweiten Belangen, darüber hinaus auch der Diskussion von grundsätzlichen Fragen der Gruppe.

---

[26] Dazu § 22 N 37 ff.

4. Kapitel

Statuten und Reglemente als innergesellschaftliche Grundlagen der Organisation

Das schweizerische Aktienrecht zeichnet sich – nicht nur, aber insbesondere 1
auch im Hinblick auf die Organisation – durch grosse Gestaltungsfreiheit aus[1].
Das zwingende Gesetzesrecht beschränkt sich im Wesentlichen auf diejenigen
Regeln, die der Gesetzgeber im Interesse von Dritten und von Minderheiten
für erforderlich erachtet. Im Übrigen besteht **Freiheit für die individuelle Gestaltung**. Doch hält das Gesetz subsidiär sowohl für den Verwaltungsrat[2] wie
auch für die Generalversammlung[3] eine vollständige Ordnung bereit, weshalb
die Gesellschaften nicht zwangsläufig eigene Regelungen treffen müssen. Oft
drängen sich jedoch Abweichungen vom dispositiven Gesetzesrecht und/oder
eine Konkretisierung der gesetzlichen Regelung und damit der **Erlass innergesellschaftlicher Rechtsgrundlagen** auf. Diese finden sich in den **Statuten** und
in **Reglementen** (dazu allgemein § 14, S. 292 ff.), wobei für die Organisation
des Verwaltungsrats dem **Organisationsreglement** entscheidende Bedeutung
zukommt (dazu § 15, S. 304 ff.).

---

[1] Dazu ausführlich § 2, S. 21 ff.
[2] OR 712 ff., dazu § 3 N 5 ff.
[3] OR 699 ff.

§ 14 Statuten und Reglemente im Allgemeinen[1]

1 Die in einer AG geltende Ordnung ergibt sich – auf der Basis und in den Schranken des zwingenden Rechts – aus einem **Zusammenspiel von Statuten und Reglementen**. Dabei bestehen recht strenge **gesetzliche Vorgaben dazu, was in welchem Dokument** zu regeln ist[2].

I. Statuten[3]

1. Begriff und Bedeutung

2 a) Statuten können definiert werden als «Komplexe von Rechtsnormen, die als Verfassung von Körperschaften funktionieren und ihren Geltungsgrund unmittelbar in der Privatautonomie haben»[4]. Die Statuten bilden das von den Aktionären im Rahmen des zwingenden staatlichen Rechts selbst aufgestellte **Grundgesetz**. Innerhalb der Aktiengesellschaft sind sie die Normen oberster Stufe, und zusammen mit den zwingenden Rechtsnormen[5] legen sie das Fundament für die gesellschaftliche Ordnung[6].

---

[1] Vgl. dazu den Basler und den Zürcher Kommentar zu OR 627 f. und OR 716b, die Kommentierung von OR 716b durch KRNETA sowie die Handbücher von BÖCKLI, *Aktienrecht*, insb. § 1 N 450 ff. und § 13 N 321 ff. und FORSTMOSER/MEIER-HAYOZ/NOBEL §§ 7–12. Von den neueren Monografien seien BASTIAN 29 ff., VON MOOS-BUSCH 59 ff. und ROTH PELLANDA N 182 ff. erwähnt, von den älteren ALLEMANN und EIGENMANN sowie W. KÖNIG: Statut, Reglement, Observanz (Diss. Zürich 1943).

[2] Dies ist wegen der **unterschiedlichen Regelungskompetenzen** – Generalversammlung für die Statuten, überwiegend Verwaltungsrat für die Reglemente – wesentlich und ausserdem bedeutungsvoll für die **Publizität:** Voraussetzungslose Offenlegung der Statuten, stark eingeschränkte Informationspflicht betreffend Reglemente, dazu hinten § 29 N 15 ff.

[3] Vgl. dazu neben der in Anm. 1 zit. Lit. etwa F. BARTLOMÉ: Die Statuten der Aktiengesellschaft (Diss. Bern 1949); M. BRUNNER: Streifzug durch die Statuten schweizerischer Publikums-Aktiengesellschaften (Bern 1976 = ASR 444); D. HÜPPI: Die Methode zur Auslegung von Statuten (Diss. Zürich 1971 = ZBR 373); P. V. KUNZ: Statuten – Grundbaustein der Aktiengesellschaften, in: R. Watter (Hrsg.): Die «grosse» Schweizer Aktienrechtsrevision (Zürich 2010 = SSHW 300) 55 ff.

[4] HÜPPI (zit. Anm. 3) 1.

[5] Diese können aus den verschiedensten Quellen stammen, über das Aktienrecht hinaus aus der gesamten Privatrechtskodifikation, daneben auch aus Spezialgesetzen, aus Richter- und theoretisch auch aus Gewohnheitsrecht, vgl. FORSTMOSER/MEIER-HAYOZ/NOBEL § 7 N 14 ff.

[6] Dies mit einem Vorbehalt: Die Organisation des Verwaltungsrats kann nur sehr begrenzt durch die Statuten bestimmt werden; überwiegend ergibt sie sich aus dem vom Verwaltungsrat selbst zu erlassenden Organisationsreglement, vgl. dazu § 9 N 21 ff.

b) Das Gesetz zählt den **Mindestinhalt** der Statuten in OR 626 auf. Dieser **absolut** oder **unbedingt notwendige Statuteninhalt**[7] wird ergänzt durch den in OR 627 f. aufgeführten sog. **bedingt notwendigen Statuteninhalt**. Hierbei handelt es sich um Regeln, die nur kraft Aufnahme in die Statuten Gültigkeit erlangen, wobei es den Beteiligten aber frei steht, auf eine Normierung zu verzichten und sich der dispositiven gesetzlichen Ordnung zu unterstellen. Schliesslich findet sich in den Statuten – was das Gesetz nicht eigens erwähnt – regelmässig auch **fakultativer Inhalt**. Dazu sind Normen zu zählen, die rechtlich verbindlich auch in anderer Form (z.B. in Reglementen) verankert werden könnten, ferner solche, die – was häufig vorkommt – einfach die zwingende oder dispositive gesetzliche Ordnung wiederholen.

Mit Bezug auf die **Organisation** sind folgende Vorschriften zu erwähnen:

– OR 626 Ziff. 5, wonach die Statuten Bestimmungen enthalten müssen über die Einberufung der Generalversammlung und das Stimmrecht der Aktionäre[8],

– OR 626 Ziff. 6: Bestimmungen über die Organe für die Verwaltung und für die Revision[9], wobei die Regeln für den Verwaltungsrat auch Wählbarkeitsvoraussetzungen und -schranken[10] und die Festlegung der Grösse des Gremiums[11] umfassen können,

– OR 627 Ziff. 12, wonach eine Ermächtigung an den Verwaltungsrat «zur Übertragung der Geschäftsführung auf einzelne Mitglieder des Verwaltungsrats oder Dritte» einer statutarischen Basis bedarf,

– OR 627 Ziff. 13, wonach Bestimmungen über «die Organisation und die Aufgaben der Revisionsstelle, sofern dabei über die gesetzlichen Vorschriften hinausgegangen wird», in den Statuten verankert sein müssen,

– OR 712 II: Wahl des Verwaltungsratspräsidenten durch die Generalversammlung[12],

---

[7] Diese Angaben müssen in den Statuten enthalten sein, damit eine Aktiengesellschaft überhaupt gegründet werden kann.

[8] Beide Themen sind jedoch durch dispositives Gesetzesrecht ausreichend geregelt (vgl. OR 692 ff. und 703 f. für das Stimmrecht und OR 699 f. für die Einberufung der Generalversammlung), weshalb eine Verweisung auf die gesetzliche Ordnung genügt. (Immerhin verweist OR 700 I für die Einberufung auf die «von den Statuten vorgeschriebene Form».)

[9] Auch dafür gibt es ausreichende Regeln im Gesetz (OR 707 ff. und 727 ff.).

[10] Dazu § 9 N 15 ff.

[11] Dazu § 9 N 18.

[12] Dazu § 9 N 7 f.

10 – OR 713 I: Wegbedingung des Stichentscheides des Vorsitzenden im Verwaltungsrat[13],

11 – OR 709 II: über das Gesetz hinausgehende Vertretungsrechte zugunsten von Minderheiten oder einzelnen Aktionärsgruppen[14].

11a Aus dem mutmasslichen künftigen Recht ist sodann E Aktienrecht 627 Ziff. 20 zu erwähnen, wonach die Statuten auch von den gesetzlichen Bestimmungen abweichende Vorschriften über «die Beschlussfassung des Verwaltungsrats» werden enthalten können[14a].

12 Unumgänglich ist – es wurde bereits wiederholt darauf hingewiesen[15] – eine **statutarische Ermächtigungsnorm,** falls der Verwaltungsrat die Möglichkeit haben soll, seine Geschäftsführungskompetenzen zu delegieren. Gleichfalls unentbehrlich ist eine statutarische Verankerung der Kompetenz der Generalversammlung, den **Verwaltungsratspräsidenten** selbst **zu wählen.** Sodann muss die allfällige **Wegbedingung des Stichentscheides** des Vorsitzenden im Verwaltungsrat statutarisch verankert sein[15a].

13 Nicht zum Nennwert zu nehmen ist dagegen OR 627 Ziff. 13, wonach über die gesetzlichen Bestimmungen hinaus gehende Regeln zur Organisation der Revisionsstelle und zu einer Erweiterung ihrer Aufgaben einer statutarischen Basis bedürfen sollen: Gemäss OR 731a I können solche Weisungen durch die Generalversammlung auch ausserhalb der Statuten erteilt werden[16].

14 c) In der Praxis wichtig ist vor allem die **Ermächtigungsnorm,** die dem Verwaltungsrat eine vollständige oder teilweise **Delegation seiner Geschäftsführungsaufgaben** erlaubt. Sie findet sich – wie erwähnt[17] – standardmässig in den Statuten nicht nur der grossen, sondern auch kleiner und kleinster Aktiengesellschaften.

---

[13] Dazu § 9 N 42 f.
[14] Dazu § 9 N 12. Vgl. auch OR 709 I, wonach beim Vorliegen mehrerer Aktienkategorien, die sich durch Stimm- oder Vermögensrechte unterscheiden, in den Statuten jeder Kategorie eine Vertretung im Verwaltungsrat zu sichern ist – eine Bestimmung, der in der Praxis freilich nur selten nachgelebt wird (FORSTMOSER/MEIER-HAYOZ/NOBEL § 27 N 82; LIPS-RAUBER [zit. § 9 Anm. 157] 22).
[14a] Vgl. dazu § 9 N 45.
[15] Vgl. § 2 N 12 ff., § 9 N 21 ff.
[15a] Vgl. aber zur Zulässigkeit einer Wegbedingung auf der Ebene des Organisationsreglements § 11 N 85.
[16] «Die Statuten **und die Generalversammlung** ...». U.E. liegt hier ein Versehen vor, vgl. FORSTMOSER/MEIER-HAYOZ/NOBEL § 8 N 83. Gemäss Botschaft 2004 4033 soll es dagegen darum gehen, dass generelle Anordnungen in den Statuten zu regeln sind, während für einmalige ein Generalversammlungsbeschluss genügt.
[17] § 9 N 35.

Im Übrigen wird von der Möglichkeit einer statutarischen Abweichung von den gesetzlichen Vorgaben mit Bezug auf die Organisation nur selten Gebrauch gemacht, wie denn auch ganz allgemein die Statuten schweizerischer Aktiengesellschaften in der Regel wenig aussagekräftig sind – sieht man von den zwangsläufig individualisierenden Elementen wie etwa Firma und Sitz ab[18].   15

2. Kompetenz zum Erlass

a) Als **Grundordnung der Körperschaft** sind die Statuten grundsätzlich vom **obersten Organ** der Aktiengesellschaft[19] zu erlassen. OR 698 führt denn auch die «Festsetzung und Änderung der Statuten» als erste der **unübertragbaren Befugnisse der Generalversammlung** auf.   16

b) Die Praxis hat freilich seit jeher gestattet, dass der **Verwaltungsrat** die Korrektur von Schreibfehlern und **rein redaktionelle Änderungen**, welche nur die Fassung, nicht aber den Inhalt betreffen, von sich aus vornehmen kann[20].   17

Durch die Aktienrechtsreform 1968/1991 ist dem Verwaltungsrat verschiedentlich die **Kompetenz zur Statutenänderung** zugewiesen worden[21]. Es handelt sich jedoch durchwegs um formelle Anpassungen, bei denen **kein Entscheidungsspielraum** besteht.   18

c) Beschlüsse über Statutenänderungen sind – unabhängig davon, ob sie von der Generalversammlung oder vom Verwaltungsrat vorgenommen werden – **öffentlich zu beurkunden** und in das **Handelsregister einzutragen**[22, 23].   19

d) Bei **Bank-Aktiengesellschaften** bedarf die Statutenänderung der Zustimmung der FINMA[24]. Das Gleiche gilt für **Investmentgesellschaften mit festem Kapital** und für **Investmentgesellschaften mit variablem Kapital**[25].   20

---

[18] Selbst die Zweckumschreibung wird in der Regel so allgemein gehalten, dass sich daraus wenig mit Bezug auf die konkrete Tätigkeit der Gesellschaft folgern lässt. Und bei der Höhe des Aktienkapitals begnügt sich die Hälfte aller Gesellschaften mit der Erfüllung der Minimalanforderung von CHF 100 000.
[19] Zur Relativierung dieses Begriffs vgl. § 1 N 23 ff.
[20] Der Begriff der «redaktionellen Änderung» war und ist einschränkend zu interpretieren. Allgemein zu diesem Begriff: CH. BRÜCKNER: Schweizerisches Beurkundungsrecht (Zürich 1993) N 2959 ff.
[21] Vgl. § 8 N 114 ff.
[22] OR 647.
[23] Zum Beginn der Wirksamkeit vgl. OR 932 und dazu präzisierend BÖCKLI, Aktienrecht § 1 N 615 ff., mit weiteren Hinweisen.
[24] BankG 3 III.
[25] KAG 14–16.

II. Reglemente[26]

1. Begriff und Bedeutung

21 a) Reglemente werden in der Literatur **definiert** als «schriftliche Zusammenfassung von Verhaltensmassregeln der internen Körperschaftsordnung, erlassen durch förmlichen Beschluss eines zuständigen Organs für jenen Bereich, der nicht schon durch Gesetz oder Statuten geordnet und den letzteren nicht zwingend vorbehalten ist»[27].

22 Wie die Statuten stellen auch sie eine Sammlung **genereller und abstrakter**, d.h. eine unbestimmte Vielzahl künftiger Fragen einheitlich beantwortender **Normen** dar[28].

23 b) Als generell-abstrakte Ordnung unterscheiden sich Reglemente von **Weisungen im engeren Sinne**[29].

24 c) Während für das **Aktionariat** und die Generalversammlung als Ort, in welchem die Aktionäre ihre Mitwirkungsrechte ausüben, die **Statuten** von zentraler Bedeutung sind[29a], sind **Reglemente** und **Weisungen** als Führungsmittel für die **aktienrechtliche Exekutive** besonders wichtig.

25 d) Das Aktienrecht nennt den Begriff «Reglement» nur an drei Orten, stets im Zusammenhang mit der Organisationsverantwortung des Verwaltungsrats: in OR 716a I Ziff. 5, wo der Erlass der erforderlichen Reglemente als unübertragbare und unentziehbare Aufgabe aufgeführt wird, und in OR 716b und OR 718 I, wo speziell auf den Inhalt des Organisationsreglements eingegangen bzw. dieses als Voraussetzung für eine Abweichung vom Einzelzeichnungsrecht der Verwaltungsratsmitglieder erwähnt wird.

26 e) Irrelevant ist die Bezeichnung eines Dokuments als «Reglement». Zwar hat sich dieser Begriff durchgesetzt, doch hat **jede Satzung unterhalb der Statuten Reglementscharakter** im hier verstandenen Sinn[30].

---

[26] Vgl. dazu die Literaturangaben vorn Anm. 1.
[27] EIGENMANN 14; FORSTMOSER/MEIER-HAYOZ/NOBEL § 11 N 3 f.; VON MOOS-BUSCH 59 f.
[28] FORSTMOSER/MEIER-HAYOZ/NOBEL § 7 N 3, § 11 N 4; VON MOOS-BUSCH 63 f.
[29] Verschiedentlich werden aber Reglemente mit generell-abstraktem Charakter auch als Weisungen bezeichnet, so von WATTER/ROTH PELLANDA in BSK zu OR 716a N 5 und BÖCKLI, Aktienrecht § 13 N 310. Das Gesetz dagegen differenziert: «Gesetze, Statuten, Reglemente und Weisungen» (OR 716a I Ziff. 5).
[29a] Bzw., da diese wie erwähnt in der Regel wenig aussagen (vgl. vorn N 15), die **dispositive gesetzliche Ordnung**.
[30] BÖCKLI, Aktienrecht § 13 N 522.

2. Kompetenz zum Erlass

a) Ganz allgemein gilt, dass jedes Organ berechtigt und – soweit für einen ordnungsgemässen Geschäftsablauf notwendig – auch verpflichtet ist, **für sich und den ihm unterstellten Bereich** die erforderlichen Anordnungen zu treffen und mithin – soweit diese Direktiven genereller Natur sind – Reglemente zu erlassen[31]. 27

b) Für den **Verwaltungsrat** ergibt sich diese Pflicht aus OR 716a I Ziff. 1[32]. Weiter kommen als zuständige Stellen die **Generalversammlung** und die **Revisionsstelle** in Frage. Darüber hinaus können aber nicht nur die im Gesetz zwingend vorgesehenen Organe Reglemente erlassen, sondern auch die **Geschäftsleitung** sowie **untergeordnete Stellen** wie Departemente, Abteilungen, Länderbereiche usw., unabhängig davon, ob es sich um Gremien oder um Einzelpersonen handelt[33]. 28

c) Von dieser Regel gibt es eine wichtige **Ausnahme im Verhältnis zwischen Generalversammlung und Verwaltungsrat:** Obwohl hierarchisch übergeordnet, hat die Generalversammlung nicht das Recht, die Arbeit des Verwaltungsrats reglementarisch zu regeln. Als Folge des Paritätsprinzips[34] obliegt es vielmehr **unentziehbar dem Verwaltungsrat, seine eigene Organisation und die der ihm untergeordneten Stellen festzulegen**[35]. Nur in wenigen Punkten kann die Generalversammlung auf die Organisation und die Kompetenzen des Verwaltungsrats Einfluss nehmen[36], darunter freilich in einem ganz grundlegenden: Die Generalversammlung hat es in der Hand, den Verwaltungsrat durch Verweigerung einer statutarischen Ermächtigungsnorm im Sinne von OR 716b I zur **Gesamtgeschäftsführung**[37] ohne Delegationsmöglichkeit zu zwingen[38]. 29

---

[31] WATTER/ROTH PELLANDA in BSK zu OR 716b N 12; EIGENMANN 16 ff.; RUEPP 106, 108; FORSTMOSER/MEIER-HAYOZ/NOBEL § 12 N 3.
[32] FORSTMOSER/MEIER-HAYOZ/NOBEL § 12 N 3; FORSTMOSER, *Organisationsreglement* 29, 33, wo diese Pflicht allerdings nicht aus Ziff. 1, sondern aus Ziff. 2 von OR 716a I abgeleitet wird; sinngemäss wohl ebenso BÖCKLI, *Aktienrecht* § 13 N 522 f.
[33] VON MOOS-BUSCH 61.
[34] Dazu § 1 N 24 ff.
[35] OR 716a I Ziff. 2, 716b I und dazu § 8 N 29 ff.
[36] Vgl. § 9 N 20 ff.
[37] Dazu § 3.
[38] Vgl. § 9 N 23, präzisierend zu Möglichkeiten der (haftungsbegrenzenden) Delegation ohne statutarische Basis aber § 10 N 19 ff.

3. Arten von Reglementen[39]

30 a) Herkömmlich wird zwischen **Geschäfts- und Organisationsreglementen** unterschieden[40]:

31 – Als **Geschäftsreglemente** werden Anweisungen für die geschäftliche Tätigkeit, Vorschriften über die praktische Betriebsführung in technischer, kaufmännischer und rechtlicher Hinsicht bezeichnet[41]. Teilweise wird ein solches Reglement auch Geschäftsordnung genannt[42].

32 – Unter **Organisationsreglementen** werden allgemein die Bestimmungen über die Organe einer Gesellschaft, ihre Rechte und Pflichten sowie ihre Organisation und insbesondere auch über die Art der Beschlussfassung verstanden[43].

33 Praktisch macht diese Unterscheidung heute kaum mehr Sinn, sind doch meist beide Gruppen von Regelungen in einem einzigen Dokument vereinigt. Des Weiteren sind die Inhalte nur schwer voneinander abzugrenzen[44], was auch dazu geführt hat, dass in der Literatur zu diesen Begriffen leicht divergierende Umschreibungen zu finden sind[45]. In der Lehre wird denn auch die **Zusammenlegung von Geschäfts- und Organisationsreglement** in einem einzigen Dokument einhellig empfohlen[46].

34 Die **Unterscheidung** ist auch deshalb nicht erforderlich, weil das Gesetz selbst eine solche Einteilung nicht trifft.

35 b) Wesentlicher ist die Unterscheidung zwischen Reglementen, mit welchen **Organfunktionen** vom Verwaltungsrat auf einzelne seiner Mitglieder oder auf Dritte **übertragen** werden, und solchen, die **keine solche Übertragung** beinhalten[47]. Diese Unterscheidung ist deshalb von Bedeutung, weil bei einer Übertragung von Organfunktionen verschiedene formelle Voraussetzungen zu er-

---

[39] Dazu etwa VON MOOS-BUSCH 64 ff. und ROTH PELLANDA N 188 ff.
[40] BÖCKLI, *Aktienrecht* § 13 N 322; KRNETA N 1639; FORSTMOSER, *Organisationsreglement* 27; EHRAT 793.
[41] EIGENMANN 15; vgl. auch VON MOOS-BUSCH 74 f.
[42] So von BÖCKLI, *Aktienrecht* § 13 N 322. HOMBURGER N 227 unterscheidet zwischen Geschäftsreglement und Geschäftsordnung, was aber kaum einen Nutzen bringt.
[43] EIGENMANN 15; HOMBURGER N 727; FORSTMOSER/MEIER-HAYOZ/NOBEL § 11 N 5.
[44] ZWICKER 55.
[45] Vgl. dazu VON MOOS-BUSCH 74 f., die das «Geschäftsreglement» oder die «Geschäftsordnung» vom Organisationsreglement einzig dadurch abgrenzt, dass mit Geschäftsreglementen keine Organfunktionen delegiert würden.
[46] BÖCKLI, *Aktienrecht* § 13 N 322; ZWICKER 56; FORSTMOSER, *Organisationsreglement* 29; KRNETA N 1223 und N 1639.
[47] FORSTMOSER, Organisationsreglement 29 ff.; VON MOOS-BUSCH 67 f.

füllen sind. Insbesondere bedarf es dafür einer statutarischen Grundlage[48]. Werden Organkompetenzen übertragen, so wird auch von **kompetenzdelegierenden Reglementen** gesprochen[49].

Eine **Delegation von Organfunktionen** liegt immer dann vor, wenn der Verwaltungsrat Aufgaben an einzelne seiner Mitglieder oder an Drittpersonen derart überträgt, dass diese «in massgebender Weise an der Willensbildung der AG teilnehmen und korporative Aufgaben selbständig ausüben»[50], mit anderen Worten, dass sie «die eigentliche Geschäftsführung besorgen und so die Willensbildung der AG massgebend mitbestimmen»[51].

In Erinnerung gerufen sei der Umstand, dass die statutarische Grundlage[52] eine **formelle Voraussetzung** darstellt, welche nebst anderen formellen Voraussetzungen[53] gemäss OR 716b II erfüllt sein muss, wenn die Delegation haftungsbefreiende bzw. haftungsbeschränkende Wirkung haben soll[54].

Der Erlass von Reglementen, mit welchen **keine Organkompetenzen** delegiert werden, bedarf **keiner statutarischen Grundlage** und kann durch jede zuständige Stelle erfolgen. Für den Verwaltungsrat sind insbesondere die folgenden beiden Fälle von Bedeutung:

– Der Verwaltungsrat kann auch im Bereich seiner Organkompetenzen, selbst im Bereich der unübertragbaren und unentziehbaren Organkompetenzen, die **Vorbereitung** oder die **Ausführung** seiner Beschlüsse oder die **Überwachung** von Geschäften Ausschüssen, einzelnen Verwaltungsratsmitgliedern oder auch – so ist über den allzu engen Wortlaut des Gesetzes[55] hinaus zu ergänzen[55a] – Dritten zuweisen.

– Er kann sodann allgemein Aufgaben, die **nicht Organen vorbehalten** sind, delegieren[56].

c) Neben dem Organisationsreglement werden in der Literatur besonders hervorgehoben die sog. **Committee Charters**, die für einzelne Verwaltungs-

---

[48] Vgl. dazu § 9 N 21.
[49] VON MOOS-BUSCH 68; KAMMERER 93.
[50] FORSTMOSER, *Organisationsreglement* 30.
[51] BGE 107 II 353 f., 112 II 185, 114 V 80; FORSTMOSER, *Organisationsreglement* 30.
[52] Vgl. N 7.
[53] Vgl. § 15 N 12 ff.
[54] Dazu § 10 N 15 ff.
[55] OR 716a II.
[55a] Vgl. § 4 N 12.
[56] WATTER in BSK zu OR 716b N 12 f.; VON MOOS-BUSCH 68; FORSTMOSER, *Organisationsreglement* 31; KAMMERER 93.

ratsausschüsse aufgestellt werden[57]. Diese können – unter dem Dach des Organisationsreglements – von den einzelnen Ausschüssen selbst erstellt werden. Üblicher ist aber die Beschlussfassung im Verwaltungsrat, und überwiegend sind die Regeln für die einzelnen Ausschüsse (und für die Ausschussarbeit allgemein) im Organisationsreglement enthalten.

42 In grösseren Gesellschaften mit einer komplexen Organisation finden sich zahlreiche **weitere Reglemente,** die von unterschiedlichen Stellen erlassen werden und einzelne Bereiche – etwa die Durchführung der Generalversammlung oder auch die Organisation des Aktienregisters – generell-abstrakt regeln.

4. Formale Anforderungen

43 Zum Erlass eines Reglements bedarf es eines **förmlichen Beschlusses** der zuständigen Stelle, in Befolgung der gesetzlichen sowie allenfalls statutarischen oder reglementarischen Regeln für die Beschlussfassung[58].

44 HOMBURGER geht davon aus, dass der wirksame Erlass eines Reglements Schriftlichkeit voraussetzt[59]; von anderen Autoren wird diese Ansicht jedoch nicht gestützt[60]. Aber es ist zu beachten, dass sich für Generalversammlungs- und Verwaltungsratsbeschlüsse das Erfordernis der Schriftlichkeit schon aus der Protokollierungspflicht ergibt[61]. Für Reglemente von Stellen, die dem Verwaltungsrat nachgeordnet sind, gilt dagegen u.E. theoretisch Formfreiheit[62]. Aus praktischen Gründen wird aber auch bei solchen Reglementen **Schriftlichkeit unabdingbar** sein[63].

---

[57] Vgl. ROTH PELLANDA N 193 ff.
[58] EIGENMANN 13; FORSTMOSER, *Organisationsreglement* 26; VON MOOS-BUSCH 61. Mangels abweichender innergesellschaftlicher Regelung hat daher die Generalversammlung Reglemente mit der absoluten Mehrheit der vertretenen Aktienstimmen zu beschliessen (OR 704), der Verwaltungsrat mit der relativen Mehrheit der abgegebenen Stimmen (OR 713 I, Näheres vorn § 11 N 79 ff.).
[59] HOMBURGER N 736.
[60] VON MOOS-BUSCH 60; FORSTMOSER, *Organisationsreglement* 26.
[61] OR 702 II, 713 III.
[62] So ausdrücklich VON MOOS-BUSCH 19.
[63] Doch genügt auch die elektronische Form.

III. Publizität

Während die **Statuten** für jedermann **voraussetzungslos zugänglich sind**[64], besteht **keine Pflicht zur Offenlegung von Reglementen**, sondern lediglich eine Pflicht, allenfalls «über die Organisation der Geschäftsführung» zu orientieren[65]. Verschiedene Publikumsgesellschaften sind freilich dazu übergegangen, ihr Organisationsreglement auf ihrer Website zu publizieren[66], wobei sensitive Regelungen – etwa über die Kompetenzlimiten – in Anhängen oder anderen Dokumenten niedergelegt sind, welche vertraulich bleiben.

45

IV. Exkurs I: Das Vergütungsreglement kotierter Gesellschaften nach künftigem Recht

In der Botschaft 2008 schlägt der Bundesrat vor, die Liste der unübertragbar und unentziehbar dem Verwaltungsrat zukommenden Aufgaben für Publikumsgesellschaften zu ergänzen durch die Pflicht zum Erlass eines **Vergütungsreglements**[66a]. Die Neuerung dürfte unbestritten sein und in das künftige Aktienrecht Eingang finden[66b]. Sie entspricht dem, was bereits heute in Publikumsgesellschaften gute Praxis ist. Offen ist, ob die Generalversammlung künftig die Möglichkeit erhalten soll, über die Genehmigung des Vergütungsreglements zu entscheiden[66c].

45a

---

[64] Sie sind dem Handelsregister einzureichen (HRegV 43 I lit. b) und damit öffentlich (OR 930).

[65] OR 716b II, dazu hinten § 29 N 32 ff.

[66] So die beiden Grossbanken UBS AG und CS AG.

[66a] E OR 716a I Ziff. 2a gemäss Botschaft 2008, dazu etwa BLANC/ZIHLER: Die neuen aktienrechtlichen Vergütungsregeln gemäss dem Entwurf vom 5. Dezember 2008, GesKR 2009 66 ff., 70 ff.; VOGT/SCHIWOW/WIEDMER: Die Aktienrechtsrevision unter Corporate-Governance-Aspekten..., AJP 2009 1359 ff., 1376 f.

[66b] Auch der neueste Vorschlag zur Salärdebatte – der vom Ständerat am 14.12.2010 verabschiedete Gegenvorschlag – enthält eine entsprechende, aber gegenüber dem bundesrätlichen Vorschlag stark erweiterte Bestimmung, E RK-S vom 25.10.2010 Art. 731d (BBl 2010 8307, 8314).

[66c] So die Volksinitiative «gegen die Abzockerei» vom 26.2.2008, E BV 95 III lit. a. Hierzu – zu Recht kritisch – CH. BÜHLER: Vergütungen an Verwaltungsrat und Geschäftsleitung ..., in: R. Watter (Hrsg.): Die «grosse» Schweizer Aktienrechtsrevision (Zürich 2010 = SSHW 300) 247 ff., 262.

V. Exkurs II: Innergesellschaftliche Observanz[67]

46 a) Denkbar ist in einer Gesellschaft – analog zum staatlichen Gewohnheitsrecht – eine Art «verbandsinternes Gewohnheitsrecht», sog. Observanz. Wegen struktureller Übereinstimmung sind auf die Observanz die zum Gewohnheitsrecht gebildeten Regeln analog anwendbar: Es bedarf einer *inveterata consuetudo*, einer lange Zeit andauernden, unangefochtenen und ununterbrochenen Übung. Dazu muss die *opinio necessitatis* hinzutreten, die Überzeugung der Beteiligten, es handle sich bei dieser Übung um das Befolgen einer rechtlich verbindlichen Ordnung.

47 b) Von selbst versteht es sich, dass **zwingendes Recht** sich durch innergesellschaftliche Observanz so wenig ausschalten lässt wie durch eine statutarische oder reglementarische Vorschrift. **Dispositive** Gesetzesregeln wiederum können zwar durch Observanzen verdrängt werden, aber nur dann, wenn das Gesetz nicht eine statutarische Bestimmung oder eine solche im Organisationsreglement des Verwaltungsrats verlangt.

48 c) Im Verhältnis zu **Statuten** oder **Reglementen** lassen sich verschiedene Arten von Observanzen ausmachen: auslegende, ergänzende oder derogierende. Von auslegender Observanz kann etwa gesprochen werden, wenn eine unklare statutarische Bestimmung konstant in einer bestimmten Weise angewendet wird; von ergänzender, wenn eine statutarische Lücke stets gleich gefüllt wird. Diese beiden Spielarten schaffen rechtlich keine Probleme. Dagegen ist

---

[67] Vgl. dazu A. F. Rusch: Rechtsscheinlehre in der Schweiz (Zürich 2010) 377 ff.; König (zit. Anm. 1) 72 ff.; F. von Steiger: Kann Observanz den Statuten derogieren?, in: SAG *1952/53* 179 ff.; H. Weber: Formelle Voraussetzungen statutenändernder Beschlüsse der Aktiengesellschaft (Diss. Zürich 1953) 35 ff.; Siegwart, Einleitung N 298 f.; Forstmoser, *Aktienrecht* § 7 N 165 ff.

umstritten, ob und allenfalls inwieweit Observanzen möglich sind, die statutarischen oder reglementarischen Bestimmungen zuwiderlaufen. In der Gerichtspraxis spielt solche Observanz jedoch praktisch keine Rolle[68].

---

[68] Abgelehnt wird ein die Statuten derogierendes Gewohnheitsrecht in ZR *1974* Nr. 31 S. 83 E. 5a. Dagegen scheint das Bundesgericht in BGE 72 II 110 die Zulässigkeit einer von den Statuten abweichenden gewohnheitsmässigen Ordnung nicht von vornherein auszuschliessen. Aus neuerer Zeit sind zwei Fälle zu erwähnen: In BGE 120 II 47 ff., 49 f. wird hervorgehoben, dass gewisse Vorzugsrechte von Prioritätsaktionären während mehr als sechs Jahrzehnten nicht mehr zum Tragen gekommen waren, weshalb ihre Abschaffung dem Bundesgericht unproblematisch erschien. In der nicht publizierten E. 3 von BGE 131 III 38 ff. wird dagegen die Ausschüttung einer Tantieme geschützt, obwohl seit Jahrzehnten kein entsprechender Antrag mehr gestellt worden war. Nach Ansicht des Bundesgerichts vermöchte «ein allenfalls vorliegender innerer Wille, der nicht in einem formellen Beschluss der Generalversammlung seinen Ausdruck gefunden hat, ... eine bestehende Statutenbestimmung nicht aufzuheben oder ausser Kraft zu setzen; für die Änderung der Statuten verlangt Art. 647 OR einen Beschluss der Generalversammlung, der zudem öffentlich beurkundet werden muss.» Eine derogierende Observanz wäre nach dieser Aussage nicht möglich. – Ausführlich und abwägend zur Problematik RUSCH (zit. Anm. 67) 397 ff.

§ 15 Das Organisationsreglement als notwendige Voraussetzung der Kompetenzdelegation[1]

I. Die Organisationsverantwortung des Verwaltungsrats

1. Organisationspflicht, aber keine Pflicht zum Erlass eines Organisationsreglements

1 a) Nach OR 716a I Ziff. 2 hat der Verwaltungsrat die unübertragbare und unentziehbare Aufgabe, die **Organisation festzulegen**. Damit ist u.E. nicht nur die Organisation der Gesellschaft allgemein gemeint, sondern auch – und ganz besonders – die Organisation des Verwaltungsrats selbst[2].

2 b) Dagegen braucht der Verwaltungsrat – falls dies nicht wegen der Komplexität der Verhältnisse geboten ist – **kein formelles Organisationsreglement** zu erlassen. Es genügen gewöhnliche Verwaltungsratsbeschlüsse, wobei sich immerhin ein **Schriftlichkeitserfordernis** daraus ergibt, dass die Verhandlungen und Beschlüsse des Verwaltungsrats zu **protokollieren** sind[2a].

2. Die erforderliche Minimalordnung

3 a) Als **Minimum** hat der Verwaltungsrat seinen **Präsidenten** zu bestimmen, falls diese Kompetenz nicht statutarisch der Generalversammlung zugewiesen ist[3]. Ausser in ganz einfachen Verhältnissen (und beim Einpersonenverwaltungsrat[3a]) wird die Konstituierung auch die Betreuung **weiterer Verwaltungsratsmitglieder** mit bestimmten Aufgaben sowie allenfalls die Bildung von **Ausschüssen** beinhalten. Falls damit die Delegation von Entscheidungs-

---

[1] Im Folgenden werden im Interesse der Übersichtlichkeit Aussagen zusammengefasst, die sich zumeist schon an anderer Stelle dieser Publikation finden, verbunden mit Verweisungen auf die einschlägigen Stellen.
[2] Dies ist nicht ganz unbestritten, vgl. § 8 N 34 und § 9 N 44.
[2a] OR 713 III; Näheres vorn § 3 N 4 ff. und § 14 N 43 f.
[3] OR 712; s. § 9 N 7 f.
[3a] Dieser kommt häufig vor: Nach einer Untersuchung von MÜLLER 103 zählten 45% aller Verwaltungsräte nur ein Mitglied.

befugnissen verbunden ist (aber nur dann), müssen die formellen Voraussetzungen für ein Organisationsreglement[3b] eingehalten werden.

b) Eine weitergehende Regelung ist deshalb nicht zwingend nötig, weil das Gesetz selbst die erforderlichen organisatorischen Regeln enthält[4]. Nur – aber auch immer dann –, wenn von der dispositiven gesetzlichen Ordnung abgewichen werden soll, braucht es weitere Beschlüsse.

Aus praktischen Gründen sollten jedoch auch in einfachen Verhältnissen zumindest die Einberufung und die Durchführung der Verwaltungsratssitzungen und die Beschlussfassung im Verwaltungsrat geregelt werden. Ein entsprechendes Dokument kann als Checkliste dienen und dazu beitragen, Unklarheiten und Meinungsverschiedenheiten unter den Beteiligten zu vermeiden. Selbst bei einem einzigen Verwaltungsratsmitglied kann ein Reglement Sinn machen als Leitfaden für ein formal korrektes Vorgehen, das gerade in kleinen Verhältnissen oft vernachlässigt wird, mit allenfalls gravierenden Konsequenzen bezüglich des persönlichen Haftungsrisikos[5].

II. Das Organisationsreglement insbesondere[6]

1. Begriff und Inhalt

a) Als Organisationsreglement im Sinne des Gesetzes ist ein Reglement zu verstehen, das durch den **Verwaltungsrat** in eigener Kompetenz[6a] **erlassen** wird und mit welchem dieser in der Regel eine Kompetenzdelegation an einzelne seiner Mitglieder oder an Dritte vornimmt[7].

[3b] Dazu N 12 ff.
[4] Vgl. § 3 N 5 ff.
[5] Hält ein Alleinaktionär die Spielregeln des Aktienrechts nicht ein, dann kann er nicht erwarten, dass sich Dritte daran – insb. an die ausschliessliche Haftung des Gesellschaftsvermögens – halten müssen. Vielmehr werden diese Dritten – im Konkursfall – den Alleingesellschafter persönlich belangen, wozu verschiedene Instrumente zur Verfügung stehen, insb. die aktienrechtliche Verantwortlichkeit (OR 754 ff.), aber auch die Regeln über den Durchgriff.
[6] Vgl. dazu statt aller (neben den Gesamtdarstellungen und Kommentaren) von Moos-Busch *passim* und neuestens Bastian 41 ff.
[6a] Ein Genehmigungsvorbehalt zugunsten der Generalversammlung wäre unzulässig, vgl. § 9 Anm. 38. Zu einem allfälligen behördlichen Genehmigungserfordernis vgl. hinten N 21.
[7] OR 716b I (es ist dies neben OR 718 I die einzige Bestimmung, in der das Gesetz den Begriff aufgreift); Ehrat 793; Forstmoser/Meier-Hayoz/Nobel § 11 N 6.

7 b) Der **Minimalinhalt** ergibt sich – jedenfalls dann, wenn Kompetenzen delegiert werden sollen – aus OR 716b II[7a].

8 Daneben enthalten Organisationsreglemente regelmässig **weitere Bestimmungen**[7b], und diese sind vom Umfang her meist in der Überzahl: Regeln über die Arbeitsweise des Verwaltungsrats und insbesondere seine Beschlussfassung, generelle Anweisungen für die geschäftliche Tätigkeit, Vorschriften über die praktische Betriebsführung in technischer, kaufmännischer und rechtlicher Hinsicht, die Umschreibung von Kompetenzen weiterer Organe, deren Rechte und Pflichten sowie Organisation[8]. Das Organisationsreglement bestimmt so zusammen mit den Statuten wesentlich die Organisation einer AG[9].

9 c) **Inhaltliche Schranken** ergeben sich aus dem zwingenden Recht sowie daraus, dass das Gesetz für gewisse Fragen eine Regelung in den Statuten verlangt[10], ferner dann, wenn gesetzlich eine alternative Kompetenz von Generalversammlung und Verwaltungsrat vorgesehen ist und die Generalversammlung von ihrer Kompetenz Gebrauch gemacht hat[11].

2. Das Organisationsreglement als Voraussetzung für die Delegation von Kompetenzen

10 a) Die Delegation von Entscheidungskompetenzen – in den Worten des Gesetzgebers: der «Geschäftsführung» – ist grundsätzlich nur «nach Massgabe eines Organisationsreglementes»[12] zulässig[13]. Daraus ergibt sich auch, dass der in OR 716b II umschriebene Minimalinhalt – wer ist zuständig, welches sind konkret die jeweiligen Aufgaben, wie wird die Berichterstattung gehandhabt – im Reglement selbst verankert sein muss[13a].

[7a] Zit. vorn Einleitung N 4; vgl. auch § 16 N 2.
[7b] Vgl. die Anhänge I–III, S. 409 ff. sowie §§ 16 ff., S. 311 ff.
[8] Dazu im Einzelnen vorn Kapitel 2, S. 19 ff.
[9] BÖCKLI, Aktienrecht § 13 N 322; FORSTMOSER/MEIER-HAYOZ/NOBEL § 11 N 5; KRNETA N 1724.
[10] Dies ist vor allem der Fall für die Möglichkeit der Kompetenzdelegation als solche, OR 627 Ziff. 12 und 716b I.
[11] So hinsichtlich der Wegbedingung der Einzelvertretungsbefugnis eines jeden Verwaltungsratsmitglieds, OR 718 I. Erneut ist aber zu betonen, dass die Generalversammlung die Organisationskompetenz grundsätzlich nicht an sich ziehen und vielmehr nur punktuell auf diese einwirken kann, vgl. § 9 N 20 ff.
[12] OR 716b I.
[13] Dazu Näheres in § 4 N 20 ff., mit Präzisierungen insb. betreffend die Ernennung von Prokuristen und anderen Bevollmächtigten.
[13a] Vgl. aber die Präzisierungen in § 10 N 19 ff.

b) Ergänzend sei erwähnt, dass es auch der Regelung in einem Organisationsreglement bedarf, wenn entgegen der dispositiven gesetzlichen Ordnung die Einzelzeichnungsbefugnis der Verwaltungsratsmitglieder wegbedungen werden soll[14]. Während jedoch die Kompetenz zur Delegation von Geschäftsführungsaufgaben **ausschliesslich dem Verwaltungsrat** zukommt, kann das Einzelzeichnungsrecht auch statutarisch durch die Generalversammlung ausgeschlossen werden. Macht die **Generalversammlung** von dieser ihr alternativ zukommenden Kompetenz Gebrauch, dann besteht für die Einräumung des Einzelzeichnungsrechts durch den Verwaltungsrat kein Raum mehr[15]. Umgekehrt bleibt es dagegen u.E. dem Verwaltungsrat – im Sinne einer alternativen Regelungsbefugnis – unbenommen, trotz einer statutarischen Verankerung des Einzelzeichnungsrechts nur die kollektive Vertretungsbefugnis zuzulassen[16].

3. Formelle Voraussetzungen für eine Kompetenzdelegation

a) Damit Organkompetenzen wirksam (und haftungsbegrenzend) delegiert werden können, bedarf es – wie wiederholt aufgezeigt[17] – eines **Zusammenspiels von Generalversammlung und Verwaltungsrat:**

– Die Generalversammlung muss in den Statuten eine **Delegationsermächtigung** vorsehen[18].

– Der Verwaltungsrat muss in den durch diese Ermächtigung gesetzten Schranken die Delegation vornehmen, und zwar mittels eines **Organisationsreglements,** das den Anforderungen von OR 716b II genügt.

b) Ohne **Ermächtigung in den Statuten** kann der Verwaltungsrat grundsätzlich keine Organkompetenzen mit haftungsbegrenzender Wirkung delegieren[19]. Es bedarf also einer durch die Generalversammlung beschlossenen Statutenbestimmung, mit welcher der Verwaltungsrat zur Delegation von Organkompetenzen ermächtigt wird. Ein einfacher – nicht die Statuten betref-

---

[14] OR 718 I.
[15] Dagegen braucht der Verwaltungsrat – anders als bei der Kompetenzdelegation – keine statutarische Ermächtigung, wenn er von der dispositiven gesetzlichen Ordnung abweichen will (gl.M. WATTER in BSK zu OR 718 N 12).
[16] Gl.M. WATTER in BSK zu OR 718 N 12.
[17] Vgl. etwa § 2 N 13 ff.
[18] Dazu im Einzelnen § 9 N 21 ff.
[19] Vgl. aber § 10 N 19 ff.

fender und damit auch nicht öffentlich zu beurkundender[20] – Beschluss der Generalversammlung wäre nicht ausreichend[21].

16 Die statutarische Grundlage muss die **Ermächtigung klar und deutlich** aussprechen[22], jedoch nicht – wie der Gesetzestext von OR 716b II vermuten lassen könnte – den Ausdruck «nach Massgabe eines Organisationsreglements» enthalten[23].

17 Die Ermächtigung kann umfassend sein[24], sie kann aber auch eine Delegation nur in gewissen Grenzen oder mit Auflagen vorsehen[25].

18 c) Zur gültigen Delegation von Organkompetenzen ist sodann erforderlich, dass der Verwaltungsrat – immer in den Grenzen der statutarischen Ermächtigung – ein **Organisationsreglement** erlässt, das die Delegation klar umschreibt und inhaltlich den Anforderungen von OR 716b II entspricht[26].

19 Nicht erforderlich ist, dass dieses Reglement als «Organisationsreglement» bezeichnet wird[27], doch muss es durch **förmlichen Beschluss** zustandegekommen sein[28]. Dieser muss **protokolliert** sein und den in OR 716b II vorgesehenen **Mindestinhalt** aufweisen: Ordnung der Geschäftsführung, Bestimmung der erforderlichen Stellen, Umschreibung der Aufgaben und Regelung der Berichterstattung.

20 Erforderlich ist also zumindest ein **protokollierter Organisationsbeschluss.** Ein Verhalten des Verwaltungsrats, mit welchem die Delegation implizit vorausgesetzt wird, genügt den Anforderungen nicht[29].

21 d) Die Organisationsreglemente von **Banken** und ihre Änderungen bedürfen einer **Genehmigung** durch die Aufsichtsbehörde[30].

---

[20] OR 647 I.
[21] FORSTMOSER/MEIER-HAYOZ/NOBEL § 29 N 26; FORSTMOSER, *Eingriffe* 172; VON MOOS-BUSCH 14.
[22] EHRAT 794; FORSTMOSER/MEIER-HAYOZ/NOBEL § 11 N 25.
[23] BÖCKLI, *Aktienrecht* § 13 N 521, insb. Anm. 954.
[24] Es ist dies in der Statutenpraxis die Regel, vgl. § 9 N 35.
[25] Dazu im Einzelnen § 9 N 25 ff.
[26] Vgl. aber § 10 N 19 ff.
[27] Urteile 4A_501/2007 und 4A_503/2007 des BGer vom 22. Februar 2008, E. 3 und dazu die in § 10 Anm. 21 erwähnten Entscheidbesprechungen; es ergibt sich dies schon aus OR 18, wonach eine unrichtige Bezeichnung oder Ausdrucksweise nicht schadet.
[28] So die soeben zitierten Entscheide; BÖCKLI, *Aktienrecht* § 13 N 522, § 18 N 120; KAMMERER 88; DOMENICONI/VON DER CRONE 515 (Besprechung des erwähnten Entscheides).
[29] Bundesgerichtsurteile 4A_501/2007 E. 3.2 und 4A_503/2007 E. 3.2.
[30] Zum Inhalt vgl. KEPPELER *passim*.

5. Kapitel

Der Inhalt von Organisationsreglementen

§ 16 Übersicht

I. Gesetzliche Vorgaben

Im Vergleich zu den Bestimmungen über die Statuten[1] fällt die **gesetzliche Regelung des Organisationsreglements knapp** aus[2]:

Das Reglement

– ordnet die **Geschäftsführung,**
– bestimmt die dafür erforderlichen **Stellen** und umschreibt deren **Aufgaben** und
– regelt die **Berichterstattung.**

Das **künftige Recht**[3] ist etwas ausführlicher, ohne dass sich inhaltlich etwas ändern würde. Hiernach hat das Organisationsreglement überdies festzulegen

– die **innere Organisation** einschliesslich allfälliger **Verwaltungsratsausschüsse** sowie
– die wichtigen Geschäfte, die einer **Genehmigung durch den Verwaltungsrat** bedürfen.

II. Vielfalt der innergesellschaftlichen Regelungen

Anders als die Statuten[4] zeichnen sich die Organisationsreglemente durch eine **grosse Vielfalt** aus. In ihnen spiegeln sich die **Besonderheiten der einzelnen Gesellschaften** weit mehr als in ihrer statutarischen Ordnung wider.

Unterschiede finden sich insbesondere

– bezüglich des **Inhalts:** Während sich einzelne Reglemente auf den gesetzlich verlangten Minimalinhalt beschränken, finden sich in anderen zahl-

---

[1] OR 626–628. Vgl. auch die Liste der im Hinblick auf die Organisation wesentlichen Normen in § 14 N 4 ff.
[2] OR 716b II, zit. vorn Einleitung N 4.
[3] E Aktienrecht 716c II, zit. vorn Einleitung N 5.
[4] Zu diesen § 14 N 2 ff.

reiche zusätzliche Bestimmungen[5], und während sich manche Reglemente darauf konzentrieren, den Verwaltungsrat zu regeln, und im Übrigen eine allgemeine Delegation der Geschäftsführung an eine Geschäftsleitung vorsehen, enthalten andere detaillierte Angaben über die Aufgaben und Arbeitsweise auch der Geschäftsleitung und allenfalls einzelner ihrer Mitglieder. Oft finden sich allgemeine Regeln zur Geschäftstätigkeit, die für alle Organpersonen der Gesellschaft – über Verwaltungsrat und Geschäftsleitung hinaus – von Bedeutung sind[6];

7 – mit Bezug auf die **Ausführlichkeit:** Es gibt Reglemente von wenigen Seiten, aber auch eigentliche Handbücher, die, mit ihren Anhängen, weit über hundert Seiten beanspruchen;

8 – hinsichtlich der **formalen Ausgestaltung:** Oft existiert nur ein einziges Dokument. Verbreitet ist aber auch die Arbeit mit Anhängen[6a] wie Funktionendiagrammen oder Stellenbeschrieben. Gelegentlich finden sich neben dem allgemeinen Organisationsreglement individuelle Charters oder Geschäftsreglemente für die einzelnen Ausschüsse oder Richtlinien für bestimmte Themen wie Entschädigung, Verhalten bei Interessenkonflikten, erwartete Qualifikationen für die Träger bestimmter Funktionen;

9 – und schliesslich auch im **Stil:** Reglemente können lediglich pauschale Regeln und Kompetenzzuweisungen enthalten, die in der Anwendung zu konkretisieren sind. Aber es gibt auch lange Listen mit Einzelkompetenzen und präzise betragsmässige Kompetenzabgrenzungen. Beides wird oft kombiniert[7].

III. Hinweis auf Musterreglemente

10 a) Die aus einem einzigen Satz bestehende gesetzliche Umschreibung des (Mindest-)Inhalts von Organisationsreglementen[8] bietet wenig Unterstützung bei der inhaltlichen und formalen Ausgestaltung. Als Basis besser geeignet

---

[5] Etwa über die Einberufung und Durchführung von Sitzungen, über die Beschlussfassung, das Vorgehen bei Interessenkonflikten und über die Funktionen einzelner Verwaltungsratsmitglieder, um nur einige Bereiche zu nennen.

[6] Etwa Konkretisierung des Verbots des Insiderhandels, Regelung der Zeichnungsberechtigung etc.

[6a] Zu diesen vgl. § 28, S. 391 ff.

[7] Z.B. dadurch, dass die allgemeinen Vorschriften im Reglement selbst enthalten sind, die spezifischen Funktionen und die Kompetenzlimiten in einem Anhang. Oft werden auch detaillierte Aufzählungen mit Auffangklauseln verbunden.

[8] OR 716b II, erster Satz.

sind die Übersichten und Musterreglemente, die sich in verschiedenen Publikationen finden, etwa bei BAUEN/VENTURI[9], BÖCKLI, *Aktienrecht*[10], EHRAT[11], HOMBURGER[12], ISELI[13], KRNETA[14], MEIER[15], VON MOOS-BUSCH[16], MÜLLER/LIPP/PLÜSS[17], ZWICKER[18], ferner speziell für Bank-Aktiengesellschaften bei EMMENEGGER/GEIGER[19] und bei KEPPELER.

Mehr und mehr machen Publikumsgesellschaften ihr Organisationsreglement auf ihrer Website zugänglich. Bei komplexeren Strukturen können solche Reglemente ebenfalls als Ausgangspunkt für die individuelle Gestaltung dienlich sein.

b) Als **Anhänge** dieser Publikation finden sich drei Musterreglemente. Das erste (S. 409 ff.) ist eine Kurzversion. Das zweite (S. 413 ff.) ist zwar einfach und knapp gehalten, geht aber insofern über eine Minimalordnung hinaus, als der Verwaltungsrat relativ detailliert geregelt wird und eine Geschäftsleitung vorgesehen ist. Das dritte, ausführliche (S. 426 ff.), sieht zusätzliche Regeln vor, wie sie für grössere Gesellschaften und besonders für Konzernobergesellschaften sinnvoll sind. Ausgehend von einem dieser Muster können einerseits nicht einschlägige Abschnitte gestrichen, andererseits aber in den relevanten Teilen Ergänzungen und Konkretisierungen gemäss den Hinweisen und Vorschlägen in den folgenden Paragrafen vorgenommen werden.

---

[9] N 359 ff., insb. 361 ff.: Umschreibung der typischen Elemente eines Reglements.
[10] § 13 N 324 ff.: Stichwortartige Aufzählung des typischen Inhalts.
[11] Gerippe für ein Kürzestreglement von knapp zwei Seiten, mit kleinen Ergänzungen hinten abgedruckt als Anhang I, S. 409 ff.
[12] N 738 ff.: Knappe Hinweise zum Inhalt.
[13] N 282 ff.: Knappe allgemeine Übersicht, ergänzt durch Hinweise zu weiteren Dokumenten im Zusammenhang mit der Organisation.
[14] N 1726 ff.: Empfehlungen für die Ausgestaltung des Organisationsreglements einer Publikumsgesellschaft mit einem Verwaltungsratsausschuss und einem Delegierten.
[15] 307 ff.: Checkliste zum möglichen Inhalt und Muster des Reglements für eine kleine Familien-AG mit einigen wenigen Verwaltungsratsmitgliedern, einem «Patron» als Präsident und einem mutmasslich tätigen Verwaltungsratsmitglied.
[16] 76 ff.: Regelungspunkte eines Organisationsreglements, das die Delegation der Geschäftsführung vorsieht und organisatorische Vorschriften enthält.
[17] 707 ff.: Knapp gefasstes Reglement für eine Gesellschaft mit einem Verwaltungsratsdelegierten und einer Geschäftsleitung. Angefügt (718 ff.) werden Beispiele für Alternativklauseln und ein Funktionendiagramm sowie Muster eines Audit-Committee-Reglements und von Stellenbeschrieben für den VR-Präsidenten und den VR-Sekretär. Die Musterdokumente sind auch auf einer dem Band beigefügten CD-ROM enthalten.
[18] 57 ff.: Inhaltsübersicht für das Organisationsreglement einer Einzelgesellschaft.
[19] 97 ff.: Knapp gefasster Modellentwurf eines Organisations- und Geschäftsreglements mit Anhängen zur Kompetenzordnung in den verschiedenen Sparten, für Belehnungssätze und für ein Organigramm.

* * *

13 Im Folgenden wird der typische Inhalt von Organisationsreglementen anhand einer Gliederung, die in der Praxis verbreitet ist, vorgestellt und mit – durchwegs verfremdeten und oft kombinierten – Beispielen aus der Praxis illustriert (§§ 17–28, S. 317 ff.). Damit sollen Bausteine zur Verfügung gestellt werden, mit denen die als Anhänge (S. 405 ff.) abgedruckten Musterreglemente entsprechend den Bedürfnissen der konkreten Gesellschaft individualisiert werden können.

14 Betont sei, dass es in diesem Kapitel lediglich um den **Inhalt des Organisationsreglements** geht, darum also, welchen Niederschlag die gewählte Organisationsform in diesem zentralen Gesellschaftsdokument und seinen Anhängen findet. Wie die Organisation sinnvollerweise ausgestaltet wird und wie rechtliche Zweifelsfragen zu beurteilen sind, ist an anderer Stelle[20] besprochen worden[21].

IV. Typischer Inhalt

15 a) Trotz aller Unterschiede lassen sich Elemente ausmachen, die sich in allen Organisationsreglementen finden, und solche, die zumindest verbreitet sind. Ersteres ergibt sich aus dem gesetzlich zwingend vorgeschriebenen Mindestinhalt, Letzteres daraus, dass – unabhängig von der konkreten Ausgestaltung der unternehmerischen Tätigkeit – oft ähnliche Grundfragen zu regeln sind und dafür bestimmte Lösungen naheliegen.

16 b) Charakteristisch sind etwa folgende **Abschnitte und Themenkreise:**

17 – In einer **Einleitung** wird auf die rechtlichen Grundlagen in Gesetz und Statuten hingewiesen sowie allenfalls der Zweck des Reglements genannt. Manchmal finden sich hier auch Regeln, die von allen Funktionsträgern gleichermassen zu beachten sind[22].

18 – Den – meist auch im Umfang – gewichtigsten Teil bilden die Regeln zu den **Aufgaben und zur Arbeitsweise des Verwaltungsrats**[23].

19 – Es folgen Bestimmungen für die **Verwaltungsratsausschüsse,** falls solche bestehen und falls für sie nicht eigene Reglemente aufgestellt werden[24].

---

[20] Vgl. Kapitel 2 und 3, S. 19 ff. und 245 ff.
[21] Es wird jeweils auf die einschlägigen Stellen verwiesen.
[22] Dazu § 17, S. 317 ff.
[23] Dazu § 18, S. 322 ff.
[24] Dazu § 19, S. 344 ff.

- Vor oder nach diesem Abschnitt wird die Position von **Verwaltungsrats-** 20
  mitgliedern mit besonderen Funktionen – vor allem die des **Präsidenten**
  sowie eines allfälligen **Delegierten** – besprochen[25].

- Ein weiterer Abschnitt enthält allgemeine Regeln zur **Stellung des einzel-** 21
  nen Verwaltungsratsmitglieds[26], soweit sich diese nicht bei den Regeln für
  den Verwaltungsrat als Gremium, in einem eigenen Abschnitt mit Bestimmungen für alle Funktionsträger oder bereits in der Einleitung finden.

- Falls Aufgaben an eine **Geschäfts-** oder **Konzernleitung** delegiert worden 22
  sind, nimmt die Besprechung ihrer Aufgaben ähnlich breiten Raum ein
  wie die der Funktion des Verwaltungsrats, falls für die Geschäftsleitung
  nicht ein eigenes Reglement aufgestellt wird[27].

- Auch die Rechtstellung der **Geschäftsleitungsmitglieder mit besonderen** 23
  Funktionen – vor allem des **Vorsitzenden**, allenfalls auch des **Finanzchefs**
  und gelegentlich weiterer Angehöriger – wird eigens umschrieben[28].

- Manchmal befasst sich ein besonderer Abschnitt mit **gemeinsamen Bestim-** 24
  mungen für alle Organpersonen (d.h. der Mitglieder von Verwaltungsrat
  und Geschäftsleitung)[29], während solche Bestimmungen in anderen Reglementen in der Einleitung oder bei der Behandlung von Verwaltungsrat
  bzw. Geschäftsleitung platziert sind.

- Bei grösseren Gesellschaften wird im Organisationsreglement auch die **In-** 25
  terne Revision in den Grundzügen geregelt, und es werden gelegentlich
  auch weitere Institutionen erwähnt[30].

- Schliesslich finden sich stets **Schlussbestimmungen**, etwa zum Inkrafttre- 26
  ten und zur Abänderung[31].

- Im **Konzern** wird im Reglement der Muttergesellschaft gelegentlich die 27
  Konzernleitungspflicht geregelt, während sich in den Reglementen der
  Tochtergesellschaften manchmal Hinweise zur Einbettung in den Kon-
  zern finden[32].

---

[25] Dazu § 20, S. 351 ff.
[26] Dazu § 21, S. 356 ff.
[27] Dazu § 22, S. 365 ff.
[28] Dazu § 23, S. 374 ff.
[29] Dazu § 24, S. 378 ff.
[30] Dazu § 25, S. 381 ff.
[31] Dazu § 26, S. 384 ff.
[32] Dazu § 27, S. 387 ff.

28 — Verbreitet sind schliesslich **Anhänge,** etwa ein Funktionendiagramm oder detaillierte Kompetenzordnungen für einzelne Organe und Organpersonen[33].

---

[33] Dazu § 28, S. 391 ff. sowie als Beispiel Anhang IV, S. 455 ff. Solche Dokumente bleiben allenfalls auch dann vertraulich, wenn das Organisationsreglement selbst öffentlich zugänglich ist.

§ 17 Präambel, Zweck und Anwendungsbereich

Gelegentlich werden Organisationsreglemente mit einer kurzen **Präambel** eingeleitet (Ziff. I, N 2 ff.). Darin wird auf die **rechtlichen Grundlagen** hingewiesen (Ziff. II, N 5 ff.) und es werden **Zweck und Geltungsbereich** umschrieben (Ziff. III, N 8 ff.). Vereinzelt finden sich **Definitionen** der wichtigsten Begriffe (Ziff. IV, N 13), und recht häufig werden die **Exekutivorgane**, für die das Reglement gelten soll, aufgezählt (Ziff. V, N 14). Manchmal finden sich im einleitenden Kapitel auch eine Übersicht über die **Organisation** der Gesellschaft (Ziff. VI, N 17 ff.) sowie **Regeln, die alle Organpersonen** gleichermassen zu beachten haben (Ziff. VII, N 20 ff.).

1

I. Präambel

Vor allem in öffentlich zugänglichen Reglementen von Publikumsgesellschaften wird an den Anfang oft eine kurze Umschreibung der **Ziele, Tätigkeiten und der Organisationsstruktur** der Gesellschaft gestellt.

2

Beispiel:

3

Die X AG ist eine Holdinggesellschaft mit Sitz in [ ], deren statutarischer Zweck die direkte oder indirekte Beteiligung an Unternehmen aller Art in der Schweiz und im Ausland, insbesondere im [Umschreibung des Tätigkeitsbereichs], ist.

Die operative Tätigkeit erfolgt durch die direkten und indirekten Tochtergesellschaften, insbesondere [Aufzählung der – wichtigeren – Tochtergesellschaften].

Das Geschäft der Gruppe wird in [vier] Sparten betrieben: [ ].

Gelegentlich hat die Präambel auch Absichts- oder **Bekenntnischarakter.**

Beispiel:

4

Dieses Reglement soll den Rahmen für eine erfolgreiche Ausübung der geschäftlichen Aktivitäten bilden. Es soll ein Klima von Kundenorientierung, Kooperationsbereitschaft und gegenseitigem Vertrauen schaffen und die Einhaltung der gesetzlichen Anforderungen sowie der Regeln einer guten Unternehmensführung sicherstellen.

II. Nennung der rechtlichen Grundlagen[1]

5 Nicht selten beginnen Organisationsreglemente mit einem Hinweis auf die Statutenbestimmung, auf die sich das Reglement stützt[2], allenfalls auch auf die einschlägigen gesetzlichen Bestimmungen.

6 **Beispiele**[3]:

Dieses Reglement stützt sich auf Art. [ ] der Statuten der X AG.

7 Oder:

Gestützt auf Art. 716 und 716b des Obligationenrechts und Art. [ ] der Statuten erlässt der Verwaltungsrat das vorliegende Organisationsreglement.

III. Zweck, Inhalt und Geltungsbereich

8 Verbreitet sind kurze Hinweise zu den Organen, deren Tätigkeit durch das Reglement erfasst wird, allenfalls auch zu weiteren konkretisierenden Dokumenten.

9 **Beispiele**[4]:

Dieses Reglement dient der Abgrenzung der Aufgaben und Kompetenzen der Organe und der Sicherstellung des Informationsflusses.

10 Oder:

Dieses Reglement legt die Organisation und die Zuständigkeiten des Verwaltungsrats, seiner Ausschüsse und der Exekutivorgane der X-Gruppe fest und regelt die Berichterstattung.

11 Oder:

Dieses Organisationsreglement regelt die Organisation der Geschäftsführung sowie die Aufgaben und Befugnisse der geschäftsführenden Organe der Gesellschaft. Es dient der näheren Ausführung und Ergänzung des anwendbaren Rechts und der Statuten, indem es verbindliche Regeln über die angemessene Organisation des Verwaltungsrats und seiner Ausschüsse sowie der geschäftsführenden Organe aufstellt.

---

[1] Vgl. BAUEN/VENTURI N 361; KRNETA N 1727; VON MOOS-BUSCH 76 f.
[2] In der Regel die Einräumung einer Delegationskompetenz gemäss OR 716b I.
[3] Vgl. auch MÜLLER/LIPP/PLÜSS 707 Ziff. 1; MEIER 308 Ziff. 1.
[4] Vgl. auch MEIER 308 Ziff. 2.

Oder:

Das Organisationsreglement regelt die Organisation der X AG sowie die Aufgaben und Verantwortlichkeiten des Verwaltungsrats und seiner Ausschüsse, des Präsidenten und des Vizepräsidenten, der Geschäftsleitung und ihres Vorsitzenden, der Regional- und Divisionsleiter sowie der Internen Revision.

IV. Definitionen

In komplexen Reglementen werden gelegentlich die wichtigsten Begriffe in einem **Glossar** definiert. Manchmal findet sich auch ein **Abkürzungsverzeichnis**. Häufig werden die Abkürzungen aber auch bei der ersten Verwendung eines Begriffs eingeführt.

V. Übersicht über die Exekutivorgane[5]

Die Exekutivorgane, deren Arbeit das Reglement (zumindest in den Grundsätzen) ordnet, werden meist im Zusammenhang mit seinem Geltungsbereich aufgezählt, gelegentlich aber auch separat.

Beispiele:

Die Exekutivorgane der Gesellschaft sind:

- *der Verwaltungsrat*
- *die Geschäftsleitung der Gruppe*
- *die Geschäftsbereichsleiter*
- *die Produkt- und Fachbereichsleiter.*

Oder:

Die geschäftsführenden Organe der Gesellschaft sind:

- *der Verwaltungsrat*
- *der CEO*
- *die Geschäftsleitung.*

---

[5] Vgl. BAUEN/VENTURI N 362; KRNETA N 1728; VON MOOS-BUSCH 77 f.

Ein Organigramm liegt diesem Organisationsreglement als Anhang bei.

VI. Übersicht zur Organisation

17 In komplexeren Verhältnissen – und namentlich bei Konzernobergesellschaften[6] – finden sich manchmal erläuternde Hinweise zur Organisation.

18 **Beispiele:**

Die Gesellschaft hält direkt oder indirekt 100% der Aktien der folgenden operativen Gesellschaften: [ ]. Sie bildet mit diesen zusammen die X-Gruppe. Verwaltungsrat und Geschäftsleitung der X AG sowie die Interne Revision der X AG nehmen auch Gruppenaufgaben wahr.

19 Oder:

Die X AG und ihre Geschäftsleitung sind wie folgt organisiert:

- *Verwaltungsrat unter der Leitung des Verwaltungsratspräsidenten [es folgen die wichtigsten Aufgaben des Verwaltungsrats als Gremium]*
- *Geschäftsleitung unter der Leitung des CEO, an welche innerhalb der gesetzlichen Schranken die Leitung der Geschäftstätigkeit delegiert ist*
- *folgende Ausschüsse des Verwaltungsrats: [ ].*

Die Rechte und Pflichten dieser Gremien sind in den Anhängen [ ] – [ ] umschrieben.

VII. Weitere Bestimmungen

20 a) Im einleitenden Kapitel sind gelegentlich auch Regeln platziert, die **für alle Exekutivorgane** gleichermassen gelten[7]. Zumeist finden sich diese Bestimmungen jedoch entweder im Kapitel über den Verwaltungsrat, in einem besonderen Abschnitt über die Pflichten der Verwaltungsratsmitglieder oder endlich auch – wie in dieser Darstellung[8] – in einem eigenen Kapitel, in wel-

---

[6] Zu diesen vgl. § 27, S. 387 ff.
[7] Etwa die allgemeine Sorgfalts- und Loyalitätspflicht, Vorschriften zum Verhalten bei Interessenkonflikten oder – bei kotierten Gesellschaften – das Verbot von Insidergeschäften.
[8] Vgl. § 24, S. 378 ff.

chem die übergreifenden Verhaltenspflichten aller Organpersonen zusammengefasst werden.

b) Vereinzelt wird – wie heute in vielen Dokumenten – auf die Selbstverständlichkeit hingewiesen, dass Formulierungen stets **geschlechtsneutral** gemeint sind. 21

Beispiel: 22

Männlich oder weiblich formulierte Begriffe gelten grundsätzlich für beide Geschlechter.

§ 18 Regelung der Aufgaben und Arbeitsweise des Verwaltungsrats[1]

1 Das Herzstück des Organisationsreglements bildet regelmässig das Kapitel zum Verwaltungsrat als Gremium. Es entspricht den Regeln, die früher in einem **Geschäftsreglement** enthalten waren[2, 3].

2 Das Kapitel zum Verwaltungsrat beginnt meist mit einer **Positionierung** dieses Gremiums (Ziff. I, N 3 f.). Es folgen Regeln über die **Konstituierung** und allenfalls auch die Zusammensetzung (Ziff. II, N 5 ff.). Zentral für die inhaltliche Regelung der Organisation ist der Abschnitt über die **Delegation von Kompetenzen** an Ausschüsse, einzelne Verwaltungsratsmitglieder und – dies vor allem – an die Geschäftsleitung sowie über die verbleibenden Kompetenzen des Gesamtverwaltungsrats (Ziff. III, N 13 ff.). Den grössten Raum nehmen in der Regel die prozeduralen Vorschriften für die Verwaltungsratssitzungen – ihre **Einberufung und Durchführung** und insbesondere die **Beschlussfassung** – ein (Ziff. IV und V, N 34 ff. und 74 ff.). Oft werden im Kapitel zum Verwaltungsrat auch Rechte und Pflichten einzelner Verwaltungsratsmitglieder[4] geregelt, die in dieser Darstellung an anderer Stelle zur Sprache kommen[5].

---

[1] Vgl. dazu ausführlich von Moos-Busch 78 ff.; ferner Krneta N 1729 ff. und Bauen/Venturi N 365 f. sowie für Beispiele Müller/Lipp/Plüss 707 ff. Ziff. 2 und Meier 309 ff. Ziff. 3–16.

[2] Zum Begriff des **Geschäftsreglements** vgl. § 14 N 31. Geschäftsreglemente können von jedem Organ für seinen Bereich erlassen werden. Für Geschäftsreglemente braucht es – anders als für Organisationsreglemente, die eine Delegation von Kompetenzen vorsehen (dazu § 15 N 12 ff.) – keine statutarische Grundlage.

[3] Auf der Stufe des Verwaltungsrats sind heute besondere Geschäftsreglemente nicht mehr üblich und auch nicht sinnvoll, da es unzweckmässig ist, die zwingend in einem Organisationsreglement (und auf statutarischer Grundlage) zu treffende Delegation von Kompetenzen von der Regelung der dem Verwaltungsrat verbleibenden Aufgaben und seiner Arbeitsweise zu trennen (vgl. § 14 N 33). Dagegen finden sich Geschäftsreglemente – unter den verschiedensten Bezeichnungen wie etwa Geschäftsreglement, Satzung, Charter – gelegentlich für Verwaltungsratsausschüsse und oft auf der Stufe der Geschäftsleitung sowie einzelner Gremien und Divisionen.

[4] Etwa Informationsrechte und Ausstandspflichten.

[5] §§ 20 und 21 S. 351 ff. und 356 ff.

I. Stellung des Verwaltungsrats in der gesellschaftlichen Organisation

Gelegentlich wird – ohne dass dies materiell relevant wäre – die Positionierung des Verwaltungsrats in der Gesellschaft umschrieben.

Beispiel:

Dem Verwaltungsrat obliegt die Oberleitung, Aufsicht und Kontrolle der Gesellschaft und des Konzerns. Seine Verantwortlichkeiten und Kompetenzen ergeben sich aus dem Gesetz, den Statuten und diesem Organisationsreglement.

II. Konstituierung und Regeln für die Zusammensetzung des Verwaltungsrats

a) Das Gesetz sieht bekanntlich zwingend vor, dass sich der **Verwaltungsrat selbst konstituiert**[6], mit dem einzigen Vorbehalt, dass sich die Generalversammlung die Wahl seines Präsidenten ausbedingen kann[7].

Im Organisationsreglement wird dies regelmässig – obwohl an sich nicht erforderlich – explizit festgehalten[8].

Beispiele[9]:

Der Verwaltungsrat konstituiert sich selbst.

Er wählt jährlich in der ersten Sitzung nach der ordentlichen Generalversammlung[10] *aus seiner Mitte den Präsidenten und den Vizepräsidenten sowie den Delegierten des Verwaltungsrats.*

Er bezeichnet einen Sekretär, der nicht Mitglied des Verwaltungsrats zu sein braucht.

---

[6] Vgl. vorn § 8 N 31.
[7] Vgl. vorn § 9 N 7 f.
[8] Vgl. VON MOOS-BUSCH 79 f.; KRNETA N 1734; BAUEN/VENTURI N 364.
[9] Vgl. auch MÜLLER/LIPP/PLÜSS 707 f. Ziff. 2.2, MEIER 309 Ziff. 6 f.
[10] Unabhängig von der Amtsdauer des Verwaltungsratsmandats als solchem empfiehlt es sich, für die Zuweisung der einzelnen Funktionen eine alljährliche Wahl bzw. Bestätigung vorzusehen: KRNETA N 1735 und ihm folgend BAUEN/VENTURI N 364. Es ist dies in der Praxis auch die Regel, vgl. § 5 N 168.

8   Oder:

Der Präsident des Verwaltungsrats wird durch die Generalversammlung gewählt. Im Übrigen konstituiert sich der Verwaltungsrat selbst. Er bezeichnet insbesondere einen Vizepräsidenten, die Vorsitzenden und Mitglieder von Ausschüssen und den Sekretär, der nicht Mitglied des Verwaltungsrats sein muss.

9   b) Oft finden sich in Organisationsreglementen Bestimmungen über die **Zusammensetzung des Verwaltungsrats**. Dabei werden gelegentlich Formulierungen verwendet, die ausser Acht lassen, dass die Wahl der Verwaltungsratsmitglieder durch die Generalversammlung erfolgt und der Verwaltungsrat auf seine Zusammensetzung nur durch entsprechende Vorschläge Einfluss nehmen kann.

10 **Beispiele:**

Der Verwaltungsrat unterbreitet der Generalversammlung Wahlvorschläge, die eine angemessene Grösse und eine ausgewogene Zusammensetzung des Verwaltungsrats gewährleisten und sicherstellen sollen, dass die Mehrheit seiner Mitglieder unabhängig ist.

Als unabhängig gilt ein Mitglied, das in den letzten drei Jahren keine Funktion in der Geschäftsleitung der Gesellschaft innegehabt hat und in keiner wesentlichen geschäftlichen Beziehung zur Gesellschaft oder einer Gruppengesellschaft steht. Die Einhaltung der Unabhängigkeitsvorschriften wird vom Verwaltungsrat jährlich an seiner konstituierenden Sitzung festgestellt.

11 Oder (so nur als Ziel zu verstehen):

Der Verwaltungsrat besteht mehrheitlich aus unabhängigen Mitgliedern. Er deckt in seiner Gesamtheit alle für die Gesellschaft wesentlichen Kompetenzen ab[11].

12 c) Oft werden an dieser Stelle auch Anforderungen an die einzelnen Mitglieder – Altersgrenze, Schranken für die Mitgliedschaft in anderen Verwaltungsräten und für konkurrenzierende Tätigkeiten – verankert[12].

---

[11] Wie erwähnt entscheidet darüber die Generalversammlung.
[12] Vgl. dazu hinten § 21, S. 356 ff.

III. Zuständigkeiten und Kompetenzdelegation

1. Grundsatz und Delegationsnorm[13]

Oft wird generell festgehalten, dass der Verwaltungsrat das **oberste Exekutivorgan** der Gesellschaft ist, verbunden mit einem Hinweis auf seine Pflichten zur (Ober-)Leitung, Aufsicht und Kontrolle. Dies wird kombiniert mit dem Hinweis auf eine umfassende **Delegation der Geschäftsführung** oder auch nur auf die Kompetenz zur Delegation[14]. Im zweiten Fall muss an anderer Stelle des Reglements konkretisiert werden, welche Aufgaben delegiert werden, denn eine Delegation von Entscheidungskompetenzen kann nur im Organisationsreglement selbst erfolgen[15]. 13

Beispiele: 14

Dem Verwaltungsrat obliegt die Oberleitung sowie die Aufsicht und Kontrolle der Geschäftsleitung. Er lässt sich über den Geschäftsgang regelmässig orientieren.

Der Verwaltungsrat delegiert die Geschäftsführung vollumfänglich an den Delegierten des Verwaltungsrats / den Vorsitzenden der Geschäftsleitung / die Direktion, soweit nicht Gesetz, Statuten oder dieses Reglement etwas anderes vorsehen.

Oder: 15

Der Verwaltungsrat ist das oberste geschäftsleitende Organ der Gesellschaft. Er delegiert nach Massgabe dieses Reglements einen Teil seiner Aufgaben vollumfänglich oder teilweise an einzelne Mitglieder oder Dritte.

...

[An anderen Stellen wird die Delegation an einen Delegierten bzw. CEO oder eine Geschäftsleitung als Gremium konkretisiert].

---

[13] Vgl. KRNETA N 1739 ff.; BAUEN N 366; VON MOOS-BUSCH 99 f.
[14] Bei grösseren Gesellschaften ist eine umfassende Delegation der Geschäftsführungsaufgaben an den Delegierten, einen CEO oder die Geschäftsleitung die Regel, während in kleineren Verhältnissen meist nur beschränkt und oft auch nur innerhalb des Verwaltungsrats delegiert wird.
[15] OR 716b I, dazu neuestens ausführlich BASTIAN 29 ff.

16 Oder:

Der Verwaltungsrat trägt die endgültige Verantwortung für die Leitung der Gesellschaft sowie die Aufsicht und Kontrolle der Geschäftsführung. Er legt die Geschäftsstrategie und die Geschäftspolitik fest und lässt sich regelmässig über den Geschäftsgang orientieren.

Der Verwaltungsrat ist zur Beschlussfassung in sämtlichen Angelegenheiten ermächtigt, welche nicht durch das Gesetz, die Statuten oder dieses Organisationsreglement der Generalversammlung oder einem anderen Organ der Gesellschaft vorbehalten oder an ein solches delegiert worden sind.

In allen Angelegenheiten, die nicht in Ziff. X [Liste der Kompetenzen des Verwaltungsrats[15a] aufgezählt sind, delegiert der Verwaltungsrat seine Befugnisse an die Geschäftsleitung und deren Vorsitzenden, sofern nicht das Gesetz oder die Statuten etwas anderes vorsehen.

17 Gelegentlich wird auch festgehalten, dass der Verwaltungsrat bei Entscheidungen, die in seiner Verantwortung liegen, die **Ausführungskompetenz** – einschliesslich der Regelung von Einzelheiten – an eines seiner Mitglieder oder den Vorsitzenden der Geschäftsleitung delegieren kann. Dieses Vorgehen entspricht guter Praxis und ist auch ohne explizite Bestimmung im Organisationsreglement zulässig[16, 17].

18 **Beispiel:**

Der Verwaltungsrat kann bei einem von ihm vorberatenen Geschäft die Kompetenz, die Einzelheiten zu regeln und einen endgültigen Beschluss zu fassen, an eines seiner Mitglieder oder an den Vorsitzenden der Geschäftsleitung delegieren. Er legt dabei die Eckwerte fest.

[15a] Dazu N 21 f.
[16] So kann etwa bei der Anstellung eines Geschäftsleitungsmitglieds die Bestimmung des Salärs und von Einzelheiten des Arbeitsvertrages an den Verwaltungsratspräsidenten delegiert werden. Oder es wird der Vollzug einer Akquisition innerhalb der vom Verwaltungsrat fixierten Eckwerte an den CEO (allenfalls mit Genehmigungsvorbehalt zugunsten des Präsidenten) delegiert.
[17] U.E. – aber das ist umstritten – können auch eigentliche Geschäftsführungsaufgaben weiterdelegiert werden, wenn dies im Rahmen einer sinnvollen Organisation angemessen und nicht statutarisch untersagt ist, vgl. § 4 N 48.

2. Liste der Verwaltungsratskompetenzen

a) Jedes Organisationsreglement enthält eine Liste der dem Verwaltungsrat zukommenden Kompetenzen. Ausgangspunkt für deren Ausgestaltung ist regelmässig die Liste der unübertragbaren und unentziehbaren Verwaltungsratskompetenzen von OR 716a I, die zumeist ergänzt wird durch weitere unübertragbare Aufgaben, welche sich aus anderen gesetzlichen Bestimmungen ergeben, aber auch durch grundsätzlich übertragbare Aufgaben, welche der Verwaltungsrat in seiner Hand behalten will[18].

b) **Beispiele** für Regelungen, die über die blosse Wiederholung von OR 716a I hinausgehen:

Knappe Regelung:

Der Verwaltungsrat hat folgende unübertragbare und unentziehbare Aufgaben:

1. *Oberleitung der Gesellschaft und Erteilung der nötigen Weisungen, Entwicklung der strategischen Ziele, Festlegung der Mittel zur Erreichung derselben, Festlegung der Geschäftspolitik sowie Risikobeurteilung*

2. *Festlegung der Organisation*

3. *Ausgestaltung des Rechnungswesens, der Finanzkontrolle, der Finanzplanung[19] sowie der internen Kontrolle*

4. *Ernennung und Abberufung der mit der Geschäftsführung und der Vertretung betrauten Personen sowie Regelung der Zeichnungsberechtigung*

5. *Oberaufsicht über die mit der Geschäftsführung betrauten Personen, namentlich im Hinblick auf die Befolgung der Gesetze, Statuten, Reglemente und Weisungen*

6. *Erstellung des Geschäftsberichts sowie Vorbereitung der Generalversammlung und Ausführung ihrer Beschlüsse*

7. *Benachrichtigung des Gerichts im Falle der Überschuldung*

---

[18] In diesem zweiten Fall wird die Aufzählung oft entsprechend gegliedert.
[19] Die Einschränkung von OR 716a I Ziff. 3 («sofern diese für die Führung der Gesellschaft notwendig ist») wird in der Regel und zu Recht weggelassen, weil kaum eine Gesellschaft ohne Finanzplanung auskommt.

8. *Beschlussfassung über die nachträgliche Leistung von Einlagen auf nicht voll liberierte Aktien*

9. *Beschlüsse zur Feststellung von Kapitalerhöhungen und daraus folgende Statutenänderungen*

10. *Prüfung der fachlichen Voraussetzungen der Revisionsexperten*

11. *Festlegung der Grundsätze für das Risiko-Management*

12. *Abschluss von Verträgen gemäss Fusionsgesetz.*

22 **Ausführlichere Regelung:**

In Ergänzung oder Präzisierung zu den vorstehend aufgeführten Pflichten werden etwa genannt:

13. *Beschlussfassung über die Aufnahme von Anleihen*

14. *Ernennung und Abberufung des Vorsitzenden der Geschäftsleitung / seines Stellvertreters / der Mitglieder der Geschäftsleitung sowie der erweiterten Geschäftsleitung / der Mitglieder der Direktion / des Leiters Interne Revision*

15. *Genehmigung der Mittelfristplanung und der Mittelfristfinanzplanung*

16. *Genehmigung der jährlichen Unternehmensziele*

17. *Beschlussfassung über das Jahresbudget*

18. *Beschlussfassung über Ausgaben ausserhalb des Budgets, sofern sie CHF [ ] überschreiten [bei wiederkehrenden Ausgaben ist der Gesamtbetrag bis zur ersten Kündigungsmöglichkeit massgebend] / sofern sie nicht in die Kompetenz der Geschäftsleitung fallen*

19. *Genehmigung der organisatorischen Grundsätze und der Struktur der Geschäftsleitung*

20. *Eröffnung oder Schliessung von Niederlassungen*

21. *Erwerb, Veräusserung oder Auflösung von Unternehmens- oder Betriebsteilen*

22. *Erwerb und Verkauf von Gesellschaften und von Gesellschaftsbeteiligungen, einschliesslich der Gründung, Auflösung oder Veräusserung von Tochtergesellschaften*

23. Kooperationen mit anderen Unternehmen von strategischer Bedeutung

24. Rechtliche Umstrukturierungen

25. Aufnahme oder Gewährung von Krediten, Eingehen von Bürgschaften, Garantieverpflichtungen und Pfandbestellungen zugunsten Dritter [ausserhalb des Konzerns], soweit der Maximalbetrag CHF [ ] übersteigt

26. Eintritt in oder Austritt aus Organisationen mit politischer oder reputationsmässiger Bedeutung (insbesondere Branchenverbände)

27. Beschlussfassung über das Vergütungsreglement und den Vergütungsbericht sowie Genehmigung des Bonusreglements auf Vorschlag des Vergütungsausschusses / der jährlich zur Verfügung stehenden Bonussumme sowie der Boni für den Vorsitzenden und die Mitglieder der Geschäftsleitung auf Vorschlag des Vergütungsausschusses / Genehmigung der Entschädigung für die Verwaltungsratsmitglieder auf Vorschlag des Vergütungsausschusses

28. Bestellung der Vertreter in Drittgesellschaften, auf welche die Gesellschaft aufgrund von Beteiligungen einen massgebenden Einfluss ausübt

29. Beschlussfassung über die Einleitung von gerichtlichen (einschliesslich schiedsgerichtlichen) oder strittigen verwaltungsrechtlichen Verfahren (soweit diese nicht eine Folge der laufenden Geschäftstätigkeit sind wie etwa Verfahren aus Gewährleistung) und Genehmigung von Vergleichen in solchen Verfahren

30. Entscheid über Strafanzeigen [gegen Mitglieder der Direktion und des Kaders / gegen Mitarbeitende]

31. Wahl und Abberufung der Arbeitgebervertreter in die Personalvorsorgeeinrichtungen

32. Kenntnisnahme vom Bericht der Revisionsstelle und Veranlassung der sich daraus ergebenden Massnahmen

33. Kenntnisnahme von den Berichten der Internen Revision, des Risiko-Managements und der Compliance-Funktion

34. Entscheid über Eintragungen in das Handelsregister.

Enthält das Organisationsreglement eine **noch ausführlichere Regelung**, dann wird diese meist **strukturiert**. Differenziert wird etwa

24 – nach den gesetzlich vorgegebenen und weiteren Zuständigkeiten, bei diesen zudem nach Aufgaben im Bereich der Oberleitungs- und Überwachungsfunktion und solchen in operativen Belangen

25 – oder auch nach Aufgabenbereichen (Strategie, Organisation, Finanzen, Personelles, Kontrollaufgaben, Risiko-Management, ...).

26 c) Auch **Sachgeschäfte ohne besondere strategische Bedeutung** werden kaum je vollumfänglich an die Geschäftsleitung als Ganzes delegiert. Vielmehr erfolgt zumeist eine Abstufung nach ihrer – vor allem finanziellen – Tragweite: Bis zu einer bestimmten Höhe ist ein einzelnes Geschäftsleitungsmitglied entscheidungsbefugt, dann die Geschäftsleitung insgesamt oder deren Vorsitzender, dann allenfalls ein Ausschuss des Verwaltungsrats oder dessen Präsident und schliesslich der Verwaltungsrat als Ganzes. Möglich sind weitere graduelle Unterschiede, etwa die Auflage, dass der CEO gewisse Entscheide erst nach Rücksprache mit dem Präsidenten des Verwaltungsrats treffen soll.

27 Solche Regelungen finden sich jedoch eher selten im Organisationsreglement selbst, häufiger in einem Funktionendiagramm, das dem Reglement als Anhang beigefügt wird[20].

28 Mitunter findet sich auch eine Bestimmung, wonach es sich der Verwaltungsrat vorbehält, gewisse grundsätzlich delegierte **Entscheidungen** im Einzelfall wegen ihrer besonderen Tragweite **an sich zu ziehen.**

3. Sonderregeln für Fälle von Dringlichkeit

29 Gelegentlich wird für Fälle besonderer Dringlichkeit der Präsident des Verwaltungsrats (oder – falls ein solches besteht – das Verwaltungsratspräsidium[21]) ermächtigt, einen Entscheid zu fällen, der unter normalen Bedingungen in die Kompetenz des Gesamtrates gehört.

30 **Beispiel:**

In Fällen besonderer Dringlichkeit kann der Präsident des Verwaltungsrats eine Entscheidung treffen, falls der Verwaltungsrat nicht in der Lage ist, rechtzeitig zum betreffenden Geschäft Stellung zu nehmen, und kein Hinweis vorliegt, dass der Verwaltungsrat das Geschäft nicht bewilligen würde.

---

[20] Dazu hinten § 28 N 3 ff. und das Beispiel in Anhang IV, S. 455 ff.
[21] Zu diesem vgl. § 5 N 82 ff.

Soweit möglich kontaktiert der Präsident vorgängig die einzelnen Verwaltungsratsmitglieder, und er orientiert anschliessend den Verwaltungsrat unverzüglich über seinen Entscheid und die Gründe der Dringlichkeit.

Entsprechende Regeln finden sich auch auf der Stufe Geschäftsleitung zugunsten des Vorsitzenden. 31

4. Kompetenz zur Weiterdelegation

An dieser Stelle – und sonst bei den Bestimmungen für die Geschäftsleitung – wird bisweilen auch die Frage behandelt, ob ein Organ oder eine Organperson, dem oder der eine bestimmte Aufgabe zugewiesen ist, das Recht hat, diese weiterzudelegieren[21a]. Meist wird die **Weiterdelegation verboten**, vorbehältlich einer expliziten Ermächtigung. 32

Beispiel: 33

Die im Organisationsreglement und seinen Anhängen zugewiesenen Aufgaben dürfen nur delegiert werden, wenn das Reglement es ausdrücklich gestattet oder der Verwaltungsrat dies im Einzelfall bewilligt.

IV. Vorbereitung und Durchführung der Verwaltungsratssitzungen[22]

Die Regeln zu den Sitzungen des Verwaltungsrats sind gewöhnlich ausführlich und präzis gehalten. Integriert finden sich häufig Bestimmungen über Beschlussfähigkeit und Beschlussfassung, die in dieser Darstellung anschliessend in Ziff. V, N 74 ff. vorgestellt werden. 34

Angesprochen werden etwa – in sehr unterschiedlichem Umfang, aber inhaltlich erstaunlich homogen – der Sitzungsrhythmus (Ziff. 1), die (Standard-) Traktanden (Ziff. 2), Einberufung und Einberufungsrecht (Ziff. 3), die Teilnehmenden (Ziff. 4), die Durchführung der Sitzungen und besonders die Sitzungsleitung (Ziff. 5), die Berichterstattung (Ziff. 6), die Protokollierung (Ziff. 7), Zirkulationsbeschlüsse und andere besondere Formen der Beschluss- 35

[21a] Zur Frage der Zulässigkeit beim Fehlen einer Regelung s. § 4 N 48 f.
[22] Vgl. VON MOOS-BUSCH 80 ff.; KRNETA N 1736 ff.; BAUEN/VENTURI N 365.

fassung (Ziff. 8), der Beizug von Sachverständigen (Ziff. 9) und schliesslich die Selbstevaluation (Ziff. 10).

1. Sitzungsrhythmus[23]

36 Vorgesehen wird meist, dass der Verwaltungsrat nach Bedarf tagt, wobei eine Minimalzahl von Sitzungen (überwiegend deren vier) festgeschrieben wird.

37 **Beispiel:**

> Der Verwaltungsrat tagt so oft wie es die Geschäftstätigkeit erfordert, mindestens aber viermal jährlich.

38 Ab und an wird auf die Möglichkeit ausserordentlicher Sitzungen hingewiesen, meist in Verbindung mit dem Einberufungsrecht[24].

2. Traktanden[25]

39 Zu den Sitzungstraktanden äussern sich die Reglemente nur ausnahmsweise.

40 **Beispiel:**

> In wenigstens einer ordentlichen Sitzung sollen die strategischen Positionen und Optionen und die strategischen Geschäftspläne im Zentrum stehen.

41 Gelegentlich findet sich jedoch in einem Anhang eine Übersicht über die Schwergewichtstraktanden einer jeden ordentlichen Sitzung[26].

3. Einberufung und Einberufungs- sowie Traktandierungsrecht[27]

42 a) Regelmässig wird festgehalten, dass die Einberufung durch den Präsidenten oder allenfalls den Vizepräsidenten erfolgt und dass die Mitglieder des Verwaltungsrats ein Einberufungsrecht haben[28]. Vereinzelt wird auch auf das Traktandierungsrecht der Verwaltungsratsmitglieder hingewiesen und/oder

---

[23] Vgl. vorn § 11 N 7 f. sowie etwa von Moos-Busch 80, 88; Krneta N 1736.
[24] Dazu N 42.
[25] Vgl. vorn § 11 N 51 ff. sowie etwa von Moos-Busch 83 und Krneta N 1736.
[26] Vgl. dazu § 11 N 52 ff.
[27] Dazu § 11 N 25 ff. sowie etwa von Moos-Busch 88 f. und Krneta N 1736, 1745.
[28] Vgl. § 11 N 26.

es wird Personen ausserhalb des Verwaltungsrats das Recht eingeräumt, die Einberufung einer Sitzung zu verlangen.

Beispiel: 43

Der Verwaltungsrat tagt auf Einladung des Präsidenten, bei dessen Verhinderung des Vizepräsidenten [und – falls auch dieser verhindert ist – auf Einladung eines anderen Mitglieds des Verwaltungsrats]. Jedes Mitglied des Verwaltungsrats ist berechtigt, vom Präsidenten unter Angabe des Grundes / des Traktandums die unverzügliche Einberufung einer Verwaltungsratssitzung zu verlangen.

Oder: 44

Der Verwaltungsrat versammelt sich auf Einladung seines Präsidenten, bei dessen Verhinderung des Vizepräsidenten. Jedes Mitglied des Verwaltungsrats [und der Präsident der Geschäftsleitung] können beim Präsidenten unter Angabe des Grundes / der Traktanden die Einberufung einer ausserordentlichen Sitzung verlangen.

Jedes Mitglied des Verwaltungsrats kann die Aufnahme von Geschäften in die Traktandenliste verlangen.

b) Obwohl das Gesetz keine **Formvorschriften** aufstellt[29], wird regelmässig Schriftlichkeit verlangt, wobei oft präzisiert wird, was darunter zu verstehen ist. Als Einberufungs**frist**[30] werden in der Regel zehn oder fünf Tage vorgesehen, mit der Möglichkeit der Verkürzung dieser Zeitspanne bei Dringlichkeit. Gelegentlich wird der **Minimalinhalt**[31] der Einladung umschrieben und die Zustellung der für die Vorbereitung erforderlichen Unterlagen[32] ausdrücklich vorgeschrieben. 45

Beispiele: 46

Die Einberufung hat mindestens zehn Werktage vor dem Sitzungstag zu erfolgen. In dringenden Fällen kann diese Frist verkürzt werden. Tag, Zeit und Ort der Sitzung und die Verhandlungsgegenstände (Traktandenliste) sind bei der Einberufung schriftlich bekannt zu geben. Gleichzeitig werden die massgeblichen Sitzungsunterlagen zugestellt.

---

[29] Vgl. § 11 N 31.
[30] Dazu § 11 N 32 ff.
[31] Dazu § 11 N 36.
[32] Dazu § 11 N 37.

47 Oder:

Die Einberufung erfolgt mindestens zehn Tage im Voraus auf dem Korrespondenzweg (Brief, Telefax oder E-Mail). Sie gibt über Tag, Zeit und Ort sowie die Traktanden Auskunft und enthält alle massgeblichen Sitzungsunterlagen.

Bei Anwesenheit und im Einverständnis sämtlicher Mitglieder sind Abweichungen von den vorgenannten Vorschriften zulässig.

Die Einberufung kann formfrei erfolgen, wenn ausschliesslich die erfolgte Durchführung einer Kapitalerhöhung (einschliesslich der Beschlussfassung über den Kapitalerhöhungsbericht) festzustellen ist und die anschliessend vorzunehmenden Statutenänderungen zu beschliessen sind.

4. Teilnehmende und Teilnahmemöglichkeiten[33]

48 a) Angesprochen wird manchmal auch die Frage, ob die Mitglieder der Geschäftsleitung bzw. einzelne von ihnen an den Verwaltungsratssitzungen teilnehmen sollen bzw. dürfen, wozu es unterschiedliche Philosophien gibt[33a].

49 **Beispiele:**

Die Mitglieder der Geschäftsleitung [der Vorsitzende der Geschäftsleitung] nehmen [nimmt] an den Sitzungen des Verwaltungsrats mit beratender Stimme teil.

50 Oder:

Der Präsident des Verwaltungsrats entscheidet, ob und welche Personen, die dem Verwaltungsrat nicht angehören (Vorsitzender und Mitglieder der Geschäftsleitung, leitende Angestellte, Mitglieder der Revisionsstelle oder andere Dritte), an Verwaltungsratssitzungen, gegebenenfalls mit beratender Stimme, teilnehmen.

51 Wo die Teilnahme von Mitgliedern der Geschäftsleitung die Regel ist, wird gelegentlich ausdrücklich gesagt, dass der Verwaltungsrat einen Teil der Sitzung **ohne Gäste** durchführen soll. In Publikumsgesellschaften werden sodann bisweilen Sitzungen nur der **unabhängigen Mitglieder** des Verwaltungs-

---

[33] Dazu § 11 N 39 ff.
[33a] U.E. entspricht die Teilnahme (zumindest) des Geschäftsleitungsvorsitzenden guter Praxis, vgl. § 11 N 42.

rats vorgesehen. Und auch die Möglichkeit, Geschäftsleitungsmitglieder **von der Teilnahme zu entbinden**, wird gelegentlich erwähnt.

Beispiel:

Am Anfang oder Ende einer jeden Verwaltungsratssitzung findet eine Privatsitzung statt, die nach Bedarf zur Aussprache unter den Mitgliedern des Verwaltungsrats oder auch nur unter den unabhängigen Mitgliedern des Verwaltungsrats oder aber zwischen dem Verwaltungsrat und dem Vorsitzenden der Geschäftsleitung dienen kann.

Mitglieder der Geschäftsleitung können vom Präsidenten des Verwaltungsrats von der Teilnahme an einer Sitzung dispensiert werden.

b) Ausgeführt wird manchmal auch, was als **Teilnahme** gilt.

Beispiel:

Als anwesend gilt auch, wer über ein Kommunikationsmittel, das der physischen Präsenz gleichwertig ist (telefonische Teilnahme oder Teilnahme per Videokonferenz), an der Sitzung teilnimmt.

5. Sitzungsleitung[34]

Regelmässig wird der **Vorsitz** bestimmt.

Beispiel:

Der Präsident, bei dessen Verhinderung oder Ausstand der Vizepräsident und, wenn auch dieser verhindert ist, ein vom Verwaltungsrat aus seiner Mitte zu wählendes Mitglied führt den Vorsitz.

Gelegentlich wird auch die Möglichkeit erwähnt, ausnahmsweise eine Sitzung ohne Teilnahme des Präsidenten durchzuführen.

Beispiel:

Der Verwaltungsrat kann Sitzungen auch ohne Teilnahme des Präsidenten durchführen, insbesondere zwecks Beurteilung von dessen Arbeit. [Die Leitung steht dann dem Vizepräsidenten / Lead Director zu.]

---

[34] Dazu § 11 N 59 ff.; VON MOOS-BUSCH 87, 89.

6. Berichterstattung[35]

59 Vorgesehen ist zumeist die ordentliche Berichterstattung in den Sitzungen und die ausserordentliche bei besonderen Vorfällen.

60 **Beispiel:**

In jeder Sitzung ist der Verwaltungsrat vom Vorsitzenden der Geschäftsleitung und bei Bedarf von weiteren Geschäftsleitungsmitgliedern über den laufenden Geschäftsgang und die wichtigeren Geschäftsvorfälle zu orientieren.

Ausserordentliche Vorfälle sind den Mitgliedern des Verwaltungsrats unverzüglich elektronisch oder telefonisch zur Kenntnis zu bringen.

7. Protokollierung[36]

61 In unterschiedlicher Ausführlichkeit wird die Protokollierungspflicht umschrieben:

62 **Beispiele:**

Die Verhandlungen und Beschlüsse werden protokolliert. Das Protokoll ist in der Regel an der nächsten Sitzung zu genehmigen[36a]. Es wird vom Vorsitzenden und vom Sekretär unterzeichnet.

Zirkulationsbeschlüsse sind in das nächste Sitzungsprotokoll des Verwaltungsrats aufzunehmen.

63 Oder:

Die Protokolle enthalten alle Beschlüsse des Verwaltungsrats und geben in allgemeiner Art die Überlegungen wieder, die zu den Beschlüssen geführt haben. Zu Protokoll gegebene abweichende Meinungen und die Stimmabgaben der Verwaltungsratsmitglieder sind ebenfalls zu protokollieren.

Die Protokolle sind vom Präsidenten des Verwaltungsrats und dem Sekretär zu unterzeichnen und zur Nachprüfung und Genehmigung bei der nächsten Verwaltungsratssitzung vorzulegen. Verwaltungs-

---

[35] Dazu ausführlich § 4 N 49 ff.; ferner von Moos-Busch 100 und Homburger N 742 ff.
[36] Dazu § 3 N 17 ff.; § 11 N 65 ff.; von Moos-Busch 96, 99; Krneta N 1738. Ein Musterprotokoll für Verwaltungsratssitzungen findet sich bei Müller (zit. § 3 Anm. 34) 67 ff.
[36a] Dies ist üblich, aber nicht notwendig, vgl. § 11 N 69.

ratsmitglieder können jederzeit in die Protokolle sämtlicher Verwaltungsratssitzungen Einsicht nehmen.

8. Sonderformen[37]

a) Für dringende Fälle wird gelegentlich das in OR 713 II vorgesehene Instrument des **Zirkulationsbeschlusses** konkretisiert. 64

Beispiele: 65

Zirkulationsbeschlüsse sind zulässig, wenn nicht ein Mitglied innert drei Arbeitstagen seit Erhalt des Antrages die Beratung in einer Sitzung verlangt. Es gelten die gleichen Quoren wie bei der Beschlussfassung in einer Sitzung.

Oder: 66

Beschlüsse können auch auf dem Zirkulationsweg mittels schriftlicher Zustimmung (Brief, Telefax, E-Mail) gefasst werden, es sei denn, ein Mitglied verlange innert fünf Tagen seit Erhalt des Antrages die Beratung in einer Sitzung. Bei Übermittlung durch Telefax oder elektronische Datenübertragung gilt die Schriftform als eingehalten, wenn das übermittelte Bild die eigenhändige Unterschrift wiedergibt und das Original nachgereicht wird.[38]

Oder: 67

In dringenden Fällen können Verwaltungsratsbeschlüsse schriftlich gefasst werden, jedoch nur, wenn mehr als 2/3 aller Verwaltungsratsmitglieder an der Beschlussfassung mitwirken und kein Verwaltungsratsmitglied innerhalb von drei Tagen seit dem Zugang des Antrages die Einberufung einer Sitzung verlangt. Es gelten die gleichen Quoren wie in einer Verwaltungsratssitzung.

b) Manchmal wird auch die Möglichkeit der **telefonischen Entscheidfindung** mit nachträglicher schriftlicher Bestätigung vorgesehen[39]. Damit sind nicht Telefonkonferenzen gemeint, sondern Einzeltelefonate, die der Präsident des Verwaltungsrats mit den Mitgliedern führt. 68

Ein solches Vorgehen steht zwar rechtlich auf schwachen Füssen, entspricht aber praktischen Bedürfnissen. 69

---

[37] Dazu § 11 N 13 ff., 90; VON MOOS-BUSCH 93 ff., 98; KRNETA N 1737.
[38] Formuliert nach MEIER 310 Ziff. 13.
[39] So im Musterreglement von MÜLLER/LIPP/PLÜSS 710 Ziff 2.5.

70 c) **Telefon-** oder **Videokonferenzen** sind dagegen so zu behandeln wie Sitzungen mit physischer Präsenz[40], was manchmal ebenfalls ausdrücklich erwähnt wird.

9. Beizug von Sachverständigen

71 Ohne dass dies nötig wäre, wird gelegentlich gesagt, dass der Verwaltungsrat (nötigenfalls) unabhängige Berater oder Sachverständige beiziehen kann[41].

10. Selbstevaluation

72 Mehr und mehr wird auch die zu einer sorgfältigen Amtsausübung gehörende periodische Beurteilung der eigenen Leistung als explizite Aufgabe des Verwaltungsrats im Organisationsreglement verankert.

73 **Beispiel**[41a]:

Der Verwaltungsrat überprüft jährlich sowohl seine eigene Leistung wie auch die der einzelnen Ausschüsse [auf der Basis einer Evaluation durch den Governance-Ausschuss].

Er sorgt auch für die Evaluation der Leistung eines jeden Verwaltungsratsmitglieds.

V. Beschlussfähigkeit und Beschlussfassung[42]

74 Organisationsreglemente enthalten zumeist Ausführungen über die **Beschlussfähigkeit** (dazu Ziff. 1) und stets solche zur Beschluss**fassung** (Ziff. 2). Für **Zirkulationsbeschlüsse** und für **dringliche Geschäfte** werden besondere Regeln aufgestellt (Ziff. 3).

---

[40] Vgl. § 11 N 13.
[41] Eine Beizugs**pflicht** wird allenfalls für Ausschüsse vorgesehen, namentlich für den Vergütungsausschuss, der für die Erarbeitung des Entschädigungskonzepts externe Berater und für die Festlegung der Einzelsaläre Benchmarkstudien zu Rate ziehen soll, vgl. § 5 N 110.
[41a] Ein weiteres Beispiel findet sich hinten § 26 N 12.
[42] Dazu ausführlich § 11 N 71 ff.; ferner von Moos-Busch 90 ff., 97 f.

1. Beschlussfähigkeit[43]

Meist wird vorausgesetzt, dass die **absolute Mehrheit der Mitglieder** anwesend ist, wobei gelegentlich präzisiert wird, dass die Teilnahme an Videokonferenzen als Anwesenheit gilt. Zum Teil wird für die Beschlussfassung über besonders wichtige Geschäfte eine **qualifizierte Präsenz** (meist $2/3$ der Mitglieder) verlangt und vorgesehen, dass dann, wenn diese Präsenz nicht erreicht wird, nach einer bestimmten Frist eine zweite Sitzung stattfinden kann, bei der es kein Präsenzquorum gibt oder nur das ordentliche Quorum erfüllt sein muss.

Einzelne Reglemente sehen **keine Minimalpräsenz** vor, und da eine solche auch gesetzlich nicht verlangt wird, können dann in jeder Versammlung ohne Rücksicht auf die Anwesenheiten beliebige Beschlüsse im Rahmen der Verwaltungsratskompetenzen gefasst werden.

Für **Routinegeschäfte** (insbesondere im Rahmen von Kapitalerhöhungen) wird allgemein auf eine Minimalpräsenz verzichtet[44].

Beispiele:

Der Verwaltungsrat ist beschlussfähig, wenn die Mehrheit seiner Mitglieder anwesend ist [oder über Kommunikationsmittel teilnimmt].

Kein Präsenzquorum ist erforderlich, wenn ausschliesslich die erfolgte Durchführung einer Kapitalerhöhung festzustellen und die entsprechende Statutenänderung zu beschliessen ist.

Oder:

Der Verwaltungsrat ist beschlussfähig, wenn die Mehrheit der Mitglieder anwesend ist. Die Teilnahme an Telefon- oder Videokonferenzen gilt als Anwesenheit.

Eine Mehrheit von $2/3$ der Mitglieder muss anwesend sein für die Beschlussfassung über folgende Gegenstände[45]:

---

[43] Dazu § 11 N 72 ff.; ferner VON MOOS-BUSCH 89 f., 97.
[44] Dazu § 11 N 78.
[45] Eine **umfassendere Liste**, wie sie sich etwa in den Musterstatuten von MÜLLER/LIPP/PLÜSS 709 findet (u.a. zusätzlich Wahl der Mitglieder der Geschäftsleitung, Einberufung der Generalversammlung und Festlegung der Traktanden, Genehmigung von Aktienübertragungen, Erteilen von Zeichnungsberechtigungen, Festlegung der Personal-, Finanz-, Investitions- und Verkaufspolitik), kann sich dann empfehlen, wenn verhindert werden soll, dass in Abwesenheit von Minderheitsvertretern überraschende Beschlüsse gefasst werden.

- *Abänderung des Organisationsreglements*
- *Konstituierung des Verwaltungsrats*
- *Verabschiedung des Geschäftsberichts zuhanden der Generalversammlung*
- *Festlegung des Leitbilds und Verabschiedung der Gruppenstrategie*
- *Erstellung der Finanzpolitik und des Finanzplans*
- *Anstellung und Entlassung von Mitgliedern der Geschäftsleitung*
- *Verabschiedung des Budgets*
- *Akquisitionen und Devestitionen*
- *Gründung und Liquidation von Tochtergesellschaften sowie Eröffnung und Schliessung von Zweigniederlassungen*
- *Benachrichtigung des Gerichts im Falle der Überschuldung*[46].

Sofern diese Präsenz nicht erreicht wird, kann frühestens [zehn] Tage nach der ersten Sitzung eine zweite Sitzung einberufen werden, für die kein Präsenzquorum verlangt ist[47].

Kein Präsenzquorum ist erforderlich, wenn ausschliesslich die erfolgte Durchführung einer Kapitalerhöhung festzustellen und die danach vorzunehmende Statutenänderung zu beschliessen sind.

2. Beschlussfassung[48]

80   a) Für die Beschlussfassung wird in der Regel das **relative Mehr**[49], seltener auch das **absolute Mehr**[50] vorgesehen. Für Beschlüsse von besonderer Trag-

---

[46] Aus praktischer Sicht nicht unproblematisch, aber u.E. rechtlich zulässig ist das Erfordernis einer qualifizierten Präsenz auch für Beschlüsse, die gefasst werden **müssen**, wie etwa die Verabschiedung des Geschäftsberichts oder die Benachrichtigung des Gerichts (vgl. § 11 N 76). Sinnvoll ist es diesfalls vorzusehen, dass dann, wenn das Quorum nicht erreicht wird, innert kurzer Frist eine zweite Versammlung einzuberufen ist, die ohne Erreichen des qualifizierten Quorums oder ohne Erfüllung irgendeines Präsenzquorums beschliessen kann (vgl. § 11 N 75). Notfalls wird auf dem Wege von Dringlichkeitsbeschlüssen vorzugehen sein, dazu hinten N 96.

[47] Oder: in der das ordentliche Präsenzquorum (z.B. absolute Mehrheit der Mitglieder) gilt.

[48] Dazu § 11 N 79 ff.; ferner von Moos-Busch 90 ff., 98.

[49] Mehr Ja-Stimmen als Nein-Stimmen, Stimmenthaltungen zählen nicht; es entspricht dies der dispositiven gesetzlichen Ordnung nach OR 713 I, vgl. § 11 N 79.

[50] Stimmenthaltungen wirken sich wie Nein-Stimmen aus. So nach geltendem Recht die dispositive Ordnung für die Generalversammlung, OR 703. Nach künftigem Recht (E Aktien-

weite werden oft – aber keineswegs immer – **qualifizierte Mehrheiten** verlangt, die sich an den bei der Abstimmung abgegebenen Stimmen, den an der Versammlung vertretenen Stimmen oder auch an sämtlichen Stimmen aller Verwaltungsratsmitglieder, ob anwesend oder nicht[51], orientieren[52].

Beispiele: 81

Der Verwaltungsrat fasst seine Beschlüsse mit der Mehrheit der abgegebenen Stimmen. Stimmenthaltungen werden nicht als abgegebene Stimmen berücksichtigt.

Oder: 82

Beschlüsse werden mit der absoluten Mehrheit der vertretenen Stimmen gefasst[53].

Oder: 83

Zunächst allgemeine Regel wie vorstehend.

Dann qualifiziertes Quorum für bestimmte wichtige Beschlüsse, ähnlich der Liste für qualifizierte Anforderungen an die Beschlussfähigkeit[53a].

Vereinzelt wird für die Beschlussfassung – bei bestimmten Themen[53b] – auch ein **Einstimmigkeitserfordernis** (verstanden als Zustimmung sämtlicher Verwaltungsratsmitglieder) vorgesehen[54]. 84

b) Oft wird ausdrücklich festgehalten, dass dem Vorsitzenden der **Stichentscheid** zukommt[55]. Gelegentlich wird der Stichentscheid auch – entgegen der dispositiven gesetzlichen Ordnung – auf der Stufe des Organisationsregle- 85

---

recht 703 II) sollen dagegen Stimmenthaltungen auch in der Generalversammlung wie nicht abgegebene Stimmen behandelt werden, was u.E. nicht unproblematisch ist.
51 Die damit erzielte Wirkung ist ähnlich der eines qualifizierten Präsenzquorums.
52 Damit soll etwa verhindert werden, dass eine Aktionärsmehrheit die Absenz von Minderheitenvertretern ausnutzt, um handstreichartig Beschlüsse zulasten der Minderheit zu fassen. Man gibt auf diese Weise aber auch der Minderheit die Möglichkeit, Beschlüsse durch blosse Absenz zu vereiteln, so die Gesellschaft lahmzulegen und sie im Extremfall in die Auflösung zu treiben (OR 731b).
53 Stimmenthaltungen wirken sich diesfalls wie Nein-Stimmen aus, vgl. § 11 N 80.
53a Vgl. N 79.
53b Z.B.: Errichtung oder Schliessung von Niederlassungen, Ausdehnung der Tätigkeit auf neue Geschäftsfelder.
54 Zur Zulässigkeit vgl. § 11 N 81. Dies entspricht dann der gesetzlichen Regelung bei Personengesellschaften (vgl. OR 534 I, 557 II, 598 II).
55 Es entspricht dies der gesetzlichen Ordnung, falls die Generalversammlung den Stichentscheid nicht ausgeschlossen hat, OR 713 I a.E. Vgl. dazu § 9 N 41 ff.

ments ausgeschlossen, was u.E. zulässig ist, doch ist dies umstritten[56]. Eine explizite statutarische Regelung geht aber stets vor.

86 **Beispiel:**

Bei Stimmengleichheit hat der Vorsitzende den Stichentscheid / keinen Stichentscheid.

87 Fragwürdig ist die in der Praxis anzutreffende Bestimmung, es zähle die Stimme des Vorsitzenden doppelt[57]. Sie dürfte in einen Stichentscheid umzudeuten sein.

88 c) Gelegentlich wird vorgesehen, dass Beschlüsse auch bei **fehlender Traktandierung** gefasst werden können, aber nur mit einer qualifizierten Mehrheit. Dies ist u.E. zulässig, da eine Traktandierung für Verwaltungsratssitzungen – anders als für die Generalversammlung[58] – gesetzlich nicht vorgeschrieben ist[59].

89 **Beispiele:**

Über Geschäfte, die nicht auf der Traktandenliste stehen, darf nur im Einverständnis aller anwesenden Mitglieder entschieden werden.

90 Oder:

Beschlüsse über Gegenstände, die nicht auf der Traktandenliste einer Sitzung aufgeführt sind, erfordern eine Zweidrittelmehrheit.

91 d) Manchmal wird die **Stimmenthaltungspflicht** bei Interessenkonflikten reglementarisch verankert[60].

92 **Beispiel:**

Die Mitglieder des Verwaltungsrats sind verpflichtet, bei Traktanden in den Ausstand zu treten, die ihre eigenen Interessen oder die Interessen von ihnen nahestehenden natürlichen oder juristischen Personen besonders berühren.

Sie gelten bei den entsprechenden Beschlüssen als nicht vertreten.

---

[56] Vgl. § 11 N 85.
[57] Vgl. § 11 Anm. 150.
[58] OR 700 II.
[59] Vgl. § 11 N 51. – Problematisch ist eine solche Regelung insofern, als ein Mitglied allenfalls von der Sitzung ferngeblieben ist, weil es nicht mit einer entsprechenden Abstimmung gerechnet hatte.
[60] Vgl. dazu § 11 N 102 ff. Zur Regelung von Interessenkonflikten im Organisationsreglement vgl. auch § 21 N 9.

e) Während manchmal auf die (selbstverständliche) Pflicht hingewiesen wird, an den Sitzungen des Verwaltungsrats teilzunehmen, fehlt – soweit ersichtlich – eine Verankerung von Stimmpflichten[61]. Wohl aber wird vereinzelt auf das Fehlen einer Stimmpflicht hingewiesen.

f) Schliesslich wird vereinzelt klargestellt, dass **abwesende Mitglieder** weder schriftlich noch durch Stellvertreter abstimmen können[62].

Beispiel:

Das Stimm- und Wahlrecht kann nur durch die an der Sitzung persönlich anwesenden oder per Telefon oder Video zugeschalteten Mitglieder ausgeübt werden. Stellvertretung sowie vorgängige oder nachträgliche Stimmabgabe und die schriftliche Einreichung der Stimme sind ausgeschlossen.

3. Besondere Regeln für dringliche Geschäfte und für Zirkulationsbeschlüsse[63]

a) Für **dringliche Fälle** wird allenfalls die Entscheidungskompetenz des Verwaltungsratspräsidenten erweitert, vgl. vorn N 29 f.

Allenfalls findet sich auch eine Regelung für den Fall, dass eine (dringliche) Angelegenheit **nach der Einberufung einer Sitzung** aufkommt.

Beispiel:

Treten nach der Einberufung einer Verwaltungsratssitzung Geschäfte auf, die nach dem Ermessen des Vorsitzenden dringlich sind, so können an der Sitzung darüber Beschlüsse gefasst werden, wenn alle an der Sitzung anwesenden Mitglieder damit einverstanden sind.

b) Die Regelung für dringliche Fälle wird oft auch mit der für **Zirkulationsbeschlüsse** kombiniert[64].

---

[61] Eine Stimmpflicht kann sich aber aus Aktionärbindungsverträgen, die auf das Organisationsreglement abgestimmt sind, ergeben.
[62] Vgl. § 11 N 47 ff., 91 f. (mit Hinweis auf a.M.), dort auch zur Zulässigkeit von Suppleanten.
[63] Dazu § 11 N 17 ff. und vorn N 29.
[64] Vgl. vorn N 67.

§ 19 Bestimmungen für Verwaltungsratsausschüsse[1]

1 Bei Verwaltungsräten, die Ausschüsse gebildet haben, werden deren Aufgaben und Arbeitsweise in ähnlicher Form geregelt wie beim Gesamtverwaltungsrat. Allenfalls wird auch auf die Regelung für den Gesamtverwaltungsrat verwiesen.

2 Die für Ausschüsse geltende Regelung ist überwiegend in das Organisationsreglement integriert. Oft finden sich aber auch individuelle Geschäftsreglemente für die einzelnen Ausschüsse, während das Organisationsreglement nur die Grundlagen enthält.

3 Im Folgenden werden zunächst **Verweisungsnormen** vorgestellt[2] (Ziff. I, N 4 ff.). Es folgen Beispiele für **allgemeine Bestimmungen** (Ziff. II, N 7 ff.). Um Wiederholungen zu vermeiden, werden alsdann die **Regeln für einzelne Ausschüsse** nur an einem Beispiel, dem des (besonders verbreiteten) Revisionsausschusses, behandelt (Ziff. III, N 10 ff.). Für andere Ausschüsse wird nur auf **Besonderheiten** hingewiesen (Ziff. IV, N 16 ff.). Den Abschluss bildet ein Hinweis betreffend **Ad-hoc-Ausschüsse** (Ziff. V, N 20).

I. Bestimmungen im Organisationsreglement in Fällen spezieller Ausschussreglemente

4 Auch wenn die Arbeit der Ausschüsse in besonderen Reglementen geregelt wird, gehen die diesbezüglichen Ausführungen im Organisationsreglement meist über eine blosse Kompetenznorm hinaus.

5 **Beispiele:**

Der Verwaltungsrat bildet aus seiner Mitte die folgenden ständigen Ausschüsse:

– *Prüfungsausschuss*

– *Nominierungs- und Entschädigungsausschuss*

– *Risikoausschuss.*

---

[1] Zu diesen vgl. § 5 N 2 ff. und § 12.
[2] Auf eine Darstellung der für einzelne Ausschüsse geltenden speziellen Geschäftsreglemente wird verzichtet, da diese gewöhnlich den entsprechenden Abschnitten in Organisationsreglementen mit integrierter Behandlung der Ausschüsse entsprechen.

> Er kann weitere ständige Ausschüsse und Ad-hoc-Ausschüsse bestellen.
>
> Die Aufgaben und die Berichterstattung der Ausschüsse werden in eigenen Reglementen geregelt, die vom jeweiligen Ausschuss vorgeschlagen und vom Verwaltungsrat genehmigt werden müssen.

Oder: 6

> Der Verwaltungsrat kann Ausschüsse bestellen und Aufgaben an diese delegieren. Wo eine Delegation von Kompetenzen nicht vorgesehen oder rechtlich nicht zulässig ist, stellen die Beschlüsse der Ausschüsse Anträge an den Verwaltungsrat dar.
>
> Die Ausschüsse bestehen aus jeweils drei bis fünf Mitgliedern. Der Präsident des Verwaltungsrats darf nicht gleichzeitig einen Ausschuss präsidieren[2a].
>
> Die Protokolle der Ausschusssitzungen [und die Einladungen zu diesen] werden allen Mitgliedern des Verwaltungsrats zugestellt.
>
> Der Verwaltungsrat erlässt für jeden Ausschuss ein eigenes Reglement.

II. Für alle Ausschüsse geltende Bestimmungen

Ist die Regelung der Ausschüsse in das Organisationsreglement integriert, dann findet sich oft eine Art Allgemeiner Teil, der für sämtliche Ausschüsse gilt. Gelegentlich wird auch ein einzelner Ausschuss ausführlich behandelt und darauf bei den Bestimmungen für die anderen Ausschüsse verwiesen. 7

Beispiele: 8

> Die Ausschüsse unterstützen den Verwaltungsrat. Sie entscheiden im Rahmen der ihnen ausdrücklich zugewiesenen Kompetenzen. Im Übrigen dienen sie der Vorbereitung und Ausführung von Verwaltungsratsentscheiden und der Überwachung ihrer Umsetzung.
>
> Die Ausschüsse orientieren den Verwaltungsrat über ihre Verhandlungen und Beschlüsse jeweils an der nächsten ordentlichen Sitzung des Verwaltungsrats, in dringenden Fällen auch unmittelbar nach der Sitzung.

[2a] Wird allenfalls nur für bestimmte Ausschüsse vorgesehen.

9   Oder:

Der Verwaltungsrat kann die Vorbereitung und Ausführung seiner Beschlüsse sowie die Überwachung der Geschäfte der Gesellschaft unter Beachtung seiner undelegierbaren Aufgaben Ausschüssen zuweisen.

Die Zuständigkeiten der einzelnen Ausschüsse sind in den folgenden Abschnitten [ ] geregelt.

Die Ausschüsse bestehen aus einem Vorsitzenden und mindestens zwei weiteren Mitgliedern, die vom Verwaltungsrat aus seiner Mitte gewählt werden. Sie konstituieren sich selbst[3].

Dem Revisionsausschuss und dem Entschädigungsausschuss können lediglich nicht exekutive und unabhängige Mitglieder des Verwaltungsrats angehören.

Die Amtsdauer der Ausschussmitglieder beträgt ein Jahr, beginnend mit der auf die ordentliche Generalversammlung folgenden Sitzung des Verwaltungsrats und endend mit der ersten Sitzung des Verwaltungsrats nach der nächsten ordentlichen Generalversammlung.

Die Ausschüsse tagen, so oft es die Geschäfte erfordern[4]*, in der Regel am Vortag einer ordentlichen Verwaltungsratssitzung*[4a]*. Ausschussmitglieder können jederzeit unter Angabe des Grundes die Einberufung einer ausserordentlichen Ausschusssitzung verlangen.*

Ausschüsse sind beschluss- bzw. antragsfähig, wenn mindestens die Hälfte aller Mitglieder persönlich anwesend ist oder über Kommunikationsmittel teilnimmt.

Beschlüsse sind gefasst und Anträge an den Verwaltungsrat zustande gekommen, wenn sie die Mehrheit der abgegebenen Stimmen auf sich vereinigen. Bei Stimmengleichheit hat der Vorsitzende den Stichentscheid[5]*.*

Verhandlungen und Beschlüsse werden protokolliert. Das Protokoll ist vom Ausschussvorsitzenden und vom Sekretär zu unterzeichnen. Es wird allen Verwaltungsratsmitgliedern zugestellt.

---

[3] Meist wird der Vorsitzende jedoch direkt durch den Verwaltungsrat bestellt.
[4] Für einzelne Ausschüsse kann eine minimale Sitzungszahl vorgesehen werden.
[4a] Oft ist der Sitzungsrhythmus freilich zumindest teilweise von dem des Verwaltungsrats abgekoppelt. So sind allenfalls für den Revisionsausschuss besondere Sitzungen zur Abnahme der Quartals- und Halbjahresbilanzen vorzusehen.
[5] Variante: Bei Stimmengleichheit ist die Angelegenheit dem Verwaltungsrat vorzulegen.

Die Ausschüsse entscheiden in eigener Kompetenz über die Sitzungsteilnahme von Mitgliedern der Geschäftsleitung und weiteren Personen. Sie sind befugt, im Rahmen ihrer Zuständigkeit Untersuchungen bei Mitgliedern der Geschäftsleitung in Auftrag zu geben und auf Kosten der Gesellschaft Berater beizuziehen.

Jeder Ausschuss überprüft und beurteilt jährlich seine Arbeit und stellt nötigenfalls Anträge für Änderungen seiner Ordnung an den Verwaltungsrat.

Fehlen spezifische Regeln, dann finden die für den Verwaltungsrat als Gesamtorgan geltenden Bestimmungen analog Anwendung.

III. Besondere Bestimmungen für den Revisionsausschuss[6]

Im speziellen Abschnitt über den Revisionsausschuss (und in den entsprechenden Abschnitten für weitere Ausschüsse) werden insbesondere die **Zuständigkeiten** detailliert geregelt, wobei zwischen Aufgaben mit Entscheidungskompetenz und vorbereitenden, ausführenden oder überwachenden Aufgaben zu unterscheiden ist.

Beispiele[6a]:

Der Prüfungsausschuss unterstützt den Verwaltungsrat in seiner Oberaufsichtsfunktion und seinen finanziellen Führungsaufgaben, namentlich bezüglich der Vollständigkeit der Abschlüsse, der Erfüllung der rechtlichen Vorschriften für die finanzielle Berichterstattung, der Prüfung der Befähigung der Revisionsstelle sowie der Arbeit der Internen Revision und der externen Revisionsstelle. Er beurteilt zudem die Wirksamkeit des internen Kontrollsystems und des Risiko-Managements[7].

Der Prüfungsausschuss stellt die Kommunikation zur externen Revisionsstelle und zur Internen Revision sicher.

Insbesondere hat der Prüfungsausschuss folgende Aufgaben:

---

[6] Dazu § 5 N 84 ff.
[6a] Vgl. auch den Vorschlag in Anhang III, Ziff. 5.2, S. 442 ff.
[7] Dies, falls kein eigener Risikoausschuss besteht.

- *Evaluierung der externen Revisionsstelle (für den Antrag an die Generalversammlung) und Beurteilung ihrer Arbeit und Unabhängigkeit sowie Genehmigung des Honorars für Revisionsarbeiten*
- *Vorschlag betreffend die Ausgestaltung der Internen Revision und Evaluierung ihrer Arbeit*
- *Genehmigung allfälliger nicht revisionsbezogener Dienstleistungen der externen Revisionsstelle und Prüfung der dafür anfallenden Honorare*
- *Beurteilung der Zusammenarbeit zwischen externer Revisionsstelle und Interner Revision*
- *Besprechung des Ergebnisses der Jahresprüfung mit der externen Revisionsstelle und Vorbesprechung des Revisionsberichts zuhanden des Verwaltungsrats*
- *Besprechung der Berichte der Internen Revision*
- *Evaluierung der Compliance-Organisation und Besprechung ihrer Berichte.*

12 Zusätzlich allenfalls:

Eine Sitzung des Prüfungsausschusses kann auch von der externen Revisionsstelle und vom Leiter der Internen Revision verlangt werden.

Ständige beratende Sitzungsteilnehmer sind der Präsident des Verwaltungsrats, der Vorsitzende der Geschäftsleitung, der Chief Financial Officer und der Leiter der Internen Revision sowie – nach Bedarf – Vertreter der externen Revisionsstelle.

Mindestens einmal jährlich sind Aussprachen mit dem Leiter der Internen Revision, den Vertretern der externen Revisionsstelle und Vertretern der Geschäftsleitung vorzusehen.

13 Sowie erweiterte Aufzählung der Zuständigkeiten:

Zusätzlich zu den im ersten Beispiel (N 11) genannten Zuständigkeiten etwa auch folgende:

- *Genehmigung der Ernennung des Leiters der Internen Revision [aufgrund des Vorschlags des Präsidenten des Verwaltungsrats]*

- *Beurteilung bedeutender Risiken, von Eventualverbindlichkeiten und anderen Verpflichtungen und der von der Geschäftsleitung diesbezüglich getroffenen Massnahmen*
- *Genehmigung der Zwischenabschlüsse und -berichte der Gesellschaft / Gruppe*
- *Prüfung der Grundsätze zur Veröffentlichung der Geschäftsergebnisse und zur Kommunikation von Finanzinformationen an Medien, Analysten und Ratingagenturen*
- *[Antrag an den Verwaltungsrat betreffend den zu wählenden Rechnungslegungsstandard sowie] Kenntnisnahme von wesentlichen Änderungen der Rechnungslegungsgrundsätze und Überprüfung ihrer Umsetzung*
- *alljährlich summarische Prüfung der Geschäftsspesen der Mitglieder des Verwaltungsrats und der Geschäftsleitung*

[überdies werden die im vorhergehenden Beispiel genannten Aufgaben allenfalls ausführlicher und präziser geregelt].

Weiter kann auch das Informationsrecht detaillierter geregelt sein:

Der Revisionsausschuss kann zusätzlich benötigte Information über die Interne Revision anfordern oder ausnahmsweise [unter vorgängiger Information des Präsidenten des Verwaltungsrats/des CEO] bei den zuständigen Mitarbeitenden direkt einholen.

Schliesslich finden sich Ausführungen zur Berichterstattung, falls diese nicht in den allgemeinen Bestimmungen zu den Ausschüssen oder zum Verwaltungsrat enthalten sind.

IV. Besondere Bestimmungen für andere Ausschüsse

a) Soweit ein **geschäftsführender Ausschuss**[8] bzw. Chairman's Office besteht, können diesem Aufgaben zugewiesen sein, die sonst der Präsident des Verwaltungsrats in eigener Kompetenz erfüllt. Insbesondere können dem Präsidialausschuss die laufende Begleitung der Geschäftsleitung, der Entscheid von Fragen bei einer Tragweite, die zwischen der Zuständigkeit der Geschäfts-

---

[8] Dazu § 5 N 76 ff.

leitung und der des Gesamtverwaltungsrats liegt, sowie auch Sonderkompetenzen bei besonderer Dringlichkeit zukommen.

17 b) Beim **Entschädigungsausschuss**[9] wird allenfalls die Pflicht (und nicht nur das Recht) verankert, externe Experten beizuziehen.

18 Wegen der besonderen Vertraulichkeit der hier relevanten Informationen kann sodann vorgesehen sein, dass die Protokollierung im Entschädigungsausschuss nicht durch den Verwaltungsratssekretär, sondern durch einen HR-Verantwortlichen erfolgt und dass das Protokoll den Verwaltungsratsmitgliedern nicht zugestellt wird, sondern lediglich zur Einsichtnahme zur Verfügung steht.

19 c) Vgl. im Übrigen die Ausführungen zu weiteren ständigen Ausschüssen in § 5 N 132 ff. Die dort genannten Aufgaben spiegeln sich in den Reglementen wider.

V. Ad-hoc-Ausschüsse[10]

20 Gelegentlich wird auch die – ohnehin bestehende – Kompetenz des Verwaltungsrats erwähnt, nach Bedarf Ad-hoc-Ausschüsse zu bestellen, und/oder es wird diese Kompetenz bei zeitlicher Dringlichkeit oder hoher Vertraulichkeit dem Präsidenten bzw. einem geschäftsführenden Ausschuss eingeräumt.

---

[9] Dazu § 5 N 100 ff.
[10] Dazu § 5 N 146 ff.

§ 20 Regeln für Verwaltungsratsmitglieder mit besonderen Funktionen[1]

Von den besonderen Funktionen im Verwaltungsrat wird regelmässig diejenige des **Präsidenten** eigens behandelt (Ziff. I, N 2 ff.). Falls ein **Delegierter** bestellt wird, werden auch dessen Aufgaben und Rechte speziell geregelt (Ziff. II, N 8 ff.). In Publikumsgesellschaften finden sich manchmal Regeln über die Stellung des unabhängigen **Lead Director** (Ziff. III, N 11 f.). Dagegen finden sich kaum Bestimmungen für andere Verwaltungsratsmitglieder, denen eine Sonderstellung zukommt (vgl. Ziff. IV, N 12 f.). Doch werden oft auch die Aufgaben des **Sekretärs des Verwaltungsrats** im Organisationsreglement umschrieben (Ziff. V, N 14).

I. Präsident des Verwaltungsrats[2]

Die Bestimmungen über die Funktion des Verwaltungsratspräsidenten variieren naturgemäss nicht nur entsprechend der Komplexität der Gesellschaft und dem Wunsch nach einer allgemeinen oder aber einer ins Detail gehenden Ordnung, sondern auch aufgrund der Ausgestaltung des Präsidiums als Neben-, Halb-, Haupt- oder Vollamt.

Beispiel für eine einfache Regelung:

Der Präsident beruft die Verwaltungsratssitzungen ein, erstellt deren Traktandenliste und leitet die Sitzungen des Verwaltungsrats sowie die der Generalversammlung.

Er überwacht laufend die an die Geschäftsleitung übertragene Geschäftsführung.

Er repräsentiert in Koordination mit dem Vorsitzenden der Geschäftsleitung die Gesellschaft nach aussen.

---

[1] Zu diesen § 5 N 153 ff.
[2] Dazu § 5 N 155 ff.

Er sorgt für eine rasche, stufengerechte und ausreichende Information der Mitglieder des Verwaltungsrats[3].

4 Andere Reglemente enthalten in die Einzelheiten gehende Pflichtenhefte[4].

5 **Beispiel:**

Die Aufgaben des Präsidenten des Verwaltungsrats sind namentlich die Folgenden:

- *laufende Oberaufsicht über die Exekutivorgane, wobei er an den Sitzungen der Geschäftsleitung in der Regel teilnimmt und deren Unterlagen und Protokolle erhält*

- *Verantwortung für die Interne Revision und Antrag für die Bestellung ihres Leiters*

- *Vorbereitung, Einberufung und Leitung der Verwaltungsratssitzungen, Einberufung der Ausschusssitzungen [auf Antrag ihres Vorsitzenden oder aus eigener Entscheidung]*

- *Koordination der Arbeit der Ausschüsse in Zusammenarbeit mit den Ausschussvorsitzenden*

- *Einführung neu gewählter Verwaltungsratsmitglieder, Vorbereitung der Evaluation und Weiterbildung des Verwaltungsrats*

- *Vertretung gegenüber den Aktionären und Beantwortung ihrer Fragen*

- *externe Kommunikation mit weiteren Stakeholdern, den Medien und Repräsentanten der Öffentlichkeit und staatlicher Instanzen, in Zusammenarbeit und Absprache mit dem CEO*

- *Entscheid über die Zuständigkeit des Verwaltungsrats und seiner Ausschüsse in Zweifelsfragen und Entscheid über die Anwendung und Auslegung des Organisationsreglements, soweit nicht der Verwaltungsrat als Gremium diese Fragen entscheidet.*

6 b) Vom **Vizepräsidenten**[4a] wird – wenn er überhaupt erwähnt wird – in der Regel nur gesagt, er sei der Stellvertreter des Präsidenten, wobei allenfalls präzisiert wird, wann er in dieser Funktion aktiv werden soll.

---

[3] Überdies wird meist erwähnt, ob der Präsident durch die Generalversammlung oder durch den Verwaltungsrat selbst gewählt wird, eine Entscheidung, die jedoch durch die Statuten vorgegeben ist.

[4] Solche finden sich allenfalls auch in einem Anhang.

[4a] Zu diesem § 5 N 192 ff.

Allenfalls können dem (oder den) Vizepräsidenten aber auch – im Sinne einer 7
Aufgabenteilung – Zuständigkeiten zugewiesen werden, die im Regelfall dem
Präsidenten zukommen. Die Vizepräsidenten können auch zusammen mit
dem Präsidenten das Präsidium[5] bilden, welches die sonst dem Präsidenten
zukommende Führungsaufgabe wahrnimmt[6].

II. Delegierter des Verwaltungsrats[7]

Auch die Position eines allfälligen Delegierten wird in den Reglementen in 8
unterschiedlicher Dichte geregelt. Zumeist wird für die Einzelheiten auf ein
Pflichtenheft, ein Funktionendiagramm oder ein ähnliches Dokument verwiesen, das sich im Anhang des Organisationsreglements finden mag, allenfalls
auch auf einen Arbeitsvertrag.

Beispiel für eine knappe Regelung: 9

Der Delegierte überwacht den laufenden Geschäftsgang und erstattet dem Verwaltungsrat darüber Bericht.

Beispiel für eine etwas ausführlichere Regelung[8]: 10

Der Verwaltungsrat überträgt die Geschäftsführung im Rahmen des gesetzlich und statutarisch Zulässigen an den Delegierten des Verwaltungsrats.

Der Delegierte ist namentlich für die Besorgung der laufenden Geschäfte der Gesellschaft verantwortlich. Er trifft die erforderlichen organisatorischen und personellen Entscheide in eigener Verantwortung und leitet die Geschäftsführung.

Der Delegierte bereitet die in die Kompetenz des Verwaltungsrats fallenden Geschäfte vor und führt diese aus.

Er erstattet dem Verwaltungsrat an jeder Verwaltungsratssitzung – sowie im Falle von Dringlichkeit unverzüglich – Bericht über den Geschäftsgang und besondere Vorkommnisse.

---

[5] Dazu § 5 N 75 ff.
[6] Vgl. § 19 N 16.
[7] Dazu § 5 N 206 ff.
[8] In Anlehnung an das Musterreglement von MEIER 311 f. Ziff. 22.

Der Delegierte kann Geschäfte, die in seine Kompetenz fallen, dem Verwaltungsrat zur Genehmigung vorlegen[9].

III. Lead Director[10]

11 Für den unabhängigen Lead Director, der ein Gegengewicht zu einem exekutiv tätigen Verwaltungsratspräsidenten bilden soll, wird etwa erwähnt, dass er befugt ist, in eigener Kompetenz Verwaltungsratssitzungen ohne Beisein des Präsidenten einzuberufen. Allenfalls wird auch die Pflicht erwähnt, alljährlich eine solche Sitzung zur Beurteilung der Arbeit des Präsidenten durchzuführen.

11a **Beispiel:**

Der Lead Director

– *organisiert und leitet mindestens einmal jährlich eine Sitzung der unabhängigen Verwaltungsratsmitglieder unter Ausschluss des Verwaltungsratspräsidenten*

– *teilt dem Verwaltungsratspräsidenten die Beurteilung seiner Leistung durch die übrigen Verwaltungsratsmitglieder mit*

– *steht Aktionären, die eine Diskussion mit einem unabhängigen Verwaltungsratsmitglied wünschen, zur Verfügung*

– *ist Ansprechpartner des CEO, falls dieser ein Gespräch ohne Beisein des Verwaltungsratspräsidenten wünscht.*

IV. Kaum Regeln für weitere Verwaltungsratsmitglieder in besonderer Stellung

12 a) Die besonderen Aufgaben der **Vorsitzenden von Ausschüssen**[11] werden meist bei der Behandlung der Ausschüsse geregelt.

---

[9] Eine solche «**Delegation nach oben**» ist im Verhältnis zwischen dem Delegierten und dem Gesamtverwaltungsrat ohne Weiteres zulässig – anders als in der Beziehung zwischen Verwaltungsrat und Generalversammlung (zu dieser vgl. § 9 N 51 ff.). Auch eine **Kompetenzattraktion** durch den Verwaltungsrat ist denkbar, solange die Umsetzung eines Entscheides des Delegierten noch nicht begonnen hat oder zumindest rückgängig zu machen ist.

[10] Dazu § 5 N 238 ff.

[11] Dazu § 5 N 241 ff.

b) Keine Erwähnung finden – soweit ersichtlich – die «Vertreter» von Gruppen, Minderheiten, juristischen Personen und des Gemeinwesens[12]. Dies zu Recht, da ihnen im Rahmen des Verwaltungsrats grundsätzlich keine andere Rechtsstellung zukommt als den übrigen Verwaltungsratsmitgliedern[13].

13

V. Exkurs: Sekretär des Verwaltungsrats[14]

Meist wird der Sekretär lediglich bei der Protokollführungs- und Unterzeichnungspflicht erwähnt. Gelegentlich wird seine Funktion aber auch ausführlicher umschrieben, besonders dann, wenn ihm beim Verwaltungsratspräsidium eine eigentliche **Stabsfunktion** im Sinne eines *process manager* zukommt.

14

---

[12] Dazu § 5 N 244 ff.
[13] Vgl. § 5 N 249. Sinn machen könnte allerdings eine Regelung des allfälligen Rechts des «Vertreters», Informationen an die «Vertretenen» weiterzuleiten, vgl. FORSTMOSER, zit. § 5 Anm. 363.
[14] Dazu § 5 N 254 ff.

§ 21 Allgemeine Regeln zur Stellung des einzelnen Verwaltungsratsmitglieds

1 Spezifische Regeln zum Verhalten sowie zu den Rechten und Pflichten der einzelnen Verwaltungsratsmitglieder werden manchmal – freilich nicht abschliessend – im Einleitungs- oder in einem Schlusskapitel des Organisationsreglements zusammengefasst. Andernfalls finden sie sich an verschiedenen Orten verstreut. Es gehören dazu etwa die Wiederholung und allfällige Konkretisierung der **Sorgfalts- und Loyalitätspflicht** (Ziff. I, N 2), das **Recht auf Information** (Ziff. II, N 3 ff.), Rechte und Pflichten im Zusammenhang mit den **Verwaltungsratssitzungen** (Ziff. III, N 6 f.), **Konkurrenzverbote** und Verhaltensanweisungen bei **Interessenkonflikten** (Ziff. IV, N 8 ff.), die Erwähnung der **Schweigepflicht** und der Pflicht zur **Aktenrückgabe** beim Ausscheiden (Ziff. V, N 18 ff.), das allfällige Recht, **Sachverständige beizuziehen** (Ziff. VI, N 23 f.), das Recht auf **Vergütung** und **Schadloshaltung** (Ziff. VII, N 25 ff.) sowie allfällige **Wahlvoraussetzungen** und **Beendigungsgründe** (Ziff. VIII, N 28 ff.).

I. Sorgfalts- und Treuepflicht

2 Oft wird die in OR 717 I statuierte Sorgfalts- und Loyalitätspflicht im Organisationsreglement – teils wörtlich, teils sinngemäss – wiederholt, manchmal auch ergänzt durch die Gleichbehandlungspflicht nach OR 717 II.

II. Informationsrechte[1]

3 Neben der Berichterstattung an den Verwaltungsrat wird oft auch das Informationsrecht des einzelnen Verwaltungsratsmitglieds angesprochen. Dabei orientieren sich die Reglemente an OR 715a, dessen Inhalt teils zusammengefasst, teils auch präzisiert wird.

---

[1] Dazu § 4 N 83 ff.; sodann VON MOOS-BUSCH 100, 101 ff., 104.

Beispiele[1a]: 4

Jedes Mitglied des Verwaltungsrats kann an den Sitzungen Auskunft über alle Angelegenheiten der Gesellschaft verlangen. Es kann zudem verlangen, dass ihm Bücher und Akten innert nützlicher Frist vorgelegt werden.

Falls ein Mitglied ausserhalb der Sitzungen Auskunft oder Einsicht in Geschäftsdokumente wünscht, hat es dieses Begehren an den Präsidenten des Verwaltungsrats zu richten. Lehnt dieser das Begehren ab, entscheidet der Verwaltungsrat.

Oder: 5

Die Mitglieder des Verwaltungsrats haben Zugang zu allen Informationen betreffend die Geschäftstätigkeit der X AG und der X-Gruppe, welche für die Erfüllung ihrer Aufgaben als Verwaltungsratsmitglied notwendig oder nützlich sind.

Sie sind berechtigt, während der Verwaltungsratssitzungen unabhängig von der Agenda Auskunft über alle Angelegenheiten der Gesellschaft zu verlangen.

Falls ein Verwaltungsratsmitglied ausserhalb von Sitzungen Auskunft verlangt oder ein Dokument einsehen will, stellt es sein Gesuch über den Sekretär des Verwaltungsrats an dessen Präsidenten. Lehnt dieser das Gesuch ab, entscheidet der Verwaltungsrat endgültig.

III. Rechte und Pflichten im Zusammenhang mit Verwaltungsratssitzungen[2]

Neben den bereits erwähnten Rechten, die Einberufung einer Sitzung[3], die Traktandierung eines Verhandlungsgegenstandes[4] oder Auskunft über Gesellschaftsangelegenheiten[5] zu verlangen, werden gelegentlich die Teilnahmepflicht und der (fehlende) Stimmzwang festgeschrieben. 6

1a Weitere Beispiele finden sich im Anhang II Ziff. 2.7, S. 421 und in Anhang III Ziff. 2.5, S. 438 f.
2   Vgl. § 11 N 39 f.
3   Dazu § 11 N 26 ff.
4   Dazu § 11 N 56.
5   Dazu soeben N 3 ff.

7 Beispiel:

Die Mitglieder des Verwaltungsrats sind gehalten, an den Verwaltungsratssitzungen teilzunehmen. Ist ein persönliches Erscheinen nicht möglich, kann ein Mitglied einer Sitzung per Telefon oder Videogerät zugeschaltet werden.

Ein Stimmzwang besteht nicht[6].

IV. Konkurrenzverbot und Verhalten bei Interessenkonflikten[7]

1. Konkurrenzverbot und Regeln für die Annahme weiterer Verwaltungsratsmandate

8 In kleineren Gesellschaften können Konkurrenzverbote reglementarisch verankert sein[8]. In grösseren wird gelegentlich die Zahl anderweitiger Verwaltungsratsmandate in (Publikums-)Gesellschaften limitiert.

9 Beispiele:

Die Mitglieder des Verwaltungsrats enthalten sich jeder Tätigkeit, welche die Gesellschaft direkt oder indirekt konkurrenzieren könnte.

Vorbehalten bleibt die Zustimmung des Verwaltungsrats / des Präsidenten des Verwaltungsrats.

10 Oder:

Die Mitglieder des Verwaltungsrats sollen nicht mehr als drei weitere Verwaltungsratsmandate in Publikumsgesellschaften ausüben.

---

[6] Vereinzelt wird ein Stimmzwang – verbunden mit einer Teilnahmepflicht, von der das Mitglied nur aus wichtigen Gründen entbunden ist – dann vorgesehen, wenn für gewisse Beschlüsse qualifizierte Präsenz- und Zustimmungsquoren verlangt werden, vgl. dazu § 11 N 95. Dies wird manchmal verbunden mit dem Recht, sich durch ein anderes Verwaltungsratsmitglied bei der Stimmabgabe vertreten zu lassen, was aber rechtlich problematisch und nach herrschender Lehre unzulässig ist, vgl. § 11 N 47 f.

[7] Dazu ZÜRCHER FAUSCH (zit. § 11 Anm. 170) 307 ff.

[8] Dies im Sinne einer Verschärfung oder auch – aber wohl nur in Grenzen – einer Erleichterung im Vergleich zur gesetzlichen Ordnung, vgl. ZÜRCHER FAUSCH (zit. § 11 Anm. 170) 307. In der Praxis sind explizite Regeln zur Konkurrenzenthaltungspflicht eher selten, ZÜRCHER FAUSCH, a.a.O. 308. Die Autorin weist auch darauf hin, dass die Aufhebung oder Einschränkung des Konkurrenzverbots eigentlich eine – freilich delegierbare – Aufgabe der Generalversammlung ist (a.a.O.).

Vorgesehen wird auch eine Informations-, gelegentlich gar eine Bewilligungspflicht für andere Mandate.

Beispiel:

Vor der Annahme eines Verwaltungsratsmandats in einer anderen Gesellschaft orientieren die Verwaltungsratsmitglieder den Präsidenten des Verwaltungsrats.

Oder:

Die Annahme weiterer Verwaltungsratsmandate ist nur mit Zustimmung des Verwaltungsrats / des Präsidenten des Verwaltungsrats zulässig.

2. Verhalten bei Interessenkonflikten[9]

Mit Bezug auf Interessenkonflikte werden etwa vorgesehen

– eine Vermeidungspflicht
– eine Informationspflicht
– eine Ausstandspflicht.

Beispiel[9a]:

Die Mitglieder des Verwaltungsrats haben ihre persönlichen und geschäftlichen Angelegenheiten so zu regeln, dass Interessenkonflikte soweit als möglich vermieden werden. Sie sollen nach Möglichkeit auch den blossen Anschein von Konflikten vermeiden.

Sollte ein Interessenkonflikt auftreten, hat das betroffene Mitglied den Präsidenten des Verwaltungsrats unverzüglich zu informieren.

Bei der Behandlung von Geschäften, in denen sich ein Mitglied des Verwaltungsrats in einem Interessenkonflikt befindet, tritt dieses in den Ausstand[10, 11].

---

[9] Vgl. § 11 N 102 ff. Generelle Regeln für das Verhalten bei Interessenkonflikten sind verbreitet, vgl. ZÜRCHER FAUSCH (zit. § 11 Anm. 170) 308 und BÄCHTOLD 99 f. (mit Formulierungsvorschlag).

[9a] Als Ausgangspunkt für eine Regelung kann auch der für das künftige Recht vorgesehene E OR 717a dienen (zit. vorn § 11 N 110).

[10] Alternative: Ausstand nur bei der Abstimmung, nicht aber bei der Diskussion.

[11] Alternative: *Der Präsident entscheidet über das weitere Vorgehen. Er kann insbesondere den Ausstand verfügen.*

16 Oft werden Regeln für Interessenkonflikte auch so formuliert, dass sie **für die Mitglieder aller Exekutivorgane**, also auch die Mitglieder der Geschäftsleitung, Anwendung finden. Sie finden sich dann zumeist in einem Allgemeinen Teil mit Bestimmungen, die für alle Organpersonen gleichermassen gelten[12].

3. Regeln zur Verhinderung von Insiderdelikten

17 In Publikumsgesellschaften wird gelegentlich auf das Verbot von Insidergeschäften hingewiesen und dieses ergänzt durch ein absolutes Verbot, in gewissen kritischen Zeiträumen in Titeln der Gesellschaft oder in von solchen Titeln abgeleiteten Produkten bzw. in Rechten auf solche Titel oder Produkte zu handeln. Häufiger finden sich solche Bestimmungen freilich in einer separaten Weisung.

V. Vertraulichkeit, Aktenrückgabe

18 a) Oft ausdrücklich genannt werden die Pflichten zur Geheimhaltung von Informationen, die in Ausübung des Amtes erlangt wurden, und zur Rückgabe der Gesellschaftsakten beim Ausscheiden aus dem Verwaltungsrat.

19 **Beispiele:**

Die Mitglieder des Verwaltungsrats sind verpflichtet, gegenüber Dritten Stillschweigen über alle Tatsachen zu bewahren, die ihnen in Ausübung ihres Amtes zur Kenntnis gelangen. Dies gilt auch nach dem Ausscheiden aus dem Amt[12a].

Geschäftsakten können bei Amtsende zurückgefordert werden / sind bei Amtsende zurückzugeben.

20 **Oder:**

Die Mitglieder des Verwaltungsrats sind zur Geheimhaltung über alle Tatsachen verpflichtet, die sie in Ausübung ihrer Funktion erfahren und die nicht bereits öffentlich bekannt geworden sind. Diese Ver-

---

[12] Vgl. § 24, S. 378 ff.
[12a] Präzisierend werden gelegentlich (zumeist selbstverständliche) **Ausnahmen** erwähnt, etwa die folgenden: Informationen, die allgemein bekannt sind, die durch Dritte, welche keiner Geheimhaltungspflicht unterliegen, bekannt gemacht wurden, für welche von der Geheimhaltungspflicht durch den Verwaltungsrat bzw. den Präsidenten entbunden wurde oder die aufgrund einer gesetzlichen Verpflichtung offengelegt werden müssen.

pflichtung gilt über das Ende der Amtszeit hinaus. Die Mitglieder des Verwaltungsrats unterschreiben eine Vertraulichkeitserklärung.

Am Ende der Amtszeit sind sämtliche Gesellschaftsakten zurückzugeben, mit Ausnahme derjenigen, die erforderlich sind, um die persönlichen Handlungen jederzeit nachvollziehen zu können[13].

Auch diese Regeln werden oft so formuliert, dass sie für alle Organpersonen gelten.

b) Bezüglich der Schweigepflicht bzw. der Informationsrechte der sog. «Vertreter» von Aktionärsgruppen, Partizipanten, juristischen Personen oder Handelsgesellschaften oder der öffentlichen Hand vgl. § 29 N 31.

VI. Recht auf Beizug von Sachverständigen[14]

Selten wird reglementarisch das Recht von Verwaltungsratsmitgliedern geregelt, Sachverständige beizuziehen, falls dies für ihre Arbeit erforderlich ist.

Beispiel:

Ein Verwaltungsratsmitglied ist berechtigt, nach Rücksprache mit dem Präsidenten des Verwaltungsrats einen Sachverständigen als Berater beizuziehen, wenn dies für die Erfüllung seiner Aufgabe erforderlich ist. Es sorgt dafür, dass die Vertraulichkeit gewahrt bleibt.

Die Kosten trägt die Gesellschaft.

VII. Finanzielle Ansprüche[15]

Die Organisationsreglemente stellen oft lapidar fest, Verwaltungsratsmitglieder hätten ein Recht auf eine **Vergütung**, die vom Verwaltungsrat festgelegt werde. Gelegentlich wird auch ein Recht auf **Schadloshaltung** für Verfahrenskosten vorgesehen, ferner ein Recht auf **Versicherungsschutz**.

---

[13] Dieser Vorbehalt macht im Hinblick auf die Verteidigung in allfälligen Verantwortlichkeitsprozessen Sinn.
[14] Vgl. § 4 bei Anm. 110.
[15] Vgl. von Moos-Busch 108 ff.; Krneta N 1746; Bauen/Venturi N 372.

26 **Beispiel:**

Die Mitglieder des Verwaltungsrats[16] erhalten eine feste Entschädigung, die der Verwaltungsrat nach Massgabe ihrer Beanspruchung und Verantwortung [aufgrund eines Antrages des Entschädigungsausschusses] festlegt.

[Für die Teilnahme an Sitzungen erhalten die Mitglieder des Verwaltungsrats zusätzlich ein Sitzungsgeld.]

Ausserordentliche Bemühungen ausserhalb der normalen Verwaltungsratstätigkeit sind zusätzlich angemessen zu entschädigen.

Ausgewiesene Spesen sind zu erstatten.

27 Ergänzend allenfalls:

Die Gesellschaft erstattet den Mitgliedern des Verwaltungsrats die Kosten von Verfahren, in die sie wegen ihrer Verwaltungsratstätigkeit einbezogen werden, es sei denn, sie hätten absichtlich oder grobfahrlässig pflichtwidrig gehandelt.

Die Gesellschaft schliesst für die Mitglieder des Verwaltungsrats eine D+O-Versicherung mit üblichem Versicherungsschutz ab.

VIII. Wählbarkeitsvoraussetzungen und Beendigungsgründe

1. Wählbarkeitsvoraussetzungen[17]

28 Gelegentlich finden sich in Organisationsreglementen Hinweise zu den **Qualifikationen**, welche Verwaltungsratsmitglieder erfüllen sollen, oder zur **Zusammensetzung** des Verwaltungsrats als Gremium. Da die Bestellung des Verwaltungsrats unübertragbare Aufgabe der Generalversammlung ist, können solche Regeln nur als Zielvorstellung oder als Pflicht, der Generalversammlung entsprechende Vorschläge zu unterbreiten, formuliert oder verstanden werden.

---

[16] Variante: *Die nicht arbeitsvertraglich entschädigten Mitglieder des Verwaltungsrats.*
[17] Vgl. KRNETA N 1729 und BAUEN/VENTURI N 363.

Beispiele: 29

Die Mitglieder des Verwaltungsrats sollen so ausgewählt werden, dass sie in ihrer Gesamtheit alle für die Gesellschaft wesentlichen Kenntnisse und Erfahrungen abdecken. Ausserdem sollen die Regionen/Branchen, in denen die Gesellschaft tätig ist, angemessen vertreten sein.

Oder: 30

Der Verwaltungsrat schlägt der Generalversammlung fachlich qualifizierte Personen zur Wahl vor, wobei nach der Wahl drei Viertel aller Verwaltungsratsmitglieder unabhängig[18] sein sollen.

2. Beendigungsgründe

Dagegen kann der Verwaltungsrat in eigener Kompetenz Gründe festlegen, die zur Beendigung eines Mandats führen. In der Praxis finden sich die folgenden: 31

a) **Altersgrenze:** Üblich ist mittlerweile eine Begrenzung beim 70. oder 72. Altersjahr, wobei die Einzelheiten variieren. 32

Beispiele: 33

Eine Wahl oder Wiederwahl[19] ist möglich, wenn die betreffende Person am Tag der Wahl noch nicht 70 Jahre alt ist.

Oder: 34

Ohne Rücksicht auf die bestehende Amtsdauer oder Wahlperiode gilt für die Mitglieder des Verwaltungsrats eine Altersgrenze von 70 Jahren.

Oder: 35

Ein Mitglied, das das 70. Altersjahr vollendet, hat auf die nächste ordentliche Generalversammlung zurückzutreten.

b) **Ablauf von mehreren Amtsperioden:** In der Literatur wird gelegentlich als Element guter Governance eine Amtszeitbeschränkung (zumeist auf zwölf 36

---

[18] Je nach den Bedürfnissen der Gesellschaft ist «Unabhängigkeit» näher zu definieren.
[19] Für eine einjährige Amtsdauer.

Jahre) postuliert[20]. In den Organisationsreglementen hat dies – soweit ersichtlich – aber bisher selten einen Niederschlag gefunden.

37 c) **Verlust einer Funktion, die zum Mandat geführt hat:** Falls Verwaltungsratsmitglieder wegen ihrer spezifischen Funktion (z.B. in einer verbundenen Gesellschaft) gewählt worden sind, kann vorgesehen werden, dass sie mit Beendigung dieser Funktion ausscheiden.

38 **Beispiel:**

Verwaltungsratsmitglieder, die aufgrund ihrer Anstellung in einer Tochtergesellschaft gewählt worden sind, scheiden bei der Beendigung dieser Anstellung spätestens auf den Termin der nächsten ordentlichen Generalversammlung aus.

---

[20] U.E. ist eine solche generelle Regel nicht sinnvoll, sondern es sollte vielmehr – auch hinsichtlich der Amtszeit – eine gute Durchmischung *(diversity)* angestrebt werden.

§ 22 Regeln für die Direktion, Geschäfts- oder Konzernleitung

Ausser in kleinen Verhältnissen, in denen der Verwaltungsrat selbst die Geschäfte führt, wird eine **Geschäftsleitung** (Direktion) bzw. – in Konzernverhältnissen bei der Muttergesellschaft – eine Konzern- oder **Gruppenleitung** vorgesehen. Die Regeln sind zumeist mit denen für den Verwaltungsrat vergleichbar. Allenfalls wird der Geschäftsleitung[1] ein mehr oder minder weitgehendes Recht zur Selbstorganisation eingeräumt.

Regelmässig finden sich Abschnitte über die **Bestellung, Zusammensetzung und Organisation** (Ziff. I, N 3 ff.), die **Aufgaben** (Ziff. II, N 8 ff.), die Durchführung von **Sitzungen** (Ziff. III, N 18 ff.) und die **Beschlussfassung** (Ziff. IV, N 24 ff.). Angesprochen wird sodann die **Berichterstattung**, wenn diese nicht im Abschnitt über den Verwaltungsrat geregelt ist (Ziff. V, N 34 f.). Es können Regeln über **Rechtsstellung und Verhaltenspflichten der Mitglieder** vorgesehen sein[2] (Ziff. VI, N 36). Bei grossen, regional oder divisional strukturierten Unternehmen findet sich oft auch eine **erweiterte Geschäftsleitung**, für die ähnliche, wenn auch knapper gefasste Bestimmungen gelten wie für die Geschäftsleitung im engeren Sinne (Ziff. VII, N 37 ff.).

I. Bestellung, Zusammensetzung und Organisation

Beispiele für die Regelung von **Bestellung und Zusammensetzung:**

> *Die Geschäftsleitung besteht aus fünf bis sieben Mitgliedern. Diese werden durch den Verwaltungsrat [auf Vorschlag des CEO] ernannt.*

Oder:

> *Die Geschäftsleitung besteht aus dem operativen Leiter der Gruppe (CEO), dem Finanzchef (CFO) und den Leitern der einzelnen Geschäftsbereiche. Sie wird durch den Verwaltungsrat bestellt.*

---

[1] Dieser Begriff wird im Folgenden auch für den Fall verwendet, dass der Geschäftsleitung Konzernleitungsfunktionen zukommen.

[2] Oft findet sich – wie in dieser Publikation – aber ein allgemeiner Abschnitt über die Verhaltenspflichten der Exekutivorgane schlechthin, welcher dann für die Mitglieder des Verwaltungsrats wie auch die der Geschäftsleitung zur Anwendung kommt.

5 Oder[3]:

Die Geschäftsleitung besteht aus dem CEO der Gruppe, dem CFO der Gruppe und den regionalen und divisionalen CEOs. Der CEO der Gruppe kann weitere Mitglieder ernennen[4].

6 Beispiele für die **organisatorische Basis:**

Der CEO ist Vorsitzender der Gruppenleitung und für die Geschäftsführung der X-Gruppe verantwortlich, soweit sich nicht aus dem Organisationsreglement und seinen Anhängen, insbesondere dem Funktionendiagramm, etwas anderes ergibt.

7 Oder:

Die Direktion nimmt ihre Aufgaben unter der Leitung des Vorsitzenden und Sprechers als Kollegium wahr.

II. Aufgaben

8 a) Festgehalten wird zumeist – in diesem Abschnitt oder in dem für den Verwaltungsrat –, dass der Verwaltungsrat die Geschäftsführung unter dem Vorbehalt von Gesetz und Statuten an die Geschäftsleitung **delegiert,** soweit das Organisationsreglement nichts anderes bestimmt[5].

9 Allenfalls wird dem CEO ein Recht zur **Weiterdelegation** eingeräumt[6]. Wegen der unübertragbaren Organisationspflicht des Verwaltungsrats[7] sollte diese Kompetenz jedoch nicht unbeschränkt sein. Angemessener ist u.E. ein entsprechendes Antragsrecht an den Verwaltungsrat.[8]

10 b) Festgehalten wird – im Sinne einer *catch all clause* – zumeist die **allgemeine Geschäftsführungspflicht.**

---

[3] So, wenn eine starke Stellung des CEO gewollt ist.
[4] Die Rechtmässigkeit einer solchen Bestimmung ist indes angesichts der Organisationspflicht des Verwaltungsrats (dazu § 8 N 29 ff.) fraglich. Angemessener ist es, dem CEO lediglich ein Antragsrecht einzuräumen, etwa wie folgt: *... sowie weiteren Mitgliedern, die der Verwaltungsrat auf Antrag des CEO ernennt.*
[5] Vgl. die Beispiele vorn § 18 N 14 ff.
[6] Zur Weiterdelegation, vgl. § 4 N 46 ff.
[7] Dazu § 8 N 29 ff.
[8] Vgl. § 18 N 32 f.

Beispiele:

Die Geschäftsleitung führt die laufenden Geschäfte und vertritt die Gesellschaft nach aussen.

Oder:

Die Geschäftsleitung ist für die Führung der Geschäfte der Gruppe verantwortlich.

Oder[9]:

Die Geschäftsleitung unterstützt den CEO in seiner Verantwortung, die Tätigkeiten des Unternehmens zu leiten.

c) Die **Aufgaben** der Geschäftsleitung können knapp umschrieben sein, unter Verweis auf andere Dokumente, insbesondere das Funktionendiagramm. Das Organisationsreglement kann aber auch die Kompetenzen und Kompetenzlimiten der Geschäftsleitung im Einzelnen aufführen. Möglich und häufig sind Kombinationen.

Beispiele:

Die Geschäftsleitung nimmt die ihr im Funktionendiagramm zugewiesenen Aufgaben wahr. Sie ist überdies zuständig für alle Geschäftsführungsaufgaben, die nicht einer anderen Stelle zugewiesen oder vom Verwaltungsrat in seiner Kompetenz behalten worden sind.

Oder:

Die Geschäftsleitung ist insbesondere zuständig für

- *die Vorbereitung der Verwaltungsratsgeschäfte*

- *die Umsetzung der Beschlüsse des Verwaltungsrats*

- *die Beratung der die Gesellschaft und die Gruppe als Ganzes betreffenden Geschäfte*

- *die gegenseitige Orientierung und die Berichterstattung an den Verwaltungsrat.*

Der CEO kann einzelne Aufgaben der an ihn delegierten Geschäftsführung nach Massgabe der Aufgaben- und Kompetenzordnung [nach Rücksprache mit dem Präsidenten des Verwaltungsrats] an einzelne Mitglieder der Geschäftsleitung übertragen[10].

---

[9] Bei starker Stellung des CEO.
[10] Zur Problematik einer solchen Bestimmung vgl. aber Anm. 4.

17 Oder:

Die Geschäftsleitung ist für die Führung der Gruppe verantwortlich.

Sie legt dem Verwaltungsrat die Jahres- und Zwischenabschlüsse der Muttergesellschaft und der Gruppe vor und unterbreitet ihm Anträge im Hinblick auf

- *die Strategie und Struktur der Gruppe*
- *die lang- und mittelfristige Planung, die Budgets und die Ergebniserwartungen*
- *die Grundsätze der Rechnungslegung*
- *Kapitalmarkttransaktionen sowie andere Finanztransaktionen im Werte von mehr als CHF [ ]*
- *Einzelgeschäfte, die nicht budgetiert sind, soweit es sich um Beträge von mehr als CHF [ ] handelt*[11]
- *alle übrigen Angelegenheiten im Verantwortungsbereich des Verwaltungsrats.*

Der Geschäftsleitung kommen zudem folgende Aufgaben zu:

- *nimmt an den Sitzungen des Verwaltungsrats mit beratender Stimme teil*[12]
- *genehmigt die Strategien und Pläne der Divisionen und informiert darüber den Verwaltungsrat*
- *entscheidet über die rechtlichen, finanziellen und führungsmässigen Strukturen der Gruppe, soweit nicht der Verwaltungsrat zuständig ist oder dieser die Kompetenz an die Divisionen delegiert hat*
- *genehmigt die Strukturen der Divisionen*
- *regelt die Finanzierung und finanzielle Ausstattung der Gruppengesellschaften*

---

[11] Allenfalls nach Art der Ausgaben zu differenzieren und zu ergänzen durch eine Regelung für wiederkehrende Auslagen (z.B. Abstellen auf die Gesamtverpflichtung bis zur ersten Kündigungsmöglichkeit).

[12] Zur Teilnahmepflicht vgl. auch vorn § 18 N 48 ff. Um die Mitglieder der Geschäftsleitung nicht zeitlich zu sehr zu beanspruchen, ist es in der Regel sinnvoller, eine generelle Teilnahmepflicht nur für den CEO und allenfalls den CFO vorzusehen. Für die übrigen Geschäftsleitungsmitglieder dagegen nur von Fall zu Fall bzw. für einzelne Traktanden.

- *legt [im Rahmen der Vorgaben des Verwaltungsrats] die Leistungsvorgaben für die Gruppe und die Divisionen fest, kontrolliert die Zielerreichung und trifft die notwendigen Massnahmen*
- *erlässt Weisungen für Angelegenheiten, die gruppenweit einheitlich zu regeln sind, wie etwa die gesellschaftsinterne Compliance*
- *überwacht die Compliance und stellt die Behebung von Compliance-Mängeln sicher*
- *überwacht das Risikomanagement*
- *entwickelt die Kommunikationspolitik der Gruppe*
- *ist vorbehältlich der Kompetenzen des Verwaltungsrats und seines Präsidenten für die Personalplanung und die Personalentwicklung der Gruppe verantwortlich*
- *kann Fachausschüsse unter der Leitung eines Geschäftsleitungsmitglieds bilden und ihnen Vorbereitungs-, Ausführungs- und Überwachungsaufgaben delegieren.*

III. Sitzungen

a) Für die Sitzungen der Geschäftsleitung werden ähnliche Regeln aufgestellt wie für die des Verwaltungsrats[13], doch sind sie meist kürzer gefasst. Allenfalls werden die für den Verwaltungsrat aufgestellten Regeln für analog anwendbar erklärt. Da die laufende Geschäftsführung zu bewältigen ist, finden die Sitzungen häufiger statt.

Beispiele:

Sitzungen der Geschäftsleitung finden grundsätzlich mindestens einmal pro Monat statt. Jedes Mitglied kann beim Präsidenten der Geschäftsleitung die Einberufung einer Sitzung verlangen. Der Präsident der Geschäftsleitung oder in seiner Abwesenheit ein anderes Mitglied der Geschäftsleitung leitet die Sitzung.

Art. XX–XX [Regeln für die Einberufung und Durchführung der Sitzungen des Verwaltungsrats] sind entsprechend anwendbar.

---

[13] Dazu § 18 N 34 ff.

20 Oder:

Die Geschäftsleitung hält in der Regel zwei Mal pro Monat eine Sitzung ab. Der CEO erstellt die Traktandenliste, lädt zur Sitzung ein und leitet diese.

Die Einladungen werden mit der Traktandenliste mindestens drei Arbeitstage vor der Sitzung zugestellt. In dringenden Fällen kann diese Frist verkürzt werden.

Der Präsident des Verwaltungsrats erhält sowohl die Einladungen zu den Sitzungen als auch deren Protokolle zur Kenntnis. Er kann an den Sitzungen teilnehmen.

Die Mitglieder der Geschäftsleitung informieren ihre direkt Unterstellten über die gefassten Beschlüsse, soweit dies für deren Arbeit notwendig oder nützlich ist.

21 b) Anders als beim Verwaltungsrat kann eine **Stellvertretung** vorgesehen werden[14].

22 c) Die **Protokollierung** der Verhandlungen und Beschlüsse wird ähnlich geregelt wie für den Verwaltungsrat, wenn nicht direkt auf jene Bestimmungen verwiesen oder eine für beide Gremien gemeinsam geltende Regelung getroffen wird.

23 Vorgesehen wird allenfalls (wie im Beispiel von N 20), dass der Präsident des Verwaltungsrats eine Kopie der Protokolle erhält.

IV. Beschlussfähigkeit und Beschlussfassung

24 a) Auch diese Fragen werden in der Regel ähnlich geregelt wie für den Verwaltungsrat[14a].

25 **Beispiel:**

Die Geschäftsleitung ist beschlussfähig, wenn die Mehrheit ihrer Mitglieder persönlich anwesend ist oder über Kommunikationsmittel teilnimmt.

---

[14] Erforderlich ist dies etwa bei Stimmpflicht (dazu N 26 f.), oft sinnvoll in Joint-Venture-Gesellschaften mit zwei gleichberechtigten Partnern.

[14a] Dazu § 18 N 74 ff.

Beschlüsse werden mit der [absoluten] Mehrheit der abgegebenen Stimmen gefasst[14b]. *Bei Stimmengleichheit hat der Präsident der Geschäftsleitung den Stichentscheid*[15]. *Beschlüsse können ausnahmsweise auch auf dem Weg der schriftlichen Zustimmung zu einem Antrag gefasst werden (Zirkulationsbeschlüsse), sofern kein Mitglied die mündliche Beratung verlangt. Für die Beschlussfähigkeit und die Beschlussfassung gelten dann die gleichen Quoren wie für Sitzungen. Zirkulationsbeschlüsse sind im Protokoll der nächsten ordentlichen Geschäftsleitungssitzung aufzuführen.*

b) Gelegentlich wird – um eine Vereitelung der Beschlussfassung durch passives Verhalten zu vermeiden – eine **Teilnahme- und Stimmpflicht** vorgesehen, verbunden mit dem Recht und der allfälligen Pflicht zur Stellvertretung.

Beispiel:

Die Mitglieder der Geschäftsleitung sind verpflichtet, an den Geschäftsleitungssitzungen teilzunehmen und ihr Stimmrecht auszuüben. Im Verhinderungsfall bestimmen sie einen Stellvertreter, der für sie stimmberechtigt ist.

c) Die starke Stellung des Präsidenten der Geschäftsleitung kann dadurch untermauert werden, dass ihm nicht nur der Stichentscheid, sondern ein **Vetorecht** zukommt.

Beispiel:

Der Präsident der Geschäftsleitung hat ein Vetorecht. Wenn er bei der Beschlussfassung nicht anwesend ist, besteht das Vetorecht vom Erhalt des Protokolls an während dreier Arbeitstage.

Übt der Präsident der Geschäftsleitung sein Vetorecht aus, dann informiert er darüber unverzüglich den Präsidenten des Verwaltungsrats.

Als etwas schwächere Alternative kann auch ein **Eskalationsrecht** vorgesehen sein.

[14b] Oder: *... werden mit der Mehrheit der Stimmen, ohne Berücksichtigung der Stimmenthaltungen, gefasst (relative Mehrheit).*
[15] Anders als beim Verwaltungsrat kann auch vorgesehen werden, dass die Stimme des Präsidenten doppelt zählt, doch ist dies nicht empfehlenswert, vgl. § 9 Anm. 57. Statt nur dem Präsidenten kann auch dem (jeweiligen) Vorsitzenden der Versammlung der Stichentscheid eingeräumt werden.

31 **Beispiel:**

Der Präsident der Geschäftsleitung ist berechtigt, einen Mehrheitsbeschluss der Geschäftsleitung dem Verwaltungsrat / dem Präsidium des Verwaltungsrats zum endgültigen Entscheid vorzulegen.

32 d) Manchmal sind auch Ausnahmeregeln für Fälle der **Dringlichkeit** vorgesehen.

33 **Beispiel:**

In dringlichen Angelegenheiten kann dann, wenn zeitgerecht weder eine Telefon- oder Videokonferenz einberufen noch ein Zirkulationsbeschluss gefasst werden kann, der Vorsitzende der Geschäftsleitung / der Vorsitzende der Geschäftsleitung zusammen mit [mindestens] zwei weiteren Geschäftsleitungsmitgliedern Entscheide treffen, welche die Wirkung von Beschlüssen der Geschäftsleitung haben. Nicht erreichte Geschäftsleitungsmitglieder sind unverzüglich zu informieren.

V. Berichterstattung

34 Statt im Abschnitt über den Verwaltungsrat kann die Berichterstattung an den Verwaltungsrat auch bei den Bestimmungen über die Geschäftsleitung geregelt sein[16].

35 Die **Zustellung der Einladung** zu den Sitzungen und der **Sitzungsprotokolle** als Informationsmittel dürfte auf den Präsidenten des Verwaltungsrats zu beschränken sein[16a]. Eine Zustellung an sämtliche Verwaltungsratsmitglieder ist – anders als bei den Protokollen der Verwaltungsratsausschüsse – kaum je sinnvoll.

VI. Stellung und Verhaltenspflichten der Geschäftsleitungsmitglieder

36 Die Position des einzelnen Geschäftsleitungsmitglieds – etwa sein Recht auf Information, seine Geheimhaltungspflicht und die Verhaltenspflichten für den Fall von Interessenkonflikten – kann sich ebenfalls im Abschnitt über die Geschäftsleitung finden. Möglich ist auch eine Verweisung auf die entsprechen-

---

[16] Für Beispiele vgl. § 18 N 59 f.
[16a] Vgl. das Beispiel vorn N 20.

den Bestimmungen für die Mitglieder des Verwaltungsrats oder – wie in dieser Publikation[17] – die Regelung in einem eigenen, für alle Organpersonen geltenden Kapitel.

VII. Erweiterte Geschäftsleitung

a) Grosse Unternehmen mit einer komplexen Organisation sehen oft neben der «eigentlichen» zusätzlich eine **erweiterte Geschäftsleitung**[17a] vor. Dieser können neben den Mitgliedern der Geschäftsleitung im engeren Sinne die Leiter zentraler Funktionen – etwa Recht, Risiko-Management, Personelles, Informatik – angehören, sodann die Leiter von Regionen und/oder Divisionen. 37

b) Problematisch ist es – wie erwähnt – im Lichte der Organisationspflicht des Verwaltungsrats[18], die Kompetenz zur Bildung einer erweiterten Geschäftsleitung an den CEO zu delegieren. 38

Beispiel einer solchen problematischen, aber gelegentlich vorzufindenden Norm: 39

Der Vorsitzende der Geschäftsleitung kann weitere Personen beiziehen, die zusammen mit der Geschäftsleitung die erweiterte Geschäftsleitung bilden. Diese hat die vom Vorsitzenden bezeichneten Kompetenzen.

Richtiger: 40

Die erweiterte Geschäftsleitung besteht aus den Mitgliedern der Geschäftsleitung und weiteren Personen, die der Verwaltungsrat auf Antrag der Geschäftsleitung ernennt.

c) Bezüglich der **Sitzungen** und der **Beschlussfassung** gelten Regeln analog zu denen für die Geschäftsleitung im engeren Sinne, wobei die Sitzungen weit weniger häufig[19] stattfinden. Die Zuständigkeit beschränkt sich oft auf Orientierung und Meinungsäusserung, während die Entscheidkompetenz bei der Geschäftsleitung im engeren/eigentlichen Sinn verbleibt. 41

---

[17] Hinten § 24, S. 378 ff.
[17a] Vgl. § 6 N 31 und § 13 N 27.
[18] Dazu § 8 N 29 ff.
[19] Z.B. quartalsweise vor oder nach den Sitzungen des Verwaltungsrats. Dies kann insb. dann sinnvoll sein, wenn die Sitzungen der erweiterten Geschäftsleitung v.a. der Information dienen.

§ 23 Regeln für einzelne Mitglieder der Geschäftsleitung mit besonderen Funktionen

1 Oft ist in Organisationsreglementen auch die Rechtsstellung einzelner Mitglieder der Geschäftsleitung[1] zumindest im Grundsatz umschrieben. Die Einzelheiten gehen dann aus (allenfalls dem Reglement beigefügten, vielfach aber auch vertraulichen) **Pflichtenheften** oder **Stellenbeschrieben** hervor, sodann auch aus den **Arbeitsverträgen**.

2 Stets wird – falls eine Geschäftsleitung eingesetzt worden ist – die Rolle des **CEO/Vorsitzenden** der Geschäftsleitung umschrieben (Ziff. I, N 3 ff.), oft auch die des **CFO/Finanzchefs** (Ziff. II, N 6). Je nach Komplexität der Gruppe, aber auch abgestimmt auf den Organisations- und Führungsstil, wird auch die **Funktion weiterer Angehöriger** der Geschäftsleitung geregelt (Ziff. III, N 7). Ist eine Unternehmung nach verschiedenen **Segmenten** strukturiert oder in verschiedenen **Branchen** oder **Regionen** tätig, können auch die Aufgaben ihrer Leiter genannt sein (Ziff. IV, N 8 f.).

I. Präsident bzw. Vorsitzender der Geschäftsleitung (CEO)

3 Der Vorsitzende der Geschäftsleitung ist regelmässig nicht nur der primäre Ansprechpartner des Verwaltungsrats und – in Koordination mit dem Präsidenten des Verwaltungsrats – oberster Kommunikator mit der Aussenwelt, sondern es kommt ihm auch innerhalb des Gremiums eine **Vorrangstellung** zu[2]. Nur ausnahmsweise ist seine Stellung die eines *primus inter pares*. In Sonderfällen – etwa bei Joint-Venture-Gesellschaften mit gleichberechtigten Partnern – kann der Vorsitz rotieren, was freilich selten sinnvoll ist.

4 **Beispiele** für den Regelfall[3]:

Der Verwaltungsrat überträgt im Rahmen der zwingenden gesetzlichen Vorschriften und der in diesem Reglement enthaltenen Vor-

---

[1] Vgl. dazu die Übersicht vorn § 6 N 35 ff.
[2] Zu seinem allfälligen Vetorecht vgl. vorn § 22 N 28 f.
[3] S. auch die Liste typischer Aufgaben vorn § 6 N 41 ff.

behalte die Geschäftsführung an den Vorsitzenden der Geschäftsleitung.

Insbesondere hat der Vorsitzende folgende Aufgaben und Befugnisse:

- *erarbeitet in Zusammenarbeit mit der Geschäftsleitung Vorschläge für die Unternehmensstrategie und stellt die vom Verwaltungsrat festgelegte strategische Ausrichtung sicher*
- *führt die Geschäftsleitung und leitet die operative Geschäftsführung des Unternehmens*
- *entwickelt zuhanden des Verwaltungsrats die Unternehmensziele, die Mittelfristplanung und die Budgets*
- *repräsentiert in Absprache mit dem Verwaltungsratspräsidenten das Unternehmen nach aussen*
- *unterstützt den Präsidenten bei der Vorbereitung der Verwaltungsratssitzungen und stellt die Umsetzung der Beschlüsse des Verwaltungsrats sicher.*

Oder:

Der Präsident der Geschäftsleitung

- *führt die Gruppe*
- *führt die ihm direkt unterstellten Organisationseinheiten*
- *leitet die Entwicklung der Gruppenstrategie und deren Umsetzung*
- *setzt die Beschlüsse des Verwaltungsrats um*
- *überwacht die Ausführung der Beschlüsse der Geschäftsleitung [und der erweiterten Geschäftsleitung]*
- *beantragt dem Verwaltungsrat die Ernennung und Abberufung von Mitgliedern der Geschäftsleitung und der erweiterten Geschäftsleitung*
- *entscheidet nach Rücksprache mit dem Präsidenten des Verwaltungsrats über die Ernennung und Abberufung der Mitglieder der Verwal-*

tungsräte und der Vorsitzenden der Geschäftsleitungen von Gruppengesellschaften[4]

- *beruft die Sitzungen der Geschäftsleitung und der erweiterten Geschäftsleitung ein und leitet diese*
- *entscheidet in dringenden Fällen über Angelegenheiten, die in die Zuständigkeit der Geschäftsleitung fallen, aber vor deren nächster Sitzung entschieden werden müssen, und ersucht die Geschäftsleitung an ihrer nächsten Sitzung um eine Bestätigung seines Entscheides*[5]
- *erstattet regelmässig Bericht an den Präsidenten des Verwaltungsrats und den Verwaltungsrat insgesamt*
- *vertritt in Absprache mit dem Präsidenten des Verwaltungsrats die Gruppe nach aussen, besonders gegenüber Investoren, Kunden, öffentlichen Instanzen, Verbänden und Medien.*

II. Finanzchef (CFO)

6   Dem Chief Financial Officer wird etwa die Verantwortung für die Ermittlung des Finanzergebnisses, die Finanzberichterstattung und die Finanzplanung sowie für die finanziellen Elemente strategischer Entscheide zugewiesen, weiter auch die fachliche Führungsverantwortung betreffend die Finanzkontrollfunktionen, das Kapitalmanagement einschliesslich der Tresorerie sowie die Evaluierung und Beantragung des angemessenen Rechnungslegungsstandards[6].

III. Weitere Mitglieder der Geschäftsleitung

7   Je nach Bedarf und Komplexität der unternehmerischen Tätigkeit werden weitere Angehörige der «C»-Etage nicht nur erwähnt, sondern es werden deren Funktionen – zumeist kurz – auch umschrieben, etwa die des

- Chief Operating Officer (COO) oder Stabschefs
- Chief Legal Officer (CLO), Rechtskonsulenten oder Syndikus bzw. des General Council

---

[4] Richtiger dürfte in der Regel ein Antragsrecht des Präsidenten der Geschäftsleitung und der Entscheid durch den Verwaltungsrat, allenfalls für Gruppengesellschaften von untergeordneter Bedeutung durch dessen Präsidenten sein.
[5] Dazu auch § 22 N 32 f.
[6] S. auch die Liste vorn § 6 N 52 ff.

- Chief Investment Officer (CIO), Anlagechefs
- HR-Verantwortlichen
- IT-Verantwortlichen

sowie etwa des Produktionschefs, des Leiters Forschung und Entwicklung und des Marketingchefs[7]. In der **Praxis** kommt dies freilich – selbst bei grossen Gesellschaften – **selten** vor. Üblich sind vielmehr **Pflichtenhefte** und **Stellenbeschriebe** ausserhalb des Organisationsreglements oder als dessen Anhang.

IV. Divisional- und Regionalleiter. Leiter von Gruppenfunktionen und Geschäftsbereichen

Wo die Aktivitäten eines Unternehmens in Segmente oder regional gegliedert sind, werden allenfalls die Zuständigkeiten der betreffenden Leiter im Organisationsreglement umschrieben.

Erwähnt werden vereinzelt auch Leiter von Gruppenfunktionen, die nicht Mitglied der Geschäftsleitung sind, etwa der Leiter des Rechtsdienstes oder – in bundesdeutscher Terminologie – der Syndikus[8].

---

[7] S. auch die Aufzählung vorn § 6 N 59 ff.
[8] Oft ist dieser jedoch Mitglied der Geschäftsleitung.

§ 24 Gemeinsame Bestimmungen für alle Organe und Organpersonen

I. Allgemeines

1 Gelegentlich werden in einem Eingangs- oder Schlusskapitel – oder auch ohne besondere Ordnung – Bestimmungen aufgestellt, die für **alle Exekutivgremien** und **alle darin Tätigen** gleichermassen Anwendung finden.

2 Diese Bestimmungen decken sich zum Teil mit den Themen, die in § 21, S. 356 ff. mit Bezug auf die Mitglieder des Verwaltungsrats besprochen worden sind. Es kann daher auf jene Ausführungen verwiesen werden, mit folgenden Präzisierungen:

3 a) Bei der Regelung von **Interessenkonflikten** wird allenfalls zusätzlich darauf hingewiesen, dass Verträge, die Organpersonen mit sich selbst eingehen, schriftlich abgeschlossen werden müssen, falls sie nicht lediglich die Gesellschaft im Rahmen des laufenden Geschäfts zu einer einmaligen Leistung von nicht mehr als CHF 1000 verpflichten[1].

4 b) Anstelle einer **Rückgabe** von Dokumenten bei Beendigung eines Amtes[1a] kann deren **Übergabe an den Nachfolger** vorgesehen sein.

5 c) Die **Altersgrenze** wird für die Mitglieder der Geschäftsleitung oft tiefer – häufig bei 65 Jahren – angesetzt, mit dem Vorbehalt von Ausnahmen.

6 d) Zwei Themen werden regelmässig organübergreifend allgemein geregelt: die Zeichnungsberechtigung und der Auftritt nach aussen. Dazu Folgendes:

II. Zeichnungsberechtigung und Vertretungsbefugnis[2]

7 Die Zeichnungsberechtigung wird oft so geregelt, dass gewissen Personen (z.B. den Mitgliedern des Verwaltungsrats) das Zeichnungsrecht eingeräumt und im Übrigen bestimmt wird, der Verwaltungsrat regle die Zeichnungs-

---

[1] Entsprechend der zwingenden Vorschrift von OR 718b.
[1a] Vgl. § 21 N 18 ff.
[2] Vgl. dazu WATTER/ROTH PELLANDA in BSK zu OR 716b N 20; VON MOOS-BUSCH 115 f.; KRNETA N 1754; BAUEN/VENTURI N 371.

berechtigung. Zumeist ist – allenfalls mit Ausnahmen[3] – **Kollektivunterschrift** vorgesehen.

Beispiele:

Der Verwaltungsrat regelt die Zeichnungsberechtigung, wobei ausschliesslich Kollektivunterschrift zu zweien vorzusehen ist.

Oder:

Alle Mitglieder des Verwaltungsrats sind mit dem Präsidenten oder dem Vizepräsidenten kollektiv zu zweien zeichnungsberechtigt.

Im Übrigen regelt und erteilt der Verwaltungsrat die Zeichnungsberechtigung, wobei Zeichnungsberechtigung kollektiv zu zweien vorzusehen ist, mit Ausnahmen aus Praktikabilitätsgründen im Einzelfall.

Oder:

Folgende Personen sind für die Gesellschaft zeichnungsberechtigt, jeweils kollektiv zu zweien mit einer anderen zeichnungsberechtigten Person:

– *...*

– *...*

Die Zeichnungsberechtigung gilt

– *für den Präsidenten und den Vizepräsidenten des Verwaltungsrats sowie den CEO unbeschränkt.*

– *für die übrigen Zeichnungsberechtigten im Rahmen ihrer Zuständigkeiten.*

Der Verwaltungsrat erlässt die entsprechenden Weisungen.

Die Zeichnungsberechtigten zeichnen, indem sie ihre Unterschrift dem Namen der Gesellschaft beifügen.

---

[3] Einzelunterschriften, verbunden mit Limiten, können für die Bankunterschrift vorgesehen sein. In gewissen Branchen wird Händlern, die routinemässig zahlreiche Verträge abschliessen, allenfalls für ihre Aufgabe die Einzelunterschrift eingeräumt.

III. Auftritt nach aussen

11 Bei grösseren Gesellschaften, an denen ein öffentliches Interesse besteht, wird schliesslich oft die externe Kommunikation im Organisationsreglement geordnet und das Recht dazu auf gewisse Personen beschränkt.

12 **Beispiele:**

> *Der Verwaltungsrat bestimmt, welche Personen berechtigt sind, sich gegenüber den Medien zu äussern.*

13 Oder:

> *Auskünfte an Medien erteilen der Präsident des Verwaltungsrats, der CEO, der CFO oder vom Präsidenten des Verwaltungsrats bzw. dem CEO bestimmte Personen.*

§ 25 Regeln für weitere Funktionsträger innerhalb der Gesellschaft

Zumindest bei Publikumsgesellschaften wird im Organisationsreglement auch die **Interne Revision** geregelt (vgl. Ziff. I, N 2 ff.). Weitere für die Führung und Überwachung eingesetzte Institutionen werden dagegen kaum je erwähnt (vgl. Ziff. II, N 5).

I. Interne Revision

Mit Bezug auf die Interne Revision wird – neben der Umschreibung von deren Aufgaben und Verantwortlichkeit – vor allem ihre **Unabhängigkeit** betont und sichergestellt. Für Einzelheiten wird oft auf ein separates Reglement verwiesen.

Beispiele:

Der Leiter der Internen Revision wird auf Vorschlag des Verwaltungsratspräsidenten und des Vorsitzenden des Revisionsausschusses durch den Verwaltungsrat ernannt. Er ist funktional dem Revisionsausschuss unterstellt.

Die Interne Revision ist von der operativen Geschäftstätigkeit unabhängig.

[Die Interne Revision der Muttergesellschaft prüft alle Organisationseinheiten und Gruppengesellschaften.]

Das Nähere regelt ein Reglement für die Interne Revision.

Oder:

Der Leiter der Internen Revision wird durch den Verwaltungsrat aufgrund eines gemeinsamen Vorschlages der Vorsitzenden der Geschäftsleitung und des Revisionsausschusses ernannt.

Die Interne Revision der Gesellschaft beurteilt die Eignung und die Wirksamkeit der internen Kontrollfunktionen.

Die Interne Revision überwacht die Einhaltung der rechtlichen und regulatorischen Vorschriften, der Statuten und weiterer gesellschaftsinternen Regelungen, und sie beurteilt insbesondere auch, ob die in-

ternen Kontrollen den Risiken angemessen sowie effektiv sind und ob sie konsequent eingehalten werden.

Die Interne Revision legt dem Revisionsausschuss ihre Arbeitspläne zur Genehmigung vor, erstattet diesem regelmässig Bericht, orientiert ihn über wesentliche Untersuchungsergebnisse und führt auf dessen Verlangen oder das Verlangen des Präsidenten des Verwaltungsrats bzw. des Vorsitzenden der Geschäftsleitung zusätzliche Revisionen durch.

Der Leiter der Internen Revision bespricht sich mindestens einmal jährlich ohne Beisein der Exekutivorgane mit dem Revisionsausschuss.

Der Leiter der Internen Revision bestimmt die Organisationsstruktur und die notwendigen personellen Ressourcen seiner Einheit und stellt entsprechend Antrag an den Revisionsausschuss. Er prüft und genehmigt alle Anstellungen und Kündigungen von Mitarbeitenden der Einheit.

Die Interne Revision befolgt die anerkannten Regeln ihres Berufsstandes / die «International Standards for the Professional Practice of Internal Auditors» des Institute of Internal Auditors.

Die Interne Revision übt ihre Tätigkeit unabhängig aus. Sie darf in Bereichen, deren Prüfung ihr obliegt, keine operationelle Verantwortung haben.

Soweit dies für die Erfüllung ihrer Aufgaben nötig ist, hat die Interne Revision uneingeschränkten Zugang zu allen Informationen und Personen [die Einsicht in Personalunterlagen bedarf der Zustimmung des HR-Verantwortlichen oder des Vorsitzenden des Prüfungsausschusses].

Die Interne Revision stimmt ihre Aktivitäten mit denen anderer interner Kontrollfunktionen und der externen Revisionsstelle ab.

Die Interne Revision der Gesellschaft erbringt die internen Revisionsleistungen für die gesamte Gruppe.

II. Weitere Funktionsträger

Weitere Funktionen werden – wenn überhaupt – in der Regel nur insofern angesprochen, als deren Leiter erwähnt und ihre Aufgaben umschrieben werden[1].

5

---

[1] Vgl. § 23 N 7 ff.

§ 26 Schlussbestimmungen

1 In einem Schlusskapitel finden sich manchmal Regeln, die für alle (Exekutiv-)Organe gelten[1]. Regelmässig finden sich am Schluss sodann folgende Abschnitte:

I. Beschlussfassung, Inkrafttreten, allenfalls Abänderung

2 Es wird festgehalten, wann das Reglement beschlossen worden ist und wann – zumeist sofort – es **in Kraft tritt**. Gelegentlich finden sich auch Regeln über die Modalität einer **Abänderung** an dieser Stelle[2] oder zumindest der (selbstverständliche) Vorbehalt der jederzeitigen Abänderbarkeit.

3 **Beispiel:**

Dieses Organisationsreglement wurde am [Datum] vom Verwaltungsrat verabschiedet und per sofort in Kraft gesetzt.

4 Bei regulierten Gesellschaften findet sich allenfalls der Hinweis darauf, dass Änderungen der **Genehmigung durch die Aufsichtsbehörde** bedürfen.

5 **Beispiel:**

Dieses Organisationsreglement kann vom Verwaltungsrat nur mit Genehmigung der FINMA abgeändert werden.

II. Verhältnis zu anderen Dokumenten

6 a) Manchmal wird – was nicht nötig ist – ausdrücklich gesagt, dass das Reglement frühere Fassungen ersetzt.

7 b) Sodann wird auf sein Verhältnis zu anderen Erlassen des Verwaltungsrats und allenfalls weiterer Exekutivorgane hingewiesen.

8 **Beispiele:**

Der Verwaltungsrat kann jederzeit weitere Reglemente erlassen.

---

[1] Vgl. zu diesen vorn § 24, S. 378 ff.
[2] Richtiger ist aber deren Platzierung bei der Regelung der Beschlussfassung im Verwaltungsrat, zu dieser vgl. vorn § 18 N 80 ff.

Oder:

Der Verwaltungsrat, die Konzernleitung und die Bereichsleiter erlassen die für die ihnen obliegenden Aufgaben erforderlichen Ausführungsbestimmungen zum Vollzug dieses Reglements.

Sowie:

Das im Anhang beigefügte Funktionendiagramm ist Bestandteil dieses Organisationsreglements.

III. Periodische Überprüfung

Sinnvoll ist es, darauf hinzuweisen, dass das Organisationsreglement periodisch zu überarbeiten und geänderten Verhältnissen anzupassen ist.

Beispiel[2a]:

Dieses Reglement [einschliesslich des Funktionendiagramms] ist jedes Jahr in der ersten Sitzung des Verwaltungsrats nach der ordentlichen Generalversammlung zu überprüfen und allenfalls anzupassen.

IV. Vertraulichkeit oder Offenlegung[3]

Ausnahmsweise wird – zusätzlich zur allgemeinen Regel betreffend Geheimhaltungspflichten – auf die **Vertraulichkeit** des Reglements hingewiesen. Oder aber es wird umgekehrt dessen **öffentliche Zugänglichkeit** vorgesehen.

Beispiele:

Dieses Reglement, nicht jedoch seine Anhänge[4]*, werden auf der Website der Gesellschaft zugänglich gemacht.*

Oder:

Der Verwaltungsrat entscheidet, ob und allenfalls in welcher Form das Organisationsreglement oder Teile desselben Dritten oder der Öffentlichkeit zugänglich gemacht werden.

[2a] Ein weiteres Beispiel findet sich vorn § 18 N 73.
[3] Vgl. dazu sogleich § 29, S. 397 ff. zu den Informationsrechten von Aktionären und Dritten.
[4] Vgl. dazu § 29 Anm. 24.

V. Unterzeichnung und Anhänge

16 a) Das Reglement wird in der Regel entweder durch den Präsidenten und den Vizepräsidenten oder aber durch den Präsidenten und den Sekretär **unterzeichnet**. Gelegentlich wird es auch – im Sinne eines Loyalitätsbekenntnisses – von allen Verwaltungsratsmitgliedern unterschrieben.

17 b) Aufgeführt werden schliesslich die **Anhänge**[5].

VI. Geschäftsjahr

18 In den Schlussbestimmungen oder – häufiger – in einem eigenen Abschnitt vor dem Schlusskapitel wird das Geschäftsjahr bestimmt, falls dies nicht in den Statuten erfolgt.

19 Üblich ist heute die Übereinstimmung mit dem Kalenderjahr.

20 **Beispiel:**

Das Geschäftsjahr stimmt mit dem Kalenderjahr überein.

21 Abweichungen können sich ergeben, um das Geschäftsjahr bei einer saisonal geprägten Geschäftstätigkeit auf deren Zyklizität abzustimmen.

---

[5] Zu diesen nachstehend § 28, S. 391 ff.

§ 27 Exkurs: Besondere Bestimmungen in Konzerngesellschaften

In Gesellschaften, die in einem Konzern verbunden sind, wird diesem Umstand bei der Konzernobergesellschaft oft, bei den Tochtergesellschaften seltener wie folgt Rechnung getragen:

I. Konzernobergesellschaft[1]

Bei der Konzernobergesellschaft wird auf ihre **Doppelfunktion** der Führung sowohl der Gesellschaft als auch der Gruppe hingewiesen. Es kommt dies allenfalls in einer Präambel, vor allem aber in den **Aufgaben von Verwaltungsrat, Geschäftsleitung und Interner Revision** zum Ausdruck.

Beispiele[1a]:

Dieses Reglement bezweckt, die strategische und finanzielle Führung der X Holding AG und der von ihr beherrschten Tochtergesellschaften zu gewährleisten.

...

Der Verwaltungsrat hat folgende Aufgaben:

– *...*

– *Führung des Konzerns und seiner Tochtergesellschaften*

– *...*

Oder:

Der Verwaltungsrat, seine Ausschüsse sowie die Interne Revision nehmen auch Gruppenaufgaben wahr.

...

Der Verwaltungsrat trägt die endgültige Verantwortung für die Leitung der Gesellschaft sowie für die Aufsicht und Kontrolle der Geschäftsführung. In dieser Funktion obliegt ihm auch die Oberaufsicht über die operativen Gesellschaften der Gruppe.

---

[1] Vgl. dazu § 7 N 32 ff., § 8 N 187 ff.
[1a] S. auch das Beispiel in Anhang III, Ziff. 2.4.3 f., S. 434 ff. und 6.4 f., S. 447 ff.

...

Alle Gruppengesellschaften und Organisationseinheiten unterliegen der Prüfung der Internen Revision.

5 Oder:

Zuständigkeiten des Verwaltungsrats:

- *...*
- *übt die Oberleitung der Gruppe aus und erlässt die dazu nötigen Weisungen*
- *bestimmt die Strategie der Gruppe und nimmt Kenntnis von den Strategien der Divisionen*
- *legt die Struktur der Gruppe fest und bezeichnet die Divisionen*
- *genehmigt die konsolidierte Geschäftsplanung der Gruppe*
- *überwacht die Gruppenrisiken*
- *genehmigt unter Vorbehalt der Kompetenzen der Generalversammlung die Jahresabschlüsse des Stammhauses und der Gruppe*
- *überwacht die gruppenweite Einhaltung der Rechts- und Compliancenormen.*

6 Die Verantwortlichkeit für die Gruppe kommt sodann auch bei der Regelung der **Ausschüsse** und der **Verwaltungsratsmitglieder mit besonderen Aufgaben** zum Ausdruck:

Der Revisionsausschuss prüft die Jahresabschlüsse des Stammhauses und der Gruppe und genehmigt Zwischenabschlüsse und -berichte der Gruppe.

Der Verwaltungsratspräsident vertritt die Gruppe gegenüber den Aktionären und – in Koordination mit dem Vorsitzenden der Geschäftsleitung und dem Finanzchef – gegenüber der Öffentlichkeit.

7 Mit Bezug auf die **Geschäftsleitung** wird etwa festgehalten:

- *ist für die Führung der Gruppe verantwortlich*
- *legt dem Verwaltungsrat die Jahres- und Zwischenabschlüsse der Muttergesellschaft und der Gruppe vor und unterbreitet ihm Anträge im Hinblick auf die Strategie und die Struktur der Gruppe und ihren Geschäftsplan*

- ...
- *genehmigt die Strategien und Pläne der Divisionen und informiert den Verwaltungsrat darüber*
- *kann gesellschaftsübergreifende Ausschüsse bilden und beantragen, ihnen Aufgaben und Kompetenzen zu delegieren ....*

Schliesslich wird für die **Interne Revision** gesagt[2]:

Die Interne Revision prüft die Eignung und die Wirksamkeit der internen Kontrollfunktionen der Gruppe ....

Bei den spezifischen Aufgaben von Verwaltungsrat oder Geschäftsleitung wird allenfalls die **Einsitznahme in Verwaltungsräte von Tochtergesellschaften** geregelt, sodann die **Pflicht zu deren Orientierung**.

II. Konzernuntergesellschaften

a) Bei den Tochtergesellschaften kann in einer Präambel auf die Einbettung in den Konzern hingewiesen werden[3].

Beispiel:

Die Gesellschaft erfüllt ihre Aufgaben als Teil der [ ] Gruppe, mit deren weiteren Gesellschaften sie eine wirtschaftliche Einheit (Konzern) bildet.

Im Rahmen des rechtlich Zulässigen befolgt sie die Weisungen der [Konzernobergesellschaft].

Sodann wird gelegentlich festgehalten, dass der Verwaltungsrat durch die Vertreter der Konzernobergesellschaft regelmässig über die Entwicklungen im Konzern informiert wird[4].

b) Im Übrigen kommt die **Einbettung** in den Konzern in den Reglementen der Konzernuntergesellschaften **kaum zum Ausdruck**. Wohl aber ist dies in den Anhängen der Fall, insbesondere im **Funktionendiagramm**, in welchem

---

[2] Vgl. vorn § 25 N 2 ff.
[3] Vgl. von Moos-Busch 77 Anm. 399 und Zwicker 57 f.
[4] Eine solche Informationspflicht drängt sich insb. dann auf, wenn – was im Konzern eher die Regel als die Ausnahme ist – die Weisungs- und Rapportwege nicht über den Verwaltungsrat der Tochtergesellschaft laufen, sondern an diesem vorbei direkt vom zuständigen Geschäftsleitungsmitglied der Muttergesellschaft zu seinem Kollegen bei der Tochtergesellschaft und umgekehrt, vgl. dazu Forstmoser, *Haftung* 105.

die Entscheidungsvorbehalte der Muttergesellschaft (sog. *powers reserved*) aufgezählt werden und klargestellt ist, dass in diesen Bereichen den Organen der Tochtergesellschaft lediglich ein Antragsrecht zukommt.

14 c) Die Einbindung in die Gruppe kann sich sodann auch darin zeigen, dass die Organisationsreglemente **gruppenweit einheitlich gestaltet** sind, dass das Reglement der Muttergesellschaft *mutatis mutandis* auch bei den Tochtergesellschaften zur Anwendung kommen soll oder dass schliesslich ein **einziges gemeinsames Organisationsreglement** für die Muttergesellschaft und die Tochtergesellschaften aufgestellt wird[5].

---

[5] Dies kann etwa dann sinnvoll sein, wenn zwischen den Organen der Obergesellschaft und denen der Tochtergesellschaften Personalunion besteht.

§ 28 Anhänge des Organisationsreglements und Zusatzdokumente

Organisationsreglemente werden oft durch ein **Funktionendiagramm** ergänzt (Ziff. I, N 3 ff.), manchmal auch durch ein **Organigramm** (Ziff. II, N 9 ff.).

Anstelle einer Ordnung im Organisationsreglement selbst oder zusätzlich zu dieser finden sich – wie erwähnt – separate **Reglemente für die einzelnen Ausschüsse** und für die **Interne Kontrolle** (Ziff. III, N 12 f.). Präzisere Angaben über einzelne Positionen sind in **Stellenbeschrieben** und **Pflichtenheften** enthalten, die freilich kaum je dem Organisationsreglement beigefügt sind (Ziff. IV, N 14). Gelegentlich finden sich im Anhang auch **Übersichten**, welche Bestimmungen des Reglements konkretisieren (Ziff. V, N 15 ff.).

I. Funktionendiagramm[1]

a) Die im Organisationsreglement verbal umschriebenen Aufgaben der verschiedenen Organe und Organpersonen werden im Funktionendiagramm tabellarisch aufgelistet und – soweit sinnvoll – in Zahlen umgesetzt, wobei die spezifischen Aufgaben,

– etwa: Vorbereitung, Beratung, Antrag, (materielle) Entscheidung, Ratifikation (mit Vetorecht) und Information[2]

– oder: Antragstellung und Vorbereitung, Beratung, Entscheid/Beschluss/ Genehmigung, Information, Kontrolle, Protokoll und Vollzug[3]

differenziert und den einzelnen Funktionsträgern

– etwa: Generalversammlung, Gesamtverwaltungsrat, Präsident des Verwaltungsrats, CEO, CFO, Geschäftsleitung, Sekretär des Verwaltungsrats, im Konzern allenfalls auch Funktionsträger der Obergesellschaft

zugewiesen werden.

Bei der periodischen Überarbeitung des Organisationsreglements sollte ein Hauptaugenmerk auf die Kompetenzordnung im Funktionendiagramm gelegt

---

[1] Vgl. das Beispiel hinten Anhang IV, S. 455 ff.
[2] So das Beispiel hinten Anhang IV, S. 455 ff.
[3] So das Beispiel bei MÜLLER/LIPP/PLÜSS 721 ff.

werden. Änderungen können sich nicht nur aufgrund von **organisatorischen Umstellungen** ergeben, sondern auch wegen **personeller Wechsel**[4].

8 b) In einfacheren Verhältnissen genügt eine **Kompetenzordnung**[5], die lediglich die Entscheidungskompetenzen festlegt. Allenfalls ist diese Ordnung auf die Abgrenzung der finanziellen Kompetenzen beschränkt.

II. Organigramm

9 Organigramme, die dem Organisationsreglement beigefügt werden, können unterschiedlichste Formen haben:

10 – In der **Einzelgesellschaft** können die wichtigsten Aufgaben und die dafür Verantwortlichen sowie die Unterstellungsverhältnisse aufgezeigt werden.

11 – In **Konzernen** finden sich etwa Übersichten über die Gruppengesellschaften, aber auch zu den Sparten oder Divisionen und den sparten- bzw. divisionsübergreifenden Funktionen, bei Matrixorganisationen mit Hinweisen auf die primären und sekundären *reporting lines*.

III. Zusätzliche Reglemente

12 Anstelle von Bestimmungen im Organisationsreglement selbst oder zusätzlich zu diesen finden sich in der Praxis – es wurde wiederholt erwähnt – Geschäftsreglemente für die einzelnen Ausschüsse. Oft bestimmt auch ein besonderes Reglement die Aufgaben der Internen Revision.

13 Solche Reglemente sind – als Teil der Ordnung von Organisation und Aufsicht – grundsätzlich **durch den Gesamtverwaltungsrat zu erlassen**[6].

---

[4] Aufgaben werden eben sehr oft nicht einfach abstrakt einer bestimmten Funktion zugewiesen, sondern mit Rücksicht auf den jeweiligen **Funktionsträger** konkretisiert. Bei einem personellen Wechsel kann sich dann auch eine Anpassung in der Kompetenzordnung oder im Organigramm aufdrängen.
[5] Vgl. das Beispiel hinten Anhang V, S. 468 ff.
[6] Es bleibt aber den einzelnen Ausschüssen und anderen Funktionsträgern überlassen, für sich selbst zusätzliche Regeln aufzustellen.

IV. Stellenbeschriebe und Pflichtenhefte

Auf der Basis des Organisationsreglements werden Stellenbeschriebe und Pflichtenhefte für einzelne Stellen oder Funktionsträger aufgestellt. Diese werden jedoch – soweit ersichtlich – kaum je den Organisationsreglementen beigefügt.

V. Übersichten

Vereinzelt finden sich in Anhängen auch Übersichten aller Art wie etwa

– **Sitzungspläne für die Sitzungen des Verwaltungsrats,** mit Sitzungsrhythmus, Standardtraktanden und Themenschwergewichten für die einzelnen ordentlichen Sitzungen oder

– Übersichten über die Elemente und die Terminierung der **Berichterstattung**[7].

---

[7] Vgl. dazu vorn § 4 N 53 ff., sodann auch den Vorschlag einer unternehmensinternen Informationsordnung bei Druey (zit. § 4 N 86) 29 ff.

6. Kapitel und § 29

Das Recht von Aktionären und Dritten auf Auskunft über die Organisation[1]

---

[1] Vgl. dazu BERTSCHINGER, *Organisationsreglement passim*; DERS., *Arbeitsteilung* N 124 ff.; BÖCKLI, *Aktienrecht* § 13 N 333 ff.; HOMBURGER N 724; F. HORBER: Die Informationsrechte des Aktionärs (Zürich 1995) insb. N 338 ff.; KRNETA N 1760 ff.; B. STÜCKELBERGER: Unternehmensinformation und Recht (Diss. Zürich 2004); ROTH PELLANDA N 641 ff.; WATTER/ROTH PELLANDA in BSK zu OR 716b N 27 ff.

OR 716b II Satz 2 sieht ein Recht von Aktionären und Gläubigern vor, unter gewissen Voraussetzungen über die «Organisation der Geschäftsführung» informiert zu werden. Dazu in Kürze Folgendes:

I. Abgrenzungen[2]

a) Vom **allgemeinen Auskunftsrecht** «über die Angelegenheiten der Gesellschaft» im Sinne von OR 697 unterscheidet sich das Recht auf Orientierung gemäss OR 716b

– durch den Kreis der Berechtigten, welcher sich auch auf die Gesellschaftsgläubiger erstreckt,

– dadurch, dass es nicht im Zusammenhang mit der Generalversammlung geltend gemacht werden muss[3]

– und weiter dadurch, dass die Beantwortung der Fragen schriftlich zu erfolgen hat.

b) Vom **Recht auf Sonderprüfung** unterscheidet sich das Orientierungsrecht von OR 716b II nicht nur inhaltlich, sondern auch dadurch, dass es jedem Aktionär[4] und auch den Gläubigern zusteht.

c) Von der allgemeinen Orientierung in Gestalt des **Geschäftsberichts** nach OR 696 schliesslich unterscheidet es sich, indem es geltend gemacht werden muss, während die Erstattung des Geschäftsberichts eine Bringschuld des Verwaltungsrats darstellt.

II. Adressat der Informationspflicht

Nach OR 716b II ist Adressat der **Verwaltungsrat**. Doch wird zu Recht darauf hingewiesen, dass es sich hier nicht um eine unübertragbare Aufgabe handelt[5], weshalb der Verwaltungsrat die Beantwortung **delegieren** kann[6].

---

2   Dazu etwa ROTH PELLANDA N 657 ff., mit Hinweisen.
3   WATTER/ROTH PELLANDA in BSK zu OR 716b N 28; BÖCKLI, *Aktienrecht* § 13 N 334.
4   Vgl. dagegen das in OR 697b I verlangte Quorum für die zwangsweise Durchsetzung einer Sonderprüfung.
5   BERTSCHINGER, *Organisationsreglement* 186.
6   BERTSCHINGER, *Arbeitsteilung* N 128. In der Praxis delegiert der Verwaltungsrat insb. an seinen Präsidenten. Eine vollumfängliche Delegation an die Geschäftsleitung dürfte dagegen, da es um eine grundsätzliche Frage der Kommunikation mit Aktionären und Dritten geht, kaum infrage kommen.

III. Berechtigte

8 a) Nach dem Gesetzestext sind Aktionäre und Gesellschaftsgläubiger informationsberechtigt, wenn sie ein schutzwürdiges Interesse glaubhaft machen. Dabei ist zu differenzieren:

9 b) Für die **Aktionäre** wird von der Mehrheitslehre ein schutzwürdiges Interesse stets und generell vorausgesetzt[7], während eine von BERTSCHINGER begründete Minderheitslehre mangels einer Treuepflicht der Aktionäre auch für sie ein spezielles schutzwürdiges Interesse verlangt[8].

10 c) Unbestritten ist dagegen, dass bei den **Gläubigern** ein schutzwürdiges Interesse gegeben sein muss. Doch werden an dieses keine hohen Anforderungen gestellt[9], und jedenfalls genügt Glaubhaftmachen[10].

11 d) Nach dem Wortlaut des Gesetzes ist eine bestehende Aktionärs- oder Gläubigerstellung verlangt[11], ein künftige oder gar bloss potenzielle genügt also nicht.

12 e) In der Praxis ist die Anrufung von OR 716b II selten. Sie dürfte vor allem dazu erfolgen, die Voraussetzungen für eine allfällige Verantwortlichkeitsklage zu prüfen.

IV. Form und Durchsetzung

13 a) Das Gesetz stellt für das Orientierungsbegehren **keine formalen Anforderungen** auf, doch dürfte Schriftlichkeit die Regel sein.

14 b) Das Recht kann im Wege einer **Leistungsklage** gegen die Gesellschaft durchgesetzt werden[12].

---

[7] Vgl. STÜCKELBERGER (zit. Anm. 1) 116; FORSTMOSER/MEIER-HAYOZ/NOBEL § 11 Anm. 7; BÖCKLI, *Aktienrecht* § 13 N 333; HOMBURGER N 724.
[8] *Organisationsreglement* 186 f. und *Arbeitsteilung* N 129; ihm folgend KRNETA N 1761.
[9] BERTSCHINGER, *Arbeitsteilung* N 131; ROTH PELLANDA N 658, mit weiteren Hinweisen.
[10] Nach BERTSCHINGER, *Organisationsreglement* 187 und *Arbeitsteilung* N 131 ist Glaubhaftmachung «im Zweifel stets zu bejahen».
[11] BERTSCHINGER, *Organisationsreglement* 186 und *Arbeitsteilung* N 125. Das Orientierungsrecht von OR 716b II kann daher nicht eingesetzt werden, um über einen potenziellen Vertragspartner Informationen zu erlangen.
[12] BERTSCHINGER, *Arbeitsteilung* N 135; KRNETA N 1764; WATTER/ROTH PELLANDA in BSK zu OR 716b N 30.

V. Inhalt der Orientierung

1. Allgemeines

Entgegen der systematischen Stellung der Norm bei den Bestimmungen zum Organisationsreglement geht es um eine Orientierung über die **Organisation** und nicht spezifisch über das Organisationsreglement[13], was in der Literatur zum Teil zu wenig klar auseinandergehalten wird[14].

Daraus folgt zweierlei:

- einschränkend einerseits, dass **kein Anspruch auf eine Aushändigung** des Reglements besteht[15],

- erweiternd bzw. präzisierend andererseits, dass es nicht genügt, über die formale Ordnung gemäss Organisationsreglement zu informieren; vielmehr ist **über die tatsächliche, die «gelebte» Organisation Auskunft zu geben**[16].

2. Zusätzliche Anforderungen für Gesellschaften mit kotierten Aktien[17]

a) Die **RLCG** verlangen von Gesellschaften mit an der SIX Swiss Exchange kotierten Aktien, dass **Informationen zur Corporate Governance** im jährlichen Geschäftsbericht in einem eigenen Kapitel veröffentlicht werden.

Dazu gehören nach Ziff. 3.4 der RLCG Ausführungen betreffend die interne Organisation, insbesondere zur Aufgabenteilung im Verwaltungsrat[18], zur personellen Zusammensetzung sämtlicher Verwaltungsratsausschüsse, zu de-

---

[13] BERTSCHINGER, *Organisationsreglement* 187 f.
[14] Vgl. etwa WATTER/ROTH PELLANDA in BSK zu OR 716b N 27.
[15] BERTSCHINGER, *Organisationsreglement* 187 f. und *Arbeitsteilung* N 132; zu entsprechenden rechtspolitischen Bestrebungen vgl. nachstehend N 32.
[16] BERTSCHINGER, *Organisationsreglement* 188 und *Arbeitsteilung* N 134; ROTH PELLANDA N 658, mit Hinweisen.
[17] Vgl. dazu ROTH PELLANDA N 652 ff. sowie die RLCG, insb. Ziff. 3–5 und den von der SIX Swiss Exchange dazu erlassenen offiziellen Kommentar. (Dieser bezieht sich zwar auf die frühere Ausgabe der RLCG, doch trifft er inhaltlich weiterhin zu.) Die Präzisierungen zu den Informationspunkten in den folgenden Fussnoten sind auf diesen Kommentar gestützt.
[18] Nennung von Präsident, Vizepräsident, Delegiertem und allenfalls weiteren spezifischen Funktionsträgern.

ren Aufgaben und Kompetenzabgrenzungen und allgemein zur Arbeitsweise des Verwaltungsrats und seiner Ausschüsse[19].

21 Nach Ziff. 3.5 der RLCG sind überdies die Grundzüge der Kompetenzregelung zwischen Verwaltungsrat und Geschäftsleitung offenzulegen[20], nach Ziff. 3.7 die Informations- und Kontrollinstrumente, die dem Verwaltungsrat gegenüber der Geschäftsleitung zukommen[21].

22 Gemäss Ziff. 4 sind Angaben über die Geschäftsleitung zu machen[22].

23 Bei alldem wird betont und verlangt, dass es um eine Darstellung der **tatsächlich gelebten Ordnung** und nicht (bloss) der formellen Regelung geht (*«substance over form»*).

24 b) Erwähnt sei zudem die **Pflicht zur Ad-hoc-Publizität**, d.h. zur unverzüglichen öffentlichen Bekanntgabe kursrelevanter Informationen, zu denen auch wesentliche Änderungen in der Organisation und Mutationen im Verwaltungsrat und in der Geschäftsleitung gehören[23].

25 c) Zahlreiche Publikumsgesellschaften gehen – wie erwähnt – weiter und sind dazu übergegangen, das Organisationsreglement auf ihrer **Website zu veröffentlichen**[24].

---

[19] Sitzungsrhythmus, übliche Sitzungsdauer, Anzahl der Sitzungen, Zusammenwirken von Gesamtverwaltungsrat und Ausschüssen und Aufteilung der Kompetenzen; Beizug von Mitgliedern der Geschäftsleitung oder von externen Beratern zur Behandlung spezifischer Themen.

[20] Insb. inwieweit der Verwaltungsrat Kompetenzen an die Geschäftsleitung delegiert hat, wobei eine Wiederholung der Liste undelegierbarer Kompetenzen gemäss OR 716a I nicht genügt; ebenso wenig genügen allgemeine Aussagen wie etwa die, der Verwaltungsrat bestimme die strategische Ausrichtung und übe die Oberleitung aus, während die operative Führung an die Geschäftsleitung delegiert sei. Falls zur Kompetenzregelung auf das Organisationsreglement verwiesen wird, muss dieses öffentlich zugänglich sein.

[21] Wie etwa Interne Revision, Risikomanagement-System, Management-Informationssystem, verbunden mit einer kurzen Beschreibung der Arbeitsweise (worum geht es beim Informationsinstrument, wie häufig wird es eingesetzt, wer ist Adressat der Information und führt die Kontrollen aus).

[22] Name, Nationalität, Funktion, Ausbildung und beruflicher Hintergrund der einzelnen Mitglieder, weitere Tätigkeiten und Interessenbindungen.

[23] KR 53, dazu vorn § 8 N 145 und die dortigen Angaben. Nach der Praxis der SIX Swiss Exchange soll der personelle Wechsel in irgendeiner geschäftsleitenden Funktion – auch etwa der des Personalverantwortlichen – ad-hoc-publizitätspflichtig sein, was u.E. zu weit geht, da von einem Wechsel in anderen als den zentralen Funktionen wie derjenigen des CEO oder des CFO in der Praxis kein Einfluss auf den Kurs auszumachen ist.

[24] Dies allenfalls ohne die Anhänge wie Committee Charters oder Funktionendiagramme, aus denen die Kompetenzlimiten der einzelnen Organe und Organpersonen hervorgehen, da diese im Hinblick auf Vertragsverhandlungen vertraulich bleiben sollen.

VI. Form der Beantwortung

Die Information muss – anders als die Auskunftserteilung aufgrund von OR 697 – **schriftlich** erfolgen[25].

26

VII. Exkurs: Die Informationsrechte von im Verwaltungsrat «vertretenen» juristischen Personen oder Handelsgesellschaften, Aktionärsgruppen, Partizipanten und Körperschaften des öffentlichen Rechts

Es fragt sich, inwieweit die in den Verwaltungsrat delegierten «Vertreter»[26] im Sinne von OR 707 III, 709 I, 656e und 762 I ein Recht haben, die von ihnen «Vertretenen» über die allgemeine Berichterstattung der Gesellschaft hinausgehend zu informieren.

27

a) Bezüglich der **Vertreter von Aktionärsgruppen** oder -**minderheiten**[27] oder von **Partizipanten**[28] ist u.E. ein weitergehendes Informationsrecht grundsätzlich[28a] zu verneinen, da dies dem informationsrechtlichen Gleichbehandlungsanspruch von Aktionären und allenfalls Partizipanten widerspräche.

28

b) Dagegen fragt es sich, ob die «**Vertreter**» **von juristischen Personen oder Handelsgesellschaften**[29] die delegierende Gesellschaft informieren dürfen. Die Botschaft *2007* bejaht dies, mit der Begründung, aus dem «Vertretungsverhältnis» ergebe sich, dass die Vertreterin oder der Vertreter die Auftraggeberin über die Arbeit des Verwaltungsrats informieren dürfe[30]. Diese Auffassung ist nicht unproblematisch, da zweifellos kein Vertretungsverhältnis im Sinne des allgemeinen Stellvertretungsrechts vorliegt und – dies vor allem –

29

---

[25] BERTSCHINGER, *Organisationsreglement* 186 sowie etwa KRNETA N 1763.
[26] Zu diesen allgemein § 5 N 244 ff.
[27] OR 709 I und II.
[28] OR 656e.
[28a] Differenzierend FORSTMOSER (zit. § 5 Anm. 363); vgl. auch etwa BÖCKLI/BODMER: Vorabinformation an Grossaktionäre …, SZW *2005* 101 ff.; FORSTMOSER/MEIER-HAYOZ/NOBEL § 28 N 44 ff.
[29] OR 707 III.
[30] Botschaft *2007* 1685; ähnlich KRNETA N 145.

weil die abordnende juristische Person oder Handelsgesellschaft als Aktionärin keiner Schweigepflicht unterliegt[31].

30 Sinnvoll kann es sein, das Problem durch eine Vertraulichkeitsklausel im Organisationsreglement zu entschärfen, etwa folgender Art:

> *Ist ein Verwaltungsratsmitglied von einer juristischen Person oder Handelsgesellschaft[32] als deren Vertreter in den Verwaltungsrat gewählt worden, dann darf es die juristische Person oder Handelsgesellschaft über die Geschäfte des Verwaltungsrats informieren, soweit sich diese ihrerseits schriftlich verpflichtet, die erlangten Informationen vertraulich zu behandeln[32a].*

31 c) Ein Informationsrecht wird man dem von einer Körperschaft des öffentlichen Rechts Entsandten zugestehen, da die öffentlichrechtliche Körperschaft für die «abgeordneten Mitglieder» direkt haftet, OR 762 IV[32b].

VIII. Offenlegung des Organisationsreglements de lege ferenda?

32 a) Im bundesrätlichen Entwurf für eine Revision des Aktienrechts von 1983 wurde vorgeschlagen, das Organisationsreglement sei beim Handelsregisteramt zu hinterlegen und so öffentlich zugänglich zu machen[33]. Dieser Vorschlag fand jedoch nicht Eingang in das Gesetz.

33 Zwei Jahrzehnte später wurde die Idee einer vollständigen Offenlegung im Expertenbericht der «Arbeitsgruppe Corporate Governance» wieder aufgenommen[34]. Auch dieser Vorschlag wurde nicht Gesetz.

---

[31] Vgl. FORSTMOSER (zit. § 5 Anm. 363). Für ein Informationsrecht mit ausführlicher Begründung WENNINGER 165 f., nach deren Auffassung die delegierende Gesellschaft ihrerseits von Gesetzes wegen schweigepflichtig sei, was u.E. fraglich ist.
[32] Allenfalls auch: *von einer* (näher zu definierenden) *Aktionärsminderheit*.
[32a] Immerhin fragt es sich, ob bei einer solchen Regelung – aus Gründen der Gleichbehandlung (OR 717 II) – ein Recht auf weiter gehende Information allen Aktionären zugestanden werden muss, die bereit sind, eine entsprechende Geheimhaltungsklausel zu unterzeichnen.
[32b] Vgl. dazu FORSTMOSER/JAAG (zit. § 5 Anm. 363) N 135.
[33] Botschaft *1983* 825 f.
[34] BÖCKLI/HUGUENIN/DESSEMONTET (zit. Einleitung Anm. 12) 112 ff., 229. Danach sollte das Organisationsreglement am Sitz der Gesellschaft hinterlegt werden und es sollte jedem Aktionär sowie Gläubigern, die ein schutzwürdiges Interesse glaubhaft machen, eine Ausfertigung zugestellt oder auf elektronischem Wege zugänglich gemacht werden.

Auch in der laufenden Aktienrechtsreform wird auf die freie Zugänglichkeit 34
des Organisationsreglements verzichtet. Vorgeschlagen wird eine Ordnung,
die das Informationsrecht insofern erweitert, als für die Aktionäre im Gesetzestext auf das Erfordernis eines schutzwürdigen Interesses verzichtet wird,
was sich in der Praxis nicht auswirken dürfte[35]. Im Übrigen aber wird die
Orientierungspflicht im Vergleich zum geltenden Recht – u.E. zu Unrecht –
eher eingeschränkt:

> «Der Verwaltungsrat orientiert die Aktionäre und, sofern sie ein
> schutzwürdiges Interesse glaubhaft machen, die Gläubiger der Gesellschaft auf Anfrage schriftlich über die Organisation der Geschäftsführung, soweit diese im Organisationsreglement zwingend zu umschreiben ist»[36].

b) **Für** eine Offenlegungspflicht sprechen Transparenzgründe, **dagegen** das 35
legitime und an anderer Stelle des Gesetzes[37] geschützte Geheimhaltungsinteresse der Gesellschaft.

Eine Offenlegungspflicht wäre u.E. vertretbar, sie könnte aber dazu führen, 36
dass Organisationsreglemente ihren Informationsgehalt einbüssten und – wie
unter geltendem Recht die Statuten – weitgehend standardisiert würden, während die Regelung von praktisch wichtigen Fragen wie etwa Kompetenzlimiten in weiterhin vertrauliche bleibende Dokumente verschoben würde.

---

[35] Vgl. vorn N 9, 12.
[36] E Aktienrecht Art. 716c IV; die Bestimmung blieb in der parlamentarischen Beratung unverändert.
[37] Vor allem bei der Regelung des allgemeinen Auskunftsrechts der Aktionäre in OR 697 II, aber auch bei der Ordnung der Sonderprüfung in OR 697e II.

Anhang

Musterdokumente

Als mögliche Grundlage für die Ausgestaltung des Organisationsreglements werden im Folgenden drei Musterreglemente vorgestellt: 1

- eine **Kürzestversion** (Anhang I, S. 409 ff.),
- eine **mittlere Version** für kleine oder mittlere Gesellschaften ohne Tochtergesellschaften (Anhang II, S. 413 ff.)
- und schliesslich eine **ausführliche Version** für eine (kotierte) Gesellschaft mit Tochtergesellschaften (Anhang III, S. 426 ff.).

Sodann werden angefügt 2

- das Beispiel eines **Funktionendiagramms,** in welchem die im Reglement allgemein zugewiesenen Aufgaben präzisiert und konkretisiert werden (Anhang IV, S. 455 ff.) und
- eine knapp gefasste **Kompetenzordnung,** wie sie ein Kurzreglement entsprechend Anhang I ergänzen kann (Anhang V, S. 468 ff.).

Die Muster sind als Vorschläge gedacht, die kritisch zu überprüfen und den konkreten Verhältnissen anzupassen sind. Dafür finden sich zahlreiche Anregungen im 5. Kapitel (S. 309 ff.) 3

Anhang I:
Kurzversion eines Musterreglements[1]

Organisationsreglement

der

[ ] AG

mit Sitz in

[ ]

Inhalt

1.	Grundlagen	410
2.	Geltungsbereich	410
3.	Aufgaben des Verwaltungsrats	410
4.	Delegation von Geschäftsführungsbefugnissen an die Geschäftsleitung	411
	4.1. Allgemeines	411
	4.2. Zuständigkeit des Delegierten	411
	4.3. Zuständigkeit der Geschäftsleitung	411
	4.4. Weiterdelegation von Zuständigkeiten	411
5.	Berichterstattung	411
6.	Zeichnungsrecht	412
7.	Verschiedene Bestimmungen	412

---

[1] Diese Kurzversion entspricht – leicht ergänzt – einem Vorschlag von Herrn Dr. F. Ehrat, Rechtsanwalt (Zürich) in AJP *1992* 789 ff., 794 f. Der Abdruck erfolgt mit freundlicher Genehmigung des Verfassers.

1. **GRUNDLAGEN**

   Gestützt auf OR 716 und OR 716b und Art. [ ] der Statuten hat der Verwaltungsrat anlässlich seiner Sitzung vom [Datum] das vorliegende Organisationsreglement erlassen.

2. **GELTUNGSBEREICH**

   Dieses Reglement legt die Aufgaben und Verantwortlichkeiten der geschäftsführenden Organe der Gesellschaft fest. Diese sind:
   - der Verwaltungsrat;
   - der Delegierte des Verwaltungsrats;
   - die Geschäftsleitung.

3. **AUFGABEN DES VERWALTUNGSRATS**
   - *Liste der unübertragbaren und unentziehbaren Aufgaben gemäss OR 716a I. Hinzu dürften weiter die Beschlüsse über die nachträgliche Leistung von Einlagen auf nicht voll liberierte Aktien und die Beschlüsse zur Feststellung von Kapitalerhöhungen und daraus folgende Statutenänderungen kommen[2];*
   - *allfällige zusätzliche Aufgaben, bezogen auf die konkrete Gesellschaft.*

   Im Übrigen ist der Verwaltungsrat befugt, in allen Angelegenheiten Beschluss zu fassen, die nicht nach Gesetz, Statuten oder Reglementen der Generalversammlung oder einem andern Organ zugewiesen sind.

---

[2] Ferner etwa die Prüfung der Unabhängigkeit und Sachkunde der Revisionsstelle, vgl. vorn § 8 N 121 ff. Allgemein zu den in OR 716a nicht genannten unübertragbaren Aufgaben vorn § 8 N 98 ff. – Im Reglement kann generell auf die nach Gesetz unübertragbaren Aufgaben des Verwaltungsrats verwiesen werden, oder – besser – es kann die Aufzählung von OR 716a I als Checkliste übernommen werden, ergänzt durch einzelne weitere gesetzliche oder gesellschaftsspezifisch unübertragbare Aufgaben und durch einen generellen Verweis auf allfällige zusätzliche gesetzlich zwingend vorgeschriebene unübertragbare Aufgaben. Beispiele finden sich vorn § 18 N 20 ff.

4. DELEGATION VON GESCHÄFTSFÜHRUNGSBEFUGNISSEN AN DIE GESCHÄFTSLEITUNG

4.1. Allgemeines

Die Geschäftsleitung besteht aus dem Delegierten des Verwaltungsrats[3] und den weiteren Mitgliedern.

4.2. Zuständigkeit des Delegierten

Der Delegierte ist für die zweckmässige Organisation der Geschäftsleitung, die Aufgabenverteilung und die Regelung der Stellvertretung verantwortlich. Er unterbreitet die hiezu erforderlichen Reglemente und Pflichtenhefte dem Verwaltungsrat zur Genehmigung.

4.3. Zuständigkeit der Geschäftsleitung

Die Geschäftsleitung ist zuständig für die Vorbereitung und die Ausführung aller in die Kompetenzen des Verwaltungsrats fallenden Geschäfte.

Über die ihr zugewiesenen Geschäfte entscheidet die Geschäftsleitung in eigener Kompetenz. Für folgende Geschäfte braucht es die Zustimmung des Verwaltungsrats: [ ].

Die Geschäftsleitung kann Geschäfte, die in ihre Kompetenz fallen, dem Verwaltungsrat zur Genehmigung vorlegen. Geschäfte von strategischer Bedeutung legt sie in jedem Fall dem Verwaltungsrat vor.

4.4. Weiterdelegation von Zuständigkeiten

Die Delegation von Geschäftsführungsbefugnissen durch die Geschäftsleitung an Dritte ist unzulässig. Vorbehalten bleiben die Delegation von Aufgaben und Kompetenzen, soweit es sich dabei nicht um eigentliche Geschäftsführungsbefugnisse handelt, sowie allgemein die Delegation der Vorbereitung und Ausführung.

5. BERICHTERSTATTUNG

Die Geschäftsleitung hat jedem Mitglied des Verwaltungsrats innert [10] Tagen nach Abschluss der jeweiligen Berichtsperiode monatliche/

---

[3] Anstelle eines Delegierten (zu diesem vorn § 5 N 206 ff.) kann auch ein nicht dem Verwaltungsrat angehörender Vorsitzender der Geschäftsleitung (CEO, Direktionspräsident, dazu vorn § 6 N 40 ff.) bestellt werden.

vierteljährliche/etc. Zwischenabschlüsse zuzustellen. Die Geschäftsleitung orientiert den Verwaltungsrat an jeder Sitzung über den laufenden Geschäftsgang, Abweichungen vom Budget und wichtige Geschäftsvorfälle. Ausserordentliche Vorfälle sind den Mitgliedern des Verwaltungsrats unverzüglich schriftlich zur Kenntnis zu bringen; bei besonderer Dringlichkeit ist der Präsident des Verwaltungsrats mündlich zu orientieren.

6. ZEICHNUNGSRECHT

Die Mitglieder des Verwaltungsrats und diejenigen der Geschäftsleitung zeichnen kollektiv zu zweien; dasselbe gilt für Prokuristen und Handlungsbevollmächtigte.

7. VERSCHIEDENE BESTIMMUNGEN

- Ausstandsregelung[4].
- Inkrafttreten[5].
- Periodische Überprüfung[6].

[Ort], [Datum]

Der Präsident des Verwaltungsrats: Der Sekretär des Verwaltungsrats:

_____   _____

---

[4] Vgl. dazu das Beispiel vorn § 21 N 15.
[5] Vgl. dazu das Beispiel vorn § 26 N 3.
[6] Vgl. dazu das Beispiel vorn § 26 N 12.

Anhang II:
Musterreglement für eine kleinere bis mittlere Gesellschaft ohne Tochtergesellschaften[1]

Organisationsreglement

der

[ ] AG

mit Sitz in

[ ]

Inhalt

1. Grundlagen und Geltungsbereich 414
   - 1.1. Grundlagen 414
   - 1.2. Geltungsbereich 414
2. Verwaltungsrat 414
   - 2.1. Konstituierung 414
   - 2.2. Sitzungen, Einberufung und Traktandierung 415
   - 2.3. Beschlussfähigkeit, Beschlussfassung und Protokollierung 417
   - 2.4. Aufgaben und Kompetenzen 419
   - 2.5. Delegation 420
   - 2.6. Berichterstattung 420
   - 2.7. Auskunfts- und Einsichtsrecht 421
   - 2.8. Entschädigung 421
3. Präsident des Verwaltungsrats 421
4. Delegierter des Verwaltungsrats 422
5. Ausschüsse des Verwaltungsrats 422
6. Geschäftsleitung 422
   - 6.1. Zusammensetzung 422
   - 6.2. Organisation 423
   - 6.3. Aufgaben und Kompetenzen 423
   - 6.4. Weiterdelegation 424

---

[1] Auch bei kleineren und – vor allem – mittelgrossen Gesellschaften sind heute **Verwaltungsratsausschüsse** (allen voran der Revisionsausschuss) verbreitet. Deren Regelung kann sich am Vorschlag im Musterreglement für grössere Gesellschaften (Anhang III, S. 426 ff., insb. 441 ff.) und an dem Beispiel in § 19, S. 344 ff. orientieren.

Anhang II: Muster KMU-Version

7. Weitere Bestimmungen 424
   7.1. Zeichnungsberechtigung 424
   7.2. Ausstand 424
   7.3. Geheimhaltung, Aktenrückgabe 424
8. Geschäftsjahr 425
9. Schlussbestimmungen 425
   9.1. Inkrafttreten 425
   9.2. Überarbeitung und Abänderung 425

1. GRUNDLAGEN UND GELTUNGSBEREICH

1.1. Grundlagen

Gestützt auf Art. 716 OR, Art. 716b OR und Art. [ ] der Statuten erlässt der Verwaltungsrat der [ ] AG («**Gesellschaft**») das vorliegende Organisationsreglement.

1.2. Geltungsbereich

Dieses Reglement regelt die Organisation sowie die Aufgaben und Befugnisse der folgenden Organe der Gesellschaft:

(a) Verwaltungsrat;

(b) Präsident des Verwaltungsrats;

(c) Geschäftsleitung [oder: Geschäftsführer];

(d) [Vorsitzender der Geschäftsleitung];

(e) [evtl. weitere Exekutivorgane, wie Delegierter des Verwaltungsrats, Verwaltungsratsausschüsse].

[Oder auch nur: Das vorliegende Reglement regelt die Organisation und die Zuständigkeit des Verwaltungsrats {und seiner Ausschüsse} sowie der Geschäftsleitung.]

2. VERWALTUNGSRAT

2.1. Konstituierung

Der Verwaltungsrat konstituiert sich selbst. Er wählt aus seiner Mitte den Präsidenten[2] und den Vizepräsidenten.

---

[2] Vgl. aber OR 712 II und vorn § 5 N 164.

Der Verwaltungsrat wählt einen Sekretär, der nicht Mitglied des Verwaltungsrats zu sein braucht.

2.2. Sitzungen, Einberufung und Traktandierung

2.2.1. Der Verwaltungsrat tagt auf Einladung durch den Präsidenten, so oft es die Geschäfte erfordern, mindestens aber [viermal[3]] jährlich.

Jedes Mitglied ist berechtigt, vom Präsidenten unter Angabe des Grundes [schriftlich] die unverzügliche Einberufung einer Sitzung zu verlangen. [Kommt der Präsident dieser Aufforderung nicht unverzüglich/innert { } Tagen nach, ist der Vizepräsident oder jedes Mitglied berechtigt, die Einberufung selbst vorzunehmen.]

Jedes Mitglied kann vom Präsidenten verlangen, dass er ein bestimmtes Thema auf die Traktandenliste der nächsten ordentlichen Sitzung setzt.

2.2.2. Die Einberufung

(a) erfolgt mindestens [fünf] Arbeitstage im Voraus auf dem Korrespondenzweg (Brief, Telefax oder E-Mail); [diese Frist kann in dringenden Fällen verkürzt werden;]

(b) beinhaltet Tag, Zeit und Ort sowie die Traktanden;

(c) wird begleitet von den Unterlagen, die den Mitgliedern eine angemessene Vorbereitung erlauben (insbesondere die in Ziff. 2.2.4 aufgeführten).

Bei Anwesenheit und im Einverständnis sämtlicher Mitglieder sind Abweichungen von diesen Formvorschriften zulässig und kann insbesondere auch über Gegenstände Beschluss gefasst werden, die nicht auf der Traktandenliste aufgeführt sind.

Die Einberufung kann formfrei und ohne Einhaltung der Mindestfrist erfolgen, wenn ausschliesslich die Durchführung einer Kapitalerhöhung [(einschliesslich der Beschlussfassung über den Kapitalerhöhungsbericht)] festzustellen und die in deren Folge erforderlichen Statutenänderungen zu beschliessen sind.

---

[3] Es dürfte dies das absolute Minimum sein, vgl. vorn § 11 N 8.

2.2.3. Der Präsident, bei dessen Verhinderung der Vizepräsident oder, wenn auch dieser verhindert ist, ein vom Verwaltungsrat aus seiner Mitte zu wählendes Mitglied führt den Vorsitz (Vorsitzender).

Jedem Mitglied steht das Recht zu, an den Verwaltungsratssitzungen Anträge zu den Traktanden oder nicht traktandierte Themen zur Diskussion zu stellen. Dieses Recht kann auch auf dem Korrespondenzweg ausgeübt werden.

Der Präsident [der Verwaltungsrat mit Mehrheitsbeschluss] entscheidet, ob und gegebenenfalls welche Personen, die nicht Mitglieder sind, an Verwaltungsratssitzungen teilnehmen können. [Der Vorsitzende der Geschäftsleitung {CEO} nimmt ex officio an den Sitzungen teil, soweit der Präsident nicht etwas anderes bestimmt {der Verwaltungsrat nicht etwas anderes beschliesst}].

2.2.4. Dem Verwaltungsrat werden vor den Sitzungen die für die Entscheidfindung nötigen Dokumente und Berichte zugestellt[4]. Dazu gehören regelmässig[4a]:

(a) Berichte und Informationen zur laufenden Geschäftsentwicklung der Gesellschaft, mit Budget- und Vergangenheitsvergleichen;

(b) monatliche [quartalsweise] Zwischenabschlüsse;

(c) Informationen zu Stand und Entwicklung von Liquidität, Kreditbeanspruchung, offenen und potenziellen Kreditlinien, Investitionstätigkeit sowie weitere relevante Finanzinformationen der Gesellschaft;

(d) Budgets und mittelfristige Finanzplanung, Investitionsplan;

(e) jährlicher Prüfungsbericht und allfällige Zusatzberichte der Revisionsstelle;

(f) Informationen zur Aktionärsstruktur;

(g) Berichterstattung über wichtige Geschäftsvorfälle und ausserordentliche Ereignisse.

---

[4] Unzweckmässig ist es, die Unterlagen lediglich zur Einsicht an den Sitzungen selbst zur Verfügung zu stellen, da dies eine angemessene Vorbereitung verunmöglicht. Als Minimum ist die Möglichkeit einzuräumen, vor der Sitzung am Sitz der Gesellschaft Einsicht zu nehmen. Tischvorlagen sollten die strikte Ausnahme sein. Vgl. auch vorn § 11 N 37.

[4a] Vgl. dazu auch die Übersichten in § 4 N 56 und 64 ff.

Bei ausserordentlichen Vorfällen mit erheblicher geschäftlicher Relevanz erfolgt eine unverzügliche und direkte Information des Verwaltungsrats.

2.3. **Beschlussfähigkeit, Beschlussfassung und Protokollierung**

2.3.1. Der Verwaltungsrat ist unter Vorbehalt von Ziff. 2.3.2 Abs. 2 beschlussfähig, wenn mindestens die Hälfte/die Mehrheit seiner Mitglieder an der Sitzung anwesend ist (Präsenzquorum) [oder über Kommunikationsmittel {Telefon- oder Videokonferenz} teilnimmt].

Das Präsenzquorum muss nicht eingehalten werden, wenn ausschliesslich die Durchführung einer Kapitalerhöhung [(einschliesslich der Beschlussfassung über den Kapitalerhöhungsbericht)] festzustellen und die anschliessend vorzunehmenden Statutenänderungen zu beschliessen sind.

2.3.2. Der Verwaltungsrat fasst seine Beschlüsse mit der Mehrheit der abgegebenen Stimmen. Stimmenthaltungen gelten als nicht abgegebene Stimmen[5]. Bei Stimmengleichheit hat der Vorsitzende [keinen/den] Stichentscheid[6].

Folgende Beschlüsse bedürfen der Zustimmung von [zwei Dritteln sämtlicher] Mitglieder[7, 8]:

---

[5] Vorgeschlagen wird hier also das relative Mehr. Vorgesehen werden kann auch etwa das absolute Mehr der Anwesenden.

[6] Vgl. aber OR 713 I und dazu vorn § 11 N 85 ff.: Eine Regelung im Organisationsreglement ist jedenfalls nur zulässig, wenn die Statuten die Frage des Stichentscheides nicht selbst regeln. Aber auch beim Schweigen der Statuten ist umstritten, ob der Verwaltungsrat im Organisationsreglement von der dispositiven gesetzlichen Ordnung abweichen darf.

[7] Ein qualifiziertes Quorum kann nicht nur wegen der Bedeutung eines Traktandums sinnvoll sein, sondern auch dann, wenn die Mitwirkungsrechte von Minderheitsaktionären auch im Verwaltungsrat zu schützen sind. Aus der folgenden Liste ist allenfalls eine Auswahl zu treffen.

[8] Als Alternativen kommen in Betracht ein **erhöhtes Präsenzquorum** oder ein **qualifiziertes Beschlussquorum ohne erhöhtes Präsenzquorum** oder auch eine **Kombination** erhöhter Anforderungen an die Präsenz mit einem erhöhten Beschlussquorum, das sich nach den präsenten Mitgliedern bestimmt.
Zu vermeiden sind wegen ihres Missbrauchspotenzials Einstimmigkeitserfordernisse, es sei denn, man wolle in einer Frage jedem Verwaltungsratsmitglied (bzw. der ihn delegierenden Aktionärsminderheit) ein **Vetorecht** einräumen; vgl. vorn § 11 N 81 f.

(a) Erlass und Änderungen dieses Organisationsreglements, Zustimmung zur Weiterdelegation von Aufgaben durch die Geschäftsleitung;

(b) [Abschluss, Auflösung und Änderungen von Verträgen und Vereinbarungen der Gesellschaft mit Parteien, die Aktionäre der Gesellschaft oder diesen nahestehende Personen sind];

(c) Verabschiedung des jährlichen Budgets;

(d) Entscheide über ausserplanmässige Investitionen oder Desinvestitionen, welche [10]% des Budgets bzw. [5]% bei wiederkehrenden Posten[9] überschreiten;

(e) Erwerb oder Veräusserung von Beteiligungen der Gesellschaft an anderen Unternehmungen einschliesslich des Erwerbs sowie der Gründung, Auflösung oder Veräusserung von Tochtergesellschaften;

(f) Bildung und Auflösung von Zweigniederlassungen, Eröffnung und Schliessung von Geschäftsstellen;

(g) Ernennung und Entlassung von Mitgliedern der Geschäftsleitung und deren Arbeitsverträge[10];

(h) Anträge an die Generalversammlung hinsichtlich folgender Bereiche:

– Kapitalveränderungen;

– [Ersatzwahl von Verwaltungsratsmitgliedern oder Zuwahl von weiteren Mitgliedern; Wahl der Revisionsstelle;]

(i) [weitere].

2.3.3. Beschlüsse können auch auf dem Zirkularweg gefasst werden, falls nicht ein Mitglied innert [drei] Arbeitstagen seit Zugang des entsprechenden Antrages telefonisch, per Telefax oder E-Mail die Beratung in einer Sitzung verlangt. Die Beschlussfähigkeit ist gegeben, wenn mindestens die Hälfte der Verwaltungsratsmitglieder Stellung nimmt und kein Mitglied eine mündliche Beratung verlangt[11]. Wird

---

[9] Alternative: Bei wiederkehrenden Posten ist die Gesamtverpflichtung bis zur ersten Kündigungsmöglichkeit massgebend.

[10] Die Genehmigung der Arbeitsverträge kann einem Entschädigungsausschuss übertragen werden.

[11] Vgl. vorn § 11 N 17 f.

die Stimme durch Telefax oder als elektronische Kopie (z.B. PDF) übermittelt, ist das Originaldokument innert [fünf Arbeits-]Tagen nachzureichen.

2.3.4. Alle Beschlüsse, Zusammenfassungen der Verhandlungen sowie von Mitgliedern zu Protokoll gegebene Aussagen sind zu protokollieren. Das Protokoll ist vom Vorsitzenden und vom Sekretär zu unterzeichnen und vom Verwaltungsrat an seiner nächsten Sitzung zu genehmigen/zur Kenntnis zu nehmen[12].

Zirkulationsbeschlüsse und Beschlüsse einer Telefon- oder Videokonferenz sind in das nächste Protokoll aufzunehmen.

2.4. Aufgaben und Kompetenzen

Der Verwaltungsrat übt die Aufsicht und Oberleitung über die Geschäftsführung aus. Er bestimmt die Strategie des Unternehmens, legt dessen rechtliche und wirtschaftliche Strukturen fest und bestellt die mit der Geschäftsführung und Vertretung betrauten Personen.

Dem Verwaltungsrat kommen insbesondere die folgenden unübertragbaren Aufgaben und Kompetenzen zu[13]:

(a) die Oberleitung der Gesellschaft und die Erteilung der nötigen Weisungen;

(b) die Festlegung der Organisation;

(c) die Ausgestaltung des Rechnungswesens, der Finanzplanung und der Finanzkontrolle;

(d) die Ausgestaltung der Risikokontrolle und die Risikobeurteilung;

(e) die Ernennung und Abberufung der mit der Geschäftsführung und der Vertretung betrauten Personen und die Regelung der Zeichnungsberechtigungen;

(f) die Oberaufsicht über die mit der Geschäftsführung betrauten Personen, namentlich im Hinblick auf die Befolgung der Gesetze, Statuten, Reglemente und Weisungen;

---

[12] Entgegen der landläufigen Meinung ist eine Genehmigung nicht zwingend verlangt, vgl. § 11 N 69.

[13] Für eine detailliertere Regelung s. Anhang III Ziff. 2.4.3 (S. 434 ff.).

(g) die Erstellung des Geschäftsberichtes sowie die Vorbereitung der Generalversammlung und die Ausführung ihrer Beschlüsse;

(h) die Benachrichtigung des Gerichts im Falle der Überschuldung;

(i) die Beschlussfassung über die nachträgliche Leistung von Einlagen auf nicht vollständig liberierte Aktien;

(k) die Beschlussfassung über die Erhöhung des Aktienkapitals, soweit diese in der Kompetenz des Verwaltungsrats liegt (Art. 651 Abs. 4 OR), sowie die Feststellung von Kapitalerhöhungen und entsprechende Statutenänderungen;

(l) die Prüfung der Unabhängigkeit der Revisionsstelle und der Qualifikation der Revisoren[14];

(m) die weiteren in Ziff. 2.3.2 Abs. 2 genannten Aufgaben.

Der Verwaltungsrat ist befugt, über alle Angelegenheiten Beschluss zu fassen, die nicht der Generalversammlung oder einem anderen Organ der Gesellschaft durch Gesetz, Statuten oder dieses Organisationsreglement vorbehalten oder übertragen worden sind.

2.5. Delegation

Der Verwaltungsrat delegiert die Geschäftsführung [vollumfänglich] an [seinen Delegierten[15]/die Geschäftsleitung/den Geschäftsführer] [mit dem Recht der Subdelegation[16]], soweit nicht das Gesetz, die Statuten oder dieses Organisationsreglement etwas anderes vorsehen.

2.6. Berichterstattung

In jeder Sitzung ist der Verwaltungsrat auf der Basis der vorgängig zugestellten Dokumente (Ziff. 2.2.4) von seinem Präsidenten und vom Vorsitzenden der Geschäftsleitung über den laufenden Geschäftsgang und die wichtigeren Geschäftsvorfälle zu orientieren. Ausserordentliche Vorfälle sind allen Mitgliedern unverzüglich schriftlich oder per Telefon, Telefax oder E-Mail zur Kenntnis zu bringen.

---

[14] Falls ein Revisionsausschuss besteht, ist diese Aufgabe ihm zur Vorbereitung zuzuweisen.
[15] Im Folgenden wird davon ausgegangen, dass der Verwaltungsrat keinen Delegierten, wohl aber eine Geschäftsleitung eingesetzt hat. Andernfalls sind die Bestimmungen entsprechend zu ergänzen und/oder zu kürzen.
[16] Vgl. auch Anhang I Ziff. 4.4 (S. 411) und vorn § 4 N 46 ff.

2.7. **Auskunfts- und Einsichtsrecht**[17]

Jedes Mitglied des Verwaltungsrats kann in jeder Sitzung vom Präsidenten, von den anderen Mitgliedern sowie vom Vorsitzenden der Geschäftsleitung Auskunft über alle Angelegenheiten der Gesellschaft verlangen.

Auch ausserhalb der Sitzungen kann jedes Mitglied [, soweit es für die Erfüllung seiner Aufgabe erforderlich ist,] Auskunft sowie Einsichtnahme in Geschäftsdokumente verlangen. Entsprechende Begehren sind [schriftlich oder per E-Mail] an den Präsidenten zu richten. Bei Abweisung oder Nichtbeantwortung eines Begehrens entscheidet der Verwaltungsrat [endgültig[18]].

Ein direkter Kontakt mit weiteren Mitgliedern der Geschäftsleitung oder anderen Mitarbeitenden der Gesellschaft soll nur mit Zustimmung des Präsidenten des Verwaltungsrats erfolgen. Vorbehalten bleiben die Kontakte der Vorsitzenden von Ausschüssen in deren Aufgabenbereichen.

2.8. **Entschädigung**

Der Verwaltungsrat bestimmt die Höhe der seinen Mitgliedern zukommenden festen Entschädigung nach Massgabe ihrer Beanspruchung und Funktion. Auslagen sind zu ersetzen. Der Vorsitz in einem Ausschuss und ausserordentliche Bemühungen ausserhalb der normalen Verwaltungsratstätigkeit sind zusätzlich zu entschädigen.

Der Verwaltungsrat legt die Entschädigung für den Geschäftsführer/ die Mitglieder der Geschäftsleitung fest.

3. **PRÄSIDENT DES VERWALTUNGSRATS**

Der Präsident ist für die Vorbereitung, Einberufung und Organisation der Verwaltungsratssitzungen zuständig. Er sorgt für eine effiziente und produktive Leitung der Sitzungen. Er unterzeichnet mit dem Protokollführer die Protokolle des Verwaltungsrats.

---

[17] Vgl. dazu § 4 N 87 ff. und Beispiele in § 21 N 4 f. sowie hinten Anhang III Ziff. 2.5 (S. 438 f.).
[18] Vgl. dazu § 4 N 98.

Der Präsident erstattet dem Verwaltungsrat Bericht über die Erledigung seiner Aufgaben und die Informationen, die er vom Geschäftsführer/dem Vorsitzenden der Geschäftsleitung erhält[19].

In den Generalversammlung führt der Präsident, bei dessen Verhinderung oder Ausstand der Vizepräsident oder, wenn auch dieser verhindert ist, ein anderes vom Verwaltungsrat bezeichnetes Mitglied den Vorsitz und unterzeichnet mit dem Protokollführer die Protokolle der Generalversammlung.

Im Weiteren hat der Präsident die im Gesetz, in den Statuten und in diesem Organisationsreglement vorgesehenen Aufgaben und Kompetenzen.

Die Amtsdauer des Präsidenten beträgt [ein Jahr]. Sie beginnt mit der auf die ordentliche Generalversammlung folgenden Sitzung des Verwaltungsrats und dauert bis zur Sitzung, die der nächsten ordentlichen Generalversammlung folgt.

4. DELEGIERTER DES VERWALTUNGSRATS[20]

5. AUSSCHÜSSE DES VERWALTUNGSRATS[21]

6. GESCHÄFTSLEITUNG

6.1. Zusammensetzung

Die Geschäftsleitung besteht aus:

(a) dem Vorsitzenden (CEO)[22];

---

[19] In der Regel ist aber die direkte Berichterstattung durch den Vorsitzenden der Geschäftsleitung selbst vorzuziehen, vgl. § 4 N 78 und § 18 N 48 ff.

[20] Falls ein Delegierter bestellt wird, kommen diesem meist die Aufgaben der Geschäftsleitung ganz oder zum Teil zu. Allenfalls obliegt ihm aber auch nur deren (laufende) Überwachung. Für Beispiele zur Umschreibung der Aufgaben des Delegierten vgl. vorn § 20 N 8 ff.

[21] In kleineren Verhältnissen erübrigt sich in der Regel die Bildung von Ausschüssen. Immerhin sind Revisionsausschüsse auch in kleineren Verhältnissen recht verbreitet. Auch Entschädigungsausschüsse kommen vor, etwa dann, wenn eine gewisse Kontrolle über vollamtlich tätige Verwaltungsratspräsidenten oder Delegierte sichergestellt werden soll. Für Regelungsvorschläge s. Anhang III Ziff. 5 (S. 441 ff.) und vorn § 19, S. 344 ff.

[22] Falls der CEO nicht lediglich primus inter pares und Sprecher der Geschäftsleitung gegenüber dem Verwaltungsrat sein soll, sind seine spezifischen Aufgaben – etwa die Leitung und Organisation der Geschäftsführung und Aufgaben aus dem Katalog von Ziff. 6.3 – in einer eigenen Ziffer zu regeln.

(b) dem Finanzchef (CFO)[23];

(c) [allenfalls weitere[24]].

6.2. Organisation[25]

[Die Geschäftsleitung tagt, so oft es die Geschäfte erfordern, mindestens aber {zweimal} pro Monat.]

[Die Geschäftsleitung legt ihre Organisation {in den durch Gesetz, Statuten und Organisationsreglement vorgegebenen Schranken} selber fest. Im Übrigen gelten die Bestimmungen für den Verwaltungsrat analog.]

6.3. Aufgaben und Kompetenzen

Der Geschäftsleitung kommen insbesondere die folgenden Aufgaben und Kompetenzen zu:

(a) Führung der Geschäfte der Gesellschaft im Rahmen der gesetzlichen, statutarischen und reglementarischen Vorschriften und der Weisungen des Verwaltungsrats;

(b) Vorbereitung der Geschäfte zur Behandlung im Verwaltungsrat und Ausführung der Beschlüsse des Verwaltungsrats;

(c) Erstellen der Quartals- und Jahresabschlüsse sowie Abfassung des Jahresberichtes zuhanden des Verwaltungsrats;

(d) Vertretung der Gesellschaft bei Geschäften bis zu einem Höchstbetrag von CHF [ ]; bei Dauerschuldverhältnissen ist dabei der Gesamtbetrag bis zur ersten Kündigungsmöglichkeit massgebend;

(e) monatliche schriftliche Berichterstattung an den Verwaltungsrat über den Geschäftsgang, die finanzielle Lage und die Marktsituation sowie unverzügliche Orientierung des Verwaltungsrats, [des

---

[23] Auch die Aufgaben des CFO werden nicht selten im Reglement umschrieben, vgl. dazu § 23 N 6.

[24] Die Aufgaben weiterer Mitglieder der Geschäftsleitung werden in der Regel nicht im Organisationsreglement, sondern in Pflichtenheften oder Stellenbeschrieben festgehalten, vgl. § 23 N 7 ff.

[25] Die Organisation der Geschäftsleitung kann im Einzelnen dieser selbst oder ihrem Vorsitzenden überlassen werden. Zumindest die Grundzüge sind aber vom Verwaltungsrat – als Teil seiner Organisationspflicht – festzulegen, vgl. § 8 N 32. Zu klären ist sodann, ob und allenfalls inwieweit ein Recht auf Weiterdelegation besteht, vgl. vorn Ziff. 2.5.

Präsidenten des Verwaltungsrats] über ausserordentliche Vorfälle;

(f) Anzeige an den Präsidenten bei Kapitalverlust und Gefahr der Überschuldung (Art. 725 OR) oder Illiquidität oder sonstigen Gefahren für die Gesellschaft;

(g) [weitere].

6.4. Weiterdelegation

Die der Geschäftsleitung zugewiesenen Aufgaben dürfen nur mit Zustimmung des Verwaltungsrates weiterdelegiert werden. Vorbehalten bleibt die Delegation der Vorbereitung und Ausführung.

7. WEITERE BESTIMMUNGEN

7.1. Zeichnungsberechtigung

Sämtliche Mitglieder des Verwaltungsrats und der Geschäftsleitung führen Kollektivunterschrift zu zweien.

Weitere Zeichnungsberechtigungen für die Gesellschaft werden vom Verwaltungsrat erteilt, wobei ausschliesslich Kollektivunterschrift zu zweien vorzusehen ist.

7.2. Ausstand[26]

Alle Mitglieder von Organen der Gesellschaft sind verpflichtet, in den Ausstand zu treten, wenn Geschäfte behandelt werden, die ihre eigenen Interessen oder die Interessen von ihnen nahestehenden natürlichen oder juristischen Personen berühren. An den Beratungen über solche Geschäfte dürfen sie – ausser zur Abgabe einer eigenen Stellungnahme – nicht teilnehmen.

7.3. Geheimhaltung, Aktenrückgabe[27]

Die Mitglieder des Verwaltungsrats, alle Mitglieder übriger Organe und alle Mitarbeitenden sind verpflichtet, gegenüber Dritten Stillschweigen über Tatsachen/Kenntnisse zu bewahren, die ihnen in Ausübung ihrer geschäftlichen Tätigkeiten zugekommen sind und die

---

[26] Vgl. auch die ausführlichere Bestimmung im Anhang III Ziff. 14.2 (S. 452).
[27] Vgl. auch Anhang III Ziff. 14.3 (S. 453) sowie § 21 N 19 f.

nicht öffentlich bekannt sind. Die Geheimhaltungspflicht bleibt auch nach dem Ausscheiden aus der Gesellschaft in Kraft.

Beim Ausscheiden aus der Gesellschaft sind sämtliche Gesellschaftsakten zurückzugeben, ausser diejenigen Akten, die für den Ausscheidenden notwendig sind, um seine persönlichen Handlungen nachvollziehen zu können.

8. GESCHÄFTSJAHR[28]

Das Geschäftsjahr der Gesellschaft beginnt am [1. Januar] und endet am [31. Dezember][29].

9. SCHLUSSBESTIMMUNGEN[30]

9.1. Inkrafttreten

Dieses Reglement wurde mit heutigem Datum vom Verwaltungsrat verabschiedet und tritt sofort in Kraft.

9.2. Überarbeitung und Abänderung

Dieses Organisationsreglement ist alljährlich/alle zwei Jahre in der ersten Sitzung nach der ordentlichen Generalversammlung zu überprüfen und gegebenenfalls anzupassen.

[Ort], [Datum]

Der Präsident des Verwaltungsrats: Der Sekretär des Verwaltungsrats:

_____   _____

---

[28] Falls nicht in den Statuten geregelt.
[29] Die Übereinstimmung mit dem Kalenderjahr ist heute üblich, vgl. § 26 N 18 ff.
[30] Vgl. auch § 21, S. 356 ff.

Anhang III:
Musterreglement für eine grössere (börsenkotierte) Konzernobergesellschaft

Organisationsreglement

der

[ ] AG

mit Sitz in

[ ]

Inhalt

1.	Grundlagen, Zweck und Geltungsbereich	428
	1.1. Grundlagen	428
	1.2. Zweck	428
	1.3. Geltungsbereich	428
2.	Verwaltungsrat	429
	2.1. Konstituierung	429
	2.2. Sitzungen, Einberufung und Traktandierung	429
	2.3. Beschlussfähigkeit, Beschlussfassung und Protokollierung	431
	2.4. Aufgaben, Kompetenzen und Delegation	433
	2.4.1. Gruppenleitungspflicht	433
	2.4.2. Aufgaben des Verwaltungsrats im Allgemeinen; Delegation	434
	2.4.3. Aufgaben und Kompetenzen in Angelegenheiten der Gesellschaft	434
	2.4.4. Aufgaben und Kompetenzen in Angelegenheiten der Gruppe	436
	2.5. Auskunft, Einsicht und Berichterstattung	438
	2.6. Entschädigungen	439
3.	Präsident des Verwaltungsrats	439
4.	Delegierter des Verwaltungsrats	441
5.	Ausschüsse des Verwaltungsrats	441
	5.1. Allgemeines	441
	5.2. Revisionsausschuss (Audit Committee)	442
	5.3. Entschädigungsausschuss (Remuneration Committee)	444

	5.4. Nominierungssausschuss (Nomination Committee)	444
	5.5. Governance- und Aktionariatsausschuss	445
	5.6. Ad-hoc-Ausschüsse	446
6.	Geschäftsleitung	446
	6.1. Konstituierung	446
	6.2. Sitzungen, Einberufung und Traktandierung	446
	6.3. Beschlussfähigkeit, Beschlussfassung und Protokollierung	447
	6.4. Struktur und Funktion	447
	6.5. Aufgaben und Kompetenzen	448
	6.6. Weiterdelegation	449
7.	**Vorsitzender der Geschäftsleitung (CEO)**	450
8.	**Finanzchef (CFO)**	450
9.	**Weitere Mitglieder der Geschäftsleitung**	450
10.	**Erweiterte Geschäftsleitung**	450
11.	**Geschäftsführende Organe der Tochtergesellschaften**	450
	11.1. Allgemeines	450
	11.2. Verwaltungsräte	450
	11.3. Geschäftsleitungen	450
12.	**Leiter von Gruppenfunktionen und Corporate Center**	451
	12.1. Funktion und Aufgaben	451
	12.2. Organisation	451
13.	Interne Revision	452
14.	Weitere Bestimmungen	452
	14.1. Zeichnungsberechtigung	452
	14.1.1. Verwaltungsrat	452
	14.1.2. Geschäftsleitung	452
	14.1.3. Weitere Zeichnungsberechtigte	452
	14.2. Ausstand	452
	14.3. Geheimhaltung, Aktenrückgabe	453
	14.4. Amtsdauer/Altersgrenze	453
15.	Geschäftsjahr	453
16.	Schlussbestimmungen	454
	16.1. Inkrafttreten	454
	16.2. Überarbeitung und Änderungen	454

1. GRUNDLAGEN, ZWECK UND GELTUNGSBEREICH

1.1. Grundlagen

Gestützt auf Art. 716 OR, Art. 716b OR und [ ] der Statuten erlässt der Verwaltungsrat der [ ] AG («**Gesellschaft**») das vorliegende Organisationsreglement.

1.2. Zweck

Das Reglement bezweckt die zusammenfassende Darstellung der Führungsorganisation der [ ]-Gruppe[1] mit allen dazugehörigen Gesellschaften (nachfolgend «**Gruppengesellschaften**»). Das Reglement bestimmt die Führungsorgane, umschreibt deren Aufgaben und Kompetenzen im Rahmen der Führung der Gesellschaft und der Gruppe und regelt die Arbeitsweise und das Zusammenwirken der verschiedenen Organe bei der Führung der Gruppe.

1.3. Geltungsbereich

Das Reglement regelt die Organisation sowie die Aufgaben und Befugnisse der folgenden Organe der Gesellschaft:

(a) Verwaltungsrat;

(b) Präsident des Verwaltungsrats;

(c) [evtl. Delegierter des Verwaltungsrats];

(d) Ausschüsse des Verwaltungsrats;

(e) Geschäftsleitung;

(f) Vorsitzender der Geschäftsleitung;

(g) [evtl. weitere Exekutivorgane wie Finanzchef, erweiterte Geschäftsleitung, Leiter von Gruppenfunktionen und/oder Geschäftsbereichen];

(h) Corporate Center;

(i) Interne Revision.

---

[1] Statt von «Gruppe» könnte auch von «Konzern» bzw. «Konzernleitung» gesprochen werden.

[Oder auch nur: Das vorliegende Reglement regelt die Organisation und die Zuständigkeit des Verwaltungsrats {und seiner Ausschüsse} sowie der Geschäftsleitung.]

2. **VERWALTUNGSRAT**

2.1. **Konstituierung**

Der Verwaltungsrat konstituiert sich selbst. Er wählt aus seiner Mitte den Präsidenten[2] und den Vizepräsidenten.

Der Verwaltungsrat wählt einen Sekretär, der nicht Mitglied des Verwaltungsrats zu sein braucht.

2.2. **Sitzungen, Einberufung und Traktandierung**

2.2.1. Der Verwaltungsrat tagt auf Einladung durch den Präsidenten, so oft es die Geschäfte erfordern, mindestens aber [viermal[3]] jährlich.

Jedes Mitglied ist berechtigt, vom Präsidenten unter Angabe des Grundes [schriftlich] die unverzügliche Einberufung einer Sitzung zu verlangen. [Kommt der Präsident dieser Aufforderung nicht unverzüglich/innert { } Tagen nach, so ist der Vizepräsident oder jedes Mitglied berechtigt, die Einberufung selbst vorzunehmen.]

Jedes Mitglied kann vom Präsidenten verlangen, dass er ein bestimmtes Thema auf die Traktandenliste der nächsten ordentlichen Sitzung setzt.

2.2.2. Die Einberufung

(a) erfolgt mindestens [zehn] Arbeitstage im Voraus auf dem Korrespondenzweg (Brief, Telefax oder E-Mail); [diese Frist kann in dringenden Fällen verkürzt werden];

(b) beinhaltet Tag, Zeit und Ort sowie die Traktanden;

(c) wird begleitet von den Unterlagen, die den Mitgliedern eine angemessene Vorbereitung erlauben (insbesondere die in Ziff. 2.2.4 aufgeführten).

---

[2] Vgl. aber OR 712 II und vorn § 5 N 164.
[3] Bei grösseren Gesellschaften dürften in der Regel mindestens sechs ordentliche Sitzungen nötig sein. Doch empfiehlt es sich nicht, dies im Reglement zu verankern, damit nicht die ausnahmsweise Unterschreitung zu einem Reglementsverstoss führt.

Bei Anwesenheit und im Einverständnis sämtlicher Mitglieder sind Abweichungen von diesen Formvorschriften zulässig und kann insbesondere auch über Gegenstände Beschluss gefasst werden, die nicht auf der Traktandenliste aufgeführt sind.

Die Einberufung kann formfrei und ohne Einhaltung der Mindestfrist erfolgen, wenn ausschliesslich die erfolgte Durchführung einer Kapitalerhöhung [(einschliesslich der Beschlussfassung über den Kapitalerhöhungsbericht)] festzustellen und die erforderlichen Statutenänderungen zu beschliessen sind.

2.2.3. Der Präsident, bei dessen Verhinderung oder Ausstand der Vizepräsident oder, wenn auch dieser verhindert ist, ein vom Verwaltungsrat aus seiner Mitte zu wählendes Mitglied führt den Vorsitz (Vorsitzender).

Jedem Mitglied steht das Recht zu, an den Verwaltungsratssitzungen Anträge zu den Traktanden oder nicht traktandierte Themen zur Diskussion zu stellen. Dieses Recht kann auch auf dem Korrespondenzweg ausgeübt werden.

2.2.4. [Der Vorsitzende der Geschäftsleitung {CEO} nimmt ex officio/Die Mitglieder der Geschäftsleitung nehmen in der Regel an den Sitzungen des Verwaltungsrats mit beratender Stimme teil. Der Verwaltungsrat hält indessen auch regelmässig Sitzungen ohne Teilnahme der Mitglieder der Geschäftsleitung ab.]

Im Übrigen entscheidet der Präsident [Verwaltungsrat], ob und welche weiteren Personen an Verwaltungsratssitzungen teilnehmen sollen. Diese haben kein Stimmrecht.

2.2.5. Dem Verwaltungsrat werden vor den Sitzungen regelmässig die für die Entscheidfindung nötigen Dokumente und Berichte zugestellt[4]. Dazu gehören regelmässig[4a]:

(a) Berichte und Informationen zur laufenden Geschäftsentwicklung der Gesellschaft und der Gruppe, mit Budget- und Vergangenheitsvergleichen;

(b) monatliche [quartalsweise] Zwischenabschlüsse;

---

[4] Vgl. Anhang II Anm. 4 (S. 416).
[4a] Vgl. dazu auch die Übersichten in § 4 N 56 und 64 ff.

(c) Informationen zu Stand und Entwicklung von Liquidität, Kreditbeanspruchung, offenen und potenziellen Kreditlinien, Investitionstätigkeit sowie weitere relevante Finanzinformationen der Gesellschaft und der Gruppe;

(d) Budgets und mittelfristige Finanzplanung; Investitionsplan;

(e) umfassender Bericht (Art. 728b OR) und allfällige Zusatzberichte der Revisionsstelle sowie Stellungnahmen der Geschäftsleitung zu den Bemerkungen der Revisionsstelle;

(f) Informationen zur Aktionärsstruktur, insbesondere Veränderungen derselben und Aktionäre mit einer Beteiligung von 3% und mehr des Aktienkapitals (gleich, ob stimmberechtigt oder nicht)[4b];

(g) Berichterstattung über wichtige Geschäftsvorfälle und ausserordentliche Ereignisse.

Bei ausserordentlichen Vorfällen mit erheblicher geschäftlicher Relevanz erfolgt eine unverzügliche und direkte Information des Verwaltungsrats.

2.3. Beschlussfähigkeit, Beschlussfassung und Protokollierung

2.3.1. Der Verwaltungsrat ist unter Vorbehalt von Ziff. 2.3.2 Abs. 2 beschlussfähig, wenn mindestens die Hälfte/die Mehrheit seiner Mitglieder an der Sitzung anwesend ist (Präsenzquorum) [oder über Kommunikationsmittel {Telefon- und Videokonferenz} teilnimmt].

Das Präsenzquorum muss nicht eingehalten werden, wenn ausschliesslich die Durchführung einer Kapitalerhöhung [(einschliesslich der Beschlussfassung über den Kapitalerhöhungsbericht)] festzustellen und die anschliessend vorzunehmende Statutenänderung zu beschliessen sind.

2.3.2. Der Verwaltungsrat fasst seine Beschlüsse mit der Mehrheit der abgegebenen Stimmen. Stimmenthaltungen gelten als nicht abgegebene Stimmen. Bei Stimmengleichheit hat der Vorsitzende [keinen/den] Stichentscheid[5].

[4b] Die Differenzierung macht nur bei kotierten Aktien Sinn.
[5] Vgl. aber OR 713 I sowie § 11 N 85 ff. und dazu die Bemerkung in Anhang II Anm. 6 (S. 417).

Folgende Beschlüsse bedürfen der Zustimmung von [zwei Dritteln] sämtlicher Mitglieder[6]:

(a) Erlass und Änderungen dieses Organisationsreglements, Zustimmung zu Weiterdelegation von Aufgaben durch die Geschäftsleitung;

(b) [Abschluss, Auflösung und Änderungen von Verträgen und Vereinbarungen der Gesellschaft mit Parteien, die Aktionäre der Gesellschaft oder diesen nahestehende Personen sind];

(c) Verabschiedung des jährlichen Budgets;

(d) Entscheide über ausserplanmässige Investitionen oder Desinvestitionen, welche [10]% des Budgets bzw. [5]% bei wiederkehrenden Posten[7] überschreiten;

(e) Erwerb oder Veräusserung von Beteiligungen der Gesellschaft an anderen Unternehmungen einschliesslich der Gründung, Auflösung oder Veräusserung von Tochtergesellschaften;

(f) rechtliche Umstrukturierungen, namentlich Fusionen und Spaltungen sowie die Bildung und Auflösung von Zweigniederlassungen;

(g) Ernennung und Entlassung von Mitgliedern der Geschäftsleitung und deren Arbeitsverträge [gemäss den Anträgen des Nominierungsausschusses];

(h) Anträge an die Generalversammlung hinsichtlich folgender Bereiche:

- Kapitalveränderungen;

- [Ersatzwahl von Verwaltungsratsmitgliedern oder Zuwahl von weiteren Mitgliedern; Wahl der Revisionsstelle;]

(i) Bildung von Ad-hoc-Ausschüssen mit Entscheidungskompetenzen;

(k) [weitere].

---

[6] Zur Begründung qualifizierter Quoren und zu Alternativen der erschwerten Beschlussfassung vgl. Anhang II Anm. 7 f. (S. 417).
[7] Alternative: Bei wiederkehrenden Posten ist die Gesamtverpflichtung bis zur ersten Kündigungsmöglichkeit massgebend.

2.3.3. Beschlüsse können auch auf dem Zirkularweg gefasst werden, falls nicht ein Mitglied innert [drei] [Arbeits-]Tagen seit Zugang des entsprechenden Antrages telefonisch, per Telefax oder E-Mail die Beratung in einer Sitzung verlangt. Die Beschlussfähigkeit ist gegeben, wenn mindestens die Hälfte der Verwaltungsratsmitglieder Stellung nimmt und kein Mitglied eine mündliche Beratung verlangt[8]. Wird die Stimme durch Telefax oder als elektronische Kopie (z.B. PDF) übermittelt, ist das Originaldokument innert [fünf Arbeits-]Tagen nachzureichen.

2.3.4. Alle Beschlüsse, Zusammenfassungen der Verhandlungen sowie von Mitgliedern zu Protokoll gegebene Aussagen sind zu protokollieren. Das Protokoll ist vom Vorsitzenden und vom Sekretär zu unterzeichnen und vom Verwaltungsrat an seiner nächsten Sitzung zu genehmigen/zur Kenntnis zu nehmen[9].

Zirkulationsbeschlüsse und Beschlüsse einer Telefon- oder Videokonferenz sind in das nächste Protokoll aufzunehmen.

2.4. Aufgaben, Kompetenzen und Delegation

2.4.1. Gruppenleitungspflicht

Der Verwaltungsrat der Gesellschaft übt im Rahmen der Führung der Gruppe eine doppelte Funktion aus:

– Einerseits ist er Organ der Gesellschaft im Sinne des Gesetzes. Seine diesbezüglichen Pflichten sowie die für ihn geltenden Verfahrensgrundsätze sind im Gesetz, in den Statuten der Gesellschaft und in diesem Reglement geregelt.

– Andererseits ist er oberste Instanz im Rahmen der Führungsstruktur der Gruppe. Seine diesbezüglichen Pflichten sind in diesem Reglement umschrieben. Gegenüber den Gruppengesellschaften hat er, soweit gesetzlich zulässig, Initiativ-, Aufsichts- und übergeordnete Entscheidungsfunktionen.

---

[8] Vgl. vorn § 11 N 17 f.
[9] Entgegen der landläufigen Meinung ist eine Genehmigung nicht zwingend verlangt, vgl. vorn § 11 N 69.

2.4.2. Aufgaben des Verwaltungsrats im Allgemeinen; Delegation

Dem Verwaltungsrat stehen die nicht delegierbare Oberleitung der Gesellschaft und die Kontrolle der Geschäftsleitung zu. Er besorgt alle Angelegenheiten, die nicht nach Gesetz, Statuten oder diesem Reglement einem anderen Organ der Gesellschaft übertragen sind.

Er lässt sich über die Entwicklung der Gesellschaft und der Gruppe regelmässig orientieren und behandelt die ihm von den Ausschüssen des Verwaltungsrats und der Geschäftsleitung unterbreiteten Berichte und Anträge.

Der Verwaltungsrat delegiert die Geschäftsführung der gesamten Gruppe an [die Geschäftsleitung/die Gruppenleitung/den Delegierten des Verwaltungsrats/den CEO]. Dazu gehören die Geschäftsführung der Gesellschaft sowie aller Gruppengesellschaften im Sinne einer einheitlichen Leitung der Gruppe [mit dem Recht der Subdelegation], soweit nicht das Gesetz, die Statuten oder dieses Reglement etwas anderes vorsehen.

2.4.3. Aufgaben und Kompetenzen in Angelegenheiten der Gesellschaft

Dem Verwaltungsrat kommen insbesondere die folgenden unübertragbaren Aufgaben und Kompetenzen im Rahmen der Gesellschaft zu[10]:

(a) die Oberleitung der Gesellschaft und die Erteilung der nötigen Weisungen;

(b) die Festlegung der Organisation, insbesondere Erlass, Ergänzung und Änderung dieses Organisationsreglements sowie Beschlussfassung betreffend Bildung und Auflösung von Zweigniederlassungen, die Eröffnung und Schliessung von Geschäftsstellen, Gründung, Erwerb und Veräusserung von Tochtergesellschaften sowie Übernahme und Veräusserung von Beteiligungen an anderen Gesellschaften;

(c) die Ausgestaltung des Rechnungswesens, der Finanzplanung und der Finanzkontrolle, der Überwachung und Beurteilung von Risiken sowie der Internen Revision;

---

[10] Auch diese erweiterte Liste ist nicht abschliessend.

(d) die Ausgestaltung der Risikokontrolle und die Risikobeurteilung[11];

(e) die Ernennung und Abberufung der mit der Geschäftsführung und der Vertretung betrauten Personen und die Regelung der Zeichnungsberechtigungen;

(f) die Oberaufsicht über die mit der Geschäftsführung betrauten Personen, namentlich im Hinblick auf die Befolgung der Gesetze, Statuten, Reglemente und Weisungen;

(g) die Behandlung der Berichte der Geschäftsleitung, der externen Revisionsstelle und der Internen Revision[12];

(h) die Erstellung des Geschäftsberichtes sowie die Vorbereitung der Generalversammlung und die Ausführung ihrer Beschlüsse;

(i) die Benachrichtigung des Gerichts im Falle der Überschuldung;

(k) die Beschlussfassung über die nachträgliche Leistung von Einlagen auf nicht vollständig liberierte Aktien;

(l) die Beschlussfassung über die Erhöhung des Aktienkapitals, soweit diese in der Kompetenz des Verwaltungsrats liegt (Art. 651 Abs. 4 OR), sowie die Feststellung von Kapitalerhöhungen und entsprechende Statutenänderungen;

(m) die Prüfung der Unabhängigkeit der Revisionsstelle und der Qualifikation der Revisoren[13];

(n) die Beschlussfassung über Verträge betreffend Fusionen, Abspaltungen, Umwandlungen oder Vermögensübertragungen gemäss Fusionsgesetz;

(o) die Gewährung und Aufnahme von Darlehen und Krediten zur Finanzierung der Geschäftsaktivitäten, das Eingehen von Wechselverbindlichkeiten sowie die Bestellung von Sicherheiten[, soweit CHF { } im Einzelfall oder CHF { } im Geschäftsjahr übersteigend];

---

[11] Falls ein Finanz- oder Risikoausschuss besteht: aufgrund der Anträge des Finanz-/Risikoausschusses.
[12] Zumindest die vorbereitende Auseinandersetzung mit dem Revisionsbericht und den Berichten der Internen Revision wird man aber dem Revisionsausschuss zuweisen.
[13] Falls ein Revisionsausschuss besteht, ist diese Aufgabe ihm zur Vorbereitung zuzuweisen.

(p) die Beschlussfassung über den Erwerb, die Belastung und die Veräusserung von Grundeigentum oder Immobilien[, soweit CHF { } übersteigend];

(q) die Beschlussfassung über die Anhebung und den Abstand von Prozessen und Verwaltungsverfahren und den Abschluss von Vergleichen, soweit es sich nicht um Verfahren im Rahmen des normalen Geschäftsganges handelt;

(r) die Beschlussfassung über das Vergütungsreglement und [aufgrund der Anträge des Entschädigungsausschusses] die Festlegung der Gesamtsumme, die an die Mitglieder des Verwaltungsrats sowie an die Geschäftsleitung als Salär (in allen Bestandteilen einschliesslich Boni und freiwillige Vorsorgeleistungen) auszuzahlen ist[14];

(s) die Ernennung und Entlassung sowie Regelung der Anstellungsbedingungen des Leiters der Internen Revision;

(t) die Beurteilung der Leistung des Verwaltungsrats, seiner Ausschüsse und Mitglieder;

(u) die weiteren in Ziff. 2.3.2 Abs. 2 genannten Aufgaben.

2.4.4. Aufgaben und Kompetenzen in Angelegenheiten der Gruppe

Im Rahmen der Führung der Gruppe obliegen dem Verwaltungsrat der Gesellschaft zusätzlich zu den unter Ziff. 2.4.3 aufgezählten Aufgaben insbesondere folgende Aufgaben und Kompetenzen[15]:

Strategie und Geschäftspolitik

(a) die Festlegung der Strategie und der Geschäftspolitik der Gruppe;

(b) die Genehmigung des von der Geschäftsleitung vorgeschlagenen Businessplans der Gruppe;

(c) die Genehmigung des Leitbildes und die Festlegung der einzelnen geschäftspolitischen Grundsätze der Gruppe;

---

[14] Allenfalls auch weitergehend Festlegung der Saläre aller Mitglieder des Verwaltungsrats sowie aller Mitglieder der Geschäftsleitung oder zumindest des CEO individuell.

[15] Die Liste erhebt keinen Anspruch auf Vollständigkeit. Der Aufgabenkatalog des Verwaltungsrats sowie seine Abgrenzung von dem der Geschäftsleitung und der Organe der einzelnen Gruppengesellschaften ist jeweils individuell festzulegen, wobei grössere Flexibilität besteht als bei den (unübertragbaren) Aufgaben bezüglich der Einzelgesellschaft.

(d) die Genehmigung der in Ziff. 2.4.3 genannten Massnahmen und Transaktionen auf der Stufe der Tochtergesellschaften, soweit sie für die Gruppe von wesentlicher Bedeutung sind[16].

Organisation und Aufsicht

(a) die Genehmigung der Grundzüge der Gruppenorganisation, der Gruppenleitung, der Corporate-Governance-Prinzipien [und des Verhaltenskodexes (Code of Conduct)] der Gruppe;

(b) die Genehmigung der organisatorischen Grundlagen der wichtigen Tochtergesellschaften einschliesslich der Genehmigung von Statutenänderungen mit grundsätzlicher Bedeutung;

(c) der Erlass eines gruppenweit verbindlichen Vergütungsreglements und weiterer gruppenweit verbindlicher Reglemente, Weisungen und Richtlinien, soweit die Kompetenz nicht an die Geschäftsleitung [den Vorsitzenden der Geschäftsleitung] übertragen worden ist;

(d) Entscheide zur finanziellen, juristischen und organisatorischen Grundstruktur der Gruppe;

(e) die Sicherstellung eines gruppenweiten internen Kontrollsystems und eines angemessenen Risiko- und Compliance-Managements sowie Behandlung der die Gruppe als Ganzes oder wichtige Tochtergesellschaften betreffenden Berichte der Internen Revision;

(f) die Behandlung der Berichterstattung der Geschäftsleitung betreffend die Gruppe;

(g) die Beschlussfassung betreffend die Ausübung des Stimmrechts in den Generalversammlungen der wichtigen Tochtergesellschaften[17] bei Entscheidungen von grundsätzlicher Tragweite sowie hinsichtlich der Wahl der Verwaltungsratsmitglieder sowie der Revisionsstelle;

(h) die Beschlussfassung über Verträge wichtiger Gruppengesellschaften, die nicht das Tagesgeschäft betreffen, über Anhebung und Abstand von Prozessen und Verwaltungsverfahren und den Abschluss von Vergleichen durch Gruppengesellschaften, jeweils ab

---

[16] Gemäss Liste im Anhang des Reglements.
[17] Diese sind in einer Liste aufzuführen. Für kleinere Gesellschaften kann diese Funktion allenfalls dem Nominierungsausschuss oder dem Vorsitzenden der Geschäftsleitung übertragen werden.

einem Betrag von [CHF 10 Millionen] oder im Falle einer strategischen Bedeutung.

Rechnungswesen, Finanzkontrolle und Finanzplanung

(a) die Genehmigung der Jahresbudgets der Gruppe und der wichtigen Gruppengesellschaften;

(b) die Genehmigung der mittelfristigen Finanzplanung und des Investitionsplans der Gruppe;

(c) die Überwachung des finanziellen Gleichgewichts (Sicherheit, Liquidität, Rentabilität) der Gruppe;

(d) die Entgegennahme von Orientierungen über die Geschäftsentwicklung der Gruppe und der wichtigen Gruppengesellschaften, ihre monatlichen/quartalsweisen Zwischenabschlüsse sowie über wichtige Geschäftsvorfälle und ausserordentliche Ereignisse im Rahmen der Gruppe.

Personelles[18]

(a) [Weisungen betreffend] die Ernennung und Abberufung der Mitglieder der Verwaltungsräte und Geschäftsleitungen der wichtigen Tochtergesellschaften;

(b) die Festlegung des Kompensationskonzeptes der Gruppe;

(c) die Genehmigung der allgemeinen Personalpolitik.

Weitere Angelegenheiten von Tochtergesellschaften

Unabhängig von den vorstehend aufgeführten Aufgaben und Kompetenzen obliegt dem Verwaltungsrat die Genehmigung von Entscheidungen bei Tochtergesellschaften, welche für die Gruppe von strategischer Bedeutung sind.

2.5. Auskunft, Einsicht und Berichterstattung[19]

Jedes Mitglied des Verwaltungsrats kann in jeder Sitzung Auskunft über alle Angelegenheiten der Gesellschaft, der Gruppe sowie der Gruppengesellschaften verlangen.

---

[18] Allenfalls sind dies Genehmigungskompetenzen aufgrund der Anträge des Entschädigungs- oder des Nominierungsausschusses.

[19] Vgl. dazu § 4 N 49 ff. und die Beispiele in § 21 N 4 f. sowie vorn Anhang II Ziff. 2.6 (S. 420).

In jeder Sitzung ist der Verwaltungsrat vom Vorsitzenden der Geschäftsleitung über den laufenden Geschäftsgang und die wichtigeren Geschäftsvorfälle [bei der Gesellschaft, der Gruppe und den wichtigen Gruppengesellschaften] zu orientieren. Ausserordentliche Vorfälle sind den Mitgliedern des Verwaltungsrats unverzüglich auf dem Zirkularwege, im Bedarfsfall vorab per Telefon, E-Mail oder Telefax, zur Kenntnis zu bringen.

Auch ausserhalb der Sitzung kann jedes Mitglied[, soweit es für die Erfüllung seiner Aufgaben erforderlich ist,] Auskunft sowie Einsichtnahme in Geschäftsdokumente verlangen. Entsprechende Begehren sind [schriftlich oder per E-Mail] an den Präsidenten zu richten. Bei Abweisung oder Nichtbeantwortung eines Begehrens entscheidet der Verwaltungsrat [endgültig[20]].

Ein direkter Kontakt mit weiteren Mitgliedern der Geschäftsleitung oder anderen Mitarbeitenden der Gesellschaft oder der Gruppe soll nur mit Zustimmung des Präsidenten des Verwaltungsrats erfolgen. Vorbehalten bleiben die Kontakte der Vorsitzenden von Ausschüssen in ihren Aufgabenbereichen.

2.6. Entschädigungen

Der Verwaltungsrat bestimmt die Höhe der seinen Mitgliedern zukommenden festen Entschädigung nach Massgabe ihrer Beanspruchung und Funktion. Auslagen sind zu ersetzen. Der Vorsitz in einem Ausschuss und ausserordentliche Bemühungen ausserhalb der normalen Verwaltungsratstätigkeit sind zusätzlich zu entschädigen.

Der Verwaltungsrat legt die Entschädigung für den Vorsitzenden und die Mitglieder der Geschäftsleitung aufgrund der Anträge des Entschädigungsausschusses fest.

Der Verwaltungsrat erlässt ein Vergütungsreglement für die Gesellschaft und die Gruppe.

3. PRÄSIDENT DES VERWALTUNGSRATS

Der Präsident ist für die Vorbereitung, Einberufung und Organisation der Verwaltungsratssitzungen zuständig und präsidiert diese. Er sorgt für eine effiziente und produktive Leitung der Sitzungen. Er unterzeichnet mit dem Protokollführer die Protokolle des Verwaltungsrats.

---

[20] Vgl. dazu § 4 N 98.

In den Generalversammlungen führt der Präsident den Vorsitz; er unterzeichnet mit dem Protokollführer die Protokolle der Generalversammlung.

Im Falle einer Verhinderung oder des Ausstands des Präsidenten übernimmt der Vizepräsident oder – falls auch dieser verhindert ist – ein anderes vom Verwaltungsrat bezeichnetes Mitglied die Leitung der Verwaltungsratssitzung oder der Generalversammlung.

Der Präsident des Verwaltungsrats hat das Recht, Dritte als Berater zu den Verwaltungsratssitzungen beizuziehen.[21]

In Zusammenarbeit mit dem Vorsitzenden der Geschäfts- und Gruppenleitung sorgt der Präsident für eine rechtzeitige Information der Mitglieder des Verwaltungsrats und seiner Ausschüsse[22]. Bei ausserordentlichen Vorkommnissen informiert er die Mitglieder des Verwaltungsrats sofort.

Der Präsident ist Bindeglied zwischen dem Verwaltungsrat und der Geschäfts- und Gruppenleitung[23]. Er repräsentiert gemeinsam und in Absprache mit dem Vorsitzenden der Geschäfts- und Gruppenleitung die Gesellschaft nach aussen. Im Weiteren hat er die im Gesetz, in den Statuten und in diesem Organisationsreglement vorgesehenen Aufgaben und Kompetenzen.

Die Amtsdauer des Präsidenten beträgt [ein Jahr]. Sie beginnt mit der auf die ordentliche Generalversammlung folgenden Sitzung des Verwaltungsrats und dauert bis zur Sitzung, die der nächsten ordentlichen Generalversammlung folgt.

---

[21] Vgl. Ziffer 2.2.4. Abs. 2.
[22] Vgl. Ziffer 2.5.
[23] Falls ein Delegierter bestellt wird, kommt ihm diese Aufgabe in erster Linie zu.

4. DELEGIERTER DES VERWALTUNGSRATS[24]

5. AUSSCHÜSSE DES VERWALTUNGSRATS[25, 26]

5.1. Allgemeines

5.1.1. Der Verwaltungsrat kann die Vorbereitung und die Ausführung seiner Beschlüsse sowie die Überwachung von Geschäften Ausschüssen zuweisen. Die Ausschüsse sind befugt, Untersuchungen in allen Angelegenheiten ihres Zuständigkeitsbereichs vorzunehmen oder in Auftrag zu geben. Sie können unabhängige Experten beiziehen.

5.1.2. Die Ausschüsse des Verwaltungsrats bestehen aus einem Vorsitzenden und mindestens einem weiteren Mitglied, die vom Verwaltungsrat aus seiner Mitte gewählt werden. [Der Revisionsausschuss umfasst mindestens drei Mitglieder.][27]

Die Amtsdauer der Ausschussmitglieder beträgt [ein Jahr]. Sie beginnt mit der auf die ordentliche Generalversammlung folgenden Sitzung des Verwaltungsrats und dauert bis zur Sitzung, die der nächsten ordentlichen Generalversammlung folgt.

5.1.3. Die Ausschüsse versammeln sich auf Einladung des Präsidenten des Verwaltungsrats [oder ihres Vorsitzenden], so oft es die Geschäfte erfordern, in der Regel kurz oder unmittelbar vor einer ordentlichen Verwaltungsratssitzung. [Alternative: Die Vorsitzenden der Ausschüsse, die übrigen Mitglieder des Verwaltungsrats und der Geschäftsleitungsvorsitzende können beim Präsidenten des Verwaltungsrats unter Angabe des Grundes die Einberufung einer ausserordentlichen Ausschusssitzung verlangen. Mitglieder der Geschäftsleitung können eine solche beantragen.]

Ziff. 2.2.2 ist analog anwendbar.

---

24 Vgl. dazu im Anhang II Anm. 20 (S. 422) und die Regelungsbeispiele in § 20 N 8 ff.
25 Die Regelung der Ausschüsse kann entweder im Organisationsreglement selbst oder in separaten Reglementen für jeden Ausschuss erfolgen. – Für weitere Regelungsvorschläge vgl. § 19, S. 344 ff.
26 Nebst den hier genannten Ausschüssen verfügen grössere Gesellschaften je nach Geschäftsfeld auch über spezifische Finanz- und Risikoausschüsse, einen Anlageausschuss sowie weitere Ausschüsse, vgl. vorn § 5 N 132 ff.
27 An dieser Stelle könnten weitere Wählbarkeitsvoraussetzungen aufgeführt werden, wie etwa dass Mitglieder der Geschäftsleitung frühestens drei Jahre nach dem Ende ihrer Zugehörigkeit zur Geschäftsleitung Mitglied des Revisionsausschusses werden können.

5.1.4. Die Ausschüsse sind beschluss- bzw. antragsfähig, wenn mindestens die Hälfte/die Mehrheit ihrer Mitglieder persönlich anwesend ist [oder über Kommunikationsmittel {Telefon- oder Videokonferenz} teilnimmt].

An den Sitzungen können nebst den gewählten Ausschussmitgliedern auf Einladung des Vorsitzenden [und nach Absprache mit dem Präsidenten des Verwaltungsrats] der Vorsitzende der Geschäftsleitung oder weitere Vertreter der Geschäftsleitung sowie andere Personen teilnehmen.

Beschlüsse bzw. Anträge an den Verwaltungsrat sind mit der Mehrheit der abgegebenen Stimmen zu fassen. Stimmenthaltungen gelten als nicht abgegebene Stimmen. Bei Stimmengleichheit ist die Angelegenheit dem Verwaltungsrat vorzulegen[28].

Beschlüsse und Anträge an den Verwaltungsrat können auch schriftlich zustande kommen, sofern kein Mitglied die mündliche Beratung verlangt. Ziff. 2.3.3 ist analog anwendbar.

5.1.5. Über die Verhandlungen und Beschlüsse ist ein Protokoll entsprechend Ziff. 2.3.4 zu führen, das vom Vorsitzenden des Ausschusses und vom Protokollführer zu unterzeichnen ist. Jedes Mitglied des Verwaltungsrats [und der Geschäftsleitungsvorsitzende] erhalten eine Kopie der Protokolle.

5.1.6. Die Ausschüsse orientieren den Verwaltungsrat an der folgenden ordentlichen Verwaltungsratssitzung über ihre Aktivitäten, in dringenden Fällen auch sofort.

5.2. Revisionsausschuss (Audit Committee)[29]

5.2.1. Der Revisionsausschuss unterstützt den Verwaltungsrat in seiner Oberaufsichtsfunktion, namentlich bezüglich der Vollständigkeit der Abschlüsse, der Erfüllung der rechtlichen Vorschriften, der Prüfung der Befähigung der externen Revisionsstelle sowie der Leistungen der Internen Revision und der externen Revisionsstelle.

---

[28] Der Stichentscheid des Vorsitzenden ist auf Ausschussebene wohl weniger sinnvoll als im Gesamtrat; zu diesem vgl. Ziff. 2.3.2.
[29] Vgl. auch die Vorschläge in § 19 N 11 ff.

Der Revisionsausschuss beurteilt die Zweckmässigkeit der Finanzberichterstattung, des internen Kontrollsystems und der allgemeinen Überwachung von geschäftlichen Risiken. Er stellt die laufende Kommunikation zur externen Revisionsstelle und zur Internen Revision bezüglich Finanzlage und Geschäftsgang der Gruppe sicher.

5.2.2. Dem Revisionsausschuss kommen insbesondere die folgenden Aufgaben und Kompetenzen zu:

(a) Evaluierung von externen Revisionsstellen, unter Berücksichtigung der Erfüllung der notwendigen Befähigung gemäss den anwendbaren gesetzlichen Vorschriften, und Vorschlag zuhanden Verwaltungsrat betreffend Wahl einer solchen durch die Generalversammlung;

(b) Beurteilung der Arbeit der amtierenden Revisionsstelle und Genehmigung [auf Antrag der Geschäftsleitung] des von der externen Revisionsstelle unterbreiteten Honorarbudgets für die Revisionsarbeiten;

(c) Vorschlag zuhanden des Verwaltungsrats für die Ernennung des Leiters der Internen Revision und Beurteilung der Arbeit der Internen Revision;

(d) Prüfung, Besprechung und Genehmigung der Revisionspläne der Internen Revision und der externen Revisionsstelle;

(e) Genehmigung allfälliger nicht revisionsbezogener Dienstleistungen der externen Revisionsstelle;

(f) Beurteilung und Sicherstellung der Zusammenarbeit zwischen externer Revisionsstelle und interner Revision;

(g) Beurteilung der Wirksamkeit des weiteren Kontrollsystems und des Risiko-Managements;

(h) Befragung der Geschäftsleitung, des Leiters der Internen Revision und der externen Revisionsstelle zu bedeutenden Risiken, Eventualverbindlichkeiten und anderen wesentlichen Verpflichtungen der Gesellschaft und Gruppe und Beurteilung der von der Gesellschaft oder der Gruppe getroffenen Massnahmen zu deren Handhabung;

(i) Prüfung und Antragstellung zuhanden des Verwaltungsrats betreffend Abnahme der Jahres- und Zwischenabschlüsse der Gesellschaft und der Gruppe (inkl. wesentliche nicht bilanzierte Positionen);

(k) Besprechung des Ergebnisses der Jahresprüfung mit der externen Revisionsstelle und Besprechung der Berichte der Internen Revision sowie Erlass allfälliger Anträge oder Empfehlungen an den Verwaltungsrat;

(l) summarische Beurteilung der jährlich angefallenen Geschäftsspesen der Mitglieder des Verwaltungsrats und der Geschäftsleitung;

(m) [weitere].

5.3. **Entschädigungsausschuss (Remuneration Committee)**

Der Entschädigungsausschuss hat insbesondere folgende Aufgaben:

(a) legt die Entschädigungen (alle Entschädigungsbestandteile eingeschlossen) der Mitglieder der Geschäftsleitung und der geschäftsführenden Organe der wichtigen Tochtergesellschaften fest[30] und stellt dem Verwaltungsrat Antrag für die Entschädigung seiner Mitglieder;

(b) beurteilt die Entschädigungsgrundsätze der Gruppe [in Zusammenarbeit mit dem obersten Personalverantwortlichen der Geschäftsleitung] und stellt dem Verwaltungsrat entsprechende Anträge;

(c) stellt dem Verwaltungsrat Antrag zum Erlass des Vergütungsreglements.

5.4. **Nominierungsausschuss (Nomination Committee)**

Der Nominierungsausschuss hat insbesondere die folgenden Aufgaben:

(a) Unterbreitung von Vorschlägen zuhanden des Verwaltungsrats hinsichtlich einer angemessenen Grösse und ausgewogenen Zusammensetzung des Verwaltungsrats[31], welcher mehrheitlich un-

---

[30] Dies, falls die entsprechende Kompetenz nicht für alle Mitglieder der Geschäftsleitung oder zumindest den Vorsitzenden beim Gesamtverwaltungsrat liegt.

[31] Anzustreben ist, dass im **Verwaltungsrat als Gremium** alle für die Gesellschaft wesentlichen Kompetenzen vertreten sind.

abhängig sein soll, und Festlegung der Kriterien für die Unabhängigkeit [unter Beachtung der einschlägigen Regelwerke];

(b) Entwicklung von Kriterien für die Wahl bzw. Wiederwahl in den Verwaltungsrat und in die Geschäftsleitung;

(c) Beurteilung von potenziellen Kandidaten für den Verwaltungsrat und Stellungnahme gegenüber dem Verwaltungsrat hinsichtlich deren Nominierung zuhanden der Generalversammlung;

(d) Beurteilung von Kandidaten für die Geschäftsleitung und Stellungnahme gegenüber dem Verwaltungsrat;

(e) Beurteilung von Anträgen des Geschäftsleitungsvorsitzenden an den Verwaltungsrat betreffend Ernennungen und Abberufungen von Mitgliedern der Geschäftsleitung und des Leiters der Internen Revision zuhanden des Verwaltungsrats;

(f) Genehmigung von Vereinbarungen und Arbeitsverträgen mit dem Präsidenten des Verwaltungsrats, dem Geschäftsleitungsvorsitzenden und den übrigen Mitgliedern der Geschäftsleitung;

(g) Überprüfung von Nachfolge- und Notfallplanungen auf Stufe Geschäftsleitung;

(h) [weitere].

5.5. Governance- und Aktionariatsausschuss

Der Governance- und Aktionariatsausschuss hat insbesondere folgende Aufgaben:

(a) misst die Governance der Gruppe an den massgebenden Best Practices und informiert den Verwaltungsrat über seine Erkenntnisse und sich abzeichnende Entwicklungen;

(b) überprüft die Einhaltung der Offenlegungsvorschriften im Bereich der Corporate Governance;

(c) beurteilt die Offenlegungsgrundsätze der Gruppe und überprüft deren Kommunikationspolitik in den wichtigsten Märkten im Lichte der Marktusanzen, erlässt entsprechende Empfehlungen zuhanden des Verwaltungsrats;

(d) überwacht die Pflege der Beziehungen zu Investoren, Analysten und Aktionären;

(e) befasst sich als erstes Gremium innerhalb der Gruppe mit Fusions- oder Übernahmeangeboten, beurteilt diese zuhanden des Verwaltungsrats und schlägt geeignete Massnahmen vor;

(f) [weitere].

5.6. Ad-hoc-Ausschüsse

Der Verwaltungsrat kann für bestimmte Aufgaben Ad-hoc-Ausschüsse ernennen und diesen Vorbereitungs-, Überwachungs- und/oder Entscheidungskompetenzen zuweisen.

6. GESCHÄFTSLEITUNG[32]

6.1. Konstituierung

Die Mitglieder der Geschäftsleitung werden vom Verwaltungsrat ernannt und abberufen. Die Geschäftsleitung besteht aus dem Geschäftsleitungsvorsitzenden (CEO) der Gesellschaft und Gruppe, seinem Stellvertreter und mindestens [zwei] weiteren Mitgliedern[33].

Die Geschäftsleitung bezeichnet einen Sekretär (Protokollführer), der nicht Mitglied der Geschäftsleitung sein muss.

6.2. Sitzungen, Einberufung und Traktandierung[34]

Die Geschäftsleitung tagt, so oft es die Geschäfte erfordern, mindestens aber einmal pro Monat.

Die Einberufung erfolgt durch den Geschäftsleitungsvorsitzenden oder – im Falle seiner Verhinderung – durch seinen Stellvertreter oder ein anderes Mitglied der Geschäftsleitung. Jedes Mitglied ist berechtigt, die unverzügliche Einberufung unter Angabe des Zweckes zu verlangen.

Die Einberufung erfolgt mindestens drei Tage im Voraus. Die Traktanden sind in der Einberufung aufzuführen.

Der Geschäftsleitungsvorsitzende oder – im Falle seiner Verhinderung – sein Stellvertreter oder ein anderes Mitglied führt den Vorsitz.

---

[32] Vgl. auch § 22, S. 365 ff.
[33] Vgl. auch § 22 N 4 f.
[34] Vgl. auch § 22 N 18 ff.

Jedem Mitglied steht das Recht zu, an der Geschäftsleitungssitzung Anträge zu den Traktanden zu stellen und die Diskussion nicht traktandierter Gegenstände zu verlangen.

Der Vorsitzende der Geschäftsleitung entscheidet, ob Personen, die der Geschäftsleitung nicht angehören, an Geschäftsleitungssitzungen mit beratender Stimme teilnehmen sollen.

6.3. Beschlussfähigkeit, Beschlussfassung[35] und Protokollierung

Die Geschäftsleitung ist beschlussfähig, wenn mindestens die Hälfte/ die Mehrheit ihrer Mitglieder an der Sitzung anwesend ist (Präsenzquorum) [oder über Kommunikationsmittel {Telefon- oder Videokonferenz} teilnimmt][36].

Die Geschäftsleitung fasst ihre Beschlüsse mit der Mehrheit der anwesenden Mitglieder. Bei Stimmengleichheit hat der Geschäftsleitungsvorsitzende den Stichentscheid[37].

Beschlüsse können auch auf dem Zirkularweg per Brief, Telefax oder E-Mail gefasst werden, falls nicht ein Mitglied innert zwei Tagen seit Zugang des entsprechenden Antrages telefonisch oder per Telefax die Beratung in einer Sitzung verlangt. Die Beschlussfassung auf dem Zirkularweg erfordert die Zustimmung der Mehrheit der Mitglieder.

Die [Verhandlungen und] Beschlüsse sind zu protokollieren. Das Protokoll ist vom Vorsitzenden der Geschäftsleitung und dem Protokollführer zu unterzeichnen.

Zirkulationsbeschlüsse und Beschlüsse auf dem Wege einer Telefonkonferenz sind in das nächste Protokoll aufzunehmen.

6.4. Struktur und Funktion

Die Geschäftsleitung der Gesellschaft übt im Rahmen der Führung der Gruppe eine doppelte Funktion aus:
– Einerseits ist sie – vorbehältlich der Zuständigkeit des Verwaltungsrats – zuständig für die Führung der Geschäfte der Gesellschaft.

---

[35] Vgl. auch § 22 N 24 ff.
[36] Eher als beim Verwaltungsrat kann auf ein Präsenzquorum verzichtet werden, besonders dann, wenn dem Vorsitzenden eine Vorrangstellung zukommt.
[37] Zu Alternativen – Veto- oder Eskalierungsrecht – vgl. § 22 N 28 ff.

- Andererseits ist sie zuständig für die operative Führung der Gruppe, soweit diese Kompetenz nicht gemäss diesem Reglement dem Verwaltungsrat der Gesellschaft bzw. von Gesetzes wegen den Verwaltungsräten der Tochtergesellschaften zusteht. [Die einzelnen Gruppengesellschaften verfügen über keine selbständigen Geschäftsleitungen, sondern die entsprechenden Verwaltungsräte delegieren die Geschäftsführung der Tochtergesellschaft im Rahmen des gesetzlich Zulässigen[38] an die Geschäftsleitung der Gruppe.]

6.5. Aufgaben und Kompetenzen

Der Geschäftsleitung, an welche die Geschäftsführung delegiert ist (vgl. Ziff. 2.4.2 Abs. 3), kommen insbesondere die folgenden unübertragbaren Aufgaben und Kompetenzen zu:

(a) die operative Leitung der Gesellschaft und der Gruppe, die Umsetzung der Geschäftsstrategie, die Umsetzung dieses Reglements im Rahmen der Vorgaben des Verwaltungsrats;

(b) die Ausarbeitung und Überwachung der Grundsätze der allgemeinen Geschäftspolitik, der Unternehmensziele, der Jahresziele und des Budgets sowie der allgemeinen Personal- und Salärpolitik;

(c) die Festlegung der Richtlinien für die Risikoüberwachung;

(d) der Aufbau einer effizienten und strukturierten Verfahrensorganisation und eines effizienten internen Kontrollsystems;

(e) die Überwachung der Einhaltung der internen Richtlinien;

(f) die Vorbereitung und Umsetzung des Organigramms;

(g) die Vorbereitung und Umsetzung der Organisationsrichtlinien;

(h) die Vorbereitung und Umsetzung des Rechnungswesens, der Finanzkontrolle und der Finanzplanung;

(i) die Vorbereitung der Jahresrechnung, der vierteljährlichen Zwischenbilanzen und des Jahresberichtes zuhanden des Verwaltungsrats;

---

[38] Zur Problematik einer solchen Delegation «nach oben» vgl. § 7 N 32 ff. und § 8 N 187 ff.

(k) die Vorbereitung und Umsetzung der allgemeinen Personalpolitik sowie allgemeiner Arbeitnehmerangelegenheiten und des Stellenplanes;

(l) die Ernennung und Abberufung aller in der Gruppe mit der Geschäftstätigkeit und der Vertretung betrauten Personen und die Regelung der Zeichnungsberechtigungen bis und mit Stufe Prokura;

(m) die Aufsicht über die Mitarbeitenden, namentlich im Hinblick auf die Befolgung der Gesetze, Statuten, Reglemente und Weisungen;

(n) die Beschlussfassung über wichtige Verträge, die nicht das Tagesgeschäft betreffen, über die Einleitung von Rechtsverfahren und über hängige Rechtsstreitigkeiten, jeweils bis zu einem Betrag von CHF 10 Millionen;

(o) die periodische Berichterstattung an den Verwaltungsrat der Gesellschaft und die unverzügliche telefonische und schriftliche Berichterstattung an den Verwaltungsrat bei Auftreten erhöhter Risiken bei laufenden Geschäften sowie im Falle ausserordentlicher Vorkommnisse;

(p) die sofortige Anzeige an die Präsidenten des Verwaltungsrats der Gesellschaft sowie ihrer Tochtergesellschaften bei Kapitalverlust und Überschuldung (Art. 725 OR) oder sonstigen existenziellen Gefahren für eine Gesellschaft der Geschäftseinheit.

Die Geschäftsleitung ist befugt, über alle Angelegenheiten Beschluss zu fassen, die nicht dem Verwaltungsrat oder einem anderen Organ der Gesellschaft durch Gesetz, Statuten oder durch dieses Reglement vorbehalten oder übertragen worden sind.

6.6. Weiterdelegation

Die der Geschäftsleitung zugewiesenen Aufgaben dürfen nur mit Zustimmung des Verwaltungsrates weiterdelegiert werden. Vorbehalten bleibt die Delegation der Vorbereitung und Ausführung.

7. VORSITZENDER DER GESCHÄFTSLEITUNG (CEO)[39]

8. FINANZCHEF (CFO)[40]

9. WEITERE MITGLIEDER DER GESCHÄFTSLEITUNG[41]

10. ERWEITERTE GESCHÄFTSLEITUNG[42]

11. GESCHÄFTSFÜHRENDE ORGANE DER TOCHTERGESELLSCHAFTEN

11.1. Allgemeines

Die Gruppengesellschaften werden durch die Geschäftsleitung einheitlich geführt. Die Befugnisse der Organe der Tochtergesellschaften sind auf die nicht übertragbaren gesetzlichen Obliegenheiten beschränkt, welche sie – soweit gesetzlich zulässig – im Interesse der Gruppe ausüben.

11.2. Verwaltungsräte

Die Organisation und Arbeitsweise der Verwaltungsräte [bzw. Aufsichtsräte] der Tochtergesellschaften richtet sich, *mutatis mutandis*, nach den Bestimmungen von Ziff. 2.1–2.3 dieses Reglements.

Die Verwaltungsräte [bzw. Aufsichtsräte] der Tochtergesellschaften delegieren die Geschäftsführung ihrer Gesellschaft im gesetzlich zulässigen Ausmass an die Gruppenleitung. Sie beschränken sich auf die von Gesetzes wegen unübertragbaren Aufgaben und üben diese im Rahmen des gesetzlich Zulässigen im Interesse und nach den Weisungen der Gruppe aus.

11.3. Geschäftsleitungen

Für den Fall, dass eine Gruppengesellschaft eine eigene Geschäftsleitung hat, richtet sich ihre Organisation, *mutatis mutandis*, nach Ziff. 6 dieses Reglements. Die Geschäftsleitungen der wichtigen Tochtergesellschaften rapportieren an die Geschäftsleitung der Gruppe.

---

[39] Vgl. dazu die Beispiele in § 23 N 3 ff.
[40] Neben dem Chief Executive Officer wird oft auch der Chief Financial Officer im Organisationsreglement ausdrücklich genannt. Zu dessen Aufgaben s. § 23 N 6.
[41] Ihre Nennung im Organisationsreglement kommt nur ausnahmsweise vor, vgl. § 23 N 7.
[42] Vgl. dazu die Hinweise und Beispiele in § 22 N 37 ff.

12. LEITER VON GRUPPENFUNKTIONEN UND CORPORATE CENTER[43]

12.1. Funktion und Aufgaben

Das Corporate Center unterstützt die einheitliche Führung und Überwachung der Gruppe. Es erbringt zentrale Serviceleistungen für die ganze Gruppe.

Zum Corporate Center gehören insbesondere folgende Funktionen:

(a) Finanzwesen (Buchhaltung, Treasury-Funktion, Management-Informationssysteme);

(b) Controlling und Interne Revision;

(c) Personalwesen;

(d) Kommunikation (Branding, PR, Marketing, Event Management etc.);

(e) Compliance, Steuern und Rechtswesen;

(f) Informationstechnologie und Logistik.

Die Leiter der Funktionen des Corporate Center haben eine Fachführungskompetenz und eine fachliche Kontrollfunktion für die ganze Gruppe.

12.2. Organisation

Das Corporate Center wird administrativ durch den Chief Operating Officer (COO) geführt. Die Rapportwege der Leiter der einzelnen Funktionen werden in Pflichtenheften geregelt.

---

[43] Wenn vorhanden.

13. INTERNE REVISION[44]

14. WEITERE BESTIMMUNGEN

14.1. Zeichnungsberechtigung[45]

14.1.1. Verwaltungsrat

Sämtliche Mitglieder des Verwaltungsrats führen Kollektivunterschrift zu zweien und werden entsprechend im Handelsregister eingetragen.

14.1.2. Geschäftsleitung

Sämtliche Mitglieder der Geschäftsleitung führen Kollektivunterschrift zu zweien und werden entsprechend im Handelsregister eingetragen.

14.1.3. Weitere Zeichnungsberechtigte

Weitere Zeichnungsberechtigungen für die Gesellschaft werden vom Verwaltungsrat erteilt.

Für die Tochtergesellschaften sind die Zeichnungsberechtigungen von den entsprechenden Verwaltungsräten zu erteilen. Es ist stets Kollektivunterschrift zu zweien vorzusehen.

14.2. Ausstand[46]

Die Mitglieder des Verwaltungsrats und der Geschäftsleitung vermeiden alles, was den Interessen der Gesellschaft zuwiderlaufen oder einen entsprechenden Anschein erwecken könnte.

Die Mitglieder von Verwaltungsrat und Geschäftsleitung sind verpflichtet, in den Ausstand zu treten, wenn Geschäfte behandelt werden, die ihre eigenen Interessen oder die Interessen von ihnen nahestehenden natürlichen oder juristischen Personen berühren. An den Beratungen über solche Geschäfte dürfen sie – ausser zur Abgabe einer eigenen Stellungnahme – nicht teilnehmen.

---

[44] In Publikumsgesellschaften ist es üblich, die Interne Revision im Organisationsreglement anzusprechen. Für Regelungsbeispiele s. § 25 N 3 f.
[45] Vgl. dazu auch die Beispiele in § 24 N 8 ff.
[46] Vgl. dazu auch *per analogiam* das Beispiel in § 21 N 15.

14.3. Geheimhaltung, Aktenrückgabe[47]

Die Mitglieder des Verwaltungsrats und die Mitglieder der Geschäftsleitung sowie alle übrigen Organe und Mitarbeitenden der Gesellschaft und der Gruppe sind verpflichtet, gegenüber Dritten Stillschweigen über Transaktionen und andere Geschäftsaktivitäten oder Tatsachen der Gesellschaft, ihrer Tochter-, Schwester- und Muttergesellschaft und ihrer Aktionäre zu bewahren, die ihnen in Ausübung ihrer geschäftlichen Tätigkeiten zur Kenntnis gelangten und die nicht öffentlich bekannt sind. Die Geheimhaltungspflicht bleibt auch nach dem Ausscheiden aus der Gesellschaft oder Gruppe in Kraft[48].

Beim Ausscheiden aus der Gesellschaft sind sämtliche Geschäftsakten zurückzugeben, ausser diejenigen Akten, die für den Ausscheidenden notwendig sind, um seine persönlichen Handlungen nachvollziehen zu können.

14.4. Amtsdauer/Altersgrenze[49]

Altersgrenze für Mitglieder der Geschäftsleitung ist in der Regel das Ende des Monats, in welchem das [60.] Altersjahr vollendet wird. Der Verwaltungsrat kann im Einzelfall eine andere Altersgrenze festlegen.

Mitglieder des Verwaltungsrats, welche das 65. Altersjahr erreicht haben, stellen sich nicht zur Wiederwahl, wenn ihre Amtszeit ausläuft. Der Verwaltungsrat kann Ausnahmen beschliessen und der Generalversammlung eine Wiederwahl auch nach Erreichen des 65. Altersjahres beantragen. Mitglieder, die im Laufe einer ordentlichen Amtsdauer das 70. Altersjahr vollenden, haben auf die nächstfolgende ordentliche Generalversammlung hin zurückzutreten.

15. GESCHÄFTSJAHR[50]

Das Geschäftsjahr der Gesellschaft beginnt am [1. Januar] und endet am [31. Dezember].

---

[47] Vgl. dazu auch die Beispiele in § 21 N 19 f.
[48] Inwieweit solche Verpflichtungen über die Gesellschaft hinaus für alle Organe und Mitarbeitenden der Gruppe im Organisationsreglement der Muttergesellschaft verbindlich statuiert werden können, mag offenbleiben. Die Bestimmung umschreibt das, was aufgrund von Gesetzen und Arbeitsverträgen ohnehin gelten dürfte.
[49] Vgl. dazu auch die Beispiele in § 21 N 33 ff.
[50] Falls nicht in den Statuten geregelt.

16. SCHLUSSBESTIMMUNGEN

16.1. Inkrafttreten

Dieses Organisationsreglement ist vom Verwaltungsrat am [Datum] verabschiedet worden. Es tritt am [Datum] in Kraft[51].

16.2. Überarbeitung und Änderungen

Dieses Organisationsreglement ist alljährlich/alle zwei Jahre in der ersten Sitzung nach der ordentlichen Generalversammlung zu überprüfen und gegebenenfalls anzupassen.

[Ort], [Datum]

Der Präsident des Verwaltungsrats: Der Sekretär des Verwaltungsrats:

_____   _____

---

[51] Allenfalls kann zwischen Verabschiedung und Inkrafttreten ein angemessener Zeitraum für die Bekanntgabe vorgesehen werden. Für eine sofortige Inkraftsetzung s. Anhang II Ziff. 9.1 (S. 425).

Anhang IV: Funktionendiagramm[1]

Funktionendiagramm

der

[ ] AG

mit Sitz in

[ ]

Inhalt

Abkürzungen		456
1.	Gesellschaftsorgane/Statuten	457
2.	Geschäftspolitik/Strategie/Unternehmensplanung/Corporate Identity..	458
3.	Organisation/Koordination	459
4.	Finanzen	460
5.	Personelles	462
6.	Marketing und Verkauf	464
7.	Produktion und Produktesortiment	464
8.	Einkauf/Materialwirtschaft	464
9.	Informationstechnologie	465
10.	Risiko/Qualität/Sicherheit/Umwelt	465
11.	Rechtsfragen	466
12.	Verschiedenes	467

---

[1] Noch stärker als die Organisationsreglemente unterscheiden sich die allfälligen Funktionendiagramme der einzelnen Gesellschaften, in denen das Zusammenspiel der Gesellschaftsorgane geregelt wird. Bei einer Produktionsgesellschaft sieht es völlig anders aus als bei einer Finanzgesellschaft, bei einer Konzernobergesellschaft anders als bei der Konzerntochter oder einer eigenständigen Produktions- und Vertriebsgesellschaft, bei einem Grossunternehmen anders als bei einem KMU.
Das folgende Beispiel orientiert sich an der Konzernobergesellschaft einer kleineren industriell tätigen Gruppe. Dabei ist – als Beispiel – nur der erste Abschnitt zu den Organen und den gesellschaftsrechtlichen Beschlüssen im Einzelnen ausgeführt, da bei diesen Aufgaben die Gemeinsamkeiten zwischen den Gesellschaften relativ gross sind. Der mögliche Inhalt weiterer Abschnitte wird nur mit Stichworten skizziert.
Angenommen wird, dass (nur) zwei Verwaltungsratsausschüsse bestehen: ein Revisionsausschuss (Audit Committee, AC) und ein Vergütungsausschuss (Remuneration Committee, RC).

Anhang IV: Muster Funktionendiagramm

Abkürzungen

GV	=	Generalversammlung
VR	=	Verwaltungsrat
VRP	=	Verwaltungsratspräsident
AC	=	Audit Committee, Revisionsausschuss
RC	=	Remuneration Committee, Vergütungsausschuss
CEO	=	Chief Executive Officer, Vorsitzender der Geschäftsleitung
GL	=	Geschäftsleitung/Gruppenleitung
CFO	=	Chief Financial Officer, Finanzchef
MGL	=	Einzelnes Mitglied der Geschäftsleitung; Leiter einer Division/ eines Bereichs, je für ihren Aufgabenbereich

R	=	Ratifikationsentscheid	*(formale Zustimmung, allenfalls gesetzlich vorgeschrieben)*
E	=	Entscheid	*(materielle Entscheidung)*
A	=	Antrag/Vorschlagsrecht	*(verantwortlich für Vorprüfung)*
V	=	Vorbereitung	*(Aufbereitung des Antrags)*
B	=	Beratung	
I	=	Durch Inhaber der Entscheidkompetenz (E) zu informierende Stelle	

Anhang IV: Muster Funktionendiagramm

Organe	GV	VR	VRP	AC	RC	CEO	GL	CFO	GLM
1. Gesellschaftsorgane/Statuten									
1.1 Wahl des Verwaltungsrats									
– Muttergesellschaft	E	A	V			B			
– Tochtergesellschaften		E	A			V			
1.2 Wahl der Revisionsstelle									
– Muttergesellschaft	E	A	V			B			
– Tochtergesellschaften		E(GV)	A			V			
1.3 Statutenänderungen									
– Muttergesellschaft	E	A	V						
– Tochtergesellschaften		E(GV)				A			V
1.4 Konstituierung des Verwaltungsrats									
– Wahl des Präsidenten	E	A							
– Wahl des Vizepräsidenten und des Sekretärs		E							
– Wahl weiterer Funktionsträger (Vorsitzende und Mitglieder von Ausschüssen)		E							
1.5 Bestellung Geschäfts-/Gruppenleitung									
– CEO		E	A						
– weitere Mitglieder (Leiter von Divisionen und zentralen Funktionen)		E				A			
1.6 Bestellung erweiterte Geschäftsleitung		E				A			
1.7 Vorbereitung der GV		A	V	(V)	(V)		(V)		
1.8 Durchführung der GV		E / V							
1.9 Ausführung der Beschlüsse der GV		E				A / V	A / V		
1.10 Genehmigung der Übertragung von Aktien bei Überschreitung der Vinkulierungsobergrenze		E	A						
1.11 Führen des Aktienbuchs		R	A / V						
1.12 Handelsregisteranmeldungen		E	A / V						
1.13 Überschuldungsanmeldung									
– Muttergesellschaft		E	A / V						
– Tochtergesellschaften			E				A	V	

Anhang IV: Muster Funktionendiagramm

Organe	GV	VR	VRP	AC	RC	CEO	GL	CFO	GLM
2. Geschäftspolitik/Strategie/ Unternehmensplanung/ Corporate Identity[2]									
2.1 Strategie, Geschäftspolitik, Unternehmensleitbild									
2.2 Mittelfristplanung									
2.3 Kauf/Verkauf/Liquidationen/Fusionen/Ausgliederungen/Gründungen von Gesellschaften/Errichtung und Liquidation von Zweigniederlassungen und Geschäftsstellen der Gruppe									
2.4 Eingehen von Allianzen, Partnerschaften von strategischer Bedeutung									
2.5 Beteiligungen im Rahmen der Geschäftspolitik – Beteiligung an anderen Unternehmungen[3] – Vertretung in Beteiligungsgesellschaften – Organisation der Überwachung von Tochtergesellschaften									
2.6 Veräusserung von Grundstücken und Anlagevermögen[4]									
2.7 Grundsätze und Richtlinien des Erscheinungsbildes (CI) der Gruppe									
2.8 Informationskonzept									

---

[2] Wo nichts anderes vermerkt, sind die im Folgenden genannten Aufgaben jeweils sowohl formell und materiell für die Muttergesellschaft wie auch materiell für die wichtigen Tochtergesellschaften (gemäss Anhang [ ] des Organisationsreglements/gemäss Organigramm) wahrzunehmen.

[3] Hier und bei zahlreichen der im Folgenden aufgeführten Aufgaben ist eine Abstufung nach der finanziellen Tragweite zweckmässig (zum Beispiel bei Beteiligungen, die eine Investition von mehr als CHF 1 Mio. bedingen): Entscheid des Verwaltungsrats, Antragstellung durch den CEO; darunter Entscheid durch den CEO. Vorbereitung jeweils durch Mitglieder der Geschäftsleitung.

[4] Differenzierte Entscheidkompetenzen: VR bei (z.B.) mehr als CHF 3 Mio., CEO bei CHF 1–3 Mio., GLM einschliesslich CFO unter CHF 1 Mio.

Anhang IV: Muster Funktionendiagramm

Organe	GV	VR	VRP	AC	RC	CEO	GL	CFO	GLM
3. Organisation/Koordination									
3.1 Organisationsreglement, Funktionendiagramm, Geschäftsreglemente, Pflichtenhefte – Muttergesellschaft – Tochtergesellschaften – Geschäftsbereiche (wirtschaftliche Einheiten ohne eigene Rechtspersönlichkeit)									
3.2 Vorbereitung und Einberufung von Verwaltungsratssitzungen – Verwaltungsrat – Geschäftsleitung									
3.3 Leitung von Verwaltungsratssitzungen									
3.4 Vorbereitung und Einberufung von Ausschusssitzungen									
3.5 Leitung von Ausschusssitzungen									

Organe	GV	VR	VRP	AC	RC	CEO	GL	CFO	GLM
4. Finanzen									
4.1 Finanzpolitik, Finanzplan, Investitionsplan									
4.2 Jahresbudget – Gesellschaft – Geschäftsbereiche									
4.3 Jahresabschluss und Gewinnverteilungsantrag – Gesellschaft – Tochtergesellschaften									
4.4 Finanzkontrolle									
4.5 Organisation Rechnungswesen									
4.6 Finanzierung – Eigenkapital – Fremdkapital (Anleihen)									
4.7 Festsetzung der zulässigen Netto-Höchstverschuldung (Bankschulden/Bankguthaben)									
4.8 Finanzkompetenz innerhalb des Budgets (einmalig oder bis zur ersten Kündigungsmöglichkeit)[5]									
4.9 Finanzkompetenz ausserhalb des Budgets[6]									
4.10 Liquiditätsplanung									
4.11 Anlage flüssiger Mittel									
4.12 Bankbeziehungen (Hauptbeziehung)									
4.13 Bürgschaften/Verpfändungen – soweit nicht geschäftsüblich – sonstige[7]									

---

[5] Abzustufen nach Höhe der Ausgabe.
[6] Abzustufen nach Höhe der Ausgabe.
[7] Abzustufen nach Höhe der maximalen Verpflichtung.

Anhang IV: Muster Funktionendiagramm

Organe	GV	VR	VRP	AC	RC	CEO	GL	CFO	GLM
4.14 Gewährung von Darlehen an Organe, Mitarbeitende und Dritte[8]									
4.15 Anordnung von ausserordentlichen Buchprüfungen									
4.16 Sanierung von Tochtergesellschaften									

---

[8] Abzustufen nach Höhe der Leistung.

Anhang IV: Muster Funktionendiagramm

Organe	GV	VR	VRP	AC	RC	CEO	GL	CFO	GLM
5. Personelles									
5.1 Personalpolitik im Rahmen der Unternehmensziele									

5.2 Ernennung/Entlassung der Mitglieder der
– Geschäftsleitung
– Leiter der Divisionen/Bereiche (Geschäftsleitung im weiteren Sinne)
– Direktionsmitglieder
  – der Muttergesellschaft
  – der Tochtergesellschaften									

5.3 Ernennung des Leiters der Internen Revision									
5.4 Entschädigungs- und Qualifikationskonzept									
5.5 Bezüge – des CEO – der Mitglieder der Geschäftsleitung – gruppenweit verbindliche Grundsätze									
5.6 Zustimmung zur Übernahme von mit erheblicher zeitlicher Beanspruchung verbundener und/oder geschäftsrelevanter Nebenämter und politischer Mandate – des CEO – der Mitglieder der Geschäftsleitung und der Geschäftsleitung im weiteren Sinne									
5.7 Zustimmung zur Übernahme fremder VR- oder Stiftungsratsmandate durch – den CEO – die Mitglieder der Geschäftsleitung und der Geschäftsleitung im weiteren Sinne – gruppenweit verbindliche Grundsätze									

Anhang IV: Muster Funktionendiagramm

Organe	GV	VR	VRP	AC	RC	CEO	GL	CFO	GLM
5.8 Nachfolgeplanung auf Stufe – Muttergesellschaft – Tochtergesellschaften									
5.9 Entlassung von mehr als 10% der Mitarbeitenden einer Gesellschaft oder wirtschaftlichen Einheit ohne eigene Rechtspersönlichkeit									
5.10 Erteilung der Unterschriftsberechtigung – für die Muttergesellschaft – für die Tochtergesellschaften									

Anhang IV: Muster Funktionendiagramm

Organe	GV	VR	VRP	AC	RC	CEO	GL	CFO	GLM
6. Marketing und Verkauf *Zu regeln sind etwa* – *die Verkaufs-, Marketing- und Werbepolitik* – *der Abschluss und die Kündigung von Vertriebsverträgen und Verkaufskooperationen* – *Grosstransaktionen und solche mit strategischer oder politischer Relevanz*									
7. Produktion und Produktesortiment *Zu regeln sind etwa* – *die Forschungs- und Entwicklungspolitik* – *die Festlegung (Weiterentwicklung des Produktesortiments)* – *spezifische Entwicklungs- und Investitionsprojekte* – *die Verantwortung für Marken, Patente und Lizenzen* – *Kooperationen in der Produktion* – *die Beschaffungspolitik für Produktionsmittel*									
8. Einkauf/Materialwirtschaft *Zu regeln sind etwa* – *die Einkaufspolitik und der Erlass von Einkaufsrichtlinien* – *Grundsätze für die Fremd- und die Eigenfertigung* – *die Lager- und Materialpolitik* – *die Abwicklung der Einkäufe ab einem bestimmten Volumen*									

Organe	GV	VR	VRP	AC	RC	CEO	GL	CFO	GLM
9. Informationstechnologie									
Zu regeln sind etwa *– die strategische Ausrichtung der Informatik* *– der Entscheid über Software-Systeme* *– die Definition der Businessprozesse und ihre Unterstützung durch Informatikmittel* *– Investitionen und Desinvestitionen sowie Leasing*[9]									
10. Risiko/Qualität/Sicherheit/ Umwelt									
10.1 Regelung und Führung eines Risiko-Managements									
10.2 Regelung und Überwachung der Qualitätssicherung									
10.3 Interne Revision – Regelung der Kompetenzen und Organisation – Entgegennahme der Berichte und Entscheid über Massnahmen									
10.4 Umweltschutz- und Sicherheitsauflagen									
10.5 Versicherungen									

---

[9] Abzustufen nach Höhe des Engagements.

Anhang IV: Muster Funktionendiagramm

Organe	GV	VR	VRP	AC	RC	CEO	GL	CFO	GLM
11. Rechtsfragen									
11.1 Einleitung von Prozessen und Abschluss von Vergleichen									
– von grundsätzlicher und politisch relevanter Natur									
– mit Streitwert über CHF [ ]									
– sonstige, soweit sich nicht aus dem ordentlichen Geschäftsgang ergebend									
11.2 Steuerpolitik									
– Grundsatzfragen									
– Verfahren mit einem finanziellen Risiko von mehr als CHF [ ]									

Organe	GV	VR	VRP	AC	RC	CEO	GL	CFO	GLM
12. Verschiedenes									
12.1 Organisation der Personalvorsorge									
12.2 Wahl der Arbeitgeber-Mitglieder in die Personalvorsorgeeinrichtungen									
12.3 Anlagerichtlinien und Jahresabschlüsse der Personalvorsorgeeinrichtungen									
12.4 Verbände/Interessensorganisationen (Eintritt/Austritt/Vereinbarungen)									
12.5 Abschluss wesentlicher Verträge ausserhalb des normalen Geschäftsgangs									
12.6 Sonstige wesentliche Geschäftsvorfälle – Muttergesellschaft – Tochtergesellschaften – Geschäftsbereiche									

[Ort], [Datum]

Der Präsident des Verwaltungsrats: Der Sekretär des Verwaltungsrats:

Anhang V: Kompetenzordnung[1]

Kompetenzordnung

der

[ ] AG

mit Sitz in

[ ]

Inhalt

1. Einmalige Ausgaben innerhalb des Budgets 469
2. Nicht budgetierte einmalige Ausgaben 469
3. Wiederkehrende Ausgaben 469
4. Ungewisse Verbindlichkeiten 469
5. Verbindlichkeiten gegenüber Aktionären
   und nahestehenden Personen 470
6. Antragstellung 470
7. Einzelne Geschäfte und Bankvollmachten 470
8. Vorbehalt der Zuständigkeit des Verwaltungsrats im Rahmen
   seiner unübertragbaren Kompetenzen 471

---

[1] Falls das Organisationsreglement nur Grundsätze enthält (wie etwa die Kurzversion in Anhang I (S. 409 ff.), empfiehlt es sich, in einem Anhang oder einem zusätzlichen Dokument wie dem hier vorgeschlagenen die Kompetenzen und Kompetenzabgrenzungen zahlenmässig festzulegen. Das folgende Beispiel ist eine Kurzversion für einfache Verhältnisse, die beliebig erweitert und differenziert werden kann.

Zur Konkretisierung des Organisationsreglements vom [Datum] erlässt der Verwaltungsrat der [ ] AG die folgende Kompetenzordnung zur Abgrenzung der Kompetenzen und Verantwortlichkeiten der folgenden Organe und Organpersonen:

- Verwaltungsrat
- Präsident des Verwaltungsrats
- Geschäftsleitung
- Vorsitzender der Geschäftsleitung
- (weitere) Mitglieder der Geschäftsleitung

1. **EINMALIGE AUSGABEN INNERHALB DES BUDGETS**

    Abgrenzung der Kompetenzen zwischen den vorgenannten Organen und Organpersonen.

2. **NICHT BUDGETIERTE EINMALIGE AUSGABEN**

    Dito

3. **WIEDERKEHRENDE AUSGABEN**

    Bei wiederkehrenden Ausgaben bestimmt sich die Zuständigkeit nach ihrem Gesamtbetrag bis zur ersten ordentlichen Kündigungsmöglichkeit/nach dem in den ersten zwölf Monaten anfallenden Gesamtbetrag.

4. **UNGEWISSE VERBINDLICHKEITEN**

    Bei ungewissen Verbindlichkeiten wie Bürgschaften und Garantien bestimmt sich die Zuständigkeit nach dem potenziellen Maximalbetrag.

    Zuständig sind

    - bei ungewissen Verbindlichkeiten im Interesse der Gesellschaft *[Abstufung gemäss finanziellem Risiko]*
    - bei ungewissen Verbindlichkeiten zugunsten Dritter, insbesondere nahestehender Personen *[der Gesamtverwaltungsrat]*. **Alternative:**

Das Eingehen ungewisser Verbindlichkeiten zugunsten Dritter ist untersagt.

5. VERBINDLICHKEITEN GEGENÜBER AKTIONÄREN UND NAHESTEHENDEN PERSONEN

Das Eingehen solcher Verbindlichkeiten bedarf der Genehmigung

- des Präsidenten des Verwaltungsrats bis zu einem Maximalbetrag von CHF [ ]
- bzw. bei Verbindlichkeiten zugunsten des Präsidenten des Verwaltungsrats oder einer ihm nahestehenden Person bis zu diesem Maximalbetrag des Vizepräsidenten/des Gesamtverwaltungsrats,
- bei höheren Beträgen des Verwaltungsrats.

Beim Vertragsabschluss sind die Formvorschriften von Art. 718b OR zu beachten.

6. ANTRAGSTELLUNG

Der Präsident des Verwaltungsrats und der Vorsitzende der Geschäftsleitung sind insoweit berechtigt, Anträge zu stellen, als ihnen nicht die Entscheidungsbefugnis zukommt.

7. EINZELNE GESCHÄFTE UND BANKVOLLMACHTEN

Die Entscheidungs- und Vertretungskompetenz für einzelne Geschäfte und gegenüber Banken wird individuell festgelegt. Zuständig sind

- bis zu einem Maximalbetrag von CHF [ ] der Vorsitzende der Geschäftsleitung,
- darüber hinaus und bis zu einem Maximalbetrag von CHF [ ] der Präsident des Verwaltungsrats,
- im Übrigen der Verwaltungsrat.

8. **VORBEHALT DER ZUSTÄNDIGKEIT DES VERWALTUNGS-RATS IM RAHMEN SEINER UNÜBERTRAGBAREN KOMPETENZEN**

Im Rahmen seiner unübertragbaren Kompetenzen (vgl. insbesondere Art. 716a Abs. 1 OR) ist der Verwaltungsrat in jedem Falle und unabhängig von der Höhe der finanziellen Verpflichtung zuständig.

[Ort], [Datum]

Der Präsident des Verwaltungsrats: Der Sekretär des Verwaltungsrats:

_____   _____

Stichwortverzeichnis

A

Abstufungen der Kompetenzen, § 4 Anm. 45 / § 8 N 198 / § 18 N 26

Ad-hoc-Ausschüsse, s. *Ausschüsse*

AHV-Beiträge, s. *Sozialversicherungsrecht, Pflichten aus*

Aktienrechtsreform/Aktienrechtsrevision, s. *Aufgaben, unübertragbare des Verwaltungsrats allg. im künftigen Recht; Ausschüsse im künftigen Recht; Entschädigung im künftigen Recht; Genehmigungsvorbehalt im künftigen Recht; Organisationsreglement, Inhalt im künftigen Recht; Organisationsreglement, Offenlegung im künftigen Recht; Vergütungsreglement kotierter Gesellschaften im künftigen Recht; Verwaltungsrat, Interessenkonflikte im künftigen Recht; Verwaltungsrat, unübertragbare Aufgaben im künftigen Recht*

Aktionärbindungsverträge, § 2 Anm. 24 / § 8 N Anm. 338 / § 9 N 60 / § 9 N 98 ff. / § 18 Anm. 61

Aktionärbindungsverträge, Auflösung, § 9 N 102

Ämterkumulation, § 5 N 234 f. / § 5 N 238

Anhänge, s. *Organisationsreglement*

Anlagenausschuss, s. *Ausschüsse*

Audit Committee, s. *Ausschüsse, Revisionsausschuss*

Aufgaben, unübertragbare des Verwaltungsrats allg., § 8 N 5 f. / **§ 8 N 18 ff.**
- im künftigen Recht, § 8 N 199 f.
- weitere unübertragbare Aufgaben, § 8 N 98 ff.

Aufgaben, unübertragbare des Verwaltungsrats nach OR 716a I, § 8 N 18 ff.
- Festlegung der Organisation, § 8 N 29 ff.
- Finanzverantwortung, § 8 N 47 ff.
- Kontrollaufgaben, § 8 Anm. 16 / § 8 N 57 / § 10 N 10 / § 18 N 25
- Massnahmen bei Vermögenszerfall, § 8 N 97
- Oberleitung, § 8 N 19 f.
- Personelles, § 8 N 41 f.
- Planung, § 8 N 38 f.
- Verkehr mit den Aktionären, § 8 N 91 f.

Aufsichtsbehörde, § 6 N 33 / § 6 N 64 / § 15 N 21 / § 26 N 4

Aufsichtsratssystem, § 1 N 7 / § 2 N 19 / § 8 N 177 / **§ 8 N 181 ff.**

Auftritt nach aussen, § 24 N 11 ff.

Auskunftspflicht, s. *Informationspflicht*

Auskunftsrecht, s. *Informationsrechte*

Ausschüsse, § 5 N 2 ff.
- Ad-hoc-Ausschüsse, § 5 N 146 ff. / § 19 N 20 (5.6)
- Anforderungen an Ausschussmitglieder, § 5 N 55 ff.
- Arbeitsweise von Ausschüssen, **§ 5 N 34 ff.**
- Auflösung, § 5 N 33
- Beschlussfassung, s. *Beschlussfassung*
- Corporate-Responsability-Ausschuss, § 5 N 136 f.
- Einflussmöglichkeiten des Aktionariats, § 5 N 28 f.
- Entschädigungsausschuss, § 5 N 100 ff. / § 19 N 17 f. / (5.3)
- Entschädigungsausschuss, künftiges Recht, § 9 N 40
- Ethikausschuss, § 5 N 136 f.

475

- Finanzausschuss, § 5 N 68 / § 5 N 138 ff.
- Forschungs-, und Entwicklungsausschuss, § 5 N 144
- gemischte Ausschüsse, § 5 N 20
- geschäftsführender Ausschuss/ Exekutivausschuss, § 5 N 76 f. / § 19 N 16
- Governance-, Shareholder-, Corporate-Responsibility-, oder Ethikausschuss, § 5 N 136 f. (5.5)
- im künftigen Recht, § 5 N 64 ff.
- Informationsrechte, § 12 N 20 f.
- Interessenkonflikte, § 11 N 102
- Investitions- oder Anlagenausschuss, § 5 N 142 f.
- Konstituierung, § 12 N 3
- Koordinationsausschuss, § 5 N 83
- Kritik, § 5 N 22
- Nominierungsausschuss, § 5 N 121 ff.
- Organisation, § 12 N 5
- Präsidium, § 5 N 82
- Praxis, § 5 N 25
- Protokoll, § 5 N 44 ff. / § 5 N 53
- Rechtfertigung von Ausschüssen, § 5 N 21
- Remunerationsausschuss, s. *Entschädigungsausschuss*
- Revisionsausschuss, § 5 N 7 f. / § 5 N 84 ff. / § 19 N 10 ff.
- Revisionsausschuss, Berichterstattung des Revisionsausschuss, § 5 N 98
- Risikoausschuss, § 5 N 68 / § 5 N 140 / § **5 N 141**
- Strategieausschuss, § 5 N 133 ff.
- Transparenz, § 5 N 62 f.
- Vorsitzende von Ausschüssen, § 4 N 96 / § **5 N 241 ff.** / § 20 N 12

Ausübung von Klagerechten der Gesellschaft, § 8 N 128 f.

Ausstandspflicht, § 11 N 104 ff.

B

Banken, § 3 Anm. 13 / § 5 N 7 / § 5 N 87 ff. / § 5 N 141 / § 5 N 214 / § 6 N 33 / § 8 N 105 / § 8 N 150 f. / § 14 N 20

Beiräte, § 1 N 14 / § **5 N 258 ff.**

Benchmark-Studien, § 5 N 110

Berichterstattung,
- der Ausschüsse, § 12 N 20 f.
- der Ausschüsse, s. *Ausschüsse*
- der Geschäftsleitung, § 13 N 26 / § 22 N 34

Berichterstattungspflicht,
- im Falle der Delegation, § 4 N 49 ff.
- im Falle der Delegation, Ad-hoc-Berichterstattung, § 4 N 80
- im Falle der Delegation, Formen der Berichterstattung, § 4 N 62
- im Falle der Delegation, Inhalt und Form der Berichterstattung an den Gesamtverwaltungsrat, § 4 N 53 ff.
- im Falle der Delegation, periodische Berichterstattung, § 4 N 63 f.
- im Falle der Delegation, systematische Berichterstattung, § 4 N 56

Beschlussfähigkeit,
- Anwesenheitsquorum im Verwaltungsrat, § 11 N 19 / § **11 N 72 ff.** / § 18 N 75 ff.
- Einstimmigkeit im Verwaltungsrat, § 11 N 76 / § 11 N 81 / § 11 N 97 / § 18 N 84
- im Verwaltungsrat, § 11 N 62 / § **11 N 72 f.** / § 18 N 75 ff.
- in Ausschüssen, § 12 N 16 f.
- Präsenzquorum im Verwaltungsrat, s. *Anwesenheitsquorum*
- und Beschlussfassung der Geschäftsleitung, § 13 N 15 f. / § 22 N 24 f.

Beschlussfassung,
- Beschlussquorum im Verwaltungsrat, § 11 N 19 f. / § 11 N 81 / § 11 N 101 / § 18 N 80 ff.
- im Verwaltungsrat, § 11 N 79 ff. / § 18 N 80 ff.
- in Ausschüssen, § 5 N 40 ff. / § 12 N 16 f.
- Notbeschlusskompetenz im Verwaltungsrat, § 11 N 96
- offene Stimmabgabe im Verwaltungsrat, § 11 N 93
- Pattsituation im Verwaltungsrat, § 11 N 87
- Pluralstimmrecht im Verwaltungsrat, § 11 N 84
- schriftliche Stimmabgabe im Verwaltungsrat, § 11 N 91
- Stellvertreter im Verwaltungsrat, § 11 N 47 / § 11 N 92 / § 18 N 94
- Stichentscheid im Verwaltungsrat, § 11 N 85 ff. / § 18 N 85 f.
- Suppleanten im Verwaltungsrat, § 11 N 49 / § 11 N 92
- Vetorecht im Verwaltungsrat, § 11 N 84
- Wiedererwägung im Verwaltungsrat, § 11 N 98
- Zirkulationsbeschluss im Verwaltungsrat, § 11 N 90

Börsengesetz, § 8 N 145 ff.

Branchenspezifische Regeln für Gesellschaften, § 8 N 150 f.

C

CEO, s. *Geschäftsleitung*

Checks and Balances, § 2 N 11 / § 4 N 1 / § 5 N 21 / § 5 N 177 / § 5 Anm. 270 / § 5 N 197 / § 5 N 231 / § 5 N 233

CIO, s. *Geschäftsleitung*

Code of Conduct, § 8 N 66

Corporate Governance, § 5 N 8 / § 5 Anm. 270 / § 8 N 47 / § 11 N 54 / § 29 N 19 ff.

Corporate-Responibility-Ausschuss, s. *Ausschüsse*

CRO, s. *Geschäftsleitung*

Curae, § 4 Anm. 65 / § 7 N 8 / § 7 N 54 / § 8 N 45 / § 9 Anm. 28 / § 10 N 15

D

Delegation, § 4 N 1 ff.
- mit oder ohne Enscheidungsgewalt, § 4 N 9 ff.
- von Entscheidungskompetenzen, § 4 N 20 ff.
- von Hilfsfunktionen, § 4 N 15 f.
- von Kompetenzen an Dritte ausserhalb der Gesellschaft, § 7 N 1 ff.
  - an eine juristische Person, § 7 N 11 ff.
  - an eine Managementgesellschaft, § 7 N 44 ff.
    - Delegation von gemäss OR 716a I undelegierbaren Aufgaben, § 7 N 22 ff.
    - Delegation von Kompetenzen an eine Konzernobergesellschaft, § 7 N 32 ff.
  - im Rahmen des Konzerns, § 7 N 13 f.
- von Kompetenzen an Dritte ausserhalb des Konzerns, § 7 N 49 ff.
- von Kompetenzen an eine Direktion, Geschäfts- oder Konzernleitung, § 6 N 1 ff.
  - als Gremium, § 6 N 11

- Delegationsempfänger, § 6 N 5 f.
- von nicht organschaftlichen Kompetenzen, § 4 N 41 ff.
- von Organfunktionen, § 7 N 9 f. / § 7 N 52 / § 9 N 21 ff. / § 14 N 36
- von organschaftlichen Kompetenzen, § 4 N 37 ff.
- Berichterstattungspflicht im Fall der Delegation, § 4 N 49 ff.
- Delegation von Hilfsfunktionen, § 4 N 15 / § 8 N 161 ff.
- Formerfordernis, § 2 N 16 / § 4 N 20 / § 4 N 39 / § 15 N 12 ff.
- Grenzen der Kompetenzdelegation, § 8 N 1 ff.
- Haftung bei unkorrekter Delegation, § 10 N 18
- Kompetenzdelegation ohne statutarische Grundlage, § 10 N 19 ff.
- Weiterdelegation, s. *Weiterdelegation*

Delegierter des Verwaltungsrats, § 5 N 206 ff. / § 20 N 8
- Aufgaben, § 5 N 217 / § 5 N 224
    - Begründung und Beendigung der Delegiertenstellung, § 5 N 220 ff.
    - Personalunion mit dem Verwaltungsratpräsidium, § 5 N 232 f.
- Rechtsstellung, § 5 N 224 ff.

Direktion, s. *Geschäftsleitung*

dringliche Geschäfte, § 18 N 96

E

EBK-Rundschreiben, s. *FINMA-Rundschreiben*

Effektenhändler, § 5 N 87 / § 6 N 33 / § 8 N 165

Eidgenössische Bankenkommission EBK, s. *FINMA*

Einberufungsrecht, § 11 N 12 / § 11 N 29 / **§ 18 N 42 ff.**

Einflussmöglichkeiten des Aktionariats,
- auf die Zusammensetzung des Verwaltungsrats, § 9 N 4 ff.
- auf Entscheidungen im Kompetenzbereich des Verwaltungsrats, § 9 N 51 ff.
- auf Organisation und Arbeitsweise der Exekutive, § 5 N 31 / § 9 N 20 ff.
- Kompetenzverschiebung zugunsten der Generalversammlung in Ausnahmesituationen, § 9 N 87 ff.
- indirekte Einflussmöglichkeiten, § 9 N 61 ff.
- mittels vertraglicher Vorkehren, § 9 N 96 ff.

Einpersonenverwaltungsrat, § 3 N 17 / § 15 N 3

Entschädigung, § 5 N 100 ff. / § 5 N 111 ff. / § 7 N 47 / § 9 N 76 / § 21 N 25
- Entschädigungsausschuss, s. *Ausschüsse*
- Entschädigungspolitik, § 5 N 101 / § 5 N 103 / § 5 N 106
    - Ziele, § 5 N 111 ff.
- im künftigen Recht, § 8 N 199 ff. / § 9 N 76

Erlass innergesellschaftlicher Rechtsgrundlagen, Kapitel 4 N 1, S. 291

Ermächtigungsnorm, § 5 N 213 / § 5 N 220 / § 6 N 1 / § 10 N 26 / § 14 N 12 f.

Ethikausschuss, s. *Ausschüsse*

Europa AG, § 2 Anm. 21

Exekutivausschuss, s. *geschäftsführender Ausschuss*

Exekutivorgane, s. *Ausschüsse, Geschäftsleitung, Verwaltungsrat*

Exekutivorgane, Übersicht über die Exekutivorgane, § 17 N 14

Experten, s. *Sachverständige*

Externe Berater, § 5 N 110

F

Fiduziarischer Verwaltungsrat, § 9 N 97 f.

Finanzausschuss, s. *Ausschüsse*

Finanzmarktaufsicht FINMA, § 14 N 20

Finanzverantwortung, § 8 N 47 ff.

FINMA, § 6 N 33 / § 8 N 156

FINMA-Rundschreiben, § 5 N 7 / § 5 N 87 ff. / § 5 Anm. 167, 270 / § 8 Anm. 284

Forschungs-, und Entwicklungsausschuss, s. *Ausschüsse*

Führung des Aktienbuchs, § 8 N 119

Funktionendiagramm, § 27 N 13 / § 28 N 3 ff.

Fusionsgesetz, § 8 N 140

Fusionsvertrag, § 8 N 141

gemischte Ausschüsse, s. *Ausschüsse*

G

Genehmigungsvorbehalt zugunsten der Generalversammlung im künftigen Recht, § 9 N 81 ff.

General (Legal) Counsel, s. *Geschäftsleitung*

Generalversammlung, s. *Einflussmöglichkeiten des Aktionariats; Kompetenzverschiebung zugunsten der Generalversammlung*

Gesamtgeschäftsführung durch den Verwaltungsrat, § 3 N 1 ff.

geschäftsführender Ausschuss, s. *Ausschüsse*

Geschäftsjahr, § 26 N 18 f.

Geschäftsleitung, § 1 N 12 f. / § 4 N 45 / § 6 N 1 f. / § 6 N 22 ff. / § 13 N 1 ff. / § 22 N 1 ff.
– Anlagechef, Chief Investment Officer, CIO, § 5 N 143 / § 6 N 67
– Aufgaben, § 22 N 8 ff.
– Ausgestaltung der Geschäftsleitung, § 6 N 15 ff.
– besondere Vorkommnisse, § 4 N 69
– Bestellung, § 22 N 3 ff.
– Chef Forschung und Entwicklung, § 6 N 68
– Chief Information Officer CIO, § 6 N 61
– Chief Risk Officer, CRO, § 6 N 65
– erweiterte Geschäftsleitung, § 13 N 27 / § 22 N 37 ff.
– Finanzchef, CFO, § 6 N 51 f. / § 11 N 42 / § 23 N 6
– Geschäftsführungspflicht, § 22 N 10 ff.
– gesellschaftsinterne Regelung und ihre Umsetzung im Organisationsreglement, § 6 N 29 ff.
– Interessenkonflikte, § 13 N 24 f.
– Konstituierung, § 13 N 2
– Konzernleitung, § 8 N 131 ff.
– Marketingchef, § 6 N 66
– Organisation, § 13 N 2 / § 22 N 3 ff.
– Personalchef, HR-Verantwortlicher, § 6 N 62 f.

- Pflicht zur Bestellung einer Geschäftsleitung im Finanzmarktrecht, § 6 N 33
- Pflicht zur Bestellung einer Geschäftsleitung im Versicherungsrecht, § 6 N 34
- Rechtskonsulent, General (Legal) Counsel, § 6 N 64
- Rechtsstellung der Geschäftsleitung, § 6 N 25 ff.
- Stabschef, Chief Operating Officer, COO, § 6 N 60
- Stellung und Verhaltenspflichten der Geschäftsleitungsmitglieder, § 22 N 36
- Stichentscheid, § 13 N 19 / § 13 Anm. 18 / § 22 N 28 f.
- Verantwortliche für Regionen und Divisionen, § 6 N 69 / § 23 N 8
- Vertretungsbefugnis, s. *Vertretungsbefugnis*
- Vorsitzender der Geschäftsleitung CEO, § 4 N 97 / § 6 N 40 ff. / § 11 N 42 / § 23 N 3 ff.
- Zusammensetzung, § 22 N 3 f.

Geschäftsreglement, § 14 N 31 / § 18 N 1 / § 28 N 12

Gesellschaftszweck, § 9 N 62 f.

Gestaltungsfreiheit, aktienrechtliche, § 2 N 1 ff.

Gleichbehandlung der Aktionäre, § 3 N 10 / § 6 N 27 / § 29 N 28

Governance, s. *Corporate Governance*

Governanceausschuss, s. *Ausschüsse*

Grossaktionär, § 5 N 78 / § 5 N 215

H

Haftungsbeschränkende Wirkung der korrekten Delegation, § 4 N 100

Haftungsrisiko, s. *Verwaltungsrat, Organisationsverantwortung des Verwaltungsrats*

Handelsregister,
- Eintragung von Funktionen ins Handelsregister, § 5 N 164 / § 5 N 202 / § 5 N 221 / § 5 N 256 / § 6 N 26 / § 11 N 49
- Verkehr des Verwaltungsrats mit dem Handelsregister, § 5 N 189 / § 5 N 255 / § 8 N 137 f. / § 8 N 143

Häufigkeit von Verwaltungsratssitzungen, § 11 N 8

Hilfsfunktionen, s. *Delegation von Hilfsfunktionen*

Holdinggesellschaft, § 8 N 134 ff.

HR-Verantwortlicher, s. *Geschäftsleitung*

I

Indirekte Einflussmöglichkeiten des Aktionariats, s. *Einflussmöglichkeiten des Aktionariats, indirekte Einflussmöglichkeiten*

Informationskonzept, s. *Berichterstattungspflicht*

Informationspflicht,
- der Ausschüsse, s. *Ausschüsse, Informationsrechte*
- des Verwaltungsrats, § 29 N 7

Informationsrechte,
- der Aktionäre, § 8 N 87 ff. / § 29 N 1 ff.

- der Aktionäre im künftigen Recht, § 29 N 34
- des einzelnen Verwaltungsratsmitglieds, § 4 N 52 / § **4 N 83 ff.** / § 11 N 42 / § 11 N 108 / § 21 N 3 ff.
- des Lead Directors, N § 5 N 240
- von Dritten, § 29 N 1 ff.
- von juristischen Personen oder Handelsgesellschaften, Aktionärsgruppen, Partizipanten und Körperschaften des öffentlichen Rechts, § 29 N 27 ff.

Inhalt des Organisationsreglements, s. *Organisationsreglement*

Inkrafttreten, § 26 N 2 ff.

Insiderdelikte, § 8 N 159 / § 11 N 111 / § 21 N 17

Interessenkonflikte, s. *Geschäftsleitung, Interessenkonflikte; Verwaltungsrat, Interessenkonflikte*

Interne Revision, § 5 N 89 / § 5 N 181 / § 8 N 52 / § 8 N 152 / § 8 N 154 / § 16 N 25 / § 25 N 2 ff.

Internes Kontrollsystem IKS, § 8 N 27 / § 8 N 52 / § 8 N 58 f. / § 8 N 69 / § 8 **N 126 f.** / § 8 N 154

Investitionsausschuss, s. *Ausschüsse, Anlagenausschuss*

Investmentgesellschaften mit variablem Kapital, § 8 N 157

K

Kadenz, § 4 N 60, s. auch *Häufigkeit*

KAG, § 3 Anm. 13 / § 8 N 157

Kapitalerhöhung, § 9 N 64
- bedingte, § 8 N 116
- genehmigte, § 8 N 115
- ordentliche, § 8 N 114

Kapitalherabsetzung, § 8 N 117

Kapitalverlust, § 8 N 118

Kernkompetenzen des Verwaltungsrats, s. *Aufgaben, unübertragbare des Verwaltungsrats*

Kleine AG, § 2 Anm. 21

Kollektivunterschrift, § 24 N 7 ff.

Kompetenzanmassung der Generalversammlung, § 9 N 94

Kompetenzattraktion, § 9 N 82 / § 20 Anm. 9

Kompetenzdelegation, s. *Delegation*

Kompetenzdelegation ohne statuarische Grundlage, § 10 N 19 ff.

Kompetenzverschiebung zugunsten der Generalversammlung, § 9 N 87 ff.
- bei vorübergehender Funktionsunfähigkeit des Verwaltungsrats, § 9 N 92 f.
- gemäss BEHG 29, § 9 N 88 ff.

Konkurrenzverbot, § 21 N 8 ff.

Konsultativabstimmungen, § 8 Anm. 10 / § 8 Anm. 319 / § 9 N 58 / § 9 N 69 ff.

Kontrollaufgaben, s. *Aufgaben, unübertragbare des Verwaltungsrats nach OR 716a I, Kontrollaufgaben*

Konzern, § 2 N 10 / § 4 N 92 / § 5 N 19 / § 6 N 37 / § 7 N 1 ff. / § 8 N 131 ff. / § 11 N 57 / § 13 N 25 / § 16 N 27 / § 27 N 1 ff.

Konzerngesellschaft, § 27 N 1 ff.

Konzernleitung, s. *Geschäftsleitung*

Konzernleitungspflicht, § 8 N 131 ff.

Konzernobergesellschaft, § 27 N 2 ff.

Konzernparadox, § 7 N 22 ff. / § 8 N 187 ff.

Konzernuntergesellschaft, § 27 N 10 ff.

Koordinationsausschuss, s. *Ausschüsse, Koordinationsausschuss*

L

Lead Director, § 5 N 197 / § 5 N 238 ff. / § 20 N 11 f.

Leistungsklage, § 11 N 28 / § 29 N 14

M

Management Letter, § 5 N 99

Marketingchef, s. *Geschäftsleitung*

Minderheitsvertreter, § 5 N 244 ff. / § 5 Anm. 363 / § 9 N 11 ff. / § 29 N 28

Minimalordnung, § 15 N 3

N

Nachträgliche Leistung von Einlagen, § 8 N 113

Nominierungsausschuss, s. *Ausschüsse*

O

Oberaufsicht, § 8 N 45 / § 8 N 52 / § 8 N 57 ff.

Observanz, innergesellschaftliche, § 14 N 46 ff.

Organe der AG, § 1 N 1 ff.
- gesetzlich nicht vorgeschriebene Organe, § 1 N 11 ff.
- gesetzlich vorgeschriebene Organe, § 1 N 4 ff.
- Organbegriff im Aktienrecht, § 1 N 1 ff.

Organigramm, § 28 N 9 ff.

Organisation, s. *Ausschüsse, Organisation; Geschäftsleitung, Organisation; Verwaltungsrat, Organisation*

Organisationsbeschluss, protokollierter, § 15 N 20

Organisationsfreiheit, § 4 N 4 f.

Organisationsfreiheit, Schranken der Organisationsfreiheit, § 4 N 5 f. / § 8 N 172 ff.

Organisationspflicht des Verwaltungsrats, § 3 N 14 ff. / § 4 N 4 ff. / § 10 N 4 f. / § 22 N 9 f.

Organisationsreglement, Einleitung N 3 / § 3 N 4 / § 14 N 32 / **§ 15 N 6 ff.**
- Abänderung des Organisationsreglements, § 26 N 2 / § 26 N 11 f.
- Anforderungen an das Organisationsreglement, § 1 N 33
- Anhänge des Organisationsreglements, § 26 N 17 / § 28 N 1 ff.
- Erlass des Organisationsreglements, Einleitung N 6 / § 8 N 31
- gesetzliche Regelung des Organisationsreglements, § 16 N 1 ff.
- Inhalt, Einleitung N 4 / § 16 N 14 ff.
- Inhalt im künftigen Recht, § 16 N 3
- Offenlegung des Organisationsreglements, § 14 N 45 / § 26 N 13 ff.
- Offenlegung des Organisationsreglements im künftigen Recht, § 29 N 32 ff.
- Periodische Überprüfung des Organisationsreglements, § 26 N 11 f.
- Präambel des Organisationsreglements, **§ 17 N 1 ff.** / § 27 N 2 / § 27 N 10

- Publizität des Organisationsreglements, s. *Organisationsreglement, Offenlegung des Organisationsreglements*
- Schlussbestimmungen des Organisationsreglements, § 26 N 1 ff.
- Verstösse gegen das Organisationsreglement, § 8 N 72
- Zusäzliche Reglemente, § 28 N 12 f.
- Zweck, Inhalt und Geltungsbereich des Organisationsreglements, § 17 N 8 ff.

P

Paritätsprinzip, § 1 N 21 ff. / § 9 N 54 ff.

Periodische Überprüfung, s. *Organisationsreglement, Periodische Überprüfung des Organisationsreglements*

Personalchef, s. *Geschäftsleitung*

Personalunion von Verwaltungsratspräsident und Sekretär des Verwaltungsrats, § 3 N 19

Pflichtenheft, § 5 N 257 / § 8 N 25 / § 8 N 66 / § 20 N 4 f. / § 20 N 18 ff. / § 23 N 1 / § 23 N 7 / § 28 N 14

Pflichtennexus, doppelter, § 9 N 97a

Präambel, s. *Organisationsreglement, Präambel des Organisationsreglements*

Präsident des Verwaltungsrats, § 5 N 155 ff. / § 9 N 7 / § 20 N 2 ff.
- Amtsdauer, § 5 N 168
- Aufgaben, § 5 N 155 ff. / § 5 N 171 ff.
- Beendigung des Präsidialamts, § 5 N 165 f.
- Begründung des Präsidialamts, § 5 N 164

- Bindeglied zu den Aktionären, § 5 N 182
- Bindeglied zur Geschäftsleitung, § 5 N 179
- Representant der Gesellschaft, § 5 N 185
- Wählbarkeitsvoraussetzungen, § 5 N 170

Prokurist, § 4 N 26 f.
- Vertretungsbefugnis, s. *Vertretungsbefugnis des Prokuristen*

Protokoll,
- Genehmigung, § 5 N 49 / §11 N 69
- Protokollierung im Verwaltungsrat, § 5 N 174 / § 5 N 255 / § 10 N 13 / § 11 N 12 / § 11 N 15 / § 11 N 41 / § 11 N 65 ff. / § 15 N 2 / § 18 N 61 ff.
- Protokollierung in Ausschüssen, § 5 N 44 ff. / § 12 N 15 / § 19 N 18
- Protokollierung in der Generalversammlung, § 5 N 183 / § 5 N 187
- Protokollierung in der Geschäftsleitung, § 13 N 22 / § 22 N 22 f.
- Protokollierungspflicht, § 3 N 17 / § 5 N 44 ff. / § 5 N 188 / § 11 N 65 ff. / § 18 N 61 ff.

Publizität, s. *Organisationsreglement, Offenlegung des Organisationsreglements*

Publizität der Reglemente, § 14 N 45

Q

Quoren, s. *Beschlussfähigkeit, Anwesenheitsquorum im Verwaltungsrat; Beschlussfassung, Beschlussquorum im Verwaltungsrat*

R

Rechtsfolgen von unrechtsmässigen Kompetenzanmassungen der Generalversammlung, § 9 N 94

Rechtskonsulent, s. *Geschäftsleitung*

Reglemente, § 14 N 21 ff. / § 28 N 12
- Arten von Reglementen, § 14 N 30 ff.
- formale Anforderungen, § 14 N 43 f.
- Geschäftsreglemente, § 14 N 31
- Kompetenz zum Erlass, § 14 N 27 ff.
- Organisationsreglemente, § 14 N 32 / § 15 N 6
- Publizität, § 14 N 45

Remunerationsausschuss, s. *Ausschüsse, Entschädigungsausschuss*

Revisionsausschuss, s. *Ausschüsse*

Revisionsbericht, § 5 N 66 / § 19 N 10 f.

Revisionsstelle, § 8 N 72 / § 8 N 83 / § 8 N 121 / § 11 N 43

Risikoausschuss, s. *Ausschüsse*

Risiko-Management, § 4 N 89 / § 5 N 64 f. / § 5 N 76 / § 8 N 27 / § 8 Anm. 177 / **§ 8 N 126 f.** / § 8 N 152 ff.

Rückerstattungsklage, § 8 N 129

S

Sachverständige, Beizug von Sachverständigen, § 4 N 99 / § 8 N 89 / § 11 N 44 / § 18 N 35 / **§ 18 N 71** / § 19 N 17 / § 21 N 23 f.

Salär, s. *Entschädigung*

Sekretär des Verwaltungsrats, § 3 N 18 f. / § 5 N 254 ff.

Selbstevaluation des Verwaltungsrats, § 18 N 72 f.

Shareholderausschuss, s. *Ausschüsse, Governanceausschuss*

Sitzungen,
- Durchführung und Leitung in Ausschüssen, § 12 N 15
- Durchführung und Leitung in der Geschäftsleitung, § 13 N 11 ff.
- Einberufung im Verwaltungsrat, § 11 N 25 ff.
- Einberufung in Ausschüssen, § 12 N 9 ff.
- Einberufung in der Geschäftsleitung, § 13 N 5
- in Ausschüssen, § 12 N 6 ff.
- Sitzungsleitung im Verwaltungsrat, § 11 N 59 ff. / § 18 N 55 ff.
- Sitzungsrhythmus im Verwaltungsrat, § 11 N 11 / § 18 N 36 ff.
- Sitzungsrhythmus in Ausschüssen, § 5 N 38
- Standardtraktanden im Verwaltungsrat, § 11 N 52
- Standardtraktanden in Ausschüssen, § 12 N 13
- Standardtraktanden in der Geschäftsleitung, § 13 N 6 ff.
- Stellvertretung im Verwaltungsrat, § 11 N 47
- Teilnahme im Verwaltungsrat, § 11 N 39 f. / § 18 N 48 ff.
- Teilnahme in Ausschüssen, § 12 N 9 ff.
- Teilnahme in der Geschäftsleitung, § 13 N 5
- Traktanden im Verwaltungsrat, § 11 N 51 ff. / § 18 N 39 ff.
- Traktanden im Verwaltungsrat, Traktandenliste, § 11 N 51
- Traktanden in Ausschüssen, § 12 N 13
- Traktanden in der Geschäftsleitung, § 13 N 6 ff.

- Traktanden, fehlende Traktandierung im Verwaltungsrat, § 11 N 51 / § 18 N 88
- Verwaltungsratssitzungen, § 11 N 6 ff. / § 18 N 34 f.

Sitzungspläne, § 28 N 16

Sitzungssurrogat,
- im Verwaltungsrat, § 11 N 13 ff.
- in Ausschüssen, § 12 N 6 ff.
- in der Geschäftsleitung, § 13 N 3 f. / § 22 N 18 f.

Sitzungsunterlagen im Verwaltungsrat, § 5 N 47 / § 18 N 45 f.

SIX, Swiss Infrastructure and Exchange, Schweizer Effektenbörse, § 8 N 145 / § 29 N 19

Soft Law, § 5 N 8 oder s. *Swiss Code*

Sozialversicherungsrecht, Pflichten aus, § 8 Anm. 18 / § 8 N 160

Spaltungsvertrag, § 8 N 141

Statutarische Ermächtigungsnorm, § 14 N 12 f. / s. *Ermächtigungsnorm*

Statutarische Klausel, § 9 N 71

Statuten, § 14 N 2
- bedingt notwendiger Statuteninhalt, § 14 N 3
- fakultativer Inhalt, § 14 N 3
- Kompetenz zum Erlass, § 14 N 16 ff.
- Mindestinhalt, § 14 N 3
- Statutenänderungen, § 8 N 137 / § 14 N 18 f.
- Statutenänderungen bei Bank-Aktiengesellschaften, § 14 N 20
- unbedingt notwendiger Statuteninhalt, § 14 N 3

Stellenbeschrieb, § 28 N 14

Stellvertretung im Verwaltungsrat, § 11 N 47

Stichentscheid, s. *Geschäftsleitung, Stichentscheid; Verwaltungsrat, Stichentscheid*

Stimmbindungsvertrag, s. *Aktionärsbindungsvertrag*

Stimmenthaltungspflicht, § 18 N 91

Strategieausschuss, s. *Ausschüsse*

Suppleanten, § 11 N 49

Swiss Code of Best Practice, § 4 N 1 / § 4 N 54 / § 5 N 8 / § 5 N 26 / § 5 N 56 f. / § 5 N 78 / § 5 N 85 f. / § 5 N 108 f. / § 5 N 111 f. / § 5 N 122 / § 5 N 160 ff.

T

Tantieme, § 5 N 100

Telefon- oder Videokonferenz, § 11 N 13 / § 18 N 70 ff.

telefonische Beschlussfassung, § 18 N 68 f.

Treuhänderischer Verwaltungsrat, s. *fiduziarischer Verwaltungsrat*

U

Übernahmeangebot, § 8 N 147

Überschuldung, s. *Aufgaben, unübertragbare des Verwaltungsrats nach OR 716a I, Massnahmen bei Vermögenszerfall*

Übersichten, § 28 N 15 ff.

Übertragungsvertrag, § 8 N 141

Universalversammlung, § 11 N 35

Unterzeichnung, § 26 N 16

Unübertragbare Aufgaben des Verwaltungsrats nach OR 716a I, s. *Aufgaben, unübertragbare des Verwaltungsrats nach OR 716a I*

Usanz, § 14 N 46 ff.

V

Verantwortlichkeit, § 10 N 1 ff.
- von Beiräten, § 5 N 269
- faktischer Organe, § 7 N 9 / § 7 N 21 / § 7 N 52
- der Geschäftsleitung, § 6 N 27
- des Verwaltungsrats, § 8 N 160 / § 9 N 75 / § 9 N 84 / § 10 N 4 ff. / § 11 N 83 / § 11 N 93
- des Verwaltungsrats im Konzern, § 7 N 29 ff. / § 7 N 53 ff.

Verantwortlichkeitsklage, § 8 N 129

Vergütung, s. *Entschädigung*

Vergütungsausschuss, s. *Ausschüsse, Entschädigungsausschuss*

Vergütungspolitik, s. *Entschädigungspolitik*

Vergütungsreglement, § 8 N 202
- kotierter Gesellschaften im künftigen Recht, § 14 N 45a

Verkehr mit dem Handelsregisteramt, § 8 N 138

Vermögenszerfall, § 8 N 118

Versicherungen, § 4 N 8a / § 5 N 141 / § 5 N 214 / § 6 N 34 / § 6 N 67 / § 8 N 153 f.

Versicherungsgesellschaften, § 8 N 153 f.

Vertraulichkeit, § 21 N 18 ff.

- Organisationsreglement, § 26 N 13 ff.

Vertreter von Gruppen, Minderheiten, juristischen Personen und des Gemeinwesens, § 5 N 244 ff. / § 20 N 13

Vertretung im Verwaltungsrat, s. *Stellvertretung im Verwaltungsrat*

Vertretungsbefugnis, § 24 N 7 ff.
- des Prokuristen, § 4 N 27
- des Verwaltungsrats, § 3 N 11 / § 9 N 29 / § 15 N 11

Verwaltungsrat,
- Ausstandspflicht, § 11 N 104 ff.
- Berichterstattung im Verwaltungsrat, § 4 N 83 ff. / § 11 N 112 / § 18 N 59 f.
- Delegierter des Verwaltungsrats, § 5 **N 206 ff.** / § 20 N 8 ff. / s. im Übrigen *Delegierter des Verwaltungsrats*
- Ehrenpräsident des Verwaltungsrats, § 5 N 199 ff.
- finanzielle Ansprüche, § 21 N 25 ff.
- Informationsrechte, § 21 N 3 ff.
- Interessenkonflikte, § 11 N 102 ff. / § 18 N 91 f. / § 21 N 14 f.
- Interessenkonflikte im künftigen Recht, § 11 N 110
- Konstituierung des Verwaltungsrats, § 11 N 3 f. / § 18 N 5 ff.
- notariell zu beurkundende Beschlüsse, § 11 N 22
- Organisation, § 11 N 5
- Organisationsverantwortung des Verwaltungsrats, § 10 N 4 ff. / § 15 N 1 ff.
- Pflicht zur Mitwirkung an Abstimmungen, § 11 N 95
- Pflichtverletzung des Verwaltungsrats, § 10 N 7 ff.
- Präsident des Verwaltungsrats, § 5 **N 155 ff.** / § 9 N 7 f. / § 20 N 2 ff. /

s. im Übrigen *Präsident des Verwaltungsrats*
- Sekretär des Verwaltungsrats, § 5 **N 254 ff.** / § 11 N 41 / § 11 N 65 / § 20 N 14
- Sonderregeln für Fälle von Dringlichkeit, § 18 N 29 f.
- Sorgfalts- und Treuepflicht, § 4 N 100 / § 6 N 27 / § 7 N 8 / § 8 N 45 / § 9 N 67 f. / § 11 N 39 / § 11 N 95 ff. / § 21 N 2
- Stellung des Verwaltungsrats in der gesellschaftlichen Organisation, § 18 N 3 f.
- Stichentscheid, § 5 Anm. 68 / § 5 Anm. 251 / § 9 N 41 ff. / § 9 Anm. 54 / § 9 Anm. 57 / § 11 N 85 ff. / § 14 N 12 / § 18 N 85 ff.
- unübertragbare Aufgaben des Verwaltungsrats, § 8 N 5 f. / § 8 **N 18 ff.** / s. im Übrigen *Aufgaben, unübertragbare des Verwaltungsrats*
- Verantwortlichkeit, s. V*erantwortlichkeit des Verwaltungsrats*
- Vertretungsbefugnis, s. *Vertretungsbefugnis des Verwaltungsrats*
- Vizepräsident des Verwaltungsrats, **§ 5 N 192 ff.** / § 20 N 6 / s. im Übrigen *Vizepräsident des Verwaltungsrats*
- weitere im OR vorgesehene unübertragbare Aufgaben, § 8 N 98 ff.
- Zirkulationsbeschluss, § 11 N 17 ff. / § 11 N 90 ff. / § 18 N 64 f. / § 18 N 99
- Zusammensetzung, § 18 N 9 ff.

Verwaltungsratskompetenzen, § 18 N 13 ff.

Verwaltungsratspräsident, s. *Präsident des Verwaltungsrats*

Verwaltungsratssitzungen, s. *Sitzungen*

vinkulierte Namenaktien, § 8 N 120

Vizepräsident des Verwaltungsrats, **§ 5 N 192 ff.** / § 20 N 6 f.
- als Lead Director, § 5 N 197
- Aufgaben, § 5 N 198

Vorsitzender der Geschäftsleitung, s. *Geschäftsleitung, Vorsitzender der Geschäftsleitung* CEO

Vorsitzender des Verwaltungsrats, s. *Präsident des Verwaltungsrats*

W

Wählbarkeitsvoraussetzungen, § 5 N 170 / § 9 N 15 / § 9 N 50 / § 14 N 6 / § 21 N 28 ff.

Weiterdelegation, § 4 N 46 ff. / § 4 Anm. 66 / § 18 N 32 f. / § 22 N 9

Z

Zeichnungsberechtigung, § 24 N 7 f.

Zirkulationsbeschluss, s. *Beschlussfassung*